日本地名
よみかた辞典

그린비 일본어 연구실 編
高秀晩 監修
(인하대학교 일어일본학과 교수)

그린비

추천·감수의 말

일본어를 배우면서 가장 곤혹스러운 점이 일본의 인명(人名), 지명(地名) 읽기라는 사실은 일본어를 접하는 사람들 모두가 느끼는 바일 것이다.

지명 읽기는 특수한 경우를 제외하곤 어느 정도 통일이 되었다지만, '성명(姓名) 읽기'는 일본인 자신들도 제대로 읽지 못할 정도로 세계에서 그 유례를 찾아보기 힘들 만큼 복잡하다. 그것은 한자를 빌어다 쓰고 있는 일본인들이 한자를 소리〔音〕와 뜻〔訓〕으로 함께 읽기 때문에 나타나는 현상이다.

소리로 읽는 음독(音読)만 하더라도 오음(呉音)과 한음(漢音), 당송음(唐宋音), 관용음(慣用音) 등이 어떤 뚜렷한 기준이나 법칙 없이 한데 뒤섞여 쓰이고 있는 실정이다. 그뿐 아니라 발음을 매끄럽게 하기 위해 자기 임의대로 소리를 취해서 읽기까지 한다.

이런 상황에서, 본인 스스로가 자기 이름을 밝히지 않는 한, 상대방이 그 사람의 이름을 정확히 읽기란 그리 쉬운 문제가 아니다.

이러한 현실을 반영하여 일본 학계에서도 '성명 읽기 표준화 작업'을 꾸준히 시도해 왔다. 그동안 역사·지리·언어·민속학적인 측면에서 유래나 성립과정의 연구가 활발히 이루어져 성(姓)만 해도 13만 개나 수집, 정리되었다. 또 어떤 특정 개인의 성명 읽기를 확인하는 자료도 최근 들어 질적·양적으로 매우 충실해졌다.

그러나 성이나 이름의 '일반적인 읽기 방법(よみかた)'이나 한자표기의 기준은 읽기 어려운 희귀한 성명 등 특수한 경우 외에는 별로 찾아볼 수 없었던 것도 사실이다.

이 사전은 이같은 문제의식 속에서 기획·출판되었다. 고대에서부터 현대까지의 실재인물 약 50만 명의 데이터를 난이도·빈도수 별로 체계적으로 분류하여 성(姓)과 이름〔名〕의 표기 및 읽기의 일반적인 기준을 마련한 것이다. 그 결과 성(姓)의 표기 42,000개(읽는 방법은 56,000여 개), 이름〔名〕의 표기 72,000개(읽는 방법은 90,000여 개)를 수록한 이 사전이 출간되게 되었다.

뿐만 아니라 지명(地名), 역사인명(歴史人名), 기업체명(企業体名), 대학명(大学名) 등 방대한 양의 데이터를 체계적으로 분류하여 일본어 연구자와 학습자가 여러 방면에서 입체적으로 활용할 수 있게 배려하였다.

이 사전은 일본어 전문연구자, 번역가와 신문사·잡지사·출판사에 종사하는 실무자는 물론 도서관의 사서, 일본어를 배우는 학생들, 나아가 무역 등 대일 관계 현장에서 일하고 있는 사람들에게까지 두루 쓰일 것이라 생각한다.

이 책의 출판의도가 널리 보급돼 정확한 일본어를 구사하는 데 유용하게 활용되었으면 하는 마음 간절하다.

1995년 9월

高 秀 晩

일러두기

1. 책의 구성

본체(本体)에 해당하는 '지명(地名)'과 부록에 해당하는 '역사인명(歴史人名)', '기업체명(企業体名)', '대학명(大学名)'으로 구성되어 있다. '찾아보기'는 지명(地名)편에만 달아 놓았다.

2. 사용 漢字・かな 표기법

1) 본문에 사용된 한자는, 신자체(新字体)를 원칙으로 했지만 고유명사의 성격이 짙다고 생각되는 경우에는 부분적으로 구자체(旧字体)를 혼용했다.

2) 仮名づかい는 현대 かな 표기법을 따랐다. 특히 역사인명의 경우에는 「ぢ」, 「づ」를 각각 「じ」,「ず」로 통일시켰다.

3. 표제한자어의 배열

1) 표제한자는 한글 가나다 순(順)으로 배열했으며, 발음이 같은 경우 획수순(画数順), 부수순(部首順)을 따랐다. 표제어 한자의 한글음이 두 개 이상인 경우, 일반적으로 많이 사용되는 음을 취했다. 또 '일본에서 만든 한자(日本国子)'일지라도 우리말 취음(取音)이 가능한 것은 한글음으로 읽었다. 우리말 취음은 주로 「明文漢韓大字典」을 근거로 했다.

2) 지명의 경우, 첫글자가 같은 표제한자끼리 단위를 지어 묶어 놓았으며, 맨 앞에 오는 대표 표제한자를 상자에 넣어 다른 한자와 구별이 쉽게 되도록 배려하였다. 한자 표제어에서 첫글자 다음에 かな가 올 경우에는 해당 항목 맨 끝에 따로 모아 놓았다. 그러나 한자 두 글자 이후에 かな가 올 경우에는 かな를 무시하고 한자만을 한글 가나다 순(順)으로 읽어 배열하였다.

3) 부록에 해당하는 역사인명·기업체명·대학명의 경우에는, 같은 한자끼리 묶지 않고 한글 가나다 순(順)으로만 읽어 배열하였다. 표제어에 かな가 섞여 있는 경우에도 그 かな를 무시하고 한자만을 한글 가나다 순(順)으로 읽어 배열하였다.

4) 한자 표제어에서 첫글자가 일본국자(日本国子)이면서 우리말로 읽을 수 없는 한자일 경우에는 해당편의 맨 끝에 '무음(無音)'으로 따로 모아 놓았다. 첫번째 한자

는 우리말로 읽을 수 있는데 두번째 이후의 한자가 일본국자(日本国字)이면서 우리말 취음이 불가능한 경우에는 해당 항목의 맨 끝에 '*' 표시를 해서 따로 모아 놓았다.

5) 한자 표제어의 よみ가 두 개 이상인 경우, 히라가나의 오십음(五十音) 순으로 배열하였으며 그 중 빈도수가 높은 것을 고딕으로 처리하였다.

4. 地名에 대하여

1) 일본의 행정구획명, 자연지명(섬·산·강·고개 등), 역사지명 외에 주요철도, 공항, 다리, 공원, 온천, 도로 등 총 13,000여 항목을 수록하였다.

2) 都·道·府·県·市·郡·区·町·村은 1989년 4월 1일 현재의 모든 곳을 수록했다.

3) 江戸川의 경우처럼 고유명사+보통명사로 이루어진 것이 분명한 경우에는 하이픈(-)을 써서 えど-がわ로 표기했으며, 표제어가 전체로서 한 단어의 성격이 짙다고 생각되는 경우에는 하이픈을 생략했다.

4) 표제어 지명의 히라가나 뒤에 ( )를 써서 그 표제어가 속해 있는 都·道·府·県·市의 이름을 밝혀두었다. 또 복수의 행정단위에 소속되는 표제어의 경우에는 관계되는 행정구획명 전부를 명기했다. 이때 '·'으로 표시한 것은 복수의 행정단위에 걸쳐 있는 것을 뜻하고, ','로 표시한 것은 동일한 지명이 다른 행정구역에도 있음을 뜻한다.

5) 소속 행정구역에 따라 よみ가 달라질 경우에는 ( ) 안에 소속 행정구역을 밝히고 히라가나 오십음(五十音) 순으로 병기하였다.

6) 표제어가 서로 다른 지명의 합성어를 의미할 경우 표제어 뒤에 '*' 표시를 달았다. 또 철도나 도로, 터널의 경우 ( ) 안에 시발점과 종착점을 '~'을 써서 나타냈으며, 그곳이 군(郡) 단위 이하의 작은 지명일 경우는 소속 현(県)으로 대체했다.

7) 변천을 겪은 역사지명의 경우 옛국명, 옛이름, 딴이름 등으로 ( ) 안에 표기하였다.

5. 역사인명에 대하여

1) 고대에서부터 근현대에 이르기까지 각계각층의 주요인물 13,000여 명을 수록했다. 실재인물이 아니더라도 신화나 전설, 설화 그리고 주요작품(영화·소설·만화·희곡·가부키·浄瑠璃 등)에 등장하는 주인공도 다수 실었다.

2) 고대나 중세(平安말기)의 인명은 관습상 성(姓)과 명(名) 사이에 'の'를 넣어서

읽는다. 그 'の'를 소문자로 처리하여 성과 명을 구분하는 데 도움이 되도록 배려하였다. 또 생몰년(生沒年)이 명확하지 않은 경우는 시대구분으로 생몰년을 대신했으며, 奈良時代 이전은 '~세기'로 표시하였다(역사인명 후반부의 시대구분 참조).

3) 天皇, 皇女, 親王, 王 등에는 꼭 필요로 하는 경우 외에는 따로 설명을 달지 않았다. 한자 표제어가 다르더라도 그것이 동일인물인 경우에는 따로 설명을 달지 않고 '(=)'로 표시하였다. 또 記紀로 표시한 것은 「古事記」(こじき)와 「日本書紀」(にほんしょき)에 실려 있는 것을 말한다.

4) 독자의 편의를 고려하여 연호(年号)를 별도의 일람으로 정리했으며, 직업이나 프로필을 이해하는 데 필요하다고 생각되는 용어는 따로 '직업설명'란을 만들어 보충설명을 했다.

6. 기업체명과 대학명에 대하여

1) 기업체명은 1994년 3월 현재, 일본의 모든 상장회사(上場会社)를 수록대상으로 했으며, 비상장회사(非上場会社) 가운데서도 자본금 5천만 엔 이상의 회사는 수록대상에 포함시켰다.

2) 이 사전(辞典)은 용도가 よみかた에 있으므로, '읽기'가 중복되는 회사명의 경우는 하나만 싣고 나머지는 제외시켰다. 또 '日本○○○'의 경우처럼 기업체명 앞에 日本이 붙은 수백 개의 회사명은 よみかた를 위해서 꼭 필요하다고 여겨지는 경우를 제외하곤 자본규모와 매출을 고려하여 일부 회사만 실었다.

3) 해당기업의 약칭명이나 이니셜 영문표기, 등기사명(登記社名) 등은 '(=)' 표시로 병기하였다.

4) 기업체명의 경우, 사람 이름이나 지명에서 따온 것이 많으므로 본서에 수록되지 않은 기업체명일지라도 앞의 성(姓), 명(名)편이나 지명(地名)편을 참조하면 많은 도움이 될 것이다.

5) 대학명의 경우는 1995년 3월 현재, 일본의 모든 4년제 대학과 短期大学을 총망라하였다. 4년제 대학은 国立·公立·私立으로 각각 분류해서 실었다.

7. 찾아보기

1) 상자 안에 넣은 대표 표제한자의 첫글자를 획수 순으로 정리해 쉽게 찾아볼 수 있도록 했다. 획수를 세는 데 있어서는 일본 신자체(新字体)의 획수를 그대로 따랐다. '艹'와 같은 경우 3획으로 센 것이 대표적인 예이다. 같은 획수 내에서는 부

수(部首) 순으로 배열한 뒤 우리말 음을 달고 해당 페이지를 적어 두었다.

2) 표제어 한자의 한글음이 두 개 이상인 경우, 일반적으로 많이 사용되는 음을 대표음으로 취했으며, 다른 음의 찾아가기는 생략했다. 표제어 한자의 음을 한글로 읽는 데는 다음의 사전을 참고하였다.

「明文 漢韓大字典」(金赫濟·金星元 編著, 明文堂 '91)

「祥解 漢字大典」(李家源·張三植 共著, 韓英出版社 '76)

「漢韓大字典」(李殷相 監修, 民衆書林 '90)

8. 참고자료

「日本歴史人名辞典」(講談社 '90)

「世界人名辞典－日本編」(日東書院 '76)

「コンサイス 日本人名事典」(三省堂 '76)

「読売年鑑別冊－分野別人名録」(読売新聞社 '94)

「日本人名辞典」(思文閣出版 '72)

「日本歴史人名辞典」(名著刊行会 '73)

「日本歴史人名辞典」(東京堂出版 '81)

「コンサイス 日本地名事典」(三省堂 '75)

「難読地名辞典」(東京堂出版 '78)

「日本地名事典」(新人物往来社 '91)

「全国地名読みがな辞典」(清光社 '95)

「日本自然地名辞典」(東京堂出版 '83)

「韓日 100大会社總覧」(韓日経済文化社 '94)

「会社 ランキング」(朝日新聞社 '95)

「会社 四季報」(東洋経済新報社 '94)

「週刊東洋経済－94. 5. 28 特別号」(東洋経済新報社 '94)

「読売年鑑別冊－データ ファイル」(読売新聞社 '94)

「国語辞典」(講談社 '93)

「大字源」(角川書店 '92)

「大学入学安内」(日本国際教育協会 '95)

「편수자료－외래어 표기 용례(인명·지명)」(문교부 '87)

일본어 가나의 한글 표기

일본어 가나의 한글 표기 원칙은 문교부 편수자료 「외래어 표기 용례집」의 규정에 따른다. 한글 표기는 아래의 표에 따르고, 제1항에서 제4항까지의 규정에 유의하여 적는다.

일본어의 가나와 한글 대조표

가나					한					글				
					어두					어중·어말				
ア	イ	ウ	エ	オ	아	이	우	에	오	아	이	우	에	오
カ	キ	ク	ケ	コ	가	기	구	게	고	카	키	쿠	케	코
サ	シ	ス	セ	ソ	사	시	스	세	소	사	시	스	세	소
タ	チ	ツ	テ	ト	다	지	쓰	데	도	타	치	쓰	테	토
ナ	ニ	ヌ	ネ	ノ	나	니	누	네	노	나	니	누	네	노
ハ	ヒ	フ	ヘ	ホ	하	히	후	헤	호	하	히	후	헤	호
マ	ミ	ム	メ	モ	마	미	무	메	모	마	미	무	메	모
ヤ	イ	ユ	エ	ヨ	야	이	유	에	요	야	이	유	에	요
ラ	リ	ル	レ	ロ	라	리	루	레	로	라	리	루	레	로
ワ	(ヰ)	ウ	(ヱ)	ヲ	와	(이)	우	(에)	오	와	(이)	우	(에)	오
ン										ㄴ				
ガ	ギ	グ	ゲ	ゴ	가	기	구	게	고	가	기	구	게	고
ザ	ジ	ズ	ゼ	ゾ	자	지	즈	제	조	자	지	즈	제	조
ダ	ヂ	ヅ	デ	ド	다	지	즈	데	도	다	지	즈	데	도
バ	ビ	ブ	ベ	ボ	바	비	부	베	보	바	비	부	베	보
パ	ピ	プ	ペ	ポ	파	피	푸	페	포	파	피	푸	페	포
キャ		キュ		キョ	갸		규		교	캬		큐		쿄
ギャ		ギュ		ギョ	갸		규		교	갸		규		교
シャ		シュ		ショ	샤		슈		쇼	샤		슈		쇼
ジャ		ジュ		ジョ	자		주		조	자		주		조
チャ		チュ		チョ	자		주		조	차		추		초
ヒャ		ヒュ		ヒョ	햐		휴		효	햐		휴		효
ビャ		ビュ		ビョ	뱌		뷰		뵤	뱌		뷰		뵤
ピャ		ピュ		ピョ	퍄		퓨		표	퍄		퓨		표
ミャ		ミュ		ミョ	먀		뮤		묘	먀		뮤		묘
リャ		リュ		リョ	랴		류		료	랴		류		료

제1항 촉음(促音) 「ッ」는 'ㅅ'으로 통일해서 적는다.

일본어의 촉음 「ッ」는 'ㅅ'으로 통일해서 적기로 하였다. 이에 대해 순음 앞에서는 'ㅂ', 설단음이나 구개음 앞에서는 'ㅅ'[ㄷ], 연구개음 앞에서는 'ㄱ'으로 표기하는 것이 좋겠다는 의견이 있으나 음성학을 잘 모르는 일반인들에게는 대단히 어려운 규정이 되기가 쉽다. 국어의 'ㅅ' 받침은 어차피 그 뒤에 따르는 자음의 종류에 따라서 이렇게 ㅂ, ㄷ, ㄱ으로 변동하는 성질이 있으므로 굳이 이를 명문화할 필요가 없다.

보기 サッポロ 삿포로　　トットリ 돗토리　　ヨッカイチ 욧카이치

제2항 장모음은 따로 표기하지 않는다.

일본어에서 장음이 말의 의미를 분화시킬 수 있어 변별성이 있는 것은 사실이지만, 장음을 살려 표기하자면 특별한 글자나 기호를 새로 만들어 써야 한다. 그러나 이것은 외래어 표기법의 기본원칙인 '외래어는 국어의 현용 24자모만으로 적는다'는 정신에 어긋난다.

보기 キュウシュウ(九州) 규슈　　ニイガタ(新潟) 니가타

トウキョウ(東京) 도쿄　　オオサカ(大阪) 오사카

제3항 일본의 지명 가운데 우리 나라 한자음으로 읽는 관용이 있는 것은 이를 허용한다.

보기 東京 도쿄, 동경　　京都 교토, 경도

제4항 일본의 지명이 하나의 한자로 되어 있을 경우, '강', '산', '호', '섬' 등은 겹쳐 적는다.

보기 온타케 산(御岳)　　하야카와 강(早川)

도시마 섬(利島)

日本地名 よみかた 辞典

地名

찾아보기

1

一(일) 960
乙(을) 957

2

丁(정) 967
七(칠) 985
乃(내) 879
九(구) 869
二(이) 958
人(인) 959
入(입) 961
八(팔) 990
刀(도) 887
十(십) 939

3

万(만) 900
三(삼) 919
上(상) 921
下(하) 995
丸(환) 1002
久(구) 869
兀(올) 951
千(천) 978
口(구) 869
土(토) 988
士(사) 917
夕(석) 926
大(대) 883
女(녀) 879
子(자) 962
川(천) 979
工(공) 867
己(기) 875
干(간) 860
寸(촌) 982
小(소) 929
山(산) 918
弓(궁) 871
才(재) 964

4

不(불) 915
与(여) 947
中(중) 972
丹(단) 881
予(예) 948
五(오) 949
井(정) 967
仁(인) 959
今(금) 873
介(개) 862
仏(불) 915
元(원) 954
内(내) 879
公(공) 867
六(륙) 896
円(원) 955
分(분) 914
切(절) 967
刈(예) 948
勿(물) 904
匹(필) 995
区(구) 869
午(오) 949
廿(입) 962
及(급) 875
友(우) 952
双(쌍) 940
壬(임) 961
天(천) 980
太(태) 988
孔(공) 867
尺(척) 978
屯(둔) 891
巴(파) 989
引(인) 959
心(심) 939
戸(호) 1000
手(수) 933
支(지) 974
文(문) 904
斗(두) 891
方(방) 907
日(일) 960
月(월) 955
木(목) 902
比(비) 915
毛(모) 902
氏(씨) 940
水(수) 933
火(화) 1001
爪(조) 968
父(부) 912
片(편) 992
牛(우) 952
犬(견) 862
王(왕) 951

5

世(세) 929
丘(구) 869
丼(정) 967
付(부) 912
仙(선) 927
代(대) 887
以(이) 958
兄(형) 1000
出(출) 984
加(가) 859
北(북) 913
匝(잡) 963
半(반) 907
占(점) 967
卯(묘) 903
古(고) 864
只(지) 974
可(가) 859
台(대) 887
右(우) 953
叶(협) 1000
四(사) 917
外(외) 952
尻(고) 865
尼(니) 880
左(좌) 970
巨(거) 862
市(시) 935
布(포) 993
平(평) 992
広(광) 868
弁(변) 910
弘(홍) 1001
打(타) 986
旧(구) 870
末(말) 900
本(본) 911
札(찰) 977
正(정) 967
母(모) 902
氷(빙) 916
永(영) 948
玄(현) 1000
玉(옥) 950
瓜(과) 867
瓦(와) 951
甘(감) 860
生(생) 924
用(용) 952
田(전) 965
由(유) 956
甲(갑) 861
申(신) 936
疋(필) 995
白(백) 908
皿(명) 901
目(목) 903
矢(시) 935
石(석) 926
礼(례) 894
穴(혈) 1000
立(립) 898
辺(변) 910

6

両(량) 893
亘(긍) 875
交(교) 868
亥(해) 998
仮(가) 859
仰(앙) 943
仲(중) 973
企(기) 875
伊(이) 958
伏(복) 911
休(휴) 1005
会(회) 1003
伝(전) 966
先(선) 927
光(광) 868
共(공) 867
再(재) 964
印(인) 959
各(각) 860
合(합) 998
吉(길) 876
同(동) 889
名(명) 901
吐(토) 989
向(향) 999
因(인) 960
団(단) 882
地(지) 974
壮(장) 963
夙(숙) 934
多(다) 881
夷(이) 959
如(여) 947
宇(우) 953
守(수) 934
安(안) 941
寺(사) 917
尖(첨) 981
帆(범) 909
年(년) 880
庄(장) 963
式(식) 936
当(당) 882
戎(융) 957
早(조) 968
旭(욱) 953
曲(곡) 866
曳(예) 949
有(유) 956
朱(주) 971
朳(팔) 991
朽(후) 1004
次(차) 977
此(차) 977
死(사) 917
気(기) 875
汐(석) 927
江(강) 861

7

8

9

10

13

14

15

16

17

18

19

20

21

22

23

24

日本地名よみかた辞典

地名
よみかた

ㄱ

가

加計 かけ(広島県)
加計呂麻島 かけろま-じま(鹿児島県)
加古 かこ(兵庫県)
加久藤 かくとう(宮崎県)
加納 かのう(福島県, 岐阜県)
加納岩 かのいわ(山梨県)
加濃越 かのうえつ(石川·岐阜·富山県)
加唐島 かから-じま(佐賀県)
加東郡 かとう-ぐん(兵庫県)
加藤洲 かとうず(千葉県)
加茂 かも(山形県, 千葉県, 岐阜県, 岡山県, 広島県, 高知県)
加無山 かぶ-さん(山形県)
加茂市 かも-し(新潟県)
加茂町 かも-ちょう(京都府, 島根県)
加茂川 かも-がわ(千葉県, 愛媛県)
加茂川町 かもがわ-ちょう(岡山県)
加茂郷 かもごう(和歌山県)
加茂湖 かも-こ(新潟県)
加美 かみ(岡山県)
加美郡 かみ-ぐん(宮城県)
加美富士 かみ-ふじ(宮城県)
加美町 かみ-ちょう(兵庫県)
加部島 かべ-しま(佐賀県)
加西 かさい(兵庫県)
加勢蛇川 かせち-がわ(鳥取県)
加世田市 かせだ-し(鹿児島県)
加須市 かぞ-し(埼玉県)
加悦町 かや-ちょう(京都府)
加越 かえつ(石川·福井県)
加越能 かえつの(石川·福井県)
加仁湯温泉 かにゆ-おんせん(栃木県)
加入道山 かにゅうどう-やま(山梨·神奈川県)
加子母村 かしも-むら(岐阜県)
加積 かづみ(富山県)
加佐岬 かさ-みさき(石川県)
加佐郡 かさ-ぐん(京都府)
加州 かしゅう(石川県)
加住 かすみ(東京都)
加曾利 かそり(千葉県)
加津佐町 かづさ-まち(長崎県)
加治 かじ(新潟県)
加治丘陵 かじ-きゅうりょう(埼玉県·東京都)
加治木 かじき(鹿児島県)
加太 かだ(和歌山県)
かぶと(三重県)
加波山 かば-さん(茨城県)
加布良古水道 かぶらこ-すいどう(三重県)
加布里 かふり(福岡県)
加賀 かが(石川県, 島根県)
可美村 かみ-むら(静岡県)
可部 かべ(広島県)
可児 かに(岐阜県)
可愛岳 えの-だけ(宮崎県)
可愛川 えの-かわ(広島県)
可也山 かや-さん(福岡県)
可真 かま(岡山県)
仮屋 かりや(兵庫県)
仮屋口 かりやぐち(和歌山県)
仮屋湾 かりや-わん(佐賀県)
伽藍岳 がらん-だけ(大分県)
迦葉山 かしょう-ざん(群馬県)
家島 いえ-しま(鹿児島県)
いえ-しま, え-じま(兵庫県)
家山 いえやま(静岡県)

家城　いえき(三重県)
家一郷谷　かいちごう-だに(宮崎県)
家形山　いえがた-やま(山形·福島県)
袈裟丸山　けさまる-やま(栃木·群馬県)
葭町　よし-ちょう(東京都)
嫁島　よめ-じま(東京都)
嘉納山　かのう-さん(山口県)
嘉年　かね(山口県)
嘉島町　かしま-まち(熊本県)
嘉例川　かれいがわ(鹿児島県)
嘉瀬川　かせ-がわ(佐賀県)
嘉麻峠　かま-とうげ(福岡県)
嘉飯山　かはんざん(福岡県)
嘉穂　かほ(福岡県)
嘉手納　かでな(沖縄県)
嘉津宇岳　かつう-だけ(沖縄県)
嘉川　かがわ(山口県)
歌棄　うたすつ(北海道)
歌登町　うたのぼり-ちょう(北海道)
歌舞伎町　かぶき-ちょう(東京都)
歌志内　うたしない(北海道)
歌津　うたつ(宮城県)
駕与丁池　かよいちょう-いけ(福岡県)

각

各務　かかみ(岐阜県)
角間　かくま(長野県)
角間川　かくまがわ(秋田県)
角館　かくだて, かくのだて (秋田県)
角筈　つのはず(東京都)
角島　つの-しま(山口県)
角落山　つのおち-やま(群馬県)
角力灘　すもう-なだ(長崎県)
角茂谷　かくも-だに(高知県)
角山　つの-やま(香川県)
角田　かくだ(宮城県, 新潟県)
角海浜　かくみ-はま(新潟県)
塙町　はなわ-まち(福島県)

간

干飯崎　かれい-ざき(福井県)
干潟町　ひかた-まち(千葉県)
干珠島　かんじゅ-しま(山口県)
肝属　きもつき(鹿児島県)
間々田　ままだ(栃木県)
間々下　ましした(東京都)
間口浜　まぐち-はま(秋田県)
間人　たいざ(京都府)
間ノ岳　あいのだけ(山梨·静岡県)
諫早　いさはや(長崎県)

葛　くず(奈良県)
葛巻町　くずまき-まち(岩手県)
葛島　かづら-じま(香川県)
葛登支岬　かっとし-みさき(北海道)
葛老山　かつろう-ざん(栃木県)
葛籠尾崎　つづらお-ざき(滋賀県)
葛尾村　かつらお-むら(福島県)
葛生町　くずう-まち(栃木県)
葛西　かさい(東京都)
葛城　かつらぎ(奈良県)
葛城山　かつらぎ-さん(大阪府·和歌山県)
葛飾区　かつしか-く(東京都)
葛葉川　くずは-がわ(神奈川県)
葛塚　くずづか(新潟県)
葛下川　かつげ-がわ(奈良県)

감

甘樫丘　あまかしのおか(奈良県)
甘楽　かんら(群馬県)
甘利山　あまり-やま(山梨県)
甘木　あまぎ(福岡県)
勘十郎堀　かんじゅうろう-ぼり(茨城県)

勘七沢　かんしち-ざわ(神奈川県)
勘八峡　かんぱち-きょう(愛知県)
[監獄道路]　かんごく-どうろ(北海道)

갑

[甲南町]　こうなん-ちょう(滋賀県)
甲奴　こうぬ(広島県)
甲突川　こうつき-がわ(鹿児島県)
甲良町　こうら-ちょう(滋賀県)
甲立　こうたち(広島県)
甲武信ヶ岳　こぶしがたけ(埼玉·長野·山梨県)
甲府　こうふ(山梨県)
甲斐　かい(옛 국명)
甲山　かぶと-やま(兵庫県)
甲山町　こうざん-ちょう(広島県)
甲西町　こうさい-まち(山梨県)
　こうせい-ちょう(滋賀県)
甲信越*　こうしんえつ(甲斐·信濃·越後)
甲陽　こうよう(兵庫県)
甲越峠　こうごえ-とうげ(広島市)
甲子　かし，かっし(福島県)
　かっし(岩手県)
甲子園　こうしえん(兵庫県)
甲田沼　こうた-ぬま(青森県)
甲田町　こうだ-ちょう(広島県)
甲佐町　こうさ-まち(熊本県)
甲州　こうしゅう(甲斐의 딴이름)
甲津原　こうづばら(滋賀県)
甲川　きのえ-がわ(鳥取県)
甲浦　かんのうら(高知県)
甲賀　こうか(滋賀県)
[岬町]　みさき-ちょう(大阪府)
　みさき-まち(千葉県)

강

[江間]　えま(静岡県)
江見　えみ(千葉県，岡山県)
江古田　えごた(東京都)
江口　えぐち(大阪市)
江南　こうなん(愛知県，滋賀県)
江南町　こうなん-まち(埼玉県)
江島　え-しま(島根県)
江東　こうとう(東京都)
江良　えら(北海道)
江尾　えび(鳥取県)
江別　えべつ(北海道)
江部乙　えべおつ(北海道)
江府町　こうふ-ちょう(鳥取県)
江北　こうほく(東京都)
　ごうほく(滋賀県 북부의 옛이름)
江北町　こうほく-まち(佐賀県)
江沼　えぬま(石川県)
江与味　えよみ(岡山県)
江迎町　えむかえ-ちょう(長崎県)
江刺市　えさし-し(岩手県)
江田島　えた-じま(広島県)
江井　えい(兵庫県)
江釣子村　えづりこ-むら(岩手県)
江州　ごうしゅう(滋賀県)
江津市　ごうつ-し(島根県)
江津湖　えづ-こ(熊本県)
江差　えさし(北海道)
江川　ごう-がわ(島根県)
江川崎　えかわさき(高知県)
江浦　えのうら(静岡県)
江合川　えあい-がわ(宮城県)
江戸　えど(東京都 동부의 옛이름)
江戸堀　えどぼり(大阪市)
江戸崎町　えどさき-まち(茨城県)
江戸ヶ浜　えどがはま(岩手県)
江戸川　えど-がわ(千葉県，東京都)
江ノ島　えのしま(宮城県，神奈川県，長崎県)
江の川　ごうのかわ(広島·島根県)
[岡]　おか(奈良県)
岡谷市　おかや-し(長野県)
岡崎　おかざき(愛知県，京都市，和歌山県)
岡南　こうなん(岡山県)
岡多線　おかた-せん(岡崎～新豊田)
岡本　おかもと(福井県)
岡部町　おかべ-ちょう(静岡県)
　おかべ-まち(埼玉県)
岡山　おかやま(中国地方)
岡堰　おか-ぜき(茨城県)
岡垣町　おかがき-まち(福岡県)
岡原村　おかはる-むら(熊本県)
岡田　おかだ(東京都)
岡村島　おかむら-じま(愛媛県)
岡豊山　おこう-やま(高知県)
[強羅]　ごうら(神奈川県)
強首　こわくび(秋田県)
強清水　こわしみず(長野県)
[綱島]　つなしま(横浜市)

綱付山地　つなづけ-さんち(高知県)
綱附森　つなづけ-もり(高知・徳島県)
橿原　かしはら(奈良県)
糠平　ぬかびら(北海道)

개

介良　けら(高知県)
芥屋　けや(福岡県)
芥川　あくた-がわ(大阪府)
疥癬湯　ひぜん-ゆ(大分県)
皆瀬　かいぜ(長崎県)
　　みなせ(秋田県)
皆生　かいけ(鳥取県)
皆神山　みなかみ-やま(長野県)
皆野町　みなの-まち(埼玉県)
開聞　かいもん(鹿児島県)
開成町　かいせい-まち(神奈川県)
開田　かいだ(長野県)
蓋井島　ふたおい-じま(山口県)
鎧　よろい(兵庫県)
鎧崎　よろい-ざき(三重県)
鎧潟　よろい-がた(新潟県)

거

巨椋池　おぐら-いけ(京都府)
巨摩　こま(山梨県)
居多浜　こた-はま(新潟県)
居辺川　おりべ-がわ(北海道)
居組　いぐみ(兵庫県)
挙母　ころも(豊田市의 옛이름)
裾野市　すその-し(静岡県)
裾花　すそばな(長野県)
鋸崎　のこぎり-ざき(福井県)
鋸南町　きょなん-まち(千葉県)
鋸山　のこぎり-やま(千葉県, 東京都, 山梨県)

건

建部町　たけべ-ちょう(岡山県)
乾徳山　けんとく-さん(山梨県)
健軍　けんぐん(熊本県)
鍵掛峠　かぎかけ-とうげ(山梨県)
鍵屋ノ辻　かぎやのつじ(三重県)

검

剣　つるぎ(徳島県)
剣山　けん-ざん(徳島県)
剣淵　けんぶち(北海道)
剣ヶ峰　けんがみね(静岡・山梨県)
検見川　けみがわ(千葉県)
劔崎　けんざき(神奈川県)
劔岳　つるぎ-だけ(秋田県, 富山県)
劔御前　つるぎごぜん(富山県)

견

犬居　いぬい(静岡県)
犬堀鼻　いぬぼり-ばな(島根県)
犬寄トンネル　いぬよせ-トンネル
　　(伊予大平～伊予中山)
犬島　いぬ-じま(岡山県)
犬鳴山　いぬなき-やま(大阪府・和歌山県)
犬鳴峠　いぬなき-とうげ(福岡県)
犬飼町　いぬかい-まち(大分県)
犬山　いぬやま(愛知県)
犬上　いぬかみ(滋賀県)
犬越路　いぬごえ-じ(神奈川県)
犬川　いぬ-かわ(山形県)
犬吠埼　いぬぼう-さき(千葉県)
犬吠山　いぬぼう-やま(広島県)
犬狭峠　いぬばさり-とうげ(鳥取・岡山県)
犬ヶ崎　けんがさき(京都府)
犬ヶ岳　いぬがたけ(福岡・大分県)

いぬがだけ(富山·新潟県)
見江島　みえ-しま(三重県)
見能林　みのばやし(徳島県)
見島　み-しま(山口県)
見老津　みろづ(和歌山県)
見立　みたて(宮崎県)
見付　みつけ(静岡県)
見附　みつけ(新潟県)
見分森　みわけもり(岩手県)
見沼　みぬま(埼玉県)
見市　けんいち(北海道)
見残　みのこし(高知県)
見ノ越　みのこし(徳島県)
肩ヶ岳　かたがたけ(岐阜県)
堅田　かたた(滋賀県)
樫立　かしだて(東京都)
樫山峠　かしやま-とうげ(高知県)
樫西海中公園　かしにし-かいちゅうこうえん(高知県)
樫野崎　かしの-ざき(和歌山県)
樫井川　かしい-がわ(和歌山県·大阪府)
樫浦　かしのうら(長崎県)
鑓　やり(長野·富山県)

結城　ゆうき(茨城県)

兼六園　けんろくえん(石川県)
兼山　かねやま(岐阜県)
兼城　かねぐすく(沖縄県)
鎌房山　かまぶさ-やま(福島県)
鎌北湖　かまきた-こ(埼玉県)
鎌先温泉　かまさき-おんせん(宮城県)
鎌倉　かまくら(神奈川県)
鎌倉河岸　かまくら-がし(東京都)
鎌倉峡　かまくら-きょう(神戸市)
鎌礁　かま-ぐり(山形県)
鎌ヶ谷市　かまがや-し(千葉県)
鎌ヶ岳　かまがたけ(三重·滋賀県)

更級　さらしな(長野県)
更別村　さらべつ-むら(北海道)
更北　こうほく(長野県)
更埴　こうしょく(長野県)
京　きょう(京都市의 약칭)
京橋　きょうばし(東京都)
きょう-ばし(大阪市)
京極　きょうごく(北海道, 京都府)
京都　きょうと(京都市의 중심)
京都郡　みやこ-ぐん(福岡県)
京洛　きょうらく(京都의 딴이름)
京坊峠　きょうぼう-だわ(岡山県)
京福電気鉄道線　けいふくでんきてつどう-せん(福井県～京都市)
京北町　けいほく-ちょう(京都府)
京浜*　けいひん(東京·横浜)
京成*　けいせい(東京·成田)
京葉*　けいよう(東京都·千葉県)
京王*　けいおう(東京·八王子)
京町堀　きょうまちぼり(大阪市)
京終　きょうばて(奈良県)
京柱峠　きょうばしら-とうげ(高知·徳島県)
京津線　けいしん-せん(三条～浜大津)
京阪*　けいはん(京都·大阪)
京阪奈丘陵　けいはんな-きゅうりょう(京都府)
京阪神*　けいはんしん(京都·大阪·神戸)
京ヶ瀬村　きょうがせ-むら(新潟県)
庚申山　こうしん-ざん(栃木県)
庚申塚　こうしんづか(東京都)
茎崎町　くきざき-まち(茨城県)
耕田八峯　こうだはっぽう(青森県)
経堂　きょうどう(東京都)
経田　きょうでん(富山県)
経ヶ岬　きょうがみさき(京都府)
経ヶ岳　きょうがたけ(神奈川県, 長野県)
きょうがだけ(福井県, 佐賀·長崎県)
敬川　うやがわ(島根県)
景信山　かげのぶ-やま(東京都·神奈川県)
景清洞　かげきよ-どう(山口県)
景鶴山　けいづる-さん(群馬·新潟県)
軽岡峠　かるおか-とうげ(岐阜県)
軽米町　かるまい-まち(岩手県)
軽井沢町　かるいざわ-まち(長野県)
軽川　かるがわ(札幌市)

傾山　かたむき-やま(大分・宮崎県)
境　さかい(茨城県，東京都，鳥取県)
境峠　さかい-とうげ(長野県，高知県)
境町　さかい-まち(群馬県)
境川　さかい-がわ(東京都・神奈川県，愛知県)
境川村　さかいがわ-むら(山梨県)
境ノ明神峠　さかいのみょうじん-とうげ(茨城・栃木県)
慶良間　けらま(沖縄県)
慶留間島　げるま-じま(沖縄県)
慶野松原　けいの-まつばら(兵庫県)
慶伊干瀬　けいびせ(沖縄県)
慶伊島　けい-じま(沖縄県)
慶伊瀬島　けいせ-じま(沖縄県)
慶喜温泉　けいき-おんせん(北海道)
頸城　くびき(新潟県)
警固屋　けごや(広島県)
鏡　かがみ(高知県，佐賀県)
鏡山　かがみ-やま(滋賀県)
鏡石町　かがみいし-まち(福島県)
鏡野町　かがみの-ちょう(岡山県)
鏡町　かがみ-まち(熊本県)
鏡ヶ成　かがみがなる(鳥取県)
鏡ヶ浦　かがみがうら(千葉県)
鯨島　くじら-じま(宮城県)

계

契島　ちぎり-しま(広島県)
計根別　けねべつ(北海道)
計石　はかりいし(熊本県)
桂　かつら(京都市)
桂岡　かつらおか(北海道)
桂島　かつら-じま(宮城県)
桂浜　かつら-はま(高知県)
桂川　かつら-がわ(山梨・大分県)
桂川町　けいせん-まち(福岡県)
桂村　かつら-むら(茨城県)
桂沢湖　かつらざわ-こ(北海道)
桂ヶ岡　かつらがおか(北海道)
堺　さかい(大阪府)
堺筋　さかいすじ(大阪市)
堺木峠　さかいぎ-とうげ(岩手県)
堺田峠　さかいだ-とうげ(宮城県)
階上　はしかみ(青森県)
薊野　あぞうの(高知県)
繋温泉　つなぎ-おんせん(岩手県)
鶏冠山　けいかん-ざん(山梨県)
　とさか-やま(山梨県)
鶏頂山　けいちょう-ざん(栃木県)
鶏足山　けいそく-さん(茨城・栃木県)
鶏知湾　けち-わん(長崎県)

고

古江　ふるえ(鹿児島県)
古見岳　こみ-だけ(沖縄県)
古奈温泉　こな-おんせん(静岡県)
古丹別　こたんべつ(北海道)
古潭　こたん(北海道)
古滝　ふるたき(青森県)
古瀬　こせ(奈良県)
古里　こり(東京都)
古利根川　ふるとね-がわ(埼玉県)
古里温泉　ふるさと-おんせん(鹿児島県)
古馬牧　こめまき(群馬県)
古満目　こまめ(高知県)
古峰原　こぶがはら(栃木県)
古府中　こふちゅう(山梨県)
古釜布湾　ふるかまっぷ-わん(国後島)
古市　ふるいち(三重県，大阪府，兵庫県，広島県，山口県)
古岳　ふる-だけ(鹿児島県)
古御岳　こみ-たけ(山梨県)
古玉ノ池　ふるたまのいけ(秋田県)
古宇郡　ふるう-ぐん(北海道)
古宇利島　こうり-じま(沖縄県)
古鷹山　ふるたか-やま(広島県)
古仁屋　こにや(鹿児島県)
古場島　こば-しま(沖縄県)
古殿町　ふるどの-まち(福島県)
古井　こび(岐阜県)
古町温泉　ふるまち-おんせん(栃木県)
古祖母山　こそぼ-さん，ふるそぼ-さん(大分・宮崎県)
古座　こざ(和歌山県)
古志郡　こし-ぐん(新潟県)
古知野　こちの(愛知県)
古処山　こしょ-ざん(福岡県)
古川　ふるかわ(岐阜県)
　ふる-かわ(東京都)
古川市　ふるかわ-し(宮城県)
古湯温泉　ふるゆ-おんせん(佐賀県)
古平　ふるびら(北海道)

古河市　こが-し(茨城県)
古賀町　こが-まち(福岡県)
古虎渓　ここ-けい(岐阜県)
古和浦湾　こわうら-わん(三重県)
[尻内]　しりうち(青森県)
尻無川　しりなし-がわ(大阪市)
尻別　しりべつ(北海道)
尻手　しって(横浜市)
尻岸内　しりきしない(北海道)
尻屋　しりや(青森県)
尻羽岬　しりは-みさき(北海道)
[苦楽園]　くらくえん(兵庫県)
[高甲良山]　たかこうら-さん(和歌山県)
高岡　たかおか(富山県，愛知県，高知県)
高岡町　たかおか-ちょう(宮崎県)
高見　たかみ(奈良県)
高見ダム　たかみ-ダム(北海道)
高見島　たかみ-しま(香川県)
高曲原　たかまぎはら(岩手県)
高鍋町　たかなべ-ちょう(宮崎県)
高館山　たかだて-やま(岩手県，栃木県)
高串漁港　たかくし-ぎょこう(佐賀県)
高宮　たかみや(滋賀県)
高宮町　たかみや-ちょう(広島県)
高槻市　たかつき-し(大阪府)
高根　たかね(岐阜県)
高根台　たかねだい(千葉県)
高根島　こうね-じま(広島県)
高根ヶ原　たかねがはら(北海道)
高根町　たかね-ちょう(山梨県)
高根沢町　たかねざわ-まち(栃木県)
高崎　たかさき(群馬県)
高崎鼻　こうざき-ばな(鹿児島県)
高崎山　たかさき-やま(大分県)
高崎町　たかさき-ちょう(宮崎県)
高南台地　こうなん-だいち(高知県)
高徳*　こうとく(高松・徳島市)
高島　たかしま(滋賀県)
　たか-しま(島根県，岡山県，長崎県)
高島岬　たかしま-みさき(北海道)
高道祖　たかさい(茨城県)
高島平　たかしまだいら(東京都)
高来町　たかき-ちょう(長崎県)
高良　こうら(福岡県)
高梁　たかはし(岡山県)
高麗　こま(埼玉県)
高麗橋　こうらい-ばし(大阪市)
高鈴山　たかすず-やま(茨城県)
高瀬　たかせ(長野県)
高瀬峠　こうぜ-とうげ(和歌山県)
高瀬町　たかせ-ちょう(香川県)
高瀬川　たかせ-がわ(青森県，秋田県，京都府)
高柳町　たかやなぎ-まち(新潟県)
高輪　たかなわ(東京都)
高暮　こうぼ(広島県)
高尾　たかお(東京都)
高尾台　たかおだい(神戸市)
高尾山　たかお-やま(神戸市)
高尾野町　たかおの-ちょう(鹿児島県)
高幡　たかはた(東京都)
高峰高原　たかみね-こうげん(長野・群馬県)
高峰山　たかみね-やま(三重県)
高富町　たかとみ-ちょう(岐阜県)
高浜　たかはま(茨城県，石川県，愛媛県)
高浜町　たかはま-ちょう(福井県)
高砂　たかさご(東京都，兵庫県)
高師　たかし(愛知県)
高師浜　たかしのはま(大阪府)
高社山　こうしゃ-さん，たかやしろ-やま(長野県)
高山　こう-やま(山口県)
　たかやま(岐阜県，奈良県)
　たか-やま(福島県)
高山町　こうやま-ちょう(鹿児島県)
高山村　たかやま-むら(群馬県，長野県)
高森　たかもり(山口県，熊本県)
高森熱海有料道路　たかもりあたみ-ゆうりょうどうろ(福島県)
高森町　たかもり-まち(長野県)
高石市　たかいし-し(大阪府)
高城　たかぎ(宮城県)
高城山　たかぎ-やま(徳島県)
高城温泉　たき-おんせん(鹿児島県)
高城町　たかじょう-ちょう(宮崎県)
高松　たかまつ(岡山県，香川県)
高松山　たかまつ-やま(神奈川県)
高松岳　たかまつ-だけ(秋田県)
高松町　たかまつ-まち(石川県)
高松塚　たかまつ-づか(奈良県)
高須　たかす(岐阜県)
高水山　たかみず-やま(東京都)
高縄　たかなわ(愛媛県)
高市郡　たかいち-ぐん(奈良県)
高時川　たかとき-がわ(滋賀県)
高岳　たか-だけ(熊本県)
高安山　たかやす-やま(大阪府・奈良県)
高野　こうや(和歌山県)
高野崎　こうや-さき，たかの-さき(青森県)
高野町　たかの-ちょう(広島県)
高野川　たかの-がわ(京都府)
高陽　こうよう(広島市)

高玉　たかたま(福島県)
高屋　たかや(岡山県, 広島県)
高隈　たかくま(鹿児島県)
高雄　たかお(京都市)
高原　たかんばる(熊本県)
高円寺　こうえんじ(東京都)
高原山　たかはら-やま(栃木県)
高原町　たかはる-ちょう(宮崎県)
高遠町　たかとお-まち(長野県)
高原川　たかはら-がわ(岐阜県)
高越山　こうつ-ざん(徳島県)
高月町　たかつき-ちょう(滋賀県)
高遊原　たかゆう-ばる(熊本県)
高蔵寺　こうぞうじ(愛知県)
高田　たかた(岩手県)
たかだ(栃木県, 東京都, 新潟県, 奈良県, 岡山県, 大分県)
高擶　たかだま(山形県)
高田郡　たかた-ぐん(広島県)
高田大岳　たかだ-おおだけ(青森県)
高畑山　たかはた-やま(宮崎県)
高田町　たかた-まち(福岡県)
高畠町　たかはた-まち(山形県)
高井富士　たかい-ふじ(長野県)
高井神島　たかいかみ-じま(愛媛県)
高井戸　たかいど(東京都)
高座郡　こうざ-ぐん(神奈川県)
高洲団地　たかす-だんち(千葉県)
高洲山　こうのす-さん(石川県)
高増温泉　たかます-おんせん(青森県)
高池　たかいけ(和歌山県)
高志　こし(北陸地方의 총칭)
高知　こうち(四国地方)
高津　たかつ(島根県)
高津区　たかつ-く(川崎市)
高津団地　たかつ-だんち(千葉県)
高津戸渓谷　たかつど-けいこく(群馬県)
高倉台団地　たかくらだい-だんち(兵庫県)
高倉山　たかくら-やま(岩手県)
高妻山　たかづま-やま(長野県)
高千穂　たかちほ(宮崎県)
高千穂峰　たかちほのみね(宮崎・鹿児島県)
高千穂野　たかじょうや(熊本県)
高天ヶ原　たかまがはら(長野県)
高清水高原　たかしみず-こうげん(岡山・鳥取県)
高清水町　たかしみず-まち(宮城県)
高塚山トンネル　たかつかやま-トンネル(新神戸～西明西)
高萩　たかはぎ(茨城県)
高鷲　たかわし(大阪府)
高取町　たかとり-ちょう(奈良県)
高鷲村　たかす-むら(岐阜県)
高薙山　たかなぎ-やま(栃木県)
高塔山　たかとう-やま(北九州市)
高宕山　たかご-やま(千葉県)
高湯温泉　たかゆ-おんせん(山形県, 福島県)
高郷村　たかさと-むら(福島県)
高丸山　たかまる-やま(徳島県)
高後崎　こうご-ざき(長崎県)
[菰野町]　こもの-ちょう(三重県)
[袴岳]　はかま-だけ(新潟・長野県)
袴腰　はかまごし(鹿児島県)
袴腰山　はかまごし-やま(埼玉・山梨県)
袴腰岳　はかまごし-だけ(青森県)
[鼓ヶ浦]　つづみがうら(三重県)
[藁科川]　わらしな-がわ(静岡県)

곡

[曲崎山]　まがりさき-やま(秋田・岩手県)
[谷汲]　たにぐみ(岐阜県)
谷茶　たんちゃ(沖縄県)
谷保　やぼ(東京都)
谷山　たにやま(鹿児島県)
谷峠　たに-とうげ(福井・石川県)
谷田部　やたべ(茨城県)
谷田峠　たんだ-だわ(鳥取・岡山県)
谷町　たにまち(大阪市)
谷中　やなか(栃木県, 東京都)
谷津　やつ(千葉県)
谷川　たに-がわ(群馬県)
谷村　やむら(山梨県)
谷塚　やつか(埼玉県)
谷和原村　やわら-むら(茨城県)
[鵠沼]　くげぬま(神奈川県)
鵠戸沼　くげと-ぬま(茨城県)

곤

[昆陽池]　こや-いけ(兵庫県)
昆布　こんぶ(北海道)
昆布森　こんぶもり(北海道)
昆布盛　こんぶもり(北海道)

공

工石山 くいし-やま(高知県)
公官洲 くかん-ず(千葉県)
孔大寺山地 こだいじ-さんち(福岡県)
孔舎衙 くさか(大阪府)
孔雀ノ窟 こうじゃくのいわや(秋田県)
共和 きょうわ(愛知県)
共和町 きょうわ-ちょう(北海道)
空堀 からほり(大阪市)
空木岳 うつぎ-だけ(長野県)
空沼岳 そらぬま-だけ(札幌・恵庭市)
空知 そらち(北海道)
恐羅漢山 おそらかん-ざん(島根・広島県)
恐山 おそれ-ざん, おそれ-やま (青森県)

과

瓜連町 うりづら-まち(茨城県)
瓜幕 うりまく(北海道)
瓜破 うりわり(大阪市)
瓜郷 うりごう(愛知県)
果無山脈 はてなし-さんみゃく(奈良・和歌山県)
科野 しなの(長野県)
鍋谷峠 なべたに-とうげ(大阪府・和歌山県)
鍋掛 なべかけ(栃木県)
鍋屋横丁 なべや-よこちょう(東京都)
鍋越峠 なべこし-とうげ(山形・宮城県)
鍋田 なべた(愛知県)
鍋割峠 なべわり-とうげ(神奈川県)
鍋ノ平 なべのたいら(熊本県)

관

串間市 くしま-し(宮崎県)
串内トンネル くしない-トンネル(石勝高原～串内)
串良 くしら(鹿児島県)
串木野 くしきの(鹿児島県)
串本 くしもと(和歌山県)
串原村 くしはら-むら(岐阜県)
冠高原 かんむり-こうげん(広島県)
冠島 かんむり-じま(京都府)
冠山 かむり-やま(広島・島根県)
かんむり-やま(岐阜・福井県)
冠着山 かむりき-やま(長野県)
菅谷 すがや(茨城県, 埼玉県)
菅島 すが-じま(三重県)
菅生沼 すごう-ぬま(茨城県)
菅沼 すが-ぬま(群馬県)
菅野温泉 かんの-おんせん(北海道)
菅野湖 すがの-こ(山口県)
菅原町 すがわら-まち(大阪市)
菅沢ダム すげさわ-ダム(鳥取県)
菅平 すがだいら(長野県)
菅浦 すがうら(滋賀県)
菅湖 すが-こ(福井県)
貫 ぬき(福岡県)
貫井 ぬくい(東京都)
関 せき(東京都)
関口台 せきぐち-だい(東京都)
関宮町 せきのみや-ちょう(兵庫県)
関金 せきがね(鳥取県)
関崎 せき-ざき(大分県)
関内 かんない(横浜市)
関東 かんとう
関門* かんもん(下関・門司)
関本 せきもと(茨城県, 神奈川県)
関山 せきやま(山形県)
関西 かんさい
関城町 せきじょう-まち(茨城県)
関宿町 せきやど-まち(千葉県)
関市 せき-し(岐阜県)
関野鼻 せきの-はな(石川県)
関屋 せきや(東京都)
関屋分水路 せきや-ぶんすいろ(新潟県)
関越* かんえつ(関東・越後)
関前村 せきぜん-むら(愛媛県)
関町 せき-ちょう(三重県)
関之尾 せきのお(宮崎県)
関川 せき-がわ(愛媛県, 新潟県)
関川渓谷 せきがわ-けいこく(広島県)
関川村 せきかわ-むら(新潟県)
関八州 かんはっしゅう(関東8国의 총칭)
関平温泉 せきびら-おんせん(鹿児島県)
関戸 せきど(山口県)
関ケ原 せきがはら(岐阜県)
関ノ湖 せきのこ(福島県)
館林市 たてばやし-し(群馬県)

館山　たてやま(千葉県)
館山寺　かんざんじ(静岡県)
館岩村　たていわ-むら(福島県)
館野　たての(千葉県)
観音崎　かんのん-ざき(神奈川県, 石川県)
観音寺市　かんおんじ-し(香川県)
観音峠　かんのん-とうげ(京都府)
観音ヶ岳　かんのんがたけ(山梨県)
観海寺温泉　かんかいじ-おんせん(大分県)
灌頂ヶ浜　かんちょうがはま(高知県)

광

広　ひろ(和歌山県, 広島県)
広見　ひろみ(岐阜県)
広見町　ひろみ-ちょう(愛媛県)
広谷　ひろたに(兵庫県)
広島　ひろしま(広島市)
　ひろ-しま(香川県)
広島町　ひろしま-ちょう(北海道)
広渡川　ひろと-がわ(宮崎県)
広東大川　ひろひがし-おおかわ(広島県)
広瀬　ひろせ(島根県, 山口県, 宮崎県)
広瀬川　ひろせ-がわ(仙台市, 熊本県, 福島県)
広陵町　こうりょう-ちょう(奈良県)
広尾　ひろお(北海道, 東京都)
広西大川　ひろにし-おおかわ(広島県)
広小路通り　ひろこうじ-どおり(名古屋市)
広神村　ひろかみ-むら(新潟県)
広野　ひろの(兵庫県)
広野町　ひろの-まち(福島県)
広田　ひろた(岩手県)
広畑　ひろはた(兵庫県)
広田村　ひろた-むら(愛媛県)
広川　ひろ-かわ(和歌山県)
広川町　ひろかわ-まち(福岡県)
広沢池　ひろさわのいけ(京都市)
広河内岳　ひろごうち-だけ(山梨·静岡県)
広河原峠　ひろがわら-とうげ(山梨県)
光　ひかり(山口県)
光南台　こうなん-だい(岡山県)
光徳　こうとく(栃木県)
光明池　こうみょう-いけ(大阪府)
光岳　てかり-だけ(静岡·長野県)
光町　ひかり-まち(千葉県)
光珠内　こうしゅない(北海道)
光洲山　こうしゅう-ざん(石川県)
光が丘　ひかりがおか(東京都)

괘

掛頭山　かけず-やま(広島県)
掛川市　かけがわ-し(静岡県)
掛塚　かけづか(静岡県)
掛合町　かけや-ちょう(島根県)

괴

怪無山　けなし-やま(長野県)

굉

轟温泉　とどろき-おんせん(宮城県)

교

交野　かたの(大阪府)
教来石　きょうらいし(山梨県)
喬木村　たかぎ-むら(長野県)
蕎麦粒山　そばつぶ-やま(東京都, 岐阜県)
橋筋　はっすじ(大阪府)
橋立　はしたて(石川県)
橋本　はしもと(神奈川県, 京都府)
橋本市　はしもと-し(和歌山県)
橋本川　はしもと-がわ(山口県)
橋場　はしば(東京都)
橋津　はしづ(鳥取県)
橋杭岩　はしくい-いわ(和歌山県)
鮫　さめ(青森県)
鮫洲　さめず(東京都)
鮫川　さめ-がわ(福島県)

九谷 くたに(石川県)
九鬼 くき(三重県)
九筋二領 きゅうすじにりょう(山梨県)
九段 くだん(東京都)
九島 く-しま(愛媛県)
九度山町 くどやま-ちょう(和歌山県)
九頭竜 くずりゅう(福井県)
九里半街道 くりはん-かいどう(滋賀·福井県)
九里峡 くり-きょう(和歌山·三重県)
九木 くき(三重県)
九十九谷 くじゅうくたに(千葉県)
九十九曲峠 くじゅうくまがり-とうげ(高知·愛媛県)
九十九曲川 くじゅうくまがり-がわ(茨城県)
九十九島 くじゅうく-しま(長崎県)
つくも-じま(長崎県)
九十九里 くじゅうくり(千葉県)
九十九湾 つくも-わん(石川県)
九十九川 つくも-がわ(群馬県)
九条新道 くじょうしんみち(大阪市)
九条通り くじょう-どおり(京都市)
九州 きゅうしゅう(일본열도의 4대 섬)
九重 くじゅう(大分県)
ここのえ(千葉県)
九重町 ここのえ-まち(大分県)
九千部山 くせんぶ-やま(佐賀·福岡県)
九千部岳 くせんぶ-だけ(長崎県)
九酔渓 きゅうすい-けい(大分県)
九戸 くのへ(岩手県·青森県)
久居市 ひさい-し(三重県)
久高島 くだか-じま(沖縄県)
久谷 くたに(愛媛県)
久々野町 くぐの-ちょう(岐阜県)
久々子 くぐし(福井県)
久根鉱山 くね-こうざん(静岡県)
久崎 くざき(兵庫県)
久能山 くのう-ざん(静岡県)
久大* きゅうだい(久留米·大分)
久呂保 くろほ(群馬県)
久礼 くれ(高知県)
久瀬村 くぜ-むら(岐阜県)
久留里 くるり(千葉県)
久留米 くるめ(東京都, 福岡県)
久六島 きゅうろく-じま(青森県)
久里浜 くりはま(神奈川県)
久万 くま(愛媛県)
久木 ひさぎ(島根県)
久木野村 くぎの-むら(熊本県)
久米 くめ(奈良県, 岡山県)
久米島 くめ-じま(沖縄県)
久美浜 くみはま(京都府)
久米川 くめがわ(東京都)
久保内 くぼない(北海道)
久宝寺 きゅうほうじ(大阪府)
久保田町 くぼた-ちょう(佐賀県)
久比岐県立自然公園 くびき-けんりつしぜんこうえん(新潟県)
久山町 ひさやま-まち(福岡県)
久世 くせ(京都府, 岡山県)
久手 くて(島根県)
久手堅 くでけん(沖縄県)
久我山 くがやま(東京都)
久御山町 くみやま-ちょう(京都府)
久遠 くどお(北海道)
久慈 くじ(岩手県, 滋城県)
久場島 くば-しま(沖縄県)
久井町 くい-ちょう(広島県)
久住 くじゅう(大分県)
くすみ(千葉県)
久樽丘陵 くったり-きゅうりょう(北海道)
久志 くし(沖縄県)
久之浜 ひさのはま(福島県)
久七峠 きゅうしち-とうげ(熊本·鹿児島県)
久賀島 ひさか-じま(長崎県)
久下田 くげた(栃木県)
久賀町 くか-ちょう(山口県)
久喜市 くき-し(埼玉県)
久ヶ原 くがはら(東京都)
口吉野 くちよしの(奈良県)
口能登 くちのと(石川県)
口丹 くちたん(京都府)
口無瀬戸 くちなし-せと(広島県)
口分田 くもで(滋賀県)
口箱根 くちはこね(神奈川県)
口永良部 くちえらぶ(鹿児島県)
口永良部島 くちのえらぶ-じま(鹿児島県)
口熊野 くちくまの(和歌山県)
口日光 くちにっこう(栃木県)
口日野 くちひの(鳥取県)
口之島 くちのしま(鹿児島県)
口之三島 くちのみしま(鹿児島県)
口之津町 くちのつ-ちょう(長崎県)
口蝦夷 くちえぞ(北海道)
口和町 くちわ-ちょう(広島県)
区界峠 くざかい-とうげ(岩手県)
丘珠 おかだま(札幌市)

旧北上川　きゅうきたかみ-がわ(岩手県)
旧小本街道　きゅうおもと-かいどう(岩手県)
臼尻　うすじり(北海道)
臼別温泉　うすべつ-おんせん(北海道)
臼杵　うすき(大分県)
臼杵山　うすぎ-やま(東京都)
臼田町　うすだ-まち(長野県)
臼井　うすい(千葉県)
臼津峠　きゅうしん-とうげ(大分県)
臼碆崎　うすばえ-ざき(高知県)
求名　ぐみょう(鹿児島県)
求菩提山　くぼて-やま(福岡県)
玖　く(広島市)
玖珂　くが(山口県)
玖珠　くす(大分県)
玖波　くば(広島県)
具志頭村　ぐしかみ-そん(沖縄県)
具志川島　ぐしかわ-しま(沖縄県)
具志川市　ぐしかわ-し(沖縄県)
具志川村　ぐしかわ-そん(沖縄県)
狗留孫山　くるそん-ざん(山口県)
狗留孫峡　くるそん-きょう(宮崎県)
倶多楽　くったら(北海道)
倶留尊山　くるそ-やま(三重・奈良県)
倶利伽羅　くりから(石川県)
倶知安　くっちゃん(北海道)
倶土山台地　くどさん-だいち(北海道)
寇ヶ浦　あだがうら(石川県)
球磨　くま(熊本県)
韮崎市　にらさき-し(山梨県)
韮山　にらやま(静岡県)
韮生郷　にろう-ごう(高知県)
厩橋　うまやばし(東京都, 群馬県)
溝口　みぞぐち(兵庫県)
溝口町　みぞくち-ちょう(鳥取県)
溝辺町　みぞべ-ちょう(鹿児島県)
溝ノ口　みぞのくち(川崎市)
鉤掛山　かぎかけ-やま(香川県)
鳩間島　はとま-じま(沖縄県)
鳩待峠　はとまち-とうげ(群馬県)
鳩峰高原　はとみね-こうげん(山形県)
鳩山町　はとやま-まち(埼玉県)
鳩ヶ谷　はとがや(岐阜県)
鳩ヶ谷市　はとがや-し(埼玉県)
鳩ヶ湯温泉　はとがゆ-おんせん(福井県)
鳩ノ巣　はとのす(東京都)
鳩ノ湯温泉　はとのゆ-おんせん(群馬県, 埼玉県)
駒帰峠　こまがえり-とうげ(鳥取・岡山県)
駒鳴　こまなき(佐賀県)
駒木野　こまぎの(東京都)
駒返峠　こまがえり-とうげ(熊本県)
駒込　こまごめ(東京都)
駒場　こまば(北海道, 東京都, 長野県)
駒止峠　こまど-とうげ(福島県)
駒沢　こまざわ(東京都)
駒形　こまがた(秋田県, 群馬県, 東京都)
駒形山　こまがた-やま(神奈川県)
駒ヶ根市　こまがね-し(長野県)
駒ヶ嶺　こまがみね(福島県)
駒ヶ峰　こまがみね(青森県)
駒ヶ岳　こまがたけ(北海道, 青森県, 岩手県)
　こまがだけ(秋田県)
駒ヶ原　こまがはら(愛知県)
駒ノ湯温泉　こまのゆ-おんせん(宮城県)
鷗島　かもめ-じま(北海道)

국

国見　くにみ(岩手・秋田県, 秋田県, 長崎県)
国見ヶ丘　くにみがおか(宮崎県)
国見山　くにみ-さん(鹿児島県)
　くにみ-やま(三重・奈良県, 三重県, 高知県, 長崎・佐賀県)
国見山地　くにみ-さんち(熊本・鹿児島県, 九州)
国見峠　くにみ-とうげ(宮城県, 宮崎県)
国見岳　くにみ-だけ(福井県, 宮崎・熊本県)
国見町　くにみ-ちょう(大分県)
　くにみ-まち(福島県)
国境峠　くにざかい-とうげ(岩手県)
国光原　こっこう-ばる(宮崎県)
国崎　くざき(三重県)
国都線　こくと-せん(小倉～鹿児島)
国東　くにさき(大分県)
国頭　くにがみ(沖縄県)
国領　こくりょう(北海道, 東京都)
国領川　こくりょう-がわ(愛媛県)
国立　くにたち(東京都)
国縫　くんぬい(北海道)
国府　こう(愛知県)
　こくふ(神奈川県, 兵庫県, 徳島県)
　こくぶ(島根県)
国府台　こうのだい(千葉県)
国府町　こくふ-ちょう(岐阜県, 鳥取県)
国富町　くにとみ-ちょう(宮崎県)
国府津　こうづ(神奈川県)
国府川　こくぶ-がわ(新潟県)
国分　こくぶ(大阪府, 香川県, 鹿児島県)
国分寺　こくぶんじ(東京都)

国分寺団地　こくぶんじ-だんち(神奈川県)
国分寺町　こくぶんじ-ちょう(香川県)
　こくぶんじ-まち(栃木県)
国分町　こくぶん-ちょう(仙台市)
国分川　こくぶ-がわ(高知県)
国師ヶ岳　こくしがたけ(山梨・長野県)
国樔　くず(奈良県)
国友　くにとも(滋賀県)
国場川　こくば-がわ(沖縄県)
国定　くにさだ(群馬県)
国中　**くになか**, くんなか(新潟県)
　くになか, **くんなか**(山梨県)
　くんなか(奈良県)
国包　くにかね(兵庫県)
国賀　くにが(島根県)
国後　くなしり(北海道)
菊間　きくま(千葉県)
菊間町　きくま-ちょう(愛媛県)
菊鹿　きくか(熊本県)
菊名　きくな(横浜市)
菊水町　きくすい-まち(熊本県)
菊陽町　きくよう-まち(熊本県)
菊屋橋　きくやばし(東京都)
菊池　きくち(熊本県)
菊川　きくかわ(東京都)
　きく-がわ(静岡県)
菊川町　きくがわ-ちょう(山口県)
菊ヶ浜　きくがはま(山口県)
椈森　ぶなもり(秋田県)
麹町　こうじまち(東京都)

君田村　きみた-そん(広島県)
君津　きみつ(千葉県)
君ヶ浜　きみがはま(千葉県)
君ヶ野ダム　きみがの-ダム(三重県)
軍谷峠　いくさだに-とうげ(宮崎県)
軍畑　いくさばた(東京都)
軍川　いくさがわ(北海道)
軍沢岳　いくさざわ-だけ(秋田・宮城・山形県)
軍艦島　ぐんかん-じま(石川県, 長崎県)
郡家　ぐんげ(兵庫県)
郡家町　こおげ-ちょう(鳥取県)
郡内　ぐんない(山梨県)
郡里　こうざと(徳島県)
郡山　こおりやま(福島県, 奈良県)
郡山町　こおりやま-ちょう(鹿児島県)
郡上　ぐじょう(岐阜県)
郡中　ぐんちゅう(愛媛県)
郡築　ぐんちく(熊本県)
群馬　ぐんま(関東 北西部)
群別岳　ぐんべつ-だけ(北海道)

屈斜路湖　くっしゃろ-こ(北海道)
堀　ほり(山口県)
堀江　ほりえ(富山県, 大阪市, 愛媛県)
堀金村　ほりがね-むら(長野県)
堀内疏水　ほりうち-そすい(山口県)
堀留町　ほりどめ-ちょう(東京都)
堀船　ほりふね(東京都)
堀越峠　ほりこし-とうげ(福井県, 広島県)
堀田　ほった(名古屋市)
堀田温泉　ほりた-おんせん(大分県)
堀切　ほりきり(東京都, 愛知県)
堀之内　ほりのうち(新潟県)
堀川　ほりかわ(熊本県)
　ほり-かわ(名古屋市, 京都市, 北九州市, 宮崎県)
堀ノ内　ほりのうち(東京都)

弓浜半島　きゅうひん-はんとう(鳥取県)
弓削　ゆげ(京都府, 岡山県, 愛媛県)
弓ヶ浜　ゆみがはま(静岡県, 鳥取県)
宮　みや(宮城県, 岐阜県, 名古屋市)
宮古　みやこ(岩手県, 沖縄県)
宮崎　みやざき(九州 南東部)
宮崎ノ鼻　みやざきのはな(和歌山県)
宮崎町　みやざき-ちょう(宮城県)
宮崎村　みやざき-むら(福井県)
宮内　みやうち(山形県, 岡山県)
宮内温泉　ぐうない-おんせん(北海道)
宮代町　みやしろ-まち(埼玉県)
宮島　みや-じま(広島県)
宮良　みやら(沖縄県)
宮路山　みやじ-さん(愛知県)
宮滝　みやたき(奈良県)

宮城　みやぎ(仙台市)
宮盛　みやざかり(広島県)
宮城島　みやぎ-じま(沖縄県)
宮城野　みやぎの(神奈川県)
宮城村　みやぎ-むら(群馬県)
宮守村　みやもり-むら(岩手県)
宮宿　みやのしゅく(名古屋市)
宮野　みやの(宮城県，山口県)
宮野下　みやのした(愛媛県)
宮窪町　みやくぼ-ちょう(愛媛県)
宮原町　みやはら-まち(熊本県)
宮益坂　みやます-ざか(東京都)
宮田　みやだ(福岡県)
宮前区　みやまえ-く(川崎市)
宮田町　みやた-まち(福岡県)
宮田村　みやだ-むら(長野県)
宮井　みやい(和歌山県)
宮地　みやじ(熊本県)
宮之城　みやのじょう(鹿児島県)
宮地嶽　みやじ-だけ(福岡県)
宮之浦　みやのうら(鹿児島県)
宮津　みやづ(京都府)
宮妻渓谷　みやづま-けいこく(三重県)
宮川　みや-かわ(京都府)
　みや-がわ(岐阜県，三重県)
宮塚山　みやつか-やま(東京都)
宮沢温泉　みやざわ-おんせん(宮城県)
宮沢湖　みやざわ-こ(埼玉県)
宮戸島　みやと-じま(宮城県)
宮ヶ浜　みやがはま(鹿児島県)
宮ノ窪瀬戸　みやのくぼ-せと(愛媛県)
宮ノ越　みやのこし(長野県)
宮ノ浦　みやのうら(宮崎県)
宮ノ下温泉　みやのした-おんせん(神奈川県)

巻機山　まきはた-やま(群馬・新潟県)
巻町　まき-まち(新潟県)
巻向　まきむく(奈良県)
権兵衛峠　ごんべえ-とうげ(長野県)
権田山　ごんだ-やま(徳島県)
権田原　ごんだわら(東京都)
権之助坂　ごんのすけ-ざか(東京都)
権次入峠　ごんじり-とうげ(東京都・埼玉県)
権現崎　ごんげん-ざき(青森県)
権現堂　ごんげんどう(埼玉県)
権現山　ごんげん-さん(秋田県)
　ごんげん-やま(福井・岐阜県，山梨県，山口県)
権現岳　ごんげん-だけ(長野県)

蕨山　わらび-やま(埼玉県)
蕨市　わらび-し(埼玉県)

궤

櫃島　ひつ-しま(山口県)
櫃石島　ひついし-じま(香川県)

귀

鬼界島　きかいが-しま(鹿児島県)
鬼怒　きぬ(栃木県)
鬼怒川　きぬ-がわ(栃木県・茨城県)
鬼鹿　おにしか(北海道)
鬼柳　おにやなぎ(岩手県)
鬼面山　おにがつら-やま，おにづら-やま(福島・新潟県)
　おにがめん-やま，きめん-ざん(福島県)
鬼面川　おもの-がわ(山形県)
鬼無　きなし(香川県)
鬼無里村　きなさ-むら(長野県)
鬼門平　おんかどびら(鹿児島県)
鬼北　きほく(愛媛県)
鬼峠トンネル　おにとうげ-トンネル(清風山～占冠)
鬼石町　おにし-まち(群馬県)
鬼首　おにこうべ(宮城県)
鬼岳　おん-だけ(長崎県)
鬼押出　おにおしだし(群馬県)
鬼池　おにいけ(熊本県)
鬼志別　おにしべつ(北海道)
鬼脇　おにわき(北海道)

鬼ヶ島　おにが-しま(香川県)
鬼ヶ城　おにがじょう(三重県，秋田県)
鬼ヶ城山　おにがじょう -やま(広島県，愛媛県)
鬼ヶ岳　おにがたけ(山梨県)
　おにがだけ(岡山県)
鬼ノ舌震　おにのしたぶるい(島根県)
亀岡　かめおか(京都府，愛媛県)
亀谷峠　かめたに -とうげ(島根・広島県)
亀崎　かめざき(愛知県)
亀徳　かめとく(鹿児島県)
亀嶺高原　きれい -こうげん(熊本県)
亀山　かめやま(千葉県，兵庫県)
亀山市　かめやま -し(三重県)
亀石峠　かめいし -とうげ(静岡県)
亀嵩　かめだけ(島根県)
亀有　かめあり(東京都)
亀田　かめだ(秋田県，函館市)
亀田町　かめだ -まち(新潟県)
亀津　かめつ(鹿児島県)
亀川温泉　かめがわ -おんせん(大分県)
亀浦　かめのうら(熊本県)
亀戸　かめいど(東京都)
亀ヶ岡　かめがおか(青森県)
亀ノ瀬　かめのせ(大阪府・奈良県)
貴生川　きぶかわ(滋賀県)
貴船　きぶね(京都市)
貴志川　きし -がわ(和歌山県)

糺ノ森　ただすのもり(京都市)
槻木　つきのき(宮城県)
槻川　つき -がわ(埼玉県)
鮭川　さけ -がわ(山形県)

橘　たちばな(神奈川県，徳島県)
橘湾　たちばな -わん(長崎県)
橘町　たちばな -ちょう(山口県)
橘湖　たちばな -こ(北海道)

極楽寺　ごくらくじ(神奈川県)

芹谷野　せりだんの(富山県)
芹川　せり -がわ(滋賀県)
近江　おうみ(滋賀県)
近畿　きんき(本州 中央部)
近藤沼　こんどう -ぬま(群馬県)
近露　ちかつゆ(和歌山県)
近木川　こぎ -がわ(大阪府)
近文　ちかぶみ(北海道)
根崎温泉　ねざき -おんせん(北海道)
根来　ねごろ(和歌山県)
根尾　ねお(岐阜県)
根府川　ねぶかわ(神奈川県)
根上町　ねあがり -まち(石川県)
根室　ねむろ(北海道)
根岸　ねぎし(東京都，横浜市)
根曳峠　ねびき -とうげ(高知県)
根雨　ねう(鳥取県)
根羽村　ねば -むら(長野県)
根子　ねっこ(秋田県)
根子岳　ねこ -だけ(長野県，熊本県)
根場　ねんば(山梨県)
根占　ねじめ(鹿児島県)
根津　ねづ(東京都)
根釧台地　こんせん -だいち(北海道)
勤行川　ごんぎょう -がわ(栃木県)
筋湯温泉　すじゆ -おんせん(大分県)

今江潟　いまえ -がた(石川県)
今橋　いまはし(愛知県)
　いまばし(大阪市)

今宮　いまみや(大阪市)
今帰仁村　なきじん-そん(沖縄県)
今金町　いまかね-ちょう(北海道)
今里　いまざと(大阪市)
今立　いまだて(福井県)
今尾　いまお(岐阜県)
今別町　いまべつ-まち(青森県)
今福　いまふく(長崎県)
今須　います(岐阜県)
今宿　いまじゅく(福岡市)
今市　いまいち(島根県)
今市市　いまいち-し(栃木県)
今熊野　いまくまの(京都市)
今伊勢　いまいせ(愛知県)
今庄町　いまじょう-ちょう(福井県)
今田町　こんだ-ちょう(兵庫県)
今切　いまきれ(静岡県)
今切港　いまぎれ-こう(徳島県)
今井　いまい(東京都, 奈良県)
今町　いままち(新潟県)
今井浜温泉　いまいはま-おんせん(静岡県)
今池　いまいけ(名古屋市)
今津　いまづ(大分県)
今津湾　いまづ-わん(福岡市)
今津線　いまづ-せん(今津〜宝塚)
今津町　いまづ-ちょう(滋賀県)
今津川　いまづ-がわ(山口県)
今川　いま-がわ(福岡・大分県)
今泉街道　いまいずみ-かいどう(岩手県)
今出川　いまでがわ(京都市)
今治　いまばり(愛媛県)
今戸　いまど(東京都)
今ノ山　いまのやま(高知県)
金甲山　きんこう-ざん(岡山県)
金岡　かなおか(静岡県, 岡山市)
金剛　こんごう(奈良県・大阪府)
金剛堂山　こんごうどう-ざん(富山県)
金岡東団地　かなおかひがし-だんち(大阪府)
金剛童子山　こんごうどうじ-やま(兵庫県)
金剛山　こんごう-さん(新潟県, 高知県)
金鶏山　きんけい-ざん(群馬県)
金谷　かなや(千葉県)
金谷町　かなや-ちょう(静岡県)
金谷川　かなやがわ(福島県)
金光寺野　きんこうじ-の(秋田県)
金光町　こんこう-ちょう(岡山県)
金島　かね-じま(愛媛県)
金洞山　こんどう-ざん(群馬県)
金鈴峡　きんれい-きょう(京都市)
金鱗湖　きんりん-こ(大分県)
金名線　きんめい-せん(加賀一ノ宮〜白山下)
金木町　かなぎ-まち(青森県)
金目川　かなめ-がわ(神奈川県)
金武　きん(沖縄県)
金尾峠　かなお-とうげ(広島県)
金辺峠　きべ-とうげ(北九州市)
金屏風　きん-びょうぶ(北海道)
金峰　きんぽう(鹿児島県)
みたけ(山口県)
金峰山　きんぷ-さん(山梨・長野県, 東京都)
きんぷ-せん(奈良県)
きんぽう-ざん(山形県, 熊本県)
金北山　きんぽく-さん(新潟県)
金糞岳　かなぐそ-だけ(岐阜・滋賀県)
金比羅山　こんぴら-さん(三重県)
金砂　きんしゃ(愛媛県)
金砂郷村　かなさごう-むら(茨城県)
金山　かなやま(北海道, 群馬県, 山梨県, 名古屋市)
かねやま(宮城県)
金山峠　かねやま-とうげ(宮城・山形県)
金山町　かなやま-ちょう(岐阜県)
かねやま-まち(山形県, 福島県)
金杉　かなすぎ(埼玉県, 東京都)
金生山鉱山　きんしょうざん-こうざん(岐阜県)
金生川　きんせい-がわ(愛媛・香川県)
金石　かないわ(石川県)
金成　かんなり(宮城県)
金城山　きんじょう-さん(新潟県)
金城町　かなぎ-ちょう(島根県)
金時山　きんとき-やま(神奈川・静岡県)
金屋　かなや(鳥取県)
金屋町　かなや-ちょう(和歌山県)
金子　かねこ(東京都)
金子峠　かねこ-とうげ(山梨県)
金蔵寺　こんぞうじ(香川県)
金田ノ岬　かねだのみさき(北海道)
金田湾　かねだ-わん(神奈川県)
金田峠　かねだ-とうげ(栃木県)
金田一　きんたいち(岩手県)
金田町　かなだ-まち(福岡県)
金町　かなまち(東京都)
金精　こんせい(栃木・群馬県)
金井町　かない-まち(新潟県)
金指　かなさし(静岡県)
金津山　かなづ-やま(青森県)
金津町　かなづ-ちょう(福井県)
金倉川　かなくら-がわ(香川県)
金川　かながわ(岡山県)
金沢　かなざわ(横浜市, 石川県)
かねざわ(秋田県)
金浦　このうら(秋田県)
金華　かねはな(北海道)

金華山　きんかざん(宮城県)
　きんか-ざん(岐阜県)
金丸　かなまる(群馬県)
　かねまる(石川県)
金ヶ崎町　かねがさき-ちょう(岩手県)
金ヶ瀬　かながせ(宮城県)
琴丘町　ことおか-まち(秋田県)
琴南町　ことなみ-ちょう(香川県)
琴林公園　きんりん-こうえん(香川県)
琴湾　きん-わん(長崎県)
琴浜　ことはま(秋田県)
琴似　ことに(札幌市)
琴引浜　ことびき-はま(京都府)
琴引山　ことびき-さん(島根県)
琴引坂　ことびき-ざか(兵庫県)
琴弾山　ことひき-やま(香川県)
琴平　ことひら(香川県)
琴浦　ことうら(岡山県)
琴海町　きんかい-ちょう(長崎県)
琴ヶ浜　ことがはま(高知県)
琴ノ海　ことのうみ(秋田県, 長崎県)
錦　にしき(福島県, 三重県, 山口県)
錦江湾　きんこう-わん(鹿児島県)
錦帯橋　きんたい-きょう(山口県)
錦糸　きんし(東京都)
錦小路　にしきこうじ(京都市)
錦繡温泉　きんしゅう-おんせん(富山県)
錦雲峡　きんうん-きょう(京都市)
錦町　にしき-ちょう(東京都)
　にしき-まち(熊本県)
錦秋湖　きんしゅう-こ(岩手県)
錦浦湾　きんぽ-わん(高知県)
錦海湾　きんかい-わん(岡山県)
錦ヶ浦　にしきがうら(静岡県)
襟裳　えりも(北海道)

及位　のぞき(山形県)
笈ヶ岳　おいづるがだけ(岐阜·富山·石川県)

亘理　わたり(宮城県)

기

己高山　こだかみ-やま(滋賀県)
己斐　こい(広島市)
企救　きく(北九州市)
気高　けたか(鳥取県)
気比　けひ(福井県)
気仙　けせん(岩手県)
気仙沼　けせんぬま(宮城県)
気田　けた(静岡県)
気賀　きが(静岡県)
岐南町　ぎなん-ちょう(岐阜県)
岐阜　ぎふ(東海·東山地方)
岐宿町　きしく-ちょう(長崎県)
奇絶峡　きぜつ-きょう(和歌山県)
祁答院町　けどういん-ちょう(鹿児島県)
祇王　ぎおう(滋賀県)
祇園　ぎおん(京都市, 広島市)
紀　き(紀伊国의 옛이름·약칭)
紀見峠　きみ-とうげ(大阪府·和歌山県)
紀南　きなん(和歌山県)
紀淡海峡　きたん-かいきょう(和歌山県)
紀尾井町　きおい-ちょう(東京都)
紀宝町　きほう-ちょう(三重県)
紀北　きほく(和歌山県)
紀三井寺　きみいでら(和歌山県)
紀仙郷県立自然公園　きせんきょう-けんりつしぜんこうえん(和歌山県)
紀勢*　きせい(紀伊·伊勢)
紀伊　きい(옛 국명)
紀伊見峠　きいみ-とうげ(大阪府·和歌山県)
紀伊国坂　きのくに-ざか(東京都)
紀州　きしゅう(紀伊의 딴이름)
紀中　きちゅう(和歌山県)
紀和*　きわ(紀伊·大和)
紀ノ松島　きのまつしま(和歌山県)
紀ノ川　きのかわ(和歌山県)
起　おこし(愛知県)

基山 き-さん(佐賀県)
きやま(佐賀県)
基町団地 もとまち-だんち(広島市)
埼京線 さいきょう-せん(川越～新宿)
埼玉 さいたま(埼玉県)
さきたま(栃木県)
寄居町 よりい-まち(埼玉県)
寄磯崎 よりそ-ざき(宮城県)
寄島 より-しま(岡山県)
寄合度 よりあいど(長野県)
崎枝湾 さきえだ-わん(沖縄県)
崎津 さきつ(熊本県)
崎戸 さきと(長崎県)
幾寅峠 いくとら-とうげ(北海道)
幾日峰 いくひの-みね(山梨·長野県)
幾春別 いくしゅんべつ(北海道)
碁石ヶ峰県立自然公園 ごいしがみね-けんりつしぜんこうえん(石川県)
碁石山 ごいし-ざん(香川県)
碁石浦 ごいし-うら(茨城県)
旗の台 はたのだい(東京都)
箕島 み-しま, みの-しま(長崎県)
箕輪町 みのわ-まち(長野県)
箕面 みのお(大阪府)
箕郷町 みさと-まち(群馬県)
畿内 きない(奈良県·大阪府, 京都府)
磯谷郡 いそや-ぐん(北海道)
磯崎 いそざき(茨城県)
磯部 いそべ(滋賀県, 群馬県)
磯部町 いそべ-ちょう(三重県)
磯分内 いそぶんない(北海道)
磯浜 いそはま(茨城県)
磯城郡 しき-ぐん(奈良県)
磯原 いそはら(茨城県)
磯子 いそご(横浜市)
磯浦海岸 いそうら-かいがん(愛媛県)
騎西町 きさい-まち(埼玉県)
麒麟山温泉 きりんざん-おんせん(新潟県)

吉岡 よしおか(北海道, 宮城県)
吉岡村 よしおか-むら(群馬県)
吉見 よしみ(山口県)
吉見町 よしみ-まち(埼玉県)
吉崎 よしざき(福井県)
吉奈温泉 よしな-おんせん(静岡県)
吉都線 きっと-せん(都城～吉松)
吉良町 きら-ちょう(愛知県)
吉良川 きらがわ(高知県)
吉里吉里 きりきり(岩手県)
吉名 よしな(広島県)
吉敷郡 よしき-ぐん(山口県)
吉部市 きべいち(山口県)
吉富町 よしとみ-まち(福岡県)
吉備 きび(옛 국명)
吉備町 きび-ちょう(和歌山県)
吉浜 きっぴん(岩手県)
よしはま(神奈川県)
吉浜湾 よしはま-わん(岩手県)
吉舎町 きさ-ちょう(広島県)
吉祥寺 きちじょうじ(東京都)
吉城郡 よしき-ぐん(岐阜県)
吉松 よしまつ(鹿児島県)
吉野 よしの(東京都, 神奈川県, 奈良県, 徳島県)
吉野谷村 よしのだに-むら(石川県)
吉野生 よしのぶ(愛媛県)
吉永町 よしなが-ちょう(岡山県)
吉原 よしわら(東京都, 静岡県)
吉隠 よなばり(奈良県)
吉田 よしだ(愛知県, 京都市, 広島県, 山口県)
吉田町 よしだ-ちょう(静岡県, 愛媛県, 鹿児島県)
よしだ-まち(埼玉県, 新潟県)
吉田村 よしだ-むら(島根県)
吉井 よしい(岡山県, 福岡県)
吉井町 よしい-ちょう(長崎県)
よしい-まち(群馬県)
吉津 よしづ(三重県)
吉川 よしかわ(岡山県)
吉川町 よかわ-ちょう(兵庫県)
よしかわ-まち(埼玉県, 新潟県)
吉川村 よしかわ-むら(高知県)
吉則 よしのり(山口県)
吉海町 よしうみ-ちょう(愛媛県)
吉和村 よしわ-むら(広島県)
お吉ヶ浜 おきちがはま(愛知県)
桔梗 ききょう(北海道)
桔梗が丘団地 ききょうがおか-だんち(三重県)
桔梗ヶ原 ききょうがはら(長野県)

ㄴ

那加　なか(岐阜県)
那珂　なか(茨城·栃木県, 福岡市)
那古船形　なこふなかた(千葉県)
那岐山　なぎ-さん(岡山·鳥取県)
那沙美瀬戸　なさみのせと(広島県)
那須　なす(栃木県)
那智　なち(和歌山県)
那覇　なは(沖縄県)
那賀　なか(徳島県)
　なが(和歌山県)
那賀郡　なか-ぐん(島根県)

難台山　なんだい-さん(茨城県)
難波　なにわ(大阪의 옛이름)
　なんば(滋賀県, 大阪市)
難波丘陵　なんば-きゅうりょう(新潟県)

男女群島　だんじょ-ぐんとう(長崎県)
男島　おしま(長崎県)
男鹿　おが(秋田県)
　おじか(栃木県)
男鹿島　たんが-しま(兵庫県)
男木島　おぎ-じま(香川県)
男山　おとこ-やま(京都府)
男潟　お-がた(秋田県)
男川　おと-がわ(愛知県)
男体山　なんたい-さん(茨城県, 栃木県)
南アルプス　みなみ-アルプス(本州 중부)
南巨摩郡　みなみこま-ぐん(山梨県)
南高来郡　みなみたかき-ぐん(長崎県)
南高安　みなみたかやす(大阪府)
南関東　みなみかんとう(関東地方 남부)
南串山町　みなみくしやま-ちょう(長崎県)
南関町　なんかん-まち(熊本県)
南光台団地　なんこうだい-だんち(仙台市)
南光町　なんこう-ちょう(兵庫県)
南区　みなみ-く(札幌市, 横浜市, 名古屋市, 京都市)
南久宝寺町　みなみきゅうほうじ-まち(大阪市)
南駒ヶ岳　みなみこまがだけ(長野県)
南九州　みなみきゅうしゅう(宮崎·鹿児島県)
南国　なんごく(南四国, 南九州를 지칭)
南国市　なんこく-し(高知県)
南紀　なんき(和歌山県)
南磯　みなみいそ(秋田県)
南箕輪村　みなみみのわ-むら(長野県)
南埼玉郡　みなみさいたま-ぐん(埼玉県)

南那珂　みなみなか(宮崎県)
南那須町　みなみなす-まち(栃木県)
南濃　なんのう(岐阜県)
南多摩　みなみたま(東京都)
南淡路有料道路　みなみあわじ-ゆうりょうどうろ(兵庫県)
南淡町　なんだん-ちょう(兵庫県)
南大東　みなみだいとう(沖縄県)
南大夕張炭鉱　みなみおおゆうばり-たんこう(北海道)
南大阪　みなみおおさか(大阪市와 大阪府 남부)
南島　みなみ-じま(東京都)
南都留郡　みなみつる-ぐん(山梨県)
南島町　なんとう-ちょう(三重県)
南東北三スカイライン　みなみとうほく-さんスカイライン(道路 이름)
南硫黄島　みなみ-いおうとう(東京都)
南牟婁郡　みなみむろ-ぐん(三重県)
南茅部町　みなみかやべ-ちょう(北海道)
南目　みなみめ(長崎県)
南牧　なんもく(群馬県)
南木曾町　なぎそ-まち(長野県)
南牧村　みなみまき-むら(長野県)
南武　なんぶ(武蔵国 남부)
南方町　みなみかた-まち(宮城県)
南房州道路　みなみぼうしゅう-どうろ(千葉県)
南方地方　みなみがた-ちほう(徳島県)
南房総　みなみぼうそう(千葉県)
南白亀　なばき(千葉県)
南白浜有料道路　みなみしらはま-ゆうりょうどうろ(和歌山県)
南部　なんぶ(岩手・青森県)
　みなべ(和歌山県)
南富良野町　みなみふらの-ちょう(北海道)
南部町　なんぶ-ちょう(山梨県)
南部坂　なんぶ-ざか(東京都)
南北線　なんぼく-せん(麻生～真駒内)
南北浦海中公園　みなみきたうら-かいちゅうこうえん(宮崎県)
南飛　なんひ(岐阜県)
南砂　みなみすな(東京都)
南四国　みなみしこく(四国 남부)
南蛇井　なんじゃい(群馬県)
南山城　みなみやましろ(京都府)
南薩　なんさつ(鹿児島県)
南三陸金華山国定公園　みなみさんりくきんかざん-こくていこうえん(宮城県)
南相木村　みなみあいき-むら(長野県)
南西諸島　なんせい-しょとう(九州에서 台湾에 이르는 열도)
南設楽郡　みなみしたら-ぐん(愛知県)
南勢　なんせい(三重県)
南小国　みなみおぐに(熊本県)
南松浦郡　みなみまつうら-ぐん(長崎県)
南信　なんしん(長野県)
南信濃村　みなみしなの-むら(長野県)
南阿蘇鉄道　みなみあそ-てつどう(立野～高森)
南阿賀油田　みなみあが-ゆでん(新潟県)
南岳　みなみ-だけ(鹿児島県)
南安曇郡　みなみあずみ-ぐん(長野県)
南陽　なんよう(山口県)
南陽市　なんよう-し(山形県)
南御牧　みなみみまき(長野県)
南魚沼郡　みなみうおぬま-ぐん(新潟県)
南熱海温泉　みなみあたみ-おんせん(静岡県)
南予　なんよ(愛媛県)
南外村　なんがい-むら(秋田県)
南宇和郡　みなみうわ-ぐん(愛媛県)
南原海岸　なんばら-かいがん(東京都)
南原峡　なばら-きょう(広島市)
南越　なんえつ(福井県)
南由利原　みなみゆり-はら(秋田県)
南有馬町　みなみありま-ちょう(長崎県)
南伊豆町　みなみいず-ちょう(静岡県)
南日本　みなみにほん(九州～西南諸島 일대를 지칭)
南条　なんじょう(福井県)
南鳥島　みなみとり-しま(東京都)
南足柄市　みなみあしがら-し(神奈川県)
南種子町　みなみたね-ちょう(鹿児島県)
南佐久郡　みなみさく-ぐん(長野県)
南知多　みなみちた(愛知県)
南津軽郡　みなみつがる-ぐん(青森県)
南秦野　みなみはだの(神奈川県)
南川　みなみ-がわ(福井県・京都府)
南千島　みなみちしま(北海道)
南千住　みなみせんじゅ(東京都)
南総　なんそう(上総의 딴이름)
南秋田郡　みなみあきた-ぐん(秋田県)
南筑　なんちく(福岡県)
南八甲田　みなみはっこうだ(青森県)
南八ヶ岳　みなみやつがたけ(山梨・長野県)
南平　みなみだいら(東京都)
南平台　なんぺいだい(東京都)
南蒲原郡　みなみかんばら-ぐん(新潟県)
南風原町　はえばる-ちょう(沖縄県)
南河内郡　みなみかわち-ぐん(大阪府)
南河内町　みなみかわち-まち(栃木県)
南河原村　みなみかわら-むら(埼玉県)
南海　なんかい(日本열도 남방해역)
南海部郡　みなみあまべ-ぐん(大分県)
南行徳　みなみぎょうとく(千葉県)
南郷　なんごう(滋賀県)

南郷谷　なんごう-だに(熊本県)
南郷山トンネル　なんごうやま-トンネル(小田原～熱海)
南郷町　なんごう-ちょう(宮城県)
南郷村　なんごう-そん(宮崎県)
　なんごう-むら(青森県, 福島県)
南湖　みなみのうみ(青森県)
南湖県立自然公園　なんこ-けんりつしぜんこうえん(福島県)
南和　なんわ(奈良県)
南幌町　なんぽろ-ちょう(北海道)
南会津郡　みなみあいづ-ぐん(福島県)
楠葉　くずは(大阪府)
楠町　くす-ちょう(三重県)
　くすのき-ちょう(山口県)

納島　のう-しま(長崎県)
納沙布岬　のさっぷ-みさき, のしゃっぷ-みさき(北海道)
納屋橋　なや-ばし(名古屋市)

乃木　のぎ(島根県)
乃木坂　のぎ-ざか(東京都)
乃美　のみ(広島県)
内離島　うちばなれ-じま(沖縄県)
内牧　うちのまき(熊本県)
内房　うちぼう(千葉県)
内部線　うつべ-せん(近鉄四日市～内部)
内山　うちやま(群馬・長野県, 愛媛県)
内潟　うちがた(青森県)
内外海半島　うちとみ-はんとう(福井県)
内院　ないいん(富士山)
内原町　うちはら-まち(茨城県)
内日　うつい(山口県)
内子　うちこ(愛媛県)
内蔵助平　くらのすけ-だいら(富山県)
内之浦　うちのうら(鹿児島県)
内村温泉郷　うちむら-おんせんきょう(長野県)
内灘　うちなだ(石川県)

内浦　うちうら(石川県, 山口県)
内浦湾　うちうら-わん(北海道, 福井県, 静岡県)
内浦山　うちうら-やま(千葉県)
内海　うちうみ(愛媛県, 宮崎県)
　うちのうみ(徳島県)
　うちのみ(香川県)
　うつみ(愛知県)
内海府　うちかいふ(新潟県)
内海峠　うつみ-たわ(岡山・鳥取県)
内海町　うつみ-ちょう(広島県)
内幸町　うちさいわい-ちょう(東京都)
内郷　うちごう(福島県)
内湖　うちうみ(青森県)
内ノ倉ダム　うちのくら-ダム(新潟県)
奈古　なご(山口県)
奈古屋温泉　なこや-おんせん(静岡県)
奈多　なた(福岡市)
奈良　なら(奈良県)
奈良尾　ならお(長崎県)
奈良原温泉　ならはら-おんせん(長野県)
奈良田　ならだ(山梨県)
奈良井　ならい(長野県)
奈留　なる(長崎県)
奈摩浦　なま-うら(長崎県)
奈半利　なはり(高知県)
奈呉ノ浦　なごのうら(富山県)
奈義町　なぎ-ちょう(岡山県)
奈井江町　ないえ-ちょう(北海道)
奈佐原　なさはら(栃木県)
奈川　ながわ(長野県)

女亀山　めんかめ-やま(島根・広島県)
女島　め-しま(長崎県)
女満別　めまんべつ(北海道)
女木島　めぎ-じま(香川県)
女峰山　にょほう-さん(栃木県)
女潟　め-がた(秋田県)
女神湖　めがみ-こ(長野県)
女川　おながわ(宮城県)
女体山　にょたい-さん(茨城県)
女河浦　めがうら(静岡県)
女ノ湯　おんなのゆ(宮城県)

년

年魚市潟　あゆち-がた(名古屋市)

념

念丈岳　ねんじょう-だけ(長野県)
念場原　ねんば-はら(山梨県)
念珠岳　ねんじゅ-だけ(熊本県)

노

怒和島　ぬわ-じま(愛媛県)

농

農鳥岳　のうとり-だけ(山梨·静岡県)
濃尾　のうび(岐阜·愛知県)
濃北　のうほく(岐阜県)
濃飛*　のうひ(美濃·飛驒)
濃越山地　のうえつ-さんち(福井·岐阜県)
濃州　のうしゅう(美濃의 딴이름)
濃昼　ごきびる(北海道)

놔

雫石　しずくいし(岩手県)

뇨

尿前　しとまえ(宮城県)

능

能見坂　のうみ-さか(三重県)
能古島　のこのしま(福岡市)
能代　のしろ(秋田県)
能都町　のと-まち(石川県)
能登　のと(옛 국명)
能登川町　のとがわ-ちょう(滋賀県)
能美　のうみ(広島県)
能美郡　のみ-ぐん(石川県)
能生町　のう-まち(新潟県)
能勢　のせ(大阪府)
能義郡　のぎ-ぐん(島根県)
能州　のうしゅう(能登의 딴이름)
能地　のうじ(広島県)
能取　のとろ(北海道)
能褒野　のぼの(三重県)
能郷白山　のうごはくさん(岐阜·福井県)

니

尼崎　あまがさき(兵庫県)
尼瀬油田　あまぜ-ゆでん(新潟県)
尼御前岬　あまごぜん-ざき(石川県)
尼ヶ辻　あまがつじ(奈良県)
泥湯温泉　どろゆ-おんせん(秋田県)

ㄷ

多可郡　たか-ぐん(兵庫県)
多古鼻　たこ-ばな(島根県)
多古町　たこ-まち(千葉県)
多久　たく(佐賀県)
多気　たき(三重県)
多紀　たき(兵庫県)
多寄　たよろ(北海道)
多伎町　たき-ちょう(島根県)
多奈川　たながわ(大阪府)
多々良　たたら(福岡市)
多々良沼　たたら-ぬま(群馬県)
多徳島　たとく-しま(三重県)
多度　たど(三重県)
多度志　たどし(北海道)
多度津　たどつ(香川県)
多羅尾　たらお(滋賀県)
多楽　たらく(北海道)
多良　たら(佐賀県)
多良間　たらま(沖縄県)
多良見町　たらみ-ちょう(長崎県)
多良木町　たらぎ-まち(熊本県)
多里　たり(鳥取県)
多摩　たま(東京都)
多磨　たま(東京都)
多武峰　とうのみね(奈良県)
多聞山　たもん-ざん(宮城県)
多米峠　ため-とうげ(静岡・愛知県)
多峰主山　とうのす-やま(埼玉県)
多野郡　たの-ぐん(群馬県)
多野岳　たの-だけ(沖縄県)
多稔ケ池　たねがいけ(鳥取県)
多田盆地　ただ-ぼんち(兵庫県)
多治見市　たじみ-し(岐阜県)
多賀　たが(茨城県, 京都府)
多賀城市　たがじょう-し(宮城県)
多賀町　たが-ちょう(滋賀県)
多賀湯　たがゆ(宮城県)
多幸湾　たこ-わん(東京都)
多和山峠　たわやま-とうげ(岡山県)
多喜浜　たきはま(愛媛県)
多ノ郷　おおのごう(高知県)
茶臼山　ちゃうす-やま(長野県, 愛知県)
茶臼山丘陵　ちゃうすやま-きゅうりょう(群馬県)
茶臼岳　ちゃうす-だけ(岩手県, 栃木県, 長野県)
茶臼原　ちゃうす-ばら(宮崎県)
茶内　ちゃない(北海道)
茶路川　ちゃろ-がわ(北海道)
茶屋町　ちゃや-まち(岡山県)
茶花　ちゃばな(鹿児島県)
茶ノ木平　ちゃのき-だいら(栃木県)

丹那　たんな(静岡県, 広島市)
丹南町　たんなん-ちょう(兵庫県)
丹藤川　たんとう-がわ(岩手県)
丹比　たんぴ(鳥取県)
丹生　にゅう(福井県, 三重県)
丹生川　にゅう-かわ(奈良県)
丹生ノ川　にゅうのがわ(和歌山県)
丹生川村　にゅうかわ-むら(岐阜県)

丹羽郡　にわ-ぐん(愛知県)
丹原町　たんばら-ちょう(愛媛県)
丹州　たんしゅう(丹波, 丹後의 딴이름)
丹沢　たんざわ(神奈川県)
丹沢森　たんざわ-もり(秋田県)
丹波　たば(山梨県)
　たんば(옛 국명)
丹波市　たんばいち(奈良県)
丹霞峡　たんか-きょう(岡山県)
丹後　たんご(옛 국명)
団子坂　だんご-ざか(東京都)
但東町　たんとう-ちょう(兵庫県)
但馬　たじま(옛 국명)
但州　たんしゅう(但馬의 딴이름)
単冠　ひとかっぷ(北海道)
段嶺　だんれい(愛知県)
段戸　だんど(愛知県)
段ヶ峰　だんがみね(兵庫県)
断魚渓　だんぎょ-けい(島根県)
短台谷地　たんだい-やち(宮城県)
椴法華村　とどほっけ-むら(北海道)
椴川　とどかわ(北海道)
端岡　はしおか(香川県)
端島　は-しま(山口県, 長崎県)
端辺原野　はたべ-げんや(熊本県)
端野町　たんの-ちょう(北海道)
端出場　はでば(愛媛県)
端海野　たんかいの(熊本県)
壇ノ浦　だんのうら(山口県, 香川県)
檀山　だん-やま(香川県)
鍛冶橋　かじばし(東京都)
鍛冶屋　かじや(兵庫県)
鍛冶屋峠　かじや-とうげ(三重県)
鍛冶屋原　かじやばら(徳島県)

達古武沼　たっこぶ-とう(北海道)
達磨山　だるま-やま(静岡県)

胆振　いぶり(옛 국명)
胆沢　いさわ(岩手県)
淡島　あわ-しま(静岡県)
淡島海岸　あわしま-かいがん(徳島県)
淡路　あわじ(옛 국명)
淡路町　あわじ-ちょう(東京都)
　あわじ-まち(大阪市)
淡輪　たんのわ(大阪府)
淡州　たんしゅう(淡路의 딴이름)
淡河　おうご(神戸市)
談合島　だんごう-じま(熊本県)

沓掛　くつかけ(長野県)
沓形　くつがた(北海道)
答島　こたじま(徳島県)
答志島　とうし-じま(三重県)

当楽沢　あてらく-さわ(岩手県)
当麻町　たいま-ちょう(奈良県)
　とうま-ちょう(北海道)
当別　とうべつ(北海道)
唐崎　からさき(滋賀県)
唐丹湾　とうに-わん(岩手県)
唐瀬原　からせ-ばる(宮崎県)
唐泊　からどまり(福岡市)
唐桑　からくわ(宮城県)
唐松尾山　からまつお-やま(埼玉・山梨県)
唐松岳　からまつ-だけ(長野・富山県)
唐人町　とうじん-まち(熊本県)
唐津　からつ(佐賀県)
唐沢　からさわ(栃木県)
唐沢岳　からさわ-だけ(長野県)
唐戸町　からと-まち(山口県)
堂崎　どうざき(長崎県)
堂島　どうじま(大阪市)
堂平山　どうだいら-さん(埼玉県)
堂ヶ島　どうがしま(静岡県)
堂ヶ島温泉　どうがしま-おんせん(神奈川県)
堂ヶ森　どうがもり(高知県)
塘路　とうろ(北海道)

鐺別温泉 とうべつ-おんせん(北海道)

大家 おおえ(島根県)
大角鼻 おおすみのはな(愛媛県)
大覚野 だいかくの(秋田県)
大間 おおま(青森県)
大間々町 おおまま-まち(群馬県)
大間越街道 おおまごし-かいどう(能代市〜五所川原市)
大江 おおえ(京都府,熊本県)
大江高山 おおえたか-やま(島根県)
大江鉱山 おおえ-こうざん(北海道)
大岡山 おおおかやま(東京都)
おおおか-やま(兵庫県)
大江町 おおえ-まち(山形県)
大岡村 おおおか-むら(長野県)
大見山 おおみ-やま(兵庫県)
大更 おおぶけ(岩手県)
大慶寺用水 だいけいじ-ようすい(石川県)
大高 おおだか(名古屋市)
大尻沼 おおじり-ぬま(群馬県)
大曲 おおまがり(東京都)
大谷 おおたに(石川県)
おおや(宮城県,栃木県)
大谷崩 おおや-くずれ(静岡県)
大谷地 おおやち(宮城県)
大谷地原野 おおやち-げんや(札幌市)
大谷川 だいや-がわ(栃木県)
大貫 おおぬき(千葉県,茨城県)
大館 おおだて(秋田県)
大串湾 おおぐし-わん(長崎県)
大観峰 だいかん-ぼう(香川県,熊本県)
大館場島 おおたてば-しま(愛媛県)
大橋 おおはし(東京都)
大橋川 おおはし-がわ(島根県)
大口 おおくち(鹿児島県)
大溝 おおみぞ(滋賀県)
大口瀬戸 おおぐち-せと(石川県)
大久保 おおくぼ(秋田県,千葉県,東京都)
大久野島 おおくの-しま(広島県)
大口町 おおぐち-ちょう(愛知県)
大国町 だいこく-ちょう(大阪市)
大郡線 たいぐん-せん(JR東日本)
大堀 おおぼり(福島県)
大宮 おおみや(埼玉県,東京都,静岡県,岡山県)
大宮町 おおみや-ちょう(三重県,京都府)
おおみや-まち(茨城県)
大宮通り おおみや-どおり(京都市)
大槻野 おおつきの(秋田県)
大槻原 おおつき-はら(福島県)
大根島 だいこん-じま(島根県)
大根占町 おおねじめ-ちょう(鹿児島県)
大崎 おおさき(宮城県,東京都,愛知県,和歌山県,広島県)
おおざき(滋賀県)
大磯 おおいそ(神奈川県)
大崎岬 おおさき-みさき(北海道)
大崎鼻 おおさき-ばな(愛媛県)
大崎ヶ鼻 おおさきがばな(愛媛県)
大崎ノ鼻 おおさきのはな(香川県)
大崎町 おおさき-ちょう(鹿児島県)
大崎池 おおさき-いけ(静岡県)
大南 だいなん(大分県)
大楠山 おおぐす-やま(神奈川県)
大内 おおうち(福島県)
大内山 おおうちやま(三重県)
大内町 おおうち-まち(秋田県)
おおち-ちょう(香川県)
大多羅 おおだら(岡山県)
大多府島 おおたぶ-しま(岡山県)
大多和峠 おおたわ-とうげ(岐阜・富山県)
大多喜町 おおたき-まち(千葉県)
大丹生岳 おおにゅう-だけ(長野・岐阜県)
大堂海岸 おおどう-かいがん(高知県)
大台ヶ原 おおだいがはら(奈良県)
大台町 おおだい-ちょう(三重県)
大島 おお-しま(東京都,北海道,青森県)
おおじま(東京都)
大道 だいどう(山口県)
大渡ダム おおど-ダム(高知県)
大島半島 おおしま-はんとう(山口県,福井県)
大刀洗町 たちあらい-まち(福岡県)
大島町 おおしま-まち(富山県)
大島村 おおしま-むら(新潟県)
大洞 おおぼら(埼玉県)
大洞山 おおぼら-やま(高知県)
大東市 だいとう-し(大阪府)
大東町 だいとう-ちょう(岩手県,静岡県,島根県)
大東諸島 おおあがり-しょとう,だいとう-しょとう(沖縄県)
大楽毛 おたのしけ(北海道)
大嵐 おおぞれ(静岡県)
大浪池 おおなみ-いけ(鹿児島県)
大嶺 おおみね(山口県)
大路池 たいろ-いけ(東京都)
大鹿村 おおしか-むら(長野県)
大滝根山 おおたきね-やま(福島県)

大滝山　おおたき-やま(長野県)
大滝温泉　おおだる-おんせん(静岡県)
大滝村　おおたき-むら(北海道, 埼玉県)
大滝平　おおたき-だいら(青森県)
大瀬崎　おおせ-ざき(長崎県)
おおせ-ざき, **おせ-ざき**(静岡県)
大瀬戸　おおせと(関門海峡)
大瀬戸町　おおせと-ちょう(長崎県)
大溜池　おおため-いけ(青森県)
大輪島　おおわ-じま(鹿児島県)
大輪田泊　おおわだのとまり(兵庫県)
大里　おおさと(埼玉県)
大利根　おおとね(利根川의 딴이름)
大里村　おおざと-そん(沖縄県)
大立島　おおたて-しま(長崎県)
大笠山　おおがさ-やま(石川・富山県)
大麻　おおあさ(徳島県)
大蟇島　おおひき-しま(長崎県)
大万木山　おおよろぎ-さん(島根・広島県)
大満寺山　だいまんじ-さん(島根県)
大網白里町　おおあみしらさと-まち(千葉県)
大網温泉　おおあみ-おんせん(栃木県)
大鳴門　おおなると(徳島県)
大牟田　おおむた(福岡県)
大牧　おおまき(富山県)
大木町　おおき-まち(福岡県)
大木戸　おおきど(東京都)
大無間山　だいむげん-ざん(静岡県)
大霧山　おおきり-やま(埼玉県)
大武川　おおむ-がわ(山梨県)
大門　だいもん(東京都, 長野県, 熊本県)
大門崎　おおもん-ざき(熊本県)
大門山　だいもん-やま(石川・富山県)
大文字山　だいもんじ-やま(京都市)
大門町　だいもん-まち(富山県)
大物　だいもつ(兵庫県)
大美野　おおみの(大阪府)
大迫ダム　おおさこ-ダム(奈良県)
大泊溜池　おおどまり-ためいけ(青森県)
大迫町　おおはさま-まち(岩手県)
大飯　おおい(福井県)
大磐梯　おおばんだい(福島県)
大方　おおがた(高知県)
大房岬　だいぶさ-みさき(千葉県)
大白森　おおしろ-もり(秋田・岩手県)
大白森山　おおじろもり-やま, **おじろもり-やま**(福島県)
大白川　おおしら-かわ(岐阜県)
大辺路　おおへじ(和歌山県)
大宝　だいほう(長崎県)
大菩薩　だいぼさつ(山梨県)
大歩危　おおぼけ(徳島県)
大普賢岳　だいふげん-だけ(奈良県)
大峰　おおみね(奈良県)
大峰山　おおみね-やま(群馬県, 広島県)
大鳳原野　おおほう-げんや(北海道)
大府市　おおぶ-し(愛知県)
大分　おおいた(九州地方)
大崩山　おおくえ-やま(宮崎県)
大崩海岸　おおくずれ-かいがん(静岡県)
大鼻岬　おおばな-さき(北海道)
大飛島　おおび-しま(岡山県)
大篦柄岳　おおのがら-だけ(鹿児島県)
大浜　おおはま(静岡県, 愛知県, 大阪府)
大社　たいしゃ(島根県)
大師　だいし(川崎市)
大師崎　たいし-ざき(秋田県)
大糸線　おおいと-せん(松本～南小谷)
大師線　だいし-せん(西新井～大師前)
大山　おおやま(東京都, 山形県, 神奈川県, 大分県)
だい-せん(鳥取県)
大山崎町　おおやまざき-ちょう(京都府)
大山田村　おおやまだ-むら(三重県)
大山町　おおやま-まち(富山県)
大森　おおもり(東京都, 千葉県, 島根県)
大杉谷　おおすぎ-だに(三重県)
大三島　おおみ-しま(愛媛県)
大三輪　おおみわ(奈良県)
大森浜　おおもり-はま(北海道)
大森山　おおもり-やま(高知・愛媛県)
大森町　おおもり-まち(秋田県)
大森川ダム　おおもりがわ-ダム(高知県)
大三沢　おおみさわ(青森県)
大峠　おお-うね(高知県)
おお-たお(山口県)
おお-とうげ(福島県, 広島県, 高知県)
大峠トンネル　おおとう-トンネル(新岩国～徳山)
大桑村　おおくわ-むら(長野県)
大西町　おおにし-ちょう(愛媛県)
大石　おいし(三重県)
大釈迦　だいしゃか(青森県)
大石峠　おおいし-とうげ(大分県)
大夕張　おおゆうばり(北海道)
大石田町　おおいしだ-まち(山形県)
大潟町　おおがた-まち(新潟県)
大潟村　おおがた-むら(秋田県)
大石和筋　おおいさわ-すじ(山梨県)
大船　おおふな(神奈川県)
大船渡　おおふなと(岩手県)
大善寺　だいぜんじ(福岡県)
大船山　たいせん-ざん(大分県)
大船温泉　おおふね-おんせん(北海道)

大船越瀬戸　おおふなこし-せと(長崎県)
大雪　だいせつ(北海道)
大聖寺　だいしょうじ(石川県)
大成町　たいせい-ちょう(北海道)
大洗　おおあらい(茨城県)
大沼　おお-ぬま(北海道, 山形県)
　おの(群馬県)
大沼郡　おおぬま-ぐん(福島県)
大篠津　おおしのづ(鳥取県)
大須　おおす(名古屋市)
大穂　おおほ(茨城県)
大手筋　おおて-すじ(京都市)
大水無瀬島　おおみなせ-しま(山口県)
　おおみなせ-じま(山口県)
大垂水峠　おおだるみ-とうげ(東京都·神奈川県)
大手町　おおて-まち(東京都)
大樹町　たいき-ちょう(北海道)
大須賀町　おおすか-ちょう(静岡県)
大乗　おおのり(広島県)
大矢野　おおやの(熊本県)
大矢野原　おおやのはら(熊本県)
大柿町　おおがき-ちょう(広島県)
大喰岳　おおばみ-だけ(長野·岐阜県)
大信村　たいしん-むら(福島県)
大室山　おおむろ-やま(神奈川県, 山梨県, 静岡県)
大深山　おおみ-やま(香川県)
大深温泉　おおふか-おんせん(秋田県)
大阿仁川　おおあに-がわ(秋田県)
大阿太　おおあだ(奈良県)
大岳　おお-だけ(青森県, 福島県)
大鰐　おおわに(青森県)
大嶽山　おおたけ-さん(東京都)
大岳温泉　おおたけ-おんせん(大分県)
大岸　おおきし(北海道)
大安寺　だいあんじ(奈良市, 岡山県)
大安町　だいあん-ちょう(三重県)
大岩眼目県定公園　おおいわさっか-けんていこうえん(富山県)
大崖頭山　おおがれあたま-やま(山梨県)
大野　おおの(神奈川県, 福井県, 岐阜県)
大野見村　おおのみ-そん(高知県)
大野郡　おおの-ぐん(岐阜県)
大野台　おおのだい(秋田県)
大野島　おおの-じま(福岡·佐賀県)
大野峠　おおの-とうげ(埼玉県)
大野城市　おおのじょう-し(福岡県)
大野岳　おおの-だけ(鹿児島県)
大野原　おおのはら(福島県)
大野ヶ原　おおのがはら(愛媛県)
大野原島　おおのはら-じま(東京都)
大野原町　おおのはら-ちょう(香川県)
大野川　おおの-がわ(石川県)
大野村　おおの-むら(岩手県, 茨城県)
大洋村　たいよう-むら(茨城県)
大堰川　おおい-がわ(京都府)
大汝山　おおなんじ-やま(富山県)
大塩　おおしお(兵庫県)
大影山　おおかげ-やま(秋田県)
大栄町　だいえい-ちょう(鳥取県)
　たいえい-まち(千葉県)
大屋町　おおや-ちょう(兵庫県)
大玉村　おおたま-むら(福島県)
大王　だいおう(三重県)
大涌谷　おおわく-だに(神奈川県)
大隅　おおすみ(옛 국명)
大宇陀町　おおうだ-ちょう(奈良県)
大雲取山　おおくもどり-さん(和歌山県)
大雄山線　だいゆうざん-せん(小田原～大雄山)
大熊町　おおくま-まち(福島県)
大雄村　たいゆう-むら(秋田県)
大元　おおもと(岡山県)
大原　おおはら(岩手県, 京都市, 奈良県)
大遠見山　おおとおみ-やま(長野県)
大原郡　おおはら-ぐん(島根県)
大垣市　おおがき-し(岐阜県)
大原野　おおはらの(京都市)
大原町　おおはら-ちょう(岡山県)
　おおはら-まち(千葉県)
大月　おおつき(高知県)
大越町　おおごえ-まち(福島県)
大宜味村　おおぎみ-そん(沖縄県)
大弛　おおだるみ(山梨·長野県)
大仁　おおひと(静岡県)
大日　だいにち(石川県)
大日峠　だいにち-とうげ(静岡県)
大日岳　だいにち-だけ(新潟県, 富山県)
大日原　だいにち-はら(新潟県)
大任町　おおとう-まち(福岡県)
大入島　おおにゅう-じま(大分県)
大入川　おおにゅう-がわ(愛知県)
大子町　だいご-まち(茨城県)
大長　おおちょう(広島県)
大蔵高丸　おおくらたかまる(山梨県)
大蔵村　おおくら-むら(山形県)
大畑　おおはた(青森県)
　おこば(熊本県)
大畠　おおばたけ(山口県)
大淀　おいず(三重県)
　おおよど(大阪市)
大田口　おおたぐち(高知県)
大田区　おおた-く(東京都)
大田尾越　おおたお-ごえ(高知·愛媛県)

大田市　おおだ-し(島根県)
大田原市　おおたわら-し(栃木県)
大田切　おおたぎり(長野県)
大淀町　おおよど-ちょう(奈良県)
大淀川　おおよど-がわ(宮崎県)
大田村　おおた-むら(大分県)
大淀浦　おおよどのうら(三重県)
大井　おおい(東京都，山口県)
大正　たいしょう(大阪市)
大町　おおまち(長野県)
大正島　たいしょう-じま(沖縄県)
大正洞　たいしょう-どう(山口県)
大井手川用水　おおいでかわ-ようすい(鳥取県)
大井町　おおい-まち(埼玉県，神奈川県)
大正町　たいしょう-ちょう(高知県)
大町町　おおまち-ちょう(佐賀県)
大正池　たいしょう-いけ(長野県)
大井川　おおい-がわ(静岡県，沖縄県)
大釣　おおつり(岡山県)
大鳥　おおとり(山形県，福島県)
大朝　おおあさ(広島県)
大鳥羽　おおとば(福井県)
大朝日岳　おおあさひ-だけ(山形県)
大佐渡　おおさど(新潟県)
大坐礼山　おおざれ-やま(高知県)
大佐飛山　おおさび-やま(栃木・福島県)
大佐山　おおさ-やま(島根・広島県)
大佐町　おおさ-ちょう(岡山県)
大佐和　おおさわ(千葉県)
大洲　おおず(愛媛県)
大湊　おおみなと(青森県，三重県)
大洲崎　おおす-ざき(愛知県)
大竹市　おおたけ-し(広島県)
大中之湖　だいなかのこ(滋賀県)
大曾根　おおぞね(名古屋市)
大枝　おおえ(京都市)
大池貴志川県立自然公園　おおいけきしがわ-けんりつしぜんこうえん(和歌山県)
大津　おおつ(北海道，茨城県，滋賀県)
大津島　おおつ-しま(山口県)
大真名子山　おおまなご-さん(栃木県)
大盡山　おおづくし-やま(青森県)
大津町　おおづ-まち(熊本県)
大窓　おおまど(富山県)
大倉ダム　おおくら-ダム(仙台市)
大倉山　おおくら-やま(札幌市，栃木県，神奈川県，鳥取県)
大川　おおかわ(静岡県，香川県)
　　おお-かわ(福島県，東京都)
大泉　おおいずみ(東京都)
大川嶺　おおかわ-みね(愛媛県)

大川山　だいせん-ざん(香川・徳島県)
大川市　おおかわ-し(福岡県)
大泉町　おおいずみ-まち(群馬県)
大天井岳　**おてんしょう-だけ**，だいてんじょう-だけ(長野県)
大川村　おおかわ-むら(高知県)
大泉村　おおいずみ-むら(山梨県)
大千軒岳　だいせんげん-だけ(北海道)
大清水　おおしみず(群馬県)
大清水トンネル　だいしみず-トンネル(上毛高原～越後湯沢)
大村　おおむら(長崎県)
大塚　おおつか(東京都，愛知県)
大槌　おおつち(岩手県)
大槌島　おおづち-じま(岡山・香川県)
大築島　おおつく-しま(熊本県)
大治町　おおはる-ちょう(愛知県)
大詫間　おおだくま(佐賀県)
大塔　おおとう(和歌山県)
大塔村　おおとう-むら(奈良県)
大湯　おおゆ(秋田県)
大湯沼　おおゆ-ぬま(北海道)
大沢　おおさわ(埼玉県，東京都，静岡県，奈良県)
大沢野町　おおさわの-まち(富山県)
大沢池　おおさわのいけ(京都市)
大土山　おおつち-やま(広島県)
大通逍遙地　おおどおり-しょうようち(北海道)
大阪　おおさか(大阪府)
大平　おおだい(秋田県)
　　おおだいら(長野県)
　　おおひら(愛知県)
大平台温泉　おおひらだい-おんせん(神奈川県)
大平山　おおひら-やま(山口県，大分県)
大平温泉　おおだいら-おんせん(山形県)
大平町　おおひら-まち(栃木県)
大平村　たいへい-むら(福岡県)
大浦　おおうら(山口県，岡山県，青森県，佐賀県，長崎県)
大浦湾　おおうら-わん(沖縄県)
大浦半島　おおうら-はんとう(京都府・福井県)
大浦町　おおうら-ちょう(鹿児島県)
大浦港　おおうら-こう(熊本県)
大瓢簞山　おおふくべ-さん(石川県)
大豊町　おおとよ-ちょう(高知県)
大河内町　おおこうち-ちょう(兵庫県)
大賀台　おおが-だい(岡山県)
大下島　おおげ-じま(愛媛県)
大河原峠　おおかわら-とうげ(長野県)
大河原町　おおがわら-まち(宮城県)
大河津分水路　おおこうづ-ぶんすいろ(新潟県)
大賀郷　おおかごう(東京都)

大函　おおばこ(北海道)
大海湾　おおみ-わん(山口県)
大郷町　おおさと-ちょう(宮城県)
大穴温泉　おおあな-おんせん(群馬県)
大衡村　おおひら-むら(宮城県)
大戸瀬崎　おおどせ-さき(青森県)
大胡町　おおご-まち(群馬県)
大戸川　だいど-がわ(滋賀県)
大和　やまと(埼玉県，東京都，愛知県，奈良県)
大和山　だいわ-さん(岡山県)
大和市　やまと-し(神奈川県)
大和田　おおわだ(埼玉県，千葉県，大阪市)
大和町　たいわ-ちょう(宮城県)
だいわ-ちょう(広島県)
やまと-ちょう(岐阜県，山口県，佐賀県)
やまと-まち(新潟県，福岡県)
大和村　だいわ-むら(島根県)
やまと-そん(鹿児島県)
やまと-むら(茨城県，山梨県)
大丸温泉　おおまる-おんせん(栃木県)
大栃　おおどち(高知県)
大黒島　だいこく-じま(北海道)
大黒神島　おおくろかみ-じま(広島県)
大ヶ山　だいがせん(岡山県)
代官山　だいかんやま(東京都)
代々木　よよぎ(東京都)
代々幡　よよはた(東京都)
代田　だいた(東京都)
代田橋　だいた-ばし(東京都)
代沢　だいざわ(東京都)
代海中公園　しろ-かいちゅうこうえん(島根県)
台高山脈　だいこう-さんみゃく(三重・奈良県)
台東区　たいとう-く(東京都)
台温泉　だい-おんせん(岩手県)
台場　だいば(東京都)
台ヶ岳　だいがたけ(神奈川県)
対馬　つしま(長崎県)
対面原　たいめん-ばら(福島県)
対雁　ついしかり(北海道)
対州　たいしゅう(長崎県)
岱明町　たいめい-まち(熊本県)
待乳山　まつち-やま(東京都)
帯江　おびえ(岡山県)
帯広　おびひろ(北海道)
帯那山　おびな-やま(山梨県)
帯解　おびとけ(奈良県)
袋田　ふくろだ(茨城県)
袋井市　ふくろい-し(静岡県)
碓氷　うすい(群馬県)
碓井町　うすい-まち(福岡県)

徳島　とくしま(四国)
徳島堰　とくしま-ぜき(山梨県)
徳力団地　とくりき-だんち(北九州市)
徳本峠　とくごう-とうげ(長野県)
徳富川　とっぷ-がわ(北海道)
徳山　とくやま(岐阜県，山口県)
徳舜瞥　とくしゅんべつ(本郷의 옛이름)
徳庵　とくあん(大阪市)
徳佐　とくさ(山口県)
徳地　とくじ(山口県)
徳之島　とくのしま(鹿児島県)
徳次郎　とくじろう(栃木県)
徳丸　とくまる(東京都)

刀掛岬　かたなかけ-みさき(北海道)
刀利ダム　とうり-ダム(富山県)
度島　たく-しま(長崎県)
度会　わたらい(三重県)
島間　しまま(鹿児島県)
島尻　しまじり(沖縄県)
島根　しまね(島根県)
島々　しましま(長野県)
島末地方　しまずえ-ちほう(山口県)
島牧　しままき(北海道)
島本町　しまもと-ちょう(大阪府)
島山島　しまやま-じま(長崎県)
島松　しままつ(北海道)
島野浦島　しまのうら-しま(宮崎県)
島温泉　しま-おんせん(長野県)
島原　しまばら(京都市，長崎県)
島元地方　しまもと-ちほう(山口県)
島前　どうぜん(島根県)
島田島　しまだ-じま(徳島県)
島田市　しまだ-し(静岡県)
島田川　しまた-がわ(山口県)
島之内　しまのうち(大阪市)
島浦島　しまうら-とう(宮崎県)
島後　どうご(島根県)

島ヶ原村　しまがはら-むら(三重県)
桃頭島　とがしら-じま(三重県)
桃山　ももやま(京都市)
桃山町　ももやま-ちょう(和歌山県)
桃生　ものう(宮城県)
桃取水道　ももとり-すいどう(三重県)
桃花台ニュータウン　とうかだい-ニュータウン(愛知県)
途中　とちゅう(滋賀県)
兜岬　かぶと-みさき(北海道)
兜沼　かぶと-ぬま(北海道)
兜町　かぶと-ちょう(東京都)
淘綾丘陵　ゆるぎ-きゅうりょう(神奈川県)
都介野　つげの(奈良県)
都幾川村　ときがわ-むら(埼玉県)
都祁村　つげ-むら(奈良県)
都南村　となん-むら(岩手県)
都濃郡　つの-ぐん(山口県)
都農町　つの-ちょう(宮崎県)
都島区　みやこじま-く(大阪市)
都呂々　とろろ(熊本県)
都路　みやこじ(福島県)
都留市　つる-し(山梨県)
都万村　つま-むら(島根県)
都茂　つも(島根県)
都城　みやこのじょう(宮崎県)
都野津　つのづ(島根県)
都於郡　とのこおり(宮崎県)
都窪郡　つくぼ-ぐん(岡山県)
都田　みやこだ(静岡県)
都井岬　とい-みさき(宮崎県)
都志　つし(兵庫県)
都筑　つづき(静岡県)
都賀町　つが-まち(栃木県)
陶　すえ(岐阜県, 山口県)
渡嘉敷　とかしき(沖縄県)
渡久地港　とぐち-こう(沖縄県)
渡島　おしま(옛 국명)
渡良瀬　わたらせ(栃木県)
渡鹿野島　わたかの-じま(三重県)
渡名喜　となき(沖縄県)
渡月橋　とげつ-きょう(京都市)
渡州　としゅう(佐渡의 딴이름)
渡川　わたり-がわ(高知県)
渡波　わたのは(宮城県)
道灌山　どうかんやま(東京都)
道南　どうなん(北海道)
道頓堀　どうとんぼり(大阪市)
道東　どうとう(北海道)
道明寺　どうみょうじ(大阪府)
道北　どうほく(北海道)
道修町　どしょう-まち(大阪市)
道央　どうおう(北海道)
道前　どうぜん(愛媛県)
道戦峠　どうせん-とうげ(広島県)
道祖渓　どうそ-けい(岡山県)
道祖本　さいのもと(大阪府)
道志　どうし(山梨県)
道川　みちかわ(秋田県)
道玄坂　どうげん-ざか(東京都)
道後　どうご(愛媛県)
道後山　どうご-やま(広島県)
稲橋　いなはし(愛知県)
稲崎平　いなざき-たい(青森県)
稲毛　いなげ(千葉県)
稲武町　いなぶ-ちょう(愛知県)
稲美町　いなみ-ちょう(兵庫県)
稲敷郡　いなしき-ぐん(茨城県)
稲生沢川　いのうざわ-がわ(静岡県)
稲城市　いなぎ-し(東京都)
稲穂岬　いなほ-みさき(北海道)
稲穂峠　いなほ-とうげ(北海道)
稲垣村　いながき-むら(青森県)
稲田　いなだ(茨城県, 神奈川県)
稲井　いない(宮城県)
稲庭　いなにわ(秋田県)
稲庭岳　いなにわ-だけ(岩手県)
稲佐浜　いなさのはま(島根県)
稲住温泉　いなずみ-おんせん(秋田県)
稲枝　いなえ(滋賀県)
稲倉岳　いなくら-だけ(秋田・山形県)
稲川町　いなかわ-まち(秋田県)
稲村ヶ崎　いなむらがさき(神奈川県)
稲築町　いなつき-まち(福岡県)
稲取　いなとり(静岡県)
稲沢市　いなざわ-し(愛知県)
稲荷　いなり(京都市)
稲荷山　いなりやま(長野県)
　いなり-やま(岡山県)
稲荷町　いなり-ちょう(東京都)
濤沸湖　とうふつ-こ(北海道)
濤釣沼　とうつる-とう(北海道)
檮原　ゆすはら(高知県)

読谷村　よみたん-そん(沖縄県)

敦賀　つるが(福井県)
頓別　とんべつ(北海道)
頓原　とんばら(島根県)

동

同角沢　どうかく-ざわ(神奈川県)
同和鉱業鉄道線　どうわこうぎょうてつどう-せん
東　あずま(長野県)
東加茂郡　ひがしかも-ぐん(愛知県)
東葛　とうかつ(千葉県)
東葛飾郡　ひがしかつしか-ぐん(千葉県)
東京　とうきょう(일본의 수도)
東頸城　ひがしくびき(新潟県)
東京新田　とうきょう-しんでん(千葉県)
東高野街道　ひがしこうや-かいどう(東寺～高野山)
東谷鉱山　ひがしたに-こうざん(北九州市)
東関東　ひがしかんとう(関東地方 東部)
東串良町　ひがしくしら-ちょう(鹿児島県)
東館山　ひがしたて-やま(長野県)
東広島市　ひがしひろしま-し(広島県)
東光森山　ひがしみつもり-やま(高知·愛媛県)
東区　ひがし-く(札幌市, 名古屋市, 広島市, 福岡市)
東駒　ひがしこま(山梨·長野県)
東久留米　ひがしくるめ(東京都)
東臼杵郡　ひがしうすき-ぐん(宮崎県)
東九州　ひがしきゅうしゅう(九州 東部)
東国　とうごく(東日本의 옛이름)
東国東郡　ひがしくにさき-ぐん(大分県)
東根　ひがしね(山形県)
東金　とうがね(千葉県)
東吉野村　ひがしよしの-むら(奈良県)
東濃　とうのう(岐阜県)
東能美島　ひがしのうみ-じま(広島県)
東能勢　ひがしのせ(大阪府)
東多摩　ひがしたま(東京都)
東大路　ひがし-おおじ(京都市)
東大阪　ひがしおおさか(大阪府)
東大和市　ひがしやまと-し(東京都)
東島　ひがし-じま(東京都)
東都原　とうと-ばる(宮崎県)
東道後温泉　ひがしどうご-おんせん(愛媛県)
東浪見　とらみ(千葉県)
東礪波郡　ひがしとなみ-ぐん(富山県)
東利尻町　ひがしりしり-ちょう(北海道)
東名　とうな(宮城県)
東名高速道路　とうめい-こうそくどうろ
(東京都～小牧市)
東鳴子温泉　ひがしなるこ-おんせん(宮城県)
東名阪自動車道　ひがしめいはん-じどうしゃどう
(亀山市～名古屋市)
東毛　とうもう(群馬県)
東牟婁郡　ひがしむろ-ぐん(和歌山県)
東武鉄道線　とうぶてつどう-せん(関東地方 북부)
東舞鶴　ひがしまいづる(京都府)
東磐井郡　ひがしいわい-ぐん(岩手県)
東伯　とうはく(鳥取県)
東白川郡　ひがししらかわ-ぐん(福島県)
東白川村　ひがししらかわ-むら(岐阜県)
東伏見　ひがしふしみ(東京都)
東鳳翩山　ひがしほうべん-ざん(山口県)
東部町　とうぶ-まち(長野県)
東富坂　ひがしとみ-さか(東京都)
東北　とうほく(本州 北東部)
東備西播開発道路　とうびせいばん-かいはつどうろ(岡山県)
東浜　ひがしはま(青森県)
東浜街道　ひがしはま-かいどう(桃生郡～大船渡市)
東山　とうさん(中部地方 중앙부의 옛이름)
とう-ざん(秋田·岩手県)
とうせん(鳥取県)
ひがしやま(岩手県, 福島県, 名古屋市)
ひがし-やま(京都市)
東山渓県立自然公園　ひがしさんけい-けんりつしぜんこうえん(徳島県)
東山梨郡　ひがしやまなし-ぐん(山梨県)
東山油田　ひがしやま-ゆでん(新潟県)
東山中　ひがしさんちゅう(奈良県)
東山湖　とうざん-こ(静岡県)
東三　とうさん(愛知県)
東三方ヶ森　ひがしさんぽうがもり(愛媛県)
東三河　ひがしみかわ(愛知県)
東上線　とうじょう-せん(池袋～寄居)
東西線　とうざい-せん(琴似～新さっぽろ)
東成　ひがしなり(大阪市)
東城　とうじょう(広島県)
東成瀬村　ひがしなるせ-むら(秋田県)
東成岩　ひがしならわ(愛知県)
東小松川　ひがしこまつがわ(東京都)
東粟倉村　ひがしあわくら-そん(岡山県)
東松山市　ひがしまつやま-し(埼玉県)
東松浦　ひがしまつうら(佐賀県)

東市来町 ひがしいちき-ちょう(鹿児島県)
東信 とうしん(長野県)
東神奈川 ひがしかながわ(横浜市)
東神楽町 ひがしかぐら-ちょう(北海道)
東新潟ガス田 ひがしにいがた-ガスでん(新潟県)
東新平野 とうしん-へいや(愛媛県)
東尋坊 とうじんぼう(福井県)
東児 とうじ(岡山県)
東岳 ひがし-だけ(静岡県)
東岩瀬 ひがしいわせ(富山県)
東耶馬渓 ひがしやばけい(大分県)
東野上 ひがしのかみ(和歌山県)
東野町 ひがしの-ちょう(広島県)
東洋町 とうよう-ちょう(高知県)
東陽町 とうよう-ちょう(東京都)
東陽村 とうよう-むら(熊本県)
東与賀町 ひがしよか-ちょう(佐賀県)
東栄町 とうえい-ちょう(愛知県)
東予 とうよ(愛媛県)
東吾妻山 ひがしあづま-やま(福島県)
東外海 ひがしそとうみ(愛媛県)
東宇和郡 ひがしうわ-ぐん(愛媛県)
東雲 しののめ(東京都)
東雲原 しののめ-はら(秋田県)
東員町 とういん-ちょう(三重県)
東由利 ひがしゆり(秋田県)
東鷹栖 ひがしたかす(北海道)
東伊豆 ひがしいず(静岡県)
東日本 ひがしにほん(일본의 동쪽지역)
東茨城郡 ひがしいばらき-ぐん(茨城県)
東庄町 とうのしょう-まち(千葉県)
東赤石山 ひがしあかいし-やま(愛媛県)
東淀川区 ひがしよどがわ-く(大阪市)
東田川郡 ひがしたがわ-ぐん(山形県)
東町 あずま-ちょう(鹿児島県)
東諸県郡 ひがしもろかた-ぐん(宮崎県)
東条 とうじょう(兵庫県)
東祖谷山村 ひがしいややま-そん(徳島県)
東藻琴村 ひがしもこと-むら(北海道)
東鳥取 ひがしとっとり(大阪府)
東調布 ひがしちょうふ(東京都)
東鳥海山 ひがしちょうかい-ざん(秋田県)
東住吉区 ひがしすみよし-く(大阪市)
東中野 ひがしなかの(東京都)
東中洲 ひがしなかす(福岡市)
東津軽郡 ひがしつがる-ぐん(青森県)
東津野村 ひがしつの-むら(高知県)
東秩父村 ひがしちちぶ-むら(埼玉県)
東讃 とうさん(香川県)
東脊振村 ひがしせふり-そん(佐賀県)
東川町 ひがしかわ-ちょう(北海道)
東浅井郡 ひがしあざい-ぐん(滋賀県)
東青 とうせい(青森県)
東村 あずま-むら(茨城県, 群馬県)
ひがし-そん(沖縄県)
ひがし-むら(福島県)
東村山 ひがしむらやま(東京都)
東村山郡 ひがしむらやま-ぐん(山形県)
東秋留 ひがしあきる(東京都)
東筑摩郡 ひがしちくま-ぐん(長野県)
東出雲町 ひがしいずも-ちょう(島根県)
東置賜郡 ひがしおきたま-ぐん(山形県)
東灘区 ひがしなだ-く(神戸市)
東沢渓谷 ひがしざわ-けいこく(山梨県)
東沢乗越 ひがしざわ-のっこし(長野県)
東通 ひがしどおり(青森県)
東播磨港 ひがしはりま-こう(兵庫県)
東八代郡 ひがしやつしろ-ぐん(山梨県)
東平 とうなる(愛媛県)
東平安名崎 あがりへんな-ざき,
ひがしへんな-ざき(沖縄県)
東浦 ひがしうら(兵庫県)
東蒲原郡 ひがしかんばら-ぐん(新潟県)
東浦町 ひがしうら-ちょう(愛知県)
東浦海岸 ひがしうら-かいがん(福井県)
東豊中団地 ひがしとよなか-だんち(大阪府)
東風平町 こちんだ-ちょう(沖縄県)
東彼杵 ひがしそのぎ(長崎県)
東蝦夷 ひがしえぞ(北海道)
東海 とうかい(東日本 일대의 해안)
東海道 **あずま-かいどう, ひがし-かいどう**
(奥州街道의 일부)
とうかいどう
東海村 とうかい-むら(茨城県)
東郷 とうごう(鳥取県, 福岡県)
東郷町 とうごう-ちょう(愛知県, 宮崎県, 鹿児島県)
東和町 とうわ-ちょう(岩手県, 山口県, 宮城県)
とうわ-まち(福島県)
東横堀川 ひがしよこぼり-がわ(大阪市)
東横線 とうよこ-せん(渋谷～桜木町)
東黒森山 ひがしくろもり-やま(高知・愛媛県)
洞爺 とうや(北海道)
洞雲山 どううん-ざん(香川県)
洞元湖 どうげん-こ(群馬県)
洞川 どろがわ(奈良県)
洞海 くきのうみ(北九州市)
洞海湾 どうかい-わん(北九州市)
洞戸村 ほらど-むら(岐阜県)
洞ヶ峠 ほらがとうげ(京都・大阪府)
桐生 きりゅう(群馬県)
胴道越 どうみち-ごえ(岡山県)

動橋 いぶりはし(石川県)
動木 とどろき(和歌山県)
動坂 どう-ざか(東京都)
童仙房 どうせんぼう(京都府)
銅街道 あかがね-かいどう(栃木県)
銅山川 どうざん-がわ(山形県, 愛媛県)

斗南半島 となみ-はんとう(青森県)
斗賀野 とがの(高知県)
豆口峠 まめくち-とうげ(埼玉県)
豆南 ずなん(静岡県)
豆酘 つつ(長崎県)
豆州 ずしゅう(伊豆의 통칭)
逗子 ずし(神奈川県)
頭島 かしら-じま(岡山県)
頭ヶ島 かしらがしま(長崎県)

屯鶴峰 どんづる-ぼう(奈良県)

登大路 のぼり-おおじ(奈良県)
登呂 とろ(静岡県)
登竜峠 のぼりょう-とうげ(東京都)
登米 とよま(宮城県)
登美丘 とみおか(大阪府)
登美丘陵 とみ-きゅうりょう(山梨県)
登米郡 とめ-ぐん(宮城県)
登別 のぼりべつ(北海道)
登川トンネル のぼりかわ-トンネル(北海道)
登戸 のぶと(千葉県)
のぼりと(神奈川県)
等々力 とどろき(東京都)
燈明崎 とうみょう-ざき(和歌山県)
藤岡 ふじおか(愛知県)
藤岡町 ふじおか-まち(栃木県)
藤橋村 ふじはし-むら(岐阜県)
藤崎町 ふじさき-まち(青森県)
藤代町 ふじしろ-まち(茨城県)
藤島町 ふじしま-まち(山形県)
藤里町 ふじさと-まち(秋田県)
藤木台 ふじきだい(秋田県)
藤無山 ふじなし-やま(兵庫県)
藤峠 ふじ-とうげ(福島県)
藤野町 ふじの-まち(神奈川県)
藤原 ふじわら(群馬県, 三重県)
藤原町 ふじはら-まち(栃木県)
藤田 ふじた(福島県, 岡山県)
藤井寺市 ふじいでら-し(大阪府)
藤井温泉 ふじい-おんせん(長野県)
藤枝市 ふじえだ-し(静岡県)
藤津郡 ふじつ-ぐん(佐賀県)
藤川 ふじかわ(愛知県)
藤七温泉 とうしち-おんせん(岩手県)
藤沢 ふじさわ(神奈川県)
藤沢町 ふじさわ-ちょう(岩手県)
藤河内渓谷 ふじこうち-けいこく(大分県)
藤戸 ふじと(岡山県)
藤ノ台団地 ふじのだい-だんち(東京都)
鵜波ノ江 とばのえ(茨城県)

ㄹ

라

羅臼 らうす(北海道)
羅臼山 らうす-ざん(北海道)
羅城門 らじょうもん(京都市)
羅漢山 らかん-ざん(広島·山口県)
羅漢耶馬渓 らかん-やばけい(大分県)

락

洛 らく(平安京의 딴이름)
落部 おとしべ(北海道)
落石 おちいし(北海道)
落合 おちあい(北海道, 東京都, 岐阜県, 岡山県, 広島県)
落合峠 おちあい-とうげ(徳島県)
落合町 おちあい-ちょう(岡山県)
楽古岳 らっこ-だけ(北海道)
楽々園 らくらくえん(広島市)

란

乱川 みだれ-がわ(山形県)
蘭島 らんしま(北海道)
蘭越町 らんこし-ちょう(北海道)

람

嵐山 **あらし-やま, らん-ざん** (京都市)
嵐山町 らんざん-まち(埼玉県)
嵐峡 らんきょう(京都市)
藍住町 あいずみ-ちょう(徳島県)
藍ノ島 あいのしま(福岡県)

랑

浪江町 なみえ-まち(福島県)
浪岡町 なみおか-まち(青森県)
浪速区 なにわ-く(大阪市)
浪逆浦 なさか-うら(茨城県)
浪打峠 なみうち-とうげ(岩手県)
浪合村 なみあい-むら(長野県)
浪花 なみはな(千葉県)
狼煙 のろし(石川県)

래

来間島　くりま-じま(沖縄県)
来宮　きのみや(静岡県)
来待　きまち(島根県)
来島　くる-しま(愛媛県)
来満峠　くるみ-とうげ，らいまん-とうげ(青森県)
来迎寺線　らいごうじ-せん(来迎寺～西長岡)

랭

冷抜湯　ひえぬきゆ(青森県)
冷水　ひやみず(福岡県)

량

両開　りょうかい(福岡県)
両国　りょうごく(東京都)
両毛　りょうもう(群馬·栃木県의 총칭)
両白山地　りょうはく-さんち(石川·岐阜·福井県)
両神　りょうかみ(埼玉県)
両子山　ふたご-さん(大分県)
両津　りょうつ(新潟県)
両総*　りょうそう(上総·下総)
両筑*　りょうちく(筑前·筑後)
梁瀬　やなせ(兵庫県)
梁川町　やながわ-まち(福島県)
椋梨川　むくなし-がわ(広島県)

려

旅来　たびこらい(北海道)
砺中　とちゅう(富山県)
砺波　となみ(富山県)
蠣殻町　かきがら-ちょう(東京都)
蠣ノ浦　かきのうら(長崎県)

력

歴舟川　れきふね-がわ(北海道)
櫟本　いちのもと(奈良県)

련

恋路海岸　こいじ-かいがん(石川県)
恋瀬川　こいせ-がわ(茨城県)
恋ヶ窪　こいがくぼ(東京都)
連島　つらじま(岡山県)
連雀　れんじゃく(東京都)
練馬　ねりま(東京都)
蓮根　はすね(東京都)
蓮台寺温泉　れんだいじ-おんせん(静岡県)
蓮沼　はすぬま(東京都)
蓮沼村　はすぬま-むら(千葉県)
蓮田市　はすだ-し(埼玉県)
蓮池　はすいけ(佐賀県)
蓮華岳　れんげ-だけ(長野·富山県)
蓮華温泉　れんげ-おんせん(新潟県)

裂石　さけいし(山梨県)

령

苓北町　れいほく-まち(熊本県)
鈴谷峠　すずや-とうげ(島根県)
鈴蘭台　すずらんだい(神戸市)

鈴鹿　すずか(三重県)
鈴峰　れいほう(三重県)
鈴ヶ森　すずがもり(東京都)
領家川　りょうけ-がわ(岡山県)
領巾振山　ひれふり-やま(佐賀県)
霊南坂　れいなん-ざか(東京都)
霊山　りょう-ぜん(福島県)
霊仙山　りょうぜん-ざん(滋賀県)
霊岸島　れいがんじま(東京都)
霊泉寺温泉　れいせんじ-おんせん(長野県)
嶺岡　みねおか(千葉県)
嶺南　れいなん(福井県)
嶺北　れいほく(福井県, 高知県)

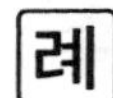

礼文　れぶん(北海道)
礼文華　れぶんげ(北海道)
例幣使街道　れいへいし-かいどう(栃木県)

老蘇　おいそ(滋賀県)
老神温泉　おいがみ-おんせん(群馬県)
老ノ坂　おいのさか(京都府)
蕗ノ台　ふきのだい(北海道)
露熊山峡　つゆくま-さんきょう(秋田県)
鱸作崎　へなし-ざき(青森県)
鷺宮　さぎのみや(東京都)
鷺ノ湯　さぎのゆ(岡山県)
鑪崎　たたら-ざき(島根県)

鹿角　かづの(秋田県)
鹿骨　ししぼね(東京都)
鹿教湯温泉　かけゆ-おんせん(長野県)
鹿久居島　かくい-しま(岡山県)
鹿島　かしま(茨城県, 石川県, 長野県, 愛媛県, 佐賀県)
かじま(静岡県)
鹿渡　かど(秋田県)
鹿島台町　かしまだい-まち(宮城県)
鹿島町　かしま-ちょう(島根県)
かしま-まち(福島県)
鹿島村　かしま-むら(鹿児島県)
鹿嵐山　かならせ-やま(大分県)
鹿嶺高原　かれい-こうげん(長野県)
鹿老渡　**からと**, かろうと(広島県)
鹿籠鉱山　かご-こうざん(鹿児島県)
鹿瀬町　かのせ-まち(新潟県)
鹿本　かもと(熊本県)
鹿部　しかべ(北海道)
鹿北町　かほく-まち(熊本県)
鹿西町　ろくせい-まち(石川県)
鹿沼　かぬま(栃木県)
鹿児島　かごしま(九州 南部)
鹿央町　かおう-まち(熊本県)
鹿野　かの(山口県)
しかの(鳥取県)
鹿野山　かのう-ざん(千葉県)
鹿野沢　かのざわ(群馬県)
鹿屋　かのや(鹿児島県)
鹿忍　かしの(岡山県)
鹿子前　かしまえ(長崎県)
鹿折　ししおり(宮城県)
鹿町町　しかまち-ちょう(長崎県)
鹿足郡　かのあし-ぐん(島根県)
鹿川　かのかわ(広島県)
鹿追町　しかおい-ちょう(北海道)
鹿沢　かざわ(群馬県)
鹿賀　しかが(島根県)
鹿ヶ谷　ししがたに(京都市)
鹿ノ谷　しかのたに(北海道)
鹿ノ瀬　しかのせ(鹿児島県)
禄剛崎　ろっこう-ざき(石川県)
緑　みどり(東京都)
緑区　みどり-く(横浜市, 名古屋市)
緑仙峡　りょくせん-きょう(熊本県)
緑町　みどり-ちょう(兵庫県)
緑川　みどり-がわ(熊本・宮崎県)
緑が丘　みどりがおか(東京都)

滝観洞　ろうかん-どう(岩手県)
滝根町　たきね-まち(福島県)
滝崎　たき-ざき(石川県)
滝部　たきべ(山口県)
滝山　たきやま(広島県)
滝上　たきのうえ(北海道)
滝野町　たきの-ちょう(兵庫県)
滝野川　たきのがわ(東京都)
滝原　たきはら(三重県)
滝川市　たきかわ-し(北海道)
滝沢林道　たきざわ-りんどう(山梨県)
滝沢村　たきざわ-むら(岩手県)
滝河原瀬戸　たきがわら-せと(長崎県)
滝河原峠　たきがわら-とうげ(栃木県)
滝ノ上温泉　たきのうえ-おんせん(岩手県)
滝ノ湯温泉　たきのゆ-おんせん(長野県)
籠坊温泉　かごのぼう-おんせん(兵庫県)
籠坂峠　かごさか-とうげ(山梨·静岡県)
籠ノ登山　かごのと-やま(群馬·長野県)

雷門　かみなりもん(東京都)
雷山　いかずち-やま(青森県)
　らい-ざん(福岡·佐賀県)
雷電　らいでん(北海道)
磊々峡　らいらい-きょう(仙台市)
瀬居島　せい-じま(香川県)
瀬見温泉　せみ-おんせん(山形県)
瀬高町　せたか-まち(福岡県)
瀬谷区　せや-く(横浜市)
瀬溝瀬戸　せみぞのせと(岡山県)
瀬美温泉　せみ-おんせん(岩手県)
瀬峰町　せみね-ちょう(宮城県)
瀬棚　せたな(北海道)
瀬上　せのうえ(福島県)
瀬野川　せの-がわ(広島県)
瀬田　せた(東京都, 滋賀県)
瀬波　せなみ(新潟県)
瀬戸　せと(愛知県)
瀬戸崎　せと-ざき(和歌山県)
瀬戸崎浦　せとざきうら(山口県)
瀬戸内　せとうち(鹿児島県)
瀬戸石　せといし(熊本県)
瀬戸田　せとだ(広島県)
瀬戸町　せと-ちょう(岡山県, 愛媛県)
瀬戸川　せと-がわ(静岡県)
瀬戸合峡　せとあい-きょう(栃木県)
瀬ノ本高原　せのもと-こうげん(熊本県)

료

蓼科　たてしな(長野県)
蓼ノ海　たてのうみ(長野県)
　たでのうみ(栃木県)

룡

竜岡　たつおか(長野県, 山梨県)
竜串　たつくし(高知県)
竜宮崎　りゅうぐう-ざき(鹿児島県)
竜東　りゅうとう(長野県)
竜頭滝　りゅうずのたき(栃木県, 広島県)
竜頭八重滝県立自然公園　りゅうずやえだき-けんりつしぜんこうえん(島根県)
竜門　りゅうもん(奈良県)
竜門岳　りゅうもん-だけ(山口県)
竜北町　りゅうほく-まち(熊本県)
竜西　りゅうせい(長野県)
竜仙島　りゅうせん-じま(熊本県)
竜洋町　りゅうよう-ちょう(静岡県)
竜王岬　りゅうおう-ざき(高知県)
竜王山　りゅうおう-ざん(岡山県, 山口県, 香川県)
竜王町　りゅうおう-ちょう(山梨県, 滋賀県)
竜王峡　りゅうおう-きょう(栃木県)
竜田　たつた(奈良県)
竜泉洞　りゅうせん-どう(岩手県)
竜化峡　りゅうげ-きょう(兵庫県)
竜ヶ岬　りゅうがみさき(北海道)
竜ヶ崎　りゅうがさき(茨城県)
竜ヶ岳　りゅうがたけ(静岡·山梨県, 三重県, 徳島県)
龍門山　りゅうもん-ざん(和歌山県)
龍飛　たっぴ(青森県)

龍浜岬　たっぱま-ざき(青森県)
龍山村　たつやま-むら(静岡県)
龍神　りゅうじん(和歌山県)
龍野市　たつの-し(兵庫県)
龍河洞　りゅうがどう(高知県)
龍郷町　たつごう-ちょう(鹿児島県)
龍ヶ岳　りゅうがたけ(熊本県)

루

泪橋　なみだ-ばし(東京都)

柳谷村　やなだに-むら(愛媛県)
柳橋　やなぎばし(東京都)
柳瀬川　やなせ-がわ(東京都·埼玉県)
柳本　やなぎもと(奈良県)
柳生　やぎゅう(奈良県)
柳田村　やなぎだ-むら(石川県)
柳井　やない(山口県)
柳町　やなぎ-ちょう(東京都)
柳津　やないづ(宮城県, 福島県)
柳津町　やないづ-ちょう(岐阜県)
柳川　やながわ(福岡県)
柳沢　やぎさわ(東京都)
柳沢峠　やなぎさわ-とうげ(山梨県, 長野県)
柳平　やなぎだいら(山梨県)
柳ヶ瀬　やながせ(岐阜県, 滋賀県)
柳ノ瀬戸　やなぎのせと(熊本県)
流山市　ながれやま-し(千葉県)
流れ　ながれ(岩手県)
留萌　るもい(北海道)
留辺蘂町　るべしべ-ちょう(北海道)
留辺志部川　るべしべ-がわ(北海道)
留寿都　るすつ(北海道)
留ノ湯　とめのゆ(北海道)
琉球　りゅうきゅう(沖縄의 옛이름)
硫黄　いおう(東京都)
硫黄谷温泉　いおうだに-おんせん(鹿児島県)
硫黄島　いおう-しま(鹿児島県)
硫黄山　いおう-ざん(北海道)
　いおう-やま(北海道)
硫黄岳　いおう-だけ(青森県, 長野県)
硫黄鳥島　いおうとり-しま(沖縄県)
溜池　ためいけ(東京都)
瑠璃渓　るり-けい(京都府)
瑠辺蘂　るべしべ(北海道)
瑠椽川　るろち-がわ(北海道)

六角川　ろっかく-がわ(佐賀県)
六甲　ろっこう(兵庫県)
六観音御地　ろくかんのん-おいけ(宮崎県)
六区　ろっく(東京都)
六口島　むくち-しま(岡山県)
六島　む-しま(岡山県)
　む-しま, ろく-しま(長崎県)
六島諸島　ろくとう-しょとう(山口県)
六呂師高原　ろくろし-こうげん(福井県)
六連島　むつれ-じま(山口県)
六里ヶ原　ろくりがはら(群馬県)
六百山　ろっぴゃく-さん(長野県)
六本木　ろっぽんぎ(東京都)
六実　むつみ(千葉県)
六十谷　むそた(和歌山県)
六十里越　ろくじゅうり-ごえ(新潟·福島県)
六十里越街道　ろくじゅうりごえ-かいどう(山形県)
六堰用水　ろくせき-ようすい(埼玉県)
六義園　りくぎ-えん(東京都)
六人部　むとべ(京都府)
六日市町　むいかいち-まち(島根県)
六日町　むいか-まち(新潟県)
六条院　ろくじょういん(岡山県)
六条通り　ろくじょう-どおり(京都市)
六波羅　ろくはら(京都市)
六合村　くに-むら(群馬県)
六郷　ろくごう(東京都)
六郷町　ろくごう-ちょう(山梨県)
　ろくごう-まち(秋田県)
六戸町　ろくのへ-まち(青森県)
六ヶ所村　ろっかしょ-むら(青森県)
陸別　りくべつ(北海道)
陸奥　むつ(옛 국명)
陸奥山　みちのくやま(宮城県)
陸羽*　りくう(陸奥·出羽)
陸前　りくぜん(옛 국명)
陸中　りくちゅう(옛 국명)

輪島市　わじま-し(石川県)
輪西　わにし(北海道)
輪之内町　わのうち-ちょう(岐阜県)

栗橋町　くりはし-まち(埼玉県)
栗駒　くりこま(宮城県)
栗東町　りっとう-ちょう(滋賀県)
栗林公園　りつりん-こうえん(香川県)
栗尾峠　くりお-とうげ(京都市)
栗山町　くりやま-ちょう(北海道)
栗山川　くりやま-がわ(千葉県)
栗山村　くりやま-むら(栃木県)
栗栖川　くりすがわ(和歌山県)
栗野　くりの(鹿児島県)
栗屋垰　くりや-だわ(広島県)
栗原郡　くりはら-ぐん(宮城県)
栗原筋　くりはら-すじ(山梨県)
栗源町　くりもと-まち(千葉県)
栗子　くりこ(山形・福島県)
栗田　くんだ(京都府)
栗太郡　くりた-ぐん(滋賀県)
栗沢町　くりさわ-ちょう(北海道)

릉

凌雲岳　りょううん-だけ(北海道)
菱刈　ひしかり(鹿児島県)
菱田　ひしだ(鹿児島県)
菱浦　ひしうら(島根県)
綾　あや(宮崎県)
綾歌　あやうた(香川県)
綾南町　りょうなん-ちょう(香川県)
綾羅木　あやらぎ(山口県)
綾瀬　あやせ(東京都)
綾里　りょうり(岩手県)
綾部市　あやべ-し(京都府)
綾上町　あやかみ-ちょう(香川県)
綾川　あや-がわ(香川県)

利尻　りしり(北海道)
利根　とね(関東地方)
利島　と-しま(東京都)
利礼*　りれい(利尻・礼文)
利別川　としべつ-がわ(北海道)
利府　りふ(宮城県)
利賀　とが(富山県)
里　さと(鹿児島県)
里美村　さとみ-むら(茨城県)
里庄町　さとしょう-ちょう(岡山県)
里川　さと-がわ(茨城県)
狸小路　たぬきこうじ(札幌市)
狸穴　まみあな(東京都)
裏高尾　うらたかお(東京都)
裏谷高原　うらだに-こうげん(愛知県)
裏木曾県立自然公園　うらきそ-けんりつしぜんこうえん(岐阜県)
裏妙義　うらみょうぎ(群馬県)
裏門司　うらもじ(北九州市)
裏粕屋　うらかすや(福岡県)
裏磐梯　うらばんだい(福島県)
裏富士　うらふじ(静岡県)
裏山中　うらさんちゅう(長野県)
裏耶馬渓　うらやば-けい(大分県)
裏五島　うらごとう(長崎県)
裏日光　うらにっこう(栃木県)
裏日本　うらにほん(本州)
鯉山　りざん(岡山県)
離山　はなれ-やま(長野県)
離湖　はなれ-こ(京都府)

린

藺牟田　いむた(鹿児島県)

林野　はやしの(岡山県)
林田　はやしだ(兵庫県)
淋代　さびしろ(青森県)

立谷川　たちや-がわ(山形県)
立科町　たてしな-まち(長野県)
立久恵峡　たちくえ-きょう(島根県)
立根　たっこん(岩手県)
立待岬　たちまち-みさき(北海道)
立島　たて-しま(山口県)
立売堀　いたちぼり(大阪市)
立梅用水　たちばい-ようすい(三重県)
立目崎　たつめ-ざき(鹿児島県)
立山　たて-やま(富山県)
立石　たていし(大分県)
立石岬　たていし-みさき(福井県)
立石崎　たていし-ざき(三重県)
立岩川　たていわ-がわ(愛媛県)
立野　たての(熊本県)
立野ヶ原　たてのがはら(富山県)
立又鉱山　たてまた-こうざん(秋田県)
立雲峡　りつうん-きょう(兵庫県)
立田村　たつた-むら(愛知県)
立川　たちかわ(東京都)
立川町　たちかわ-まち(山形県)
立川下名　たじかわしもみょう(高知県)
立杭　たちくい(兵庫県)
立花町　たちばな-まち(福岡県)
笠間　かさま(茨城県)
笠岡　かさおか(岡山県)
笠堀　かさぼり(新潟県)
笠島　かさ-しま(新潟県)
笠利　かさり(鹿児島県)
笠寺　かさでら(名古屋市)
笠捨山　かさすて-やま(奈良県)
笠沙町　かささ-ちょう(鹿児島県)
笠山　かさ-やま(山口県)
笠杉山　かさすぎ-やま(兵庫県)
笠森鶴舞県立自然公園　かさもりつるまい-けんりつしぜんこうえん(千葉県)
笠峠　かさ-とうげ(京都市)
笠松町　かさまつ-ちょう(岐阜県)
笠野原　かさの-はら(鹿児島県)
笠原町　かさはら-ちょう(岐阜県)
笠田　かせだ(和歌山県)
笠井　かさい(静岡県)
笠佐島　かささ-じま(山口県)
笠取山　かさとり-やま(埼玉·山梨県，三重県，京都府)
笠取峠　かさとり-とうげ(長野県)
笠置　かさぎ(京都府)
笠置山　かさぎ-やま(岐阜県)
笠懸　かさかけ(群馬県)
笠形　かさがた(兵庫県)
笠戸　かさど(山口県)
笠ヶ岳　かさがたけ(群馬県，長野県，岐阜県)

ㅁ

馬見　うまみ(奈良県)
馬見丘陵　まみ-きゅうりょう(奈良県)
馬見ヶ崎川　まみがさき-がわ(山形県)
馬見原　まみはら(熊本県)
馬牽原　まひき-ばら(山形県)
馬関　ばかん(山口県)
馬橋　まばし(千葉県)
馬島　うま-しま(山口県，愛媛県，福岡県)
馬渡　まわたり(広島県)
馬渡島　まだら-しま(佐賀県)
馬頭町　ばとう-まち(栃木県)
馬路　まじ(島根県)
馬路村　うまじ-むら(高知県)
馬籠　まごめ(宮城県，長野県)
馬瀬　まぜ(岐阜県)
馬流　まながし(長野県)
馬毛島　まげ-しま(鹿児島県)
馬門　まかど(青森県)
馬返　うまがえし(栃木県)
馬放島　まはなし-じま(宮城県)
馬事公苑　ばじ-こうえん(東京都)
馬潟港　まかた-こう(島根県)
馬仙峡　ばせん-きょう(岩手県)
馬洗川　ばせん-がわ(広島県)
馬喰町　ばくろ-ちょう(東京都)
馬神山　まのかみ-やま(青森県)
馬室　まむろ(埼玉県)
馬淵川　まべち-がわ(青森県)
馬込　まごめ(東京都)
馬入川　ばにゅう-がわ(神奈川県)
馬込港　まごめ-こう(長崎県)
馬場島　ばんばじま(富山県)
馬場目川　ばばのめ-がわ(秋田県)
馬場先門　ばばさきもん(東京都)
馬追丘陵　うまおい-きゅうりょう(北海道)
麻溝台　あさみぞ-だい(神奈川県)
麻里布　まりふ(山口県)
麻綿原　まめん-ばら(千葉県)
麻名用水　あさな-ようすい(徳島県)
麻生区　あさお-く(川崎市)
麻生町　あそう-まち(茨城県)
麻生津　おおつ(和歌山県)
麻植郡　おえ-ぐん(徳島県)
麻績村　おみ-むら(長野県)
麻布　あざぶ(東京都)
摩尼山　まに-さん(島根県)
摩文仁　まぶに(沖縄県)
摩耶　まや(兵庫県)
摩耶山　まや-さん(山形県)
摩周　ましゅう(北海道)
磨上原　すりあげはら(福島県)

막

幕別　まくべつ(北海道)
幕別町　まくべつ-ちょう(北海道)
幕岩　まく-いわ(群馬県)
幕張　まくはり(千葉県)
幕川温泉　まくかわ-おんせん(福島県)
幕ノ内峠　まくのうち-とうげ(広島市)

万古峡　まんご-きょう(長野県)
万関ノ瀬戸　まんぜきのせと(長崎県)
万年山　はね-やま(大分県)
万能倉　まなぐら(広島県)
万代橋　ばんだい-ばし(新潟県)
万力筋　まんりき-すじ(山梨県)
万富　まんとみ(岡山県)
万三郎岳　ばんざぶろう-だけ(静岡県)
万石浦　まんごく-うら(宮城県)
万世橋　まんせい-ばし(東京都)
万世大路　ばんせい-おおじ(福島市～米沢市)
万松寺通り　ばんしょうじ-どおり(名古屋市)
万字　まんじ(北海道)
万場町　まんば-まち(群馬県)
万座　まんざ(群馬県)
万座毛　まんざもう(沖縄県)
万之瀬川　まのせ-がわ(鹿児島県)
万太郎　まんたろう(新潟・群馬県)
万波高原　まんなみ-こうげん(岐阜県)
万ノ峠　まんのとうげ(兵庫・岡山県)
満濃　まんのう(香川県)
満願寺温泉　まんがんじ-おんせん(熊本県)
満越ノ瀬戸　みつごえのせと(熊本県)
満珠島　まんじゅ-しま(山口県)
湾　わん(鹿児島県)
蔓橋　かずら-ばし(徳島県)
鰻　うなぎ(鹿児島県)

末広運河　すえひろ-うんが(川崎市)
末広町　すえひろ-ちょう(東京都)
末吉　すえよし(東京都)
末吉町　すえよし-ちょう(鹿児島県)
末武川　すえたけ-がわ(山口県)
末恒　すえつね(鳥取県)
末ノ松山　すえのまつ-やま(岩手県)
秣岳　まぐさ-だけ(秋田県)

망

望月町　もちづき-まち(長野県)
網干　あぼし(兵庫県)
網代　あじろ(静岡県, 鳥取県)
網代湾　あじろ-わん(千葉県)
網島　あみじま(大阪市)
網野町　あみの-ちょう(京都府)
網張　あみはり(岩手県)
網田　おうだ(熊本県)
網走　あばしり(北海道)
網地島　あじ-しま(宮城県)

売木村　うるぎ-むら(長野県)
妹島　いもうと-じま(東京都)
妹尾　せのお(岡山県)
妹背　いもせ(奈良・和歌山県)
妹背牛町　もせうし-ちょう(北海道)
妹山　いも-やま(奈良県)
枚岡　ひらおか(大阪府)
枚方　ひらかた(大阪府)
梅迫　うめざこ(京都府)
梅田　うめだ(大阪市)
梅田川　うめだ-がわ(愛知県)
梅津　うめづ(京都市)
梅津寺　ばいしんじ(愛媛県)
梅ヶ丘　うめがおか(東京都)
梅ヶ島　うめがしま(静岡県)
梅ヶ浜　うめがはま(宮崎県)
梅ヶ畑　うめがはた(京都市)
媒島　なこうど-じま(東京都)

맥

麦崎　むぎ-ざき(三重県)
麦草峠　むぎくさ-とうげ(長野県)

맹

盲目原　めくら-ばる(長崎県)
虻田　あぶた(北海道)

면

免田町　めんだ-まち(熊本県)
面高　おもだか(長崎県)
面白山　おもしろ-やま(山形·宮城県)
面河　おもご(愛媛県)
綿向山　わたむき-やま(滋賀県)

명

皿倉山　さらくら-やま(北九州市)
皿ヶ嶺連峰県立自然公園　さらがみねれんぽう-けんりつしぜんこうえん(愛媛県)
名剣温泉　めいけん-おんせん(富山県)
名古屋　なごや(愛知県)
名貫川　なぬき-がわ(宮崎県)
名掛丁　なかけ-ちょう(仙台市)
名久井　なくい(青森県)
名寄　なよろ(北海道)
名鰭沼　なびれ-ぬま(宮城県)
名島　なじま(福岡市)
　なｰじま(長崎県)
名東区　めいとう-く(名古屋市)
名東郡　みょうどう-ぐん(徳島県)
名瀬　なぜ(鹿児島県)
名栗　なぐり(埼玉県)
名立　なだち(新潟県)
名四道路　めいし-どうろ(名古屋市～四日市市)
名西　みょうざい(徳島県)
名城線　めいじょう-せん(大曾根～名古屋港)
名洗港　なあらい-こう(千葉県)
名松線　めいしょう-せん(松阪～伊勢奥津)
名手　なて(和歌山県)
名神高速道路　めいしん-こうそくどうろ(小牧市～西宮市)
名塩国道　めいえん-こくどう(長野県)
名欲山　なほり-やま(大分県)
名雨線　めいう-せん(北海道)
名張　なばり(三重県)
名蔵湾　なぐら-わん(沖縄県)
名田庄村　なたしょう-むら(福井県)
名倉川　なぐら-がわ(愛知県)
名川町　ながわ-まち(青森県)
名取　なとり(宮城県)
名阪国道　めいはん-こくどう(名古屋～大阪)
名賀郡　なが-ぐん(三重県)
名護　なご(沖縄県)
名護屋　なごや(佐賀県)
名和町　なわ-ちょう(鳥取県)
明科町　あかしな-まち(長野県)
明美台地　めいび-だいち(兵庫県)
明方村　みょうがた-むら(岐阜県)
明礬温泉　みょうばん-おんせん(大分県，鹿児島県)
明浜町　あけはま-ちょう(愛媛県)
明石　あかし(兵庫県)
明石町　あかし-ちょう(東京都)
明石礁　あかし-ぐり(山形県)
明星山　みょうじょう-さん(新潟県)
明星ヶ岳　みょうじょうがたけ(神奈川県)
明世温泉　あけよ-おんせん(岐阜県)
明神山　みょうじん-さん(高知県)
明神峠　みょうじん-とうげ(広島市)
明神ヶ岳　みょうじんがたけ(神奈川県)
明神池　みょうじん-いけ(長野県)
明神礁　みょうじん-しょう(伊豆諸島)
明野　あけの(三重県)
明野団地　あけの-だんち(大分県)
明野町　あけの-まち(茨城県)
明野村　あけの-むら(山梨県)
明延　あけのべ(兵庫県)
明日香村　あすか-むら(奈良県)
明鐘岬　みょうがね-みさき(千葉県)
明智峠　あけち-とうげ(鳥取·岡山県)
明智町　あけち-ちょう(岐阜県)
明知鉄道　あけち-てつどう(恵那～明智)
明智平　あけち-だいら(栃木県)
明治の森　めいじのもり(東京·大阪)
明治温泉　めいじ-おんせん(長野県)
明治用水　めいじ-ようすい(愛知県)
明治村　めいじむら(愛知県)
明治通り　めいじ-どおり(東京都)
明和町　めいわ-ちょう(三重県)
明和村　めいわ-むら(群馬県)
茗荷谷　みょうがだに(東京都)
鳴滝　なるたき(京都市)

鳴瀬　なるせ(宮城県)
鳴門　なると(徳島県)
鳴尾　なるお(兵庫県)
鳴子　なるこ(宮城県)
鳴子団地　なるこ-だんち(名古屋市)
鳴子川　なるこ-がわ(大分県)
鳴虫山　なきむし-やま(栃木県)
鳴沢村　なるさわ-むら(山梨県)
鳴海　なるみ(名古屋市)

모

毛島　け-じま(京都府)
毛呂山町　もろやま-まち(埼玉県)
毛利町　もうり-ちょう(東京都)
毛馬　けま(大阪市)
毛馬内　けまない(秋田県)
毛猛三山　けもう-さんざん(福島・新潟県)
毛無山　けなしがせん(岡山・鳥取県)
けなし-やま(秋田県，静岡・山梨県，長野県)
毛無越　けなし-ごえ(島根県)
毛勝山　けかち-やま(富山県)
毛長堀　けなが-ぼり(東京都・埼玉県)
母袋街道　もたい-かいどう(山形県)
母島　はは-じま(東京都)
もしま(高知県)
母恋　ぼこい(北海道)
母里　もり(島根県)
母成峠　ぼなり-とうげ(福島県)
母畑温泉　ぼばた-おんせん(福島県)
母智丘　もちお(宮崎県)
牟岐　むぎ(徳島県)
牟呂用水　むろ-ようすい(愛知県)
牟礼　むれ(東京都)
牟礼山　むれ-やま(山口県)
牟礼町　むれ-ちょう(香川県)
牟礼村　むれ-むら(長野県)
牡蠣島　かき-じま(北海道)
牡蛎瀬崎　かきせ-ざき(熊本県)
牡鹿　おしか(宮城県)
茅部郡　かやべ-ぐん(北海道)
茅部野　かやべ-の(岡山県)
茅沼　かやぬま(北海道)
茅野市　ちの-し(長野県)
茅屋漁港　ぼや-ぎょこう(鹿児島県)
茅場町　かやば-ちょう(東京都)
茅打バンタ　かやうちバンタ(沖縄県)
茅ヶ崎市　ちがさき-し(神奈川県)
茅ヶ岳　かやがたけ(山梨県)
姥石峠　うばいし-とうげ(岩手県)
姥子温泉　うばこ-おんせん(神奈川県)
姥井戸山　うばいど-やま(秋田県)
姥倉運河　うばくら-うんが(山口県)
姥湯温泉　うばゆ-おんせん(山形県)
栂尾　とがのお(京都府)
栂池高原　つがいけ-こうげん(長野県)
暮坂峠　くれさか-とうげ(群馬県)
鉾立峠　ほこたて-とうげ(大分県)
鉾田　ほこた(茨城県)
鉾尖岳　ほこさい-だけ(和歌山・奈良県)

목

木江町　きのえ-ちょう(広島県)
木更津　きさらづ(千葉県)
木古内町　きこない-ちょう(北海道)
木枯森　こがらしのもり(静岡県)
木崎　きざき(長野県，群馬県)
木島平村　きじまだいら-むら(長野県)
木頭村　きとう-そん(徳島県)
木挽町　こびき-ちょう(東京都)
木綿山　ゆふのやま(大分県)
木幡　こはた(京都府)
木本　きのもと(三重県)
木部　きべ(滋賀県)
木山　きやま(熊本県)
木城町　きじょう-ちょう(宮崎県)
木辻　きつじ(奈良県)
木野川　この-がわ(広島県)
木葉　このは(熊本県)
木屋瀬　こやのせ(北九州市)
木屋町　きやまち(京都市)
木屋川　こや-がわ(山口県)
木屋平村　こやだいら-そん(徳島県)
木原線　きはら-せん(大原～上総中野)
木場　きば(東京都)
木場潟　きば-がた(石川県)
木賊山　とくさ-やま(山梨県)
木賊峠　とくさ-とうげ(山梨県)
木賊温泉　とくさ-おんせん(福島県)
木田郡　きた-ぐん(香川県)
木造町　きづくり-まち(青森県)
木祖村　きそ-むら(長野県)
木曾　きそ(長野県)

木之本町　きのもと-ちょう(滋賀県)
木津　きづ(京都府)
木津川　きづ-がわ(大阪市)
木次　きすき(島根県)
木沢村　きさわ-そん(徳島県)
木下　きおろし(千葉県)
木賀温泉　きが-おんせん(神奈川県)
木戸峠　きど-とうげ(山口県)
木戸池温泉　きどいけ-おんせん(長野県)
木戸川　きど-がわ(福島県，千葉県)
木ノ実峠　きのみ-とうげ(岐阜県)
木ノ芽峠　きのめ-とうげ(福井県)
木ノ浦海中公園　きのうら-かいちゅうこうえん(石川県)
目梨郡　めなし-ぐん(北海道)
目梨泊　めなしどまり(北海道)
目木川　めき-がわ(岡山県)
目白　めじろ(東京都)
目潟　めがた(秋田県)
目屋　めや(青森県)
目井津　めいつ(宮崎県)
目蒲線　めかま-せん(目黒〜蒲田)
目黒　めぐろ(東京都)
牧谷　まきだに(岐阜県)
牧丘町　まきおか-ちょう(山梨県)
牧島　まき-しま(長崎県，熊本県)
牧尾ダム　まきお-ダム(長野県)
牧園町　まきぞの-ちょう(鹿児島県)
牧田川　まきだ-がわ(岐阜県)
牧村　まき-むら(新潟県)
牧港　まきみなと(沖縄県)
牧ノ原　まきのはら(静岡県)
牧ノ戸　まきのと(大分県)
睦月島　むづき-じま(愛媛県)
睦沢町　むつざわ-まち(千葉県)

몽

夢前　ゆめさき(兵庫県)
夢絃峡　むげん-きょう(京都府)
夢ノ島　ゆめのしま(東京都)

묘

卯原内　うばらない(北海道)
卯之町　うの-まち(愛媛県)
卯辰山　うたつ-やま(石川県)
妙見崎　みょうけん-ざき(福岡県)
妙見山　みょうけん-さん(大阪府・兵庫県)
　みょうけん-ざん(茨城県，新潟県)
　みょうけん-やま(兵庫県)
妙見温泉　みょうけん-おんせん(鹿児島県)
妙見浦　みょうけん-うら(熊本県)
妙高　みょうこう(新潟県)
妙法ヶ岳　みょうほうがたけ(埼玉県)
妙寺　みょうじ(和歌山県)
妙義　みょうぎ(群馬県)
妙正寺川　みょうしょうじ-がわ(東京都)
妙ノ湯温泉　たえのゆ-おんせん(秋田県)
妙ノ浦　たえのうら(千葉県)
苗木　なえぎ(岐阜県)
苗穂　なえぼ(札幌市)
苗場山　なえばさん(新潟・長野県)
畝傍　うねび(奈良県)
畝刈　あぜかり(長崎県)
猫崎　ねこ-ざき(兵庫県)
猫瀬戸　ねこ-せと(広島県)
猫魔ヶ岳　ねこまがだけ(福島県)
猫山　ねこ-やま(広島県)
猫又山　ねこまた-やま(富山県)
猫越峠　ねっこ-とうげ(静岡県)
猫啼温泉　ねこなき-おんせん(福島県)

무

武甲　ぶこう(埼玉県)
武庫　むこ(兵庫県)
武奈ヶ岳　ぶながだけ(滋賀県)
武利　むり(北海道)
武里　たけさと(埼玉県)
武山　たけ-やま(神奈川県)
武生　たけふ(福井県)
武石　たけし(長野県)
武芸川町　むげがわ-ちょう(岐阜県)

武雄　たけお(佐賀県)
武儀　むぎ(岐阜県)
武蔵　むさし(옛 국명)
武蔵水道　むさし-すいどう(北海道)
武蔵野　むさしの(奈良県)
武蔵町　むさし-まち(大分県)
武蔵堆　むさし-たい(北海道)
武田尾　たけだお(兵庫県)
武節　ぶせつ(愛知県)
武尊山　ほたか-やま(群馬県)
武州　ぶしゅう(武蔵의 딴이름)
武川　むかわ(山梨県)
武豊　たけとよ(愛知県)
武華山　むか-やま(北海道)
茂木　もぎ(長崎県)
茂木町　もてぎ-まち(栃木県)
茂辺地　もへじ(北海道)
茂師海岸　もし-かいがん(岩手県)
茂原　もばら(千葉県)
茂住　もずみ(岐阜県)
茂津多岬　もった-みさき(北海道)
茂倉岳　しげくら-だけ(新潟・群馬県)
無加川　むか-がわ(北海道)
無垢島　むく-しま(大分県)
無意根山　むいね-やま(北海道)
舞台峠　ぶたい-とうげ(岐阜県)
舞子島　まいこ-じま(徳島県)
舞子ノ浜　まいこのはま(神戸市)
舞阪町　まいさか-ちょう(静岡県)
舞鶴　まいづる(京都府)
舞鶴公園　まいづる-こうえん(佐賀県)
撫養　むや(徳島県)
撫牛子　ないじょうし(青森県)
蕪島　かぶ-しま(青森県)
鵡川　む-かわ(北海道)
霧降高原　きりふり-こうげん(栃木県)
霧多布　きりたっぷ(北海道)
霧島　きりしま(宮崎・鹿児島県)
霧立越　きりたち-ごえ(宮崎県)
霧積　きりづみ(群馬県)
霧ヶ峰　きりがみね(長野県)

墨東　ぼくとう(東京都)
墨染　すみぞめ(京都市)
墨俣町　すのまた-ちょう(岐阜県)
墨田区　すみだ-く(東京都)

文京区　ぶんきょう-く(東京都)
文殊山　もんじゅ-さん(福井県，大分県)
文字ヶ関　もじがせき(北九州市)
文珠ノ瀬戸　もんじゅのせと(京都府)
文珠海岸　もんじゅ-かいがん(京都府)
文挟　ふばさみ(栃木県)
門谷　かどや(愛知県)
門崎　と-ざき(兵庫県)
門別町　もんべつ-ちょう(北海道)
門司　もじ(北九州市)
門前　もんぜん(秋田県)
門前町　もんぜん-まち(石川県)
門前仲町　もんぜんなかちょう(東京都)
門静　もんしず(北海道)
門真市　かどま-し(大阪府)
門倉崎　かどくら-ざき(鹿児島県)
門川町　かどがわ-ちょう(宮崎県)
紋別　もんべつ(北海道)
紋穂内　もんぽない(北海道)
蚊無峠　かなし-とうげ(広島県)
問屋口ノ瀬戸　とやぐちのせと(山口県)
問寒別　といかんべつ(北海道)

勿来　なこそ(福島県)
物見　ものみ(岡山県)
物見崎　ものみ-ざき(青森県)
物見山　ものみ-やま(岩手県，埼玉県，秋田県，群馬県)
物見ヶ岳　ものみがだけ(山口県)
物部　ものべ(高知県)
物語山　ものがたり-やま(群馬県)

미

米谷 まいや(宮城県)
米内沢 よないざわ(秋田県)
米代川 よねしろ-がわ(秋田県)
米良荘 めらのしょう(宮崎県)
米本団地 よねもと-だんち(千葉県)
米山 こめやま(山口県)
よね-やま(新潟県)
米山町 よねやま-ちょう(宮城県)
米水津村 よのうづ-むら(大分県)
米原町 まいはら-ちょう(滋賀県)
米子 よなご(鳥取県)
米倉山 よねくら-やま(山梨県)
米沢 よねざわ(山形県)
米坂線 よねさか-せん(米沢～坂町)
米ノ津 こめのつ(鹿児島県)
尾去沢 おさりざわ(秋田県)
尾高高原 おだか-こうげん(三重県)
尾久 おぐ(東京都)
尾口村 おくち-むら(石川県)
尾崎 おざき(大阪府, 岩手県)
尾岱沼 おだいとう(北海道)
尾島 おしま(山口県)
尾道 おのみち(広島県)
尾島町 おじま-まち(群馬県)
尾頭峠 おがしら-とうげ(栃木県)
尾呂志川 おろし-がわ(三重県)
尾鈴 おすず(宮崎県)
尾瀬 おぜ(群馬・福島・新潟県)
尾駮沼 おぶち-ぬま(青森県)
尾白渓谷 おじろ-けいこく(山梨県)
尾白利加川 おしらりか-がわ(北海道)
尾三* びさん(尾張・三河)
尾上町 おのえ-まち(青森県)
尾上郷川 おかみごう-がわ(岐阜県)
尾西 びさい(愛知県)
尾小屋 おごや(石川県)
尾張 おわり(옛 국명)
尾州 びしゅう(尾張의 딴이름)
尾之間 おのあいだ, おのま
(鹿児島県)
尾鷲 おわせ(三重県)
尾平 おびら(大分県)
尾花岬 おばな-みさき(北海道)
尾花沢市 おばなざわ-し(山形県)

尾幌 おぼろ(北海道)
尾ノ岳 おのだけ(熊本・大分県)
味方村 あじかた-むら(新潟県)
味生 あじう(大阪府)
味舌 ました(大阪府)
味野 あじの(岡山県)
味真野 あじまの(福井県)
弥谷山 いやだに-さん(香川県)
弥富町 やとみ-ちょう(愛知県)
弥山 み-せん(奈良県, 広島県)
弥生 やよい(北海道, 東京都)
弥生町 やよい-まち(大分県)
弥彦 やひこ(新潟県)
弥栄町 やさか-ちょう(京都府)
弥栄村 やさか-むら(島根県)
弥栄峡 やさか-きょう(広島・山口県)
弥治郎 やじろう(宮城県)
弥陀ヶ原 みだがはら(富山県)
眉山 び-ざん(徳島県)
び-ざん, まゆ-やま(長崎県)
美甘村 みかも-そん(岡山県)
美江寺 みえじ(岐阜県)
美古登山 みこと-やま(広島県)
美国 びくに(北海道)
美嚢 みのう(兵庫県)
美女谷温泉 びじょだに-おんせん(神奈川県)
美女平 びじょ-だいら(富山県)
美祢 みね(山口県)
美濃 みの(옛 국명)
美濃郡 みの-ぐん(島根県)
美濃ヶ浜 みのうがはま(山口県)
美袋 みなぎ(岡山県)
美都町 みと-ちょう(島根県)
美東町 みとう-ちょう(山口県)
美良布 びらふ(高知県)
美鈴湖 みすず-こ(長野県)
美流渡 みると(北海道)
美陵 みささぎ(大阪府)
美里 みさと(沖縄県)
美里別川 びりべつ-がわ(北海道)
美里町 みさと-ちょう(和歌山県)
みさと-まち(埼玉県)
美里村 みさと-むら(三重県)
美利河 ぴりか(北海道)
美馬 みま(徳島県)
美麻村 みあさ-むら(長野県)
美々津 みみつ(宮崎県)
美方 みかた(兵庫県)
美並村 みなみ-むら(岐阜県)
美保 みほ(鳥取・島根県)
美保関 みほのせき(島根県)

美浜町　みはま-ちょう(福井県, 愛知県, 和歌山県)
美山町　みやま-ちょう(福井県, 京都府, 岐阜県)
美山村　みやま-むら(和歌山県)
美杉村　みすぎ-むら(三重県)
美星町　びせい-ちょう(岡山県)
美深町　びふか-ちょう(北海道)
美野里町　みのり-まち(茨城県)
美瑛　びえい(北海道)
美又温泉　みまた-おんせん(島根県)
美園　みその(札幌市)
美原町　みはら-ちょう(大阪府)
美作　みまさか(옛 국명)
美章園　びしょうえん(大阪市)
美津島町　みつしま-ちょう(長崎県)
美川町　みかわ-ちょう(山口県)
　　みかわ-まち(石川県)
美川村　みかわ-むら(愛媛県)
美土代町　みとしろ-ちょう(東京都)
美土里町　みどり-ちょう(広島県)
美唄　びばい(北海道)
美浦村　みほ-むら(茨城県)
美郷村　みさと-そん(徳島県)
美和町　みわ-ちょう(愛知県, 山口県)
美和村　みわ-むら(茨城県)
美和湖　みわ-こ(長野県)
美幌　びほろ(北海道)
美ヶ原　うつくしがはら(長野県)
美ノ森　うつくしのもり(山梨県)
梶並　かじなみ(岡山県)
梶山温泉　かじやま-おんせん(新潟県)
梶取崎　かんどり-ざき(和歌山県)
梶取ノ鼻　かじとりのはな(愛媛県)
梶ヶ森　かじがもり(高知県)
微温湯温泉　ぬるゆ-おんせん(福島県)

민

敏馬浜　みぬめ-はま(神戸市)

泊　とまり(富山県)
泊湾　とまり-わん(北海道)
泊山団地　とまりやま-だんち(三重県)
泊村　とまり-そん(鳥取県)
　　とまり-むら(北海道)
泊港　とまり-こう(沖縄県)
狛江市　こまえ-し(東京都)
迫　はさま(宮城県)
迫川　はざかわ(岡山県)
粕尾峠　かすお-とうげ(栃木県)
粕淵　かすぶち(島根県)
粕屋　かすや(福岡県)
粕川村　かすかわ-むら(群馬県)
博多　はかた(福岡市)
博士山　はかせ-やま, はくし-ざん(福島県)
博奕岬　ばくち-みさき(京都府)
薄野　すすきの(札幌市)

半城湾　はんせい-わん(長崎県)
半原　はんばら(神奈川県)
半月　はんげつ(栃木県)
半月湖　はんげつ-こ(北海道)
半蔵門　はんぞうもん(東京都)
半田市　はんだ-し(愛知県)
半田町　はんだ-ちょう(徳島県)
般若坂　はんにゃ-ざか(奈良県)
斑鳩町　いかるが-ちょう(奈良県)
斑島　まだら-しま(長崎県)
斑尾山　まだらお-やま(長野県)
飯岡　いいおか(京都府)
飯岡町　いいおか-まち(千葉県)
飯高町　いいたか-ちょう(三重県)
飯舘村　いいたて-むら(福島県)
飯南　いいなん(三重県)
飯能市　はんのう-し(埼玉県)
飯島町　いいじま-まち(長野県)
飯梨川　いいなし-がわ(島根県)
飯士山　いいじ-さん(新潟県)
飯山　いいやま(長野県)
飯山町　はんざん-ちょう(香川県)
飯森山　いいもり-やま(福島・山形県)
飯森峠　いいもり-とうげ(宮城・岩手県)
飯石郡　いいし-ぐん(島根県)
飯盛山　いいもり-やま(福島県，大阪府，長崎県)
　　めしもり-やま(長野県)
飯盛峠　いいもり-とうげ(埼玉県)
飯盛町　いいもり-ちょう(長崎県)
飯綱　いいづな(長野県)
飯野　いいの(宮崎県)
飯野山　いいの-やま(香川県)
飯野町　いいの-まち(福島県)
飯野川　いいのがわ(宮城県)
飯田　いいだ(石川県，長野県)
飯田高原　はんだ-こうげん(大分県)
飯田川町　いいたがわ-まち(秋田県)
飯倉　いいぐら(東京都)
飯塚市　いいづか-し(福岡県)
飯坂　いいざか(福島県)
飯浦　いいのうら(島根・山口県)
飯豊　いいで(山形・新潟県)
飯ヶ森　いいがもり(秋田・山形県)
磐窟渓　いわや-だに(岡山県)
磐瀬ノ森　いわせのもり(奈良県)
磐司岩　ばんじいわ(仙台市)
磐船　いわふね(大阪府)
磐城　いわき(옛 국명)
磐余　いわれ(奈良県)
磐越*　ばんえつ(磐城・越後)
磐田　いわた(静岡県)
磐井川　いわい-がわ(岩手県)
磐梯　ばんだい(福島県)
蟠渓温泉　ばんけい-おんせん(北海道)
蟠竜湖　ばんりゅう-こ(島根県)

抜海岬　ばっかい-みさき(北海道)
抜戸岳　ぬけど-だけ(岐阜県)
発盛　はっせい(秋田県)
発心山　ほっしん-ざん(福岡県)
発哺温泉　ほっぽ-おんせん(長野県)
発荷峠　はっか-とうげ(秋田県)
発寒　はっさむ(札幌市)
鉢伏　はちぶせ(長野県)
鉢伏山　はちぶせ-やま(兵庫県，鳥取県，高知県)
鉢山　はち-やま(群馬・長野県)
鉢石　はちいし(栃木県)
鉢盛山　はちもり-やま(長野県)
鉢地峠　はっち-とうげ(愛知県)
鉢ヶ森　はちがもり(高知県)

方城町　ほうじょう-まち(福岡県)
坊　ぼう(鹿児島県)
坊勢島　ぼうぜ-じま(兵庫県)
坊地ノ瀬戸　ぼうちのせと(広島県)
坊地峠　ぼうじ-たわ(広島県)
坊津　ぼうのつ(鹿児島県)
坊平高原　ぼうだいら-こうげん(山形県)
坊ヶつる　ぼうがつる(大分県)
芳養　はや(和歌山県)
芳井町　よしい-ちょう(岡山県)
芳賀　はが(栃木県)
防路峠　ぼうじ-たわ(広島・島根県)

防府　ほうふ(山口県)
防予諸島　ほうよ-しょとう(山口・愛媛県)
防長*　ぼうちょう(周防・長門)
防州　ぼうしゅう(周防의 딴이름)
房州　ぼうしゅう(安房의 딴이름)
房総　ぼうそう(千葉県)
放生津潟　ほうしょうづ-がた(富山県)
放出　はなてん(大阪市)
傍示ヶ峠　ぼうじがとうげ(島根・山口県)
傍示乢　ぼうじ-だわ(岡山県)

배

拝島　はいじま(東京都)
背山　せ-やま(奈良・和歌山県)
背炙山　せあぶり-やま(福島県)
背中炙山　せなかあぶり-やま(福島県)

백

白糠　しらぬか(北海道)
白岡町　しらおか-まち(埼玉県)
白骨温泉　しらほね-おんせん(長野県)
白駒池　しらこま-いけ(長野県)
白根　しらね(栃木・群馬県, 山梨・静岡県)
白根市　しろね-し(新潟県)
白金　しろかね(東京都)
白金温泉　しろがね-おんせん(北海道)
白崎　しら-さき(和歌山県, 島根県)
白旗山　しらはた-やま(兵庫県)
白島　しら-しま(北九州市)
　はくしま(島根県)
白島崎　しらしま-さき(島根県)
白良浜　しらはま(和歌山県)
白老　しらおい(北海道)
白鷺団地　しらさぎ-だんち(大阪府)
白鹿岳　しらが-だけ(鹿児島県)
白滝鉱山　しらたき-こうざん(高知県)
白滝村　しらたき-むら(北海道)
白竜峡　はくりゅう-きょう(富山県)
白竜湖　はくりゅう-こ(山形県)
白里　しらさと(千葉県)
白馬　しろうま, はくば(長野県)
白馬山脈　しらま-さんみゃく(和歌山県)
白木　しらき(広島市)
　しろき(富山県)
白木峰　しらき-みね(富山・岐阜県)
白木川内温泉　しらきかわち-おんせん(鹿児島県)
白米　しらよね(石川県)
白剁山　しらはげ-やま(山梨・静岡県)
白髪山　しらが-やま(高知県)
　しらひげ-やま(宮城・山形県)
白髪岳　しらが-だけ(熊本県)
白鳳*　はくほう(白根山・鳳凰山)
白峰山　しらみね-さん(香川県)
白峰三山　しらみね-さんざん, はくほう-さんざん(山梨・静岡県)
白峰村　しらみね-むら(石川県)
白崩山　しろくずれ-やま(山梨県)
白浜　しらはま(千葉県, 静岡県, 和歌山県, 高知県)
白糸滝　しらいとのたき(静岡県)
白砂山　しらすな-やま(群馬・新潟・長野県)
白山　はくさん(東京都)
　はく-さん(岐阜・石川・福井県)
白山瀬　はくさん-せ(日本海)
白山町　はくさん-ちょう(三重県)
白石　しろいし(札幌市, 宮城県, 熊本県)
白潟　しらかた(千葉県)
白石島　しらいし-じま(岡山県)
白石山　しらいし-やま(埼玉県)
白石峠　しろいし-とうげ(岩手県, 埼玉県)
白石町　しろいし-ちょう(佐賀県)
白鬚橋　しらひげ-ばし(東京都)
白水村　はくすい-むら(熊本県)
白須賀　しらすか(静岡県)
白神　しらかみ(青森・秋田県)
白神岬　しらかみ-みさき(北海道)
白新線　はくしん-せん(新発田〜新潟)
白岳　しろ-だけ(長崎県)
白岩山　しらいわ-やま(埼玉県)
白岩峠　しらいわ-とうげ(茨城県)
白岩岳　しらいわ-だけ(秋田県)
白羽砂丘　しろわ-さきゅう(静岡県)
白雲山　はくうん-ざん(群馬県)
白雲岳　はくうん-だけ(北海道)
白銀崎　しろがね-ざき(宮城県)
白銀平　しろがね-たい(青森県)
白鷹　しらたか(山形県)
白子　しろこ(三重県)
白子森　しらこ-もり(秋田県)
白子町　しらこ-まち(千葉県)
白紫池　びゃくし-いけ(宮崎県)
白田温泉　しらた-おんせん(静岡県)

白井　しろい(千葉県)
白鳥　しろとり(香川県)
白鳥台団地　はくちょうだい-だんち(北海道)
白鳥山　しらとり-やま(新潟·富山県)
白鳥越　しらとり-ごえ(京都市)
白鳥町　しろとり-ちょう(岐阜県)
白州町　はくしゅう-まち(山梨県)
白地　はくち(徳島県)
白倉山　しらくら-やま(静岡県)
白川　しらかわ(岐阜県, 福島県)
　しら-かわ(山形県, 岐阜県, 京都市, 熊本県)
白塚　しらつか(三重県)
白泰山　はくたい-さん(埼玉県)
白沢村　しらさわ-むら(福島県, 群馬県)
白兎海岸　はくと-かいがん(鳥取県)
白布高湯温泉　しらぶたかゆ-おんせん(山形県)
白河　しらかわ(福島県)
白樺　しらかば(北海道)
白樺台団地　しらかばだい-だんち(北海道)
白樺湖　しらかば-こ(長野県)
百間川　ひゃっけん-がわ(岡山県)
百貫石　ひゃっかんせき(熊本県)
百島　もも-しま(広島県)
百道　ももち(福岡市)
百里　ひゃくり(茨城県)
百万遍　ひゃくまんべん(京都市)
百石町　ももいし-まち(青森県)
百舌鳥　もず(大阪府)
百人浜　ひゃくにん-はま(北海道)
百人町　ひゃくにん-ちょう(東京都)
百済　くだら(奈良県)
百草　もぐさ(東京都)
百沢温泉　**ひゃくざわ-おんせん**, ももざわ-おんせん(青森県)
百合ヶ丘団地　ゆりがおか-だんち(川崎市)
百花園　ひゃっか-えん(東京都)
伯耆　ほうき(옛 국명)
伯南　はくなん(鳥取県)
伯母峰峠　おばみね-とうげ(奈良県)
伯母子　おばこ(奈良県)
伯方　はかた(愛媛県)
伯備線　はくび-せん(倉敷～伯耆大山)
伯仙　はくせん(鳥取県)
伯州　はくしゅう(伯耆의 딴이름)
伯太　はくた(島根県)
柏崎　かしわざき(新潟県)
柏島　かしわ-じま(高知県)
柏木　かしわぎ(東京都)
柏市　かしわ-し(千葉県)
柏原　かしわばら(長野県, 滋賀県)
柏原市　かしわら-し(大阪府)
柏原温泉　かしわばら-おんせん(鹿児島県)
柏原町　かいばら-ちょう(兵庫県)
柏村　かしわ-むら(青森県)

번

番所鼻　ばんしょのはな(和歌山県)
番所原　ばんどころ-はら(長野県)
番場　ばんば(滋賀県)
番匠川　ばんじょう-がわ(大分県)
番町　ばん-ちょう(東京都)
番鳥森　ばんどり-もり(秋田県)
番の州　ばんのす(香川県)
幡多郡　はた-ぐん(高知県)
幡豆　はず(愛知県)
幡生　はたぶ(山口県)
幡ヶ谷　はたがや(東京都)

범

帆前崎　ほまえ-ざき(北海道)
帆柱山　ほばしら-やま(北九州市)
帆坂トンネル　ほさか-トンネル(相生～岡山)
梵珠　ぼんじゅ(青森県)

법

法蓮　ほうれん(奈良県)
法隆寺　ほうりゅうじ(奈良県)
法師温泉　ほうし-おんせん(群馬県)
法善寺横丁　ほうぜんじ-よこちょう(大阪市)
法勝寺　ほっしょうじ(鳥取県)
法円坂　ほうえんさか(大阪市)
法華院温泉　ほっけいん-おんせん(大分県)
法花津　ほっけづ(愛媛県)
法華津　**ほけづ**, ほっけづ(愛媛県)
法皇山脈　ほうおう-さんみゃく(愛媛県)

碧南市　へきなん-し(愛知県)
碧西線　へきさい-せん(新安城〜吉良吉田)
碧玉渓　へきぎょく-けい(宮城県)
碧海　へきかい(愛知県)
壁湯温泉　かべゆ-おんせん(大分県)
躄峠　いざり-とうげ(徳島・高知県)

弁慶　べんけい(北海道)
弁景温泉　べんけい-おんせん(北海道)
弁辺　べんべ(北海道)
弁天岬　べんてん-みさき(北海道)
弁天崎　べんてん-ざき(北海道)
弁天島　べんてん-じま(北海道，青森県，千葉県，静岡県，徳島県)
弁天沼　べんてん-ぬま(北海道)
弁天温泉　べんてん-おんせん(栃木県)
弁天町　べんてん-ちょう(大阪市)
辺土名　へんとな(沖縄県)
辺戸岬　へど-みさき(沖縄県)

別保　べっぽ(北海道)
別府　べっぷ(島根県，大分県)
別府渓谷　べふ-けいこく(高知県)
別府台地　べっぷ-だいち(鹿児島県)
別府原　びゅう-ばる(熊本県)
別府川　べっぷ-がわ(鹿児島県)
別山　べつ-さん(富山県)
べつ-ざん(石川・岐阜県)
別所　べっしょ(兵庫県，長崎県)
別子　べっし(愛媛県)
別寒辺牛川　べかんべうし-がわ(北海道)
別海町　べっかい-ちょう(北海道)

兵庫　ひょうご(神戸市)
兵戸峠　ひょうど-とうげ(大分・熊本県)
屏風瀬戸　びょうぶ-せと(石川県)
屏風山　びょうぶ-やま(福井・岐阜県)
屏風山砂丘　びょうぶやま-さきゅう(青森県)
屏風岳　びょうぶ-だけ(宮城県)
屏風ヶ浦　びょうぶがうら(千葉県，長崎県)
瓶原　みかのはら(京都府)
瓶割峠　かめわり-とうげ(愛知・静岡県)
瓶ヶ森山　かめがもり-やま(高知・愛媛県)
鞆　とも(広島県)
鞆奥　ともおく(徳島県)
餅飯殿　もちいどの(奈良県)

甫与志岳　ほよし-だけ(鹿児島県)
宝　たから(鹿児島県)
宝剣岳　ほうけん-だけ(長野県)
宝達　ほうだつ(石川・富山県)
宝登山　ほど-さん(埼玉県)
宝立山　ほうりゅう-ざん(石川県)
宝満山　ほうまん-ざん(福岡県)
宝木　ほうぎ(鳥取県)
宝飯郡　ほい-ぐん(愛知県)
宝永山　ほうえい-ざん(静岡県)
宝殿　ほうでん(兵庫県)
宝町　たからちょう(東京都)
宝珠山村　ほうしゅやま-むら(福岡県)
宝珠花　ほうじゅばな(埼玉県)
宝泉寺温泉　ほうせんじ-おんせん(大分県)
宝川温泉　たからがわ-おんせん(群馬県)
宝塚　たからづか(兵庫県)
宝ヶ池　たからがいけ(京都市)
歩古丹　あゆみこたん(北海道)
歩崎　あゆみ-さき(茨城県)
保古の湖　ほこのうみ(岐阜県)
保谷市　ほうや-し(東京都)
保科温泉　ほしな-おんせん(長野県)
保内町　ほない-ちょう(愛媛県)

保内郷　ほない-ごう(茨城県)
保福寺峠　ほふくじ-とうげ(長野県)
保色山　ほいろ-やま(三重県)
保原町　ほばら-まち(福島県)
保田　ほた(千葉県)
保津　ほづ(京都府)
保倉川　ほくら-がわ(新潟県)
保土ヶ谷区　ほどがや-く(横浜市)
保賀山峠　ほがやま-とうげ(徳島県)
保戸島　ほと-じま(大分県)
菩提野　ぼだいの(秋田県)
菩提原　ぼだいがはら(新潟県)
普代　ふだい(岩手県)
普天間　ふてんま(沖縄県)
普賢岳　ふげん-だけ(長崎県)

伏見　ふしみ(京都市)
伏古　ふしこ(北海道)
伏籠川　ふしこ-がわ(札幌市)
伏木　ふしき(富山県)
服部　はっとり(大阪府, 岡山県)
福間町　ふくま-まち(福岡県)
福江　ふくえ(愛知県, 長崎県)
福岡　ふくおか(岩手県, 埼玉県, 愛知県, 岡山県, 福岡県)
福岡町　ふくおか-ちょう(岐阜県)
　ふくおか-まち(富山県)
福光町　ふくみつ-まち(富山県)
福崎町　ふくさき-ちょう(兵庫県)
福吉　ふくよし(福岡県)
福徳岡ノ場　ふくとくおかのば(伊豆諸島)
福島　ふくしま(北海道, 福島県, 長野県, 福岡県, 宮崎県)
　ふく-しま(長崎県)
福渡　ふくわたり(岡山県)
福島区　ふくしま-く(大阪市)
福島潟　ふくしま-がた(新潟県)
福渡温泉　ふくわた-おんせん(栃木県)
福良　ふくら(兵庫県)
福武線　ふくぶ-せん(武生新～福井)
福米沢油田　ふくめざわ-ゆでん(秋田県)
福部　ふくべ(鳥取県)
福富　ふくどみ(福岡県)
福富町　ふくとみ-ちょう(広島県)
　ふくどみ-まち(佐賀県)

福山　ふくやま(北海道, 広島県)
福山町　ふくやま-ちょう(鹿児島県)
福生市　ふっさ-し(東京都)
福野町　ふくの-まち(富山県)
福塩線　ふくえん-せん(福山～塩町)
福栄村　ふくえ-そん(山口県)
福原　ふくはら(愛知県)
福田　ふくだ(岡山県)
福田町　ふくで-ちょう(静岡県)
福井　ふくい(北陸地方)
福井川　ふくい-がわ(徳島県)
福住　ふくすみ(兵庫県)
福知山　ふくちやま(京都府)
福智山　ふくち-やま(北九州市)
福地川　ふくじ-がわ(沖縄島)
福地村　ふくち-むら(青森県)
福川　ふくがわ(山口県)
福泉　ふくいずみ(大阪府)
福浦　ふくら(石川県)
福浦崎　ふくら-ざき(青森県)
福浦八景　ふくうら-はっけい(新潟県)

本谷山　ほんたに-やま(長野・静岡県, 大分県)
本宮山　ほんぐう-さん(愛知県, 岡山県)
本宮町　ほんぐう-ちょう(和歌山県)
　もとみや-まち(福島県)
本岐　ほんき(北海道)
本吉　もとよし(宮城県)
本納　ほんのう(千葉県)
本島　ほん-じま(香川県)
本渡　ほんど(熊本県)
本梅　ほんめ(京都府)
本明川　ほんみょう-がわ(長崎県)
本牧　ほんもく(横浜市)
本木町　もとき-ちょう(東京都)
本妙寺山　ほんみょうじ-さん(熊本県)
本泊　もとどまり(北海道)
本白根山　もとしらね-さん(群馬県)
本別町　ほんべつ-ちょう(北海道)
本部　もとぶ(沖縄県)
本山　ほん-ざん, もと-やま(秋田県)
　もとやま(香川県, 高知県)
本山岬　もとやま-みさき(山口県)
本栖湖　もとす-こ(山梨県)

本石町　ほんごく-ちょう(東京都)
本城村　ほんじょう-むら(長野県)
本所　ほんじょ(東京都)
本巣　もとす(岐阜県)
本宿　もとじゅく(愛知県)
本耶馬渓　ほんやばけい(大分県)
本埜村　もとの-むら(千葉県)
本庄　ほんじょう(宮崎県)
本荘　ほんじょう(秋田県)
本庄市　ほんじょう-し(埼玉県)
本匠村　ほんじょう-むら(大分県)
本町　ほんまち(大阪市)
本州　ほんしゅう(일본열도 최대의 섬)
本津川　ほんづ-がわ(香川県)
本川根町　ほんかわね-ちょう(静岡県)
本川村　ほんがわ-むら(高知県)
本沢温泉　ほんざわ-おんせん(長野県)
本坂峠　ほんざか-とうげ(愛知・静岡県)
本八幡　もとやわた(千葉県)
本合海　もとあいかい(山形県)
本郷　ほんごう(東京都, 長野県, 愛知県)
本郷町　ほんごう-ちょう(広島県)
　ほんごう-まち(福島県)
本郷村　ほんごう-そん(山口県)

峰トンネル　みね-トンネル(静岡県)
峰吉川　みねよしがわ(秋田県)
峰浜村　みねはま-むら(秋田県)
峰山　みねやま(京都府)
峰山高原　みねやま-こうげん(兵庫県)
峰延　みねのぶ(北海道)
峰温泉　みね-おんせん(静岡県)
峰町　みね-ちょう(長崎県)
峰ヶ尻半島　みねがしり-はんとう(高知県)
峰の茶屋　みねのちゃや(長野県)
逢坂　おうさか(滋賀県)
逢坂峠　おうさか-とうげ(三重県, 和歌山県)
棒ノ嶺　ぼうのみね(東京都・埼玉県)
棒ノ折山　ぼうのおれ-やま(東京都・埼玉県)
蓬萊ニュータウン　ほうらい-ニュータウン(福島市)
蓬萊山　ほうらい-さん(滋賀県)
蓬萊峡　ほうらい-きょう(兵庫県)
蓬峠　よもぎ-とうげ(群馬・新潟県)
蓬原　ふつはら(鹿児島県)
蓬田村　よもぎた-むら(青森県)
鳳　おおとり(大阪府)
鳳来　ほうらい(愛知県)
鳳至郡　ふげし-ぐん(石川県)
鳳翩山　ほうべん-ざん(山口県)
鳳凰　ほうおう(山梨県)

父鬼街道　ちちおに-かいどう(和歌山県～大阪府)
父島　ちち-じま(東京都)
付知　つけち(岐阜県)
扶桑町　ふそう-ちょう(愛知県)
芙蓉　ふよう(富士山의 딴이름)
芙蓉湖　ふよう-こ(長野県)
府中　こう(徳島県)
　ふちゅう(岐阜県, 三重県, 京都府, 大阪府, 香川県)
府中市　ふちゅう-し(東京都, 広島県)
府中町　ふちゅう-ちょう(広島県)
浮間　うきま(東京都)
浮島　うか-しま(山口県)
　うきしま(静岡県, 岩手県)
浮羽　うきは(福岡県)
浮原島　うきばる-しま(沖縄県)
浮布池　うきぬののいけ(島根県)
釜無山　かまなしやま(長野県)
釜無川　かまなしがわ(山梨県)
釜伏峠　かまぶせ-とうげ(埼玉県)
釜石　かまいし(岩手県)
釜臥山　かまぶせ-ざん(青森県)
釜入江　かま-いりえ(宮城県)
釜清水　かましみず(石川県)
釜坂　かま-さか(岡山・兵庫県)
釜ヶ崎　かまがさき(大阪府)
副田温泉　そえだ-おんせん(鹿児島県)
婦羅理　ふらり(北海道)
婦負郡　ねい-ぐん(富山県)
婦負の野　ねひのの(富山県)
婦中町　ふちゅう-まち(富山県)
部崎　へ-さき(北九州市)
部子山　へこ-さん(福井県)
富加町　とみか-ちょう(岐阜県)
富岡　とみおか(福島県, 群馬県, 熊本県, 埼玉県, 岡山県, 徳島県)
富江町　とみえ-ちょう(長崎県)
富岡町　とみおか-ちょう(東京都)

富高　とみたか(宮崎県)
富谷　とみや(宮城県)
富具崎　ふぐ-さき(愛知県)
富久山　ふくやま(福島県)
富崎　とみさき(千葉県)
富島　としま(兵庫県)
富来　とみく(大分県)
富来田　ふくた(千葉県)
富来町　とぎ-まち(石川県)
富良野　ふらの(北海道)
富里　とみさと(山梨県)
富里町　とみさと-まち(千葉県)
富幕山　とんまく-やま(愛知·静岡県)
富満高原　とどま-こうげん(兵庫県)
富士　ふじ(静岡県)
富士見　ふじみ(東京都, 長野県)
富士見台　ふじみだい(東京都, 長野県)
富士見山　ふじみ-やま(山梨県)
富士見峠　ふじみ-とうげ(群馬県)
富士見村　ふじみ-むら(群馬県)
富士宮　ふじのみや(静岡県)
富士山　ふじ-さん(山梨·静岡県)
富士松　ふじまつ(愛知県)
富士ノ折立　ふじのおりたて(富山県)
富士町　ふじ-ちょう(佐賀県)
富士川　ふじ-かわ(静岡県)
富山　とやま(中部地方)
富山町　とみやま-まち(千葉県)
富山村　とみやま-むら(愛知県)
富山県立自然公園　とみさん-けんりつしぜんこうえん(千葉県)
富岳　ふがく(富士山의 딴이름)
富嶽　ふがく(富士山의 딴이름)
富岩運河　ふがん-うんが(富山県)
富雄　とみお(奈良県)
富原　とみはら(岡山県)
富田　とみた(栃木県, 岡山県)
　とんだ(大阪府, 山口県, 宮崎県)
富田林　とんだばやし(大阪府)
富田川　とんだ-がわ(和歌山県)
富津　ふっつ(千葉県)
富川　とみかわ(北海道)
富村　とみ-そん(岡山県)
富沢町　とみざわ-ちょう(山梨県)
富坂　とみ-さか(東京都)
富浦町　とみうら-まち(千葉県)
富合町　とみあい-まち(熊本県)
富海　とのみ(山口県)
富郷渓谷　とみさと-けいこく(愛媛県)
[敷島町]　しきしま-まち(山梨県)

[北葛城郡]　きたかつらぎ-ぐん(奈良県)
北葛飾郡　きたかつしか-ぐん(埼玉県)
北巨摩郡　きたこま-ぐん(山梨県)
北見　きたみ(옛 국명)
北軽井沢　きたかるいざわ(群馬県)
北高来郡　きたたかき-ぐん(長崎県)
北谷町　ちゃたん-ちょう(沖縄県)
北空知　きたそらち(北海道)
北関東　きたかんとう(関東地方 북부)
北広島団地　きたひろしま-だんち(北海道)
北区　きた-く(札幌市, 東京都, 名古屋市, 京都市, 大阪市, 神戸市)
北九州　きたきゅうしゅう(九州 북부)
北国　ほっこく(北陸의 옛이름)
北群馬郡　きたぐんま-ぐん(群馬県)
北橘村　きたたちばな-むら(群馬県)
北磯　きたいそ(秋田県)
北埼玉郡　きたさいたま-ぐん(埼玉県)
北濃　ほくのう(岐阜県)
北多摩　きたたま(東京都)
北淡町　ほくだん-ちょう(兵庫県)
北大東　きただいとう(沖縄県)
北大路　きたおおじ(京都市)
北大阪急行電鉄線　きたおおさかきゅうこうでんてつ-せん(江坂〜千里中央)
北大和堆　きたやまと-たい(日本海)
北都留郡　きたつる-ぐん(山梨県)
北島町　きたじま-ちょう(徳島県)
北竜　ほくりゅう(北海道)
北竜湖　ほくりゅう-こ(長野県)
北硫黄島　きたいおう-とう(東京都)
北陸　**ほくりく, ほくろく**
(北陸地方의 약칭)
北利根川　きたとね-がわ(茨城·千葉県)
北毛　ほくもう(群馬県)
北牟婁郡　きたむろ-ぐん(三重県)
北目　きため(長崎県)
北木島　きたぎ-しま(岡山県)
北茂安町　きたしげやす-ちょう(佐賀県)
北泊ノ瀬戸　きたどまりのせと(徳島県)
北方町　きたかた-ちょう(宮崎県)
　きたがた-ちょう(岐阜県)
　きたがた-まち(佐賀県)
北房町　ほくぼう-ちょう(岡山県)

北方地方　きたがた-ちほう(徳島県)
北白川　きたしらかわ(京都市)
北本市　きたもと-し(埼玉県)
北部町　ほくぶ-まち(熊本県)
北飛　ほくひ(岐阜県)
北浜　きたはま(大阪市, 青森県, 大分県)
北浜原生花園　きたはま-げんせいかえん(北海道)
北砂　きたすな(東京都)
北四国　きたしこく(四国 北部)
北山　きたやま(三重県)
　きた-やま(京都府, 島根県, 高知県)
北山筋　きたやま-すじ(山梨県)
北山崎　きたやまざき(岩手県)
北山中　きたさんちゅう(長野県)
北薩　ほくさつ(鹿児島県)
北三原　きたみはら(千葉県)
北上　きたかみ(岩手・宮城県)
北相馬郡　きたそうま-ぐん(茨城県)
北相木村　きたあいき-むら(長野県)
北桑田郡　きたくわだ-ぐん(京都府)
北潟湖　きたがた-こ(福井県)
北設楽郡　きたしたら-ぐん(愛知県)
北摂　ほくせつ(大阪府)
北勢　ほくせい(三重県)
北小金　きたこがね(千葉県)
北松　ほくしょう(北松浦의 약칭)
北松浦　きたまつうら(長崎県)
北楯大堰　きただて-おおぜき(山形県)
北信　ほくしん(長野県)
北岳　きた-だけ(山梨県, 鹿児島県)
北安曇郡　きたあずみ-ぐん(長野県)
北野　きたの(東京都, 京都市, 福岡県)
北御牧村　きたみまき-むら(長野県)
北魚沼郡　きたうおぬま-ぐん(新潟県)
北塩原　きたしおばら(福島県)
北奥千丈岳　きたおくせんじょうだけ(埼玉県)
北温泉　きた-おんせん(栃木県)
北羽前街道　きたうぜん-かいどう(宮城～山形県)
北宇智　きたうち(奈良県)
北宇和郡　きたうわ-ぐん(愛媛県)
北有馬町　きたありま-ちょう(長崎県)
北日本　きたにほん(東北地方・北海道의 총칭)
北茨城市　きたいばらき-し(茨城県)
北長門海岸国定公園　きたながとかいがん-こくていこうえん(山口県)
北諸県郡　きたもろかた-ぐん(宮崎県)
北条　きたじょう(新潟県)
　ほうじょう(茨城県, 千葉県, 鳥取県, 兵庫県, 愛媛県)
北足立郡　きたあだち-ぐん(埼玉県)
北佐久郡　きたさく-ぐん(長野県)
北中城村　きたなかぐすく-そん(沖縄県)
北之島　きたのしま(東京都)
北津軽郡　きたつがる-ぐん(青森県)
北鎮岳　ほくちん-だけ(北海道)
北川　きた-がわ(福井・滋賀県, 大分県)
北川口　きたかわぐち(北海道)
北千島　きたちしま(千島列島)
北川辺町　きたかわべ-まち(埼玉県)
北千住　きた-せんじゅ(東京都)
北川村　きたがわ-むら(高知県)
北村　きた-むら(北海道)
北村山郡　きたむらやま-ぐん(山形県)
北総　ほくそう(千葉県)
北秋田郡　きたあきた-ぐん(秋田県)
北湯沢温泉　きたゆざわ-おんせん(北海道)
北沢　きたざわ(東京都)
北沢峠　きたざわ-とうげ(長野・山梨県)
北通り　きたどおり(青森県)
北波多村　きたはた-むら(佐賀県)
北八甲田　きたはっこうだ(青森県)
北八ヶ岳　きたやつがたけ(長野県)
北浦　きたうら(秋田県, 茨城県)
北蒲原郡　きたかんばら-ぐん(新潟県)
北浦町　きたうら-ちょう(宮崎県)
北浦地方　きたうら-ちほう(山口県)
北豊島　きたとしま(東京都)
北海　ほっかい(일본열도 북방해역)
北海道　ほっかい-どう(일본열도의 4대 섬)
北海部郡　きたあまべ-ぐん(大分県)
北郷町　きたごう-ちょう(宮崎県)
北郷村　きたごう-そん(宮崎県)
北和　ほくわ(奈良県)
北檜山町　きたひやま-ちょう(北海道)
北会津　きたあいづ(福島県)
北ノ俣岳　きたのまた-だけ(富山・岐阜県)
北の丸　きたのまる(東京都)

分倍河原　ぶばいがわら(東京都)
分水町　ぶんすい-まち(新潟県)
分杭峠　ぶんぐい-とうげ(長野県)
奔別　ぽんべつ(北海道)
奔幌戸　ぽんぽろと(北海道)
畚部　ふごっぺ(北海道)
畚岳　もっこ-だけ(岩手・秋田県)
粉河　こかわ(和歌山県)

噴火湾　ふんか-わん(北海道)

不帰岳　かえらず-だけ(長野·富山県)
不動岡　ふどうおか(埼玉県)
不老山　ふろう-さん(神奈川·静岡県)
不忍池　しのばずのいけ(東京都)
不入　いらず(高知県)
不知火　しらぬひ(熊本県)
不土野峠　ふどの-とうげ(宮崎·熊本県)
不破　ふわ(岐阜県)
仏経ヶ岳　ぶっきょうがたけ(奈良県)
仏果山　ぶっか-さん(神奈川県)
仏峠　ほとけ-とうげ(広島市)
仏生山　ぶっしょうざん(香川県)
仏生岳　ぶっしょう-だけ(奈良県)
仏宇多　ほとけうた(青森県)
仏通寺御調八幡宮県立自然公園　ぶっつうじみつぎはちまんぐう-けんりつしぜんこうえん(広島県)
仏ヶ浦　ほとけがうら(青森県)
仏ノ山峠　ほとけのやま-とうげ(茨城·栃木県)
祓川　はらい-がわ(福岡·大分県)

棚山高原　たなやま-こうげん(愛知県)
棚倉　たなくら(京都府)
棚倉町　たなぐら-まち(福島県)

比嘉　ひが(沖縄県)
比企　ひき(埼玉県)
比岐島　ひぎ-しま(愛媛県)
比内町　ひない-まち(秋田県)
比羅夫　ひらふ(北海道)
比良　ひら(滋賀県)
比立内　ひたちない(秋田県)
比謝川　ひじゃ-がわ(沖縄県)
比延　ひえ(兵庫県)
比叡山　ひえい-ざん(京都市·滋賀県)
比田勝　ひたかつ(長崎県)
比地川　ひじ-がわ(沖縄県)
比治山　ひじ-やま(広島市)
比婆　ひば(広島県)
比布岳　ぴっぷ-だけ(北海道)
比布町　ぴっぷ-ちょう(北海道)
比和町　ひわ-ちょう(広島県)
枇榔島　びろう-じま(宮崎県, 鹿児島県)
枇杷島　びわじま(名古屋市)
肥薩*　ひさつ(肥後·薩摩)
肥前　ひぜん(옛 국명)
肥州　ひしゅう(肥前, 肥後의 딴이름)
肥後　ひご(옛 국명)
飛島　とび-しま(山形県, 長崎県)
飛島村　とびしま-むら(愛知県)
飛竜山　ひりゅう-さん(山梨·埼玉県)
飛越*　ひえつ(飛驒·越中)
飛田　とびた(大阪市)
飛田給　とびたきゅう(東京都)
飛鳥　あすか(奈良県)
飛鳥山　あすか-やま(東京都)
飛州　ひしゅう(飛驒의 딴이름)
飛驒　ひだ(옛 국명)
飛火野　とぶひの(奈良県)
備南　びなん(広島県)
備瀬崎　びせ-ざき(沖縄県)
備北　びほく(広島県)
備作山地県立自然公園　びさくさんち-けんりつしぜんこうえん(岡山·鳥取県)
備前　びぜん(옛 국명)
備前堀　びぜん-ぼり(埼玉県)
備州　びしゅう(備前, 備中, 備後의 딴이름)
備中　びっちゅう(옛 국명)
備讃*　びさん(備前·備中·讃岐)
備後　びんご(옛 국명)
扉峠　とびら-とうげ(長野県)
斐伊川　ひい-かわ(島根県)
斐川町　ひかわ-ちょう(島根県)
琵琶瀬　びわせ(北海道)
琵琶湖　びわ-こ(滋賀県)
碑文谷　ひもんや(東京都)
篦岳　ののだけ(宮城県)
鼻高山　はなたか-せん(島根県)
鼻曲山　はなまがり-やま(群馬·長野県)
鼻面崎　はなづら-ざき(愛媛県)
鼻前七浦　はなまえ-ななうら(高知県)
鼻繰瀬戸　はなぐり-せと(愛媛県)

はなぐりのせと(山口県)
鵯越　ひよどりごえ(神戸市)

浜街道　はま-かいどう(滋賀県)
浜甲子園団地　はまこうしえん-だんち(兵庫県)
浜岡　はまおか(静岡県)
浜見平団地　はまみだいら-だんち(神奈川県)
浜鬼志別　はまおにしべつ(北海道)
浜金谷　はまかなや(千葉県)
浜崎　はまさき(佐賀県)
浜島町　はまじま-ちょう(三重県)
浜頓別　はまとんべつ(北海道)
浜離宮庭園　はまりきゅう-ていえん(東京都)
浜名　はまな(静岡県)
浜北市　はまきた-し(静岡県)
浜比嘉島　はまひが-しま(沖縄県)
浜寺　はまでら(大阪府)
浜松　はままつ(静岡県)
浜松町　はままつ-ちょう(東京都)
浜野　はまの(千葉県)
浜玉町　はまたま-ちょう(佐賀県)
浜原　はまはら(島根県)
浜猿払　はまさるふつ(北海道)
浜益　はまます(北海道)
浜田　はまだ(島根県)
浜田山　はまだやま(東京都)
浜町　はま-ちょう(東京都)
浜佐呂間　はまさろま(北海道)
浜中　はまなか(北海道)
浜川崎　はまかわさき(川崎市)
浜村温泉　はまむら-おんせん(鳥取県)
浜通り　はまどおり(福島県)
浜坂　はまさか(兵庫県)
浜坂砂丘　はまさか-さきゅう(鳥取県)
浜海道　はまかいどう(福島県)
浜脇温泉　はまわき-おんせん(大分県)
浜厚真　はまあつま(北海道)
浜詰　はまづめ(京都府)
貧田丸　ひんでんまる(高知・徳島県)

빙

氷見　ひみ(富山県, 愛媛県)
氷上　ひかみ(兵庫県)
氷室山　ひむろ-さん(栃木・群馬県)
氷川　ひかわ(東京都, 熊本県)
氷川台　ひかわだい(東京都)
氷ノ山　ひょうのせん(兵庫・鳥取県)

사

士別　しべつ(北海道)
士幌　しほろ(北海道)
四街道市　よつかいどう-し(千葉県)
四季咲岬　しきざき-みさき(熊本県)
四谷　よつや(東京都)
四国　しこく(일본열도의 4대 섬)
四万　しま(群馬県)
四万十川　しまんと-がわ(高知県)
四明ヶ岳　しめいがだけ(京都市・滋賀県)
四尾連湖　しびれ-こ(山梨県)
四方峠　しほう-とうげ(宮城県)
四方指　しほうざし(香川県)
四十曲峠　しじゅうまがり-とうげ(鳥取・岡山県)
四十八曲峠　しじゅうはちまがり-とうげ(長野県)
四十八瀬川　しじゅうはっせ-がわ(神奈川県)
四十八坂　しじゅうはっさか(広島県)
四阿山　あずまや-さん(群馬・長野県)
四日市　よっかいち(三重県, 大分県)
四日市場　よっかいちば(宮城県)
四条　しじょう(京都市, 大阪府)
四條畷市　しじょうなわて-し(大阪府)
四倉　よつくら(福島県)
四阪　しさか(愛媛県)
四賀ノ山　しかのせん(兵庫・鳥取県)
四賀村　しが-むら(長野県)
四ヶ城盆地　しかじょう-ぼんち(長野県)
四ヶ浦　しかうら(福井県)
四ツ橋　よつばし(大阪市)
四つ橋線　よつばし-せん(西梅田～住之江公園)
四ツ木　よつぎ(東京都)
四ツ小屋　よつごや(秋田県)
四ツ足堂峠　よつあしどう-とうげ(高知・徳島県)
寺家公園　じけい-こうえん(富山県)
寺島　てらしま(東京都)
　　てら-しま(長崎県)
寺泊　てらどまり(新潟県)
寺西　てらにし(広島県)
寺田町　てらだ-ちょう(大阪市)
寺井町　てらい-まち(石川県)
寺町通り　てらまち-どおり(京都市)
死骨崎　しこつ-ざき(岩手県)
糸貫町　いとぬき-ちょう(岐阜県)
糸崎　いとざき(広島県)
糸島　いとしま(福岡県)
糸満市　いとまん-し(沖縄県)
糸魚川　いといがわ(新潟県)
糸魚沢　いといざわ(北海道)
糸田　いとだ(福岡県)
似島　にのしま(広島市)
沙流　さる(北海道)
沙留　さるる(北海道)
沙弥島　しゃみ-じま(香川県)
沙美浜　さみはま(岡山県)
社台　しゃだい(北海道)
社山　やしろ-やま(栃木県)
社町　やしろ-ちょう(兵庫県)
私市　きさいち(大阪府)
泗水町　しすい-まち(熊本県)
舎熊　しゃぐま(北海道)
俟后坂　きみまちざか(秋田県)
思川　おもい-がわ(栃木県)
砂石温泉　さざらし-おんせん(鹿児島県)
砂原　さわら(北海道)
砂子沢　すなこざわ(秋田県)
砂町　すな-まち(東京都)

砂川　すながわ(北海道，東京都)
　すな-がわ(大阪府)
射水　いみず(富山県)
射和　いざわ(三重県)
師崎　もろざき(愛知県)
師勝町　しかつ-ちょう(愛知県)
紗那　しゃな(北海道)
斜里　しゃり(北海道)
蛇尾川　さび-がわ(栃木県)
獅子島　しし-じま(鹿児島県)
獅子吼　ししく(石川県)

山岡町　やまおか-ちょう(岐阜県)
山江村　やまえ-むら(熊本県)
山古志村　やまこし-むら(新潟県)
山谷　さんや(東京都)
山科　やましな(京都市)
山口　やまぐち(岩手県，埼玉県)
山口村　やまぐち-むら(長野県)
山国　やまくに(大分県)
山根渓谷　やまね-けいこく(岩手県)
山崎　やまざき(京都府)
山崎町　やまさき-ちょう(兵庫県)
山南町　さんなん-ちょう(兵庫県)
山内　さんない(秋田県)
山内町　やまうち-ちょう(佐賀県)
山代　やましろ(石川県，佐賀県)
山代地方　やましろ-ちほう(山口県)
山刀伐峠　なたぎり-とうげ(山形県)
山都町　やまと-まち(福島県)
山東　さんとう(鳥取県)
山東町　さんとう-ちょう(滋賀県，兵庫県)
山東地方　さんとう-ちほう(熊本県)
山路郷　さんじごう(和歌山県)
山鹿　やまが(熊本県)
山梨　やまなし(中部地方)
山武　さんぶ(千葉県)
山門郡　やまと-ぐん(福岡県)
山方　やまがた(山梨県)
山方町　やまがた-まち(茨城県)
山白川用水　やましろがわ-ようすい(鳥取市)
山辺郡　やまべ-ぐん(奈良県)
山辺の道　やまのべのみち(奈良県)
山辺温泉　やまべ-おんせん(長野県)
山辺町　やまのべ-まち(山形県)
山伏峠　やまぶし-とうげ(埼玉県)
山伏町　やまぶし-ちょう(東京都)
山本　やまもと(秋田県)
山本町　やまもと-ちょう(香川県)
山部　やまべ(北海道)
山北町　さんぼく-まち(新潟県)
　やまきた-まち(神奈川県)
山鼻　やまはな(札幌市)
山寺　やまでら(山形県)
山上ヶ岳　さんじょうがだけ(奈良県)
山西　さんせい(鳥取県)
山城　やましろ(옛 국명)
山城町　やましろ-ちょう(徳島県)
山手　やまて(横浜市)
　やまて，やまのて(東京都)
山手線　やまて-せん(新長田～新神戸)
山手村　やまて-そん(岡山県)
山野　やまの(福岡県)
山野線　やまの-せん(水俣～栗野)
山野峡　やまの-きょう(広島県)
山陽　さんよう(中国地方)
山王　さんのう(福島・栃木県，栃木県，東京都)
山王台　さんのうだい(横浜市)
山王下　さんのうした(東京都)
山原　やんばる(沖縄県)
山元町　やまもと-ちょう(宮城県)
山越郡　やまこし-ぐん(北海道)
山陰　さんいん(中国地方)
　やまげ(宮崎県)
山田　やまだ(岩手県，富山県，長野県，三重県，岡山県，香川県，高知県)
山田郡　やまだ-ぐん(群馬県)
山田市　やまだ-し(福岡県)
山田町　やまだ-ちょう(宮崎県)
　やまだ-まち(千葉県)
山田川　やまだ-がわ(茨城県)
山中　さんちゅう(群馬県，奈良県)
　やまなか(石川県)
山中渓　やまなか-だに(大阪府)
山中峠　やまなか-とうげ(福井県)
山中湖　やまなか-こ(山梨県)
山之口町　やまのくち-ちょう(宮崎県)
山川　やまかわ(福岡県)
　やまがわ(鹿児島県)
山川町　やまかわ-ちょう(徳島県)
　やまかわ-まち(福岡県)
山添　やまぞえ(奈良県)
山吹　やまぶき(長野県)
山雉ノ渡し　やまどりのわたし(宮城県)
山浦地方　やまうら-ちほう(長野県)
山下池　やましたのいけ(大分県)

山香町　やまが-まち(大分県)
山県郡　やまがた-ぐん(岐阜県, 広島県)
山形　やまがた(東北地方)
山形村　やまがた-むら(岩手県, 長野県)
山ヶ野　やまがの(鹿児島県)
山ノ内　やまのうち(長野県)
杣山　そま-やま(福井県)
杣川　そま-がわ(滋賀県)
珊留　さんる(北海道)
産山村　うぶやま-むら(熊本県)
散布　ちりっぷ(北海道)
散布山　ちりっぷ-やま(択捉島)
蒜間江　ひるまのえ(茨城県)
蒜山　ひるぜん(岡山・鳥取県)
酸川　す-かわ(福島県)
酸ヶ湯　すかゆ(青森県)

殺生河原　せっしょうがわら(群馬県)
薩南　さつなん(鹿児島県)
薩摩　さつま(옛 국명)
薩隅山地　さつぐう-さんち(鹿児島県)
薩州　さっしゅう(薩摩의 딴이름)
薩埵峠　さった-とうげ(静岡県)

三ドッケ　みつドッケ(東京都・埼玉県)
三加茂町　みかも-ちょう(徳島県)
三加和町　みかわ-まち(熊本県)
三角　みすみ(熊本県)
三角岳　さんかく-だけ(青森県)
三間町　みま-ちょう(愛媛県)
三江線　さんこう-せん(三次～江津)
三渓園　さんけい-えん(横浜市)
三股　みつまた(北海道)
三股町　みまた-ちょう(宮崎県)
三高湯　さんたかゆ(福島県, 山形県)
三谷　みや(愛知県)
三関　みつせき(秋田県)
三貫島　さんがん-じま(岩手県)
三光村　さんこう-むら(大分県)
三橋町　みつはし-まち(福岡県)
三丘　みつお(山口県)
三厩　みんまや(青森県)
三国　みくに(新潟県, 福井県)
三国ヶ丘　みくにがおか(大阪府)
三国山　みくに-やま(北海道, 群馬県, 長野県, 滋賀県, 大阪府, 鳥取県, 岡山県, 島根県, 福岡県)
三国峠　みくに-とうげ(山梨県, 兵庫県, 大分県)
三国岳　みくに-だけ(山形県, 三重県, 滋賀県, 兵庫県)
三国ヶ岳　みくにがだけ(兵庫県)
三郡山地　さんぐん-さんち(福岡県)
三宮　さんのみや(神戸市)
三机　みつくえ(愛媛県)
三根　みつね(東京都)
三根湾　みね-わん(長崎県)
三根町　みね-ちょう(佐賀県)
三崎　みさき(神奈川県, 高知県)
　　み-さき(岩手県, 秋田・山形県)
三崎半島　みさき-はんとう(新潟県, 香川県)
三岐田　みきた(徳島県)
三崎町　みさき-ちょう(東京都, 愛媛県)
三南地方　さんなん-ちほう(新潟県)
三多摩　さんたま(東京都)
三丹　さんたん(京都府・兵庫県)
三段壁　さんだんぺき(和歌山県)
三段峡　さんだん-きょう(広島県)
三徳山　みとく-さん(鳥取県)
三島　みしま(大阪府)
　　みつ-しま(長崎県)
三島江　みしまえ(大阪府)
三島郡　さんとう-ぐん(新潟県)
三度崎　みたべ-ざき(島根県)
三都半島　みと-はんとう(香川県)
三島市　みしま-し(静岡県)
三刀屋　みとや(島根県)
三島町　みしま-まち(福島県, 新潟県)
三島村　みしま-むら(鹿児島県)
三島港　みしま-こう(愛媛県)
三頭山　みとう-さん(東京都・山梨県)
三斗小屋温泉　さんどごや-おんせん(栃木県)
三良坂町　みらさか-ちょう(広島県)
三嶺　みうね, みむね(高知・徳島県)
三滝渓　みたき-けい(鳥取県)
三瀬　そうのせ(山口県)
　　みつせ(佐賀県)
三瀬谷　みせだに(三重県)
三留野　みどの(長野県)
三陸　さんりく(青森・岩手・宮城県)
三輪　みわ(兵庫県, 奈良県)

三輪鉱山　みのわ-こうざん(埼玉県)
三輪崎　みわざき(和歌山県)
三輪町　みわ-まち(福岡県)
三輪川　みわ-がわ(愛知県)
三里浜　さんり-はま(福井県)
三里松原　さんりまつばら(福岡県)
三里塚　さんりづか(千葉県)
三笠　みかさ(静岡県, 奈良県)
三笠市　みかさ-し(北海道)
三馬屋通り　みんまやどおり(青森県)
三枚洲　さんまい-ず(東京湾)
三面川　みおもて-がわ(新潟県)
三毛門　みけかど(福岡県)
三木　みき(兵庫県, 香川県)
三木崎　みき-ざき(三重県)
三尾　さんび(京都市)
みお(和歌山県)
三迫川　さんはさま-がわ(宮城県)
三蟠　さんばん(岡山県)
三方　みかた(福井県)
三芳　みよし(愛媛県)
三方高　さんぼうこう(秋田県)
三方山　さんぼう-やま(熊本県)
三傍示山　さんぼうじ-やま(徳島·愛媛県)
三方岳　さんぼうがだけ(宮崎県)
三方原　みかた-はら(静岡県)
三芳町　みよし-まち(埼玉県)
三芳村　みよし-むら(千葉県)
三瓶　さんべ(島根県)
三瓶町　みかめ-ちょう(愛媛県)
三保　みほ(静岡県)
三宝寺池　さんぼうじ-いけ(東京都)
三伏峠　さんぷく-とうげ(長野·静岡県)
三本柳温泉　さんぼんやなぎ-おんせん(青森県)
三本木　さんぼんぎ(青森県)
三本木町　さんぼんぎ-ちょう(宮城県)
三本松　さんぼんまつ(香川県)
三本松峰　さんぼんまつ-みね(和歌山県)
三本槍岳　さんぼんやり-だけ(栃木·福島県)
三峰　みつみね(埼玉県, 神奈川県)
三峰山　みうね-やま(三重·奈良県)
みつみね-さん(山梨県)
みつみね-やま(群馬県)
三峰川　みぶ-がわ(長野県)
三富新田　さんとめ-しんでん(埼玉県)
三富村　みとみ-むら(山梨県)
三浜地方　さんびん-ちほう(茨城県)
三社温泉　さんしゃ-おんせん(長野県)
三上　みかみ(滋賀県)
三石　みついし(北海道, 岡山県)
三成　みなり(島根県)
三咲　みさき(千葉県)
三篠川　みささ-がわ(広島県)
三秀台　さんしゅう-だい(宮崎県)
三水村　さみず-むら(長野県)
三宿　みしゅく(東京都)
三縄　みなわ(徳島県)
三室山　みむろ-やま(兵庫県, 奈良県)
三辻山　みつじ-やま(高知県)
三岳　み-たけ(兵庫県)
三岳村　みたけ-むら(長野県)
三野町　みの-ちょう(徳島県, 香川県)
三養基郡　みやき-ぐん(佐賀県)
三俣蓮華岳　みつまたれんげ-だけ(長野·富山県)
三俣山　みまた-やま(大分県)
三王山　さんのう-ざん(長崎県)
三隈川　みくま-がわ(大分県)
三隅　みすみ(島根県, 山口県)
三雲町　みくも-ちょう(三重県)
三熊山　みくま-やま(兵庫県)
三原　みはら(兵庫県, 広島県)
三原山　みはら-やま(東京都)
三原村　みはら-むら(高知県)
三鷹　みたか(東京都)
三依　みより(栃木県)
三日月町　みかつき-ちょう(佐賀県)
みかづき-ちょう(兵庫県)
三才山峠　みさやま-とうげ(長野県)
三潴　みずま(福岡県)
三田　さんだ(兵庫県, 島根県)
みた(東京都)
三田尻　みたじり(山口県)
三田井　みたい(宮崎県)
三田川　みた-がわ(広島県)
三田川町　みたがわ-ちょう(佐賀県)
三井郡　みい-ぐん(福岡県)
三井楽町　みいらく-ちょう(長崎県)
三井寺　みいでら(滋賀県)
三井野原　みいの-はら(島根県)
三条　さんじょう(京都市)
三朝　みささ(鳥取県)
三条市　さんじょう-し(新潟県)
三条通り　さんじょう-どおり(奈良市)
三州　さんしゅう(三河의 딴이름)
三珠町　みたま-ちょう(山梨県)
三重　みえ(栃木県, 三重県, 長崎県)
三重町　みえ-まち(大分県)
三池　みいけ(東京都, 福岡県)
三津　みつ(広島県)
みと(静岡県)
三津浜　みつはま(愛媛県)
三次　みよし(広島県)

三倉岳県立自然公園　みくらだけ-けんりつしぜんこうえん(広島県)
三川　みかわ(新潟県)
三川町　みかわ-まち(山形県)
三春町　みはる-まち(福島県)
三太郎　さんたろう(熊本県)
三宅　みやけ(東京都)
三沢　みさわ(青森県)
三宅町　みやけ-ちょう(奈良県)
三宅坂　みやけ-ざか(東京都)
三波　さんば(群馬県)
三坂峠　みさか-とうげ(広島・島根県，愛媛県)
三平山　みひら-やま(岡山・鳥取県)
三平峠　さんぺい-とうげ(群馬県)
三浦　みうら(神奈川県)
三豊　みとよ(香川県)
三河　みかわ(옛 국명)
三河島　みかわしま(東京都)
三函ノ湯　さばこのゆ(福島県)
三郷　みさと(埼玉県)
三郷用水　さんごう-ようすい(富山県)
三郷町　さんごう-ちょう(奈良県)
三郷村　みさと-むら(長野県)
三軒茶屋　さんげんぢゃや(東京都)
三戸　さんのへ(青森県)
三好　みよし(徳島県)
三好町　みよし-ちょう(愛知県)
三和町　さんわ-ちょう(広島県，長崎県)
　さんわ-まち(茨城県)
　みわ-ちょう(京都府，広島県)
三和村　さんわ-むら(新潟県)
三ヶ口瀬戸　みかぐち-せと(石川県)
三ヶ根山　さんがね-さん(愛知県)
三ヶ日町　みっかび-ちょう(静岡県)
三ツ尾根山　みつおね-やま(長野県)
三ツ森山　みつもり-やま(高知・愛媛県)
三ツ峠山　みつとうげ-やま(山梨県)
三ツ岳　みつだけ(青森県)
三ツ郷屋温泉　みつごうや-おんせん(新潟県)
三ノ宮峡　さんのみや-きょう(宮崎県)
三ノ輪　みのわ(東京都)
三ノ目潟　さんのめ-がた(秋田県)
三ノ窓　さんのまど(富山県)
三ノ塔山　さんのとう-やま(神奈川県)
杉並　すぎなみ(東京都)
杉峠　すぎ-とうげ(石川・福井県)
杉安　すぎやす(宮崎県)
杉乢　すぎがたわ(岡山県)
杉津海岸　すいづ-かいがん(福井県)
杉戸町　すぎと-まち(埼玉県)
杉ヶ峠　すぎがとうげ(山口県)
杉ノ木峠　すぎのき-とうげ(群馬県)
参宮　さんぐう(三重県)
参宮橋　さんぐう-ばし(東京都)
参州　さんしゅう(三河의 딴이름)
森　もり(大分県)
森吉　もりよし(秋田県)
森本　もりもと(石川県)
森山町　もりやま-ちょう(長崎県)
森小路　もりしょうじ(大阪市)
森岳　もりたけ(秋田県)
森田　もりた(福井県)
森田村　もりた-むら(青森県)
森町　もり-まち(北海道，静岡県)
森之宮　もりのみや(大阪市)
森下町　もりした-ちょう(東京都)

渋谷　しぶたに(富山県)
　しぶや(東京都，神奈川県)
渋民　しぶたみ(岩手県)
渋峠　しぶ-とうげ(群馬・長野県)
渋温泉　しぶ-おんせん(長野県)
渋川　しぶかわ(岡山県)
渋川市　しぶかわ-し(群馬県)
渋ノ湯　しぶのゆ(長野県)

上トロコ湯　かみトロコゆ(秋田県)
上街道　かみ-かいどう(奈良県)
上京区　かみぎょう-く(京都市)
上高井郡　かみたかい-ぐん(長野県)
上高地　かみこうち(長野県)
上関　かみのせき(山口県)
上溝　かみみぞ(神奈川県)
上九一色村　かみくいしき-むら(山梨県)
上国鉱山　じょうこく-こうざん(北海道)
上郡　かみごおり(徳島県)
上郡町　かみごおり-ちょう(兵庫県)
上根ノ峠　かみねのたお(広島県)
上磯　かみいそ(北海道，青森県)
上那賀町　かみなか-ちょう(徳島県)

上対馬町　かみつしま-ちょう(長崎県)
上島　かみしま(長崎県)
　かみ-しま(熊本県)
上道　あがりみち(鳥取県)
　じょうとう(岡山県)
上都賀郡　かみつが-ぐん(栃木県)
上落合　かみ-おちあい(東京都)
上呂　じょうろ(岐阜県)
上滝　かみたき(富山県)
上竜頭岬　かみりゅうず-ざき(高知県)
上梨谷　かみなし-だに(富山県)
上里町　かみさと-まち(埼玉県)
上林温泉　かんばやし-おんせん(長野県)
上馬　かみうま(東京都)
上毛　じょうもう(群馬県의 옛이름)
上牧　かみもく(群馬県)
　かんまき(大阪府)
上牧町　かんまき-ちょう(奈良県)
上武*　じょうぶ(上野・武蔵)
上尾市　あげお-し(埼玉県)
上狛　かみこま(京都府)
上方　かみがた(京阪地方의 옛이름)
上房　じょうぼう(岡山県)
上宝村　かみたから-むら(岐阜県)
上福岡市　かみふくおか-し(埼玉県)
上本部　かみもとぶ(沖縄県)
上本町　うえほんまち(大阪市)
上峰村　かみみね-むら(佐賀県)
上富良野町　かみふらの-ちょう(北海道)
上富田町　かみとんだ-ちょう(和歌山県)
上浮穴郡　かみうけな-ぐん(愛媛県)
上北　かみきた(青森県)
上北山村　かみきたやま-むら(奈良県)
上北沢　かみきたざわ(東京都)
上分　かみぶん(愛媛県)
上士別　かみしべつ(北海道)
上砂川町　かみすながわ-ちょう(北海道)
上士幌町　かみしほろ-ちょう(北海道)
上山　かみのやま(山形県)
上山高原　うえやま-こうげん(兵庫県)
上蒜山　かみひるぜん(岡山・鳥取県)
上山田　かみやまだ(長野県)
上山田線　かみやまだ-せん(飯塚～豊前川崎)
上三川町　かみのかわ-まち(栃木県)
上石津　かみいしづ(岐阜県)
上小阿仁村　かみこあに-むら(秋田県)
上松町　あげまつ-まち(長野県)
上水内郡　かみみのち-ぐん(長野県)
上勝町　かみかつ-ちょう(徳島県)
上市　かみいち(奈良県)
上矢作町　かみやはぎ-ちょう(岐阜県)
上市町　かみいち-まち(富山県)
上信　じょうしん(群馬・長野県)
上信越*　じょうしんえつ(上野・信濃・越後)
上新川郡　かみにいかわ-ぐん(富山県)
上野　あがの(福岡県)
　うえの(東京都, 静岡県, 愛知県, 三重県)
　こうずけ(옛 국명)
上野台団地　うえのだい-だんち(埼玉県)
上野原町　うえのはら-まち(山梨県)
上野村　うえの-そん(沖縄県)
　うえの-むら(群馬県)
上陽町　じょうよう-まち(福岡県)
上五島　かみごとう(長崎県)
上屋久町　かみやく-ちょう(鹿児島県)
上湧別町　かみゆうべつ-ちょう(北海道)
上原　うえはら(東京都)
上越　じょうえつ(群馬・新潟県)
上月町　こうづき-ちょう(兵庫県)
上有住　かみありす(岩手県)
上伊那郡　かみいな-ぐん(長野県)
上益城郡　かみましき-ぐん(熊本県)
上斎原　かみさいばら(岡山県)
上渚滑　かみしょこつ(北海道)
上田　うえだ(長野県)
上田富士　うえだ-ふじ(新潟県)
上井　あげい(鳥取県)
上町　うえまち(大阪市)
　かみまち(東京都)
上瀞　かみどろ(和歌山・奈良県)
上井草　かみいぐさ(東京都)
上井出　かみいで(静岡県)
上鳥羽　かみとば(京都府)
上州　じょうしゅう(上野의 딴이름)
上中里　かみなかざと(東京都)
上中町　かみなか-ちょう(福井県)
上甑　かみこしき(鹿児島県)
上地島　かみじ-しま(沖縄県)
上之保村　かみのほ-むら(岐阜県)
上志比村　かみしひ-むら(福井県)
上津江村　かみつえ-むら(大分県)
上津浦　こうつうら(熊本県)
上川　かみかわ(北海道)
　かみ-がわ(長野県)
上川村　かみかわ-むら(新潟・福島県)
上村　うえ-むら(熊本県)
　かみ-むら(長野県)
上総　かずさ(옛 국명)
上諏訪　かみすわ(長野県)
上椎葉ダム　かみしいば-ダム(宮崎県)
上灘　うわなだ(鳥取県)
　かみなだ(徳島県, 愛媛県)

上板　かみいた(徳島県)
上板橋　かみいたばし(東京都)
上平　うえひら(北海道)
　かみひら(熊本県)
上平村　かみたいら-むら(富山県)
上閉伊郡　かみへい-ぐん(岩手県)
上浦　かみうら(秋田県)
上蒲刈島　かみかまがり-じま(広島県)
上浦町　かみうら-ちょう(愛媛県)
　かみうら-まち(大分県)
上下　じょうげ(広島県)
上河内村　かみかわち-むら(栃木県)
上賀茂　かみがも(京都府)
上海府　かみかいふ(新潟県)
上郷　かみごう(茨城県，山梨県)
上郷町　かみさと-まち(長野県)
上県　かみあがた(長崎県)
上穴馬　かみあなま(福井県)
上ノ加江　かみのかえ(高知県)
上ノ国町　かみのくに-ちょう(北海道)
上ノ島　かみのしま(鹿児島県)
上ノ廊下　かみのろうか(富山県)
上ノ原高原　うえのはら-こうげん(群馬県)
上ノ湯温泉　かみのゆ-おんせん(北海道)
上ノ湖　かみのこ(北海道)
床波　とこなみ(山口県)
峠ノ神山　とうげのかみ-やま(岩手県)
相可　おうか(三重県)
相去　あいさり(岩手県)
相内鉱山　あいない-こうざん(秋田県)
相島　あい-しま，あいのしま
(山口県)
相楽郡　そうらく-ぐん(京都府)
相良町　さがら-ちょう(静岡県)
相良村　さがら-むら(熊本県)
相馬　そうま(福島県，茨城県)
相馬村　そうま-むら(青森県)
相模　さがみ(옛 국명)
相武台　そうぶだい(神奈川県)
相生　あいおい(北海道，兵庫県)
相生橋　あいおい-ばし(広島県，東京都)
相生町　あいおい-ちょう(徳島県)
相乗温泉　あいのり-おんせん(青森県)
相野　あいの(兵庫県)
相俣ダム　あいまた-ダム(群馬県)
相州　そうしゅう(相模의 딴이름)
相之島　あいのしま(長崎県)
相知町　おうち-ちょう(佐賀県)
相倉　あいのくら(富山県)
相川　あいかわ(新潟県)
相坂　おうさか(青森県)
相坂川　あいさか-がわ(青森県)
相浦　あいのうら(長崎県)
相賀浦　おうかうら(三重県)
相ノ島　あいのしま(福岡県)
桑名　くわな(三重県)
桑野　くわの(徳島県)
桑田山　そうだやま(高知県)
桑折町　こおり-まち(福島県)
桑之浦　くわのうら(鹿児島県)
桑津　くわづ(大阪市)
桑取谷　くわとり-だに(新潟県)
常念岳　じょうねん-だけ(長野県)
常浪川　とこなみ-がわ(新潟県)
常呂　ところ(北海道)
常陸　ひたち(옛 국명)
常磐　じょうばん(福島·茨城県)
常盤公園　ときわ-こうえん(香川県)
常磐公園　ときわ-こうえん(茨城県)
常盤台　ときわだい(東京都)
常盤村　ときわ-むら(青森県)
常盤平団地　ときわだいら-だんち(千葉県)
常盤湖　ときわ-こ(山口県)
常北町　じょうほく-まち(茨城県)
常山　つね-やま(岡山県)
常西合口用水　じょうせいごうくち-ようすい
(富山県)
常神岬　つねかみ-みさき(福井県)
常葉町　ときわ-まち(福島県)
常願寺川　じょうがんじ-がわ(富山県)
常州　じょうしゅう(常陸의 딴이름)
常澄村　つねずみ-むら(茨城県)
常総*　じょうそう(常陸·下総)
常滑　とこなめ(愛知県)
湘南　しょうなん(神奈川県)
象頭山　ぞうず-さん(香川県)
象潟　きさかた(秋田県)
箱根　はこね(神奈川県)
箱根ヶ崎　はこねがさき(東京都)
箱崎　はこざき(福岡市)
箱崎町　はこざき-ちょう(東京都)
箱石浜　はこいし-はま(京都府)
孀婦岩　そうふ-がん(東京都)

色丹　しこたん(北海道)
色麻町　しかま-ちょう(宮城県)

生駒 いこま(奈良県)
生口島 いくち-しま，いのくち-しま(広島県)
生島 いくしま(香川県)
いく-しま(兵庫県)
生藤山 きっと-さん，しょうとう-さん(東京都·神奈川県·山梨県)
生瀬 なまぜ(兵庫県)
生瀬富士 なませ-ふじ(茨城県)
生麦 なまむぎ(横浜市)
生名 いきな(愛媛県)
生保内 おぼない(秋田県)
生比奈盆地 いくひな-ぼんち(徳島県)
生浜 おいはま(千葉県)
生山 しょうやま(鳥取県)
生山峠 なまやま-とうげ(広島·山口県)
生石高原 おいし-こうげん(和歌山県)
生石崎 おいし-ざき(兵庫県)
生穂 いくほ(兵庫県)
生野 いくの(兵庫県)
生野区 いくの-く(大阪市)
生野島 いくの-しま(広島県)
生玉 いくだま(大阪市)
生雲川 いくも-がわ(山口県)
生月 いきつき(長崎県)
生田 いくた(北海道，神戸市)
生田原町 いくたはら-ちょう(北海道)
生地鼻 いくじ-はな(富山県)
生振 おやふる(北海道)
生坂村 いくさか-むら(長野県)
生花苗沼 おいかまなえ-ぬま(北海道)
生ノ松原 いきのまつばら(福岡市)

西加茂郡 にしかも-ぐん(愛知県)
西諫早団地 にしいさはや-だんち(長崎県)
西岬 にしざき(千葉県)
西岡 にしおか(札幌市)
西京 さいきょう(京都市)
西京区 にしきょう-く(京都市)
西京極 にしきょうごく(京都市)
西頸城 にしくびき(新潟県)
西頸七谷 せいけい-ななたに(新潟県)
西桂町 にしかつら-まち(山梨県)
西高瀬川 にしたかせ-がわ(京都市)
西高野街道 にしこうや-かいどう(大阪府，和歌山県)
西谷 にしたに(福井県)
西関東 にし-かんとう(東京都·群馬·埼玉·神奈川県)
西区 にし-く(札幌市，横浜市，名古屋市)
西駒 にしこま(長野県)
西久保 にしくぼ(東京都)
西久保巴町 にしくぼともえちょう(東京都)
西臼杵郡 にしうすき-ぐん(宮崎県)
西九条 にしくじょう(大阪市)
西九州 にしきゅうしゅう(九州)
西国 さいごく(西日本의 옛이름)
西国東郡 にしくにさき-ぐん(大分県)
西郡街道 にしごおり-かいどう(宮城県)
西郡筋 にしごおり-すじ(山梨県)
西宮 にしのみや(兵庫県)
西近江路 にしおうみ-じ(滋賀県)
西根堰 にしね-ぜき(福島県)
西根町 にしね-ちょう(岩手県)
西紀町 にしき-ちょう(兵庫県)
西吉野村 にしよしの-むら(奈良県)
西那須野町 にしなすの-まち(栃木県)
西南日本 せいなん-にほん(日本열도 南西部)
西濃 せいのう(岐阜県)
西能美島 にしのうみ-じま(広島県)
西多摩郡 にしたま-ぐん(東京都)
西達布 にしたっぷ(北海道)
西淡町 せいだん-ちょう(兵庫県)
西帯広 にしおびひろ(北海道)
西大路 にしおおじ(京都市)
西大寺 さいだいじ(奈良県，岡山県)
西大巓 にしだいてん(福島·山形県)
西大阪線 にしおおさか-せん(尼崎～西九条)
西大和ニュータウン にしやまと-ニュータウン(奈良県)
西島 にし-じま(東京都，兵庫県)
西都 さいと(宮崎県)
西洞院通り にしのとういん-どおり(京都市)
西礪波郡 にしとなみ-ぐん(富山県)
西馬音内 にしもない(秋田県)
西銘岳 にしめ-だけ(沖縄県)
西名阪道路 にしめいはん-どうろ(奈良県 天理市～大阪府 松原市)
西牟婁郡 にしむろ-ぐん(和歌山県)
西牟田 にしむた(福岡県)

西目　にしめ(秋田県)
西目屋村　にしめや-むら(青森県)
西牧川　さいもく-がわ(群馬県)
西木村　にしき-むら(秋田県)
西武　せいぶ(埼玉県)
西舞鶴　にし-まいづる(京都府)
西尾　にしお(愛知県)
西米良村　にしめら-そん(宮崎県)
西磐井郡　にしいわい-ぐん(岩手県)
西方　にしかた(山梨県)
西方村　にしかた-むら(栃木県)
西伯　さいはく(鳥取県)
西白河郡　にししらかわ-ぐん(福島県)
西幡山地　せいばん-さんち(高知県)
西別　にしべつ(北海道)
西枇杷島町　にしびわじま-ちょう(愛知県)
西浜　にしはま(青森県)
　ようすな(岡山県)
西舎　にしちゃ(北海道)
西山　にしやま(新潟県, 山梨県, 長野県)
　にし-やま(東京都)
西山砂丘　にしやま-さきゅう(愛知県)
西山山地　にしやま-さんち(山梨県)
西三　せいさん(西三河의 약칭)
西三河　にしみかわ(愛知県)
西上尾第一団地　にしあげおだいいち-だんち(埼玉県)
西仙北町　にしせんぼく-まち(秋田県)
西摂　せいせつ(兵庫県)
西成　にしなり(大阪市)
西城　さいじょう(広島県)
西巣鴨　にしすがも(東京都)
西粟倉村　にしあわくら-そん(岡山県)
西松浦郡　にしまつうら-ぐん(佐賀県)
西穂高岳　にしほたか-だけ(長野・岐阜県)
西市　にしいち(山口県)
西神　せいしん(神戸市)
西新　にしじん(福岡市)
西新井　にしあらい(東京都)
西十和田温泉郷　にしとわだ-おんせんきょう(青森県)
西阿知　にしあち(岡山県)
西岳　にし-だけ(長野県)
西桜島　にしさくらじま(鹿児島県)
西野　にしの(山梨県)
西野峠　にしの-とうげ(長野県)
西鉛温泉　にしなまり-おんせん(岩手県)
西吾妻　にしあづま(山形・福島県)
西宇和郡　にしうわ-ぐん(愛媛県)
西院　さいいん(京都市)
西原町　にしはら-ちょう(沖縄県)
西原村　にしはら-むら(熊本県)
西有家町　にしありえ-ちょう(長崎県)
西由利原　にしゆりはら(秋田県)
西有田町　にしありた-ちょう(佐賀県)
西有田県立自然公園　にしありだ-けんりつしぜんこうえん(和歌山県)
西伊豆町　にしいず-ちょう(静岡県)
西因幡県立自然公園　にしいなば-けんりつしぜんこうえん(鳥取県)
西日本　にしにほん(近畿・中国・四国・九州의 총칭)
西茨城郡　にしいばらき-ぐん(茨城県)
西長門海岸県立自然公園　にしながとかいがん-けんりつしぜんこうえん(山口県)
西赤尾　にしあかお(富山県)
西赤石山　にしあかいし-やま(愛媛県)
西淀川区　にしよどがわ-く(大阪市)
西田川郡　にしたがわ-ぐん(山形県)
西諸県郡　にしもろかた-ぐん(宮崎県)
西条　さいじょう(広島県, 愛媛県)
　にしじょう(長野県)
西祖谷山村　にしいややま-そん(徳島県)
西中国山地国定公園　にしちゅうごくさんち-こくていこうえん(広島・島根・山口県)
西之島　にしのしま(東京都)
西之表　にしのおもて(鹿児島県)
西陣　にしじん(京都市)
西津軽郡　にしつがる-ぐん(青森県)
西秩父県立自然公園　にしちちぶ-けんりつしぜんこうえん(埼玉県)
西讃　せいさん(香川県)
西川　にし-かわ(岡山県)
西川町　にしかわ-まち(山形県, 新潟県)
西浅井　にしあざい(滋賀県)
西村山郡　にしむらやま-ぐん(山形県)
西秋留　にしあきる(東京都)
西筑摩　にしちくま(長野県)
西春近　にしはるちか(長野県)
西春日井郡　にしかすがい-ぐん(愛知県)
西春町　にしはる-ちょう(愛知県)
西置賜郡　にしおきたま-ぐん(山形県)
西沢渓谷　にしざわ-けいこく(山梨県)
西土佐村　にしとさ-むら(高知県)
西播丘陵県立自然公園　せいばんきゅうりょう-けんりつしぜんこうえん(兵庫県)
西八代郡　にしやつしろ-ぐん(山梨県)
西片町　にしかた-まち(東京都)
西浦　にしうら(静岡県, 兵庫県)
西浦岬　にしのうら-みさき(福岡市)
西蒲原郡　にしかんばら-ぐん(新潟県)
西表　いりおもて(沖縄県)
西彼杵　にしそのぎ(長崎県)

西彼町　せいひ-ちょう(長崎県)
西蝦夷　にしえぞ(北海道 서부의 옛이름)
西合志町　にしごうし-まち(熊本県)
西海　さいかい(西九州地方)
　にしうみ(愛媛県)
西向　にしむかい(和歌山県)
西郷　さいごう(島根県, 長崎県)
西郷村　さいごう-そん(宮崎県)
　にしごう-むら(福島県)
西脇市　にしわき-し(兵庫県)
西湖　さい-こ, にしのこ
(山梨県)
西戸崎　さいとざき(福岡県)
西和田　にしわだ(北海道)
西会津　にしあいづ(福島県)
西横堀川　にしよこぼり-がわ(大阪市)
西黒森山　にしくろもり-やま(高知·愛媛県)
西黒沢　にしくろ-ざわ(群馬県)
西興部村　にしおこっぺ-むら(北海道)
西ヶ原　にしがはら(東京都)
西ノ京　にしのきょう(京都市, 奈良県)
西ノ島　にしのしま(島根県)
西ノ俣山　にしのまた-やま(宮崎県)
西ノ湖　さいのこ(栃木県)
　にしのうみ(青森県)
[書写山]　しょしゃ-ざん(兵庫県)
[栖本町]　すもと-まち(熊本県)
[庶路]　しょろ(北海道)
庶野　しょや(北海道)
[暑寒別]　しょかんべつ(北海道)
[犀川]　さい-かわ(石川県)
　さい-がわ(長野県)
犀川町　さいがわ-まち(福岡県)
[瑞江]　みずえ(東京都)
瑞浪市　みずなみ-し(岐阜県)
瑞竜山　ずいりゅう-ざん(茨城県)
瑞穂区　みずほ-く(名古屋市)
瑞穂町　みずほ-ちょう(京都府, 島根県, 長崎県)
　みずほ-まち(東京都)
瑞牆山　みずがき-やま(山梨県)
[鼠ヶ関]　ねずがせき(山形県)
[緒方]　おがた(大分県)
緒川村　おがわ-むら(茨城県)
[聟島]　むこ-じま(東京都)

[夕張]　ゆうばり(北海道)
[石岡市]　いしおか-し(茨城県)
石見　いわみ(옛 국명)
石鏡　いじか(三重県)
石橋山　いしばし-やま(神奈川県)
石橋町　いしばし-まち(栃木県)
石巻　いしのまき(宮城県)
石巻山　いしまき-さん(愛知県)
石崎　いしざき(北海道)
石楠越　しゃくなん-ごし(熊本県)
石堂山　いしどう-やま(徳島県)
石動　いするぎ(富山県)
石動山　せきどう-ざん(石川県)
石廊崎　いろう-ざき(静岡県)
石裂山　おざく-さん(栃木県)
石老山　せきろう-ざん(神奈川県)
石部町　いしべ-ちょう(滋賀県)
石北*　せきほく(石狩·北見)
石山　いしやま(滋賀県)
石森　いしもり(宮城県)
石上　いそのかみ(奈良県)
石生　いそう(兵庫県)
石城　いしき(福岡県)
　いわき(福島県, 愛媛県)
石城山　いわき-さん(山口県)
石狩　いしかり(옛 국명)
石水渓　せきすい-けい(三重県)
石手川　いして-がわ(愛媛県)
石勝線　せきしょう-せん(千歳空港～新得, 新夕張～夕張)
石神峠　いしがみ-とう(高知県)
石神井　しゃくじい(東京都)
石筵峠　いしむしろ-とうげ(福島県)
石垣　いしがき(沖縄県)
石垣山　いしがき-やま(神奈川県)
石垣原　いしがき-ばる(大分県)
石垣町　いしがき-ちょう(京都市)
石越町　いしこし-まち(宮城県)
石田町　いしだ-ちょう(長崎県)
石切　いしきり(大阪府)
石井町　いしい-ちょう(徳島県)
石井樋　いしい-び(佐賀県)
石鳥谷町　いしどりや-ちょう(岩手県)
石尊山　せきそん-さん(長野県)

石州　せきしゅう(石見의 딴이름)
石柱渓　せきちゅう-けい(山口県)
石津川　いしづ-がわ(大阪府)
石倉岳　いしくら-だけ(青森県)
石川　いしかわ(福島県)
石川島　いしかわじま(東京都)
石川沼　いしかわ-ぬま(栃木県)
石徹白　いとしろ(岐阜県)
石清尾山　いわせお-やま(香川県)
石塚　いしつか(茨城県)
石鎚　いしづち(愛媛県)
石打　いしうち(新潟県)
石湯温泉　いしゆ-おんせん(福島県)
石波海岸　いしなみ-かいがん(宮崎県)
石霞渓　せっか-けい(鳥取県)
石下町　いしげ-まち(茨城県)
石割山　いしわり-やま(山梨県)
石和　いさわ(山梨県)
石花海　せのうみ(静岡県)
石丸峠　いしまる-とうげ(山梨県)
石黒山　いしくろ-やま(秋田県)
汐見台団地　しおみだい-だんち(横浜市)
汐留　しおどめ(東京都)
汐首岬　しおくび-みさき(北海道)
汐合川　しあい-がわ(三重県)
釈迦内　しゃかない(秋田県)
釈迦ヶ鼻　しゃかが-はな(香川県)
釈迦岳　しゃか-だけ(石川県)
釈迦ヶ岳　しゃかがたけ(山梨県, 奈良県, 福岡県)
　しゃかがだけ(栃木県, 三重県)
釈迦池　しゃか-いけ(秋田県)
潟口温泉　かたぐち-おんせん(鹿児島県)
潟東村　かたひがし-むら(新潟県)
潟町　かたまち(新潟県)
錫山鉱山　すずやま-こうざん(鹿児島県)
錫状岳　しゃくじょう-だけ(岐阜県)
錫ヶ岳　すずがたけ(栃木・群馬県)

仙崎　せんざき(山口県)
仙南村　せんなん-むら(秋田県)
仙南平野　せんなん-へいや(宮城県)
仙台　せんだい(宮城県)
仙台堀川　せんだいぼり-がわ(東京都)
仙台坂　せんだい-ざか(東京都)
仙島　せん-しま(山口県)
仙北　せんぼく(秋田県)
仙山*　せんざん(仙台・山形市)
仙石線　せんせき-せん(仙台～石巻)
仙石原　せんごく-ばら(神奈川県)
仙水湖　せんすい-こ(広島県)
仙岩　せんがん(秋田・岩手県)
仙養高原　せんよう-こうげん(広島県)
仙塩　せんえん(宮城県)
仙元峠　せんげん-とうげ(東京都・埼玉県)
仙人　せんにん(岩手県)
仙人山　せんにん-やま(富山県)
仙丈ヶ岳　せんじょうがたけ(山梨・長野県)
仙川　せん-かわ(東京都)
仙千代ヶ峰　せんちよがみね(三重県)
仙秋ライン　せんしゅう-ライン(宮城県)
仙酔島　せんすい-じま(広島県)
仙酔峡　せんすい-きょう(熊本県)
仙ノ倉山　せんのくら-やま(群馬・新潟県)
先島　さき-しま(沖縄県)
先斗町　ぽんと-ちょう(京都市)
先山　せんざん(兵庫県)
先原　さきばら(静岡県)
先志摩　さきしま(三重県)
扇　おうぎ(横浜・川崎市)
扇山　おうぎ-やま(山梨県, 大分県)
扇田　おうぎた(秋田県)
扇町公園　おうぎまち-こうえん(大阪市)
扇ヶ谷　おうぎがやつ(神奈川県)
扇ヶ浜　おうぎがはま(和歌山県)
扇ノ山　おうぎのせん(鳥取県)
船岡　ふなおか(宮城県)
船岡山　ふなおか-やま(京都市)
船岡町　ふなおか-ちょう(鳥取県)
船橋　ふなばし(千葉県)
船島　ふな-じま(山口県)
船木　ふなき(山口県)
船泊　ふなどまり(北海道)
船上山　せんじょう-さん(鳥取県)
船穂町　ふなお-ちょう(岡山県)
船原　ふなばら(静岡県)
船越　ふなこし(岩手県, 三重県, 秋田県, 広島市)
船越運河　ふなこし-うんが(島根県)
船引運河　ふなひき-うんが(島根県)
船引町　ふねひき-まち(福島県)
船入島　ふないり-じま(宮城県)
船場　せんば(大阪市)
船折瀬戸　ふなおれ-せと(愛媛県)
船井郡　ふない-ぐん(京都府)
船津　ふなつ(山梨県)
船着山　ふなつけ-さん(愛知県)
船川　ふなかわ(秋田県)

船通山　せんつう-ざん(鳥取・島根県)
船坂峠　ふなさか-とうげ(岡山・兵庫県)
船坂川　ふなさか-がわ(兵庫県)
船平山　ふなひら-やま(山口・島根県)
船形　ふながた(宮城・山形県)
船形漁港　ふなかた-ぎょこう(千葉県)
船戸　ふなと(和歌山県)
船ヶ鼻　ふねがはな(福島県)
善光寺　ぜんこうじ(山梨県，長野県)
善導寺　ぜんどうじ(福岡県)
善福寺　ぜんぷくじ(東京都)
善知鳥峠　うとう-とうげ(長野県)
善知鳥七浦　うとう-ななうら(新潟県)
善通寺市　ぜんつうじ-し(香川県)
善行団地　ぜんぎょう-だんち(神奈川県)
膳棚山　ぜんだな-やま(青森県，広島県)
膳所　ぜぜ(滋賀県)

設楽　したら(愛知県)
雪谷　ゆきがや(東京都)
雪光山　せっこう-ざん(高知県)
雪彦　せっぴこ(兵庫県)
雪倉岳　ゆきくら-だけ(富山・新潟県)

摂丹街道　せったん-かいどう
(大阪府 池田市〜京都府 亀岡市)
摂州　せっしゅう(摂津의 딴이름)
摂津　せっつ(옛 국명)
摺古木山　すりこぎ-やま(長野県)
摺鉢山　すりばち-やま(東京都)
摺上川　すりかみ-がわ(福島県)
摺子崎海中公園　すりこざき-かいちゅうこうえん
(鹿児島県)
摺ヶ浜温泉　すりがはま-おんせん(鹿児島県)

声問　こえとい(北海道)
成東町　なるとう-まち(千葉県)
成瀬川　なるせ-がわ(秋田県)
成山　なるやま(高知県)
成相山　なりあい-さん(京都府)
成生岬　なりゅう-ざき(京都府)
成城　せいじょう(東京都)
成岩　ならわ(愛知県)
成羽　なりわ(岡山県)
成子坂　なるこ-ざか(東京都)
成田　なりた(千葉県)
成田東　なりたひがし(東京都)
成田山　なりた-さん(大阪府)
成宗　なりむね(東京都)
成増　なります(東京都)
成川渓谷　なるかわ-けいこく(愛媛県)
成川温泉　なりかわ-おんせん(鹿児島県)
星鹿　ほしか(長崎県)
星山　ほしがせん(岡山県)
星生　ほっしょう(大分県)
星野温泉　ほしの-おんせん(長野県)
星野村　ほしの-むら(福岡県)
星越海岸　ほしごえ-かいがん(愛知県)
星田　ほしだ(大阪府)
星川温泉　ほしかわ-おんせん(長野県)
星賀　ほしか(佐賀県)
星ヶ城　ほしがじょう(香川県)
星ノ居山　ほしのこ-やま(広島県)
城崎　きのさき(兵庫県)
城南　じょうなん(群馬県，東京都，熊本県)
城南区　じょうなん-く(福岡市)
城端　じょうはな(富山県)
城島高原　きじま-こうげん(大分県)
城島町　じょうじま-まち(福岡県)
城東　きとう(静岡県)
じょうとう(東京都，大阪市，兵庫県)
城辺町　ぐすくべ-ちょう(沖縄県)
じょうへん-ちょう(愛媛県)
城峰山　じょうみね-さん(埼玉県)
城北　じょうほく(東京都)
城北運河　じょうほく-うんが(大阪市)
城山　き-やま(香川県)
しろやま(神奈川県)
しろ-やま(石川県，鹿児島県)

城西　じょうさい(東京都)
　　しろにし(静岡県)
城沼　じょう-ぬま(群馬県)
城陽市　じょうよう-し(京都府)
城川町　しろかわ-ちょう(愛媛県)
城ヶ島　じょうがしま(神奈川県)
城ヶ尾峠　じょうがお-とうげ(神奈川・山梨県)
盛　さかり(岩手県)
盛岡　もりおか(岩手県)
聖　ひじり(長野県)
聖崎　ひじり-ざき(広島県)
聖籠町　せいろう-まち(新潟県)
聖岳　ひじり-だけ(長野・静岡県)
聖湖　ひじり-こ(広島県)
聖護院　しょうごいん(京都市)
醒井　さめがい(滋賀県)

세

世羅　せら(広島県)
世田谷　せたがや(東京都)
世田米　せたまい(岩手県)
世知原町　せちばる-ちょう(長崎県)
洗馬　せば(長野県)
洗足　せんぞく(東京都)
笹間湖　ささま-こ(静岡県)
笹谷　ささや(宮城県)
笹内川温泉　ささないがわ-おんせん(青森県)
笹島　ささしま(名古屋市)
笹目峠　ささめ-とうげ(岡山県)
笹木野原　ささきの-はら(福島県)
笹山　ささ-やま(山梨・静岡県)
笹森　ささもり(秋田県)
笹生川　さそう-がわ(福井県)
笹神村　ささかみ-むら(新潟県)
笹原峠　ささばる-とうげ(佐賀県)
笹越　ささ-ごえ(高知県)
笹子　ささご(山梨県)
　　じねご(秋田県)
笹倉温泉　ささくら-おんせん(新潟県)
笹川　ささがわ(千葉県)
笹川流れ　ささがわ-ながれ(新潟県)
笹塚　ささづか(東京都)
笹戸温泉　ささど-おんせん(愛知県)
笹ヶ谷　ささがたに(島根県)
笹ヶ瀬川　ささがせ-がわ(岡山県)
笹ヶ峰　ささがみね(新潟県，愛媛・高知県)
笹ヶ平　ささがなる(鳥取県)
細江町　ほそえ-ちょう(静岡県)
細島　ほそ-しま(宮崎県)
細呂木　ほそろぎ(福井県)
細木運河　ほそき-うんが(愛媛県)
細尾　ほそお(栃木県)
細峠　ほそ-とうげ(奈良県)
細野　ほその(長野県)
細入村　ほそいり-むら(富山県)
細田　ほそだ(宮崎県)
細倉鉱山　ほそくら-こうざん(宮城県)
細河　ほそかわ(大阪府)
勢多郡　せた-ぐん(群馬県)
勢揃坂　せいぞろい-ざか(東京都)
勢州　せいしゅう(伊勢의 딴이름)
勢和村　せいわ-むら(三重県)

小見川町　おみがわ-まち(千葉県)
小繋　こつなぎ(岩手県)
小繋峠　こつなぎ-とうげ(福島県)
小高町　おだか-まち(福島県)
小谷　おたに(富山県)
　　おたり(長野県)
小谷山　おだに-やま(滋賀県)
小鍋温泉　こなべ-おんせん(静岡県)
小串　こぐし(岡山県，山口県)
小菅　こすげ(東京都)
小菅村　こすげ-むら(山梨県)
小広峠　こひろ-とうげ(和歌山県)
小口瀬戸　こぐち-せと(石川県)
小国　おぐに(山形県)
小国町　おぐに-まち(新潟県，熊本県)
小国川　おぐに-がわ(山形県)
小郡　おごおり(山口県)
小郡市　おごおり-し(福岡県)
小机　こづくえ(神奈川県)
小櫃　おびつ(千葉県)
小金　こがね(千葉県)
小金井　こがねい(栃木県)
小金沢山　こがねざわ-やま(山梨県)
小崎峠　こさき-とうげ(宮崎・熊本県)
小岐須峡　おぎす-きょう(三重県)
小岱山　しょうたい-さん(熊本県)
小大下島　こおげ-じま(愛媛県)
小島　おしま(熊本県)

おじま(静岡県)
こ-しま(愛知県，愛媛県，鹿児島県)
こ-じま(北海道)
小動ヶ崎　こゆるぎがさき(神奈川県)
小豆郡　しょうず-ぐん(香川県)
小豆島　しょうど-しま(香川県)
小豆温泉　あずき-おんせん(福島県)
小豆坂　あずきざか(愛知県)
小来川　おころ-がわ(栃木県)
小呂島　おろ-しま(福岡市)
小鈴谷　こすがや(愛知県)
小禄　おろく(沖縄県)
小鹿渓　おしか-けい(鳥取県)
小鹿野町　おがの-まち(埼玉県)
小鹿田　おんた(大分・福岡県)
小滝山　こたき-やま(秋田県)
小瀬温泉　こせ-おんせん(長野県)
小瀬川　おぜ-がわ(広島県)
小瀬戸　こ-せと(山口県)
小六連島　こむつれ-じま(山口県)
小栗峠　おぐり-とうげ(熊本・福岡県)
小栗栖　おぐるす(京都市)
小里川　おり-がわ(岐阜県)
小梨平　こなし-だいら(長野県)
小林　こばやし(大阪市，宮崎県)
小笠　おがさ(静岡県)
小立野　こだつの(石川県)
小笠原　おがさわら(東京都)
小名木川　おなぎ-がわ(東京都)
小鳴門　こなると(徳島県)
小名浜　おなはま(福島県)
小木　おぎ(新潟県，石川県)
小牧　こまき(愛知県)
小無間山　しょうむげん-さん(静岡県)
小舞子　こまいこ(石川県)
小茂田　こもだ(長崎県)
小武川　こむ-がわ(山梨県)
小泊　こどまり(青森県)
小半　おながら(大分県)
小白森山　こじろもり-やま(秋田・岩手県)
小幡　おばた(群馬県)
小壁　こかべ(岩手県)
小宝島　こだから-じま(鹿児島県)
小歩危　こぼけ(徳島県)
小本　おもと(岩手県)
小峰峠　こみね-とうげ(山口・島根県)
小富士山　こふじ-やま(愛媛県)
小仏　こぼとけ(東京都)
小飛島　こび-しま(岡山県)
小浜　おばま(福井県，長崎県)
小浜島　こはま-じま(沖縄県)
小浜温泉　こばま-おんせん(島根県)
小糸　こいと(千葉県)
小山　こやま(東京都)
小山町　おやま-ちょう(静岡県)
小杉　こすぎ(川崎市)
小杉町　こすぎ-まち(富山県)
小渋　こしぶ(長野県)
小峠　こ-とうげ(岩手県)
小石原村　こいしわら-むら(福岡県)
小石川　こいしかわ(東京都)
小石和筋　こいさわ-すじ(山梨県)
小城　おぎ(佐賀県)
小笹団地　おざさ-だんち(福岡市)
小沼　こぬま(北海道，群馬県)
小松　こまつ(山形県，石川県，山口県)
小松島　こまつしま(徳島県)
小松町　こまつ-ちょう(愛媛県)
小松川　こまつがわ(東京都)
小松峡　こまつ-きょう(三重・和歌山県)
小手指　こてさし(埼玉県)
小袖海岸　こそで-かいがん(岩手県)
小須戸町　こすど-まち(新潟県)
小勝島　こかつ-しま(徳島県)
小矢部　おやべ(富山県)
小式ヶ台　こしきがだい(高知県)
小室ノ浜　おむろのはま(高知県)
小室山　こむろ-やま(静岡県)
小阿仁川　こあに-がわ(秋田県)
小岳　こ-だけ(秋田県，青森県)
小安　おやす(秋田県)
小岩　こいわ(東京都)
小岩井農場　こいわい-のうじょう(岩手県)
小鴨　おがも(鳥取県)
小野　おの(京都市，山口県)
小野上村　おのがみ-むら(群馬県)
小野市　おの-し(兵庫県)
小野子山　おのこ-やま(群馬県)
小野田　おのだ(山口県)
小野田町　おのだ-まち(宮城県)
小野町　おの-まち(福島県)
小野川温泉　おのがわ-おんせん(山形県)
小野川湖　おのがわ-こ(福島県)
小淵沢町　こぶちさわ-ちょう(山梨県)
小俣町　おばた-ちょう(三重県)
小屋原温泉　こやばら-おんせん(島根県)
小臥蛇島　こがじゃ-じま(鹿児島県)
小用　こよう(広島県)
小涌谷　こわくだに(神奈川県)
小牛田町　こごた-ちょう(宮城県)
小又峡　こまた-きょう(秋田県)
小雲取山　こぐもどり-さん(和歌山県)

小原　おばら(神奈川県)
小原村　おばら-むら(愛知県)
小月　おづき(山口県)
小楢山　こなら-やま(山梨県)
小有珠　こうす(北海道)
小日本　こにっぽん(山口県)
小日向　こひなた(東京都)
小作　おざく(東京都)
小長井町　こながい-ちょう(長崎県)
小田　おだ(岡山県，愛媛県)
小田急電鉄線　おだきゅうでんてつ-せん(東京都)
小伝馬町　こでんま-ちょう(東京都)
小田原　おだわら(神奈川県)
小田原町　おだわら-ちょう(東京都)
小田越　おだ-ごえ(岩手県)
小田井　おだ-い(和歌山県)
小田池　おだの-いけ(大分県)
小田和湾　おたわ-わん(神奈川県)
小諸市　こもろ-し(長野県)
小鳥　おどり(岐阜県)
小鳥谷　こずや(岩手県)
小佐渡　こさど(新潟県)
小佐々町　こさざ-ちょう(長崎県)
小湊　こみなと(青森県，千葉県)
小竹町　こたけ-まち(福岡県)
小樽　おたる(北海道)
小中之湖　しょうなかのこ(滋賀県)
小曾木　おそぎ(東京都)
小真名子山　こまなご-やま(栃木県)
小倉　こくら(北九州市)
小窓　こまど(富山県)
小倉山　おぐら-やま(京都市)
小川　おがわ(東京都)
　　こがわ(静岡県)
小泉　こいずみ(群馬県，奈良県)
小浅間山　こあさま-やま(長野県)
小千谷市　おぢや-し(新潟県)
小天橋　しょうてんきょう(京都府)
小川山　おがわ-やま(山梨・長野県)
小天温泉　おあま-おんせん(熊本県)
小川原沼　おがら-ぬま(青森県)
小川原湖　**おがわら-こ**，こがわら-こ(青森県)
小川町　おがわ-まち(栃木県，茨城県，埼玉県)
小川村　おがわ-むら(長野県)
小清水　こしみず(北海道)
小塚原　こつかっぱら(東京都)
小筑紫　こづくし(高知県)
小出町　こいで-まち(新潟県)
小値賀　おじか(長崎県)
小太郎山　こたろう-やま(山梨県)
小沢　こざわ(北海道)
小坂　おさか(岐阜県)
　　こさか(秋田県)
小坂部　おさかべ(岡山県)
小阪部　こさかべ(岡山県)
小坂井町　こざかい-ちょう(愛知県)
小八賀川　こはちが-がわ(岐阜県)
小貝浜　こかい-はま(茨城県)
小貝川　こかい-がわ(栃木県)
小平　おびら(北海道)
小平市　こだいら-し(東京都)
小布施町　おぶせ-まち(長野県)
小河内　おごうち(東京都)
小下里温泉　こさがり-おんせん(新潟県)
小函　こばこ(北海道)
小合溜井　こあいだめい(東京都・埼玉県)
小海　こうみ(長野県)
小向　こむかい(北海道)
小県　ちいさがた(長野県)
小和瀬野　こわせの(秋田県)
小丸川　おまる-がわ(宮崎県)
[所口]　ところぐち(石川県)
所沢　ところざわ(埼玉県)
[沼尻]　ぬまじり(福島県)
沼館　ぬまだて(秋田県)
沼宮内　ぬまくない(岩手県)
沼南町　しょうなん-まち(千葉県)
沼袋　ぬまぶくろ(東京都)
沼島　ぬ-しま(兵庫県)
沼尾川　ぬまお-がわ(群馬県)
沼上峠　ぬまがみ-とうげ(福島県)
沼隈　ぬまくま(広島県)
沼田　ぬまた(群馬県，広島市)
沼前岬　のなまい-みさき(北海道)
沼田町　ぬまた-ちょう(北海道)
沼田川　ぬた-がわ(広島県)
沼津　ぬまづ(静岡県)
沼川　ぬま-がわ(静岡県)
沼沢沼　ぬまざわ-ぬま(福島県)
沼ノ端　ぬまのはた(北海道)
沼ノ上　ぬまのうえ(北海道)
[咲来]　さっくる(北海道)
咲花温泉　**さきはな-おんせん**，さくか-おんせん(新潟県)
[昭島市]　あきしま-し(東京都)
昭和　しょうわ(千葉県，東京都，岡山県)
昭和新山　しょうわ-しんざん(北海道)
昭和町　しょうわ-ちょう(山梨県)
　　しょうわ-まち(秋田県)
昭和村　しょうわ-むら(福島県，群馬県)
昭和通り　しょうわ-どおり(東京都)
昭和湖　しょうわ-こ(岩手・宮城・秋田県)

素波里　すばり(秋田県)
巣南町　すなみ-ちょう(岐阜県)
巣鴨　すがも(東京都)
巣雲山　すくも-やま(静岡県)
巣原峠　すわら-とうげ(福井県)
掃部山　かもん-やま(横浜市)
掃部岳　かもん-だけ(宮崎県)
疏水　そすい(京都府)
焼尻　やぎしり(北海道)
焼峰山　やけみね-やま(新潟県)
焼山　やけやま(青森県)
　やけ-やま(秋田県, 神奈川県, 新潟県)
焼石岳　やけいし-だけ(岩手県)
焼岳　やけ-だけ(長野・岐阜県)
焼額山　やけびたい-やま(長野県)
焼津　やいづ(静岡県)
焼坂峠　やけざか-とうげ(高知県)
焼火山　たくひ-やま(島根県)
篠崎　しのざき(東京都)
篠島　しの-じま(愛知県)
篠路　しのろ(札幌市)
篠栗　ささぐり(福岡県)
篠山　ささ-やま(兵庫県, 高知・愛媛県)
篠原　しのはら(静岡県, 滋賀県, 高知県)
篠津　しのつ(北海道)
篠ノ井　しののい(長野県)
蘇洞門　そとも(福井県)
蘇水　そすい(岐阜県)
蘇我　そが(千葉県)
蘇陽　そよう(熊本県)
蘇原　そはら(岐阜県)
鰺ヶ沢　あじがさわ(青森県)

束稲山　たばしね-やま(岩手県)
速見郡　はやみ-ぐん(大分県)
速星　はやほし(富山県)
速日峰　はやひのみね(宮崎県)
速吸瀬戸　はやすい-せと(大分・愛媛県)
粟国　あぐに(阿波의 딴이름)
粟島　あわ-しま(新潟県, 鳥取県, 香川県)
粟生島　あお-しま(新潟県)
粟生線　あお-せん(鈴蘭台～粟生)
粟石峠　あわいし-とうげ(広島県)
粟巣野　あわすの(富山県)
粟野　あわの(栃木県, 山口県)
粟野矢走　あわのやばしり(三重県)
粟屋　あわや(広島県)
粟田口　あわたぐち(京都市)
粟田部　あわたべ(福井県)
粟津　あわづ(滋賀県)
粟ヶ崎　あわがさき(石川県)

孫崎　まご-ざき(徳島県)
孫島　まご-じま(東京都)
孫六温泉　まごろく-おんせん(秋田県)

松江　まつえ(東京都, 島根県)
松岡　まつおか(茨城県)
松岡町　まつおか-ちょう(福井県)
松江支線　まつえ-しせん(和歌山県)
松橋町　まつばせ-まち(熊本県)
松崎　まつざき(静岡県, 鳥取県)
松代　まつしろ(長野県)
松代町　まつだい-まち(新潟県)
松島　まつしま(宮城県)
　まつ-しま(岡山県, 愛媛県, 長崎県)
松島町　まつしま-まち(熊本県)
松嶺　まつみね(山形県)
松茂　まつしげ(徳島県)
松尾　まつお(岩手県, 京都市)
松尾峠　まつお-とうげ(富山県, 高知・愛媛県)
松尾越　まつお-ごえ(高知県)
松尾町　まつお-まち(千葉県)
松尾川　まつお-がわ(徳島県)
松帆崎　まつほ-ざき(兵庫県)
松伏町　まつぶし-まち(埼玉県)・
松本　まつもと(長野県)
松本開　まつもとびらき(富山県)
松本川　まつもと-がわ(山口県)
松山　まつやま(奈良県, 愛媛県)
松山町　まつやま-ちょう(鹿児島県)
　まつやま-まち(宮城県, 山形県)
松岸　まつぎし(千葉県)
松野町　まつの-ちょう(愛媛県)

松葉川　まつば-がわ(高知県)
松永　まつなが(広島県)
松屋町筋　まっちゃまち-すじ(大阪市)
松原　まつばら(東京都，滋賀県)
松園ニュータウン　まつぞの-ニュータウン(岩手県)
松原市　まつばら-し(大阪府)
松元町　まつもと-ちょう(鹿児島県)
松原湖　まつばら-こ(長野県)
松任市　まっとう-し(石川県)
松前　まつまえ(北海道)
松前街道　まつまえ-かいどう(青森県)
松田町　まつだ-まち(神奈川県)
松前町　まさき-ちょう(愛媛県)
松田川　まつだ-がわ(愛媛県)
松井田町　まついだ-まち(群馬県)
松之山　まつのやま(新潟県)
松川　まつかわ(福島県)
　まつ-かわ(岩手県)
松川町　まつかわ-まち(長野県)
松川村　まつかわ-むら(長野県)
松川浦　まつかわうら(福島県)
松沢　まつざわ(東京都)
松波　まつなみ(石川県)
松阪市　まつさか-し(三重県)
松平　まつだいら(愛知県)
松浦　まつうら(長崎·佐賀県)
松合　まつあい(熊本県)
松戸市　まつど-し(千葉県)
松丸　まつまる(愛媛県)
松ヶ崎　まつがさき(京都市)
　まつがざき(福井県)
松ノ木峠　まつのき-とうげ(岐阜県)
送毛山道　おくりげ-さんどう(北海道)

鎖峠　くさり-とうげ(山口県)

手結　たい(島根県)
　てい(高知県)
手結の浦　たいのうら(福井県)
手宮　てみや(北海道)
手島　て-しま(香川県)
手稲　ていね(札幌市)
手白沢温泉　てしろざわ-おんせん(栃木県)
手箱山　てばこ-やま(高知県)
手取　てどり(石川県)
手打　てうち(鹿児島県)
手賀沼　てが-ぬま(千葉県)
手向　とうげ(山形県)
水間　みずま(大阪府)
水茎内湖　すいけい-ないこ，みずくき-ないこ(滋賀県)
水橋　みずはし(富山県)
水口　みなくち(滋賀県)
水郡線　すいぐん-せん(水戸～安積永盛，上菅谷～常陸太田)
水巻町　みずまき-まち(福岡県)
水納島　みんな-じま(沖縄県)
水島　みずしま(岡山県)
水道橋　すいどう-ばし(東京都)
水島水道　みずしま-すいどう(山口県)
水無瀬　みなせ(大阪府)
水無川　みずなし-がわ(神奈川県)
水尾崎　みおが-さき(滋賀県)
水府　すいふ(茨城県)
水府村　すいふ-むら(茨城県)
水分峠　みずわけ-とうげ(大分県)
水上　みずかみ(熊本県)
　みなかみ(群馬県)
水城　みずき(福岡県)
水縄山地　みのう-さんち(福岡県)
水神森　すいじんのもり(東京都)
水俣　みなまた(熊本県)
水窪　みさくぼ(静岡県)
水元　みずもと(東京都)
水原町　すいばら-まち(新潟県)
水越峠　みずこし-とうげ(大阪府·奈良県)
水月湖　すいげつ-こ(福井県)
水田　みずた(福岡県)
水殿ダム　みどの-ダム(長野県)
水前寺　すいぜんじ(熊本県)
水晶　すいしょう(北海道)
水晶峠　すいしょう-とうげ(山梨県)
水晶岳　すいしょう-だけ(富山県)
水天宮　すいてんぐう(東京都)
水呑　みのみ(広島県)
水呑峠　みずのみ-とうげ(三重県)
水沢市　みずさわ-し(岩手県)
水海道市　みつかいどう-し(茨城県)
水郷　すいごう(千葉·茨城県)

水郷県立自然公園　すいごう-けんりつしぜんこうえん(三重県)
水戸　みと(茨城県)
水ノ口峠　みずのくち-とうげ(徳島県)
水ノ子島　みずのこ-じま(大分県)
守江　もりえ(大分県)
守谷町　もりや-まち(茨城県)
守口市　もりぐち-し(大阪府)
守門　すもん(新潟県)
守山　もりやま(滋賀県)
守山区　もりやま-く(名古屋市)
守実　もりざね(大分県)
寿　ことぶき(東京都)
寿都　すっつ(北海道)
寿安堰　じゅあん-ぜき(岩手県)
垂水　たるみ(神戸市)
垂水市　たるみず-し(鹿児島県)
垂玉温泉　たるたま-おんせん(熊本県)
垂井町　たるい-ちょう(岐阜県)
狩留家　かるが(広島市)
狩留賀浜　かるが-はま(広島県)
狩生　かりう(大分県)
狩勝　かりかち(北海道)
狩野川　かの-がわ(静岡県)
狩場　かりば(北海道)
狩場沢　かりばさわ(青森県)
狩川　かりかわ(山形県)
狩太　かりぶと(北海道)
首都高速道路　しゅと-こうそくどうろ(東京都)
首里　しゅり(沖縄県)
修善寺　しゅぜんじ(静岡県)
修学院　しゅうがくいん(京都市)
袖師　そでし(静岡県)
袖川峡　そでがわ-きょう(秋田県)
袖ヶ沢温泉　そでがさわ-おんせん(栃木県)
袖ヶ浦　そでがうら(千葉県, 神奈川県)
須巻温泉　すまき-おんせん(栃木県)
須金岳　すがね-だけ(秋田・宮城県)
須崎　すさき(高知県)
須崎半島　すざき-はんとう(静岡県)
須磨　すま(神戸市)
須木村　すき-そん(宮崎県)
須美寿島　すみす-とう(東京都)
須々万　すすま(山口県)
須玉町　すたま-ちょう(山梨県)
須雲川　すくも-がわ(神奈川県)
須原　すはら(長野県)
須田町　すだ-ちょう(東京都)
須田貝　すだかい(群馬県)
須佐　すさ(山口県)
須佐湾　すさ-わん(愛知県)
須走　すばしり(静岡県)
須知　しゅうち(京都府)
須川　すかわ(岩手県, 秋田県)
　すーかわ(山形県, 群馬県)
須川湖　すがわ-こ(長野県)
須築　すっつき(北海道)
須波　すなみ(広島県)
須坂市　すざか-し(長野県)
須賀　すが(山口県)
須賀ノ山　すがのせん(兵庫県)
須賀川市　すかがわ-し(福島県)
須恵町　すえ-まち(福岡県)
須恵村　すえ-むら(熊本県)
数寄屋橋　すきや-ばし(東京都)
数河高原　すごう-こうげん(岐阜県)
竪川　たてかわ(東京都)
竪割山　たてわり-やま(茨城県)
穂高　ほたか(長野県)
穂別町　ほべつ-ちょう(北海道)
穂北　ほきた(宮崎県)
穂積町　ほづみ-ちょう(岐阜県)
穂波　ほなみ(福岡県)
穂坂堰　ほさか-ぜき(山梨県)
樹海峠　じゅかい-とうげ(北海道)
燧灘　ひうち-なだ(瀬戸内海)
燧ヶ岳　ひうちがたけ(福島県)
藪原　やぶはら(長野県)
藪地島　やぶち-じま(沖縄県)
藪塚本町　やぶづか-ほん-まち(群馬県)

숙

夙川　しゅく-がわ(兵庫県)
宿毛　すくも(高知県)
熟田　にいた(栃木県)

巡見街道　じゅんけん-かいどう(三重県)
盾津　たてつ(大阪府)
筍山　たけのこ-やま(新潟県)
楯岡　たておか(山形県)
楯ヶ崎　たてがさき(三重県)

蓴菜沼　じゅんさい-ぬま(北海道)
鶉野　うずらの(兵庫県)

嵩山　すせ(愛知県)

習志野　ならしの(千葉県)
襲速紀山地　そはやき-さんち(日本 남서부의 山地)

昇仙峡　しょうせん-きょう(山梨県)
枡水原　ますみず-ばら(鳥取県)
枡形山　ますがた-やま(川崎市, 新潟県)
乗鞍　のりくら(長野·岐阜県)
乗鞍岳　のりくら-だけ(青森県, 長野県)
勝間　かつま(山口県)
勝間田　かつまだ(岡山県)
勝光山　しょうこう-ざん(広島県)
勝島　かつしま(東京都)
勝力崎　かつりき-ざき(神奈川県)
勝連　かつれん(沖縄県)
勝瀬橋　かつせ-ばし(神奈川県)
勝本　かつもと(長崎県)
勝部川　かつべ-がわ(鳥取県)
勝北町　しょうぼく-ちょう(岡山県)
勝山　かつやま(北海道, 千葉県, 福井県, 岡山県, 山口県)
勝山町　かつやま-まち(福岡県)
勝山村　かつやま-むら(山梨県)
勝沼町　かつぬま-ちょう(山梨県)
勝央町　しょうおう-ちょう(岡山県)
勝野　かつの(滋賀県)
勝原　かどはら(福井県)
勝田　かつた(岡山県)
勝田台団地　かつただい-だんち(千葉県)
勝田市　かつた-し(茨城県)
勝川　かちがわ(愛知県)
勝坂　かつさか(山口県)
勝浦　かつうら(千葉県, 和歌山県, 徳島県)
勝鬨　かちどき(東京都)
縄手　なわて(大阪府)
蝿帽子峠　はえぼうし-とうげ(岐阜·福井県)

市　いち(広島県)
市島町　いちじま-ちょう(兵庫県)
市来町　いちき-ちょう(鹿児島県)
市来知　いちきしり(北海道)
市房　いちふさ(熊本県)
市比野温泉　いちひの-おんせん(鹿児島県)
市原　いちはら(千葉県, 京都市)
市場町　いちば-ちょう(徳島県)
市田　いちだ(長野県)
市川　いちかわ(千葉県)
　いち-かわ(兵庫県)
市川大門町　いちかわだいもん-ちょう(山梨県)
市貝町　いちかい-まち(栃木県)
市浦村　しうら-むら(青森県)
市ヶ谷　いちがや(東京都)
矢巾町　やはば-ちょう(岩手県)
矢筈崎　やはず-ざき(鹿児島県)
矢筈山　やはずがせん(鳥取県)
　やはず-やま(徳島県, 香川県)
矢筈峠　やはず-とうげ(高知県)
矢筈岳　やはず-だけ(熊本県)
矢掛町　やかげ-ちょう(岡山県)
矢橋　やばせ(滋賀県)
矢口　やぐち(東京都)
矢島　やしま(秋田県)
矢頭山　やがしら-やま(三重県)
矢落川　やおち-がわ(愛媛県)
矢立　やたて(秋田県)
矢立峠　やたて-とうげ(宮崎県)
矢木沢ダム　やぎさわ-ダム(群馬県)
矢尾峠　やび-とうげ(島根県)
矢本町　やもと-ちょう(宮城県)
矢部　やべ(福岡県, 熊本県)
矢上　やがみ(島根県)
矢岳　やたけ(宮崎県)
矢野　やの(広島市)
矢野口　やのくち(東京都)

矢越岬　やごし-みさき(北海道)
矢作　やはぎ(愛知県)
矢田　やた(奈良県)
矢田川　やた-がわ(愛知県)
　やだ-がわ(兵庫・鳥取県)
矢祭　やまつり(福島県)
矢指　やざし(千葉県)
矢倉峠　やぐら-だわ(鳥取県)
矢倉沢往還　やぐらさわ-おうかん(神奈川県)
矢吹　やぶき(福島県)
矢坂山　やさか-やま(岡山県)
矢板市　やいた-し(栃木県)
矢合　やわせ(愛知県)
矢ノ川峠　やのこ-とうげ(三重県)
是政　これまさ(東京都)
柿岡　かきおか(茨城県)
柿崎町　かきざき-まち(新潟県)
柿木村　かきのき-むら(島根県)
柿野　かきの(三重県)
柿ノ木坂　かきのき-ざか(東京都)
柴島　くにじま(大阪市)
柴木川　しわき-がわ(広島県)
柴山　しばやま(兵庫県)
柴山潟　しばやま-がた(石川県)
柴石温泉　しばせき-おんせん(大分県)
柴又　しばまた(東京都)
柴原温泉　しばはら-おんせん(埼玉県)
柴垣海岸　しばがき-かいがん(石川県)
柴田　しばた(宮城県)
柴倉岳　しばくら-だけ(秋田県)
時国　ときくに(石川県)
時又　ときまた(長野県)
時津町　とぎつ-ちょう(長崎県)

式根島　しきね-じま(東京都)
息栖　いきす(茨城県)
息長　おきなが(滋賀県)
植木　うえき(福岡県)
植木町　うえき-まち(熊本県)
飾磨　しかま(兵庫県)

申川油田　さるかわ-ゆでん(秋田県)
身延　みのぶ(山梨県)
辛川市場　からかわ-いちば(岡山県)
辛香峠　からこう-とうげ(岡山県)
信貴　しぎ(奈良県)
信濃　しなの(옛 국명)
信濃町　しなのまち(東京都)
信達　しんだち(大阪府)
信楽　しがらき(滋賀県)
信夫　しのぶ(福島県)
信砂川　のぶしゃ-がわ(北海道)
信越　しんえつ(長野・新潟県)
信州　しんしゅう(信濃의 딴이름)
信太山　しのだ-やま(大阪府)
信玄堤　しんげん-づつみ(山梨県)
神角寺芹川県立自然公園　じんかくじせりかわ-けんりつしぜんこうえん(大分県)
神岡　かみおか(岐阜県)
神岡町　かみおか-まち(秋田県)
神居　かむい(北海道)
神谷　かみや(東京都)
神谷町　かみや-ちょう(東京都)
神鍋山　かんなべ-やま(兵庫県)
神橋　しん-きょう(栃木県)
神丘　かみおか(北海道)
神宮　じんぐう(東京都)
神宮寺　じんぐうじ(秋田県)
神埼　かんざき(佐賀県)
神崎　かんざき(兵庫県)
　こうざき(長崎県)
神崎郡　かんざき-ぐん(滋賀県)
神崎町　こうざき-まち(千葉県)
神崎川　かんざき-がわ(大阪府)
神奈山　かんな-さん(新潟県)
神奈川　かながわ(横浜市)
神代　こうじろ(山口県)
　じんだい(秋田県, 東京都)
神島　かみ-じま(三重県)
　こうのしま(岡山県)
神楽　かぐら(北海道)
神楽坂　かぐら-ざか(東京都)
神領　じんりょう(愛知県)
神滝温泉　みたき-おんせん(宮城県)
神竜湖　しんりゅう-こ(広島県)

神流　かんな(群馬県)
神林村　かみはやし-むら(新潟県)
神明町　しんめい-ちょう(東京都)
神母木　いげのき(高知県)
神辺町　かんなべ-ちょう(広島県)
神保原　じんぼはら(埼玉県)
神保町　じんぼう-ちょう(東京都)
神峰　かんのみね(広島県)
神峰山　かみね-さん(茨城県)
神部　こうべ(長崎県)
神山　かみ-やま(神奈川県，京都市)
神山町　かみやま-ちょう(徳島県)
神栖町　かみす-まち(茨城県)
神西湖　じんざい-こ(島根県)
神石　じんせき(広島県)
神城　かみしろ(長野県)
神室　かむろ(秋田・山形県)
神野瀬　かんのせ(広島県)
神野新田　じんの-しんでん(愛知県)
神原峠　かんばら-とうげ(岐阜県)
神威　かもい(北海道)
神威岬　かむい-みさき(北海道)
神威古潭　かむいこたん(北海道)
神威山　かむい-やま(北海道)
神威岳　かむい-だけ(北海道)
神子元島　みこもと-じま(静岡県)
神子畑　みこばた(兵庫県)
神田　かんだ(東京都)
神田岬　かんだ-みさき(山口県)
神前湾　かみざき-わん(三重県)
神殿原　こうどん-ばる(熊本県)
神町　じんまち(山形県)
神足　こうたり(京都府)
神湊　かみなと(東京都)
こうのみなと(福岡県)
神志山　こうしやま(三重県)
神之池　ごうの-いけ(茨城県)
神津島　こうづ-しま(東京都)
神津牧場　こうづ-ぼくじょう(群馬県)
神集島　かしわ-じま(佐賀県)
神着　かみつき(東京都)
神泉苑　しんせんえん(京都市)
神川町　かみかわ-まち(埼玉県)
神泉村　かみいずみ-むら(埼玉県)
神通　じんづう(富山県)
神坂峠　みさか-とうげ(長野・岐阜県)
神浦　こうのうら(長崎県)
神郷町　しんごう-ちょう(岡山県)
神恵内村　かもえない-むら(北海道)
神戸　かんど(島根県)
かんべ(三重県)
こうべ(兵庫県)
神戸原　ごうど-はら(長野県)
神戸町　ごうど-ちょう(岐阜県)
新家　しんげ(大阪府)
新甲子温泉　しんかっし-おんせん(福島県)
新岡南　しんこうなん(岡山県)
新改　しんがい(高知県)
新開　しんかい(長野県)
新居大島　にいおおしま(愛媛県)
新居浜　にいはま(愛媛県)
新居町　あらい-ちょう(静岡県)
新検見川　しんけみがわ(千葉県)
新見　にいみ(岡山県)
新京極　しんきょうごく(京都市)
新京成電鉄線　しんけいせいでんてつ-せん
(松戸〜京成津田沼)
新高湯温泉　しんたかゆ-おんせん(山形県)
新谷　あらや(新潟県)
にいや(愛媛県)
新冠　にいかっぷ(北海道)
新関門トンネル　しんかんもん-トンネル
(新下関〜小倉)
新橋　しんばし(東京都)
新駒ノ湯温泉　しんこまのゆ-おんせん(宮城県)
新堀川　しんほりかわ(愛知県)
新宮　しんぐう(和歌山県，愛媛県，福岡県)
新宮町　しんぐう-ちょう(兵庫県)
新今宮　しんいまみや(大阪市)
新金支線　しんかな-しせん(新小岩操車場〜金町)
新吉富村　しんよしとみ-むら(福岡県)
新吉原　しんよしわら(東京都)
新那須温泉　しんなす-おんせん(栃木県)
新南陽市　しんなんよう-し(山口県)
新南郷洗堰　しんなんごう-あらいぜき(滋賀県)
新丹那トンネル　しんたんな-トンネル(静岡県)
新大橋　しんおおはし(東京都)
新大阪　しんおおさか(大阪市)
新大和堆　しんやまと-たい(北海道)
新島　しんしま(千葉県)
しん-じま(鹿児島県)
にい-じま(東京都)
新道野越　しんどうの-ごえ(福井・滋賀県)
新東京国際空港　しんとうきょう-こくさいくうこう(千葉県)
新得町　しんとく-ちょう(北海道)
新登川トンネル　しんのぼりかわ-トンネル
(北海道)
新澪池　しんみょう-いけ(東京都)
新鹿　あたしか(三重県)
新鹿沢　しんかざわ(群馬県)
新滝ノ湯　しんたきのゆ(青森県)

新利根　しんとね(茨城県)
新里村　にいさと-むら(岩手県，群馬県)
新幕ノ湯　しんまくのゆ(福島県)
新舞子　しんまいこ(千葉県，愛知県，兵庫県)
新飯豊温泉　しんいいで-おんせん(山形県)
新発田　しばた(新潟県)
新保　しんぼ(福井県)
新逢坂山トンネル　しんおうさかやま-トンネル(山科～大津)
新府　しんぷ(山梨県)
新富町　しんとみ-ちょう(東京都，宮崎県)
新浜　にいはま(千葉県)
新山　しん-ざん(秋田県)
新箱根　しんはこね(愛知県)
新生駒トンネル　しんいこま-トンネル(大阪府・奈良県)
新潟　にいがた(中部地方)
新夕張川　しんゆうばり-がわ(北海道)
新城　しんじょう(鹿児島県)
新城島　あらぐすく-じま(沖縄県)
新城市　しんしろ-し(愛知県)
新成羽川ダム　しんなりわがわ-ダム(岡山県)
新世界　しんせかい(大阪市)
新笹子トンネル　しんささご-トンネル(山梨県)
新小本街道　しんおもと-かいどう(岩手県)
新小岩　しんこいわ(東京都)
新所原　しんじょはら(静岡県)
新篠津村　しんしのつ-むら(北海道)
新所沢団地　しんところざわ-だんち(埼玉県)
新沼浦　にいぬま-うら(福島県)
新穂高温泉　しんほたか-おんせん(岐阜県)
新狩勝トンネル　しんかりかち-トンネル(北海道)
新垂井　しんたるい(岐阜県)
新穂村　にいぼ-むら(新潟県)
新宿　しんじゅく(東京都)
　にいじゅく(東京都)
新市盆地　しんいち-ぼんち(広島県)
新市町　しんいち-ちょう(広島県)
新信濃川　しんしなの-がわ(新潟県)
新信砂川　しんのぶしゃ-がわ(北海道)
新神戸トンネル　しんこうべ-トンネル(神戸市)
新深坂トンネル　しんふかさか-トンネル(滋賀・福井県)
新十津川町　しんとつかわ-ちょう(北海道)
新安積疏水　しんあさか-そすい(福島県)
新野　あらたの(徳島県)
新御堂筋　しんみどうすじ(大阪市)
新魚目町　しんうおのめ-ちょう(長崎県)
新御坂トンネル　しんみさか-トンネル(山梨県)
新燃岳　しんもえ-だけ(鹿児島・宮崎県)
新鉛温泉　しんなまり-おんせん(岩手県)
新五色温泉　しんごしき-おんせん(山形県)
新玉川線　しんたまがわ-せん(渋谷～二子玉川園)
新宇治川ライン　しんうじがわ-ライン(滋賀県)
新旭町　しんあさひ-ちょう(滋賀県)
新旭川　しんあさひかわ(北海道)
新月ヶ瀬　しんつきがせ(埼玉県)
新月湖　しんげつ-こ(北海道)
新伊勢神トンネル　しんいせがみ-トンネル(愛知県)
新子不知トンネル　しんこしらず-トンネル(新潟県)
新庄　しんじょう(山形県，岡山県)
新荘　しんじょう(高知県)
新庄町　しんじょう-ちょう(奈良県)
新赤倉温泉　しんあかくら-おんせん(新潟県)
新田　にった(群馬県)
新田原　しんでんばる(福岡県)
　にゅうた-ばる(宮崎県)
新田中湯　しんたなかゆ(宮城県)
新田川　にいだ-がわ(福島県)
新淀川　しんよど-がわ(大阪府)
新井　あらい(東京都)
新町　しんまち(長野県，大阪市)
　しん-まち(群馬県)
新町街道　にいまち-かいどう(福島県)
新井市　あらい-し(新潟県)
新井田川　にいだ-がわ(岩手県)
新井郷川　にいごう-がわ(新潟県)
新正丸峠　しんしょうまる-とうげ(埼玉県)
新座　にいくら，にいざ(埼玉県)
新湊　しんみなと(富山県)
新中川　しんなか-がわ(東京都)
新地　しんち(宮城県)
新地町　しんち-まち(福島県)
新津　にいつ(新潟県)
新車湯　しんくるまゆ(宮城県)
新川　しんかわ(東京都，鹿児島県)
新釧路川　しんくしろ-がわ(北海道)
新川町　しんかわ-ちょう(愛知県)
新川川　しんかわ-がわ(高知県)
新清水トンネル　しんしみず-トンネル(群馬県)
新治　にいはり(茨城県)
　にいはる(群馬県)
新湯温泉　あらゆ-おんせん(栃木県)
　しんゆ-おんせん(鹿児島県，青森県)
新湯田中温泉　しんゆだなか-おんせん(長野県)
新豊根ダム　しんとよね-ダム(愛知県)
新河岸川　しんがし-がわ(埼玉県)
新河原湯　しんかわら-ゆ(宮城県)
新鶴村　にいつる-むら(福島県)

新郷村　しんごう-むら(青森県)
新戸倉温泉　しんとぐら-おんせん(長野県)
新花敷温泉　しんはなしき-おんせん(群馬県)
新和町　しんわ-まち(熊本県)
新欽明路トンネル　しんきんめいじ-トンネル(新岩国～徳山)
榊原温泉　さかきばら-おんせん(三重県)

実籾　みもみ(千葉県)
実川　さね-かわ(新潟県)
室見川　むろみ-がわ(福岡県)
室根　むろね(岩手県)
室堂　むろどう(富山県)
室蘭　むろらん(北海道)
室牧湖　むろまき-こ(富山県)
室生　むろう(奈良県)
室神山　むろがみ-やま(島根県)
室原川　むろはら-がわ(福島県)
室積　むろづみ(山口県)
室町　むろまち(東京都)
室町通り　むろまち-どおり(京都市)
室津　むろつ(兵庫県, 山口県, 高知県)
室戸　むろと(高知県)

心斎橋　しんさい-ばし(大阪市)
甚吉森　じんきちがもり(高知・徳島県)
甚目寺町　じもくじ-ちょう(愛知県)
甚兵衛渡し　じんべえ-わたし(千葉県)
深江　ふかえ(福岡県)
深江町　ふかえ-ちょう(長崎県)
深見峠　ふかみ-とうげ(京都府)
深谷水道　ふかや-すいどう(三重県)
深谷市　ふかや-し(埼玉県)
深谷峡　ふかたに-きょう(山口県)
深泥池　**みぞろがいけ**, みどろがいけ(京都市)
深大寺　じんだいじ(東京都)
深島　ふか-しま(大分県)
深良用水　ふから-ようすい(静岡県)
深名線　しんめい-せん(深川～名寄)
深安郡　ふかやす-ぐん(広島県)
深耶馬渓　しんやば-けい(大分県)
深日　ふけ(大阪府)
深入山　しんにゅう-ざん(広島県)
深田　ふかた(大分県)
深田村　ふかだ-むら(熊本県)
深志　ふかし(長野県)
深川　ふかがわ(東京都)
　ふかわ(広島市, 山口県)
深川市　ふかがわ-し(北海道)
深草　ふかくさ(京都市)
深沢峡　ふかさわ-きょう(岐阜県)
深坂トンネル　ふかさか-トンネル(滋賀・福井県)
深浦　ふかうら(青森県)
深海　ふかみ(熊本県)

十国峠　じっこく-とうげ(静岡県)
十島村　としま-むら(鹿児島県)
十六島　うっぷるい(島根県)
十文字峠　じゅうもんじ-とうげ(埼玉・長野県, 広島県)
十文字原　じゅうもんじ-はら(福島県)
　じゅうもんじ-ばる(大分県)
十文字町　じゅうもんじ-まち(秋田県)
十方山　じっぽう-さん(広島県)
十府ノ浦　とふのうら(岩手県)
十弗　**とおふつ**, とふつ(北海道)
十四山村　じゅうしやま-むら(愛知県)
十三　じゅうさん(青森県)
　じゅうそう(大阪市)
十三本木峠　じゅうさんぼんぎ-とうげ(岩手県)
十三峠　じゅうさん-とうげ(大阪府・奈良県)
十三湊　とさみなと(青森県)
十三塚原　じゅうさんつか-ばる(鹿児島県)
十石峠　じっこく-とうげ(群馬・長野県)
十勝　とかち(옛 국명)
十市　**とおいち**, とおち(奈良県)
　とおち(高知県)
十余島　とよしま(茨城県)
十余一　とよいち(千葉県)
十王峠　じゅうおう-とうげ(鳥取県)
十王町　じゅうおう-まち(茨城県)

十二貫野　じゅうにかんの(富山県)
十二橋　じゅうに-きょう(茨城県)
十二社　じゅうにそう(東京都)
十二所　じゅうにしょ(秋田県)
十二ヶ岳　じゅうにがたけ(山梨県)
十二町潟　じゅうにちょう-がた(富山県)
十二ヶ村野　じゅうにかそんの(秋田県)
十二ヶ郷用水　じゅうにかごう-ようすい(岡山県)
十二湖　じゅうに-こ(青森県)
十日町　とおかまち(新潟県)
十字峡　じゅうじ-きょう(富山県)
十条　じゅうじょう(東京都)
十条通り　じゅうじょう-どおり(京都市)
十種ヶ峰　とくさがみね(山口・島根県)
十津川　とつ-かわ(奈良・和歌山県)
アモじゅうだ十太岬　アモじゅうだ-みさき(青森県)
十八鳴浜　くくなり-はま(宮城県)
十郷用水　じゅうごう-ようすい(福井県)
十和田　とわだ(青森・秋田県)
十和村　とおわ-そん(高知県)
辻　つじ(徳島県)
辻堂　つじどう(神奈川県)

쌍

双六岳　すごろく-だけ(長野・岐阜県)
双三郡　ふたみ-ぐん(広島県)
双石山　ぼろいし-やま(宮崎県)
双岳台　そうがくだい(北海道)
双葉　ふたば(福島県)
双葉町　ふたば-ちょう(山梨県)
双子浦　ふたご-うら(香川県)
双海町　ふたみ-ちょう(愛媛県)
双湖台　そうこだい(北海道)
双ヶ岡　ならびがおか(京都市)

씨

氏家町　うじいえ-まち(栃木県)

ㅇ

아

児島　こじま(岡山県)
児玉　こだま(埼玉県)
児湯郡　こゆ-ぐん(宮崎県)
児ヶ水温泉　ちょがみず-おんせん(鹿児島県)
我拝師山　がはいし-さん(香川県)
我孫子　あびこ(大阪市)
我孫子市　あびこ-し(千葉県)
芽登温泉　めとう-おんせん(北海道)
芽室　めむろ(北海道)
阿嘉島　あか-じま(沖縄県)
阿見町　あみ-まち(茨城県)
阿古　あこ(東京都)
阿久根　あくね(鹿児島県)
阿久比町　あぐい-ちょう(愛知県)
阿久津　あくつ(栃木県)

阿南　あなん(長野県，徳島県)
阿女鱒岳　あめます-だけ(北海道)
阿多田島　あたた-じま(広島県)
阿闍羅山　あじゃら-やま(青森県)
阿東町　あとう-ちょう(山口県)
阿万　あま(兵庫県)
阿木川ダム　あぎがわ-ダム(岐阜県)
阿武　あぶ(山口県)
阿武隈　あぶくま(福島・茨城県)
阿弥陀岳　あみだ-だけ(長野県，岩手・秋田県)
阿弥陀池　あみだ-いけ(大阪市)
阿尾ノ浦　あおのうら(富山県)
阿倍野　あべの(大阪市)
阿保　あお(三重県)
阿伏兎　あぶと(広島県)
阿夫利山　あふり-やま(神奈川県)
阿北　あほく(徳島県)
阿寺七滝　あでら-ななたき(愛知県)
阿山　あやま(三重県)
阿世潟峠　あぜがた-とうげ(栃木県)
阿蘇　あそ(熊本県)
阿蘇海　あそ-かい(京都府)
阿須山丘陵　あずやま-きゅうりょう，あぞやま-きゅうりょう(埼玉県)
阿児　あご(三重県)
阿仁　あに(秋田県)
阿字ヶ浦　あじがうら(茨城県)
阿田和　あたわ(三重県)
阿漕ヶ浦　あこぎがうら(三重県)
阿佐ヶ谷　あさがや(東京都)
阿州　あしゅう(阿波의 딴이름)
阿曾　あそ(三重県)
阿曾原温泉　あぞはら-おんせん(富山県)
阿知須　あじす(山口県)
阿智村　あち-むら(長野県)
阿讃*　あさん(阿波・讃岐)
阿倉川　あくらがわ(三重県)
阿川　あがわ(山口県)
阿哲　あてつ(岡山県)
阿土山地　あど-さんち(徳島・高知県)
阿波　あわ(옛 국명)
阿波座　あわざ(大阪市)
阿波村　あば-そん(岡山県)
阿閇　あえ(兵庫県)
阿賀野川　あがの-がわ(福島県)
阿賀川　あが-かわ(福島県)
阿賀沖　あがおき(福島県)
阿下喜　あげき(三重県)
阿寒　あかん(北海道)
峨々温泉　がが-おんせん(宮城県)
峨蔵越　がぞう-ごえ(愛媛県)
蛾ヶ岳　ひるがたけ(山梨県)
餓鬼岳　がき-だけ(長野県)
鵞流峡　がりゅう-きょう(長野県)

岳南　がくなん(静岡県)
岳麓　がくろく(山梨県)
岳滅鬼山　がくめき-さん(大分・福岡県)
岳温泉　だけ-おんせん(岩手県，福島県)
岳沢　だけ-さわ(長野県)
岳下池　たけもとのいけ(大分県)
岳ノ辻　だけのつじ(長崎県)
悪石島　あくせき-じま(鹿児島県)
悪沢岳　わるさわ-だけ(静岡県)
渥美　あつみ(愛知県)
嶽温泉　だけ-おんせん(青森県)
鰐川　わに-がわ(茨城県)
鰐塚　わにつか(宮崎県)
鰐ヶ淵水道　わにがぶち-すいどう(宮城県)

安　やす(広島県)
安家　あっか(岩手県)
安岡　やすおか(山口県)
安居渓谷　やすい-けいこく(高知県)
安居島　あい-じま(愛媛県)
安慶名　あげな(沖縄県)
安古市　やすふるいち(広島市)
安岐町　あき-まち(大分県)
安濃　あのう(三重県)
安達　あだち(福島県)
安達太良　あだたら(福島県)
安曇　あずみ(長野県)
安曇川　あど-がわ(京都市)
安堂寺町　あんどうじ-まち(大阪市)
安代温泉　あんだい-おんせん(長野県)
安代町　あしろ-ちょう(岩手県)
安渡移矢岬　あといや-みさき(北海道)
安堵町　あんど-ちょう(奈良県)
安楽温泉　あんらく-おんせん(鹿児島県)
安楽川　あらかわ(和歌山県)

安来市 やすぎ-し(島根県)
安良里 あらり(静岡県)
安満岳 やすまん-だけ(長崎県)
安房 あぼう(長野·岐阜県)
あわ(옛 국명)
あんぼう(鹿児島県)
安倍 あべ(静岡県)
安富町 やすとみ-ちょう(兵庫県)
安比 あっぴ(岩手県)
安城市 あんじょう-し(愛知県)
安蘇郡 あそ-ぐん(栃木県)
安乗崎 あのり-ざき(三重県)
安食 あじき(千葉県)
安心院町 あじむ-まち(大分県)
安芸 あき(옛 국명, 高知県)
安芸郡 あげ-ぐん(三重県)
安芸津町 あきつ-ちょう(広島県)
安威川 あい-がわ(大阪府)
安積 あさか(福島県)
安田 やすだ(高知県)
安田町 やすだ-まち(新潟県)
安全坂 あんぜん-ざか(東京都)
安井崎 やすい-ざき(青森県)
安足間 あたるま, **あんたろま** (北海道)
安足地方 あんそく-ちほう(栃木県)
安佐 あさ(広島市)
安佐地方 **あさ-ちほう**, あんさ-ちほう (栃木県)
安中市 あんなか-し(群馬県)
安珍坂 あんちん-ざか(東京都)
安塚町 やすづか-まち(新潟県)
安治川 あじ-がわ(大阪府)
安宅 あたか(石川県)
安土 あずち, **あづち**(滋賀県)
安八 あんぱち(岐阜県)
安平 あびら(北海道)
安平路山 あんぺいじ-やま(長野県)
安平志内川 あべしない-がわ(北海道)
安浦町 やすうら-ちょう(広島県)
安下庄 あげのしょう(山口県)
安行 あんぎょう(埼玉県)
安戸池 あど-いけ(香川県)
安和 あわ(高知県)
岸本 きしもと(高知県)
岸本町 きしもと-ちょう(鳥取県)
岸部 きしべ(大阪府)
岸田川 きしだ-がわ(兵庫県)
岸和田 きしわだ(大阪府)
案下街道 あんげ-かいどう(東京都～神奈川県)
眼鏡橋 めがね-ばし(長崎県)

雁峰山 がんぽう-ざん(愛知県)
雁峠 がん-とうげ(埼玉·山梨県)
雁子岬 がんこ-みさき(兵庫県)
雁子崎 かりこ-ざき(兵庫県)
雁坂 かりさか(埼玉県)
雁ヶ腹摺山 がんがはらすり-やま(山梨県)
雁ヶ原 かりがはら(福井県)
雁ノ巣 がんのす(福岡市)
鞍掛鼻 くらかけ-はな(宮崎県)
鞍掛山 くらかけ-やま(山梨県)
鞍掛峠 くらかけ-とうげ(三重·滋賀県)
鞍馬 くらま(京都市)
鞍手 くらて(福岡県)
鞍岳 くら-だけ(熊本県)
顔振峠 こうぶり-とうげ(埼玉県)

閼加井岳 あかい-だけ(福島県)

岩間町 いわま-まち(茨城県)
岩見 いわみ(秋田県)
岩見沢市 いわみざわ-し(北海道)
岩谷堂 いわやどう(岩手県)
岩館 いわだて(秋田県)
岩菅山 いわすげ-やま(長野県)
岩橋 いわせ(和歌山県)
岩国 いわくに(山口県)
岩槻市 いわつき-し(埼玉県)
岩崎 いわさき(青森県, 秋田県)
岩内 いわない(北海道)
岩代 いわしろ(옛 국명, 和歌山県)
岩徳線 がんとく-せん(岩国～櫛ヶ浜)
岩滝町 いわたき-ちょう(京都府)
岩瀬 いわせ(福島県, 富山県)
岩瀬町 いわせ-まち(茨城県)
岩瀬川 いわせ-がわ(宮崎県)
岩木 いわき(青森県)
岩美 いわみ(鳥取県)
岩尾別 いわおべつ(北海道)
岩尾別温泉 いわうべつ-おんせん(北海道)

岩本町　いわもと-ちょう(東京都)
岩船　いわふね(新潟県)
岩城　いわぎ(愛媛県)
岩城町　いわき-まち(秋田県)
岩沼市　いわぬま-し(宮城県)
岩松　いわまつ(愛媛県, 北海道)
岩手　いわて(東北地方)
岩宿　いわじゅく(群馬県)
岩室村　いわむろ-むら(新潟県)
岩淵　いわぶち(東京都, 静岡県)
岩屋　いわや(兵庫県)
　ごうや(福岡県)
岩屋堂　いわやどう(愛知県)
岩湧山　いわわき-さん(大阪府)
岩熊井堰　いわくまい-ぜき(宮崎県)
岩原　いわはら(高知県)
岩日線　がんにち-せん(川西～錦町)
岩田　いわた(和歌山県)
岩殿山　いわとの-さん(山梨県)
岩切　いわきり(仙台市)
岩井　いわい(千葉県, 東京都, 鳥取県)
岩井市　いわい-し(茨城県)
岩舟町　いわふね-まち(栃木県)
岩津　いわづ(愛知県)
岩倉　いわくら(京都市, 愛知県)
岩倉峡　いわくら-きょう(三重県)
岩泉　いわいずみ(岩手県)
岩村田　いわむらだ(長野県)
岩村町　いわむら-ちょう(岐阜県)
岩出山町　いわでやま-まち(宮城県)
岩出町　いわで-ちょう(和歌山県)
岩戸　いわと(宮崎県)
岩黒山　いわくろ-やま(高知·愛媛県)
岩ヶ崎　いわがさき(宮城県)
*岩峅寺　いわくらじ(富山県)
庵原　いはら(静岡県)
庵治町　あじ-ちょう(香川県)
暗　くらがり(大阪府·奈良県)
闇刈渓谷　くらがり-けいこく(愛知県)
巌根　いわね(千葉県)
巌流島　がんりゅう-じま(山口県)

押角峠　おしかど-とうげ(岩手県)
押登岬　おしと-みさき(兵庫県)
押立温泉　おったて-おんせん(福島県)
押上　おしあげ(東京都)
押水町　おしみず-まち(石川県)
押ヶ峠　おしがたお(広島県)
姶良　あいら(鹿児島県)
鴨　かも(京都市)
鴨居瀬　かもいせ(長崎県)
鴨公　かもきみ(奈良県)
鴨宮　かものみや(神奈川県)
鴨島町　かもじま-ちょう(徳島県)
鴨方町　かもがた-ちょう(岡山県)
鴨部川　かべ-がわ(香川県)
鴨池空港　かもいけ-くうこう(鹿児島県)
鴨川　かもがわ(千葉県)
　かも-がわ(滋賀県)
鴨ヶ浦　かもがうら(石川県)

仰烏帽子山　のけえぼし-やま(熊本県)

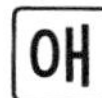

崖ノ湯　がけのゆ(長野県)
愛甲郡　あいこう-ぐん(神奈川県)
愛冠岬　あいかっぷ-みさき(北海道)
愛東町　あいとう-ちょう(滋賀県)
愛発　あらち(福井県)
愛別　あいべつ(北海道)
愛本峡　あいもと-きょう(富山県)
愛山　あいざん(北海道)
愛野町　あいの-まち(長崎県)
愛媛　えひめ(四国地方)
愛鷹山　あしたか-やま(静岡県)
愛子　あやし(仙台市)
愛知　あいち(中部地方)
　えち(滋賀県)
愛津　あいつ(長崎県)
愛川町　あいかわ-まち(神奈川県)
愛宕山　あたご-やま(茨城県, 千葉県, 東京都, 京都市)

액

掖上　わきがみ(奈良県)
額田　ぬかた(愛知県)
　ぬかだ(茨城県)
額町団地　ぬかまち-だんち(石川県)
額井岳　ぬかい-だけ(奈良県)
額取山　ひたいとり-やま(福島県)
額平川　ぬかびら-がわ(北海道)

앵

桜江町　さくらえ-ちょう(島根県)
桜橋　さくら-ばし(東京都，大阪市)
桜堀運河　さくらぼり-うんが(川崎市)
桜宮　さくらのみや(大阪市)
桜台　さくらだい(東京都)
桜島　さくら-じま(大阪市，鹿児島県)
桜木町　さくらぎ-ちょう(横浜市)
桜三里　さくらさんり(愛媛県)
桜上水　さくらじょうすい(東京都)
桜新町　さくらしんまち(東京都)
桜淵　さくらぶち(愛知県)
桜田　さくらだ(東京都)
桜井　さくらい(愛知県，大阪府，奈良県)
桜川　さくら-がわ(茨城県)
桜川村　さくらがわ-むら(茨城県)
桜村　さくら-むら(茨城県)
桜坂峠　さくらざか-とうげ(新潟県)
桜ヶ丘　さくらがおか(東京都)
鶯谷　うぐいすだに(東京都)
鶯宿温泉　おうしゅく-おんせん(岩手県)
鶯沢町　うぐいすざわ-ちょう(宮城県)
鶯ノ関　うぐいすのせき(福井県)

야

夜見ヶ浜　よみがはま(鳥取県)
夜久野　やくの(京都府)
夜明　よあけ(大分県)
夜明島　よあけしま(秋田県)
夜須　やす(高知県)
夜須町　やす-まち(福岡県)
夜叉神　やしゃじん(山梨県)
耶馬　やば(大分県)
耶麻郡　やま-ぐん(福島県)
野間　のま(愛知県，鹿児島県)
野間地方　のま-ちほう(愛媛県)
野見湾　のみ-わん(高知県)
野尻町　のじり-ちょう(宮崎県)
野尻湖　のじり-こ(長野県)
野口五郎岳　のぐちごろう-だけ(長野・富山県)
野根　のね(高知県)
野崎　の-さき(鹿児島県)
　のざき(大阪府)
野崎島　のざき-じま(長崎県)
野内　のない(青森県)
野島　の-しま(山口県)
　のじま(兵庫県)
野島崎　のじま-ざき(千葉県)
野登山　ののぼり-やま(三重県)
野呂山　のろ-さん(広島県)
野呂川　のろ-がわ(山梨県)
野鹿池山　のがいけ-やま(高知・徳島県)
野馬追原　のまおい-はら(福島県)
野麦　のむぎ(長野県)
野毛　のげ(横浜市)
野母　のも(長崎県)
野木町　のぎ-まち(栃木県)
野迫川村　のせがわ-むら(奈良県)
野反湖　のぞり-こ(群馬県)
野方　のがた(東京都)
野辺山原　のべやま-はら(長野県)
野辺地　のへじ(青森県)
野甫島　のほ-じま(沖縄県)
野付　のつけ(北海道)
野付牛　のつけうし(北海道)
野蒜　のびる(宮城県)
野上　のかみ(和歌山県)
　のがみ(埼玉県)
野上峠　のがみ-とうげ(北海道)
野守ノ池　のもりのいけ(静岡県)
野市町　のいち-ちょう(高知県)
野岳湖　のだけ-こ(長崎県)
野岩鉄道線　やがんてつどう-せん
(会津高原～新藤原)
野々島　のの-しま(宮城県)
野々市町　ののいち-まち(石川県)
野栄町　のさか-まち(千葉県)

野牛鉱山　のうし-こうざん(青森県)
野原　のはら(奈良県)
野猿谷　やえんだに(山梨県)
野猿峠　やえん-とうげ(東京都)
野田　のだ(岩手県, 千葉県, 大阪市)
野田町　のだ-ちょう(鹿児島県)
野田川町　のだがわ-ちょう(京都府)
野庭団地　のば-だんち(横浜市)
野井倉原　のいくら-ばる(鹿児島県)
野州　やしゅう(下野의 딴이름)
野洲　やす(滋賀県)
野増　のまし(東京都)
野地温泉　のじ-おんせん(福島県)
野津原町　のつはる-まち(大分県)
野津町　のつ-まち(大分県)
野川　の-がわ(東京都)
野村　のむら(愛媛県)
野塚岬　のづか-みさき(北海道)
野馳　のち(岡山県)
野沢　のざわ(福島県, 長野県)
野坂　のさか(福井県)
野坂峠　のさか-とうげ(島根·山口県)
野坂川　のさか-がわ(鳥取県)
野寒布岬　のさっぷ-みさき, のしゃっぷ-みさき(北海道)
野忽那島　のぐつな-じま(愛媛県)
野花南　のかなん(北海道)
野火止用水　のびどめ-ようすい(東京都)
野幌　のっぽろ(北海道)
爺岳　じい-だけ(長野·富山県)

若宮　わかみや(福岡県)
若宮島　わかみや-じま(長崎県)
若宮原野　わかみや-げんや(青森県)
若柳町　わかやなぎ-ちょう(宮城県)
若林区　わかばやし-く(仙台市)
若木立温泉　わかこだち-おんせん(秋田県)
若美町　わかみ-まち(秋田県)
若杉峠　わかすぎ-とうげ(鳥取県)
　　わかす-とうげ(兵庫県)
若松　わかまつ(北九州市, 長崎県)
若松町　わかまつ-ちょう(東京都)
若神子　わかみこ(山梨県)
若桜　わかさ(鳥取県)
若葉　わかば(東京都)
若井　わかい(高知県)
若州　じゃくしゅう(若狭의 딴이름)
若草山　わかくさ-やま(奈良県)
若草町　わかくさ-ちょう(山梨県)
若郷　わかごう(東京都)
若狭　わかさ(옛 국명)
若戸大橋　わかと-おおはし(北九州市)
薬莱山　やくらい-さん(宮城県)
薬師岳　やくし-だけ(岩手県, 秋田県, 栃木県, 新潟県, 富山県, 山梨県)
薬師温泉　やくし-おんせん(群馬県)
薬師ノ湯　やくしのゆ(青森県)
薬研温泉　やげん-おんせん(青森県)

羊蹄山　ようてい-ざん(北海道)
洋光台団地　ようこうだい-だんち(横浜市)
揚屋町　あげや-ちょう(東京都)
楊子峠　ようじ-とうげ(福島県)
様似　さまに(北海道)
養老　ようろう(千葉県, 岐阜県)
養老牛温泉　よろうし-おんせん(北海道)
養父　やぶ(兵庫県)
養子山　ようし-ざん(岡山県)

於古発山　おこばち-さん(北海道)
於茂登岳　おもと-だけ(沖縄県)
於福台　おふく-だい(山口県)
於曾　おぞ(山梨県)
御金の嶽　みかねのたけ(奈良県)
御崎　おさき(宮城県)
　　みさき(兵庫県)
　　み-さき(鹿児島県)
御崎温泉　みさき-おんせん(北海道)
御茶ノ水　おちゃのみず(東京都)
御堂筋　みどう-すじ(大阪市)
御代参街道　ごだいさん-かいどう(滋賀県)
御代田町　みよた-まち(長野県)
御代ヶ池　みよがいけ(東京都)
御徒町　おかち-まち(東京都)

御来屋　みくりや(鳥取県)
御馬　おんま(愛知県)
御母家温泉　おぼけ-おんせん(長野県)
御母衣湖　みぼろ-こ(岐阜県)
御鉢平　おはち-だいら(北海道)
御坊市　ごぼう-し(和歌山県)
御鼻部山　おはなべ-やま(青森·秋田県)
御浜町　みはま-ちょう(三重県)
御射鹿池　みさか-いけ(長野県)
御山　お-やま(東京都)
御船山　みふね-やま(佐賀県)
御船町　みふね-まち(熊本県)
御成街道　おなり-かいどう(千葉県)
御所　ごせ(奈良県)
御所山　ごしょ-さん(山形·宮城県)
御所浦島　ごしょうら-じま(熊本県)
御所浦町　ごしょのうら-ちょう(熊本県)
御所浦港　ごしょのうら-こう(鹿児島県)
御手洗　みたらい(広島県)
御宿町　おんじゅく-まち(千葉県)
御嵩町　みたけ-ちょう(岐阜県)
御神楽岳　みかぐら-だけ(新潟県)
御岳　お-たけ(鹿児島県)
お-だけ(山口県)
おんたけ(長野県)
おん-たけ(鹿児島県)
みたけ(東京都, 長崎県, 山梨県)
御嶽　おんたけ(長野県)
御岳山　みたけ-さん(埼玉県)
御影　みかげ(神戸市)
御影用水　みかげ-ようすい(長野県)
御五神島　おいつかみ-じま(愛媛県)
御園　みその(北海道)
御薗村　みその-むら(三重県)
御月山　みづき-やま(岩手県)
御油　ごゆ(愛知県)
御子岳　おんこ-だけ(青森県)
御荘　みしょう(愛媛県)
御蔵島　みくら-じま(東京都)
御蔵跡町　おくらと-まち(大阪市)
御杖村　みつえ-むら(奈良県)
御斎所街道　ございしょ-かいどう(福島県)
御在所山　ございしょ-やま(三重·滋賀県)
御前崎　おまえ-ざき, おんまえ-ざき(静岡県)
御前湾　おまえ-わん(宮城県)
御前峰　ごぜんがみね(石川·岐阜県)
御前山　ごぜん-やま(茨城県, 東京都, 岐阜県)
御殿山　ごてん-やま(東京都)
御前岳　ごぜん-だけ(岐阜県)
御殿場　ごてんば(静岡県)
御殿場浜　ごてんば-はま(三重県)
御前通り　おんまえ-どおり(京都市)
御井　みい(福岡県)
御正体山　みしょうたい-やま(山梨県)
御調　みつぎ(広島県)
御座岬　ござ-みさき(三重県)
御厨　みくりや(栃木県, 長崎県)
御池　おいけ, み-いけ(宮崎県)
御池通り　おいけ-どおり(京都市)
御津　みつ(岡山県)
御津町　みつ-ちょう(兵庫県)
みと-ちょう(愛知県)
御倉　おぐら(青森県)
御畳瀬　みませ(高知県)
御勅使川　みだい-がわ(山梨県)
御坂　みさか(山梨県)
御荷鉾山　みかぼ-やま(群馬県)
御花茶屋　おはなぢゃや(東京都)
御火浦　みほのうら(兵庫県)
魚見山　うおみ-やま(広島県)
魚見峠　うおみ-とうげ, ようみ-とうげ(鳥取県)
魚貫　おにき(熊本県)
魚崎　うおざき(神戸市)
魚島　うおしま(愛媛県)
魚籃坂　ぎょらん-ざか(東京都)
魚梁瀬　やなせ(高知県)
魚無河内岳　うおなしこうち-だけ(静岡県)
魚沼　うおぬま(新潟県)
魚野川　うおの-がわ(新潟県)
魚町銀天街　うおまち-ぎんてんがい(福岡県)
魚釣崎　うおつり-ざき(長崎県)
魚釣島　うおつり-しま(沖縄県)
魚津市　うおづ-し(富山県)
魚取沼　ゆとり-ぬま(宮城県)
飫肥　おび(宮崎県)
漁川　いざり-がわ(北海道)

言問橋　こととい-ばし(東京都)
彦根　ひこね(滋賀県)
彦崎　ひこざき(岡山県)
彦島　ひこ-しま(山口県)
彦山　ひこさん(福岡県)

엄

奄美 あまみ(鹿児島県)
厳島 いつく-しま(広島県)
厳木町 きゅうらぎ-まち(佐賀県)
厳美渓 げんび-けい(岩手県)
厳原町 いづはら-まち(長崎県)

업

業平橋 なりひら-ばし(東京都)

여

与那国 よなぐに(沖縄県)
与那城村 よなぐすく-そん(沖縄県)
与那原 よなばる(沖縄県)
与那覇 よなは(沖縄県)
与那覇岳 よなは-だけ(沖縄県)
与島 よ-しま(香川県)
与路島 よろ-しま(鹿児島県)
与論 よろん(鹿児島県)
与瀬 よせ(神奈川県)
与謝 よさ(京都府)
与勝半島 よかつ-はんとう(沖縄県)
与野市 よの-し(埼玉県)
与田浦 よだ-うら(千葉県)
与座岳 よざ-だけ(沖縄県)
与津岬 よつ-ざき(高知県)
与板町 よいた-まち(新潟県)
如意ヶ岳 にょいがだけ(京都市)
余目町 あまるめ-まち(山形県)
余別 よべつ(北海道)
余部 あまるべ(兵庫県)
余市 よいち(北海道)
余呉 よご(滋賀県)
余地峠 よち-とうげ(群馬・長野県)

역

役内川 やくない-がわ(秋田県)
逆井 さかさい(東京都)
逆川 さかさ-がわ(栃木・茨城県)
駅館川 やっかん-がわ(大分県)
駅屋 えきや(広島県)
駅川 えきせん(大分県)

연

延岡 のべおか(宮崎県)
淵野辺 ふちのべ(神奈川県)
然別 しかりべつ(北海道)
硯上山万石浦県立自然公園 けんじょうざんまんごくうら-けんりつしぜんこうえん(宮城県)
煙樹海岸 えんじゅ-かいがん(和歌山県)
鉛山 なまり-やま(秋田県)
鉛山温泉 かなやま-おんせん(和歌山県)
鉛温泉 なまり-おんせん(岩手県)
鳶ノ巣山 とびのす-やま(愛知県)
燕巣山 つばくろす-やま(栃木・群馬県)
燕岳 つばくろ-だけ(長野県)
燕温泉 つばめ-おんせん(新潟県)

熱塩 あつしお(福島県)
熱田区 あつた-く(名古屋市)
熱川温泉 あたがわ-おんせん(静岡県)
熱海 あたみ(福島県, 静岡県)

塩江町 しおのえ-ちょう(香川県)
塩見岳 しおみ-だけ(静岡・長野県)
塩尻 しおじり(長野県)
塩谷 しおや(北海道, 栃木県)
塩崎 しおざき(山梨県)
塩那地方 えんな-ちほう(栃木県)
塩嶺 えんれい(長野県)
塩釜 しおがま(宮城県)
塩釜温泉 しおがま-おんせん(栃木県)
塩浜運河 しおはま-うんが(川崎市)
塩山 しおのやま(山梨県)
塩山市 えんざん-し(甲府盆地)
塩生 しおなす(岡山県)
塩狩 しおかり(北海道)
塩野 しおの(山形県)
塩屋 しおや(神戸市, 香川県, 沖縄県)
塩屋崎 しおや-ざき(福島県)
塩原 しおばら(栃木県)
塩入 しおいり(香川県)
塩田 しおた(佐賀県)
しおだ(長野県)
塩町 しおまち(広島県)
塩竈 しおがま(宮城県)
塩津 しおつ(滋賀県)
塩津峠 しおつ-とうげ(京都府・兵庫県)
塩川 しお-かわ(山梨県)
塩川町 しおかわ-まち(福島県)
塩浸温泉 しおひたし-おんせん(鹿児島県)
塩沢 しおざわ(新潟県)
塩沢峠 しおざわ-とうげ(群馬県)
塩沢湖 しおざわ-こ(長野県)
塩飽 しあく(香川県)
塩飽諸島 しわく-しょとう(香川県)
塩壺温泉 しおつぼ-おんせん(長野県)
塩ノ湯温泉 しおのゆ-おんせん(栃木県)

葉鹿 はじか(栃木県)
葉栗郡 はぐり-ぐん(愛知県)
葉山 はやま(神奈川県)
は-やま(山形県)
葉山村 はやま-むら(高知県)

永岡 ながおか(岩手県)
永代橋 えいたい-ばし(東京都)
永瀬ダム ながせ-ダム(高知県)
永福町 えいふく-ちょう(東京都)
永山 ながやま(北海道)
永源寺町 えいげんじ-ちょう(滋賀県)
永田 ながた(鹿児島県)
永田町 ながた-ちょう(東京都)
永井 ながい(群馬県)
永平寺 えいへいじ(福井県)
英彦山 えいひこ-さん, ひこ-さん(福岡県)
ひこ-さん(大分県)
英虞 あご(三重県)
英田 あいだ(岡山県)
英賀保 あがほ(兵庫県)
栄 さかえ(大分県)
栄区 さかえ-く(横浜市)
栄町 さかえ-まち(千葉県, 新潟県, 名古屋市)
栄町通り さかえまち-どおり(神戸市)
栄村 さかえ-むら(長野県)
影森 かげもり(埼玉県)
影野 かげの(高知県)
潁娃 えい(鹿児島県)
潁田町 かいた-まち(福岡県)

예

予州 よしゅう(伊予의 딴이름)
予讃* よさん(伊予・讃岐)
予土線 よど-せん(北宇和島～若井)
刈谷市 かりや-し(愛知県)
刈谷田川 かりやた-がわ(新潟県)
刈寄山 かりよせ-やま(東京都)
刈安峠 かりやす-とうげ(富山県)
刈羽 かりわ(新潟県)
刈込湖 かりこみ-こ(栃木県)
刈場坂峠 かばさか-とうげ(埼玉県)
刈田 かった(宮城県)

刈和野　かりわの(秋田県)
[曳田]　ひけた(鳥取県)
曳舟　ひきふね(東京都)
[芸南]　げいなん(広島県)
芸濃町　げいのう-ちょう(三重県)
芸防弥栄峡　げいぼうやさか-きょう(広島・山口県)
芸北　げいほく(広島県)
芸備線　げいび-せん(備中神代～広島)
芸西　げいせい(高知県)
芸予*　げいよ(安芸・伊予)
芸州　げいしゅう(広島県)
[苅田]　かんだ(福岡県)
苅藻島　かるも-じま(神戸市)
[猊鼻渓]　げいび-けい(岩手県)
[誉田]　ほんだ(千葉県)

오

[五家荘]　ごかのしょう(熊本県)
五箇　ごか(福井県)
五箇浜　ごか-はま(新潟県)
五箇山　ごかやま(富山県)
五個荘町　ごかしょう-ちょう(滋賀県)
五箇村　ごか-むら(島根県)
五剣山　ごけん-ざん(香川県)
五串谷　いつくし-だに(岩手県)
五畿七道　ごきしちどう(옛 지방행정구획)
五能線　ごのう-せん(東能代～川部)
五段高原　ごだん-こうげん(高知県)
五台山　ごだい-さん(高知県)
五島　ごとう(長崎県)
五頭連峰県立自然公園　ごずれんぽう-けんりつしぜんこうえん(新潟県)
五郎兵衛新田　ごろべえ-しんでん(長野県)
五竜岳　ごりゅう-だけ(長野・富山県)
五輪峠　ごりん-だわ(鳥取県)
　ごりん-とうげ(岩手県)
五稜郭　ごりょうかく(北海道)
五厘沢温泉　ごりんざわ-おんせん(北海道)
五木　いつき(熊本県)
五反野　ごたんの(東京都)
五反田　ごたんだ(東京都)
五百石　ごひゃっこく(富山県)
五百川　ごひゃく-がわ(福島県)
五幡　いつはた(福井県)
五番町　ごばん-ちょう(京都市)
五色　ごしき(兵庫県)
五色台　ごしき-だい(香川県)
五色沼　ごしき-ぬま(福島県, 栃木県)
五色ヶ原　ごしきがはら(北海道, 富山県)
五城目　ごじょうめ(秋田県)
五所川原　ごしょがわら(青森県)
五十崎町　いかざき-ちょう(愛媛県)
五十嵐浜　いがらし-はま(新潟県)
五十嵐川　いがらし-がわ(新潟県)
五十鈴川　いすず-がわ(三重県, 宮崎県)
五十里　いかり(栃木県)
五十猛　いそたけ(島根県)
五十石　ごじゅっこく(北海道)
五十沢　いかざわ(新潟県)
五葉山　ごよう-ざん(岩手県)
五葉岳　ごよう-だけ(宮崎県)
五月ヶ丘団地　さつきがおか-だんち(大阪府)
五日市　いつかいち(東京都, 広島県)
五日町　いつかまち(新潟県)
五井　ごい(千葉県)
五条　ごじょう(京都市, 奈良県)
五條市　ごじょう-し(奈良県)
五泉市　ごせん-し(新潟県)
五浦　いづら(茨城県)
五霞村　ごか-むら(茨城県)
五行川　ごぎょう-がわ(栃木・茨城県)
五香　ごこう(千葉県)
五郷渓　ごごう-けい(香川県)
五戸　ごのへ(青森県)
五和町　いつわ-まち(熊本県)
五ヶ瀬　ごかせ(宮崎県)
五ヶ所　ごかしょ(三重県)
[午起]　うまおこし(三重県)
[呉]　くれ(広島県)
呉東　ごとう(富山県)
呉服橋　ごふく-ばし(東京都)
呉服町　ごふく-ちょう(静岡県)
呉西　ごせい(富山県)
呉羽　くれは(富山県)
[吾国]　わがくに(茨城県)
吾南　ごなん(高知県)
吾北村　ごほく-そん(高知県)
吾野　あがの(埼玉県)
吾田　あがた(宮崎県)
吾妻　あがつま(群馬県)
　あづま(山形・福島県)
吾妻橋　あづまばし(東京都)
吾妻の浜　あづまのはま(青森県)
吾妻耶山　あづまや-さん(群馬県)
吾妻町　あづま-ちょう(長崎県)
吾川　あがわ(高知県)
吾平町　あいら-ちょう(鹿児島県)

［烏帽子山］ えぼし-やま(徳島県, 高知県)
烏帽子岳 えぼしがだけ(山口県)
えぼし-だけ(秋田県, 長野県, 熊本県, 鹿児島県)
烏山 からすやま(栃木県, 東京都)
烏森 からすもり(東京都)
烏川 からす-がわ(群馬県, 山形県)
烏丸 からすま(京都市)
烏ヶ山 からすがせん(鳥取県)
［珸瑤瑁］ ごようまい(北海道)
［奥］ おく(愛知県)
奥間 おくま(沖縄県)
奥尻 おくしり(北海道)
奥久慈 おくくじ(茨城県)
奥宮川内谷県立自然公園 おくみやごうちだに-けんりつしぜんこうえん(徳島・香川県)
奥鬼怒 おくきぬ(栃木県)
奥吉野 おくよしの(奈良県)
奥南半島 おくな-はんとう(愛媛県)
奥能登 おくのと(石川県)
奥多摩 おくたま(東京都)
奥丹後 おくたんご(京都府)
奥大日岳 おくだいにち-だけ(富山県)
奥大井県立自然公園 おくおおい-けんりつしぜんこうえん(静岡県)
奥道後 おくどうご(愛媛県)
奥蓼科温泉郷 おくたてしな-おんせんきょう(長野県)
奥利根湖 おくとね-こ(群馬県)
奥武島 おう-じま(沖縄県)
奥武蔵 おくむさし(埼玉県)
奥物部 おくものべ(高知県)
奥飯坂温泉 おくいいざか-おんせん(福島県)
奥別府 おくべっぷ(大分県)
奥飛騨 おくひだ(岐阜県)
奥琵琶湖パークウェイ おくびわこ-パークウェイ(滋賀県)
奥寺堰 おくでら-ぜき(岩手県)
奥山 おくやま(静岡県)
奥山代 おくやましろ(山口県)
奥三面 おくみおもて(新潟県)
奥三河 おくみかわ(愛知県)
奥箱根 おくはこね(神奈川県)
奥相模湖 おくさがみ-こ(神奈川県)
奥西河内岳 おくにしごうち-だけ(静岡県)
奥松島 おくまつしま(宮城県)
奥昇仙峡 おくしょうせん-きょう(山梨県)
奥岳温泉 おくだけ-おんせん(福島県)
奥岳川 おくだけ-がわ(大分県)
奥耶馬渓 おくやばけい(大分県)
奥薬研温泉 おくやげん-おんせん(青森県)
奥塩原温泉 おくしおばら-おんせん(栃木県)
奥羽* おうう(陸奥・出羽)
奥又白谷 おくまたじろ-だに(長野県)
奥越 おくえつ(福井県)
奥有田 おくありだ(和歌山県)
奥伊勢宮川峡県立自然公園 おくいせみやがわきょう-けんりつしぜんこうえん(三重県)
奥日高 おくひだか(和歌山県)
奥日光 おくにっこう(栃木県)
奥日野 おくひの(鳥取県)
奥一志峡 おくいちし-きょう(三重県)
奥入瀬 おいらせ(青森県)
奥長良川県立自然公園 おくながらがわ-けんりつしぜんこうえん(岐阜県)
奥瀞七色峡 おくどろなないろ-きょう(和歌山県)
奥早出粟守門県立自然公園 おくはやであわすもん-けんりつしぜんこうえん(新潟県)
奥州 おうしゅう(陸奥의 딴이름)
奥只見 おくただみ(新潟・福島県)
奥志摩 おくしま(三重県)
奥志賀 おくしが(長野県)
奥津 おくつ(岡山県)
奥秩父 おくちちぶ(埼玉県・東京都)
奥千丈岳 おくせんじょう-だけ(山梨県)
奥秋吉台 おくあきよし-だい(山口県)
奥湯河原 おくゆがわら(神奈川県)
奥沢 おくさわ(東京都)
奥蝦夷 おくえぞ(北海道 북부의 옛이름)
奥和歌浦 おくわかのうら(和歌山県)
奥和賀 おくわが(岩手県)
奥会津 おくあいづ(福島県)
奥ノ湯温泉 おくのゆ-おんせん(青森県)

옥

［玉］ たま(岡山県)
玉江 たまえ(福井県)
玉江浦 たまえうら(山口県)
玉島 たましま(岡山県)
玉島川 たましま-がわ(佐賀・福岡県)
玉東町 ぎょくとう-まち(熊本県)
玉来 たまらい(大分県)
玉里村 たまり-むら(茨城県)
玉梨八町温泉 たまなしはちまち-おんせん(福島県)
玉名 たまな(熊本県)
玉山村 たまやま-むら(岩手県)
玉城町 たまき-ちょう(三重県)

玉城村　たまぐすく-そん(沖縄県)
玉水　たまみず(京都府)
玉穂町　たまほ-ちょう(山梨県)
玉野市　たまの-し(岡山県)
玉原ダム　たんばら-ダム(群馬県)
玉造　たまつくり(宮城県, 大阪市)
玉造町　たまつくり-まち(茨城県)
玉之浦町　たまのうら-ちょう(長崎県)
玉川　たまがわ(東京都, 大阪府)
　たま-がわ(秋田県)
玉川町　たまがわ-ちょう(愛媛県)
玉川村　たまかわ-むら(福島県)
　たまがわ-むら(埼玉県)
玉村町　たまむら-まち(群馬県)
玉取山　たまとり-やま(高知・愛媛県)
玉置　たまき(奈良県)
玉湯町　たまゆ-ちょう(島根県)
玉ノ井　たまのい(東京都)
屋嘉比島　やかび-じま(沖縄県)
屋慶名　やけな(沖縄県)
屋久　やく(鹿児島県)
屋那覇島　やなは-じま(沖縄県)
屋代　やしろ(長野県)
屋代島　やしろ-じま(山口県)
屋島　や-しま(香川県)
屋部　やぶ(沖縄県)
屋我地　やがじ(沖縄県)
屋形島　やかた-じま(大分県)
屋形石　やかたいし(広島県)

温　ゆたか(長野県)
温見峠　ぬくみ-とうげ(岐阜・福井県)
温根別　おんねべつ(北海道)
温根沼　おんね-とう(北海道)
温根湯温泉　おんねゆ-おんせん(北海道)
温泉郡　おんせん-ぐん(愛媛県)
温泉ヶ岳　ゆせんがだけ(栃木・群馬県)
温川温泉　ぬるかわ-おんせん(青森県, 群馬県)
温泉町　おんせん-ちょう(兵庫県)
温泉津　ゆのつ(島根県)
温湯温泉　ぬるゆ-おんせん(青森県, 宮城県)
温海　あつみ(山形県)

兀岳　はげ-たけ(長野県)

翁島　おきな-じま(福島県)
翁峠　おきな-とうげ(山形・宮城県)
雍州　ようしゅう(山城의 딴이름)

瓦山　かわら-やま(鳥取県)
臥竜山　がりゅう-さん(広島県)
臥蛇島　がじゃ-じま(鹿児島県)
臥牛山　がぎゅう-ざん(岡山県)
窪田　くぼた(福島県)
窪津　くぼつ(高知県)
窪川　くぼかわ(高知県)

腕山　かいな-やま(徳島県)

王居峠　おうい-だわ(広島県)
王貫峠　おうぬき-だわ, おうのき-だわ
(島根・広島県)
王滝　おうたき(長野県)

王泊ダム　おうどまり-ダム(広島県)
王寺町　おうじ-ちょう(奈良県)
王禅寺　おうぜんじ(川崎市)
王城寺原　おうじょうじ-はら(宮城県)
王岳　おう-だけ(山梨県)
王子　おうじ(東京都)
王子保　おうしお(福井県)
王ヶ頭　おうがとう(長野県)
王ヶ鼻　おうがはな(長野県)

왜

倭　わ(일본의 옛이름)

외

外江　とのえ(鳥取県)
外浪逆浦　そとなさか-うら(茨城県)
外房　そとぼう(千葉県)
外山　そとやま(岩手県)
外津橋　ほかわづ-ばし(佐賀県)
外秩父　そとちちぶ(埼玉県)
外川　とがわ(千葉県)
外浦　そとうら(石川県, 山口県)
　とのうら(宮崎県)
外海　そとうみ(青森・秋田県, 愛媛県)
外海府　そとかいふ(新潟県)
外海町　そとめ-ちょう(長崎県)
外ヶ浜　そとがはま(青森県)
隈府　わいふ(熊本県)

요

要目温泉　かなめ-おんせん(青森県)
要害山　ようがい-ざん(山梨県)
腰越　こしごえ(神奈川県)
瑤堪　ようかん(島根県)
遙拝峡　ようはい-きょう(熊本県)
遙照山　ようしょう-ざん(岡山県)
銚子　ちょうし(千葉県)
銚子渓　ちょうし-けい(香川県)
銚子ノ口　ちょうしのくち(福島県)
銚子ヶ峰　ちょうしがみね(岐阜・福井県)
饒波川　のは-がわ(沖縄県)

용

用瀬町　もちがせ-ちょう(鳥取県)
用宗　もちむね(静岡県)
用賀　ようが(東京都)
勇駒別　ゆこまんべつ(北海道)
勇留島　ゆり-とう(北海道)
勇払　ゆうふつ(北海道)
涌蓋山　わいた-さん(大分・熊本県)
涌谷町　わくや-ちょう(宮城県)
舂米　つくよね(鳥取県)
湧洞沼　ゆうどう-ぬま(北海道)
湧網線　ゆうもう-せん(中湧別～網走)
湧別　ゆうべつ(北海道)
湧玉池　わくたま-いけ(静岡県)
湧壺ノ池　わきつぼのいけ(青森県)

우

友部町　ともべ-まち(茨城県)
友ヶ島　ともがしま(和歌山県)
牛頸崎　うしくび-さき(青森県)
牛久　うしく(茨城県, 千葉県)
牛久保　うしくぼ(愛知県)
牛堀町　うしぼり-まち(茨城県)
牛島　うしじま(埼玉県)
　う-しま(山口県)
牛頭山トンネル　ごずさん-トンネル(中国지방)
牛浜　うしはま(東京都)
牛首別川　うししゅべつ-がわ(北海道)
牛屎　うしくそ, ねばり(鹿児島県)
牛深　うしぶか(熊本県)
牛王院平　ごおういん-だいら(山梨・埼玉県)
牛込　うしごめ(東京都)
牛朱別川　うししゅべつ-がわ(北海道)
牛津　うしづ(佐賀県)

牛窓町　うしまど-ちょう(岡山県)
牛ノ首岬　うしのくび-みさき(青森県)
右京　うきょう(京都市)
右左口　うばぐち(山梨県)
右左府　うしゃっぷ(北海道)
宇甘　うかい(岡山県)
宇甘川　うかん-がわ(岡山県)
宇検村　うけん-そん(鹿児島県)
宇高航路　うこう-こうろ(宇野～高松)
宇久　うく(長崎県)
宇久須　うぐす(静岡県)
宇久井　うぐい(和歌山県)
宇奈月　うなづき(富山県)
宇多ノ松原　うだのまつばら(高知県)
宇多野　うたの(京都市)
宇多津町　うたづ-ちょう(香川県)
宇多川　うだ-がわ(福島県)
宇島　うのしま(福岡県)
宇都宮　うつのみや(栃木県)
宇連　うれ(愛知県)
宇利峠　うり-とうげ(愛知·静岡県)
宇摩　うま(愛媛県)
宇目町　うめ-まち(大分県)
宇美町　うみ-まち(福岡県)
宇部　うべ(山口県)
宇野　うの(岡山県)
宇佐　うさ(高知県, 大分県)
宇佐美　うさみ(静岡県)
宇樽部　うたるべ(青森県)
宇曾利　うそり(青森県)
宇智　うち(奈良県)
宇津江四十八滝県立自然公園　うつえしじゅうはちたき-けんりつしぜんこうえん(岐阜県)
宇津ノ谷峠　うつのや-とうげ(静岡県)
宇津内湖　うつない-こ(北海道)
宇津峰　うつ-みね(福島県)
宇津峠　うつ-とうげ(山形県)
宇津峡　うづ-きょう(京都府)
宇出津　うしつ, うせつ(石川県)
宇治　うじ(京都府, 鹿児島県)
宇治山田　うじやまだ(三重県)
宇治田原町　うじたわら-ちょう(京都府)
宇陀　うだ(奈良県)
宇土　うと(熊本県)
宇品　うじな(広島市)
宇賀川渓　うかがわ-けい(三重県)
宇賀浦　うがうら(北海道)
宇戸崎　うど-ざき(宮崎県)
宇和　うわ(愛媛県)
宇和島　うわじま(愛媛県)
宇ノ気町　うのけ-まち(石川県)
羽犬塚　はいぬづか(福岡県)
羽根崎　はね-ざき(高知県)
羽根沢温泉　はねさわ-おんせん(山形県)
羽島　はしま(岐阜県, 鹿児島県)
　　はーしま(山口県)
羽豆岬　はず-みさき(愛知県)
羽茂町　はもち-まち(新潟県)
羽鮒丘陵　はぶな-きゅうりょう(静岡県)
羽咋　はくい(石川県)
羽生市　はにゅう-し(埼玉県)
羽須美村　はすみ-むら(島根県)
羽曳野　はびきの(大阪府)
羽月　はつき(鹿児島県)
羽越*　うえつ(出羽·越後)
羽衣　はごろも(大阪府)
羽田　はねだ(東京)
羽前　うぜん(옛 국명)
羽鳥湖　はとり-こ(福島県)
羽州　うしゅう(出羽의 딴이름)
羽地　はねじ(沖縄県)
羽村　はむら(東京都)
羽吹風山　はふかぜ-やま(秋田県)
羽合　はわい(鳥取県)
羽幌　はぼろ(北海道)
羽後　うご(옛 국명)
羽黒　はぐろ(山形県)
羽ノ浦町　はのうら-ちょう(徳島県)
雨降山　あふり-やま(神奈川県)
雨乞台　あまごい-だい(山口県)
雨乞岳　あまごい-だけ(山梨県, 滋賀県, 大分県)
雨竜　うりゅう(北海道)
雨飾山　あまかざり-やま(新潟·長野県)
雨煙別　うえんべつ(北海道)
雨畑　あめはた(山梨県)
雨晴　あまはらし(富山県)
雨包山　あめつつみ-やま(高知·愛媛県)
雨ヶ岳　あまがたけ(山梨·静岡県)
祐天寺　ゆうてんじ(東京都)
隅田　すみだ(東京都)
隅州　ぐうしゅう(大隅의 딴이름)

旭　あさひ(岡山県, 愛知県, 高知県)
旭区　あさひ-く(神奈川県, 大阪市)
旭山　あさひ-やま(宮城県)

旭市　あさひ-し(千葉県)
旭岳　あさひ-だけ(北海道，福島県)
旭町　あさひ-ちょう(愛知県，島根県)
旭志村　きょくし-むら(熊本県)
旭川　あさひかわ(北海道)
旭村　あさひ-そん(山口県)
　　あさひ-むら(茨城県)
旭ヶ丘　あさひがおか(山梨県)

운

運天港　うんてん-こう(沖縄県)
雲見　くもみ(静岡県)
雲谷峠　もや-とうげ(青森県)
雲南　うんなん(島根県)
雲竜峡　うんりゅう-きょう(栃木県)
雲林院　うじい(三重県)
雲母温泉　きら-おんせん(新潟県)
雲母坂　きらら-ざか(京都市)
雲伯*　うんぱく(出雲·伯耆)
雲辺寺山　うんぺんじ-さん(香川·徳島県)
雲石峡　うんせき-きょう(北海道)
雲仙　うんぜん(長崎県)
雲月山　うげつ-さん，うづき-やま，
　　うんげつ-ざん(島根·広島県)
雲雀が原　ひばりがはら(福島県)
雲井原　くもいがはら(北海道)
雲梯　うなて(奈良県)
雲早山　くもそう-やま(徳島県)
雲州　うんしゅう(出雲의 딴이름)
雲出川　くもず-がわ(三重県)
雲取山　くもとり-やま(東京都·埼玉県·山梨県)
雲ヶ畑　くもがはた(京都市)
雲ノ平　くものたいら(富山県)

웅

雄国沼　おぐに-ぬま(福島県)
雄琴　おごと(滋賀県)
雄踏町　ゆうとう-ちょう(静岡県)
雄島　おしま(福井県)
雄冬　おふゆ(北海道)
雄武町　おうむ-ちょう(北海道)
雄物川　おもの-がわ(秋田県)
雄別　ゆうべつ(北海道)
雄釜　おがま(宮城県)
雄山　お-やま(東京都，富山県)
雄松崎　おまつ-ざき(滋賀県)
雄勝　おがち(秋田県)
　　おがつ(宮城県)
雄信内　おのぶない(北海道)
雄神川　おがみ-がわ(富山県)
雄阿寒　おあかん(北海道)
雄岳　お-だけ(長崎県)
雄和町　ゆうわ-まち(秋田県)
雄ノ山峠　おのやま-とうげ(和歌山県)
熊居峠　くまい-たわ(岡山県)
熊谷　くまがや(埼玉県)
熊毛　くまげ(山口県)
熊毛郡　くまげ-ぐん(鹿児島県)
熊本　くまもと(九州)
熊山　くま-やま(岡山県)
熊石町　くまいし-ちょう(北海道)
熊野　くまの(和歌山·三重県，京都市，広島県)
熊野郡　くまの-ぐん(京都府)
熊野岳　くまの-だけ(山形·宮城県)
熊野浦　くまのうら(鹿児島県)
熊牛　くまうし(北海道)
熊入温泉　くまいり-おんせん(熊本県)
熊切　くまきり(静岡県)
熊倉高原　くまくら-こうげん(埼玉県)
熊取町　くまとり-ちょう(大阪府)
熊沢山　くまざわ-やま(秋田県)
熊沢温泉　くまさわ-おんせん(秋田県)
熊の川温泉　くまのかわ-おんせん(佐賀県)
熊ノ湯温泉　くまのゆ-おんせん(長野県)
熊ノ平　くまのたいら(群馬県)

元吉原　もとよしわら(静岡県)
元島　もと-じま(和歌山県)
元箱根温泉　もとはこね-おんせん(神奈川県)
元善光寺　もとぜんこうじ(長野県)
元宇品　もとうじな(広島市)
元伊勢　もといせ(京都府)
元町　もとまち(東京都)
元町通り　もとまち-どおり(神戸市)
元車湯　もとくるまゆ(宮城県)

元清澄山　もときよすみ-さん(千葉県)
元湯温泉　もとゆ-おんせん(栃木県)
元荒川　もとあら-かわ(埼玉県)
元ノ尻瀬戸　がんのしり-せと(熊本·鹿児島県)
円山　まる-やま(札幌市)
円山公園　まるやま-こうえん(京都市)
円山川　まるやま-がわ(兵庫県)
円上島　まるがみ-じま(香川県)
円月島　えんげつ-じま(和歌山県)
原　はら(静岡県)
原当麻　はらたいま(神奈川県)
原方　はらがた(山梨県)
原釜湾　はらがま-わん(福島県)
原宿　はらじゅく(東京都)
原市　はらいち(埼玉県)
原田　はるだ(福岡県)
原田温泉　はらだ-おんせん(北海道)
原町　はらのまち(仙台市)
　はらまち(群馬県)
原町市　はらまち-し(福島県)
原町田　はらまちだ(東京都)
原村　はら-むら(長野県)
原鶴温泉　はらづる-おんせん(福岡県)
員弁　いなべ(三重県)
院内　いんない(秋田県)
院内油田　いんない-ゆでん(秋田県)
院内町　いんない-まち(大分県)
院庄　いんのしょう(岡山県)
院下島　いんげ-しま(兵庫県)
園部町　そのべ-ちょう(京都府)
園城寺　おんじょうじ(滋賀県)
源氏山　げんじ-やま(神奈川県)
猿江町　さるえ-ちょう(東京都)
猿谷ダム　さるたに-ダム(奈良県)
猿骨沼　さるこつ-ぬま(北海道)
猿橋　さるはし(山梨県)
猿島　さしま(茨城県)
　さる-しま(神奈川県)
猿留川　さるる-がわ(北海道)
猿鳴峡　えんめい-きょう(広島県)
猿払　さるふつ(北海道)
猿飛温泉　さるとび-おんせん(富山県)
猿山岬　さるやま-みさき(石川県)
猿喰山　さるまめ-やま(広島県)
猿田峠　さるた-とうげ(高知·愛媛県)
猿政山　さるまさ-やま(島根·広島県)
猿倉温泉　さるくら-おんせん(青森県)
猿沢池　さるさわのいけ(奈良市)
猿投　さなげ(愛知県)
猿ヶ京　さるがきょう(群馬県)
猿ヶ島　さるがしま(愛知県)
猿ヶ馬場峠　さるがばば-とうげ(長野県)
猿ヶ石川　さるがいし-がわ(岩手県)
遠江　とおとうみ(옛 국명)
遠見ノ鼻　とおみのはな(北九州市)
遠見山　とおみ-やま(熊本県)
遠軽町　えんがる-ちょう(北海道)
遠笠山　とおがさ-やま(静岡県)
遠別　えんべつ(北海道)
遠別岳　えんべつ-だけ, とおべつ-だけ(岩手県)
遠敷　おにゅう(福井県)
遠山　とおやま(長野県)
遠野　とおの(岩手県)
遠刈田温泉　とおがった-おんせん(宮城県)
遠音別岳　おんねべつ-だけ(北海道)
遠田郡　とおだ-ぐん(宮城県)
遠州　えんしゅう(遠江의 딴이름)
遠浅沼　とあさ-ぬま(北海道)
遠阪峠　とおざか-とうげ(兵庫県)
遠賀　おんが(福岡県)
薗原ダム　そのはら-ダム(群馬県)
薗ノ長浜　そののながはま(島根県)
鴛泊　おしどまり(北海道)

월

月岡温泉　つきおか-おんせん(新潟県)
月見ヶ浜　つきみがはま(高知県)
月舘町　つきだて-まち(福島県)
月島　つきしま(東京都)
月山　がっ-さん(山形県)
月山礁　がっさん-ぐり(新潟県)
月潟村　つきがた-むら(新潟県)
月夜野　つきよの(群馬県)
月田　つきだ(岡山県)
月灘　つきなだ(高知県)
月寒　つきさむ(札幌市)
月形町　つきがた-ちょう(北海道)
月ヶ瀬　つきがせ(奈良県)
越谷市　こしがや-し(埼玉県)
越口ノ池　こえくちのいけ(青森県)
越廼村　こしの-むら(福井県)
越道峠　こいど-とうげ(岐阜県)
越来　ごえく(沖縄県)
越路　こしじ(北陸地方의 딴이름, 石川県)
越名　こえな(栃木県)
越美*　えつみ(越前·美濃)

越百山　こすも-やま(長野県)
越辺川　おっぺ-がわ(埼玉県)
越生　おごせ(埼玉県)
越前　えちぜん(옛 국명)
越前堀　えちぜんぼり(東京都)
越前岳　えちぜんがたけ(静岡県)
越前堰　えちぜん-ぜき(岩手県)
越佐海峡　えっさ-かいきょう(佐渡海峡의 옛이름)
越州　えっしゅう(越前, 越中, 越後의 딴이름)
越中　えっちゅう(옛 국명)
越中島　えっちゅう-じま(東京都)
越智　おち(愛媛県, 奈良県)
越知山　おち-さん(福井県)
越知町　おち-ちょう(高知県)
越出峠　こしで-とうげ(岡山県)
越沢　こいざわ(東京都)
越河　こすごう(宮城県)
越戸　おっと(愛知県)
越湖　こしのうみ(富山県)
越後　えちご(옛 국명)
越喜来　おっきらい(岩手県)
越ヶ浜　こしがはま(山口県)
越ノ浦　こしのうら(新潟県)

位山　くらい-やま(岐阜県)
位牌岳　いはいがだけ(静岡県)
位ヶ原　くらいがはら(長野県)
為栗　してぐり(長野県)
為石　ためし(長崎県)
渭南　いなん(高知県)
渭東　いとう(徳島県)
渭山　いざん(徳島市)
葦毛湿原　いもう-しつげん(愛知県)
葦北　あしきた(熊本県)

由加山　ゆが-さん(岡山県)
由岐町　ゆき-ちょう(徳島県)
由良　ゆら(京都府, 兵庫県, 和歌山県, 鳥取県, 愛媛県)
由利　ゆり(秋田県)
由利島　ゆり-じま(愛媛県)
由比　ゆい(静岡県)
由比ヶ浜　ゆいがはま(神奈川県)
由宇　ゆう(山口県)
由仁町　ゆに-ちょう(北海道)
由布　ゆふ(大分県)
有家町　ありえ-ちょう(長崎県)
有間山　ありま-やま(埼玉県)
有磯海　ありそうみ(富山県)
有年　うね(兵庫県)
有度　うど(静岡県)
有楽町　ゆうらく-ちょう(東京都)
有馬　ありま(兵庫県, 長崎県)
有明　ありあけ(長野県, 東京都, 九州)
有銘湾　あるめ-わん(沖縄県)
有明浜　ありあけのはま(香川県)
有壁　ありかべ(宮城県)
有福島　ありふく-じま(長崎県)
有峰　ありみね(富山県)
有松　ありまつ(名古屋市)
有田　ありた(佐賀県)
　ありだ(和歌山県)
有珠　うす(北海道)
有地　うち(岐阜県)
有川町　ありかわ-ちょう(長崎県)
有漢　うかん(岡山県)
酉谷山　とりたに-やま(東京都·埼玉県)
乳頭　にゅうとう(秋田県)
乳岩峡　ちちいわ-きょう(愛知県)
油谷　ゆや(山口県)
油木　ゆき(広島県)
油須原　ゆすばる(福岡県)
油井　ゆい(東京都)
油津　あぶらつ(宮崎県)
油坂峠　あぶらざか-とうげ(福井·岐阜県)
油壺　あぶらつぼ(神奈川県)
幽ノ沢　ゆうのさわ(群馬県)
悠久山　ゆうきゅう-ざん(新潟県)
遊楽部　ゆうらっぷ(北海道)
遊佐町　ゆざ-まち(山形県)
楡木　にれぎ(栃木県)
楢尾岳　ならお-だけ(熊本県)
楢峠　なら-とうげ(岐阜県)
楢葉　ならは(福島県)
楢俣ダム　ならまた-ダム(群馬県)
楢川村　ならかわ-むら(長野県)
維和島　いわ-じま(熊本県)
諭鶴羽　ゆづるは(兵庫県)
嬬恋村　つまごい-むら(群馬県)
鮪子瀬　しびこ-せ(四国·九州)

육

宍道　しんじ(島根県)
宍粟郡　しそう-ぐん(兵庫県)
宍喰　ししくい(徳島県)
宍戸　ししど(茨城県)

융

戎橋筋　えびすばし-すじ(大阪市)

은

恩根内　おんねない(北海道)
恩納　おんな(沖縄県)
恩方　おんがた(東京都)
恩原高原　おんばら-こうげん(岡山県)
恩智　おんぢ(大阪府)
銀鏡　しろみ(宮崎県)
銀屏風　ぎん-びょうぶ(北海道)
銀山　ぎんざん(新潟県)
銀座　ぎんざ(東京都)
銀杏峰　げなん-ぽう(福井県)
銀婚湯温泉　ぎんこんゆ-おんせん(北海道)
隠岐　おき(옛 국명)

을

乙見山峠　おとみやま-とうげ(長野・新潟県)
乙女　おとめ(栃木県, 神奈川県)
乙女高原　おとめ-こうげん(山梨県)
乙島　おと-じま(宮崎県)
乙部町　おとべ-ちょう(北海道)
乙原　おんばら(島根県)
乙妻山　おとづま-やま(長野・新潟県)
乙訓郡　おとくに-ぐん(京都府)

音江　おとえ(北海道)
音更　おとふけ(北海道)
音無瀬戸　おとなしのせと(福岡県)
音別　おんべつ(北海道)
音水　おんずい(兵庫県)
音羽　おとわ(東京都)
音羽山　おとわ-やま(京都市)
音羽町　おとわ-ちょう(愛知県)
音威子府村　おといねっぷ-むら(北海道)
音標　おとしべ(北海道)
音戸　おんど(広島県)

邑久　おく(岡山県)
邑楽　おうら(群馬県)
邑知　おうち(石川県)
邑智　おおち(島根県)
揖保　いぼ(兵庫県)
揖斐　いび(岐阜県)
揖宿　いぶすき(鹿児島県)
揖屋　いや(島根県)

応其台地　おうご-だいち(和歌山県)
鷹架沼　たかほこ-ぬま(青森県)
鷹岡　たかおか(静岡県)
鷹島　たか-しま(長崎県)
鷹峯　たかがみね(京都市)
鷹栖町　たかす-ちょう(北海道)
鷹巣　たかのす(秋田県)
鷹巣山　たかのす-やま(東京都, 神奈川県)
鷹羽ヶ森　たかはがもり(高知県)
鷹取　たかとり(神戸市)

鷹取山　たかとり-やま(神奈川県, 福岡県)
鷹丸尾　たかまるび(山梨県)
鷹の台　たかのだい(東京都)
鷹ノ巣山　たかのす-やま(広島県)
鷹ノ巣温泉　たかのす-おんせん(新潟県)
鷹ノ巣沢　たかのす-ざわ(群馬県)
鷹ノ湯温泉　たかのゆ-おんせん(秋田県)

의

衣奈　えな(和歌山県)
衣笠　きぬがさ(神奈川県, 京都市)
衣川　ころも-がわ(岩手県)
衣浦　きぬうら(愛知県)
衣ヶ浦湾　ころもがうら-わん(愛知県)
医王山　いおう-ざん, いおう-ぜん(富山·石川県)
依田　よだ(長野県)
依佐見　よさみ(愛知県)
宜野湾市　ぎのわん-し(沖縄県)
宜野座村　ぎのざ-そん(沖縄県)
擬宝珠山　ぎぼし-さん(鳥取·岡山県)

이

二江　ふたえ(熊本県)
二居峡　ふたい-きょう(新潟県)
二見　ふたみ(三重県, 兵庫県)
二見港　ふたみ-こう(東京都)
二階堂　にかいどう(奈良県)
二股温泉　ふたまた-おんせん(北海道, 福島県)
二口　ふたくち(仙台市)
二宮　にのみや(千葉県)
二宮町　にのみや-まち(栃木県, 神奈川県)
二級　にきゅう(広島県)
二岐山　ふたまた-やま(福島県)
二島　ふたじま(山口県, 北九州市)
二瀬　ふたせ(福岡県)
二里ヶ浜　にりがはま(和歌山県)
二木島　にぎしま(三重県)
二迫川　にのはさま-がわ(宮城県)
二本榎　にほんえのき(東京都)
二本松市　にほんまつ-し(福島県)
二上　にじょう(奈良県·大阪府)
二上山　ふたがみ-さん(富山県)
　ふたかみ-やま(奈良県)
二色ノ浜　にしきのはま(大阪府)
二神島　ふたがみ-しま(長崎県)
　ふたがみ-じま(愛媛県)
二俣　ふたまた(静岡県)
二俣尾　ふたまたお(東京都)
二日市　ふつかいち(福岡県)
二子山　ふたご-やま(群馬県, 神奈川県)
二子玉川　ふたこたまがわ(東京都)
二丈町　にじょう-まち(福岡県)
二田　ふただ(秋田県)
二井宿　にいじゅく(山形県)
二条通り　にじょう-どおり(京都市)
二重峠　ふたえ-とうげ(熊本県)
二之瀬越　にのせ-ごえ(岐阜·三重県)
二津野ダム　ふたつの-ダム(奈良県)
二窓　ふたまど(広島県)
二川　ふたがわ(愛知県)
二風谷　にぶたに(北海道)
二河峡　にこう-きょう(広島県)
二郷半領　にごうはんりょう(埼玉県)
二戸　にのへ(岩手県)
二戸ノ平越　にとのへ-ごえ(青森県)
二和　ふたわ(千葉県)
二荒山　ふたら-さん(栃木県)
二ッ森　ふたつもり(青森·秋田県)
二ッ井町　ふたつい-まち(秋田県)
二ノ目潟　にのめ-がた(秋田県)
以東岳　いとう-だけ(山形·新潟県)
以布利　いぶり(高知県)
伊江　いえ(沖縄県)
伊計島　いけい-じま(沖縄県)
伊具郡　いぐ-ぐん(宮城県)
伊根　いね(京都府)
伊那　いな(長野県)
伊南　いな(福島県)
伊奈町　いな-まち(茨城県, 埼玉県)
伊丹　いたみ(兵庫県)
伊達　だて(福島県)
伊達崎　だんざき(福島県)
伊達市　だて-し(北海道)
伊唐島　いから-じま(鹿児島県)
伊島　いしま(徳島県)
伊都郡　いと-ぐん(和歌山県)
伊東　いとう(静岡県)
伊豆　いず(옛 국명, 東京都)
伊豆山温泉　いずさん-おんせん(静岡県)
伊豆沼　いず-ぬま(宮城県)
伊豆ヶ岳　いずがたけ(埼玉県)

伊豆田峠　いずた-とうげ(高知県)
伊藤温泉　いとう-おんせん(北海道)
伊良部　いらぶ(沖縄県)
伊良湖　いらご(愛知県)
伊万里　いまり(佐賀県)
伊武部ビーチ　いんぶ-ビーチ(沖縄県)
伊尾木　いおき(高知県)
伊方町　いかた-ちょう(愛媛県)
伊部　いんべ(岡山県)
伊部岳　いぶ-だけ(沖縄県)
伊北　いほう(福島県)
伊仙町　いせん-ちょう(鹿児島県)
伊勢　いせ(옛 국명)
伊笹岬　いざさ-みさき(兵庫県)
伊勢崎　いせさき(群馬県)
伊勢ヶ浜　いせがはま(宮崎県)
伊勢ノ森　いせのもり(兵庫県)
伊勢原市　いせはら-し(神奈川県)
伊勢佐木町　いせざき-ちょう(横浜市)
伊是名　いぜな(沖縄県)
伊野町　いの-ちょう(高知県)
伊与木川　いよき-がわ(高知県)
伊予　いよ(옛 국명)
伊王島　いおう-じま(長崎県)
伊自良村　いじら-むら(岐阜県)
伊作温泉　いざく-おんせん(鹿児島県)
伊雑浦　いぞう-うら(三重県)
伊田　いた(福岡県)
伊庭内湖　いば-ないこ(滋賀県)
伊佐　いさ(山口県)
伊集院　いじゅういん(鹿児島県)
伊倉　いくら(熊本県)
伊吹　いぶき(滋賀・岐阜県)
伊吹島　いぶき-じま(香川県)
伊吹山　いぶき-やま(高知・愛媛県)
伊平屋　いへや(沖縄県)
伊賀　いが(옛 국명)
伊香郡　いか-ぐん(滋賀県)
伊香保　いかほ(群馬県)
伊香牛　いかうし(北海道)
伊ヶ谷　いがや(東京都)
伊ノ浦瀬戸　いのうら-せと(長崎県)
夷守　ひなもり(宮崎県)
夷隅　いすみ(千葉県)
耳成　みみなし(奈良県)
耳川　みみ-かわ(宮崎県)
易老岳　いろう-だけ(長野・静岡県)
姨捨山　うばすて-やま，おばすて-やま(長野県)
爾志郡　にし-ぐん(北海道)
邇摩郡　にま-ぐん(島根県)

익

益城町　ましき-まち(熊本県)
益子　ましこ(栃木県)
益田　ました(岐阜県)
　ますだ(島根県)

인

人吉　ひとよし(熊本県)
人首川　ひとかべ-がわ(岩手県)
人形　にんぎょう(鳥取・岡山県)
人形町　にんぎょう-ちょう(東京都)
仁江　にえ(石川県)
仁科三湖　にしな-さんこ(長野県)
仁多　にた(島根県)
仁摩町　にま-ちょう(島根県)
仁万　にま(島根県)
仁木町　にき-ちょう(北海道)
仁尾町　にお-ちょう(香川県)
仁方　にがた(広島県)
仁伏温泉　にぶし-おんせん(北海道)
仁鮒　にぶな(秋田県)
仁山　にやま(北海道)
仁宇谷　にうだに(徳島県)
仁右衛門島　にえもん-じま(千葉県)
仁位港　にい-こう(長崎県)
仁淀　によど(高知県)
仁田湾　にた-わん(長崎県)
仁田山峠　にたやま-とうげ(埼玉県)
仁田峠　にた-とうげ(長崎県)
仁井田　にいだ(福島県，高知県)
仁賀保　にかほ(秋田県)
引馬峠　ひきば-とうげ(栃木・福島県)
引馬野　ひくまの(愛知県)
引本　ひきもと(三重県)
引原　ひきはら(兵庫県)
引田　ひきだ(東京都)
引田町　ひけた-ちょう(香川県)
引佐　いなさ(静岡県)
引地川　ひきじ-がわ(神奈川県)
印南　いんなみ(兵庫県)

印南野　いなみ-の(兵庫県)
印南町　いなみ-ちょう(和歌山県)
印旛　いんば(千葉県)
印西町　いんざい-まち(千葉県)
印通寺　いんどおじ(長崎県)
印賀　いんが(鳥取県)
因島　いんのしま(広島県)
因美線　いんび-せん(鳥取～東津)
因幡　いなば(옛 국명)
因州　いんしゅう(因幡의 딴이름)
忍　おし(埼玉県)
忍岡　しのぶがおか(大阪府)
忍路　おしょろ(北海道)
忍野　おしの(山梨県)
忍原峡　おしばら-きょう(島根県)
忍草　しぼくさ(山梨県)
忍海　おしみ(奈良県)
靭　うつぼ(大阪市)

일

一庫　ひとくら(兵庫県)
一関　いちのせき(岩手県)
一口　いもあらい(京都府)
一口坂　いもあらいざか，ひとくち-ざか(東京都)
一宮　いちのみや(千葉県，静岡県，愛知県，岡山県，香川県)
　いっく(高知県)
一宮町　いちのみや-ちょう(愛知県，山梨県，兵庫県)
一里崎　いちり-ざき(宮崎県)
一里野温泉　いちりの-おんせん(石川県)
一迫　いちのはさま，いちはさま(宮城県)
一方高　いっぽうこう(秋田県)
一碧湖　いっぺき-こ(静岡県)
一本松町　いっぽんまつ-ちょう(愛媛県)
一色町　いしき-ちょう(愛知県)
一乗谷　いちじょうだに(福井県)
一乗寺　いちじょうじ(京都市)
一勝地　いっしょうち(熊本県)
一身田　いしんでん(三重県)
一宇村　いちう-そん，いっちゅう-そん(徳島県)
一已　いっちゃん(北海道)
一日市　ひといち(秋田県)
一日市場　ひといちば(長野県)
一畑　いちばた(島根県)
一切経山　いっさいきょう-やま(福島県)
一条　いちじょう(京都市)
一湊港　いっそう-こう(鹿児島県)
一重ヶ根温泉　ひとえがね-おんせん(岐阜県)
一重湾　ひとえ-わん(長崎県)
一志　いちし(三重県)
一之江　いちのえ(東京都)
一戸町　いちのへ-まち(岩手県)
一ツ橋　ひとつばし(東京都)
一ツ瀬　ひとつせ(宮崎県)
一ツ葉浜　ひとつば-はま(宮崎県)
一ノ谷　いちのたに(神戸市)
一ノ宮　いちのみや(群馬県，石川県，岐阜県)
一の宮町　いちのみや-まち(熊本県)
一ノ瀬温泉　いちのせ-おんせん(石川県)
一ノ目潟　いちのめ-がた(秋田県)
一ノ森　いちのもり(徳島県)
一ノ越　いちのこし(富山県)
一ノ倉沢　いちのくらさわ(群馬県)
日間ノ松原　ひまのまつばら(京都府)
日間賀島　ひまか-じま(愛知県)
日開谷　ひかいだに(徳島県)
日見峠　ひみ-とうげ(長崎県)
日景温泉　ひかげ-おんせん(秋田県)
日高　ひだか(옛 국명)
日高町　ひだか-ちょう(兵庫県)
　ひだか-まち(埼玉県)
日高村　ひだか-むら(高知県)
日光　にっこう(栃木県)
日光川　にっこう-がわ(愛知県)
日橋　にっぱし(福島県)
日根野　ひねの(大阪府)
日金山　ひかね-さん(静岡県)
日吉町　ひよし-ちょう(京都府，鹿児島県)
日吉津村　ひえづ-そん(鳥取県)
日吉村　ひよし-むら(愛媛県)
日南　にちなん(宮崎県)
日南町　にちなん-ちょう(鳥取県)
日奈久温泉　ひなぐ-おんせん(熊本県)
日当山温泉　ひなたやま-おんせん(鹿児島県)
日登　ひのぼり(島根県)
日蓮崎　にちれん-ざき(静岡県)
日立　ひたち(茨城県)
日名倉山　ひなくら-やま(兵庫・岡山県)
日暮崎　ひぐらし-ざき(青森県)
日暮里　にっぽり(東京都)
日方　ひかた(北海道)
日方岬　ひかた-みさき(北海道)
日本　にっぽん

にほん
日本橋 にっぽん-ばし(大阪市)
にほん-ばし(東京都)
日本原 にほん-ばら(岡山県)
日本堤 にほんづつみ(東京都)
日本坂 にほん-ざか(静岡県)
日本平 にほん-だいら(静岡県)
日峰 ひのみね(徳島県)
日比 ひび(岡山県)
日比谷 ひびや(東京都)
日山 ひ-やま(福島県)
日生 ひなせ(岡山県)
日勝* にっしょう(日高·十勝)
日野 ひの(福井県, 滋賀県, 京都市, 鳥取県)
日野谷 ひのたに(徳島県)
日野市 ひの-し(東京都)
日野春 ひのはる(山梨県)
日御碕 ひのみさき(島根県)
日塩道路 にちえん-どうろ(栃木県)
日永岳 ひなが-だけ(岐阜県)
日原 にっぱら(東京都)
日原町 にちはら-ちょう(島根県)
日蔭 ひかげ(群馬県)
日義村 ひよし-むら(長野県)
日章空港 にっしょう-くうこう(高知県)
日田 ひた(大分県)
日前 ひくま(山口県)
日州 にっしゅう(日向의 딴이름)
日中 にっちゅう(福島県)
日枝 ひえ(滋賀県)
日之影 ひのかげ(宮崎県)
日振島 ひぶり-しま(愛媛県)
日進町 にっしん-ちょう(愛知県)
日川 にっ-かわ(山梨県)
日出 ひい(愛知県)
日出島 ひで-しま(岩手県)
日出生台 ひじゅう-だい(大分県)
日出ヶ岳 ひでがたけ(奈良·三重県)
日出町 ひじ-まち(大分県)
日置 ひおき(兵庫県)
ひき(和歌山県)
日置郡 ひおき-ぐん(鹿児島県)
日置荘 ひきのしょう(大阪府)
日置町 へき-ちょう(山口県)
日坂 にっさか(静岡県)
日浦 ひうら(北海道)
日豊* にっぽう(日向·豊前·豊後)
日下 くさか(大阪府, 高知県)
日下部 くさかべ(山梨県)
日向 ひなた(群馬県)
ひゅうが(千葉県, 옛 국명)
日向島 ひなた-じま(三重県)
日向山 ひなた-やま(山梨県)
日向神 ひゅうがみ(福岡県)
日向川 にっこう-がわ(山形県)
日向湖 ひるが-こ(福井県)
日向和田 ひなたわだ(東京都)
日和山 ひより-やま(兵庫県)
日和田 ひわだ(福島県)
日和佐 ひわさ(徳島県)
日詰 ひづめ(岩手県)
日ノ島 ひのしま(長崎県)
日ノ尾峠 ひのお-とうげ(熊本県)
日ノ御埼 ひのみさき(和歌山県)
日の出 ひので(東京都)
日ノ出岳 ひので-だけ(奈良·三重県)
日ノ出桟橋 ひので-さんばし(東京都)
壱岐 いき(옛 국명)
壱岐坂 いき-ざか(東京都)
壱州 いっしゅう(壱岐의 딴이름)
逸見筋 へみ-すじ(山梨県)
逸見平 へんみ-だいら(山梨県)

壬生 みぶ(京都市, 広島県)
壬生町 みぶ-まち(栃木県)
壬生川 にゅうがわ(愛媛県)
荏原 えばら(東京都)

入舸 いりか(北海道)
入間 いるま(埼玉県)
入江内湖 いりえ-ないこ(滋賀県)
入谷 いりや(東京都)
入広瀬村 いりひろせ-むら(新潟県)
入道ヶ岬 にゅうどうが-さき(千葉県)
入道崎 にゅうどう-ざき(秋田県)
入来 いりき(鹿児島県)
入鹿池 いるか-いけ(愛知県)
入笠山 にゅうがさ-やま(長野県)
入船町 いりふね-ちょう(東京都)
入善町 にゅうぜん-まち(富山県)

入新井　いりあらい(東京都)
入野　いりの(静岡県, 高知県)
入之波温泉　しおのは-おんせん(奈良県)
入津　にゅうづ(大分県)
入郷　いりごう(宮崎県)
[廿日市市]　はつかいち-し(広島県)

자

[子吉]　こよし(秋田県)
子不知　こしらず(新潟県)
子安　こやす(横浜市)
子持　こもち(群馬県)
子浦　こうら(静岡県)
子ノロ　ねのくち(青森県)
[自由ヶ丘]　じゆうがおか(東京都)
自凝島　おのころ-じま(兵庫県)
[呰部]　あざえ(岡山県)
[姉崎]　あねさき(千葉県)
姉島　あね-じま(東京都)
姉別　あねべつ(北海道)
姉川　あね-がわ(滋賀県)
[姿川]　すがた-がわ(栃木県)
[柘植]　つげ(三重県)
[茨木市]　いばらき-し(大阪府)
茨城　いばらき(茨城県)
茨田　まった(大阪市)
茨田堤　まんだのつつみ(大阪府)
茨戸　ばらと(札幌市)
[紫明渓]　しめい-けい(青森県)
紫尾　しび(鹿児島県)
紫野　むらさきの(京都市)
紫雲古津　しうんこつ(北海道)
紫雲寺町　しうんじ-まち(新潟県)
紫雲山　しうん-ざん(香川県)
紫雲出山　しうで-やま(香川県)
紫川　むらさき-がわ(福岡県)
紫波　しわ(岩手県)
[滋野]　しげの(長野県)
滋賀　しが(滋賀県)
[慈恩寺台地]　じおんじ-だいち(埼玉県)
[雌釜]　めがま(宮城県)
雌阿寒　めあかん(北海道)
雌雄島　しおじま(香川県)

작

[作東町]　さくとう-ちょう(岡山県)
作礼山　さくれい-ざん(佐賀県)
作木村　さくぎ-そん(広島県)
作並　さくなみ(仙台市)
作備線　さくび-せん(姫路～新見)
作手村　つくで-むら(愛知県)
作州　さくしゅう(美作의 딴이름)
[杓子山]　しゃくし-やま(山梨県)
杓子岳　しゃくし-だけ(長野·富山県)
[柞田川]　くにた-がわ(香川県)
[雀の宮]　すずめのみや(栃木県)

栈敷峠　さじき-とうげ(徳島県)
残波岬　ざんぱ-みさき(沖縄県)

潜竜峡　せんりゅう-きょう(栃木県)
潜戸鼻　くけどはな(島根県)

匝瑳郡　そうさ-ぐん(千葉県)
雑司ヶ谷　ぞうしがや(東京都)
雑司町　ぞうし-ちょう(奈良市)
雑色　ぞうしき(東京都)
雑石瀬戸　ぞうしがせと(山口県)
雑賀崎　さいか-ざき(和歌山県)
雑餉隈　ざっしょのくま(福岡県)

壮瞥　そうべつ(北海道)
庄　しょう(岡山県)
庄内　しょうない(山形県, 静岡県, 大阪府)
庄内古川　しょうない-ふるかわ(茨城·埼玉県)
庄内町　しょうない-ちょう(大分県)
　しょうない-まち(福岡県)
庄内川　しょうない-がわ(岐阜県)
庄野　しょうの(三重県)
庄原　しょうばら(広島県)
庄川　しょう-がわ(富山県)
庄海底谷　しょう-かいていこく(富山湾)
庄和町　しょうわ-まち(埼玉県)

杖突峠　つえつき-とうげ(長野県)
杖立　つえたて(熊本県)
杖立権現越　つえたてごんげん-ごえ(徳島県)
長岡　ながおか(新潟県, 滋賀県)
長岡京市　ながおかきょう-し(京都府)
長岡郡　ながおか-ぐん(高知県)
長居　ながい(大阪市)
長谷　はせ(神奈川県)
長谷村　はせ-むら(長野県)
長久保新町　ながくぼ-しんまち(長野県)
長久手町　ながくて-ちょう(愛知県)
長堀川　ながほり-がわ(大阪府)
長崎　ながさき(東京都, 長崎県)
長崎鼻　ながさき-ばな(千葉県, 長崎県, 鹿児島県)
長崎ノ鼻　ながさきのはな(香川県)
長南町　ちょうなん-まち(千葉県)
長内　おさない(岩手県)
長島　ながしま(三重県)
　なが-しま(岡山県, 山口県, 鹿児島県)
長都　おさつ(北海道)
長等山　ながら-やま(滋賀県)
長良川　ながら-がわ(岐阜県)
長老沼　ちょうろう-ぬま(宮城県)
長滝　ながたき(大阪府)
長瀬　ながせ(福島県)
長流川　おさる-がわ(北海道)
長輪線　ちょうりん-せん(長万部～岩見沢, 東室蘭～室蘭)
長万部　おしゃまんべ(北海道)
長門　ながと(옛 국명)
長門町　ながと-まち(長野県)
長門峡　ちょうもん-きょう(山口県)
長尾　ながお(大阪府, 岡山県, 香川県)
長尾街道　ながお-かいどう(大阪府～奈良県)
長尾鼻　ながお-はな(鳥取県)
長尾山　ながお-やま(山梨県)
長尾山地　ながお-さんち(兵庫県)
長尾峠　ながお-とうげ(静岡·神奈川県)
長尾線　ながお-せん(若松～原田)
長房団地　ながふさ-だんち(東京都)
長柄　ながら(大阪市)
長柄町　ながら-まち(千葉県)
長峰　ながみね(和歌山県)
長峰峠　ながみね-とうげ(長野·岐阜県)
長府　ちょうふ(山口県)
長浜　ながはま(高知県)
長浜湾　ながはま-わん(岡山県)
長浜町　ながはま-ちょう(愛媛県)
長山　ながやま(愛知県)
長生　ちょうせい(千葉県)
長船町　おさふね-ちょう(岡山県)

長沼　なが-ぬま(東京都)
　なが-ぬま(宮城県)
長篠　ながしの(愛知県)
長沼町　ながぬま-ちょう(北海道)
　ながぬま-まち(福島県)
長垂　ながたれ(福岡市)
長安口ダム　ながやすぐち-ダム(徳島県)
長野　ながの(秋田県, 中部地方)
長野峠　ながの-とうげ(三重県)
長野原　ながのはら(群馬県)
長陽村　ちょうよう-むら(熊本県)
長与町　ながよ-ちょう(長崎県)
長者　ちょうじゃ(千葉県)
長者原　ちょうじゃがはら(鳥取県)
　ちょうじゃ-ばる(大分県)
長田区　ながた-く(神戸市)
長田川　ながた-がわ(三重県)
長田峡　ながた-きょう(宮崎県)
長節沼　ちょうぶし-ぬま(北海道)
長井　ながい(山形県)
長町　ながまち(仙台市)
長瀞　ながとろ(山形県, 埼玉県)
長州　ちょうしゅう(長門의 딴이름)
長洲　ながす(大分県)
長住団地　ながずみ-だんち(福岡市)
長洲町　ながす-まち(熊本県)
長津呂　ながつろ(静岡県)
長津田　ながつだ(横浜市)
長泉町　ながいずみ-ちょう(静岡県)
長湯温泉　ながゆ-おんせん(大分県)
長太ノ浦　なごのうら(三重県)
長沢ダム　ながさわ-ダム(高知県)
長沢池　ながさわのいけ(山口県)
長坂町　ながさか-ちょう(山梨県)
長浦　ながうら(千葉県)
長狭　ながさ(千葉県)
長峡川　ながお-がわ(福岡県)
長湖　ちょう-こ(長野県)
長和　ながわ(北海道)
荘内　しょうない(岡山県)
荘内半島　しょうない-はんとう(香川県)
荘白川　しょうしらかわ(岐阜県)
荘原　しょうばら(島根県)
荘川村　しょうかわ-むら(岐阜県)
将監団地　しょうげん-だんち(仙台市)
将監峠　しょうげん-とうげ(埼玉・山梨県)
将棋頭山　しょうぎかしら-やま(長野県)
張碓　はりうす(北海道)
場照山地　ばてる-さんち(大分・宮崎県)
装束峠　しょうぞく-とうげ(高知県)
薦淵　こもぶち(愛媛県)
蔵館温泉　くらたて-おんせん(青森県)
蔵王　ざおう(山形・宮城県)
蔵王山　ざおう-さん(愛知県)
蔵王峠　ざおう-とうげ(大阪府・和歌山県)
蔵々ノ瀬戸　ぞうぞうのせと(熊本県)
蔵前　くらまえ(東京都)
障子山　しょうじ-やま(愛媛県)
障子ヶ岳　しょうじがだけ(山形県)

재

才ノ峠　さいのとうげ(島根県)
再度山　ふたたび-さん(神戸市)
材木座　ざいもくざ(神奈川県)
財部町　たからべ-ちょう(鹿児島県)
財田　さいた(香川県)
　さいでん(岡山県)
斎　いつき(広島県)
梓川　あずさ-がわ(長野県)
梓湖　あずさ-こ(長野県)

嵯谷峡　そや-きょう(秋田県)
底倉温泉　そこくら-おんせん(神奈川県)
底土　そこど(東京都)
杵島　きしま(佐賀県)
杵島岳　きしま-だけ(熊本県)
杵築　きづき(島根県)
杵築市　きつき-し(大分県)
莇ヶ岳　あざみがだけ, あだみがだけ
(島根・山口県)
猪崎鼻　いのざき-ばな(宮崎県)
猪名野　いなの(兵庫県)
猪名川　いな-がわ(兵庫県)
猪名湖　いな-こ(長野県)
猪苗代　いなわしろ(福島県)
猪鼻　いのはな(静岡県, 香川県)
猪鼻岳　いのはな-だけ(神奈川県)
猪飼野　いかいの(大阪市)
猪野沢温泉　いのさわ-おんせん(高知県)
猪之頭　いのかしら(静岡県)
猪八重峡　いのはえ-きょう(宮崎県)

渚滑 しょこつ(北海道)
箸尾 はしお(奈良県)
箸別 はしべつ(北海道)
箸蔵県立自然公園 はしくら-けんりつしぜんこうえん(徳島県)

적

赤間 あかま(福岡県)
赤間関 あかまがせき(下関市의 옛이름)
赤江 あかえ(宮崎県)
赤岡町 あかおか-ちょう(高知県)
赤谷 あかだに(新潟県)
あかや(群馬県)
赤谷山 あかたに-やま(富山県)
赤久縄山 あかぐな-やま(群馬県)
赤堀町 あかぼり-まち(群馬県)
赤崎 あかさき(岡山県)
赤碕町 あかさき-ちょう(鳥取県)
赤島 あか-しま(長崎県)
赤来町 あかぎ-ちょう(島根県)
赤良木峠 あからぎ-とうげ(高知県)
赤摩木古山 あかまっこ-やま(石川・富山県)
赤麻沼 あかま-ぬま(栃木県)
赤名 あかな(島根県)
赤帽子山 あかぼし-やま(徳島県)
赤目 あかめ(三重県)
赤尾谷 あかお-だに(富山県)
赤尾嶼 せきび-しょ(沖縄県)
赤泊村 あかどまり-むら(新潟県)
赤磐郡 あかいわ-ぐん(岡山県)
赤石 あかいし(青森県)
赤石山 あかいし-やま(長野・群馬県)
赤城 あかぎ(群馬県)
赤松峠 あかまつ-とうげ(大分県)
赤松太郎峠 あかまつたろう-とうげ(熊本県)
赤穂 あかほ(長野県)
あこう(兵庫県)
赤岳 あか-だけ(北海道, 長野・山梨県)
赤岩山 あかいわ-さん(愛知県)
赤羽 あかばね(東京都)
赤羽根町 あかばね-ちょう(愛知県)
赤引温泉 あかひき-おんせん(愛知県)
赤場暁 あかばきょう(東京都)
赤井川 あかいがわ(北海道)
あかい-がわ(北海道)
赤池町 あかいけ-まち(福岡県)
赤芝峡 あかしば-きょう(山形県)
赤津 あかづ(愛知県)
赤倉 あかくら(新潟県)
赤倉岳 あかくら-だけ(青森県)
赤川 あか-がわ(山形県, 島根県)
赤礁崎 あかくり-さき(福井県)
赤村 あか-むら(福岡県)
赤塚 あかつか(東京都)
赤薙山 あかなぎ-さん(栃木県)
赤湯 あか-ゆ(山形県)
赤沢林道 あかざわ-りんどう(群馬県)
赤坂 あかさか(東京都, 岐阜県, 愛知県, 岡山県, 広島県)
赤平 あかびら(北海道)
赤郷 あかごう(山口県)
赤丸岬 あかまる-みさき(沖縄県)
赤荒峠 あかあれ-とうげ(高知県)
的山 あずち(長崎県)
的矢 まとや(三重県)
荻浜 おぎのはま(宮城県)
荻窪 おぎくぼ(東京都)
荻町 おぎ-まち(大分県)
寂地 じゃくち(山口県)
笛吹 ふえふき(長崎県)
笛吹川 ふえふき-がわ(山梨県)
積丹 しゃこたん(北海道)
積翠寺 せきすいじ(山梨県)
鏑川 かぶら-がわ(群馬県)

전

田尻町 たじり-ちょう(宮城県, 大阪府)
田貫湖 たぬき-こ(静岡県)
田光沼 たっぴ-ぬま(青森県)
田口 たぐち(新潟県, 長野県, 愛知県)
田端 たばた(東京都)
田代 たしろ(青森県, 秋田県, 群馬県, 佐賀県)
田代島 たしろ-じま(宮城県)
田代峠 たしろ-とうげ(鳥取・岡山県)
田代町 たしろ-ちょう(鹿児島県)
田代池 たしろ-いけ(長野県)
田代平 たしろ-たい(青森県, 岩手県, 秋田県)
田島 た-しま(広島県)
田島ヶ原 たじまがはら(埼玉県)
田島町 たじま-まち(福島県)
田楽狭間 でんがくはざま(愛知県)
田老 たろう(岩手県)

田瀬ダム　たせ-ダム(岩手県)
田立　ただち(長野県)
田万川　たま-がわ(山口県)
田麦俣　たむぎまた(山形県)
田面木沼　たもぎ-ぬま(青森県)
田名部　たなぶ(青森県)
田無市　たなし-し(東京都)
田方　たがた(山梨県)
田方郡　たがた-ぐん(静岡県)
田辺　たなべ(和歌山県)
田辺町　たなべ-ちょう(京都府)
田峰　だみね(愛知県)
田部　たべ(山口県)
田富町　たとみ-ちょう(山梨県)
田舎館村　いなかだて-むら(青森県)
田上山　たなかみ-やま(信楽山地)
田上町　たがみ-まち(新潟県)
田沼町　たぬま-まち(栃木県)
田野　たの(山梨県)
田野々　たのの(高知県)
田野畑村　たのはた-むら(岩手県)
田野町　たの-ちょう(高知県，宮崎県)
田野浦　たのうら(北九州市)
田染　たしぶ(大分県)
田熊　たくま(広島県)
田原　たはら(愛知県)
田園都市線　でんえんとし-せん(東京急行電鉄)
田原本　たわらもと(奈良県)
田原町　たわら-まち(東京都)
田園調布　でんえんちょうふ(東京都)
田原坂　たばる-ざか(熊本県)
田儀　たぎ(島根県)
田子　たご(静岡県)
田子内沢目　たごない-さわめ(秋田県)
田子町　たっこ-まち(青森県)
田子倉　たごくら(福島県)
田子ノ浦　たごのうら(静岡県)
田底　たそこ(熊本県)
田町　たまち(東京都)
田助　たすけ(長崎県)
田主丸町　たぬしまる-まち(福岡県)
田中　たなか(長野県，静岡県)
田中湯　たなかゆ(宮城県)
田倉崎　たくら-ざき(和歌山県)
田川　たがわ(山形県，福岡県)
　　たｰがわ(栃木県)
田村　たむら(福島県)
田村町　たむら-ちょう(東京都)
田沢　たざわ(秋田県)
田沢湖　たざわ-こ(秋田県)
田平町　たびら-ちょう(長崎県)
田布施町　たぶせ-ちょう(山口県)
田浦町　たのうら-まち(熊本県)
田鶴浜町　たつるはま-まち(石川県)
田丸　たまる(三重県)
田ノ原温泉　たのはる-おんせん(熊本県)
田ノ浦　たのうら(香川県)
田ノ浦瀬戸　たのうら-せど(長崎県)
伝法　でんぽう(大阪市)
佃　つくだ(東京都)
前慶良間　めえけらま(沖縄県)
前掛山　まえかけ-やま(長野県)
前橋　まえばし(群馬県)
前鬼　ぜんき(奈良県)
前島　まえ-しま(愛知県)
　　まえじま(沖縄県)
　　まえ-じま(岡山県，山口県)
前武尊　まえほたか(群馬県)
前白根山　まえしらね-さん(栃木・群馬県)
前山代　まえやましろ(山口県)
前穂高岳　まえほたか-だけ(長野県)
前神室山　まえかむろ-やま(秋田県)
前岳　まえ-だけ(静岡県)
前原町　まえばる-まち(福岡県)
前日光　まえにっこう(栃木県)
前田平野　まえだ-へいや(北海道)
前芝　まえしば(愛知県)
前津江村　まえつえ-むら(大分県)
前津吉　まえつよし(長崎県)
前沢町　まえさわ-ちょう(岩手県)
前浦　まえうら(岡山県)
前黒山　まえくろ-やま(栃木県)
畑毛温泉　はたけ-おんせん(静岡県)
畑野町　はたの-まち(新潟県)
畑薙湖　はたなぎ-こ(静岡県)
畑下温泉　はたおり-おんせん(栃木県)
淀　よど(京都市)
淀江　よどえ(鳥取県)
淀橋　よどばし(東京都)
淀屋橋　よどや-ばし(大阪市)
淀ヶ磯　よどがいそ(高知県)
転付峠　でんつく-とうげ(山梨・静岡県)
筌ノ口温泉　うけのくち-おんせん(大分県)
戦場ヶ原　せんじょうがはら(栃木県)
槇尾　まきのお(京都府)
槇尾川　まきお-がわ(大阪府)
槇峰鉱山　まきみね-こうざん(宮崎県)
槇山川　まきやま-がわ(高知県)
槇ノ尾山　まきのおやま(大阪府)
銭亀沢　ぜにかめざわ(北海道)
銭司　ぜず(京都府)
銭洲　ぜにす(東京都)

銭川温泉　ぜにかわ-おんせん(秋田県)
銭函　ぜにばこ(北海道)
箭田　やた(岡山県)
鴫良温泉　しぎら-おんせん(大分県)
鴫立沢　しぎたつさわ(神奈川県)
鴫野　しぎの(大阪市)

切明温泉　きりあけ-おんせん(青森県)
切石温泉　きりいし-おんせん(秋田県)
切込湖　きりこみ-こ(栃木県)
切支丹坂　きりしたん-ざか(東京都)
切戸　きりど，きれと(京都府)
　きれっと(長野・岐阜県)
切ヶ久保峠　きりがくぼ-とうげ(群馬県)
折立峠　おりたて-とうげ(富山県)
折立温泉　おりたて-おんせん(新潟県)
折尾　おりお(福岡県)
折生迫　おりゅうざこ(宮崎県)
折爪　おりづめ(岩手県)
節刀ヶ岳　せっとうがたけ(山梨県)
節婦　せっぷ(北海道)

占冠村　しむかっぷ-むら(北海道)
苫小牧　とまこまい(北海道)
苫前　とままえ(北海道)
苫田郡　とまた-ぐん(岡山県)
鮎喰川　あくい-がわ(徳島県)
鮎川　あゆかわ(宮城県)

接阻峡　せっそ-きょう(静岡県)
蝶ヶ岳　ちょうがたけ(長野県)

ぶらくり丁　ぶらくり-ちょう(和歌山県)
丁岳　ひのと-だけ(秋田・山形県)
井口村　いのくち-むら(富山県)
井島　いしま(岡山・香川県)
井無田高原　いむた-こうげん(熊本県)
井手町　いで-ちょう(京都府)
井原　いばら(岡山県)
井伊谷　いいのや(静岡県)
井荻　いおぎ(東京都)
井田岳　いだ-だけ(青森県)
井田川　いだ-がわ(富山県)
井倉　いくら(岡山県)
井川　いかわ(静岡県)
　い-かわ(秋田県)
井川町　いかわ-ちょう(徳島県)
井草　いぐさ(東京都)
井出原　いで-はら(山梨県)
井波町　いなみ-まち(富山県)
井戸岳　いど-だけ(青森県)
井ノ岬　いのみさき(高知県)
井の頭　いのかしら(東京都)
丼池　どぶいけ(大阪市)
正蓮寺高原　しょうれんじ-こうげん(高知県)
正蓮寺川　しょうれんじ-がわ(大阪市)
正明市　しょうみょういち(山口県)
正木ノ森　まさきのもり(高知・愛媛県)
正丸　しょうまる(埼玉県)
町野　まちの(石川県)
町苅田　まちかんだ(岡山県)
町屋　まちや(東京都)
町屋川　まちや-がわ(三重県)
町田　まちだ(東京都)
定光寺　じょうこうじ(愛知県)
定峰峠　さだみね-とうげ(埼玉県)
定山渓　じょうざん-けい(札幌市)
定義温泉　じょうげ-おんせん(仙台市)
政所　まんどころ(滋賀県)
浄法寺町　じょうぼうじ-まち(岩手県)
浄土ヶ浜　じょうどがはま(岩手県)
浄土山　じょうど-さん(富山県)
浄土ヶ浦　じょうどがうら(島根県)
貞光　さだみつ(徳島県)
貞山堀　ていざん-ぼり(宮城県)
庭瀬　にわせ(岡山県)

庭窪　にわくぼ(大阪府)

情島　なさけ-じま(山口県)

頂仙岳　ちょうせん-だけ(奈良県)

碇ヶ関　いかりがせき(青森県)

禎瑞　ていずい(愛媛県)

靖国通り　やすくに-どおり(東京都)

鼎　かなえ(長野県)

鼎ヶ浦　かなえがうら(宮城県)

精進湖　しょうじ-こ(山梨県)

精華町　せいか-ちょう(京都府)

静間　しずま(島根県)

静岡　しずおか(中部地方)

静内　しずない(北海道)

静浜航空基地　しずはま-こうくうきち(静岡県)

静狩　しずかり(北海道)

静市野　しずいちの(京都市)

静浦　しずうら(静岡県)

瀞峡　どろ-きょう(和歌山·三重·奈良県)

弟島　おとうと-じま(東京都)

弟子屈　てしかが(北海道)

帝都高速度交通営団線　ていとこうそくどこうつうえいだん-せん(東京都)

帝釈　たいしゃく(神戸市, 広島県)

帝釈山　たいしゃく-さん(栃木·福島県)

帝塚山　てづかやま(大阪市)

梯川　かけはし-がわ(石川県)

第三京浜道路　だいさんけいひん-どうろ(東京～横浜)

第二京浜道路　だいにけいひん-どうろ(東京～横浜)

第二磐梯吾妻道路　だいにばんだいあづま-どうろ(福島県)

第一京浜道路　だいいちけいひん-どうろ(東京～横浜)

堤石峠　つつみいし-とうげ(愛知県)

諸寄　もろよせ(兵庫県)

諸磯　もろいそ(神奈川県)

諸富町　もろどみ-ちょう(佐賀県)

諸塚　もろつか(宮崎県)

諸浦島　しょうら-じま(鹿児島県)

諸檜岳　もろび-だけ(秋田·岩手県)

醍醐　だいご(秋田県, 京都市)

鵜島　う-しま(愛媛県)

鵜渡根島　うどね-じま(東京都)

鵜渡越　うど-ごえ(長崎県)

鵜来島　うぐる-しま(高知県)

鵜峠　うど(島根県)

鵜原　うばら(千葉県)

鵜殿村　うどの-むら(三重県)

鵜住居　うのずまい(岩手県)

鵜倉　うくら(三重県)

鵜川　うかわ(石川県)

鵜坂川　うさか-がわ(神通川의 옛이름)

鵜戸　うど(宮崎県)

鵜ノ木　うのき(東京都)

鵜ノ尾崎　うのお-ざき(福島県)

鵜ノ池　うのいけ(愛知県)

爪木崎　つめき-ざき(静岡県)

早口　はやぐち(秋田県)

早岐　はいき(長崎県)

早崎瀬戸　はやさき-せと(長崎·熊本県)

早稲田　わせだ(東京都)

早島町　はやしま-ちょう(岡山県)

早来町　はやきた-ちょう(北海道)

早良　さわら(福岡市)

早瀬瀬戸　はやせせと(広島県)

早明浦ダム　さめうら-ダム(高知県)

早鞆瀬戸　はやとものせと(山口県)

早雲山　そううん-ざん(神奈川県)

早月川　はやつき-がわ(富山県)

早乙女岳　さおとめ-だけ(富山県)

早池峰　はやちね(岩手県)

早川　はや-かわ(神奈川県, 山梨県)

早出川　はやで-がわ(新潟県)

早坂　はやさか(岩手県)

早戸温泉　はやと-おんせん(福島県)

助松　すけまつ(大阪府)

俎嵓　まないた-ぐら(群馬県)

祖谷　いや(徳島県)

祖母　そぼ(大分·宮崎県)

祖母谷温泉　ばばだに-おんせん(富山県)

祖母井　うばがい(栃木県)

祖父江町　そぶえ-ちょう(愛知県)

祖師谷　そしがや(東京都)

祖山ダム　そやま-ダム(富山県)

祖生　そお(山口県)

笊森山　ざるもり-やま(秋田·岩手県)

笊ヶ岳　ざるが-たけ(山梨·静岡県)

釣掛崎　つりかけ-ざき(鹿児島県)

釣島　つる-しま(愛媛県)

釣瓶落峠　つるべおとし-とうげ(青森・秋田県)
釣魚台　ちょうぎょ-だい(沖縄県)
釣懸　つりかけ(北海道)
鳥甲山　とりかぶと-やま(長野県)
鳥居崎　とりい-ざき(青森県)
鳥居本　とりいもと(滋賀県)
鳥居峠　とりい-とうげ(群馬・長野県, 千葉県, 長野県)
鳥居松　とりいまつ(愛知県)
鳥居川　とりいがわ(滋賀県)
　とりい-がわ(長野県)
鳥居坂　とりい-ざか(東京都)
鳥見山　とみやま(奈良県)
鳥島　とり-しま(東京都, 沖縄県)
鳥兜山　とりかぶと-やま(山形県)
鳥飼　とりかい(大阪府)
鳥栖市　とす-し(佐賀県)
鳥焼島　とやく-じま(長崎県)
鳥首峠　とりくび-とうげ(埼玉県)
鳥屋峠　とりや-とうげ(岐阜県)
鳥屋野潟　とやの-がた(新潟県)
鳥屋町　とりや-まち(石川県)
鳥羽　とば(三重県, 京都市)
鳥越　とりごえ(東京都)
鳥越村　とりごえ-むら(石川県)
鳥井峠　とりい-とうげ(新潟・福島県)
鳥取　とっとり(北海道, 中国地方)
鳥海　ちょうかい(秋田県)
鳥海山　ちょうかい-ざん(青森県)
鳥海礁　とりみ-ぐり(新潟県)
鳥形　とりがた(高知県)
鳥ヶ首岬　とりがくび-みさき(新潟県)
鳥ノ島　とりのしま(長崎県)
鳥ノ海　とりのうみ(宮城県)
朝見川　あさみ-がわ(大分県)
朝来　あさご(兵庫県)
　あっそ(和歌山県)
朝里　あさり(北海道)
朝明　あさけ(三重県)
朝霧高原　あさぎり-こうげん(静岡県)
朝比奈岳　あさひな-だけ(青森県)
朝鮮人街道　ちょうせんじん-かいどう(滋賀県)
朝穂堰　ちょうほ-ぜき(山梨県)
朝熊　あさくま, あさま
(三重県)
朝日　あさひ(山形県, 富山県, 岐阜県)
朝日岳　あさひ-だけ(栃木県, 群馬県, 富山県, 山梨県, 静岡県)
朝日町　あさひ-ちょう(北海道, 福井県, 三重県)
朝日村　あさひ-むら(新潟県, 長野県)
朝酌　あさくみ(島根県)
朝田　あさだ(大分県)
朝地町　あさじ-まち(大分県)
朝倉　あさくら(高知県, 奈良県, 福岡県)
朝倉村　あさくら-むら(愛媛県)
朝妻筑摩　あさづまちくま(滋賀県)
朝霞　あさか(埼玉県)
照島　てる-しま(福島県)
照月湖　しょうげつ-こ(群馬県)
慥柄湾　たしから-わん(三重県)
蔦　つた(青森県)
蔦島　つた-じま(香川県)
潮岬　しおのみさき(和歌山県)
潮江　うしおえ(高知県)
潮崎　しお-ざき(兵庫県)
潮来　いたこ(茨城県)
調川　つきのかわ(長崎県)
調布　ちょうふ(東京都)
藻琴　もこと(北海道)
藻岩山　もいわ-やま(札幌市)
藻浦海岸　もうら-かいがん(石川県)
鯛島海中公園　たいじま-かいちゅうこうえん
(青森県)
鯛生鉱山　たいお-こうざん(大分県)
鯛之浦　たいのうら(長崎県)
鯛ノ浦　たいのうら(千葉県)
竈崎　かまど-ざき(徳島県)

足寄　あしょろ(北海道)
足利　あしかが(栃木県)
足立区　あだち-く(東京都)
足立山　あだち-やま(北九州市)
足尾　あしお(栃木県)
足尾山　あしお-やま(茨城県)
足柄　あしがら(神奈川・静岡県)
足付温泉　あしつき-おんせん(東京都)
足摺　あしずり(高知県)
足守　あしもり(岡山県)
足羽　あすわ(福井県)
足助　あすけ(愛知県)
足和田　あしわだ(山梨県)

尊仏山　そぶつ-やま(神奈川県)

卒塔婆峠　そとば-とうげ(岐阜県)

宗谷　そうや(北海道)
宗麟原　そうりん-ばる(宮崎県)
宗像　むなかた(福岡県)
宗吾　そうご(千葉県)
宗右衛門町　そうえもん-ちょう(大阪市)
種崎　たねざき(高知県)
種山　たねやま(岩手県)
種市　たねいち(岩手県)
種子島　たねがしま(鹿児島県)
種苧原　たなす-はら(新潟県)
種差　たねさし(青森県)
樅木山　もみのき-やま(大分県)
鐘崎　かねざき(福岡県)
鐘釣温泉　かねつり-おんせん(富山県)
鐘ヶ龍森　かねがりゅう-もり(高知県)
鐘ヶ淵　かねがふち(東京都)
鐘ノ岬　かねのみさき(福岡県)

左京区　さきょう-く(京都市)
左近山団地　さこんやま-だんち(横浜市)
左鐙　さぶみ(島根県)
左門町　さもんちょう(東京都)
左沢　あてらざわ(山形県)
佐古　さこ(徳島県)
佐貫　さぬき(茨城県, 千葉県)
佐久　さく(長野県)
佐久間　さくま(静岡県)
佐久島　さく-しま(愛知県)
佐久山　さくやま(栃木県)
佐那河内村　さなごうち-そん(徳島県)
佐多　さた(鹿児島県)
佐島　さ-しま(愛媛県)
佐渡　さど(옛 국명)
佐東　さとう(広島市)
佐良山　さらやま(岡山県)
佐良峠　ざら-とうげ(富山県)
佐呂間　さろま(北海道)
佐柳島　さなぎ-しま(香川県)
佐鳴湖　さなる-こ(静岡県)
佐木島　さぎ-じま(広島県)
佐伯　さいき(大分県)
　さえき(広島県)
佐白山　さしろ-さん(茨城県)
佐伯町　さいき-ちょう(広島県)
　さえき-ちょう(岡山県)
佐保　さほ(奈良県)
佐敷　さしき(熊本県)
佐敷町　さしき-ちょう(沖縄県)
佐比山　さび-やま(兵庫県)
佐世保　させぼ(長崎県)
佐沼　さぬま(宮城県)
佐須奈　さすな(長崎県)
佐野　さの(栃木県, 群馬県, 大阪府)
佐夜ノ中山　さよのなかやま(静岡県)
佐屋　さや(愛知県)
佐用　さよう(兵庫県)
佐原　さわら(千葉県)
佐伊津　さいつ(熊本県)
佐田岬　さだ-みさき(愛媛県)
佐田渓谷　さた-けいこく(福岡県)
佐田町　さだ-ちょう(島根県)
佐井村　さい-むら(青森県)
佐々　さざ(長崎県)
佐々連尾山　さざれお-やま(愛媛・高知県)
佐々並　ささなみ(山口県)
佐織町　さおり-ちょう(愛知県)
佐津海岸　さづ-かいがん(兵庫県)
佐倉　さくら(千葉県)
佐川　さかわ(高知県)
佐治　さじ(兵庫県)
佐治村　さじ-そん(鳥取県)
佐陀川　さだ-がわ(島根県)
佐土原町　さどわら-ちょう(宮崎県)

佐波　さば(山口県)
佐波郡　さわ-ぐん(群馬県)
佐賀　さが(九州)
佐賀関　さがのせき(大分県)
佐賀部島　さかべ-じま(岩手県)
佐賀町　さが-ちょう(東京都，高知県)
佐合　さごう(山口県)
佐和　さわ(茨城県)
佐和田町　さわた-まち(新潟県)
佐幌　さほろ(北海道)
佐喜浜　さきのはま(高知県)
座間味　ざまみ(沖縄県)
座間市　ざま-し(神奈川県)

朱鞠内　しゅまりない(北海道)
朱雀　すざく(京都市)
朱太川　しゅぶと-がわ(北海道)
舟見　ふなみ(富山県)
舟橋村　ふなはし-むら(富山県)
舟木崎　ふなき-さき(滋賀県)
舟浮　ふなうき(沖縄県)
舟形町　ふながた-まち(山形県)
舟戸口用水　ふなとぐち-ようすい(富山県)
住吉　すみよし(静岡県，大阪市，神戸市)
住道　すみのどう(大阪府)
住用　すみよう(鹿児島県)
住田町　すみた-ちょう(岩手県)
住之江区　すみのえ-く(大阪市)
住ノ江　すみのえ(佐賀県)
肘折温泉　ひじおり-おんせん(山形県)
走古潭　はしりこたん(北海道)
走島　はしり-じま(広島県)
走水　はしりみず(神奈川県)
走井　はしりい(滋賀県)
走湯　はしり-ゆ(静岡県)
周南　しゅうなん(山口県)
周東　しゅうとう(山口県)
周防　すおう，すほう(옛 국명)
周山　しゅうざん(京都府)
周桑　しゅうそう(愛媛県)
周船寺　すせんじ(福岡市)
周匝　すさい(岡山県)
周智　すち(静岡県)
周智郡　しゅうち-ぐん(静岡県)
周布　すふ(島根県)
柱島　はしら-じま(山口県)
洲崎　すさき(北海道，東京都)
すのさき(千葉県)
洲崎浜　すざき-はま(宮城県)
洲本　すもと(兵庫県)
珠洲　すず(石川県)
酒匂　さかわ(神奈川県)
酒田　さかた(山形県)
酒折　さかおり(山梨県)
酒々井町　しすい-まち(千葉県)
酒津　さかづ(岡山県)
酒呑童子山　しゅてんどうじ-やま(大分県)
厨川　くりやがわ(岩手県)
湊　みなと(千葉県，兵庫県)
湊温泉　みなと-おんせん(鹿児島県)
湊原砂丘　みなとはら-さきゅう(島根県)
湊町　みなと-まち(大阪市)
湊川　みなと-がわ(兵庫県，香川県)
鋳釜崎　いがま-ざき(青森県)
鋳銭司　すぜんじ(山口県)

竹橋　たけばし(東京都)
竹駒　たけこま(岩手県)
竹崎　たけざき(鹿児島県，佐賀県)
竹島　たけ-しま(愛知県，島根県，鹿児島県)
竹林寺山　ちくりんじ-ざん(岡山県)
竹林寺用倉山県立自然公園　ちくりんじようくらやま-けんりつしぜんこうえん(広島県)
竹富　たけとみ(沖縄県)
竹鼻線　たけはな-せん(笠松～大須)
竹生島　ちくぶ-しま(滋賀県)
竹野　たけの(京都府，兵庫県)
竹原　たけはら(広島県)
竹原峠　たかわら-とうげ(大分県)
竹田　たけた(大分県)
たけだ(兵庫県)
竹田津　たけたづ(大分県)
竹田川　たけだ-がわ(福井県，兵庫県)
竹芝桟橋　たけしば-さんばし(東京都)
竹浦　たけうら(北海道)
竹ヶ島　たけがしま(徳島県)
竹ノ塚　たけのつか(東京都)
粥見　かゆみ(三重県)
粥新田峠　かいにた-とうげ(埼玉県)

隼　はやぶさ(鳥取県)
隼人　はやと(鹿児島県)
隼町　はやぶさ-ちょう(東京都)
樽見鉄道　たるみ-てつどう(大垣～神海)
樽床ダム　たるとこ-ダム(広島県)
樽前山　たるまえ-さん(北海道)
樽井　たるい(大阪府)
駿東　すんとう(静岡県)
駿豆*　すんず(駿河·伊豆)
駿府　すんぷ(静岡県)
駿遠*　すんえん(駿河·遠江)
駿州　すんしゅう(駿河의 딴이름)
駿河　するが(옛 국명)
駿河台　するが-だい(東京都)

中街道　なか-かいどう(奈良県)
中間市　なかま-し(福岡県)
中江ノ瀬戸　なかえのせと(島根県)
中綱湖　なかつな-こ(長野県)
中巨摩郡　なかこま-ぐん(山梨県)
中京　ちゅうきょう(名古屋市의 딴이름)
中京区　なかぎょう-く(京都市)
中頸城郡　なかくびき-ぐん(新潟県)
中軽井沢　なかかるいざわ(長野県)
中関　なかのせき(山口県)
中区　なか-く(横浜市, 名古屋市, 広島市)
中九州　なかきゅうしゅう(熊本·大分県)
中国　ちゅうごく(本州)
中郡　なか-ぐん(神奈川県, 京都府)
中郡筋　なかごおり-すじ(山梨県)
中宮団地　なかみや-だんち(大阪府)
中宮祠　ちゅうぐうじ(栃木県)
中筋　なかすじ(長野県)
中紀　ちゅうき(和歌山県)
中濃　ちゅうのう(岐阜県)
中能登　なか-のと(石川県)
中丹　ちゅうたん(京都府)
中島　なか-じま(北海道, 愛媛県)
中島郡　なかしま-ぐん(愛知県)
中渡島　なかと-しま(愛媛県)
中島町　なかじま-まち(石川県)
中道町　なかみち-まち(山梨県)
中島村　なかじま-むら(福島県)
中頓別町　なかとんべつ-ちょう(北海道)
中頭　なかがみ(沖縄県)
中瀬鉱山　なかせ-こうざん(兵庫県)
中竜鉱山　なかたつ-こうざん(福井県)
中六人部　なかむとべ(京都府)
中里　なかざと(東京都)
中里町　なかさと-まち(青森県)
中里村　なかさと-むら(新潟県)
　なかざと-むら(群馬県)
中馬街道　ちゅうま-かいどう(長野県)
中毛　ちゅうもう(群馬県)
中尾洞　なかお-どう(山口県)
中尾峠　なかお-とうげ(長野·岐阜県)
中尾温泉　なかお-おんせん(岐阜県)
中飯降　なかいぶり(和歌山県)
中房温泉　なかぶさ-おんせん(長野県)
中辺路　なかへじ(和歌山県)
中辺路町　なかへち-ちょう(和歌山県)
中部　ちゅうぶ(本州)
　なかっぺ(静岡県)
中富良野町　なかふらの-ちょう(北海道)
中部山渓県立自然公園　ちゅうぶさんけい-けんりつしぜんこうえん(徳島県)
中富町　なかとみ-ちょう(山梨県)
中浜　なかはま(高知県)
中士幌　なかしほろ(北海道)
中山　なかやま(宮城県, 群馬県, 長野県)
中山街道　なかやま-かいどう(岩手県)
中山道　なかせんどう(옛 街道)
中山半島　なかやま-はんとう(青森県)
中山寺　なかやまでら(兵庫県)
中蒜山　なかひるぜん(鳥取·岡山県)
中山峠　なかやま-とうげ(北海道, 青森県, 福島県, 山口県, 宮崎県)
中山町　なかやま-ちょう(鳥取県, 愛媛県)
　なかやま-まち(山形県)
中山七里　なかやま-しちり(岐阜県)
中山香　なかやまが(大分県)
中三坂峠　なかみさか-とうげ(島根·広島県)
中書島　ちゅうしょじま(京都市)
中禅寺　ちゅうぜんじ(栃木県)
中仙町　なかせん-まち(秋田県)
中城　なかぐすく(沖縄県)
中勢　ちゅうせい(三重県)
中信　ちゅうしん(長野県)
中新田町　なかにいだ-まち(宮城県)

中新川郡　なかにいかわ-ぐん(富山県)
中双里　なかそり(埼玉県)
中岳　なか-だけ(長野・岐阜県，静岡県，熊本県)
中央　ちゅうおう(本州)
中央区　ちゅうおう-く(札幌市，東京都，大阪市，神戸市，福岡市)
中央線　ちゅうおう-せん(大阪港〜長田)
中央町　ちゅうおう-ちょう(岡山県)
　ちゅうおう-まち(熊本県)
中野　なかの(神奈川県，長野県)
中野区　なかの-く(東京都)
中野島　なかのしま(川崎市)
中野新道　なかの-しんどう(福島県)
中魚沼郡　なかうおぬま-ぐん(新潟県)
中羽前街道　なかうぜん-かいどう(宮城〜山形県)
中原　なかはら(神奈川県)
中原区　なかはら-く(川崎市)
中元寺川　ちゅうがんじ-がわ(福岡県)
中原町　なかばる-ちょう(佐賀県)
中越　ちゅうえつ(新潟県)
中伊豆町　なかいず-ちょう(静岡県)
中込　なかごみ(長野県)
中庄　なかしょう(岡山県)
中田　なかた(熊本県)
　なかだ(茨城県)
中田島砂丘　なかたじま-さきゅう(静岡県)
中田町　なかだ-ちょう(宮城県)
中井　なかい(東京都)
中町　なか-ちょう(兵庫県)
中井町　なかい-まち(神奈川県)
中条　なかじょう(新潟県)
中条村　なかじょう-むら(長野県)
中種子町　なかたね-ちょう(鹿児島県)
中佐都　なかさと(長野県)
中主町　ちゅうず-ちょう(滋賀県)
中甑島　なかこしき-じま(鹿児島県)
中之口　なかのくち(新潟県)
中之島　なかのしま(大阪市，鹿児島県)
中之島町　なかのしま-まち(新潟県)
中之条　なかのじょう(群馬県)
中之郷　なかのごう(東京都)
中之湖　なかのこ(滋賀県)
中津　なかつ(埼玉県，高知県，神奈川県，大分県)
中津江村　なかつえ-むら(大分県)
中津軽郡　なかつがる-ぐん(青森県)
中津峰山　なかつみね-やま(徳島県)
中津山　なかつ-やま(徳島県)
中津川　なかつ-がわ(岐阜県)
中津村　なかつ-むら(和歌山県)
中札内村　なかさつない-むら(北海道)
中川　なかがわ(北海道，名古屋市)
　なか-がわ(埼玉県)
中泉　なかいずみ(静岡県)
中川郡　なかがわ-ぐん(北海道)
中川根町　なかかわね-ちょう(静岡県)
中千島　なかちしま(千島列島)
中川堰　なかがわ-ぜき(山形県)
中川村　なかがわ-むら(長野県)
中村　なかむら(福島県，名古屋市)
中萩　なかはぎ(愛媛県)
中土　なかつち(長野県)
中土佐町　なかとさ-ちょう(高知県)
中通　なかどおり(福岡県)
中通り　なかどおり(福島県)
中通島　なかどおり-しま(長崎県)
中板橋　なかいたばし(東京都)
中坂峠　ちゅうざか-とうげ(熊本県)
　なかさか-とうげ(高知県)
中蒲原郡　なかかんばら-ぐん(新潟県)
中標津　なかしべつ(北海道)
中海　なかうみ(島根県)
中郷　なかごう(宮崎県)
中郷村　なかごう-むら(新潟県)
中湖　なかうみ(青森県)
中和　ちゅうわ(奈良県)
中和村　ちゅうか-そん(岡山県)
中ノ谷峠　なかのたに-とうげ(大分県)
中ノ島　なかのしま(島根県)
中ノ鳥島　なかのとり-しま(西太平洋)
中ノ湯温泉　なかのゆ-おんせん(福島県，長野県)
中ノ沢温泉　なかのさわ-おんせん(福島県)
仲間川　なかま-がわ(沖縄県)
仲南町　ちゅうなん-ちょう(香川県)
仲多度郡　なかたど-ぐん(香川県)
仲里村　なかざと-そん(沖縄県)
重茂半島　おもえ-はんとう(岩手県)
重富　しげとみ(鹿児島県)
重信　しげのぶ(愛媛県)
重阪峠　へさか-とうげ(奈良県)

櫛引町　くしびき-まち(山形県)
櫛田川　くしだ-がわ(三重県)
櫛形　くしがた(山梨県)
櫛ヶ峰　くしがみね(青森県，福島県)
櫛ヶ浜　くしがはま(山口県)

葺合　ふきあい(神戸市)

曾根　そね(新潟県，兵庫県)
曾根丘陵　そね-きゅうりょう(山梨県)
曾根崎　そねざき(大阪市)
曾根沼　そね-ぬま(滋賀県)
曾我川　そが-がわ(奈良県)
曾於　そお(鹿児島県)
曾爾村　そに-むら(奈良県)
曾々木海岸　そそぎ-かいがん(石川県)
蒸ノ湯温泉　ふけのゆ-おんせん(秋田県)
増毛　ましけ(北海道)
増富　ますとみ(山梨県)
増穂町　ますほ-ちょう(山梨県)
増穂ノ浦　ますほの-うら(石川県)
増田　ますだ(宮城県)
増田町　ますだ-まち(秋田県)
増幌　ますぽろ(北海道)
甑島　こしき-じま(鹿児島県)

支笏　しこつ(北海道)
只見　ただみ(福島県)
只木　ただき(静岡県)
地頭方　じとうがた(静岡県)
地無垢島　じむく-しま(大分県)
地芳峠　じよし-とうげ(高知·愛媛県)
地福　じふく(山口県)
地鉈温泉　じなた-おんせん(東京都)
地神山　じがみ-やま(山形·新潟県)
地獄谷　じごくだに(富山県)
　じごく-だに(北海道)
地獄温泉　じごく-おんせん(熊本県)
地蔵崎　じぞう-ざき(島根県，大分県)
地蔵山　じぞう-さん(山形県)
　じぞう-やま(山形県)
地蔵峠　じぞう-とうげ(新潟県，群馬県，埼玉県)
地蔵岳　じぞう-だけ(山形県，栃木県，群馬県)
地蔵ヶ岳　じぞうがだけ(山梨県)
地蔵原　じぞう-ばる(大分県)
地ノ大島　じのおおしま(愛媛県)
地ノ島　じのしま(和歌山県，福岡県)
池間島　いけま-じま(沖縄県)
池尻　いけじり(東京都)
池袋　いけぶくろ(東京都)
池島　いけ-しま(長崎県)
池島ノ瀬戸　いけしまのせと(熊本県)
池鯉鮒　ちりふ(愛知県)
池木屋山　いけごや-やま，いけのきや-やま(三重·奈良県)
池尾　いけのお(京都府)
池北線　ちほく-せん(池田～北見)
池上　いけがみ(東京都)
池上運河　いけがみ-うんが(川崎市)
池新田　いけしんでん(静岡県)
池原ダム　いけはら-ダム(奈良県)
池田　いけだ(静岡県，香川県)
池田市　いけだ-し(大阪府)
池田町　いけだ-ちょう(北海道，福井県，岐阜県，徳島県)
　いけだ-まち(長野県)
池田湖　いけだ-こ(鹿児島県)
池之端　いけのはた(東京都)
池川　いけがわ(高知県)
池ノ谷　いけのたん(富山県)
池ノ湯温泉　いけのゆ-おんせん(北海道)
池ノ平　いけのたいら(新潟県)
池ノ平山　いけのたいら-やま(富山県)
至仏山　しぶつ-さん(群馬県)
志高湖　しだか-こ(大分県)
志紀　しき(大阪府)
志度　しど(香川県)
志摩　しま(옛 국명，福岡県)
志免町　しめ-まち(福岡県)
志木　しき(埼玉県)
志美宇丹　しびうたん(北海道)
志発　しぼつ(北海道)
志方　しかた(兵庫県)
志比堺　しいざかい(福井県)
志染　しじみ(兵庫県)
志雄町　しお-まち(石川県)
志張ノ湯　しばりのゆ(秋田県)
志田郡　しだ-ぐん(宮城県)
志佐　しさ(長崎県)

志州　ししゅう(志摩의 딴이름)
志々伎　しじき(長崎県)
志々島　しし-じま(香川県)
志津　しづ(千葉県)
志津川　しづがわ(宮城県)
志村　しむら(東京都)
志筑　しづき(兵庫県)
志太郡　しだ-ぐん(静岡県)
志波姫町　しわひめ-ちょう(宮城県)
志布志　しぶし(鹿児島県)
志賀　しが(長野県, 滋賀県)
志賀島　しかのしま(福岡市)
志賀越　しが-ごえ(長野·群馬県)
志賀町　しか-まち(石川県)
志賀坂峠　しがさか-とうげ(埼玉·群馬県)
志学温泉　しがく-おんせん(島根県)
志戸橋野　しどばし-の(秋田県)
志戸坂峠　しどさか-とうげ(鳥取·岡山県)
志戸平温泉　しどたいら-おんせん(岩手県)
志和　しわ(広島県)
志和地　しわち(広島県)
志和池　しわち(宮崎県)
芝　しば(東京都)
芝谷地　しばやち(秋田県)
芝山町　しばやま-まち(千葉県)
芝峠　しば-とうげ(福岡県)
芝川　しば-かわ(静岡県)
芝浦　しばうら(東京都)
枝光　えだみつ(福岡県)
枝折峠　しおり-とうげ(新潟県)
枝下用水　しだれ-ようすい(愛知県)
枝幸　えさし(北海道)
知内　しりうち(北海道)
知念村　ちねん-そん(沖縄県)
知多　ちた(愛知県)
知覧町　ちらん-ちょう(鹿児島県)
知利別　ちりべつ(北海道)
知林ヶ島　ちりんがしま(鹿児島県)
知立　ちりゅう(愛知県)
知名町　ちな-ちょう(鹿児島県)
知夫　ちぶ(島根県)
知床　しれとこ(北海道)
知人　しれと(北海道)
持世寺温泉　じせいじ-おんせん(山口県)
持越鉱山　もちこし-こうざん(静岡県)
指扇　さしおうぎ(埼玉県)
指首野川　さすの-がわ(山形県)
指宿　いぶすき(鹿児島県)
指月山　しづき-やま(山口県)
砥部町　とべ-ちょう(愛媛県)
砥用町　ともち-まち(熊本県)
祗苗島　ただなえ-じま(東京都)
紙屋町　かみや-ちょう(広島市)
紙屋川　かみや-がわ(京都市)
智頭　ちず(鳥取県)
智里　ちさと(長野県)
贄湾　にえ-わん(三重県)

直江　なおえ(島根県)
直江津　なおえつ(新潟県)
直根　ひたね(秋田県)
直島　なお-しま(香川県)
直方　のおがた(福岡県)
直峰松之山大池県立自然公園　なおみねまつのやまおおいけ-けんりつしぜんこうえん(新潟県)
直入　なおいり(大分県)
直川村　なおかわ-そん(大分県)
織田　おだ(奈良県)
織田町　おた-ちょう(福井県)

辰口町　たつのくち-まち(石川県)
辰巳　たつみ(千葉県, 東京都)
辰巳峠　たつみ-とうげ(鳥取·岡山県)
辰巳用水　たつみ-ようすい(石川県)
辰野町　たつの-まち(長野県)
辰ノ瀬戸　たつのせと(長崎県)
津　つ(三重県)
津江山系県立自然公園　つえさんけい-けんりつしぜんこうえん(大分県)
津居山　ついやま(兵庫県)
津堅島　つけん-じま(沖縄県)
津軽　つがる(青森県)
津軽石川　つがるいし-がわ(岩手県)
津高　つだか(岡山県)
津谷　つや(宮城県)
津具　つぐ(愛知県)
津久見　つくみ(大分県)
津久井　つくい(神奈川県)
津崎　つ-ざき(長崎県)

津南町　つなん-まち(新潟県)
津奈木　つなぎ(熊本県)
津島　つしま(愛知県)
　　つ-しま(愛媛県)
津島町　つしま-ちょう(愛媛県)
津浪　つなみ(広島県)
津呂　つろ(高知県)
津名　つな(兵庫県)
津民耶馬渓　つたみ-やばけい(大分県)
津幡町　つばた-まち(石川県)
津別町　つべつ-ちょう(北海道)
津峰　つのみね(徳島県)
津山　つやま(岡山県)
津山町　つやま-ちょう(宮城県)
津屋崎町　つやざき-まち(福岡県)
津田　つた(広島県)
　　つだ(大阪府, 島根県)
津田沼　つだぬま(千葉県)
津田町　つだ-ちょう(香川県)
津々良ヶ岳　つづらがだけ(山口県)
津川町　つがわ-まち(新潟県)
津和崎　つわ-ざき(長崎県)
津和野　つわの(島根県)
津和地島　つわじ-しま(愛媛県)
津黒山　つぐろ-やま(鳥取県)
津ノ井　つのい(鳥取県)
真岡　もおか(栃木県)
真谷地　まやち(北海道)
真鍋島　まなべ-しま(岡山県)
真駒内　まこまない(札幌市)
真弓峠　まゆみ-とうげ(岐阜・長野県)
真金　まかね(岡山県)
真崎トンネル　まざき-トンネル(摂待～田老)
真那板山トンネル　まないたやま-トンネル(北小谷～平岩)
真鈴峠　ますず-とうげ(徳島・香川県)
真竜　しんりゅう(北海道)
真名ヶ岳台　まながだけ-だい(山口県)
真名川　まな-がわ(福井県)
真木渓谷　まき-けいこく(秋田県)
真木真昼県立自然公園　まきまひる-けんりつしぜんこうえん(秋田県)
真美ヶ丘団地　まみがおか-だんち(奈良県)
真壁　まかべ(茨城県)
真備町　まび-ちょう(岡山県)
真似男ヶ峠　まねおがだわ(岡山県)
真砂坂　まさご-ざか(東京都)
真山　しん-ざん(秋田県)
真狩　まっかり(北海道)
真室川　まむろ-がわ(山形県)
真野　まの(新潟県, 滋賀県)
真野川　まの-がわ(福島県)
真栄田岬　まえだ-さき(沖縄県)
真玉町　またま-まち(大分県)
真田山　さなだ-やま(大阪市)
真田町　さなだ-まち(長野県)
真庭郡　まにわ-ぐん(岡山県)
真正町　しんせい-ちょう(岐阜県)
真昼　まひる(秋田・岩手県)
真珠島　しんじゅ-じま(三重県)
真湯温泉　しんゆ-おんせん(岩手県)
真土山　まつち-やま(奈良・和歌山県)
真賀温泉　まが-おんせん(岡山県)
真鶴　まなつる(神奈川県)
真幸　まさき(宮崎県)
真穴大島　まあな-おおしま(愛媛県)
真和志　まわし(沖縄県)
真の沢林道　しんのさわ-りんどう(埼玉県)
振草　ふりくさ(愛知県)
秦　はだ(岡山県)
秦野　はだの(神奈川県)
秦荘町　はたしょう-ちょう(滋賀県)
陣馬　じんば(東京都・神奈川県)
陣場岳　じんば-だけ(青森県)
陣ヶ岡台地　じんがおか-だいち(福井県)
榛東村　しんとう-むら(群馬県)
榛名　はるな(群馬県)
榛原　はいばら(静岡県)
榛原町　はいばら-ちょう(奈良県)
震生湖　しんせい-こ(神奈川県)
鎮西　ちんぜい(九州 北部의 옛이름)

姪島　めい-じま(東京都)
姪浜　めいのはま(福岡市)
秩父　ちちぶ(埼玉県)
秩父別　ちっぷべつ(北海道)
秩父原野　ちっぷ-げんや(北海道)
秩父ヶ浦　ちちぶがうら(長崎県)
蛭谷　ひるたに(滋賀県)
蛭川村　ひるかわ-むら(岐阜県)
蛭ヶ小島　ひるがこじま(静岡県)
蛭ヶ岳　ひるがたけ(神奈川県)
蛭ヶ野　ひるがの(岐阜県)

澄川温泉 すみかわ-おんせん(秋田県)

次郎笈 じろうぎゅう(徳島県)
次郎長開墾 じろちょう-かいこん(静岡県)
此花区 このはな-く(大阪市)
車力村 しゃりき-むら(青森県)
車山 くるま-やま(長野県)
車坂 くるま-ざか(東京都)
車坂峠 くるまざか-とうげ(群馬・長野県)
差木地 さしきじ(東京都)
嵯峨 さが(京都市)
嵯峨渓 さが-けい(宮城県)
嵯峨ノ島 さがのしま(長崎県)
嵯峨沢温泉 さがさわ-おんせん(静岡県)
蹉跎 さだ(高知県)

讃岐 さぬき(옛 국명)
讃州 さんしゅう(讃岐의 딴이름)

札内 さつない(北海道)
札沼線 さっしょう-せん(桑園～新十津川)
札苅 さつかり(北海道)
札樽自動車国道 さっそん-じどうしゃこくどう(北海道)
札幌 さっぽろ(北海道)
札ケ峠 ふだがたわ(広島県)
札ノ辻 ふだのつじ(東京都)

昌平坂 しょうへい-ざか(東京都)
倉橋 くらはし(広島県)
倉吉 くらよし(鳥取県)
倉良瀬戸 くらら-せと(福岡県・九州)
倉敷 くらしき(岡山県)
倉石村 くらいし-むら(青森県)
倉岳 くら-たけ(熊本県)

倉淵村　くらぶち-むら(群馬県)
倉沢山　くらさわ-やま(秋田県)
倉賀野　くらがの(群馬県)
お倉ヶ浜　おくらがはま(宮崎県)
窓ヶ山　まどがさん(広島市)
菖蒲町　しょうぶ-まち(埼玉県)
菖蒲池　あやめ-いけ(奈良県)
菖蒲平　あやめ-だいら(群馬県)
創成川　そうせい-がわ(札幌市)
蒼社川　そうじゃ-がわ(愛媛県)
槍　やり(長野·岐阜県)
槍見温泉　やりみ-おんせん(岐阜県)
錆崎温泉　さぶさき-おんせん(東京都)

채

採銅所　さいどうしょ(福岡県)

책

柵原　やなはら(岡山県)

처

妻　つま(宮崎県)
妻良　めら(静岡県)
妻恋山　つまごい-やま(秋田県)
妻鹿　めが(兵庫県)
妻籠　つまご(長野県)
妻木　つまき(岐阜県)
妻沼町　めぬま-まち(埼玉県)
妻坂峠　つまさか-とうげ(埼玉県)

척

尺別　しゃくべつ(北海道)
脊振　せふり(福岡·佐賀県)

천

千曲川　ちくま-がわ(長野県)
千光寺山　せんこうじ-さん(広島県)
千厩町　せんまや-ちょう(岩手県)
千国　ちくに(長野県)
千代崎浦　ちよざき-うら(三重県)
千代野ニュータウン　ちよの-ニュータウン(石川県)
千代田　ちよだ(千葉県, 東京都)
千代田町　ちよだ-ちょう(広島県, 佐賀県)
ちよだ-まち(群馬県)
千代田村　ちよだ-むら(茨城県)
千代田湖　ちよだ-こ(山梨県)
千代川　せんだい-がわ(鳥取県)
千代川村　ちよかわ-むら(茨城県)
千島　ちしま(옛 국명)
千頭　せんず(静岡県)
千頭星山　せんとぼし-やま(山梨県)
千里　せんり(大阪府)
千里浜　ちり-はま(石川県)
千林　せんばやし(大阪市)
千枚岳　せんまい-だけ(静岡県)
千綿　ちわた(長崎県)
千本山　せんぼん-やま(高知県)
千本松原　せんぼん-まつばら(静岡県)
千本松原県立自然公園　せんぼんまつばら-けんりつしぜんこうえん(岐阜県)
千本通り　せんぼん-どおり(京都市)
千浜砂丘　ちはま-さきゅう(静岡県)
千石岳　せんごく-だけ(山口県)
千城台団地　ちしろだい-だんち(千葉県)
千歳　ちとせ(北海道, 千葉県, 東京都, 京都府)
千歳村　ちとせ-むら(大分県)
千束　せんぞく(東京都)
千束蔵々島　せんぞくぞうぞ-じま(熊本県)

千手ヶ原　せんじゅがはら(栃木県)
千寿ヶ原　せんじゅがはら(富山県)
千穂ヶ浦　ちほがうら(千葉県)
千尋岬　ちひろ-みさき(高知県)
千巌山　せんがん-ざん(熊本県)
千葉　ちば(千葉県)
千刈湖　せんがり-こ(兵庫県)
千屋　ちや(岡山県)
千羽海崖　せんば-かいがい(徳島県)
千人塚　せんにんづか(長野県)
千日前　せんにちまえ(大阪市)
千丈渓　せんじょう-けい(島根県)
千丈幕　せんじょうまく(青森県)
千丈山　せんじょう-さん(和歌山・奈良県)
千丈ヶ岳　せんじょうがだけ(京都府)
千畑町　せんはた-まち(秋田県)
千町無田　せんちょうむた(大分県)
千丁町　せんちょう-まち(熊本県)
千早　ちはや(大阪府)
千鳥ヶ淵　ちどりがふち(東京都)
千種　ちくさ(兵庫県)
千種区　ちくさ-く(名古屋市)
千住　せんじゅ(東京都)
千倉町　ちくら-まち(千葉県)
千川　せんかわ(東京都)
千々石　ちぢわ(長崎県)
千秋公園　せんしゅう-こうえん(秋田県)
千駄ヶ谷　せんだがや(東京都)
千駄木　せんだぎ(東京都)
千波崎　せんば-ざき(東京都)
千波沼　せんば-ぬま(茨城県)
千賀浦　ちがのうら(宮城県)
千ヶ滝温泉　せんがたき-おんせん(長野県)
川尻　かわしり(静岡県，熊本県)
　かわじり(茨城県)
川尻岬　かわじり-みさき(山口県)
川尻温泉　かわしり-おんせん(鹿児島県)
川尻町　かわじり-ちょう(広島県)
川口　かわぐち(北海道，東京都)
川口市　かわぐち-し(埼玉県)
川口町　かわぐち-まち(新潟県)
川筋　かわすじ(福岡県)
川根町　かわね-ちょう(静岡県)
川汲　かっくみ(北海道)
川崎　かわさき(宮城県，川崎市，静岡県)
川崎町　かわさき-まち(福岡県)
川崎村　かわさき-むら(岩手県)
川南　かわみなみ(徳島県)
川南町　かわみなみ-ちょう(宮崎県)
川内　かわうち(青森県，広島県)
　かわち(長崎県)
　せんだい(鹿児島県)
川奈　かわな(静岡県)
川内町　かわうち-ちょう(愛媛県)
川内村　かわうち-むら(福島県)
川大内　かおおち，**かわおおち**
　(秋田県)
川渡温泉　かわたび-おんせん(宮城県)
川島町　かわしま-ちょう(岐阜県，徳島県)
　かわじま-まち(埼玉県)
川東　かわひがし(奈良県)
川連　かわつら(秋田県)
川路　かわじ(長野県)
川里村　かわさと-むら(埼玉県)
川面峠　こうも-だわ(岡山県)
川辺　かわなべ(鹿児島県)
川辺郡　かわべ-ぐん(兵庫県)
川辺町　かわべ-ちょう(岐阜県，和歌山県)
川辺川　かわべ-がわ(熊本県，岡山県)
川本町　かわもと-ちょう(島根県)
　かわもと-まち(埼玉県)
川副町　かわそえ-まち(佐賀県)
川北　かわきた(徳島県)
川北町　かわきた-まち(石川県)
川棚　かわたな(長崎県)
川薩　せんさつ(鹿児島県)
川上　かおれ(岐阜県)
　かわうえ(岐阜県)
　かわかみ(和歌山県，岡山県，佐賀県)
川上郡　かわかみ-ぐん(北海道)
川上温泉　かわかみ-おんせん(北海道，福島県)
川上村　かわかみ-そん(岡山県，山口県)
　かわかみ-むら(長野県，奈良県)
川西　かわにし(北海道，栃木県，福井県，長野県)
川西市　かわにし-し(兵庫県)
川西町　かわにし-ちょう(奈良県)
　かわにし-まち(山形県，新潟県)
川水流　かわずる(宮崎県)
川乗山　かわのり-やま(東京都)
川岸　かわぎし(岩手県，長野県)
川俣　かわまた(福島県，栃木県)
川原　かわはら(奈良県)
川原毛　かわらげ(秋田県)
川原石　かわらいし(広島県)
川原湯温泉　かわらゆ-おんせん(群馬県)
川越　かわごえ(埼玉県，島根県)
川越町　かわごえ-ちょう(三重県)
川場村　かわば-むら(群馬県)
川底温泉　かわとこ-おんせん(大分県)
川井　かわい(東京都)
川井村　かわい-むら(岩手県)
川中島　かわなかじま(長野県)

川之江　かわのえ(愛媛県)
川之石　かわのいし(愛媛県)
川治　かわじ(栃木県)
川湯　かわゆ(北海道)
川平湾　かびら-わん(沖縄県)
川浦温泉　かわうら-おんせん(山梨県)
川合　かわい(愛知県)
川合谷高原　かわいだに-こうげん(鳥取県)
天間林村　てんまばやし-むら(青森県)
天降川　あもり-がわ(鹿児島県)
天見温泉　あまみ-おんせん(大阪府)
天橋立　あまのはしだて(京都府)
天狗　てんぐ(富山県)
天狗高原　てんぐ-こうげん(高知県)
天狗鼻　てんぐばな(鹿児島県)
天狗寺山　てんぐうじ-やま(岡山県)
天狗山　てんぐ-やま(北海道)
天狗岳　てんぐ-だけ(北海道, 札幌市, 長野県)
天狗塚　てんぐづか(徳島·高知県)
天道　てんとう(福岡県)
天都山　てんと-ざん(北海道)
天童　てんどう(山形県)
天覧山　てんらん-ざん(埼玉県)
天瀬　あまがせ(大分県)
天竜　てんりゅう(長野·静岡県)
天六　てんろく(大阪市)
天理　てんり(奈良県)
天万　てま(鳥取県)
天満　てんま(大阪市)
天売　てうり(北海道)
天明町　てんめい-まち(熊本県)
天目山　てんもく-ざん(東京都, 山梨県)
天文館通り　てんもんかん-どおり(鹿児島県)
天門橋　てんもん-きょう(熊本県)
天拝山　てんぱい-ざん(福岡県)
天白　てんぱく(名古屋市)
天伯原　てんぱく-はら(愛知県)
天保山　てんぽうざん(大阪市)
天北*　てんぽく(天塩·北見)
天赦園　てんしゃ-えん(愛媛県)
天山　てん-ざん(佐賀県)
天上山　てんじょう-さん(東京都, 広島県)
天生峠　あもう-とうげ(岐阜県)
天城　あまぎ(静岡県, 鹿児島県)
天沼　あまぬま(東京都)
天水町　てんすい-まち(熊本県)
天神　てんじん(群馬県)
天神町　てんじん-まち(福岡市)
天神丸　てんじんまる(徳島県)
天辻峠　てんつじ-とうげ(奈良県)
天野　あまの(大阪府)
天野川　あまの-がわ(滋賀県, 大阪府)
天塩　てしお(옛 국명)
天栄村　てんえい-むら(福島県)
天王寺　てんのうじ(大阪市)
天王山　てんのう-ざん(京都府)
天王町　てんのう-まち(秋田県)
天羽　あまは(千葉県)
天応　てんのう(広島県)
天人峡　てんにん-きょう(北海道)
天子　てんし(山梨·静岡県)
天田郡　あまた-ぐん(京都府)
天井ヶ岳　てんじょうがだけ(山口県)
天祖山　てんそ-ざん(東京都)
天津小湊町　あまつこみなと-まち(千葉県)
天川村　てんかわ-むら(奈良県)
天草　あまくさ(熊本県)
天下茶屋　てんがちゃや(大阪市)
天香久山　あまのかぐ-やま(奈良県)
天ヶ瀬　あまがせ(大分県)
天ノ川　あまの-がわ(北海道)
　てんのかわ(奈良県)
泉　いずみ(仙台市, 千葉県, 静岡県, 大阪府, 兵庫県)
泉区　いずみ-く(横浜市)
泉崎村　いずみざき-むら(福島県)
泉南　せんなん(大阪府)
泉北　せんぼく(大阪府)
泉州　せんしゅう(大阪府)
泉津　せんづ(東京都)
泉川　いずみかわ(愛媛県)
　いずみ-がわ(京都府)
泉村　いずみ-むら(熊本県)
浅間　あさま(群馬県, 長野県)
浅間温泉　あさま-おんせん(長野県)
浅科村　あさしな-むら(長野県)
浅口郡　あさくち-ぐん(岡山県)
浅瀬石川　あせいし-がわ(青森県)
浅利　あさり(島根県)
浅茅湾　あそう-わん(長崎県)
浅茅野台地　あさじの-だいち(北海道)
浅茅ヶ原　あさじがはら(奈良県)
浅舞　あさまい(秋田県)
浅尾　あさお(山梨県)
浅所　あさどころ(青森県)
浅野川　あさの-がわ(石川県)
浅羽町　あさば-ちょう(静岡県)
浅井　あさい(愛知県)
　あざい(滋賀県)
浅津温泉　あそうづ-おんせん, あそづ-おんせん
(羽合温泉의 옛이름)
浅川　あさ-かわ(東京都)
浅川町　あさかわ-まち(福島県)

浅草　あさくさ(東京都)
浅草岳　あさくさ-だけ(福島・新潟県)
浅虫　あさむし(青森県)
浅貝　あさかい(新潟県)
釧路　くしろ(옛 국명)
釧網　せんもう(北海道)
釧北*　せんぽく(釧路・北見)
賤機山　しずはた-やま(静岡県)
賤ヶ岳　しずがたけ(滋賀県)

哲多町　てつた-ちょう(岡山県)
哲西　てっせい(岡山県)
鉄拐山　てっかい-ざん(神戸市)
鉄輪温泉　かんなわ-おんせん(大分県)
鉄山　てつ-ざん(福島県)
鉄砲小路　てっぽうこうじ(熊本県)
鉄砲洲　てっぽうず(東京都)
綴喜郡　つづき-ぐん(京都府)、

尖閣湾　せんかく-わん(新潟県)
尖閣諸島　せんかく-しょとう(沖縄県)
尖頭諸島　せんとう-しょとう(沖縄県)
尖石　とがりいし(長野県)
添上郡　そえかみ-ぐん(奈良県)
添田町　そえだ-まち(福岡県)

帖佐　ちょうさ(鹿児島県)
畳平　たたみ-だいら(長野県)

青谷町　あおや-ちょう(鳥取県)
青堀　あおほり(千葉県)
青根温泉　あおね-おんせん(宮城県)
青島　あお-しま(京都府, 愛媛県, 長崎県, 宮崎県)
　　あおじま(静岡県)
青蓮寺ダム　しょうれんじ-ダム(三重県)
青柳　あおやぎ(山梨県)
青柳町　あおやぎ-ちょう(北海道)
青梅　おうめ(東京都)
青木ヶ原　あおきがはら(山梨県)
青木村　あおき-むら(長野県)
青木湖　あおき-こ(長野県)
青苗　あおなえ(北海道)
青方　あおかた(長崎県)
青崩峠　あおくずれ-とうげ(静岡・長野県)
青山　あおやま(東京都, 三重県)
青森　あおもり(本州)
青野　あおの(島根県)
青野ヶ原　あおのがはら(兵庫県)
青葉区　あおば-く(仙台市)
青葉山　あおば-やま(福井県)
青垣町　あおがき-ちょう(兵庫県)
青田原　あおた-はら(福島県)
青井岳　あおい-だけ(宮崎県)
青薙山　あおなぎ-やま(山梨県)
青荷温泉　あおに-おんせん(青森県)
青函*　せいかん(青森・函館市)
青海　おうみ(新潟県, 山口県)
青戸　あおと(東京都)
青ヶ島　あおがしま(東京都)
青ノ洞門　あおのどうもん(大分県)
清見潟　きよみ-がた(静岡県)
清見村　きよみ-むら(岐阜県)
清内路　せいないじ(長野県)
清滝　きよたき(栃木県, 京都市)
清瀬市　きよせ-し(東京都)
清里　きよさと(山梨県)
清里町　きよさと-ちょう(北海道)
清里村　きよさと-むら(新潟県)
清武　きよたけ(宮崎県)
清水　きよみず(京都市, 島根県)
　　しみず(群馬県, 静岡県, 高知県)
清水東条湖県立自然公園　きよみずとうじょうこ-けんりつしぜんこうえん(兵庫県)

清水町　しみず-ちょう(北海道, 福井県, 静岡県)
清水沢　しみずさわ(北海道)
清水坂　しみず-ざか(東京都)
清越　せいこし(静岡県)
清音村　きよね-そん(岡山県)
清畠　きよはた(北海道)
清洲橋　きよす-ばし(東京都)
清洲町　きよす-ちょう(愛知県)
清津　きよつ(新潟県)
清澄山　きよすみ-やま(千葉県)
清澄町　きよすみ-ちょう(東京都)
清川　きよかわ(山形県, 東京都)
清川村　きよかわ-むら(神奈川県, 大分県)
清沢　きよさわ(静岡県)
清坂　きよさか(大阪府)
清八峠　せいはち-とうげ(山梨県)
清和　せいわ(千葉県)
清和村　せいわ-そん(熊本県)
晴海　はるみ(東京都)
請島　うけ-しま(鹿児島県)
請戸川　うけど-がわ(福島県)
鯖江市　さばえ-し(福井県)
鯖台　さばだい(島根県)
鯖瀬ノ坂　さばせのさか(徳島県)
鯖石川　さばいし-がわ(新潟県)
鯖波　さばなみ(福井県)

초

初台　はつだい(東京都)
初島　は-しま, はつ-しま(静岡県)
　はつしま(和歌山県)
初鹿野　はじかの(山梨県)
初瀬　はせ, はつせ(奈良県)
初山別村　しょさんべつ-むら(北海道)
初狩　はつかり(山梨県)
初倉　はつくら(静岡県)
初浦　はつうら(北海道)
草加　そうか(埼玉県)
草間峡　くさま-きょう(岡山県)
草道温泉　くさみち-おんせん(鹿児島県)
草木ダム　くさき-ダム(群馬県)
草壁　くさかべ(香川県)
草峠　くさん-だわ(島根・広島県)
草野　くさの(福岡県)
草垣群島　くさがき-ぐんとう(鹿児島県)
草津　くさつ(群馬県, 滋賀県, 広島市)
草千里　くさせんり(熊本県)
草薙　くさなぎ(静岡県)
草花丘陵　くさばな-きゅうりょう(東京都)
蛸島　たこじま(石川県)
鍬崎山　くわさき-やま(富山県)
鍬台トンネル　くわだい-トンネル(吉浜～唐丹)

寸又　すまた(静岡県)
村岡町　むらおか-ちょう(兵庫県)
村山　むらやま(山形県, 東京都)
村上　むらかみ(新潟県)
村上団地　むらかみ-だんち(千葉県)
村所　むらしょ(宮崎県)
村松湾　むらまつ-わん(長崎県)
村松町　むらまつ-まち(新潟県)
村雲　むらくも(兵庫県)
村田町　むらた-まち(宮城県)
村櫛半島　むらぐし-はんとう(静岡県)

塚口　つかぐち(兵庫県)
塚原　つかはら(大分県)
塚原ダム　つかばる-ダム(宮崎県)
塚原野　つかはらの(福井県)
総領町　そうりょう-ちょう(広島県)
総武*　そうぶ(下総・上総・武蔵)
総社　そうじゃ(群馬県, 岡山県)
総元　ふさもと(千葉県)
総州　そうしゅう(上総, 下総의 딴이름)
総持寺　そうじじ(大阪府)
総和町　そうわ-まち(茨城県)

最上　もがみ(山形県)

秋吉台　あきよし-だい(山口県)
秋留　あきる(東京都)
秋芳　しゅうほう(山口県)
秋芳洞　あきよし-どう(山口県)
秋保　あきう(仙台市)
秋山川　あきやま-がわ(栃木県)
秋山村　あきやま-むら(山梨県)
秋穂　あいお(山口県)
秋神ダム　あきがみ-ダム(岐阜県)
秋葉　あきは(静岡県)
秋葉原　あきはばら(東京都)
秋勇留島　あきゆり-とう(北海道)
秋元湖　あきもと-こ(福島県)
秋月　あきづき(福岡県)
秋田　あきた(東北地方)
秋津　あきつ(東京都)
秋川　あき-がわ(東京都)
秋ヶ瀬取水堰　あきがせ-しゅすいぜき(埼玉県)
秋ノ宮温泉郷　あきのみや-おんせんきょう(秋田県)
追良瀬　おいらせ(青森県)
追分　おいわけ(北海道, 東京都, 長野県)
追浜　おっぱま(神奈川県)
追波　おっぱ(宮城県)
追貝　おっかい(群馬県)
椎谷峠　しいたに-だわ(広島県)
椎名　しいな(高知県)
椎名町　しいな-まち(東京都)
椎柴　しいしば(千葉県)
椎葉　しいば(宮崎県)
椎田町　しいだ-まち(福岡県)
萩　はぎ(山口県)
萩山　はぎやま(東京都)
萩野　はぎの(北海道)
萩原　はぎはら(山梨県)
　はぎわら(愛知県)
萩原町　はぎわら-ちょう(岐阜県)
槌ノ戸瀬戸　つちのと-せと(香川県)
箒川　ほうき-がわ(栃木県)
諏訪　すわ(東京都, 山梨県, 長野県)
諏訪之瀬　すわのせ(鹿児島県)
雛鶴峠　ひなづる-とうげ(山梨県)
鰍沢町　かじかざわ-ちょう(山梨県)

祝島　いわい-しま(山口県)
祝瓶山　いわいがめ-やま(山形県)
祝園　ほうその(京都府)
祝子川　ほうり-がわ(宮崎県)
祝田橋　いわいだ-ばし(東京都)
舳倉島　へぐら-じま(石川県)
筑摩　ちくま(滋賀県)
　ちくま, つかま(長野県)
筑邦　ちくほう(福岡県)
筑北　ちくほく(長野県)
筑肥　ちくひ(福岡·佐賀·熊本県)
筑穂町　ちくほ-まち(福岡県)
筑紫　ちくし, つくし(九州)
筑前　ちくぜん(옛 국명)
筑州　ちくしゅう(筑前, 筑後의 딴이름)
筑波　つくば(茨城県)
筑豊*　ちくほう(筑前·豊前)
筑後　ちくご(옛 국명)
築館町　つきだて-ちょう(宮城県)
築島　つき-しま(宮崎県)
築別　ちくべつ(北海道)
築上郡　ちくじょう-ぐん(福岡県)
築城　ついき(福岡県)
築地　ついじ(新潟県)
　つきじ(東京都)
蹴上　けあげ(京都市)

春江町　はるえ-ちょう(福井県)
春野　はるの(高知県)
春野町　はるの-ちょう(静岡県)
春日　かすが(奈良県)

春日居町　かすがい-ちょう(山梨県)
春日部市　かすかべ-し(埼玉県)
春日市　かすが-し(福岡県)
春日町　かすが-ちょう(東京都, 兵庫県)
春日井市　かすがい-し(愛知県)
春日川　かすが-がわ(香川県)
春日村　かすが-むら(岐阜県)
　はるひ-むら(愛知県)
春照　すいじょう(滋賀県)
春採　はるとり(北海道)
春香山　はるか-やま(北海道)
椿　つばき(秋田県, 徳島県)
椿島　つばき-じま(宮城県)
椿山　つばきやま(青森県)
椿海　つばきのうみ(千葉県)

出島　いずしま(宮城県)
　で-じま(長崎県)
出島村　でじま-むら(茨城県)
出東　しゅっとう(島根県)
出流原　いずるはら(栃木県)
出北　いできた(宮崎県)
出石　いずし(兵庫県)
出水　いずみ(鹿児島県)
出羽　いずは(島根県)
　でわ(옛 국명)
出羽島　でば-じま, でわ-じま(徳島県)
出雲　いずも(옛 국명)
出雲崎町　いずもざき-まち(新潟県)
出町　でまち(富山県)
出湯温泉　でゆ-おんせん(新潟県)
出戸浜　でと-はま(秋田県)

虫明　むしあげ(岡山県)
虫原峠　むしはら-たわ(岡山·広島県)
虫倉山　むしくら-やま(長野県)
沖家室島　おきかむろ-じま(山口県)
沖端　おきのはた(福岡県)
沖大東島　おきのだいとう-じま(沖縄県)
沖島　おき-しま(愛知県)
　おきのしま(滋賀県)
沖無垢島　おきむく-しま(大分県)
沖美町　おきみ-ちょう(広島県)
沖縄　おきなわ(南西諸島)
沖永良部　おきのえらぶ(鹿児島県)
沖秋目島　おきあきめ-じま(鹿児島県)
沖浦　おきうら(青森県)
沖ノ島　おきのしま(京都府, 和歌山県, 和歌山市, 高知県, 福岡県)
沖ノ山　おきのせん(鳥取県)
　おきのやま(東京湾)
沖ノ鳥島　おきのとりしま(東京都)
沖ノ浦　おきのうら(兵庫県)
忠岡町　ただおか-ちょう(大阪府)
忠類村　ちゅうるい-むら(北海道)
忠別　ちゅうべつ(北海道)
忠海　ただのうみ(広島県)

吹突岳　ふっつき-だけ(秋田県)
吹路　ふくろ(群馬県)
吹上　ふきあげ(栃木県, 鹿児島県)
吹上ノ浜　ふきあげのはま(静岡県)
吹上町　ふきあげ-まち(埼玉県)
吹屋　ふきや(岡山県)
吹越烏帽子　ふっこしえぼし(青森県)
吹田市　すいた-し(大阪府)
吹浦　ふくら(山形県)
吹割渓谷　ふきわり-けいこく(群馬県)
吹ケ峠　ふきがとうげ(島根県)
取手市　とりで-し(茨城県)
取香牧　とっこうのまき(千葉県)
翠波峰　すいはのみね(愛媛県)
鷲宮　わしみや(埼玉県)
鷲崎　わし-ざき(京都府)
鷲尾　わしお(高知県)
鷲別　わしべつ(北海道)
鷲峰山　じゅうぶ-ざん(京都府)
　じゅぼう-ざん(鳥取県)
鷲敷　わじき(徳島県)
鷲岳　わし-だけ(富山県)
鷲羽山　わしゅう-ざん(岡山県)
鷲羽岳　わしば-だけ(長野·富山県)
鷲子山　とりのこ-さん(茨城·栃木県)

鷲津　わしづ(静岡県)
鷲倉温泉　わしくら-おんせん(福島県)
鷲ヶ峰　わしがみね(長野県)
鷲ヶ岳　わしがたけ(岐阜県)

測量山　そくりょう-やま(北海道)

層雲峡　そううん-きょう(北海道)

治部坂峠　じぶざか-とうげ(長野県)
埴科郡　はにしな-ぐん(長野県)
埴生　はぶ(山口県)
歯舞　はぼまい(北海道)
稚内　わっかない(北海道)
稚咲内　わっかさかない(北海道)
稚子ヶ墓山　ちごがはか-やま(兵庫県)
置賜　おきたま(山形県)
置戸町　おけと-ちょう(北海道)

勅旨　ちょくし(滋賀県)

親不知　おやしらず(新潟県)
親鼻　おやはな(埼玉県)
親湯温泉　しんゆ-おんせん(長野県)

칠

七曲峠　ななまがり-とうげ(福岡・佐賀県)
七島　しちとう(鹿児島県)
七類　しちるい(島根県)
七里ノ渡し　しちりのわたし(愛知県～三重県)
七里ヶ洞　しちりがほら(山梨県)
七里半越　しちりはん-ごえ(滋賀・福井県)
七里ヶ浜　しちりがはま(神奈川県)
七里岩　しちりいわ(山梨県)
七里御浜　しちり-みはま(三重県)
七里原野　しちり-げんや(北海道)
七里長浜　しちり-ながはま(青森県)
七里田温泉　しちりだ-おんせん(大分県)
七面山　しちめん-ざん(山梨県)
七尾　ななお(石川県)
七味温泉　しちみ-おんせん(長野県)
七飯町　ななえ-ちょう(北海道)
七宝山　しっぽう-ざん(香川県)
七宝町　しっぽう-ちょう(愛知県)
七福　ななふく(千葉県)
七釜　ななつがま(長崎県)
七北田　ななきた(仙台市)
七山村　ななやま-むら(佐賀県)
七色ダム　なないろ-ダム(三重県)
七生　ななお(東京都)
七城町　しちじょう-まち(熊本県)
七時雨山　ななしぐれ-やま(岩手県)
七日原　なのかはら(宮城県)
七子峠　ななこ-とうげ(高知県)
七条通り　しちじょう-どおり(京都市)
七宗町　しちそう-ちょう，**ひちそう-ちょう**(岐阜県)
七重浜　ななえはま(北海道)
七倉ダム　ななくら-ダム(長野県)
七塚町　ななつか-まち(石川県)

七沢温泉　ななさわ-おんせん(神奈川県)
七浦七峠　ななうらななとうげ(宮崎県)
七浦海岸　ななうら-かいがん(新潟県)
七戸　しちのへ(青森県)
七会村　ななかい-むら(茨城県)
七ヶ浜　しちがはま(宮城県)
七ヶ宿　しちかしゅく(宮城県)
七ヶ用水　しちかようすい(石川県)
七ッ島　ななつ-じま(石川県)
七ッ釜　ななつがま(佐賀県)
七ッ山　ななつやま(宮崎県)
七ッ石山　ななついし-やま(山梨県・東京都)
漆生　うるしお(福岡県)

침

枕崎　まくらざき(鹿児島県)
枕木山　まくらぎ-さん(島根県)
砧　きぬた(東京都)
針尾　はりお(長崎県)
針ノ木　はりのき(長野・富山県)
寝覚ノ床　ねざめのとこ(長野県)
寝物語　ねものがたり(滋賀・岐阜県)
寝屋川　ねや-がわ(大阪府)
寝姿山　ねすがた-やま(静岡県)
椹野川　ふしの-がわ(山口県)

칭

称名川　しょうみょう-がわ(富山県)

ㅌ

타

打見山　うちみ-やま(滋賀県)
打田町　うちた-ちょう(和歌山県)
打出浜　うちでのはま(滋賀県)
詫間町　たくま-ちょう(香川県)

탁

託麻　たくま(熊本県)
濁川　にごりかわ(北海道)
　　にごり-がわ(福島・山形県)
濁川温泉　にごりかわ-おんせん(長野県)
濁河　にごりご(岐阜県)

弾崎　はじき-ざき(新潟県)
灘　なだ(兵庫県)
灘崎町　なださき-ちょう(岡山県)
灘目　なだめ(徳島・高知県)
灘浦　なだうら(石川・富山県)

塔丸　とうのまる(徳島県)
塔ヶ岳　とうがたけ(神奈川県)
塔ノ峰　とうのみね(神奈川県)
塔ノ沢温泉　とうのさわ-おんせん(神奈川県)

湯江　ゆえ(長崎県)
湯谷温泉　ゆだに-おんせん(富山県)
湯口　ゆぐち(岩手県)
湯岐温泉　ゆじまた-おんせん(福島県)
湯崎温泉　ゆざき-おんせん(和歌山県)
湯段温泉　ゆだん-おんせん(青森県)
湯島　ゆしま(東京都)
　ゆ-しま(熊本県)
湯来　ゆき(広島県)
湯瀬温泉　ゆぜ-おんせん(秋田県)
湯里　ゆざと(島根県)
湯湾　ゆわん(鹿児島県)
湯免温泉　ゆめん-おんせん(山口県)
湯尾　ゆのお(福井県)
湯本　ゆもと(岩手県, 秋田県, 福島県, 神奈川県)
湯本温泉　ゆのもと-おんせん(長崎県)
湯沸岬　とうふつ-みさき(北海道)
湯浜温泉　ゆばま-おんせん(宮城県)
湯山　ゆやま(愛媛県, 熊本県)
湯森山　ゆもり-やま(秋田・岩手県)
湯西川　ゆにし-がわ(栃木県)
湯宿温泉　ゆじゅく-おんせん(群馬県)
湯野　ゆの(福島県)
湯野浜温泉　ゆのはま-おんせん(山形県)
湯野上温泉　ゆのかみ-おんせん(福島県)
湯野温泉　ゆの-おんせん(山口県)
湯野川温泉　ゆのかわ-おんせん(青森県)
湯俣温泉　ゆまた-おんせん(長野県)
湯浴沢　ゆあみざわ(北海道)
湯元　ゆもと(秋田県, 栃木県)
湯原　ゆばら(岡山県)
湯田　ゆだ(岩手県, 山口県)
湯前　ゆのまえ(熊本県)
湯殿山　ゆどの-さん(山形県)
湯田中温泉　ゆだなか-おんせん(長野県)
湯田川温泉　ゆたがわ-おんせん(山形県)
湯之谷村　ゆのたに-むら(新潟県)
湯之尾温泉　ゆのお-おんせん(鹿児島県)
湯之山温泉　ゆのやま-おんせん(広島県)
湯之野温泉　ゆのの-おんせん(鹿児島県)
湯之元温泉　ゆのもと-おんせん(鹿児島県)
湯津上村　ゆづかみ-むら(栃木県)
湯倉橋立温泉　ゆぐらはしだて-おんせん(福島県)
湯川　ゆかわ(和歌山県)
　ゆの-かわ(栃木県)
湯浅　ゆあさ(和歌山県)
湯川温泉　ゆかわ-おんせん(岩手県)
　ゆのかわ-おんせん(北海道)
湯泉地温泉　とうせんじ-おんせん(奈良県)
湯川村　ゆがわ-むら(福島県)
湯村温泉　ゆむら-おんせん(山梨県, 兵庫県, 島根県)
湯沢　ゆざわ(新潟県)
湯沢峠　ゆざわ-とうげ(群馬・栃木県)
湯沢市　ゆざわ-し(秋田県)
湯沢温泉　ゆのさわ-おんせん(青森県)
湯坂道　ゆさか-みち(神奈川県)
湯平　ゆのひら(大分県)
湯坪　ゆつぼ(大分県)
湯浦　ゆのうら(熊本県)
湯抱温泉　ゆがかえ-おんせん(島根県)
湯布院町　ゆふいん-ちょう(大分県)
湯河原　ゆがわら(神奈川県)
湯郷温泉　ゆのごう-おんせん(岡山県)
湯檜曾温泉　ゆびそ-おんせん(群馬県)
湯ヶ島温泉　ゆがしま-おんせん(静岡県)
湯ヶ野温泉　ゆがの-おんせん(静岡県)
湯ノ谷温泉　ゆのたに-おんせん(熊本県, 鹿児島県)
湯ノ岱　ゆのたい(北海道)
湯ノ瀬温泉　ゆのせ-おんせん(山口県)
湯ノ里温泉　ゆのさと-おんせん(北海道)
湯ノ峰温泉　ゆのみね-おんせん(和歌山県)

湯の山　ゆのやま(三重県)
湯ノ小屋温泉　ゆのこや-おんせん(群馬県)
湯ノ神温泉　ゆのかみ-おんせん(秋田県)
湯ノ児　ゆのこ(熊本県)
湯ノ又温泉　ゆのまた-おんせん(秋田県)
湯ノ原温泉　ゆのはら-おんせん(長野県)
湯ノ釣温泉　ゆのつる-おんせん(大分県)
湯ノ倉温泉　ゆのくら-おんせん(宮城県)
湯ノ川温泉　ゆのかわ-おんせん(島根県)
湯ノ沢温泉　ゆのさわ-おんせん(秋田県)
湯ノ平高原　ゆのたいら-こうげん(長野県)
湯ノ平温泉　ゆのたいら-おんせん(群馬県)
湯ノ鶴温泉　ゆのつる-おんせん(熊本県)
湯ノ湖　ゆのこ(栃木県)
湯ノ花温泉　ゆのはな-おんせん(福島県)
湯ノ花沢温泉　ゆのはなざわ-おんせん(神奈川県)
湯ノ丸　ゆのまる(群馬・長野県)

태

太多線　たいた-せん(多治見～美濃太田)
太東岬　だいとう-みさき(千葉県)
太東崎　たいとう-ざき(千葉県)
太郎兵衛平　たろべえ-だいら(富山県)
太郎山　たろう-さん(栃木県)
　たろう-やま(長野県)
太良町　たら-ちょう(佐賀県)
太白区　たいはく-く(仙台市)
太子　おおし(群馬県)
太子堂　たいしどう(東京都)
太子町　たいし-ちょう(大阪府, 兵庫県)
太宰府　だざいふ(福岡県)
太田市　おおた-し(群馬県)
太田原　おおた-はら(福島県)
太田町　おおた-まち(秋田県)
太田川　おおた-がわ(静岡県, 和歌山県)
太田県立自然公園　おおた-けんりつしぜんこうえん(茨城県)
太地町　たいじ-ちょう(和歌山県)
太秦　うずまさ(京都市)
太平　おおひら(栃木県)
　たいへい(秋田県)
太平洋　たいへいよう
太平湖　たいへい-こ(秋田県)
太閤山団地　たいこうやま-だんち(富山県)
太海　ふとみ(千葉県)
太華山　たいか-さん(山口県)

胎内　たいない(新潟県)
泰阜村　やすおか-むら(長野県)
泰山寺野　たいざんじの(滋賀県)
駄知　だち(岐阜県)

택

択捉　えとろふ(北海道)
沢崎鼻　さわさき-ばな(新潟県)
沢内　さわうち(岩手県)
沢渡　さわたり(群馬県)
沢辺　さわべ(宮城県)
沢井　さわい(東京都)

토

土居　どい(岡山県, 高知県)
土居町　どい-ちょう(愛媛県)
土居川　どい-がわ(高知県)
土岐　とき(岐阜県)
土崎　つちざき(秋田県)
土器川　どき-がわ(香川県)
土呂久　とろく(宮崎県)
土肥　とい(静岡県)
土師　はじ(鳥取県)
土師川　はぜ-がわ(京都府)
土山町　つちやま-ちょう(滋賀県)
土生　はぶ(広島県)
土成町　どなり-ちょう(徳島県)
土須峠　つちす-とうげ(徳島県)
土庄町　とのしょう-ちょう(香川県)
土田　どだ(愛知県)
土畑鉱山　つちはた-こうざん(岩手県)
土井ヶ浜　どいがはま(山口県)
土佐　とさ(奈良県, 옛 국명)
土佐堀川　とさぼり-がわ(大阪市)
土州　どしゅう(土佐의 딴이름)
土柱　どちゅう(徳島県)
土樽　つちだる(新潟県)
土讃*　どさん(土佐・讃岐)
土湯　つちゆ(福島県)
土沢　つちざわ(岩手県)
土々呂　ととろ(宮崎県)

土浦　つちうら(茨城県)
土合　どあい(群馬県)
土合ヶ原団地　どあいがはら-だんち(茨城県)
吐噶喇　とから(鹿児島県)
兎島　うさぎ-じま(愛知県)
兎和野原　うわの-はら(兵庫県)
菟田野　うたの(奈良県)

통

通　かよい(山口県)
通洞　つうどう(栃木県)
通生　かよう(岡山県)
通潤橋　つうじゅん-きょう(熊本県)
通津　つづ(山口県)
桶川市　おけがわ-し(埼玉県)
桶狭間　おけはざま(愛知県)
筒上山　つつじょう-ざん(高知・愛媛県)
筒城岡　つづきおか(京都府)
筒井　つつい(奈良県)
筒賀村　つつが-そん(広島県)
統内原野　とうない-げんや(北海道)
樋脇町　ひわき-ちょう(鹿児島県)
樋ノ島　ひのしま(熊本県)

投石峠　なげいし-とうげ(群馬県)
闘竜灘　とうりゅうなだ(兵庫県)

特牛　こっとい(山口県)

ㅍ

파

巴湾　ともえ-わん(北海道)
巴川　ともえ-がわ(茨城県, 静岡県, 愛知県)
巴波川　うずま-がわ(栃木県)
杷木町　はき-まち(福岡県)
波高島　はだかじま(山梨県)
波久礼　はぐれ(埼玉県)
波根　はね(島根県)
波崎　はさき(茨城県)
波多津　はたつ(佐賀県)
波渡崎　はと-ざき(山形県)
波木井　はきい(山梨県)
波方町　なみかた-ちょう(愛媛県)
波浮港　はぶみなと(東京都)
波勝岬　はがち-ざき(静岡県)
波雁ヶ浜　はかりがはま(山口県)
波野　なみの(熊本県)
波子　はし(島根県)
波田町　はた-まち(長野県)
波切　なきり(三重県)
波照間　はてるま(沖縄県)
波佐見町　はさみ-ちょう(長崎県)

波止浜　はしはま(愛媛県)
メリケン波止場　メリケン-はとば
(神戸市, 横浜市)
波太島　なぶと-じま(千葉県)
波賀町　はが-ちょう(兵庫県)
波戸岬　はどの-みさき(佐賀県)
破間川　あぶるま-がわ(新潟県)
破不山　はふ-ざん(埼玉·山梨県)
婆娑羅峠　ばさら-とうげ(静岡県)
播但*　ばんたん(播磨·但馬)
播磨　はりま(옛 국명)
播州　ばんしゅう(播磨의 딴이름)
簸川　ひのかわ(島根県)
簸川郡　ひかわ-ぐん(島根県)

坂巻温泉　さかまき-おんせん(長野県)
坂内村　さかうち-むら(岐阜県)
坂東　ばんどう(関東의 옛이름)
坂本　さかもと(群馬県, 東京都, 滋賀県, 高知県)
坂本村　さかもと-むら(熊本県)
坂北村　さかきた-むら(長野県)
坂城町　さかき-まち(長野県)
坂手　さかて(香川県)
坂手島　さかて-じま(三重県)
坂越　さこし(兵庫県)
坂田郡　さかた-ぐん(滋賀県)
坂井　さかい(福井県)
坂町　さか-ちょう(広島県)
坂井村　さかい-むら(長野県)
坂祝町　さかほぎ-ちょう(岐阜県)
坂出　さかいで(香川県)
坂下　さかした(愛知県, 三重県)
坂下町　さかした-ちょう(岐阜県)
坂戸市　さかど-し(埼玉県)
坂ノ市　さかのいち(大分県)
阪堺*　はんかい(大阪·堺)
阪急電鉄線　はんきゅうでんてつ-せん
(京都～大阪～神戸)
阪南　はんなん(大阪府)
阪奈*　はんな(大阪·奈良県)
阪本　さかもと(奈良県)
阪神*　はんしん(大阪·神戸)
阪鶴*　はんかく(大阪·舞鶴)
阪和*　はんわ(大阪府·和歌山県)
板谷　いたや(山形県)
板橋区　いたばし-く(東京都)
板東　ばんどう(徳島県)
板柳　いたやなぎ(青森県)
板留温泉　いたどめ-おんせん(青森県)
板名用水　いたな-ようすい(徳島県)
板付　いたづけ(福岡市)
板敷渓谷　いたじき-けいこく(山梨県)
板鼻　いたはな(群馬県)
板西　ばんざい(徳島県)
板室温泉　いたむろ-おんせん(栃木県)
板野　いたの(徳島県)
板倉　いたくら(岡山県)
板倉町　いたくら-まち(群馬県, 新潟県)
板取　いたどり(岐阜県)

八街町　やちまた-まち(千葉県)
八甲田　はっこうだ(青森県)
八箇浜　はっか-はま(新潟県)
八箇峠　はっか-とうげ(新潟県)
八開村　はちかい-むら(愛知県)
八剣山　はっけん-ざん(奈良県)
八茎鉱山　やぐき-こうざん(福島県)
八景島　やけい-じま(宮城県)
八経ヶ岳　はっきょうがたけ(奈良県)
八景ノ池　はっけいのいけ(青森県)
八高線　はちこう-せん(八王子～倉賀野)
八谷　やたに(山形県)
八筈山　やはず-やま(熊本県)
八橋　やつはし(愛知県)
やばせ(秋田県, 鳥取県)
八溝　やみぞ(福島·茨城·栃木県)
八久和　やくわ(山形県)
八女　やめ(福岡県)
八代　やつしろ(熊本県)
八代高原　やしろ-こうげん(山口県)
八代町　やつしろ-ちょう(山梨県)
八島　や-しま(山口県)
八島高原　やしま-こうげん(長野県)
八東　はっとう(鳥取県)
八頭郡　やず-ぐん(鳥取県)
八郎潟　はちろう-がた(秋田県)
八郎岳　はちろう-だけ(長崎県)
八鹿町　ようか-ちょう(兵庫県)
八瀬　やせ(京都市)
八竜町　はちりゅう-まち(秋田県)

八栗　やくり(香川県)
八望台　はちぼうだい(秋田県)
八面山　はちめん-ざん(大分県)
八木　やぎ(奈良県，広島県)
八木山　やきやま(福岡県)
八木山団地　やぎやま-だんち(仙台市)
八木町　やぎ-ちょう(京都府)
八尾　やお(大阪府)
八尾町　やつお-まち(富山県)
八尾川　やび-がわ(島根県)
八方　はっぽう(長野県)
八方ヶ岳　やほうがたけ(熊本県)
八方ヶ原　はっぽうがはら(栃木県)
八百津　やおつ(岐阜県)
八幡　やはた(北九州市)
やわた(愛知県)
八幡岬　はちまん-ざき(千葉県)
八幡高原　やわた-こうげん(広島県)
八幡筋　はちまん-すじ(大阪市)
八幡瀬戸　はちまん-せと(熊本県)
八幡浜　やわたはま(愛媛県)
八幡山　はちまんやま(東京都)
はちまん-やま(滋賀県)
やはた-やま(山梨県)
八幡沼　はちまん-ぬま(秋田・岩手県)
八幡宿　やわたじゅく(千葉県)
八幡市　やわた-し(京都府)
八幡岳　はちまん-だけ(青森県，佐賀県)
八幡町　はちまん-ちょう(岐阜県)
やわた-まち(山形県)
八幡平　はちまんたい(岩手県，秋田県)
八本松　はちほんまつ(広島県)
八本越　はちほん-ごえ(鳥取・岡山県)
八浜　はちはま(岡山県)
八事　やごと(名古屋市)
八森　はちもり(秋田県)
八束　やつか(島根県)
八束村　やつか-そん(岡山県)
八十里越　はちじゅうり-ごえ(新潟～福島県)
八塩　やしお(群馬県)
八塩山　やしお-やま(秋田県)
八屋　はちや(福岡県)
八王子　はちおうじ(東京都)
八雲　やくも(北海道)
八雲村　やくも-むら(島根県)
八原　やわら(茨城県)
八乙女浦　やおとめ-うら(山形県)
八日市　ようかいち(滋賀県)
八日市場市　ようかいちば-し(千葉県)
八子ヶ峰　やしがみね(長野県)
八丈　はちじょう(東京都)
八積　やつみ(千葉県)
八田村　はった-むら(山梨県)
八丁堀　はっちょうぼり(東京都，広島市)
八丁峠　はっちょう-とうげ(埼玉県)
八町峠　はっちょう-とうげ(山梨県)
八町温泉　はちまち-おんせん(福島県)
八丁越　はっちょう-ごえ(山口県)
八丁池　はっちょう-いけ(静岡県)
八丁畷　はっちょうなわて(川崎市)
八丁ノ湯温泉　はっちょうのゆ-おんせん(栃木県)
八丁坂　はっちょう-ざか(宮城県)
八潮市　やしお-し(埼玉県)
八条通り　はちじょう-どおり(京都市)
八柱　やばしら(千葉県)
八重　やえ(広島県)
八重干瀬　やえびし(沖縄県)
八重根港　やえね-こう(東京都)
八重山　やえやま(沖縄県)
八重岳　やえ゛だけ(鹿児島県)
八重原　やえはら(長野県)
八重洲　やえす(東京都)
八千代　やちよ(広島県)
八千代市　やちよ-し(千葉県)
八千代町　やちよ-ちょう(兵庫県)
やちよ-まち(茨城県)
八草鉱山　やくさ-こうざん(愛知県)
八塔寺山　はっとうじ-やま(岡山県)
八沢　やさわ(福島県)
八坂　はっさか(滋賀県)
やさか(京都市，大阪府)
八坂村　やさか-むら(長野県)
八坂八浜　やさかやはま(徳島県)
八風街道　はっぷう-かいどう(滋賀県)
八風山　はっぷう-さん(群馬・長野県)
八鶴湖　はっかく-こ(千葉県)
八海山　はっかい-さん(新潟県)
八郷町　やさと-まち(茨城県)
八戸　はちのへ(青森県)
八戸高原　やと-こうげん(大分県)
八ヶ岳　やつがたけ(長野・山梨県)
八ッ山　やつやま(東京都)
杁差岳　いぶりさし-だけ，えぶりさし-だけ(新潟県)

패

貝殻島　かいがら-じま(北海道)

貝掛温泉　かいかけ-おんせん(新潟県)
貝塚市　かいづか-し(大阪府)
貝取澗　かいとりま(北海道)
佩楯山　はいたて-やま(大分県)
稗貫郡　ひえぬき-ぐん(岩手県)
稗巳屋山　ひえごや-やま(高知県)
稗田　ひえだ(奈良県)

片江　かたえ(島根県)
片岡　かたおか(奈良県)
片男波　かたおなみ(和歌山県)
片島　かたしま(高知県)
　かた-しま(熊本県)
片桐　かたぎり(奈良県)
片瀬　かたせ(神奈川県)
片山津温泉　かたやまづ-おんせん(石川県)
片上　かたかみ(岡山県)
片町　かたまち(大阪市)
片坂　かた-さか(高知県)
片貝　かたかい(千葉県, 新潟県)
片貝川　かたかい-かわ(富山県)
片品　かたしな(群馬県)
編笠山　あみがさ-やま(長野·山梨県)

平　たいら(福島県, 長崎県)
平家　へいけ(福井·岐阜県)
平家山　へいけ-やま(秋田県)
平家岳　へいけがだけ(島根·山口県)
平家平　へいけ-だいら(徳島県, 高知県)
平谷温泉　ひらたに-おんせん(佐賀県)
平谷村　ひらや-むら(長野県)
平館　たいらだて(青森県)
平郡島　へいぐん-とう, へぐり-じま(山口県)
平群町　へぐり-ちょう(奈良県)
平根崎　ひらね-ざき(山口県)
平磯　ひらいそ(茨城県)
平内町　ひらない-まち(青森県)
平端　ひらはた(奈良県)
平島　たいら-しま(鹿児島県)
　ひら-しま(東京都, 長崎県)
平良　たいら(鹿児島県)
　ひらら(沖縄県)
平良湾　たいら-わん(沖縄県)
平鹿　ひらか(秋田県)
平瀬　ひらせ(岐阜県)
平尾団地　ひらお-だんち(東京都)
平尾台　ひらおだい(北九州市)
平方　ひらかた(埼玉県)
平福　ひらふく(兵庫県)
平砂浦　へいさうら(千葉県)
平山　ひらやま(千葉県, 東京都)
平生　ひらお(山口県)
平潟　ひらかた(茨城県)
平城　ひらじょう(愛媛県)
平城ニュータウン　へいじょう-ニュータウン(奈良市·京都府)
平城京　へいじょうきょう(奈良県)
平成筑豊鉄道　へいせいちくほう-てつどう(福岡県)
平市島　へいち-じま(愛媛県)
平岸　ひらぎし(札幌市)
平安京　へいあんきょう(京都의 옛이름)
平安名　へんな(沖縄県)
平安名崎　へんな-ざき(沖縄県)
平安座島　へんざ-じま(沖縄県)
平野　ひらの(京都市, 大阪市)
平野町　ひらの-ちょう(東京都)
平穏温泉郷　ひらお-おんせんきょう(長野県)
平田市　ひらた-し(島根県)
平田町　ひらた-ちょう(岐阜県)
　ひらた-まち(山形県)
平田村　ひらた-むら(福島県)
平井　ひらい(東京都)
平庭　ひらにわ(岩手県)
平川　たいら-がわ(青森県)
　ひらかわ(千葉県)
平泉　ひらいずみ(岩手県)
平泉寺　へいせんじ(福井県)
平村　たいら-むら(富山県)
平塚　ひらつか(神奈川県)
平出　ひらいで(長野県)
平取町　びらとり-ちょう(北海道)
平治岳　ひじ-だけ(大分県)
平湯　ひらゆ(岐阜県)
平沢　ひらさわ(秋田県, 長野県)
平土野港　へとの-こう(鹿児島県)
平坂　へいさか(愛知県)
平標山　たいらっぴょう-やま(群馬·新潟県)
平河町　ひらかわ-ちょう(東京都)
平賀町　ひらか-まち(青森県)

平戸　ひらど(長崎県)
平和　へいわ(広島市)
平和街道　ひらわ-かいどう(秋田～岩手県)
平和台　へいわだい(福岡市)
　へいわ-だい(宮崎県)
平和島　へいわ-じま(東京都)
平和町　へいわ-ちょう(愛知県)
坪田　つぼた(東京都)
坪井川　つぼい-がわ(熊本県)

閉伊　へい(岩手県)

布　ぬの(広島市)
布良　めら(千葉県)
布留　ふる(奈良県)
布部　ぬのべ(北海道)
　ふべ(島根県)
布師田　ぬのしだ(高知県)
布勢ノ海　ふせのうみ(富山県)
布施　ふせ(大阪府)
布施屋　ほしや(和歌山県)
布施村　ふせ-むら(島根県)
布野村　ふの-そん(広島県)
布引　ぬのびき(神戸市)
布引ヶ浜　ぬのびきがはま(千葉県)
布引山地　ぬのびき-さんち(三重県)
布田　ふだ(東京都)
布佐　ふさ(千葉県)
布津町　ふつ-ちょう(長崎県)
布川　ふかわ(茨城県)
抱返渓谷　だきがえり-けいこく(秋田県)
胞山県立自然公園　えなさん-けんりつしぜんこうえん(岐阜県)
浦尻湾　うらじり-わん(宮崎県)
浦臼町　うらうす-ちょう(北海道)
浦内川　うらうち-がわ(沖縄県)
浦内浦　うらうち-うら(熊本県)
浦辺　うらべ(徳島県)
浦富　うらどめ(鳥取県)
浦山　うらやま(埼玉県)
浦上　うらかみ(長崎県)
浦安　うらやす(鳥取県)
浦安市　うらやす-し(千葉県)
浦佐　うらさ(新潟県)
浦川原村　うらがわら-むら(新潟県)
浦添市　うらそえ-し(沖縄県)
浦河　うらかわ(北海道)
浦賀　うらが(神奈川県)
浦郷　うらごう(島根県)
浦戸　うらど(高知県)
浦戸諸島　うらと-しょとう(宮城県)
浦和市　うらわ-し(埼玉県)
浦幌　うらほろ(北海道)
浦ノ内　うらのうち(高知県)
蒲江　かまえ(大分県)
蒲郡　がまごおり(愛知県)
蒲葵島　びろう-じま(高知県)
蒲萄　ぶどう(新潟県)
蒲生　がもう(滋賀県)
蒲生峠　がもう-とうげ(兵庫・鳥取県)
蒲生野　こもうの(京都府)
蒲生田岬　がもうだ-みさき，かもだ-みさき(徳島県)
蒲生町　かもう-ちょう(鹿児島県)
蒲刈町　かまがり-ちょう(広島県)
蒲原　かんばら(新潟県)
蒲原温泉　がまはら-おんせん，がまわら-おんせん(新潟県)
蒲原町　かんばら-ちょう(静岡県)
蒲田　かまた(東京都)
蒲田温泉　がまた-おんせん(岐阜県)
蒲戸崎　かまど-ざき(大分県)
飽田町　あきた-まち(熊本県)
飽託郡　ほうたく-ぐん(熊本県)
飽海　あくみ(山形県)

瀑布街道　ばくふ-かいどう(青森県)

表妙義　おもてみょうぎ(群馬県)
表粕屋　おもてかすや(福岡県)
表富士　おもてふじ(静岡県)
表浜　おもてはま(愛知県)
表山中　おもてさんちゅう(長野県)
表五島　おもてごとう(長崎県)
表日本　おもてにほん(本州)
表千丈　おもてせんじょう(青森県)
表郷村　おもてごう-むら(福島県)
俵山　たわら-やま(熊本県)
俵坂峠　たわらさか-とうげ(佐賀・長崎県)
標茶町　しべちゃ-ちょう(北海道)
標葉　しねは(福島県)
標津　しべつ(北海道)
瓢箪山　ふくべ-やま(岐阜・石川県)
瓢箪礁　ひょうたん-ぐり(新潟県)
瓢湖　ひょう-こ(新潟県)

品野　しなの(愛知県)
品井沼　しない-ぬま(宮城県)
品川　しながわ(東京都)
品鶴支線　ひんかく-しせん(鶴見～品川)

風間浦村　かざまうら-むら(青森県)
風蓮　ふうれん(北海道)
風連町　ふうれん-ちょう(北海道)
風連鍾乳洞　ふうれん-しょうにゅうどう(大分県)
風配高原　ふうはい-こうげん(佐賀県)
風不死岳　ふっぷし-だけ(北海道)
風屋ダム　かぜや-ダム(奈良県)
風越山　ふうえつ-ざん(長野県)
　ふえつ-さん(長野県)
風越峠　かざこし-とうげ(福島県)
風早　かざはや(広島県，愛媛県)
風吹岳　かざふき-だけ(長野県)
風土記の丘　ふどきのおか(山梨県)
楓江湾　ふうこう-わん(三重県)
豊間　とよま(福島県)
豊間根　とよまね(岩手県)
豊岡　とよおか(埼玉県，兵庫県，大分県)
豊岡村　とよおか-むら(静岡県)
豊見城村　とみぐすく-そん(沖縄県)
豊頃町　とよころ-ちょう(北海道)
豊科町　とよしな-まち(長野県)
豊橋　とよはし(愛知県)
豊丘村　とよおか-むら(長野県)
豊根村　とよね-むら(愛知県)
豊能　とよの(大阪府)
豊多摩　とよたま(東京都)
豊島　て-しま(香川県)
　としま(東京都)
　とよ-しま(広島県，愛媛県)
豊里　とよさと(茨城県，埼玉県，三重県)
豊里町　とよさと-ちょう(宮城県)
豊明市　とよあけ-し(愛知県)
豊富　とよとみ(北海道)
豊富村　とよとみ-むら(山梨県)
豊北町　ほうほく-ちょう(山口県)
豊肥*　ほうひ(豊後・肥後)
豊浜　とよはま(愛知県)
豊浜町　とよはま-ちょう(広島県，香川県)
豊四季　とよしき(千葉県)
豊似岳　とよに-だけ(北海道)
豊似川　とよに-がわ(北海道)
豊山町　とよやま-ちょう(愛知県)
豊沼　とよぬま(北海道)
豊松村　とよまつ-そん(広島県)
豊野町　とよの-まち(長野県)
豊野村　とよの-むら(熊本県)
豊栄鉱山　ほうえい-こうざん(大分県)
豊栄市　とよさか-し(新潟県)
豊栄町　とよさか-ちょう(広島県)
豊予海峡　ほうよ-かいきょう(大分・愛媛県)
豊玉　とよたま(東京都)
豊玉町　とよたま-ちょう(長崎県)
豊羽鉱山　とよは-こうざん(札幌市)
豊田　とよた(愛知県，山口県)
　とよだ(東京都)
豊前　ぶぜん(옛 국명)
豊田郡　とよた-ぐん(広島県)
豊田堰　とよた-ぜき(茨城県)
豊田町　とよだ-ちょう(静岡県)
豊田村　とよた-むら(長野県)

豊町　ゆたか-まち(広島県)
豊州　ほうしゅう(豊前, 豊後의 딴이름)
豊洲　とよす(東京都)
豊中市　とよなか-し(大阪府)
豊中町　とよなか-ちょう(香川県)
豊津町　とよつ-まち(福岡県)
豊川　とよかわ(秋田県, 愛知県)
　とよ-がわ(愛知県)
豊沢川　とよさわ-がわ(岩手県)
豊平　とよひら(札幌市)
豊平町　とよひら-ちょう(広島県)
豊平峡　ほうへい-きょう(札幌市)
豊浦　とようら(茨城県, 岡山県, 山口県)
豊浦町　とようら-ちょう(北海道)
　とようら-まち(新潟県)
豊海　とようみ(千葉県)
豊郷町　とよさと-ちょう(滋賀県)
豊後　ぶんご(옛 국명)

피

彼杵　そのぎ(長崎県)

필

匹見　ひきみ(島根県)
疋田　ひきだ(福井県)
筆山　ひつ-ざん(高知県)
筆影山　ふでかげ-やま(広島県)

ㅎ

하

下街道　しも-かいどう(奈良県)
下江用水　しもえ-ようすい(新潟県)
下京区　しもぎょう-く(京都市)
下高井郡　しもたかい-ぐん(長野県)
下高井戸　しもたかいど(東京都)
下谷　したや(東京都)
下関　しもぜき(新潟県)
　しものせき(山口県)
下館市　しもだて-し(茨城県)
下郡　しもごおり(徳島県)
下筋　しもすじ(長野県)
下島　しも-しま(熊本県, 長崎県)
下都賀郡　しもつが-ぐん(栃木県)
下頓別　しもとんべつ(北海道)
下落合　しもおちあい(東京都)
下呂　げろ(岐阜県)
下竜頭岬　しもりゅうず-ざき(高知県)
下里　しもさと(和歌山県)
下梨谷　しもなし-だに(富山県)
下馬　しもうま(東京都)
下麻生　しもあそう(岐阜県)
下毛　しもげ(大分県)
下府　しもこう(島根県)
下部　しもべ(山梨県)
下北　しもきた(青森県)
下北山村　しもきたやま-むら(奈良県)
下北沢　しもきたざわ(東京都)

下蒜山　しもひるぜん(鳥取・岡山県)
下山村　しもやま-むら(愛知県)
下石　おろし(岐阜県)
下小鳥ダム　しもことり-ダム(岐阜県)
下松　くだまつ(山口県)
下水内郡　しもみのち-ぐん(長野県)
下須島　げす-じま(熊本県)
下市　しもいち(鳥取県)
下市町　しもいち-ちょう(奈良県)
下新川郡　しもにいかわ-ぐん(富山県)
下鴨　しもがも(京都市)
下野　しもつけ(옛 국명)
下五島　しもごとう(長崎県, 九州)
下原　しも-ばる(熊本県)
下越　かえつ(新潟県)
下唯野　しもゆいの(福井県)
下伊那郡　しもいな-ぐん(長野県)
下益城郡　しもましき-ぐん(熊本県)
下仁田町　しもにた-まち(群馬県)
下田　しもだ(静岡県, 高知県)
下筌　しもうけ(熊本県)
下田町　しもだ-まち(青森県)
下田村　したた-むら(新潟県)
下町　したまち(東京都)
下井草　しもいぐさ(東京都)
下鳥羽　しもとば(京都府)
下條村　しもじょう-むら(長野県)
下甑　しもこしき(鹿児島県)
下曾我　しもそが(神奈川県)
下地　しもじ(沖縄県)
下地島　しもじ-じま(沖縄県)
下之一色　しものいしき(名古屋市)
下志津原　しもしづ-はら(千葉県)
下津　しもつ(和歌山県)
下津道　しもつ-みち(奈良県)
下津井　しもつい(岡山県)
下妻市　しもつま-し(茨城県)
下川　しもかわ(北海道)
下川口　しもかわぐち(高知県)
下村　しも-むら(富山県)
下総　しもうさ(옛 국명)
下総町　しもふさ-まち(千葉県)
下諏訪　しもすわ(長野県)
下灘　しもなだ(徳島県, 愛媛県)
下湯温泉　しもゆ-おんせん(青森県)
下板　しもいた(徳島県)
下阪本　しもさかもと(滋賀県)
下閉伊郡　しもへい-ぐん(岩手県)
下蒲刈　しもかまがり(広島県)
下風呂　しもふろ(青森県)
下賀茂温泉　しもかも-おんせん(静岡県)
下海府　しもかいふ(新潟県)
下郷　しもごう(山梨県)
下郷町　しもごう-まち(福島県)
下県郡　しもあがた-ぐん(長崎県)
下穴馬　しもあなま(福井県)
下ノ加江　しものかえ(高知県)
下ノ国　しものくに(北海道)
下ノ廊下　しものろうか(富山県)
下ノ湯　しものゆ(秋田県)
下ノ湖　しものこ(北海道)
河口湖　かわぐち-こ(山梨県)
河崎温泉　かわさき-おんせん(山形県)
河南町　かなん-ちょう(宮城県, 大阪府)
河内　かわうち(山梨県)
　かわち(栃木県, 大阪府, 熊本県)
河内峠　こうち-だお(山口県)
河内貯水池　かわち-ちょすいち(北九州市)
河内町　こうち-ちょう(広島県)
河内村　かわち-むら(茨城県, 石川県)
河東　かとう(岩手県, 長野県)
河童橋　かっぱ-ばし(長野県)
河東郡　かとう-ぐん(北海道)
河東町　かわひがし-まち(福島県)
河辺　かべ(東京都)
　かわべ(秋田県)
河辺村　かわべ-むら(愛媛県)
河北　かほく(山形県, 福島・仙台県, 石川県)
河北町　かほく-ちょう(宮城県)
河山鉱山　かわやま-こうざん(山口県)
河西郡　かさい-ぐん(北海道)
河沼郡　かわぬま-ぐん(福島県)
河守　こうもり(京都府)
河野村　こうの-むら(福井県)
河芸　かわげ(三重県)
河原子　かわらご(茨城県)
河原田　かわはらだ(新潟県)
河原田川　かわらだ-がわ(石川県)
河原町　かわはら-ちょう(鳥取県, 大阪府)
河原町団地　かわらまち-だんち(川崎市)
河原町通り　かわらまち-どおり(京都市)
河原湯　かわらゆ(宮城県)
河州　かしゅう(大阪府)
河津　かわづ(静岡県)
河泉街道　かせん-かいどう(大阪府)
河浦町　かわうら-まち(熊本県)
河合町　かわい-ちょう(奈良県)
河合村　かわい-むら(岐阜県)
河和　こうわ(愛知県)
河和田　かわだ(福井県)
夏島　なつしま(神奈川県)
夏瀬温泉　なつせ-おんせん(秋田県)

夏泊　なつどまり(鳥取県)
夏泊半島　なつどまり-はんとう(青森県)
夏油温泉　げとう-おんせん(岩手県)
夏井　なつい(福島県)
夏沢峠　なつざわ-とうげ(長野県)
荷稲　かいな(高知県)
荷鞍山　にくら-やま(群馬県)
荷葉岳　かよう-だけ(秋田県)
荷阪峠　にざか-とうげ(三重県)
賀来　かく(大分県)
賀露　かろ(鳥取県)
賀名生　あのう(奈良県)
賀茂　かも(静岡県, 京都市)
賀茂郡　かも-ぐん(広島県)
賀陽町　かよう-ちょう(岡山県)
賀田　かた(三重県)
賀州　がしゅう(三重県)
賀集　かしゅう(兵庫県)
蝦夷　えぞ(北海道의 옛이름)
霞　かすみ(東京都·埼玉県)
霞露岳　かろ-だけ(岩手県)
霞町　かすみ-ちょう(東京都)
霞沢岳　かすみざわ-だけ(長野県)
霞ヶ関　かすみがせき(埼玉県, 東京都)
霞ヶ城県立自然公園　かすみがじょう-けんりつしぜんこうえん(福島県)
霞ヶ浦　かすみがうら(茨城県)
霞ノ目航空基地　かすみのめ-こうくうきち(仙台市)

学島　がく-しま(徳島県)
涸沼　ひ-ぬま(茨城県)
涸沢　からさわ(長野県)
鶴岡　つるおか(山形県)
鶴居村　つるい-むら(北海道)
鶴見　つるみ(横浜市, 大分県)
鶴見橋　つるみばし(大阪市)
鶴見区　つるみ-く(大阪市)
鶴見町　つるみ-まち(大分県)
鶴橋　つるはし(大阪市)
鶴巻温泉　つるまき-おんせん(神奈川県)
鶴巻町　つるまき-ちょう(東京都)
鶴崎　つるさき(大分県)
鶴島山　つるしま-さん(愛媛県)
鶴来　つるぎ(石川県)
鶴舞　つるまい(千葉県, 名古屋市)
鶴山台団地　つるやまだい-だんち(大阪府)
鶴仙渓　かくせん-けい(石川県)
鶴松森　かくしょう-もり(高知県)
鶴御崎　つる-みさき(大分県)
鶴羽海岸　つるわ-かいがん(香川県)
鶴田　つるた(栃木県)
　つるだ(鹿児島県)
鶴田町　つるた-まち(青森県)
鶴川　つるかわ(東京都)
鶴湯温泉　つるゆ-おんせん(秋田県)
鶴海　つるみ(岡山県)
鶴ヶ谷団地　つるがや-だんち(仙台市)
鶴ヶ台団地　つるがだい-だんち(神奈川県)
鶴ヶ島町　つるがしま-まち(埼玉県)
鶴ヶ池　つるがいけ(鳥取県)
鶴ノ湯温泉　つるのゆ-おんせん(秋田県)

寒川　さむがわ(千葉県)
　さんがわ(愛媛県)
寒川町　さむかわ-まち(神奈川県)
　さんがわ-ちょう(香川県)
寒風山　かんぷう-ざん(秋田県, 高知·愛媛県)
寒風沢　さぶさわ(宮城県)
寒河江　さがえ(山形県)
寒霞渓　かんか-けい(香川県)
寒狭川　かんさ-がわ(愛知県)
寒ノ地獄温泉　かんのじごく-おんせん(大分県)
閑谷　しずたに(岡山県)
漢那ビーチ　かんな-ビーチ(沖縄県)
韓国岳　からくに-だけ(鹿児島·宮崎県)
韓山　から-やま(鳥取県)

割沢森　わりさわ-もり(秋田県)

函館　はこだて(北海道)
函南町　かんなみ-ちょう(静岡県)
菡萏湾　かんたん-わん(大分県)

合志町　こうし-まち(熊本県)
合津　あいつ(熊本県)
合川町　あいかわ-まち(秋田県)

杭瀬川　くいせ-がわ(岐阜県)
杭全　くまた(大阪市)
港区　みなと-く(東京都, 名古屋市, 大阪市)
港南　こうなん(東京都, 横浜市)
港北　こうほく(横浜市)

해

亥鼻台　いのはな-だい(千葉県)
峐ノ湯温泉　はげのゆ-おんせん(熊本県)
海見山　かいけん-ざん(広島県)
海南市　かいなん-し(和歌山県)
海南町　かいなん-ちょう(徳島県)
海豚鼻　いるか-ばな(長崎県)
海驢島　とど-しま(北海道)
海老　えび(愛知県)
海老名　えびな(神奈川県)
海鹿島　あしかじま(千葉県)
海辺ノ津留　あまべのつる(大分県)
海別岳　うなべつ-だけ(北海道)
海府　かいふ(新潟県)
海部　かいふ(徳島県)
海部郡　あま-ぐん(愛知県)
海府浦　かいふ-うら(新潟県)
海士　あま(島根県)
海士砂丘　あもう-さきゅう(鳥取県)
海山町　みやま-ちょう(三重県)
海上郡　かいじょう-ぐん(千葉県)
海上町　うなかみ-まち(千葉県)
海潟　かいがた(鹿児島県)
海岸寺　かいがんじ(香川県)
海柘榴市　つばいち(奈良県)
海田町　かいた-ちょう(広島県)
海潮温泉　うしお-おんせん(島根県)
海芝浦　うみしばうら(横浜市)
海津　かいづ(岐阜県, 滋賀県)
海草郡　かいそう-ぐん(和歌山県)
海沢　うなざわ(東京都)
海峡線　かいきょう-せん(中小国～木古内)
海ノ口　うみのくち(長野県)
海ノ中道　うみのなかみち(福岡市)
偕楽園　かいらく-えん(茨城県)
蟹江町　かにえ-ちょう(愛知県)
蟹場温泉　かにば-おんせん(秋田県)
蟹田　かにた(青森県)

行橋市　ゆくはし-し(福岡県)
行当岬　ぎょうど-ざき(高知県)
行徳　ぎょうとく(千葉県)
行道山　ぎょうどう-さん(栃木県)
行縢　むかばき(宮崎県)
行方郡　なめがた-ぐん(茨城県)
行部岬　ぎょうぶ-ざき(千葉県)
行人坂　ぎょうにん-ざか(東京都)
行者岬　ぎょうじゃ-みさき(大分県)
行者浜　ぎょうじゃ-はま(東京都)
行者山　ぎょうじゃ-せん(岡山県)
行田市　ぎょうだ-し(埼玉県)
行川アイランド　なめがわ-アイランド(千葉県)
幸区　さいわい-く(川崎市)
幸崎　さいざき(広島県)
幸袋　こうぶくろ(福岡県)
幸島　こう-じま(宮崎県)
幸手　さって(埼玉県)
幸田町　こうた-ちょう(愛知県)

幸ノ湖　さちのうみ(栃木県)

向　むかい(青森県)
向丘　むこうがおか(東京都)
向島　むかい-しま(広島県)
　むかいじま(京都市)
　むく-しま(佐賀県)
　むこう-しま(山口県)
　むこうじま(東京都)
　むこう-じま(東京都)
向東　むかいひがし(広島県)
向霧立越　むこうきりたち-ごえ(宮崎・熊本県)
向白神岳　むかいしらかみ-だけ(青森・秋田県)
向洋　むかいなだ(広島市)
向原町　むかいはら-ちょう(広島県)
向日　むこう(京都府)
向町　むかいまち(山形県)
向津具半島　むかつく-はんとう(山口県)
向ヶ丘団地　むこうがおか-だんち(大阪府)
向ヶ丘遊園　むこうがおか-ゆうえん(川崎市)
香久山　かぐ-やま(奈良県)
香肌峡　かはだ-きょう(三重県)
香南町　こうなん-ちょう(香川県)
香島津　かしまづ(石川県)
香東川　ごうとう-がわ，ことう-がわ
(香川県)
香登　かがと(岡山県)
香落渓　かおち-だに，こおち-だに
(奈良・三重県)
香嵐渓　こうらん-けい(愛知県)
香良洲　からす(三重県)
香呂　こうろ(兵庫県)
香櫨園　こうろえん(兵庫県)
香里　こうり(大阪府)
香林坊　こうりんぼう(石川県)
香美郡　かみ-ぐん(高知県)
香北町　かほく-ちょう(高知県)
香寺町　こうでら-ちょう(兵庫県)
香西　こうざい(香川県)
香仙原　かせん-ばら(島根県)
香焼　こうやぎ(長崎県)
香深　かふか(北海道)
香我美町　かがみ-ちょう(高知県)
香月　かつき(北九州市)
香長平野　かちょう-へいや(高知県)
香宗川　こうそう-がわ(高知県)
香住　かすみ(兵庫県)
香芝町　かしば-ちょう(奈良県)
香川　かがわ(四国地方)
香椎　かしい(福岡県)
香春　かわら(福岡県)
香取　かとり(千葉県)
香々地町　かかじ-ちょう(大分県)
郷　ごう(京都府)
郷崎　ごう-ざき(長崎県)
郷内　ごうない(岡山県)
郷緑温泉　ごうろく-おんせん(岡山県)
郷川　ごう-がわ(広島県)
郷ノ浦　ごうのうら(長崎県)
響灘　ひびき-なだ(九州)
饗庭野　あいばの，あえばの
(滋賀県)

虚空蔵山　こくぞう-さん(高知県)
　こくぞう-やま(長野県，宮崎県)

嶮暮帰島　けねぼく-しま，けんぼっけ-とう
(北海道)
嶮岨森　けんそ-もり(秋田・岩手県)

革籠崎　こうろう-ざき(広島県)

玄界　げんかい(九州)
玄武洞　げんぶ-どう(兵庫県)
玄岳　くろ-だけ(静岡県)
玄倉川　くろくら-がわ(神奈川県)
玄海　げんかい(九州)
弦巻　つるまき(東京都)
県　あがた(宮崎県)
県南県立自然公園　けんなん-けんりつしぜんこうえん(山形県)
賢島　かしこ-じま(三重県)

혈

穴師　あなし(奈良県)
穴守　あなもり(東京都)
穴水町　あなみず-まち(石川県)
穴鴨　あながも(鳥取県)
穴原温泉　あなばら-おんせん(群馬県)
穴原天王寺温泉　あなばらてんのうじ-おんせん(福島県)
穴吹　あなぶき(徳島県)
穴太　あのう(滋賀県)

叶崎　かなえ-ざき(高知県)
協和　きょうわ(広島県)
協和町　きょうわ-まち(秋田県, 茨城県)
峡南　きょうなん(山梨県)
峡東　きょうとう(山梨県)
峡北　きょうほく(山梨県)
峡西　きょうさい(山梨県)
峡中　きょうちゅう(山梨県)
狭山　さやま(東京都・埼玉県, 大阪府)
挾間町　はさま-まち(大分県)
脇岬　わき-みさき(長崎県)
脇本　わきもと(秋田県)
脇野沢村　わきのさわ-むら(青森県)
脇町　わき-ちょう(徳島県)

兄島　あに-じま(東京都)
形上湾　かたがみ-わん(長崎県)
形原　かたはら(愛知県)
桁倉沼　けたくら-ぬま(秋田県)

恵那　えな(岐阜県)
恵曇　えとも(島根県)
恵岱岳　えたい-だけ(北海道)
恵美須町　えびす-ちょう(大阪市)
恵比寿　えびす(東京都)
恵比須運河　えびす-うんが(横浜市)
恵比須河原　えびすがわら(三重県)
恵山　え-さん(北海道)
恵庭　えにわ(北海道)

戸崎鼻　とさき-はな(宮崎県)
戸島　と-じま(愛媛県)
戸来岳　へらい-だけ(青森県)
戸山　とやま(東京都)
戸手　とで(広島県)
戸原海岸　とばら-かいがん(高知県)
戸越　とごし(東京都)
戸隠　とがくし(長野県)
戸田　へた(山口県)
戸畑区　とばた-く(北九州市)
戸田市　とだ-し(埼玉県)
戸田村　へだ-むら(静岡県)
戸井町　とい-ちょう(北海道)
戸蔦別　とつたべつ(北海道)

戸倉　とくら(東京都)
　　　とぐら(長野県)
戸倉峠　とくら-とうげ(兵庫・鳥取県)
戸塚　とつか(東京都, 横浜市)
戸出　といで(富山県)
戸馳島　とばせ-じま(熊本県)
戸沢村　とざわ-むら(山形県)
戸坂　へさか(広島市)
戸賀　とが(秋田県)
戸河内町　とがうち-ちょう(広島県)
戸下温泉　としたｰおんせん(熊本県)
戸ヶ里　とがり(佐賀県)
戸ノ口　とのくち(福島県)
芦辺町　あしべ-ちょう(長崎県)
芦別　あしべつ(北海道)
芦北　あしきた(熊本県)
芦浜　あしはま(三重県)
芦安村　あしやす-むら(山梨県)
芦野　あしの(栃木県)
芦野池沼群県立自然公園　あしのちしょうぐん-けんりつしぜんこうえん(青森県)
芦刈町　あしかり-ちょう(佐賀県)
芦屋　あしや(兵庫県, 福岡県)
芦原　あわら(福井県)
芦原峠　あしはら-とうげ(奈良県)
芦有ドライブウェイ　ろゆう-ドライブウェイ
(兵庫県 芦屋市～神戸市 北区 有馬)
芦田　あしだ(広島県, 長野県)
芦川　あし-がわ(山梨県)
芦品郡　あしな-ぐん(広島県)
芦花公園　ろか-こうえん(東京都)
芦ノ牧小谷温泉　あしのまきおや-おんせん(福島県)
芦ノ田池　あしのた-いけ(長野県)
芦ノ湯温泉　あしのゆ-おんせん(神奈川県)
芦ノ湖　あしのこ(神奈川県)
*芦峅寺　あしくらじ(富山県)
呼人半島　よびと-はんとう(北海道)
呼子　よぶこ(佐賀県)
呼子ノ瀬戸　よぶこのせと(長崎県)
狐越街道　きつねごえ-かいどう(山形～荒砥)
虎渓山　こけい-ざん(岐阜県)
虎杖浜　こじょう-はま(北海道)
虎姫町　とらひめ-ちょう(滋賀県)
虎ヶ峰峠　とらがみね-とうげ(和歌山県)
虎ノ門　とらのもん(東京都)
胡麻　ごま(京都府)
胡麻柄山　ごまがら-やま(大分県)
胡屋　ごや(沖縄県)
壺坂　つぼさか(奈良県)
湖尻　うみじり, こじり(神奈川県)
湖南　こなん(福島県, 滋賀県)
湖東　ことう(滋賀県)
湖陵町　こりょう-ちょう(島根県)
湖北　こほく(千葉県, 滋賀県)
湖山　こやま(鳥取県)
湖西　こせい(滋賀県)
湖西市　こさい-し(静岡県)
豪渓　ごう-けい(岡山県)
豪徳寺　ごうとくじ(東京都)
豪円山　ごうえん-ざん(鳥取県)
縞枯山　しまがれ-やま(長野県)
護国寺　ごこくじ(東京都)
護摩壇岳　ごまだん-だけ(和歌山・奈良県)

忽那諸島　くつな-しょとう(愛媛県)

弘岡平野　ひろおか-へいや(高知県)
弘南　こうなん(青森県)
弘明寺　ぐみょうじ(横浜市)
弘前　ひろさき(青森県)
紅葉山　もみじやま(北海道)
虹ヶ丘団地　にじがおか-だんち(名古屋市)
虹ヶ浜　にじがはま(山口県)
虹ノ松原　にじのまつばら(佐賀県)
虹ノ湖　にじのこ(青森県)
鴻島　こう-じま(岡山県)
鴻巣市　こうのす-し(埼玉県)
鴻之舞鉱山　こうのまい-こうざん(北海道)
鴻池新田　こうのいけ-しんでん(大阪府)

火崎　ひ-ざき(鹿児島県)
火山列島　かざん-れっとう(東京都)
火散布沼　ひちりっぷ-ぬま(北海道)
火打崎　ひうち-ざき(宮崎県)

火打山　ひうち-やま(新潟県)
火打岳　ひうち-だけ(山形県)
火の山　ひのやま(山口県)
花岡　はなおか(秋田県, 山口県)
花岡山　はなおか-やま(熊本県)
花見山　はなみ-やま(岡山·鳥取県)
花見川団地　はなみがわ-だんち(千葉県)
花貫　はなぬき(茨城県)
花巻　はなまき(岩手県)
花輪　はなわ(秋田県, 群馬県)
花牟礼山　はなむれ-やま(大分県)
花畔　ばんなぐろ(北海道)
花抜峠　はなぬけ-とうげ(三重県)
花背　はなせ(京都市)
花敷温泉　はなしき-おんせん(群馬県)
花山　かざん(京都市)
花山村　はなやま-むら(宮城県)
花石　はないし(北海道)
花咲　はなさき(北海道)
花小金井　はなこがねい(東京都)
花水川　はなみず-がわ(神奈川県)
花矢　はなや(秋田県)
花園　はなぞの(茨城県, 京都市)
花園町　はなぞの-まち(埼玉県)
花園村　はなぞの-むら(和歌山県)
花畑　はなはた(東京都)
花折峠　はなおり-とうげ(滋賀県)
花知仙　はなちがせん(岡山県)
花綵列島　かさい-れっとう(일본열도)
花泉町　はないずみ-まち(岩手県)
花川戸　はなかわど(東京都)
和歌山　わか-やま(和歌山県)
和歌浦　わかのうら(和歌山県)
和光市　わこう-し(埼玉県)
和具　わぐ(三重県)
和琴　わこと(北海道)
和気　わけ(岡山県, 愛媛県)
和徳　わっとく(青森県)
和島村　わしま-むら(新潟県)
和銅公園　わどう-こうえん(埼玉県)
和良村　わら-むら(岐阜県)
和木町　わき-ちょう(山口県)
和美峠　わみ-とうげ(群馬·長野県)
和泊　わどまり(鹿児島県)
和白　わじろ(福岡市)
和山温泉　わやま-おんせん(長野県)
和尚山　おしょう-ざん(茨城県)
　おしょう-やま(福島県)
和束町　わづか-ちょう(京都府)
和食　わじき(高知県)
和邇　わに(滋賀県)

和田　わだ(北海道, 秋田県, 千葉県, 東京都, 長野県, 岡山県)
和田岬　わだ-みさき(神戸市)
和田堀　わだぼり(東京都)
和田山町　わだやま-ちょう(兵庫県)
和田峠　わだ-とうげ(東京都·神奈川県)
和田倉門　わだくら-もん(東京都)
和井内　わいない(秋田県)
和佐又山　わさまた-やま(奈良県)
和知　わち(広島県)
和知町　わち-ちょう(京都府)
和倉温泉　わくら-おんせん(石川県)
和泉　いずみ(大阪府)
和泉村　いずみ-むら(福井県)
和泉浦　いずみ-うら(千葉県)
和布刈　めかり(北九州市)
和賀　わが(岩手県)
和寒町　わっさむ-ちょう(北海道)
和合　わごう(富山県)
和郷　わごう(山形県)
華山　げ-さん(山口県)
華厳滝　けごんの-たき(栃木県)
椛島　かば-しま(長崎県)
糀谷　こうじや(東京都)
樺島　かば-しま(長崎県)
樺戸郡　かばと-ぐん(北海道)

丸岡町　まるおか-ちょう(福井県)
丸駒温泉　まるこま-おんせん(北海道)
丸亀　まるがめ(香川県)
丸瀬布町　まるせっぷ-ちょう(北海道)
丸尾　まるお(山口県)
　まるび(山梨県)
丸尾温泉　まるお-おんせん(鹿児島県)
丸山　まるやま(東京都, 神戸市, 長崎県)
　まる-やま(福島県, 埼玉県, 長野県)
丸山蘇水湖　まるやま-そすいこ(岐阜県)
丸山町　まるやま-まち(千葉県)
丸森町　まるもり-まち(宮城県)
丸沼　まる-ぬま(群馬県)
丸子　まりこ(静岡県)
　まるこ(東京都)
丸子町　まるこ-まち(長野県)
丸池温泉　まるいけ-おんせん(長野県)
丸太町通り　まるたまち-どおり(京都市)

丸ノ内　まるのうち(東京都)
環七通り　かんなな-どおり(東京都)
環八通り　かんぱち-どおり(東京都)

滑床渓谷　なめとこ-けいこく(愛媛県)
滑石団地　なめいし-だんち(長崎県)
滑川　なめがわ(千葉県)
滑川市　なめりかわ-し(富山県)
滑川温泉　なめかわ-おんせん(山形県)
滑川町　なめがわ-まち(埼玉県)

皇居外苑　こうきょ-がいえん(東京都)
皇座山　おうざ-さん(山口県)
皇海山　すかい-さん(栃木・群馬県)
荒島　あらしま(島根県)
荒島岳　あらしま-だけ(福井県)
荒木　あらき(福岡県)
荒木崎　あらき-ざき(鹿児島県)
荒木原　あらき-はら(島根県)
荒尾市　あらお-し(熊本県)
荒浜　あらはま(宮城県)
荒山峠　あらやま-とうげ(石川・富山県)
荒船山　あらふね-やま(群馬・長野県)
荒城川　あらき-がわ(岐阜県)
荒神谷　こうじんだに(島根県)
荒神山　あらかみ-やま(山形・宮城県)
荒雄　あらお(宮城県)
荒佐野原　あらさの-はら(鹿児島県)
荒砥　あらと(山形県)
荒倉山　あらくら-やま(長野県)
荒川　あら-かわ(栃木県，埼玉県，山形県，新潟県，山梨県)
荒川岳　あらかわ-だけ(静岡県)
荒湯温泉　あらゆ-おんせん(宮城県)
荒海　あらかい(福島・栃木県)
黄金　おうごん(北海道)
黄金崎　こがね-ざき(青森県)
黄金湯温泉　こがねゆ-おんせん(札幌市)
黄島　おう-しま(長崎県)
黄瀬川　きせ-がわ(静岡県)
黄尾嶼　こうび-しょ(沖縄県)
黄檗　おうばく(京都府)
黄波戸　きわど(山口県)
幌加内　ほろかない(北海道)
幌加温泉　ほろか-おんせん(北海道)
幌尻岳　ほろしり-だけ(北海道)
幌内　ほろない(北海道)
幌達布原野　ほろたっぷ-げんや(北海道)
幌満　ほろまん(北海道)
幌武意　ほろむい(北海道)
幌別　ほろべつ(北海道)
幌別川　ほろべつ-がわ(北海道)
幌延町　ほろのべ-ちょう(北海道)
幌泉　ほろいずみ(北海道)
幌向　ほろむい(北海道)

회

会見町　あいみ-ちょう(鳥取県)
会津　あいづ(福島県)
灰ヶ峰　はいがみね(広島県)
廻堰大溜池　まわりぜき-おおためいけ(青森県)
栃木　とちぎ(関東地方)
栃木温泉　とちのき-おんせん(熊本県)
栃尾　とちお(新潟県)
栃尾又温泉　とちおまた-おんせん(新潟県)
栃原高原　とちはら-こうげん(兵庫県)
栃ノ木峠　とちのき-とうげ(滋賀・福井県)
絵島　え-じま(兵庫県)
絵鞆　えとも(北海道)
檜洞丸　ひのきぼらまる(神奈川県)
檜山　ひやま(北海道，秋田県)
檜峠　ひのき-とうげ(岐阜県)
檜原　ひばら(福島県)
檜原村　ひのはら-むら(東京都)
檜枝岐　ひのえまた(福島県)
檜沢峠　ひさわ-とうげ，ひのきざわ-とうげ(群馬県)
檜皮峠　ひわだ-とうげ(愛媛県)
檜ヶ山　ひのきがせん(岡山県)

횡

横谷越　よこたに-ごえ(宮崎・熊本県)
横堀　よこぼり(秋田県)
横堀川　よこぼり-がわ(大阪市)
横当島　よこあて-じま(鹿児島県)
横島　よこ-しま(広島県，愛媛県，長崎県)
横島町　よこしま-まち(熊本県)
横浪　よこなみ(高知県)
横瀬　よこぜ(埼玉県)
横利根川　よことね-がわ(茨城・千葉県)
横網　よこあみ(東京都)
横浜　よこはま(神奈川県)
横浜町　よこはま-まち(青森県)
横山町　よこやま-ちょう(東京都)
横仙筋　よこぜん-すじ(岡山県)
横手　よこて(秋田県)
横手山　よこて-やま(長野・群馬県)
横須賀　よこすか(神奈川県，静岡県，愛知県)
横十間川　よこじっけん-がわ(東京都)
横岳　よこ-だけ(秋田県，長野県)
横越村　よこごし-むら(新潟県)
横田　よこた(東京都)
横田町　よこた-ちょう(島根県)
横芝町　よこしば-まち(千葉県)
横津岳　よこつ-だけ(北海道)
横倉山　よこぐら-やま(高知県)
横川　よこかわ(群馬県，東京都)
　　よこがわ(広島市)
横川温泉　よこかわ-おんせん(静岡県)
横川越　よこかわ-ごえ(広島・島根県)
横川町　よこがわ-ちょう(鹿児島県)
横灘地方　よこなだ-ちほう(大分県)
横河原線　よこがわら-せん(松山市～横河原)
横向温泉　よこむき-おんせん(福島県)
横黒線　おうこく-せん(北上～横手)

효

孝霊山　こうれい-ざん(鳥取県)
孝子峠　きょうし-とうげ(和歌山県・大阪府)

후

朽網地方　くたみ-ちほう(大分県)
朽木　くつき(滋賀県)
厚南　こうなん(山口県)
厚東　ことう(山口県)
厚木　あつぎ(神奈川県)
厚別　あつべつ(札幌市)
厚別川　あしりべつ-がわ(北海道)
　　あつべつ-がわ(北海道)
厚床　あっとこ(北海道)
厚岸　あっけし(北海道)
厚田　あつた(北海道)
厚真　あつま(北海道)
厚沢部　あっさぶ(北海道)
厚狭　あさ(山口県)
後慶良間　くしけらま(沖縄県)
後高山　しりたか-やま(石川県)
後藤寺　ごとうじ(福岡県)
後楽園　こうらくえん(東京都，岡山県)
後立山連峰　うしろたてやま-れんぽう(富山・長野県)
後免　ごめん(高知県)
後方羊蹄山　しりべし-やま(北海道)
後山　うしろ-やま(岡山・兵庫県)
後三年　ごさんねん(秋田県)
後生掛温泉　ごしょがけ-おんせん(秋田県)
後月郡　しつき-ぐん(岡山県)
後志　しりべし(옛 국명)
後閑　ごかん(群馬県)

訓子府町　くんねっぷ-ちょう(北海道)
勲禰別川　くんねべつ-がわ(北海道)

萱野高原　かやの-こうげん(青森市)

輝北町　きほく-ちょう(鹿児島県)

休山　やすみ-やま(広島県)
休屋　やすみや(青森県)

胸上　むねあげ(岡山県)

黒江　くろえ(和歌山県)
黒金山　くろがね-やま(山梨県)
黒崎　くろさき(岡山県，北九州市)
　くろ-さき(岩手県，宮城県，京都府)
黒磯市　くろいそ-し(栃木県)
黒埼町　くろさき-まち(新潟県)
黒島　くろ-しま(和歌山県，山口県，長崎県)
黒東　こくとう(富山県)
黒滝　くろたき(奈良県)
黒滝山　くろたき-やま(高知・徳島県)
黒瀬　くろせ(広島県)
黒木町　くろぎ-まち(福岡県)
黒尾峠　くろお-とうげ(鳥取・岡山県)
黒味岳　くろみ-だけ(鹿児島県)
黒斑山　くろふ-やま(長野・群馬県)
黒髪島　くろかみ-しま(山口県)
黒髪山　くろかみ-やま(栃木県，奈良県，佐賀県)
黒法師岳　くろぼうし-だけ(静岡県)
黒保根村　くろほね-むら(群馬県)
黒部　くろべ(富山県)
黒四ダム　くろよん-ダム(富山県)
黒山　くろやま(埼玉県)
黒森　くろもり(山梨県)
黒森山　くろもり-やま(岩手県，高知県)
黒森峠　くろもり-とうげ(福島県)
黒西　こくせい(富山県)
黒石　くろいし(青森県)
黒松内町　くろまつない-ちょう(北海道)
黒松団地　くろまつ-だんち(仙台市)
黒岳　くろ-だけ(北海道，富山県，山梨県)
黒岩渓　くろいわ-けい(山口県)
黒羽　くろばね(栃木県)
黒又川　くろまた-がわ(新潟県)
黒耳　くろみ(高知県)
黒田原　くろだはら(栃木県)
黒田庄町　くろだしょう-ちょう(兵庫県)
黒井　くろい(兵庫県，山口県)
黒潮港　くろしお-こう(長崎県)
黒之浜　くろのはま(鹿児島県)
黒倉山　くろくら-やま(新潟県)
黒川　くろかわ(秋田県，山梨県)
　くろ-かわ(栃木県，熊本県)
黒川郡　くろかわ-ぐん(宮城県)
黒川村　くろかわ-むら(新潟県)
黒薙温泉　くろなぎ-おんせん(富山県)
黒湯温泉　くろゆ-おんせん(秋田県)
黒平峠　くろべら-とうげ(山梨県)
黒戸山　くろと-やま(山梨県)
黒檜山　くろび-さん(栃木県)
黒姫　くろひめ(新潟県，長野県)
黒姫山　くろひめ-やま(新潟県)
黒ノ瀬戸　くろのせと(鹿児島県)
黒ノ峠　くろのとうげ(和歌山県)

欽明路トンネル　きんめいじ-トンネル(柱野～欽明路)

興居島　ごご-しま(愛媛県)
興部　おこっぺ(北海道)
興除　こうじょ(岡山県)
興津　おきつ(千葉県, 静岡県, 高知県)

姫街道　ひめ-かいどう(浜松市～豊川市)
姫島　ひめ-しま(高知県, 福岡県, 長崎県, 大分県)
姫路　ひめじ(兵庫県)
姫新線　きしん-せん(姫路～新見)
姫神岳　ひめかみ-だけ(岩手県)
姫御前岳　ひめごぜん-だけ(福岡・熊本県)
姫川　ひめ-かわ(長野県)
姫戸町　ひめど-まち(熊本県)
喜界　きかい(鹿児島県)
喜多見　きたみ(東京都)
喜多郡　きた-ぐん(愛媛県)
喜多方市　きたかた-し(福島県)
喜登牛山　きとうし-やま(北海道)
喜連川町　きつれがわ-まち(栃木県)
喜瀬戸　きせと(京都府)
喜茂別　きもべつ(北海道)
喜屋武　きやん(沖縄県)
喜入　きいれ(鹿児島県)
喜作新道　きさく-しんどう(長野県)
喜志鹿崎　きしか-ざき(鹿児島県)
喜撰山　きせん-やま(京都府)
稀府　まれふ(北海道)
嬉野　うれしの(佐賀県)
嬉野町　うれしの-ちょう(三重県)

무음(無音)

眩川　ひじ-かわ(愛媛県)
褜月海岸　ほろつき-かいがん(青森県)
粭島　すくも-じま(山口県)
閖上　ゆりあげ(宮城県)
魹ヶ崎　とどがさき(岩手県)
橡尾山　とちお-やま(高知・愛媛県)
稗田野　ひえだの(京都府)
簗場　やなば(長野県)

부록

歴史人名・企業体名・大学名

よみかた

歴史人名 よみかた

ㄱ

가

加古祐二郎　かこ　ゆうじろう
(1905～37 법학자)
加古川善五郎　かこがわ　ぜんごろう
(?～1850 治水家)
加古川周蔵　かこがわ　しゅうぞう
(1746～1816 유학자)
歌橋　うたはし(幕末·維新期, 徳川家定의 유모)
加納諸平　かのう　もろひら
(1806～57 국학자)
加納直盛　かのう　なおもり(1611～73 治水家)
加納次郎作　かのう　じろさく
(1813～85 선박운수업자)
嘉納治郎右衛門　かのう　じろうえもん
(1853～1935 양조업자)
嘉納治五郎　かのう　じごろう(1860～1938 교육가)
加納夏雄　かのう　なつお(1828～98 도검업자)
加能作次郎　かのう　さくじろう
(1885～1941 소설가)
加東大介　かとう　だいすけ(1911～75 배우)
加藤嘉明　かとう　よしあき(1563～1631 무장)
加藤勘六　かとう　かんろく(1736～1848 도공)
加藤勘十　かとう　かんじゅう
(1892～1978 노동운동가)
加藤介春　かとう　かいしゅん(1885～1946 시인)
加藤謙二郎　かとう　けんじろう(1831～67 志士)
加藤景廉　かとう　かげかど(?～1221 무장)
加藤景正　かとう　かげまさ(＝藤四郎景正)
加藤景貞　かとう　かげさだ(江戸전기, 도공)
加藤高明　かとう　たかあき(1860～1926 외교관)
加藤高寿　かとう　たかす(1897～1923 노동운동가)
加藤寛治　かとう　ひろはる(1870～1939 해군대장)
加藤金平　かとう　きんぺい(1798～1864 砲術家)
加藤磯足　かとう　いそたり(1740～1809 국학자)
加藤唐九郎　かとう　とうくろう
(1898～1985 도예가)
加藤唐三郎　かとう　とうざぶろう(江戸전기, 도공)
加藤唐左衛門　かとう　とうざえもん
(1772～1832 도공)
加藤徳成　かとう　とくなり(1830～65 志士)
加藤道夫　かとう　みちお(1918～53 극작가)
加藤咄堂　かとう　とつどう(1870～1949 불교포교가)
加藤鐐五郎　かとう　りょうごろう
(1883～1970 정치가)
加藤隆義　かとう　たかよし(1883～1955 해군대장)
加藤木重教　かとうぎ　しげのり
(1857～1940 전기기술자)
加藤武男　かとう　たけお(1877～1963 실업가)
加藤武雄　かとう　たけお(1888～1956 소설가)
加藤茂苞　かとう　しげもと(1868～1949 농학자)
加藤文麗　かとう　ぶんれい(1706～82 화가)
加藤文太郎　かとう　ぶんたろう(1905～36 등산가)
加藤美樹　かとう　うまき(1721～77 국학자)
加藤民吉　かとう　たみきち(1772～1824 도공)

加藤盤斎　かとう　ばんさい(1621～74 국학자)
加藤繁　かとう　しげし(1880～1946 경제사학자)
加藤復十郎　かとう　またじゅうろう
(1848～1914 인쇄업자)
加藤常賢　かとう　じょうけん(1894～1978 철학자)
加藤時次郎　かとう　ときじろう(1859～1930 의사)
加藤桜老　かとう　おうろう(1811～84 유학자)
加藤曳尾庵　かとう　えびあん(1763～? 문인)
加藤五一　かとう　ごいち(1891～1989 실업가)
加藤完治　かとう　かんじ(1884～1967 농본주의자)
加藤友三郎　かとう　ともさぶろう
(1861～1923 군인·정치가)
加藤祐一　かとう　すけいち(明治전기, 실업가)
加藤一郎　かとう　いちろう(1922～ 법학자)
加藤一夫　かとう　かずお(1887～1951 시인·평론가)
加藤正　かとう　ただし(1906～49 철학자)
加藤正方　かとう　まさかた(1580～1648 무장)
加藤正義　かとう　まさよし(1854～1923 실업가)
加藤正人　かとう　まさと(1886～1963 실업가)
加藤政之助　かとう　まさのすけ
(1854～1941 정치가)
加藤正治　かとう　まさはる(1871～1952 법학자)
加藤貞泰　かとう　さだやす(1580～1623 大名)
加藤助三郎　かとう　すけさぶろう
(1856～1908 도예가)
加藤周一　かとう　しゅういち(1919～ 소설가)
加藤重吉　かとう　じゅうきち(江戸중기, 도공)
加藤枝直　かとう　えなお(1692～1785 국학자)
加藤千蔭　かとう　ちかげ(1735～1808 국학자)
加藤清正　かとう　きよまさ(1562～1611 무장)
加藤楸邨　かとう　しゅうそん(1905～ 俳人)
加藤春岱　かとう　しゅんたい(江戸후기, 도공)
加藤忠広　かとう　ただひろ(1601～53 大名)
加藤忠右衛門　かとう　ちゅうえもん
(1908～48 교육가)
加藤玄智　かとう　げんち(1873～1965 종교학자)
加藤弘之　かとう　ひろゆき
(1836～1916 철학자·교육가)
加藤暁台　かとう　ぎょうだい(1732～92 俳人)
加藤佐夫　かとう　いさお(1878～1911 志士)
嘉楽門院　からくもんいん(1411～88 후궁)
歌麿　うたまろ(＝喜多川歌麿)
仮名垣魯文　かながき　ろぶん(1829～94 희작자)
加茂季鷹　かものすえたか(1751～1841 국학자)
歌舞伎堂艶鏡　かぶきどう　えんきょう
(1749～1803 화가)
加茂儀一　かも　ぎいち(1899～1977 기술문화사학자)
可美真手の命　うまし　までのまこと(전설)
榎並屋勘左衛門　えなみや　かんざえもん
(?～1643 철포제조기술자)
榎本健一　えのもと　けんいち(1904～70 희극배우)
榎本其角　えのもと　きかく(1661～1707 俳人)
榎本武揚　えのもと　たけあき(1836～1908 정치가)
榎本虎彦　えのもと　とらひこ
(1866～1916 가부키 극작가)
加舎白雄　かや　しらお(1738～91 俳人)
袈裟御前　けさ　ごぜん(전설)
可児義雄　かじ　よしお(1894～1935 사회운동가)
嘉陽門院　かようもんいん(1200～73 皇女)
嘉悦氏房　かえつ　うじふさ(1834～1909 정치가)
嘉悦孝　かえつ　たか(1867～1949 교육가)
家永三郎　いえなが　さぶろう(1913～ 역사학자)
可翁仁賀　かおう　にんが(南北朝시대, 화가)
家原善宗　いえはらの　よしむね(平安초기, 의사)
嘉長　かちょう(安土桃山시대, 주물기술자)
家長韜庵　いえなが　とうあん(?～1866 유학자)
歌川広重　うたがわ　ひろしげ(＝安藤広重)
歌川国久　うたがわ　くにひさ(1832～91 풍속화가)
歌川国芳　うたがわ　くによし(1797～1862 풍속화가)
歌川国政　うたがわ　くにまさ(1773～1810 풍속화가)
歌川国貞　うたがわ　くにさだ(1786～1864 풍속화가)
歌川国直　うたがわ　くになお(1793～1854 풍속화가)
歌川芳盛　うたがわ　よしもり(1830～84 풍속화가)
歌川豊広　うたがわ　とよひろ(1773～1828 풍속화가)
歌川豊国　うたがわ　とよくに(1769～1825 풍속화가)
歌川豊春　うたがわ　とよはる(1735～1814 풍속화가)
嘉村礒多　かむら　いそた(1897～1933 소설가)
哥沢笹丸　うたざわ　ささまる
(1798～1860 俗曲의 대가)
歌沢寅右衛門　うたざわ　とらえもん
(?～1875 俗曲의 대가)
哥沢芝金　うたざわ　しばきん
(1828～74 俗曲의 대가)
加賀見光章　かがみ　みつあき(1711～82 국학자)
加賀正太郎　かが　しょうたろう
(1888～1954 등산가)
加賀爪直澄　かがつめ　なおずみ(1613～85 협객)
加賀千代　かがのちよ(1703～75 俳人)
嘉喜門院　かきもんいん(南北朝시대, 후궁)

覚慶　かくけい(927～1014 승려)
塙団右衛門　ばん　だんえもん(＝塙直之)
角藤定憲　すどう　さだのり(1867～1907 배우)
覚明　かくめい(1718～86 종교인)
各務鎌吉　かがみ　けんきち(1868～1939 실업가)
各務鉱三　かがみ　こうぞう(1896～1985 유리공예가)

各務文献　かがみ　ぶんけん(1765～1829 의학자)
各務支考　かがみ　しこう(1665～1731 俳人)
覚鑁　かくばん(1095～1143 승려)
覚法法親王　かくほうほうしんのう(1091～1153)
塙保己一　はなわ　ほきいち(1746～1821 국학자)
覚善　かくぜん(鎌倉전기, 승려)
覚盛　かくじょう(1194～1249 승려)
覚性法親王　かくしょうほうしんのう
(1129～69 승려)
覚信尼　かくしんに(1224～83 비구니)
覚心　かくしん(＝心地覚心)
覚深法親王　かくしんほうしんのう
(1588～1648 승려)
覚阿　かくあ(1143～？ 승려)
覚如　かくにょ(1270～1351 승려)
覚英　かくえい(1117～57 승려·歌人)
角屋七郎兵衛　かどや　しちろべえ
(1610～72 무역상)
覚運　かくうん(？～1007 승려)
覚円　かくえん(1031～98 승려)
覚源　かくげん(1000～65 승려)
覚猷　かくゆう(1053～1140 승려화가)
覚仁　かくにん(平安후기, 승려)
角田喜久雄　つのだ　きくお(1906～ 소설가)
覚助　かくじょ(平安후기, 仏師)
塙直之　ばん　なおゆき(1567～1615 무장)
角倉了以　すみのくら　りょうい(1554～1614 무역상)
角倉素庵　すみのくら　そあん(1571～1632 무역상)
角倉玄紀　すみのくら　はるのり(1594～1681 거상)
角倉玄之　すみのくら　はるゆき(＝角倉素庵)
角川源義　かどかわ　げんよし
(1917～75 국문학자·출판인)
覚超　かくちょう(？～1034 승려)
覚快法親王　かくかいほうしんのう(1134～81 승려)
覚海　かくかい(1142～1223 승려)
覚行法親王　かくぎょうほうしんのう
(1075～1104 승려)
覚憲　かくけん(1131～1212 승려)
角兄麻呂　ろくのえまろ(奈良시대, 관료)

間宮林蔵　まみや　りんぞう(1775～1844 탐험가)
間宮茂輔　まみや　もすけ(1899～1975 소설가)
間宮芳生　まみや　みちお(1929～ 작곡가)
間崎滄浪　まざき　そうろう(1834～63 志士)
肝付兼重　きもつき　かねしげ(南北朝시대, 무장)
間部詮房　まなべ　あきふさ(1666～1720 用人)
間部詮勝　まなべ　あきかつ(1802～84 老中)
幹山伝七　かんざん　でんしち(1821～90 도예가)
間秀矩　はざま　ひでのり(1822～76 志士·국학자)
間十次郎　はざま　じゅうじろう(1678～1703 무사)
簡野道明　かんの　みちあき(1865～1938 한학자)
間人鷹養　はしひとのたかかい(奈良시대, 농민)
間人皇女　はしひとのひめみこ(？～665)
間庭末吉　まにわ　すえきち(1898～1938 사회운동가)
間重富　はざま　しげとみ(1756～1816 천문·역학자)

갈

葛木王　かつらぎのおう(？～729 관료)
葛木稚犬養網田　かつらぎの わかいぬかいの あみた
(7세기 중엽, 무장)
葛西善蔵　かさい　ぜんぞう(1887～1928 소설가)
葛西因是　かさい　いんぜ(1764～1823 유학자)
葛西清貞　かさい　きよさだ(？～1350 무장)
葛西清重　かさい　きよしげ(鎌倉전기, 무장)
葛城襲津彦　かつらぎのそつひこ
(4세기 말～5세기 초, 호족)
葛城彦一　かつらぎ　ひこいち(1818～80 志士)
葛城王　かつらぎのおう(＝橘諸兄)
葛城円　かつらぎのつぶら(5세기, 대신)
葛城韓媛　かつらぎのからひめ(5세기 말, 황후)
葛飾北斎　かつしか　ほくさい(1760～1849 풍속화가)
葛野王　かどののおおきみ(669～705)
葛の葉　くずのは(작품)
葛原勾当　くずはら　こうとう(1813～82 국악인)
葛原親王　かつらはら　しんのう(786～853)
葛井広成　ふじいのひろなり(奈良시대, 관료)
葛井親王　かどい　しんのう(800～50)

甘露寺親長　かんろじ　ちかなが(1424～1500 관료)
甘粕正彦　あまかす　まさひこ(1891～1945 군인)
紺野与次郎　こんの　よじろう(1910～77 정치가)
甘糟継成　あまかす　つぐしげ(1832～69 학자)
鑑真　がんじん(689～763 승려)
感和亭鬼武　かんなてい　おにたけ
(1760～1818 희작자)

甲斐常治 かい つねはる(?～1459 무장)
甲把瑞繹 がっぱ ずいえき(?～1803 蘭医)
甲賀三郎 こうが さぶろう(1893～1945 소설가)
甲賀源吾 こうが げんご(1839～69 幕臣)

강

江見水蔭 えみ すいいん(1870～1934 소설가)
江見鋭馬 えみ えいま(1834～71 志士)
岡潔 おか きよし(1901～78 수학자)
康慶 こうけい(鎌倉전기, 仏師)
岡敬純 おか たかずみ(1890～1973 해군중장)
江尻喜多右衛門 えじり きたえもん (?～1739 정치가)
岡谷繁実 おかや しげざね(1835～1919 志士)
岡谷惣助 おかや そうすけ(1851～1927 실업가)
岡橋林 おかはし しげる(1883～1959 실업가)
江橋節郎 えばし せつろう(1922～ 의학자)
岡橋治助 おかはし じすけ(1824～1913 실업가)
江口隆哉 えぐち たかや(1900～77 무용가)
江口朴郎 えぐち ぼくろう(1911～89 역사학자)
江口三省 えぐち さんせい(1858～1900 정치가)
江口定条 えぐち ていじょう (1865～1946 실업가·정치가)
江口渙 えぐち きよし(1887～1975 소설가)
岡鬼太郎 おか おにたろう(1872～1943 극작가)
岡崎嘉平太 おかざき かへいた (1897～1989 실업가)
江崎玲於奈 えさき れおな(1925～ 물리학자)
江崎利一 えざき りいち(1882～1980 실업가)
岡崎文夫 おかざき ふみお (1888～1950 동양사학자)
岡崎邦輔 おかざき くにすけ(1854～1936 정치가)
江崎善左衛門 えざき ぜんざえもん (?～1675 개간 간척자)
岡崎勝男 おかざき かつお (1897～1965 외교관·정치가)
岡崎信好 おかざき のぶよし(1734～87 유학자)
岡崎義実 おかざき よしざね(1112～1200 무장)
岡崎義恵 おかざき よしえ(1892～1982 국문학자)
岡崎一夫 おかざき かずお(1899～1986 변호사)
岡崎正宗 おかざき まさむね(＝正宗)
江崎真澄 えざき ますみ(1915～ 정치가)
岡崎忠 おかざき ちゅう(1904～90 실업가)
岡内重俊 おかうち しげとし(1842～1915 사법관료)
岡島冠山 おかじま かんざん(1674～1728 유학자)
綱島梁川 つなじま りょうせん (1873～1907 문예평론가)
江島屋其磧 えじまや きせき (1666～1736 소설가·출판인)
江渡狄嶺 えと てきれい(1880～1944 농민사상가)
江藤新平 えとう しんぺい(1834～74 정치가)
江藤源九郎 えとう げんくろう (1879～1957 육군소장)
江藤俊哉 えとう としや(1927～ 바이올리니스트)
岡魯庵 おか ろあん(1737～86 유학자·의사)
岡麓 おか ふもと(1877～1951 歌人)
岡鹿門 おか ろくもん(1832～1913 한학자)
岡鹿之助 おか しかのすけ(1898～1978 서양화가)
江利チエミ えり チエミ(1937～82 가수)
江利角五左衛門 えりずみ ござえもん (?～1813 농민봉기 지도자)
江馬蘭斎 えま らんさい(1746～1838 蘭医)
江馬務 えま つとむ(1884～1979 풍속사학자)
江馬細香 えま さいこう(1787～1861 화가)
江馬修 えま ながし(1889～1975 소설가)
江馬春齢 えま しゅんれい(＝江馬蘭斎)
江木理一 えぎ りいち(1891～1970 체육인)
江木保夫 えぎ やすお(1856～98 사진사)
江木鰐水 えぎ がくすい(1810～81 유학자)
江木翼 えぎ たすく(1873～1932 정치가)
江木千之 えぎ かずゆき(1853～1932 관료)
江木衷 えぎ まこと(1858～1925 법학자·변호사)
江木欣々 えぎ きんきん(1877～1930 예술인)
岡繁樹 おか しげき(1878～1954 저널리스트)
康弁 こうべん(鎌倉시대, 仏師)
岡本監輔 おかもと かんすけ(1839～1904 한학자)
岡本健三郎 おかもと けんざぶろう (1842～85 실업가)
岡本季正 おかもと すえまさ(1892～1967 외교관)
岡本綺堂 おかもと きどう(1872～1939 극작가)
岡本起泉 おかもと きせん(1853～82 희작자)
岡本寧甫 おかもと ねいほ(1789～1848 유학자)
岡本大八 おかもと だいはち(?～1612 무사)
岡本良雄 おかもと よしお(1913～63 동화작가)
岡本柳之助 おかもと りゅうのすけ (1852～1912 군인)
岡本文弥 おかもと ぶんや(1633～94 浄瑠璃太夫)
岡本弥 おかもと わたる(1876～1955 사회운동가)
岡本三右衛門 おかもと さんえもん (1601～85 사제)

岡本甚左衛門　おかもと じんざえもん
(1774～1842 개간 간척자)
岡本桜　おかもと さくら(1878～1935 실업가)
岡本潤　おかもと じゅん(1901～78 시인)
岡本一平　おかもと いっぺい(1886～1948 만화가)
岡本一抱　おかもと いっぽう(江戸전기, 의사)
岡本真古　おかもと まふる(1780～1856 향토사가)
岡本次郎　おかもと じろう(1831～65 志士)
岡本秋暉　おかもと しゅうき(1785～1862 화가)
岡本則録　おかもと のりぶみ(1847～1931 수학자)
岡本太郎　おかもと たろう(1911～ 서양화가)
岡本豊彦　おかもと とよひこ(1773～1845 화가)
岡本玄冶　おかもと げんや(1587～1645 의사)
岡本花亭　おかもと かてい(1768～1850 정치가)
岡本黄石　おかもと こうせき(1811～98 한학자)
岡部金治郎　おかべ きんじろう
(1896～1984 전기공학자)
岡部楠男　おかべ くすお(1894～1972 실업가)
岡部長景　おかべ ながかげ(1884～1970 정치가)
岡部長職　おかべ ながもと(1854～1925 관료)
岡部精一　おかべ せいいち(1868～1920 역사학자)
岡部平太　おかべ へいた(1891～1966 체육인)
岡山巌　おかやま いわお(1894～1969 歌人)
岡山幸吉　おかやまのこうきち(？～1851 표구사)
岡三郎　おか さぶろう(1914～ 노동운동가)
江上トミ　えがみ トミ(1899～1980 요리연구가)
岡上景能　おかのぼり かげよし(？～1687 정치가)
江上不二夫　えがみ ふじお(1910～82 생화학자)
江上波夫　えがみ なみお(1906～ 민족학자)
江西龍派　こうぜい りゅうは(1375～1446 선승)
岡西惟中　おかにし いちゅう(1639～1711 俳人)
岡松参太郎　おかまつ さんたろう
(1871～1921 법학자)
岡松甕谷　おかまつ おうこく(1820～95 유학자)
糠手姫皇女　ぬかてひめのひめみこ(？～664)
康勝　こうしょう(鎌倉전·중기, 仏師)
岡市之助　おか いちのすけ(1860～1916 육군중장)
岡野敬次郎　おかの けいじろう
(1865～1925 법학자)
岡野金次郎　おかの きんじろう
(1874～1958 등산가)
岡野保次郎　おかの やすじろう
(1891～1976 실업가)
岡野正道　おかの しょうどう(1900～ 종교가)
岡野井玄貞　おかのい げんてい(江戸전기, 의사)
岡野清豪　おかの きよひで
(1890～1981 재계인·정치가)
岡野喜太郎　おかの きたろう(1864～1965 은행가)
岡研介　おか けんすけ(1799～1839 蘭医学者)
岡熊臣　おか くまおみ(1783～1851 국학자)
康円　こうえん(1207～？ 仏師)

江原万里　えばら ばんり(1890～1933 경제학자)
江原素六　えばら そろく(1842～1922 교육가)
江月宗玩　こうげつ そうがん(1570～1643 선승)
岡義武　おか よしたけ(1902～90 정치사학자)
康子内親王　やすこ ないしんのう(920～57)
岡田嘉子　おかだ よしこ(1902～ 배우·연출가)
岡田啓介　おかだ けいすけ(1868～1952 해군대장)
岡田姑女　おかだのおばめ(설화)
江田国通　えだ くにみち(1848～77 군인)
岡田良一郎　おかだ りょういちろう
(1839～1915 농정가)
岡田良平　おかだ りょうへい(1864～1934 관료)
岡田茂吉　おかだ もきち(1882～1955 종교가)
岡田武松　おかだ たけまつ(1874～1956 물리학자)
岡田米山人　おかだ べいさんじん
(1744～1820 화가)
岡田半江　おかだ はんこう(1782～1846 화가)
江田三郎　えだ さぶろう(1907～77 농민운동가)
岡田三郎　おかだ さぶろう(1890～1954 소설가)
岡田三郎助　おかだ さぶろうすけ
(1869～1939 서양화가)
岡田善雄　おかだ よしお(1928～ 세포공학자)
岡田勢一　おかだ せいいち(1892～1972 정치가)
岡田時彦　おかだ ときひこ(1903～34 영화배우)
岡田信一郎　おかだ しんいちろう
(1883～1932 건축가)
岡田要　おかだ よう(1891～1973 동물학자)
岡田為恭　おかだ ためちか(1823～64 화가)
岡田庄作　おかだ しょうさく(1873～1937 변호사)
岡田正利　おかだ まさとし(1661～1744 종교인)
岡田正美　おかだ まさよし(1871～1923 국어교육가)
岡田正之　おかだ まさゆき(1864～1927 문학가)
岡田朝太郎　おかだ あさたろう
(1868～1936 형법학자)
岡田宗司　おかだ そうじ(1902～75 사회운동가)
岡田忠彦　おかだ ただひこ(1878～1958 정치가)
岡田八十次　おかだ やそじ(1568～1650 상인)
岡田八千代　おかだ やちよ(1883～1962 극작가)
岡田寒泉　おかだ かんせん(1740～1816 유학자)
岡正芳　おか まさよし(1914～ 사회운동가)
岡正雄　おか まさお(1898～1982 민족학자)
康俊　こうしゅん(南北朝시대, 仏師)
岡倉士朗　おかくら しろう(1907～59 연출가)
岡倉由三郎　おかくら よしざぶろう
(1868～1936 영어학자)
岡倉天心　おかくら てんしん
(1862～1913 미술행정가)
江川次之進　えがわ つぎのしん
(1851～1912 인쇄업자)
江川太郎左衛門　えがわ たろうざえもん
(1801～55 정치가)

岡村寧次　おかむら　やすじ(1884～1966 육군대장)
江村北海　えむら　ほっかい(1713～88 한문학자)
岡村司　おかむら　つかさ(1866～1922 민법학자)
岡村尚謙　おかむら　しょうけん(江戸후기, 본초학자)
岡村柿紅　おかむら　しこう(1881～1925 극작가)
岡村十兵衛　おかむら　じゅうべえ(？～1684 정치가)
江村専斎　えむら　せんさい(1565～1664 의사)
岡村輝彦　おかむら　てるひこ(1855～1916 상법학자)
岡沢精　おかざわ　くわし(1844～1908 육군대장)
江波恵子　えなみ　けいこ(작품)
江戸半太夫　えど　はんだゆう (江戸중기, 浄瑠璃太夫)
江戸肥前掾　えど　ひぜんのじょう (江戸전·중기, 浄瑠璃太夫)
江戸英雄　えど　ひでお(1903～　실업가)
江戸屋猫八　えどや　ねこはち(1868～1932 익살꾼)
江戸川乱歩　えどがわ　らんぽ (1894～1965 탐정소설가)

개

開高健　かいこう　たけし(1930～89 소설가)
開明門院　かいめいもんいん(1718～89 후궁)
開成　かいじょう(724～81 승려)
芥隠　かいいん(？～1495 선승)
皆川淇園　みながわ　きえん(1734～1807 유학자)
芥川龍之介　あくたがわ　りゅうのすけ (1892～1927 소설가)
芥川比呂志　あくたがわ　ひろし (1920～81 배우·연출가)
芥川也寸志　あくたがわ　やすし(1925～89 작곡가)
開化天皇　かいか　てんのう(記紀)

거

巨関　きょかん(1556～1643 도공)
去来　きょらい(＝向井去来)
巨勢公忠　こせのきんただ(平安중기, 궁정화가)
巨勢金岡　こせのかなおか(平安전기, 궁정화가)
巨勢男人　こせのおひと(？～529 대신)
巨勢多益須　こせのたやす(663～710 관료)
巨勢大海　こせのおおあま(7세기 초, 관료)
巨勢徳太　こせのとこだ(？～658 관료)
巨勢麻呂　こせのまろ(？～717 관료)
巨勢文雄　こせのふみお(平安전기, 문인)
巨勢宿奈麻呂　こせのすくなまろ(奈良시대, 관료)
巨勢野足　こせのぬたり(749～816 관료)
巨勢邑治　こせのおおじ(？～724 관료)
巨勢人　こせのひと(7세기 말, 관료)
巨勢紫檀　こせのしたの(？～685 관료)
巨勢宗茂　こせのむねしげ(平安후기, 궁정화가)
巨勢弘高　こせのひろたか(平安중기, 궁정화가)
*巨勢奈弖麻呂　こせのなてまろ(？～753 관료)

건

鍵谷清左衛門　かぎや　せいざえもん (江戸전기, 상인)
建礼門院　けんれいもんいん(1155～1213 왕후)
建礼門院右京太夫　けんれいもんいん　うきょうだゆう (1157～？ 歌人)
乾峰士曇　けんぽう　しどん(1285～1361 선승)
建部遯吾　たけべ　とんご(1871～1945 사회학자)
建部綾足　たけべ　あやたり(1719～74 문인)
建部清庵　たけべ　せいあん(1712～82 의사)
建部賢弘　たけべ　かたひろ(1664～1739 수학자)
乾新兵衛　いぬい　しんべえ(1862～1934 금융업자)
建野郷三　たての　ごうぞう (1840～1908 관료·실업가)
建御雷神　たけみかずちのかみ(記紀신화)
建御名方神　たけみなかたのかみ(신화)
鍵屋五兵衛　かぎや　ごへえ(？～1760 승려)
鍵屋喜兵衛　かぎや　きへえ(江戸중기, 도공)
建畠大夢　たてはた　たいむ(1880～1942 조각가)
建川美次　たてかわ　よしつぐ(1880～1945 육군중장)
建春門院　けんしゅんもんいん(＝平滋子)
建皇子　たけるのみこ(651～58)

검

剣木亨弘　けんのき　としひろ(1901～　관료·정치가)
剣持勇　けんもち　いさむ (1912～71 인테리어 디자이너)
剣持章行　けんもち　しょうこう(1790～1871 수학자)

犬公方　いぬ くぼう(＝徳川綱吉)
鑓権三　やりのごんざ(작품)
筧克彦　かけい かつひこ(1872～1961 헌법학자)
犬目宿兵助　いぬめじゅく へいすけ
(江戸후기, 민중봉기 지도자)
見仏　けんぶつ(平安후기, 승려)
堅山南風　かたやま なんぷう(1887～1980 화가)
樫山純三　かしやま じゅんぞう(1901～86 실업가)
犬上御田鍬　いぬがみのみたすき
(7세기 중엽, 견당사절)
見性院　けんしょういん(1557～1617 불자)
犬養健　いぬかい たける(1896～1960 정치가)
犬養五十君　いぬかいのいきみ(？～672 관료)
犬養毅　いぬかい つよし(1855～1932 정치가)
堅塩媛　きたしひめ(＝蘇我堅塩媛)
犬田卯　いぬた しげる(1891～1957 농민문학가)
見田石介　みた せきすけ(1906～75 철학자)
堅田源右衛門　かただ げんえもん(室町후기, 불자)
堅田喜惣治　かただ きそうじ(江戸후기, 국악인)
犬塚蘭園　いぬずか らんえん(？～1806 유학자)
犬塚信乃　いぬずか しの(작품)
犬丸徹三　いぬまる てつぞう(1887～1981 실업가)

結城素明　ゆうき そめい(1875～1957 화가)
結城秀康　ゆうき ひでやす(1574～1607 大名)
結城氏朝　ゆうき うじとも(1402～41 무장)
結城哀草果　ゆうき あいそうか(1893～1974 歌人)
結城義親　ゆうき よしちか(安土桃山시대, 무장)
結城寅寿　ゆうき とらかず(1818～56 정치가)
結城政朝　ゆうき まさとも(1477～1545 무장)
結城朝光　ゆうき ともみつ(1168～1254 무장)
結城宗広　ゆうき むねひろ(？～1338 무장)
結城左衛門尉　ゆうき さえもんのじょう
(1534～65 무사)
結城晴朝　ゆうき はるとも(1534～1614 무장)
結城忠正　ゆうき ただまさ(戦国시대, 무장)
結城親光　ゆうき ちかみつ(？～1336 무장)
結城親朝　ゆうき ちかとも(？～1347 무장)
結城豊太郎　ゆうき とよたろう
(1877～1951 재계인)

兼明親王　かねあきら しんのう(914～87)
兼常清佐　かねつね きよすけ
(1885～1956 음악평론가)
兼松房治郎　かねまつ ふさじろう
(1845～1913 무역상)
兼寿　けんじゅ(＝蓮如)
鎌田柳泓　かまだ りゅうおう(1754～1821 心学者)
鎌田魚妙　かまだ ぎょみょう(江戸후기, 도검연구가)
鎌田又八　かまだ またはち(작품)
鎌田一窓　かまだ いっそう(1721～1804 心学者)
鎌田政家　かまた まさいえ(1123～60 무사)
鎌田俊清　かまた としきよ(1678～1744 수학자)
鎌田出雲　かまだ いずも(1816～58 정치가)
鎌倉景政　かまくら かげまさ(平安후기, 무사)
兼好　けんこう(＝吉田兼好)

경

軽　かる(？～1702 기생)
お軽・勘平　おかる・かんぺい(작품)
瓊瓊杵命　ににぎのみこと(記紀신화)
景戒　**きょうかい**, けいかい(平安전기, 승려)
更科源蔵　さらしな げんぞう(1904～85 시인)
慶光院周清　けいこういん しゅうせい
(？～1648 비구니 선승)
慶光院清順　けいこういん せいじゅん
(？～1566 비구니 선승)
卿局　きょうのつぼね(1155～1229 정치가)
京極高広　きょうごく たかひろ(1599～1677 大名)
京極高光　きょうごく たかみつ(1375～1413 무장)
京極高国　きょうごく たかくに(1616～75 大名)
京極高秀　きょうごく たかひで(＝佐々木高秀)
京極高数　きょうごく たかかず(？～1441 무장)
京極高氏　きょうごく たかうじ(＝佐々木高氏)
京極高詮　きょうごく たかのり(1352～1401 무장)
京極高知　きょうごく たかとも(1572～1622 무장)
京極高次　きょうごく たかつぐ(1563～1609 무장)
京極高清　きょうごく たかきよ(1460～1538 무장)

京極秀綱　きょうごく　ひでつな(＝佐々木秀綱)
京極院　きょうごくいん(1245～72 황후)
京極為兼　きょうごく　ためかね(1254～1332 歌人)
京極持清　きょうごく　もちきよ(1409～72 무장)
軽大娘皇女　かるのおおいらつめのひめみこ (5세기 중엽)
境部摩理勢　さかいべのまりせ(?～628 정치가)
境部王　さかいべのおう(奈良시대, 관료)
境部雄摩侶　さかいべのおまろ(7세기 초, 대장군)
景山英子　かげやま　ひでこ(＝福田英子)
景三　けいさん(＝横川景三)
景徐周麟　けいじょ　しゅうりん(1440～1518 선승)
慶暹　ぎょうせん(平安후기, 승려)
慶世村恒仁　きよむら　こうにん (1892～1929 향토사가)
慶耀　きょうよう(平安후기, 승려)
慶運　けいうん(南北朝시대, 歌人)
慶雲院　けいうんいん(＝足利義勝)
慶忍　けいにん(鎌倉시대, 화가)
慶滋保胤　よししげのやすたね(?～1002 문인)
慶滋為政　よししげのためまさ(平安중기, 문인)
景長　かげなが(室町전기, 刀工)
慶祚　きょうそ(955～1019 승려)
慶俊　きょうしゅん(平安전기, 승려)
経津主神　ふつぬしのかみ(신화)
景行天皇　けいこう　てんのう(記紀)
軽皇子　かるのみこ(＝文武天皇)
鏡姫臣　かがみのおおきみ (?～683 中臣鎌足의 정실)

계

季瓊真蘂　きけい　しんずい(1401～69 선승)
鶏冠井令徳　かえでい　りょうとく (1590～1679 俳人)
桂久武　かつら　ひさたけ(1830～77 志士)
戒能通孝　かいのう　みちたか(1908～75 법학자)
堺利彦　さかい　としひこ(1870～1933 사회주의자)
戒明　かいみょう(奈良시대, 승려)
桂文楽　かつら　ぶんらく(1892～1972 만담가)
桂文治　かつら　ぶんじ(1773～1815 만담가)
桂米朝　かつら　べいちょう(1925～ 만담가)
桂山彩巌　かつらやま　さいがん(1679～1749 유학자)
桂三木助　かつら　みきすけ(1884～1943 만담가)
桂小五郎　かつら　こごろう(＝木戸孝允)
桂庵玄樹　けいあん　げんじゅ(1427～1508 선승)
堺為子　さかい　ためこ(1872～1959 사회운동가)
渓斎英泉　けいさい　えいせん(＝池田英泉)
桂田富士郎　かつらだ　ふじろう (1867～1946 병리학자)
堺真柄　さかい　まがら(＝近藤真柄)
桂昌院　けいしょういん(1624～1705 徳川綱吉의 母)
桂川甫三　かつらがわ　ほさん(1728～83 의사)
桂川甫周　かつらがわ　ほしゅう(1751～1809 蘭医)
桂川甫粲　かつらがわ　ほさん(1754～1808 의사)
桂川甫筑　かつらがわ　ほちく(1661～1747 蘭医)
桂川甫賢　かつらがわ　ほけん(1797～1844 蘭医)
継体天皇　けいたい　てんのう(?～531)
桂村兵右衛門　かつらむら　へいえもん (1765～1805 민중봉기 지도자)
桂春団治　かつら　はるだんじ(1878～1934 만담가)
契沖　けいちゅう(1640～1701 국학자)
桂太郎　かつら　たろう(1847～1913 정치가·육군대장)
季弘大淑　きこう　だいしゅく(1421～87 선승)

고

古磵　こかん(1653～1717 승려화가)
高間伝兵衛　たかま　でんべえ(江戸중기, 거상)
高間行秀　たかま　ゆきひで(南北朝시대, 무장)
高見順　たかみ　じゅん(1907～65 시인·평론가)
古渓　こけい(＝蒲庵古渓)
高階貴子　たかしなのたかこ(平安중기, 歌人)
高階瓏仙　たかしな　ろうせん(1876～1968 승려)
高階隆兼　たかしな　たかかね(鎌倉후기, 궁정화가)
高階成忠　たかしなのなりただ(925～98 관료)
高階栄子　たかしな　えいし(?～1216 정치가)
古谷久綱　ふるや　ひさつな(1874～1919 정치가)
古関裕而　こせき　ゆうじ(1909～89 작곡가)
高橋健三　たかはし　けんぞう(1855～98 관료)
高橋健二　たかはし　けんじ(1902～ 독문학자)
高橋健自　たかはし　けんじ(1871～1929 고고학자)
高橋景保　たかはし　かげやす(1785～1829 천문학자)
古橋広之進　ふるはし　ひろのしん(1928～ 체육인)
高橋広湖　たかはし　こうこ(1875～1912 화가)
高橋亀吉　たかはし　かめきち (1891～1977 경제평론가)
高橋泥舟　たかはし　でいしゅう (1835～1903 막부 관료)
高橋多一郎　たかはし　たいちろう(1814～60 관료)
高橋道八　たかはし　どうはち(＝仁阿弥道八)
高橋等　たかはし　ひとし(1903～65 정치가)
高橋龍太郎　たかはし　りゅうたろう (1875～1967 실업가)

高橋里美　たかはし　さとみ(1886～1964 철학자)
高橋文右衛門　たかはし　ぶんえもん
(1775～1855 산업가)
高橋三吉　たかはし　さんきち(1882～1966 해군대장)
高橋石霞　たかはし　せっか(1808～83 학자)
高橋誠一郎　たかはし　せいいちろう
(1884～1982 경제학자·정치가)
高橋紹運　たかはし　じょううん(1548～86 무장)
高橋是清　たかはし　これきよ(1854～1936 정치가)
高橋新吉　たかはし　しんきち
(1901～87 시인·평론가)
高橋新五郎　たかはし　しんごろう(？～1857 기술자)
高橋信次　たかはし　しんじ(1912～85 방사선 의학자)
高橋五郎　たかはし　ごろう
(1856～1935 평론가·영어학자)
高橋源助　たかはし　げんすけ(？～1681 水利기술자)
高橋衛　たかはし　まもる(1903～86 정치가)
高橋由一　たかはし　ゆいち(1828～94 서양화가)
古橋義真　ふるはし　よしざね(1850～1910 篤農家)
高橋作衛　たかはし　さくえ(1867～1920 법학자)
高橋作左衛門　たかはし　さくざえもん
(＝高橋至時)
高橋残夢　たかはし　ざんむ(1775～1851 국학자)
高橋お伝　たかはし　おでん(1850～79 기생)
高橋貞樹　たかはし　さだき(1905～35 사회운동가)
高橋正作　たかはし　しょうさく(1803～94 농민)
高橋竹之助　たかはし　たけのすけ
(1842～1909 志士)
高橋俊乗　たかはし　しゅんじょう
(1892～1948 교육사학자)
高橋至時　たかはし　よしとき(1764～1804 천문학자)
高橋知周　たかはし　ともちか(1794～1852 정치가)
高橋進　たかはし すすむ(1902～84 能楽師)
高橋草坪　たかはし　そうへい(1802～33 화가)
高橋春圃　たかはし　しゅんぽ(1805～68 蘭医)
高橋虫麻呂　たかはしのむしまろ(奈良시대, 万葉歌人)
高橋太郎左衛門　たかはし　たろうざえもん
(江戸전기, 관료)
高橋浩一郎　たかはし　こういちろう
(1913～ 기상학자)
高橋和巳　たかはし　かずみ
(1931～71 소설가·평론가)
古橋暉児　ふるはし　てるのり(1813～92 篤農家)
高久守静　たかく　もりしず(1821～83 수학자)
高久靄厓　たかく　あいがい, たかひさ　あいがい
(1796～1843 화가)
古郡孫太夫　ふるごおり　まごだゆう
(1599～1664 治水家)
高群逸枝　たかむれ　いつえ
(1894～1964 여성사 연구가)
高貴　こうき(5세기 말, 기술자)

古今亭今輔　ここんてい　いますけ
(1898～1976 만담가)
古今亭志ん生　ここんてい　しんしょう
(1890～1973 만담가)
高碕達之助　たかさき　たつのすけ
(1885～1964 정치가·실업가)
高崎正風　たかさき　まさかぜ(1836～1912 歌人)
高楠順次郎　たかくす　じゅんじろう
(1866～1945 인도철학자·불교학자)
高台院　こうだいいん(1548～1624 풍신수길의 처)
高島嘉右衛門　たかしま　かえもん
(1832～1914 역학가)
高嶋米峰　たかしま　べいほう
(1875～1949 불교운동가)
高島鞆之輔　たかしま　とものすけ
(1844～1916 육군중장)
高島善哉　たかしま　ぜんや(1904～90 사회과학자)
高島義恭　たかしま　よしたか(1853～1926 실업가)
古島一雄　こじま　かずお(1865～1952 저널리스트)
高島秋帆　たかしま　しゅうはん
(1798～1866 병학자·포술가)
高島平三郎　たかしま　へいざぶろう
(1865～1946 아동심리학자)
古東領左衛門　ことう　りょうざえもん
(1819～64 志士)
高頭仁兵衛　たかとう　にへえ(1877～1957 등산가)
高良とみ　こうら　とみ(1896～ 여성운동가)
高良斎　こう　りょうさい, たか　りょうさい
(1799～1846 蘭医)
高麗福信　こまのふくしん(＝高倉福信)
高麗媼　こうらい　ばば(1567～1672 도공)
高麗左衛門　こうらい　ざえもん(？～1643 도공)
高嶺秀夫　たかみね　ひでお(1854～1910 교육가)
高嶺朝教　たかみね　ちょうきょう
(1868～1939 정치가)
高瀬文淵　たかせ　ぶんえん(1864～1940 평론가)
高瀬羽皐　たかせ　うこう(1853～1924 저널리스트)
高瀬荘太郎　たかせ　そうたろう
(1892～1966 정치가·회계학자)
高瀬真卿　たかせ　しんきょう(＝高瀬羽皐)
高瀬清　たかせ　きよし(1901～73 사회운동가)
高柳健次郎　たかやなぎ　けんじろう
(1899～ 전자공학자)
高柳賢三　たかやなぎ　けんぞう(1887～1967 법학자)
高梨利右衛門　たかなし　りえもん
(？～1688 민중봉기 지도자)
古林見宜　ふるばやし　けんぎ(1579～1657 의사)
高林方朗　たかばやし　みちあきら
(1769～1846 국학자)
古満休伯　こま　きゅうはく(？～1715 공예가)
古満休意　こま　きゅうい(？～1663 공예가)

高望王　たかもちおう(＝平高望)
高木兼寛　たかぎ かねひろ(1849～1920 군의관)
高木東六　たかぎ とうろく(1904～ 작곡가)
高木武　たかぎ たけし(1879～1944 국문학자)
高木彬光　たかぎ あきみつ(1920～ 추리작가)
高木善助　たかぎ ぜんすけ(？～1854 상인)
高木市之助　たかぎ いちのすけ
(1888～1974 국문학자)
高木信威　たかぎ のぶたけ(1872～1935 저널리스트)
高木壬太郎　たかぎ みずたろう
(1864～1921 신학자)
高木作太　たかぎ さくた(1894～1966 실업가)
高木貞治　たかぎ ていじ(1875～1960 수학자)
高木正孝　たかぎ まさたか(1913～62 등산가)
高木八尺　たかぎ やさか(1889～1984 미국사가)
高尾　たかお(江戸시대, 기생)
高尾平兵衛　たかお へいべえ
(1895～1923 사회운동가)
高尾亨　たかお とおる(1876～1931 외교관)
高弁　こうべん(＝明恵)
杲宝　こうほう(1306～62 승려)
孤峰覚明　こほう かくみょう(？～1361 선승)
高峰秀子　たかみね ひでこ(1924～ 영화배우)
高峰譲吉　たかみね じょうきち(1854～1922 화학자)
高峰筑風　たかみね ちくふう(1879～1936 비파악사)
高峰顕日　こうほう けんにち(1241～1316 선승)
高芙蓉　こう ふよう(1722～84 전각가)
高浜年尾　たかはま としお(1900～79 俳人)
高浜虚子　たかはま きょし(1874～1959 俳人)
高師冬　こうのもろふゆ(？～1351 무장)
苦沙弥先生　くしゃみ せんせい(작품)
高師英　こうのもろひで(室町시대, 무장)
高師直　こうのもろなお(？～1351 무장)
高師泰　こうのもろやす(？～1351 무장)
高山久蔵　たかやま きゅうぞう
(1895～1958 노동운동가)
高山図書　たかやま ずしょ(？～1595 무장)
古山師政　ふるやま もろまさ(江戸중기, 풍속화가)
古山師重　ふるやま もろしげ(江戸중기, 풍속화가)
高山岩男　こうやま いわお(1905～ 철학자)
高山彦九郎　たかやま ひこくろう(1747～93 志士)
高山盈子　たかやま みつこ(？～1903 교육가)
高山右近　たかやま うこん(＝高山長房)
高山義三　たかやま ぎぞう(1892～1974 변호사)
高山長房　たかやま ながふさ(？～1615 大名)
高山樗牛　たかやま ちょぎゅう(1871～1902 평론가)
高山宗砌　たかやま そうぜい(？～1455 連歌師)
高山辰雄　たかやま たつお(1912～ 화가)
高三隆達　たかさぶ りゅうたつ(＝隆達)
高杉晋作　たかすぎ しんさく(1839～67 志士)
高桑闌更　たかくわ らんこう(1726～98 俳人)
高桑元吉　たかくわ もとよし(江戸후기, 蘭学者)
高石勝男　たかいし かつお(1906～66 수영선수)
高石左馬助　たかいし さまのすけ(？～1603 관료)
高石かつ枝　たかいし かつえ(작품)
高石真五郎　たかいし しんごろう
(1878～1967 저널리스트)
古城管堂　こじょう かんどう(1857～1934 실업가)
高松宮宣仁親王　たかまつのみや のぶひとしんのう(1905～87)
高松豊吉　たかまつ とよきち(1852～1937 화학자)
袴垂保輔　はかまだれ やすすけ(平安시대, 도적)
高須四郎　たかす しろう(1884～1944 해군대장)
高嵩谷　こう すうこく(1730～1804 화가)
古市公威　ふるいち こうい(1854～1934 토목기술자)
古市澄胤　ふるいち ちょういん(1452～1508 무장)
高市皇子　たけちのみこ(654～96)
高市黒人　たけちのくろひと(8세기 초, 万葉歌人)
高岳親王　たかおか しんのう(＝真如親王)
高安月郊　たかやす げっこう
(1869～1944 시인·극작가)
高野江基太郎　たかのえ もとたろう
(1866～1916 저널리스트)
高野房太郎　たかの ふさたろう
(1868～1904 노동운동가)
高野素十　たかの すじゅう(1893～1976 俳人)
高野新笠　たかののにいがさ(？～789 황후)
高野実　たかの みのる(1901～74 노동운동가)
高野岩三郎　たかの いわさぶろう
(1871～1949 통계학자)
高野御室　こうや おむろ(＝覚法法親王)
高野長英　たかの ちょうえい(1804～50 蘭学者)
高野佐三郎　たかの すけさぶろう
(1862～1950 검도인)
高野辰之　たかの たつゆき(1876～1947 국문학자)
高野昌碩　たかの しょうせき(1760～1802 정치가)
高陽院　かやのいん(1095～1155 황후)
菰淵清雄　こもぶち きよお(1874～1937 사법관료)
古屋徳兵衛　ふるや とくべえ(1911～ 실업가)
高屋種彦　たかや たねひこ(＝柳亭種彦)
古屋太郎兵衛　ふるや たろうべえ
(1786～1855 문인)
孤雲懐奘　こうん えじょう(1198～1280 선승)
高元度　こう げんど(奈良시대, 관료)
高垣眸　たかがき ひとみ(1898～1983 아동문학가)
高垣勝次郎　たかがき かつじろう
(1893～1967 실업가)
古垣鉄郎　ふるかき てつろう
(1900～87 저널리스트·외교관)
高原村京右衛門　たかはらむら きょうえもん
(？～1757 농민봉기 지도자)
高原村常右衛門　たかはらむら じょうえもん

(?～1757 농민봉기 지도자)
高原村長兵衛　たかはらむら　ちょうべえ
(?～1757 농민봉기 지도자)
高遊外　こう　ゆうがい(1674～1763 선승)
古人大兄皇子　ふるひとのおおえのみこ(?～645)
古荘嘉門　ふるしょう　かもん(1840～1915 정치가)
古荘幹郎　ふるしょう　もとお(1882～1940 육군대장)
高場乱　たかば　おさむ(1832～91 교육가)
藁しべ長者　わらしべ　ちょうじゃ(설화)
古在由秀　こざい　よしひで(1928～　천문학자)
古在由重　こざい　よししげ(1901～　철학자)
古在由直　こざい　よしなお(1864～1934 농예화학자)
高畠耕斎　たかばたけ　こうさい(1813～59 蘭医)
古田大次郎　ふるた　だいじろう
(1900～25 무정부주의자)
高畠藍泉　たかばたけ　らんせん(1838～85 희작자)
袴田里見　はかまだ　さとみ(1904～　사회운동가)
高田博厚　たかだ　ひろあつ(1900～87 조각가)
高田保　たかだ　たもつ(1895～1952 극작가·수필가)
高田保馬　たかた　やすま(1883～1972 사회학자)
高田三郎　たかだ　さぶろう(1913～　작곡가)
高畠素之　たかばたけ　もとゆき
(1886～1928 사회사상가)
高田新家　たかだのにいのみ(?～703 공신)
高田慎蔵　たかだ　しんぞう(1852～1921 실업가)
高田実　たかだ　みのる(1871～1916 배우)
高田雅夫　たかだ　まさお(1895～1923 무용가)
高田与清　たかだ　ともきよ(＝小山田与清)
高田五郎　たかた　ごろう(1889～1973 실업가)
高田屋嘉兵衛　たかだや　かへえ
(1769～1827 해운업자)
高田又兵衛　たかだ　またべえ(1589～1671 무사)
高畠右衛門太郎入道持法　たかはたうえもんたろうにゅうどう　じほう(南北朝시대, 악한)
高田せい子　たかだ　せいこ(1895～1977 무용가)
高田蝶衣　たかだ　ちょうい(1886～1930 俳人)
高田早苗　たかた　さなえ(1860～1938 정치가)
古畑種基　ふるはた　たねもと(1891～1975 법의학자)
古田俊之助　ふるた　としのすけ
(1886～1953 실업가)
古田織部　ふるた　おりべ(1544～1615 무장)
高田好胤　たかだ　こういん(1924～　승려)
高畠華宵　たかばたけ　かしょう
(1888～1966 삽화가)
高井几董　たかい　きとう(1741～89 俳人)
高井鴻山　たかい　こうざん(1806～83 부농)
古井喜実　ふるい　よしみ(1903～　정치가)
高志内親王　こしのないしんのう(789～809)
古池信三　こいけ　しんぞう(1903～83 정치가)
高志芝巌　たかし　しがん(1663～1732 年寄)
高津正道　たかつ　せいどう(1893～1974 사회운동가)
高津春繁　こうず　はるしげ(1908～73 언어학자)
高倉徳太郎　たかくら　とくたろう
(1885～1934 신학자)
高倉藤平　たかくら　とうへい(1874～1917 실업가)
高倉福信　たかくらのふくしん(709～89 관료)
高倉新一郎　たかくら　しんいちろう
(1902～　농업경제학자)
高倉天皇　たかくら　てんのう(1161～81)
高川格　たかがわ　かく(1915～86 바둑기사)
古川古松軒　ふるかわ　こしょうけん
(1726～1807 지리학자)
古川緑波　ふるかわ　ろっぱ(1903～61 배우)
高泉性潡　こうせん　しょうとん(1633～95 선승)
古川勝　ふるかわ　まさる(1937～　수영선수)
古泉千樫　こいずみ　ちかし(1886～1927 歌人)
古川太四郎　ふるかわ　たしろう
(1845～1907 맹아교육자)
高村光雲　たかむら　こううん(1852～1934 조각가)
高村光太郎　たかむら　こうたろう
(1883～1956 조각가·시인)
高村久兵衛　たかむら　きゅうへえ
(?～1638 민중봉기 지도자)
高村象平　たかむら　しょうへい(1905～89 경제사가)
高村豊周　たかむら　とよちか
(1890～1972 주물기술자)
古沢滋　ふるさわ　うるお(1847～1911 정치가)
高沢忠順　たかざわ　ただより(1730～99 농정가)
古沢平作　こざわ　へいさく
(1897～1969 정신분석학자)
古波蔵良州　こはくら　りょうしゅう
(江戸후기, 칠기공예가)
鼓判官　つずみ　ほうがん(＝平知康)
高坂隆宗　こうさか　たかむね(?～1407 무장)
高坂王　たかさかのおおきみ(?～683 관료)
高坂正顕　こうさか　まさあき(1900～69 철학자)
高平小五郎　たかひら　こごろう
(1854～1926 외교관·정치가)
古筆了佐　こひつ　りょうさ(1582～1662 필적감정사)
古賀穀堂　こが　こくどう(1778～1836 유학자)
古賀謹一郎　こが　きんいちろう
(1816～84 서양학자)
古河力作　ふるかわ　りきさく
(1884～1911 사회주의자)
古賀廉造　こが　れんぞう(1858～1942 관료)
古賀了　こが　さとる(1904～　농민운동가)
古賀峯一　こが　みねいち(1885～1944 해군원수)
古河善兵衛　ふるかわ　ぜんべえ
(1577～1637 治水家)
古河市兵衛　ふるかわ　いちべえ
(1832～1903 실업가)
古賀政男　こが　まさお(1904～78 작곡가)

古賀精里　こが　せいり(1750~1817 유학자)
古賀辰四郎　こが　たつしろう(1856~1918 상인)
古賀春江　こが　はるえ(1895~1933 서양화가)
古河虎之助　ふるかわ　とらのすけ (1887~1940 실업가)
杲海　こうかい(鎌倉전기, 승려)
高向麻呂　たかむくのまろ(?~708 정치가)
高向玄理　たかむくのくろまろ(?~654 견수유학생)
高皇産霊尊　たかみむすびのみこと(記紀신화)
*高志羪浩　たかし　ようこう(江戸중기, 유학자)

곡

谷干城　たに　かんじょう(1837~1911 군인·정치가)
谷健造　たに　けんぞう(1903~37 농민운동가)
谷口吉郎　たにぐち　よしろう(1904~79 건축가)
谷口藍田　たにぐち　らんでん(1822~1902 한학자)
谷口蕪村　たにぐち　ぶそん(=与謝蕪村)
谷口尚真　たにぐち　なおみ(1870~1941 해군대장)
谷口善太郎　たにぐち　ぜんたろう (1899~1974 사회운동가)
谷口雅春　たにぐち　まさはる(1893~1985 종교가)
谷崎潤一郎　たにざき　じゅんいちろう (1886~1965 소설가)
谷崎精二　たにざき　せいじ (1890~1971 소설가·영문학자)
谷内六郎　たにうち　ろくろう(1921~81 화가)
谷桃子　たに　ももこ(1921~ 발레리나)
谷文晁　たに　ぶんちょう(1763~1840 문인화가)
谷本富　たにもと　とめり(1867~1946 교육학자)
曲山人　きょくさんじん(?~1836 풍속소설가)
谷三山　たに　さんざん(1802~67 유학자)
谷善右衛門　たに　ぜんえもん(1675~1741 풍류인)
谷素外　たに　そがい(1733~1823 俳人)
谷時中　たに　じちゅう(1598~1649 유학자)
谷譲次　たに　じょうじ(=長谷川海太郎)
硲伊之助　はざま　いのすけ(1895~1977 서양화가)
谷一斎　たに　いっさい(1625~95 유학자)
谷田忠兵衛　たんだ　ちゅうべえ (江戸중기, 칠기 공예가)
曲亭馬琴　きょくてい　ばきん(=滝沢馬琴)
谷正之　たに　まさゆき(1889~1962 외교관)
谷宗臨　たに　そうりん(1532~1601 상인)
谷宗牧　たに　そうぼく(?~1545 連歌師)
谷宗養　たに　そうよう(1526~62 連歌師)
谷中安規　たになか　やすのり(1897~1946 판화가)
曲直瀬道三　まなせ　どうさん(1507~74 의사)
曲直瀬玄朔　まなせ　げんさく(1549~1631 의사)
谷秦山　たに　しんざん(1663~1718 유학자)
谷真潮　たに　ましお(1729~97 국학자)
谷川士清　たにかわ　ことすが(1709~76 국학자)
谷川昇　たにがわ　のぼる(1896~1955 관료)
谷川徹三　たにかわ　てつぞう(1895~1989 철학자)
谷風梶之助　たにかぜ　かじのすけ(1750~95 力士)

공

公慶　こうけい(1648~1705 승려)
空谷明応　くうこく　みょうおう(1328~1407 선승)
工藤綾子　くどう　あやこ(1763~1824 국학자)
工藤三助　くどう　さんすけ(1661~1758 권농가)
工藤昭四郎　くどう　しょうしろう (1894~1977 실업가)
工藤新左衛門　くどう　しんざえもん (鎌倉후기, 관료)
工藤祐経　くどう　すけつね(?~1193 무사)
工藤重義　くどう　しげよし(1874~1918 재정학자)
工藤鉄男　くどう　てつお(1875~1953 정치가)
工藤他山　くどう　たざん(1818~89 유학자)
工藤平助　くどう　へいすけ(1734~1800 의사)
工藤行幹　くどう　ゆきもと(1841~1904 정치가)
工楽松右衛門　こうらく　まつえもん (1743~1812 선박용구 제조 기술자)
空也　くうや, こうや(903~72 승려)
公胤　こういん(1144~1216 승려)
公伊　こうい(1050~1134 승려)
空海　くうかい(774~835 승려)
公暁　くぎょう(1200~19 승려)

과

鍋島勝茂　なべしま　かつしげ(1581~1657 大名)
鍋島直大　なべしま　なおひろ(1846~1921 영주)
鍋島直茂　なべしま　なおしげ(1538~1618 大名)
鍋島直彬　なべしま　なおよし(1843~1915 영주)
鍋島直正　なべしま　なおまさ(=鍋島閑叟)
鍋島閑叟　なべしま　かんそう(1814~71 영주)
鍋山貞親　なべやま　さだちか(1901~79 사회운동가)
瓜生保　うりゅう　たもつ(?~1337 무장)
瓜生岩　うりゅう　いわ(1829~97 사회사업가)

瓜生外吉　うりゅう　そときち(1857~1937 해군대장)
瓜生震　うりゅう　しん(1853~1920 실업가)
瓜子姫　うりこひめ(설화)
鍋井克之　なべい　かつゆき(1888~1969 서양화가)

관

菅甘谷　すが　かんこく(1690~1764 유학자)
関鑑子　せき　あきこ(1899~1973 소프라노 가수)
菅江真澄　すがえ　ますみ(1754~1829 국학자)
関敬吾　せき　けいご(1899~1990 민속학자)
関谷清景　せきや　せいけい(1854~96 지진학자)
寛空　かんくう(882~970 승려)
関寛斎　せき　かんさい(1830~1912 의학자)
関口柔心　せきぐち　じゅうしん(1598~1670 유도인)
関口存男　せきぐち　つぎお(1894~1958 독어학자)
関根金次郎　せきね　きんじろう(1868~1946 바둑기사)
関根弥二郎　せきね　やじろう(1650~1722 검객)
関根矢作　せきね　やさく(1803~96 篤農家)
関根悦郎　せきね　えつろう(1901~　교육실천가)
関根正雄　せきね　まさお(1912~　구약성서학자)
関根正二　せきね　しょうじ(1899~1919 서양화가)
関根正直　せきね　まさなお(1860~1932 국문학자)
菅茶山　**かん　さざん**, かん　ちゃざん(1748~1827 유학자·시인)
管道　かん　まこと(1904~67 노동운동가)
関東小六　かんとう　ころく(작품)
菅礼之助　すが　れいのすけ(1883~1971)
貫名海屋　ぬきな　かいおく(1778~1863 유학자)
寛敏　かんびん(平安후기, 승려)
関山富　せきやま　とみ(1869~1911 법률학자)
関山慧玄　かんざん　えげん(1277~1360 선승)
観世小次郎　かんぜ　こじろう(1435~1516 能楽師)
観世寿夫　かんぜ　ひさお(1925~78 能楽師)
観世元雅　かんぜ　もとまさ(1394~1432 能楽師)
観世元章　かんぜ　もとあき(1722~74 能楽師)
観世元重　かんぜ　もとしげ(＝音阿弥)
観世元清　かんぜ　もときよ(＝世阿弥)
観世銕之丞　かんぜ　てつのじょう(1884~1959 能楽師)
観世清次　かんぜ　きよつぐ(＝観阿弥)
菅沼曲翠　すがぬま　きょくすい(?~1717 俳人)
菅沼奇淵　すがぬま　きえん(1763~1834 俳人)
菅沼貞風　すがぬま　ていふう(1865~89 역사가)
冠松次郎　かんむり　まつじろう(1883~1970 등산가)
関淑子　せき　としこ(1908~35 사회운동가)
菅楯彦　すが　たてひこ(1878~1963 화가)
関矢留作　せきや　とめさく(1905~36 농민운동가)
関新吾　せき　しんご(1854~1915 저널리스트)
観阿弥　**かんあみ**, かんなみ(1332~84 能楽師)
菅野兼山　すがの　けんざん(1680~1747 유학자)
菅野尚一　すがの　ひさいち(1871~1953 육군대장)
菅野序遊　すがの　じょゆう(1771~1823 浄瑠璃의 대가)
関野貞　せきの　ただす(1867~1935 동양미술사가)
菅野真道　すがののまみち(741~814 관료)
菅野八郎　**かんの　はちろう**, すがの　はちろう(1810~88 민중봉기 지도자)
関英雄　せき　ひでお(1912~　아동문학가)
関屋敏子　せきや　としこ(1904~41 소프라노 가수)
関屋貞三郎　せきや　ていざぶろう(1875~1950 관료·정치가)
菅運吉　すが　うんきち(1807~77 목재상)
菅原広貞　すがわらのひろさだ(＝出雲広貞)
菅原道真　すがわらのみちざね(845~903 관료)
菅原文時　すがわらのふみとき(899~981 학자)
菅原白龍　すがわら　はくりゅう(1833~98 화가)
菅原輔正　すがわらのすけまさ(925~1009 관료)
菅原善主　すがわらのよしぬし(803~52 관료)
菅原淳茂　すがわらのあつしげ(平安중기, 학자)
菅原是善　すがわらのこれよし(812~80 관료)
菅原岑嗣　すがわらのみねつぐ(793~870 의사)
菅原伝　すがわら　でん(1863~1937 정치가)
菅原清公　すがわらのきよきみ(770~842 관료)
菅原卓　すがわら　たかし(1903~70 연출가)
菅原通敬　すがわら　みちたか(1869~1946 관료)
菅原通済　すがわら　みちなり(1894~1981 실업가)
菅原孝標女　すがわらのたかすえのむすめ(1008~? 문학가)
寛意　かんい(1053~1100 승려)
関義臣　せき　よしおみ(1839~1918 관료·정치가)
寛印　かんいん(平安중기, 승려)
貫一・お宮　かんいち・おみや(작품)
串田万蔵　くしだ　まんぞう(1867~1939 은행가)
串田孫一　くしだ　まごいち(1915~　철학자·시인)
菅専助　すが　せんすけ(江戸중기, 浄瑠璃작가)
寛静　かんじょう(901~79 승려)
菅井梅関　すがい　ばいかん(1784~1844 화가)
菅政友　すが　まさとも(1824~97 역사가)
寛助　かんじょ(1057~1125 승려)
寛朝　かんちょう(936~98 승려)
関宗祐　せき　むねすけ(?~1343 무장)
関直彦　せき　なおひこ(1857~1934 정치가)
館哲二　たち　てつじ(1889~1968 관료)
関鉄之介　せき　てつのすけ(1824~62 志士)
関村兵内　せきむら　へいない(?~1766 농민봉기 지도자)

菅忠道　かん　ただみち(1909〜79 아동문학 평론가)
関沢房清　せきざわ　ふさきよ(1805〜78 정치가)
寛遍　かんぺん(1100〜66 승려)
観賢　かんけん(853〜925 승려)
関戸覚蔵　せきど　かくぞう(1844〜1916 정치가)
寛暁　かんぎょう(1103〜59 승려)
関孝和　せき　たかかず(?〜1708 수학자)
関喜内　せき　きない(1759〜1837 양잠업자)

광

広岡古那可智　ひろおかのこなかち(?〜759 황후)
広岡久右衛門　ひろおか　きゅうえもん
(1806〜69 거상)
光格天皇　こうかく　てんのう(1771〜1840)
光兼　こうけん(＝実如光兼)
光崎検校　みつさき　けんぎょう(江戸후기, 국악인)
広渡一湖　ひろわたり　いっこ(1644〜1702 화가)
広瀬健太　ひろせ　けんた(?〜1863 志士)
広瀬久兵衛　ひろせ　きゅうべえ
(1790〜1871 산업가)
広瀬久忠　ひろせ　ひさただ
(1889〜1974 관료·정치가)
広瀬淡窓　ひろせ　たんそう(1782〜1856 유학자)
広瀬林外　ひろせ　りんがい(1836〜74 유학자)
広瀬武夫　ひろせ　たけお(1868〜1904 해군중위)
広瀬巌雄　ひろせ　いわお(1815〜74 국학자)
広瀬旭荘　ひろせ　きょくそう(1807〜63 유학자)
広瀬元恭　ひろせ　げんきょう(1821〜70 의사)
広瀬惟然　ひろせ　いぜん(?〜1711 俳人)
広瀬庄太郎　ひろせ　しょうたろう
(1875〜1941 실업가)
広瀬宰平　ひろせ　さいへい(1828〜1914 실업가)
広瀬青邨　ひろせ　せいそん(1819〜84 유학자)
広瀬治助　ひろせ　じすけ(1822〜96 염색기술자)
広瀬豊作　ひろせ　とよさく(1891〜1964 관료)
光琳　こうりん(＝尾形光琳)
光明天皇　こうみょう　てんのう(1321〜80)
光明皇后　こうみょう　こうごう(701〜60)
光寿　こうじゅ(＝教如光寿)
光厳天皇　こうごん　てんのう(1313〜64)
光悦　こうえつ(＝本阿弥光悦)
光永星郎　みつなが　ほしろう(1866〜1945 실업가)
光永直次　みつなが　なおつぐ(1773〜1855 造林家)
光永平蔵　みつなが　へいぞう(1804〜62 治水家)
光源氏　ひかるげんじ(源氏物語의 주인공)
光源院　こうげんいん(＝足利義輝)
光意　こうい(737〜814 승려)
広義門院　こうぎもんいん(1291〜1357 후궁)
光仁天皇　こうにん　てんのう(708〜81)
光田健輔　みつだ　けんすけ(1876〜1964 나병 학자)
広田亀次　ひろた　かめじ(1840〜96 농업기술개량가)
広田寿一　ひろた　ひさかず(1899〜　실업가)
広田弘毅　ひろた　こうき(1878〜1948 외교관)
光定　こうじょう(779〜858 승려)
広井勇　ひろい　いさむ(1862〜1928 토목공학자)
光佐　こうさ(＝顕如光佐)
広重　ひろしげ(＝安藤広重)
広中平祐　ひろなか　へいすけ(1931〜　수학자)
広津柳浪　ひろつ　りゅうろう(1861〜1928 소설가)
広津和郎　ひろつ　かずお
(1891〜1968 소설가·평론가)
広川晴軒　ひろかわ　せいけん(1803〜84 과학자)
広川獬　ひろかわ　かい(江戸후기, 의사)
広川弘禅　ひろかわ　こうぜん(1902〜67 정치가)
光忠　みつただ(鎌倉중기, 刀工)
光太夫　こうだゆう(＝大黒屋光太夫)
広沢真臣　ひろさわ　さねおみ(1833〜71 志士)
広沢虎造　ひろさわ　とらぞう(1899〜1964 浪曲師)
広平親王　ひろひら　しんのう(950〜71)
光行次郎　みつゆき　じろう(1872〜1945 관료)
光孝天皇　こうこう　てんのう(830〜87)

괘

掛橋和泉　かけはし　いずみ(?〜1863 志士)

괴

槐安　かいあん(?〜1905 선승)

굉

轟武兵衛　とどろき　ぶべえ(1818〜73 志士)
轟夕起子　とどろき　ゆきこ(1917〜67 영화배우)

橋岡久太郎 はしおか きゅうたろう (1884～1963 能楽師)
橋口五葉 はしぐち ごよう(1880～1921 판화가)
鮫島尚信 さめじま なおなぶ(1846～80 외교관)
鮫島実三郎 さめじま じつさぶろう (1890～1973 물리화학자)
橋本綱常 はしもと つなつね(1845～1909 의학자)
橋本関雪 はしもと かんせつ(1883～1945 화가)
橋本国彦 はしもと くにひこ(1904～49 작곡가)
橋本圭三郎 はしもと けいざぶろう (1865～1959 실업가)
橋本曇斎 はしもと どんさい(＝橋本宗吉)
橋本徳寿 はしもと とくじゅ(1894～ 歌人)
橋本登美三郎 はしもと とみさぶろう (1901～90 정치가)
橋本龍伍 はしもと りょうご(1906～62 정치가)
橋本明治 はしもと めいじ(1904～91 화가)
橋本夢道 はしもと むどう(1903～74 俳人)
橋本文雄 はしもと ふみお(1902～34 법학자)
橋本市蔵 はしもと いちぞう(1817～82 칠기공예가)
橋本実梁 はしもと さねやな(1834～85 관료)
橋本雅邦 はしもと がほう(1835～1908 화가)
橋本英吉 はしもと えいきち(1898～1978 소설가)
橋本五郎右衛門 はしもと ごろうえもん (1636～1717 산업가)
橋本伊与 はしもと いよ(＝姉小路局)
橋本忍 はしもと しのぶ(1918～ 시나리오 작가)
橋本宗吉 はしもと そうきち(1763～1836 蘭学者)
橋本左内 はしもと さない(1834～59 志士)
橋本進吉 はしもと しんきち(1882～1945 국어학자)
橋本徹馬 はしもと てつま(1890～ 우익운동가)
橋本清吉 はしもと せいきち(1898～1955 관료)
橋本平八 はしもと へいはち(1897～1935 조각가)
橋本虎之助 はしもと とらのすけ (1883～1952 육군중장)
橋本欣五郎 はしもと きんごろう (1890～1957 육군대령)
教禅 きょうぜん(?～1075 탱화 화가)
教信 きょうしん(?～866 승려)
教尋 きょうじん(?～1141 승려)
交野女王 かたののにょおう(平安전기, 후궁)
交野少将 かたののしょうしょう(작품)
教如光寿 きょうにょ こうじゅ(1558～1614 승려)
橋田東声 はしだ とうせい(1886～1930 歌人)
橋田邦彦 はしだ くにひこ(1882～1945 생리학자)
橋浦時雄 はしうら ときお(1891～1969 사회운동가)
橋戸頑鉄 はしど がんてつ(1879～1936 야구선수)
教懐 きょうかい(1001～93 승려)

溝口健二 みぞぐち けんじ(1898～1956 영화감독)
溝口秀勝 みぞぐち ひでかつ(1538～1600 大名)
溝口直諒 みぞぐち なおあき(1799～1858 영주)
九鬼嘉隆 くき よしたか(1542～1600 무장)
九鬼隆一 くき りゅういち(1852～1931 미술행정가)
九鬼守隆 くき もりたか(1573～1632 大名)
九鬼周造 くき しゅうぞう(1888～1941 철학자)
勾当内侍 こうとうのないし(南北朝시대, 内侍)
久留間鮫造 くるま さめぞう(1893～1982 경제학자)
久留島武彦 くるしま たけひこ (1874～1960 아동문학가)
久留島秀三郎 くるしま ひでさぶろう (1888～1970 실업가)
久留島義太 くるしま よしひろ(?～1757 수학자)
久留島通祐 くるしま みちすけ(1738～91 奉行)
久留島喜内 くるしま きない(＝久留島義太)
久明親王 ひさあきら しんのう(1276～1328)
久米桂一郎 くめ けいいちろう (1866～1934 서양화가)
久米邦武 くめ くにたけ(1839～1931 역사학자)
久米仙人 くめのせんにん(전설)
久米正雄 くめ まさお(1891～1952 소설가·극작가)
久米通賢 くめ みちかた(1780～1841 기술자)
久米平内 くめのへいない(?～1683 무예가)
久保角太郎 くぼ かくたろう(1892～1944 종교가)
久保季茲 くぼ すえしげ(1830～86 국학자)
久保亮五 くぼ りょうご(1920～ 물리학자)
久保寺逸彦 くぼでら いつひこ (1902～71 アイヌ 문학가)
久保寺正久 くぼでら まさひさ(1795～? 수학자)
久保山愛吉 くぼやま あいきち (1914～54 수폭실험의 희생자)
久保栄 くぼ さかえ(1901～58 극작가·소설가)
久保田万太郎 くぼた まんたろう (1889～1963 극작가·소설가)
久保田米僊 くぼた べいせん(1852～1906 화가)
久保田譲 くぼた ゆずる(1847～1936 교육행정가)
久保田豊 くぼた ゆたか(1905～65 농민운동가)
久保田鶴松 くぼた つるまつ(1900～84 노동운동가)
久保祖舜 くぼ そしゅん(1842～1921 도업가)

久保太郎右衛門　くぼ　たろうえもん　(1644～1711 권농가·治水家)
久富達夫　ひさとみ　たつお(1898～1968 저널리스트)
鳩山秀夫　はとやま　ひでお(1884～1946 법학자)
鳩山一郎　はとやま　いちろう(1883～1959 정치가)
鳩山春子　はとやま　はるこ(1863～1938 교육가)
鳩山和夫　はとやま　かずお　(1856～1911 정치가·변호사)
久生十蘭　ひさお　じゅうらん(1902～57 소설가)
久世広周　くぜ　ひろちか(1819～64 老中)
久世氏美　くぜ　うじよし(1703～70 정치가)
久松潜一　ひさまつ　せんいち(1894～1976 국문학자)
久松真一　ひさまつ　しんいち　(1889～1980 종교철학자)
久松喜代馬　ひさまつ　きよま(？～1866 志士)
久我通久　こが　みちつね(1841～1925 귀족)
久我通親　こが　みちちか(＝土御門通親)
久野寧　くの　やすし(1882～1977 생리학자)
久野収　くの　おさむ(1910～　평론가)
鳩野宗巴　はとの　そうは(1641～97 의학자)
久隅守景　くすみ　もりかげ(江戸전기, 화가)
久原房之助　くはら　ふさのすけ　(1869～1965 실업가·정치가)
久慈次郎　くじ　じろう(1897～1939 야구선수)
お駒·才三　おこま·さいざ(작품)
臼田亜浪　うすだ　あろう(1879～1951 俳人)
久田宗全　ひさだ　そうぜん(1647～1707 다도인)
駒井健一郎　こまい　けんいちろう　(1900～86 실업가)
臼井吉見　うすい　よしみ(1905～87 평론가·작가)
臼井弥三郎　うすい　やさぶろう　(1621～90 토목기술자)
駒井和愛　こまい　かずちか(1905～71 고고학자)
駒井喜作　こまい　きさく(1897～1945 사회운동가)
救済　ぐさい(1281～1375 連歌師)
九条兼実　くじょう　かねざね(1149～1207 섭정)
九条教実　くじょう　のりざね(1210～35 관료)
九条道家　くじょう　みちいえ(1193～1252 섭정)
九条道実　くじょう　みちざね(1869～1933 공작)
九条道孝　くじょう　みちたか(1839～1906 공작)
九条良経　くじょう　よしつね　(1169～1206 관료·서예가)
九条頼経　くじょう　よりつね(1218～56 장군)
九条頼嗣　くじょう　よりつぐ(1239～56 장군)
九条武子　くじょう　たけこ(1887～1928 歌人)
九条尚忠　くじょう　ひさただ(1798～1871 정치가)
九条政基　くじょう　まさもと(1445～1516 관료)
具志頭親方文若　ぐしちゃんおえかた　ぶんじゃく　(＝蔡温)
久津見蕨村　くつみ　けっそん(1860～1925 평론가)
丘浅次郎　おか　あさじろう(1868～1944 동물학자)
駒村資正　こまむら　すけまさ(1894～1969 실업가)
久村清太　くむら　せいた(1880～1951 실업가)
久板卯之助　ひさいた　うのすけ　(1877～1922 무정부주의자)
久板栄二郎　ひさいた　えいじろう　(1898～1976 극작가)
久坂玄機　くさか　げんき(1820～54 蘭医)
久坂玄瑞　くさか　げんずい(1840～64 志士)
具平親王　ともひら　しんのう(964～1009)
久布白落実　くぶしろ　おちみ　(1882～1972 기독교 운동가)
駒形茂兵衛　こまがた　もへえ(작품)
厩戸皇子　うまやどのみこ(＝聖徳太子)

お菊　おきく(작품)
菊岡検校　きくおか　けんぎょう　(？～1849 地唄작곡가)
菊岡久利　きくおか　くり(1909～70 시인)
菊岡如幻　きくおか　にょげん(1625～99 국학자)
菊高検校　きくたか　けんぎょう(？～1888 국악인)
国広　くにひろ(？～1614 刀工)
国光　くにみつ(1250～1310 刀工)
国崎定洞　くにさき　ていどう　(1894～1937 사회의학자)
国吉康雄　くによし　やすお(1889～1953 서양화가)
菊島隆三　きくしま　りゅうぞう　(1914～89 시나리오 작가)
国頭正弥　くにがみ　まさや(1591～？ 안찰사)
国頭正秀　くにがみ　まさひで(？～1871 안찰사)
国領五一郎　こくりょう　ごいちろう　(1902～43 노동운동가)
国木田独歩　くにきだ　どっぽ　(1871～1908 시인·소설가)
国木田収二　くにきだ　しゅうじ　(1878～1931 저널리스트)
国分一太郎　こくぶん　いちたろう　(1911～85 체육문화운동가)
国分青厓　こくぶ　せいがい(1857～1944 한시인)
国司信濃　くにし　しなの(1842～64 정치가)
麹屋伝兵衛　こうじや　でんべえ　(？～1785 민중봉기 지도자)
国友藤兵衛　くにとも　とうべえ　(1778～1840 철포 제조 기술자)
国友重章　くにとも　しげあき　(1861～1909 저널리스트)

菊隠　きくいん(？～1620 승려)
菊田一夫　きくた　かずお(1908～73 극작가)
国貞　くにさだ(江戸초기, 刀工)
国定忠治　くにさだ　ちゅうじ(1810～50 협객)
国造塵隠　くにのみやつこ　じんいん
(1661～1713 유학자·의사)
国宗　くにむね(鎌倉중기, 刀工)
菊竹淳　きくたけ　すなお(1880～1937 저널리스트)
国中公麻呂　くになかのきみまろ(？～774 仏師)
菊池耕斎　きくち　こうさい(1618～82 유학자)
菊池渓琴　きくち　けいきん(＝菊池海荘)
菊池契月　きくち　けいげつ(1879～1955 화가)
菊池恭三　きくち　きょうぞう(1859～1942 실업가)
菊池寛　きくち　かん, **きくち　ひろし**
(1888～1948 소설가·극작가)
菊池貫平　きくち　かんぺい(1847～1914 정치인)
菊池教中　きくち　きょうちゅう(＝菊池澹如)
国枝金三　くにえだ　きんぞう(1886～1943 서양화가)
菊地多兵衛　きくち　たへえ
(1755～1828 민중봉기 지도자)
菊池淡雅　きくち　たんが(1788～1853 거상)
菊池澹如　きくち　たんじょ(1828～62 거상)
菊池大麓　きくち　だいろく(1855～1917 수학자)
菊地藤五郎　きくち　とうごろう(江戸전기, 治水家)
菊池武光　きくち　たけみつ(？～1372 무장)
菊池武夫　きくち　たけお(1854～1912 법률학자)
菊池武時　きくち　たけとき(？～1333 무장)
菊池武朝　きくち　たけとも(1363～1407 무장)
菊池武重　きくち　たけしげ(？～1341 무장)
菊池芳文　きくち　ほうぶん(1862～1918 화가)
国枝史郎　くにえだ　しろう(1888～1943 소설가)
菊池三渓　きくち　さんけい(1819～91 한학자)
菊地序克　きくち　じょこく(1751～？ 금속조각가)
菊池袖子　きくち　そでこ(1785～1838 歌人)
菊池五山　きくち　ござん(1769～1853 한시인)
菊池容斎　きくち　ようさい(1788～1878 화가)
菊池幽芳　きくち　ゆうほう(1870～1947 소설가)
菊池正士　きくち　せいし(1892～1974 물리학자)
菊池知勇　きくち　ちゆう(1889～1972 작문교육가)
菊池豊三郎　きくち　とよさぶろう
(1892～1971 관료)
菊池海荘　きくち　かいそう(1799～1881 志士)
菊川英山　きくかわ　えいざん(1787～1867 풍속화가)
菊川忠雄　きくかわ　ただお(1901～54 노동운동가)
国沢新九郎　くにざわ　しんくろう
(1847～77 서양화가)
国沢新兵衛　くにざわ　しんべえ
(1864～1953 실업가)

郡司成忠　ぐんじ　しげただ(1860～1924 군인)
群司次郎正　ぐんじ　じろまさ(1905～72 작가)
郡祐一　こおり　ゆういち(1902～83 관료·정치가)
郡虎彦　こおり　とらひこ(1890～1924 극작가)

堀江謙一　ほりえ　けんいち(1938～ 요트 선수)
堀江帰一　ほりえ　きいち(1876～1927 경제학자)
堀江興成　ほりえ　おきなり(江戸중기, 금속공예가)
堀景山　ほり　けいざん(1688～1757 의사)
堀啓次郎　ほり　けいじろう(1867～1944 실업가)
堀口九万一　ほりぐち　くまいち
(1865～1945 외교관)
堀口大学　ほりぐち　だいがく(1892～1981 시인)
堀口藍園　ほりぐち　らんえん(1818～91 한학자)
堀口捨巳　ほりぐち　すてみ(1895～ 건축가)
堀久作　ほり　きゅうさく(1900～74 실업가)
堀口貞満　ほりぐち　さだみつ(1297～1338 무장)
堀南湖　ほり　なんこ(1684～1753 유학자)
堀内干城　ほりうち　たてき(1889～1951 외교관)
堀内謙介　ほりうち　けんすけ(1886～1979 외교관)
堀内敬三　ほりうち　けいぞう
(1897～1983 음악평론가)
堀内仙鶴　ほりのうち　せんかく(1675～1748 다도가)
堀内素堂　ほりうち　そどう(1801～54 蘭医)
堀達之助　ほり　たつのすけ
(1823～94 네덜란드어 통역사)
堀利重　ほり　とししげ(1581～1638 大名)
堀利熙　ほり　としひろ(1818～60 奉行)
堀麦水　ほり　ばくすい(1718～83 俳人)
堀木鎌三　ほりき　けんぞう(1898～1974 정치가)
堀文平　ほり　ぶんぺい(1882～1958 실업가)
堀尾吉晴　ほりお　よしはる(1543～1611 무장)
堀尾忠晴　ほりお　ただはる(1599～1633 大名)
堀部弥兵衛　ほりべ　やへえ(1627～1703 志士)
堀部安兵衛　ほりべ　やすべえ(1670～1703 志士)
堀山城　ほり　やましろ(？～1682 釜師)
堀善蔵　ほり　ぜんぞう(江戸후기, 산림가)
堀秀政　ほり　ひでまさ(1553～90 大名)

堀越角次郎　ほりこし　かくじろう（1806～85 실업가）
堀越二郎　ほりこし　じろう（1903～82 항공기 설계가）
堀越禎三　ほりこし　ていぞう（1898～1987 재계인）
堀田善衛　ほった　よしえ（1918～ 소설가·평론가）
堀田正敦　ほった　まさあつ（1758～1832 막부정치가）
堀田正亮　ほった　まさすけ（1712～61 老中）
堀田正睦　ほった　まさよし（1810～64 老中）
堀田正盛　ほった　まさもり（1608～51 大名）
堀田正信　ほった　まさのぶ（1632～80 大名）
堀田正養　ほった　まさやす（1848～1911 정치가）
堀田正俊　ほった　まさとし（1634～84 大老）
堀田隼人　ほった　はやと（작품）
堀切善兵衛　ほりきり　ぜんべえ（1882～1946 정치가）
堀井利勝　ほりい　としかつ（1911～75 노동운동가）
堀正太郎　ほり　しょうたろう（1865～1945 식물병리학자）
堀悌吉　ほり　ていきち（1883～1959 해군중장）
堀直寄　ほり　なおより（1577～1639 大名）
堀直政　ほり　なおまさ（1547～1608 무장）
堀直之　ほり　なおゆき（1585～1642 寺社奉行）
堀直虎　ほり　なおとら（1836～68 막부정치가）
堀辰雄　ほり　たつお（1904～53 소설가）
堀川国広　ほりかわ　くにひろ（＝国広）
堀川乗経　ほりかわ　じょうきょう（1824～78 승려）
堀忠俊　ほり　ただとし（1596～1621 大名）
堀親良　ほり　ちかよし（1580～1637 大名）
堀河天皇　ほりかわ　てんのう（1079～1107）
堀杏庵　ほり　きょうあん（1585～1642 유학자）

宮古路春太夫　みやこじ　はるだゆう（＝春富士春太夫）
宮古路豊後掾　みやこじ　ぶんごのじょう（1660～1740 浄瑠璃작가）
宮崎筠圃　みやざき　いんぽ（1717～74 유학자）
宮崎滔天　みやざき　とうてん（1871～1922 중국혁명의 지원자）
宮崎龍介　みやざき　りゅうすけ（1892～1971 국가사회주의자）
宮崎民蔵　みやざき　たみぞう（1865～1928 사회운동가）
宮崎市定　みやざき　いちさだ（1901～ 동양사가）
宮崎安貞　みやざき　やすさだ（1623～97 농학자）
宮崎友禅　みやざき　ゆうぜん（江戸전·중기, 염색기술자）
宮崎車之助　みやざき　しゃのすけ（1839～76 志士）
宮崎八郎　みやざき　はちろう（1851～77 자유민권운동가）
宮崎寒雉　みやざき　かんち（？～1712 釜師）
宮崎湖処子　みやざき　こしょし（1864～1922 문인·목사）
宮内高吉　くない　たかよし（＝藤堂高吉）
宮島新三郎　みやじま　しんざぶろう（1892～1934 영문학자·평론가）
宮嶋資夫　みやじま　すけお（1886～1951 소설가）
宮嶋清次郎　みやじま　せいじろう（1879～1963 실업가）
宮武外骨　みやたけ　がいこつ（1867～1955 저술가）
宮尾亀蔵　みやお　かめぞう（安土桃山시대, 어부）
宮尾舜治　みやお　しゅんじ（1868～1937 관료）
宮本武蔵　みやもと　むさし（1584～1645 검술가）
宮本百合子　みやもと　ゆりこ（1899～1951 소설가·평론가）
宮本常一　みやもと　つねいち（1907～81 민속학자）
宮本勢助　みやもと　せいすけ（1884～1942 풍속사가）
宮本忍　みやもと　しのぶ（1911～87 의학자）
宮本正尊　みやもと　しょうそん（1893～1983 불교학자）
宮本顕治　みやもと　けんじ（1908～ 정치가·평론가）
宮部金吾　みやべ　きんご（1860～1951 식물학자）
宮負定雄　みやおい　やすお（1797～1858 국학자）
宮部鼎蔵　みやべ　ていぞう（1820～64 志士）
宮部春蔵　みやべ　はるぞう（1839～64 志士）
弓削道鏡　ゆげのどうきょう（＝道鏡）
弓削皇子　ゆげのみこ（？～699）
宮城道雄　みやぎ　みちお（1894～1956 箏曲家）
宮城野・信夫　みやぎの・しのぶ（작품）
宮城与徳　みやぎ　よとく（1903～43 사회운동가）
宮城長五郎　みやぎ　ちょうごろう（1878～1942 관료）
宮薗鸞鳳軒　みやぞの　らんぽうけん（？～1785 浄瑠璃 작가）
宮原誠一　みやはら　せいいち（1909～78 사회교육학자）
宮原二郎　みやはら　じろう（1858～1918 해군중장）
弓月君　ゆずきのきみ（秦氏의 선조）
宮田光雄　みやた　みつお（1878～1956 관료）
宮田東峰　みやた　とうほう（1898～1986 하모니카 연주자）
宮柊二　みや　しゅうじ（1912～86 歌人）
宮地嘉六　みやじ　かろく（1884～1958 소설가）
宮之原貞光　みやのはら　さだみつ（1917～83 노동운동가）
宮地直一　みやじ　なおいち（1886～1949 역사가）
宮地太仲　みやじ　たちゅう（1769～1842 의사）

宮簀媛　みやすひめ(설화)
宮川経輝　みやがわ　つねてる(1857～1936 목사)
宮川南谿　みやがわ　なんけい(＝橘南谿)
宮川実　みやがわ　みのる(1896～1985 경제학자)
宮川一笑　みやがわ　いっしょう(江戸중기, 풍속화가)
宮川長春　みやがわ　ちょうしゅん
(1683～1752 풍속화가)
宮村才蔵　みやむら　さいぞう
(？～1782 민중봉기지도자)
宮沢胤勇　みやざわ　たねお(1887～1966 정치가)
宮沢俊義　みやざわ　としよし(1899～1976 헌법학자)
宮沢賢治　みやざわ　けんじ
(1896～1933 시인·동화작가)
宮沢喜一　みやざわ　きいち(1919～ 정치가)
宮坂哲文　みやさか　てつふみ(1918～65 교육학자)
宮下太吉　みやした　たきち
(1875～1911 무정부주의자)

権藤成卿　ごんどう　せいきょう
(1868～1938 농본주의 사상가)
権藤震二　ごんどう　しんじ(1871～1920 저널리스트)
巻菱湖　まき　りょうこ(1777～1843 서예가)
勧修　かんしゅう(945～1008 승려)
勧修寺光豊　かじゅうじ　みつとよ
(1575～1612 관료)
権田雷斧　ごんだ　らいふ(1846～1934 승려)
権田保之助　ごんだ　やすのすけ
(1887～1951 사회학자)
権田直助　ごんだ　なおすけ(1809～87 의사·국학자)
蜷川親元　にながわ　ちかもと(1433～88 막부관료)
蜷川虎三　にながわ　とらぞう(1897～1981 경제학자)

궤

机龍之助　つくえ　りゅうのすけ(작품)

亀岡勝知　かめおか　かつとも(1823～90 실업가)
鬼貫　おにつら(＝上島鬼貫)
亀菊　かめぎく(鎌倉전기, 궁녀)
亀女　かめじょ(？～1772 주물기술자)
鬼島広蔭　きじま　ひろかげ(1793～1873 국학자)
鬼頭景義　きとう　かげよし(？～1676 개간·水利家)
貴司山治　きし　やまじ(1899～1973 소설가)
帰山教正　かえりやま　のりまさ
(1893～1964 영화감독)
亀山直人　かめやま　なおと(1890～1963 화학자)
亀山天皇　かめやま　てんのう(1249～1305)
亀阿弥　きあみ(室町전기, 田楽의 대가)
鬼王・団三郎　おにおう・だんさぶろう(작품)
鬼一法眼　きいちほうげん(平安시대, 병법가)
亀田介治郎　かめだ　すけじろう
(1844～1912 주식 상장중개인)
亀田得治　かめだ　とくじ(1912～ 변호사·사회운동가)
亀田鵬斎　かめだ　ほうさい(1752～1826 유학자)
亀田鶯谷　かめだ　おうこく(1807～81 유학자)
亀井貫一郎　かめい　かんいちろう
(1892～1987 정치가·국제문제평론가)
亀井南冥　かめい　なんめい(1741～1814 유학자)
亀井文夫　かめい　ふみお(1908～87 영화감독)
亀井小琴　かめい　しょうきん(1798～1857 문인)
亀井昭陽　かめい　しょうよう(1773～1836 유학자)
亀井勝一郎　かめい　かついちろう
(1907～66 평론가)
亀井茲監　かめい　これかね(1824～85 영주)
亀井茲矩　かめい　これのり(1557～1612 무장)
亀井政矩　かめい　まさのり(1590～1619 大名)
亀井俊雄　かめい　としお(1896～1969 能楽師)
亀井忠一　かめい　ちゅういち(1856～1936 출판인)
亀倉雄策　かめくら　ゆうさく
(1915～ 그래픽 디자이너)
帰天斎正一　きてんさい　しょういち
(明治시대, 마술사)
亀泉集証　きせん　しゅうしょう(1423～93 선승)
亀川哲也　かめかわ　てつや(1891～ 국가주의자)

槻本老　つきもとのおゆ(奈良시대, 관료)

橘家円蔵　たちばなや　えんぞう(1864~1922 만담가)
橘嘉智子　たちばなのかちこ(786~850 황후)
橘広相　たちばなのひろみ(837~90 학자·관료)
橘南谿　たちばな　なんけい(1753~1805 의사)
橘奈良麻呂　たちばなのならまろ(721~57 관료)
橘樸　たちばな　しらき(1881~1945 중국연구가)
橘三千代　たちばなのみちよ(＝県犬養橘三千代)
橘三喜　たちばな　みつよし(1635~1704 橘神道의 창도자)
橘曙覧　たちばな　あけみ(1812~68 歌人)
橘瑞超　たちばな　ずいちょう(1889~1968 탐험가)
橘守国　たちばな　もりくに(1679~1748 화가)
橘守部　たちばな　もりべ(1781~1849 국학자)
橘屋又三郎　たちばなや　またさぶろう(戦国시대, 무역상·포술가)
橘旭翁　たちばな　きょくおう(1848~1919 비파 연주자)
橘為仲　たちばなのためなか(?~1085 歌人)
橘以政　たちばなのもちまさ(平安말기, 정치가)
橘逸勢　たちばなのはやなり(?~842 관료·서예가)
橘諸兄　たちばなのもろえ(?~757 정치가)
橘周太　たちばな　しゅうた(1865~1904 육군중령)
橘俊綱　たちばなのとしつな(1028~94 歌人)
橘枝直　たちばな　えなお(＝加藤枝直)
橘直幹　たちばなのなおもと(平安중기, 학자·관료)
橘千蔭　たちばなのちかげ(＝加藤千蔭)
橘清友　たちばなのきよとも(758~89 관료)
橘秋子　たちばな　あきこ(1907~71 무용가)
橘孝三郎　たちばな　こうざぶろう(1893~1974 국가주의자)

近角常観　ちかずみ　じょうかん(1870~1941 승려)
近江お金　おうみのおかね(鎌倉시대, 기생)
近江毛野　おうみのけな(?~530 무장)
近江聖人　おうみ　せいじん(＝中江藤樹)
近内金光　こんない　かねみつ(1898~1938 농민운동가·변호사)
近藤康男　こんどう　やすお(1899~ 농업경제학자)
近藤乾三　こんどう　けんぞう(1890~1988 能楽師)
近藤光　こんどう　ひかる(1887~1961 사회운동가)
近藤圭造　こんどう　けいぞう(1832~1901 한학자)
近藤篤山　こんどう　とくざん(1766~1846 유학자)
近藤東　こんどう　あずま(1904~88 시인)
近藤廉平　こんどう　れんぺい(1848~1921 실업가)
近藤陸三郎　こんどう　りくさぶろう(1857~1917 실업가)
近藤茂右衛門　こんどう　もえもん(1799~1879 志士)
近藤芳美　こんどう　よしみ(1913~ 歌人)
近藤芳樹　こんどう　よしき(1801~80 국학자)
近藤富蔵　こんどう　とみぞう(1805~87 실록편찬자)
近藤守重　こんどう　もりしげ(＝近藤重蔵)
近藤信男　こんどう　のぶお(1904~73 실업가)
近藤信竹　こんどう　のぶたけ(1886~1953 해군대장)
近藤栄蔵　こんどう　えいぞう(1883~1965 사회운동가)
近藤勇　こんどう　いさみ(1834~68 검술가·幕臣)
近藤為美　こんどう　ためよし(1840~64 志士)
近藤益雄　こんどう　えきお(1907~64 신체장애아 교육자)
近藤日出造　こんどう　ひでぞう(1908~79 만화가)
近藤長次郎　こんどう　ちょうじろう(1838~66 志士)
近藤宗悦　こんどう　そうえつ(幕末·明治초기, 피리 연주자)
近藤重蔵　こんどう　じゅうぞう(1771~1829 탐험가)
近藤真琴　こんどう　まこと(1831~86 교육가)
近藤真柄　こんどう　まがら(1903~83 여성운동가)
近藤忠義　こんどう　ただよし(1901~76 국문학자)
近藤平三郎　こんどう　へいざぶろう(1877~1963 약학자)
近藤鶴代　こんどう　つるよ(1901~70 정치가)
近藤憲二　こんどう　けんじ(1895~1969 무정부주의자)
近藤浩一路　こんどう　こういちろ

(1883〜1962 화가)
近藤喜八郎　こんどう　きはちろう
(1838〜1910 제철업자)
近路行者　きんろ　ぎょうじゃ(江戸중기, 희작자)
根本龍太郎　ねもと　りゅうたろう
(1907〜90 정치가)
根本武夷　ねもと　ぶい(1699〜1764 유학자)
根本博　ねもと　ひろし(1891〜1966 육군중장)
根本五左衛門　ねもと　ござえもん
(?〜1711 농민봉기 지도자)
根本正　ねもと　ただし(1851〜1933 정치가)
根本通明　ねもと　みちあき(1822〜1906 유학자)
根使主　ねのおみ(5세기 중엽, 호족)
近松徳三　ちかまつ　とくぞう(1751〜1810 狂言작가)
近松門左衛門　ちかまつ　もんざえもん
(1653〜1724 狂言·浄瑠璃작가)
近松半二　ちかまつ　はんじ(?〜1787 浄瑠璃작가)
近松秋江　ちかまつ　しゅうこう
(1876〜1944 소설가·평론가)
根岸佶　ねぎし　ただし(1874〜1971 경제학자)
根岸武香　ねぎし　たけか
(1839〜1902 국학자·고고학자)
根岸伴七　ねぎし　ばんしち(=根岸武香)
根岸友山　ねぎし　ゆうざん(1809〜90 志士·부농)
根岸重明　ねぎし　しげあき(1605〜82 검도인)
根岸鎮衛　ねぎし　やすもり(?〜1815 수필가)
近衛家熙　このえ　いえひろ(1667〜1736 公卿)
近衛兼経　このえ　かねつね(1210〜59 公卿)
近衛経忠　このえ　つねただ(1302〜52 公卿)
近衛基実　このえ　もとざね(1143〜66 公卿)
近衛基通　このえ　もとみち(1160〜1233 公卿)
近衛基熙　このえ　もとひろ(1648〜1722 公卿)
近衛篤麿　このえ　あつまろ(1863〜1904 정치가)
近衛文麿　このえ　ふみまろ(1891〜1945 정치가)
近衛秀麿　このえ　ひでまろ
(1898〜1973 오케스트라 지휘자)
近衛信尋　このえ　のぶひろ(1599〜1649 公卿)
近衛信尹　このえ　のぶただ(1565〜1614 公卿)
近衛前久　このえ　さきひさ(1536〜1612 公卿)
近衛天皇　このえ　てんのう(1139〜55)
近衛忠熙　このえ　ただひろ(1808〜98 公卿)
勤操　きんぞう, **ごんぞう**(758〜827 승려)
根津嘉一郎　ねず　かいちろう(1860〜1940 정치가)
根津一　ねず　はじめ(1860〜1927 낭인)
芹沢銈介　せりざわ　けいすけ
(1895〜1984 염색공예가)
芹沢光治良　せりざわ　こうじろう(1897〜 소설가)
芹沢鴨　せりざわ　かも(?〜1863 幕臣)

金家　かねいえ(安土桃山시대, 刀工)
金家五郎三郎　かなや　ごろうさぶろう
(?〜1668 주물공)
金剛巌　こんごう　いわお(1886〜1951 能楽師)
金谷範三　かなや　はんぞう(1873〜1933 육군대장)
今関天彭　いまぜき　てんぽう
(1891〜1970 중국문예연구가)
金光大陣　こんこう　だいじん(=川手文治郎)
金光庸夫　かねみつ　やすお(1880〜1955 실업가)
今東光　こん　とうこう(1898〜1977 소설가)
金栗四三　かなぐり　しぞう
(1891〜1983 마라톤 선수)
今里広記　いまざと　ひろき(1907〜85 실업가)
金売吉次　かねうり　きちじ(전설·민화)
金武良仁　きむ　りょうじん(1873〜1936 음악가)
今尾清香　いまお　きよか(1805〜73 국학자)
金本摩斎　かなもと　まさい(1829〜71 유학자)
錦部岡万呂　にしきべのおかまろ(奈良시대, 兵衛)
今北洪川　いまきた　こうせん(1816〜92 선승)
金毘羅次郎義方　こんぴらじろう　よしかた
(鎌倉후기, 악한)
金山穆韶　かなやま　ぼくしょう
(1876〜1958 불교학자)
金山平三　かなやま　へいぞう(1883〜1971 서양화가)
金森可重　かなもり　よししげ(1558〜1615 무장)
金森徳次郎　かなもり　とくじろう
(1886〜1959 법제관·정치가)
金森長近　かなもり　ながちか(1524〜1607 무장)
金森宗和　かなもり　そうわ(1584〜1656 다도가)
金森重頼　かなもり　しげより(1594〜1650 大名)
金森通倫　かなもり　つうりん(1857〜1945 기독교인)
今西錦司　いまにし　きんじ(1902〜 생물학자·탐험가)
今西龍　いまにし　りょう(1875〜1931 조선사학자)
今西林三郎　いまにし　りんざぶろう
(1852〜1924 실업가)
今西清之助　いまにし　せいのすけ
(1849〜1901 실업가)
金城朝永　きんじょう　ちょうえい
(1902〜55 민속방언학자)
金城清松　きんじょう　せいしょう
(1880〜1974 결핵예방운동가)
今小路道三　いまこうじ　どうぞう(=曲直瀬道三)
錦小路頼徳　にしきのこうじ　よりのり
(1835〜64 公卿)

今松治郎　いままつ じろう (1898～1967 관료·정치가)
金鍔次兵衛　きんつば じへえ(1598～1637 선교사)
今野大力　こんの だいりき(1904～35 시인)
今野賢三　いまの けんぞう(1893～ 소설가)
錦屋惣次　にしきや そうじ(?～1770 長唄의 대가)
金王兵衛尉盛俊　かなおうひょうえのじょう もりとし，こんのうひょうえのじょう もりとし(南北朝시대, 악한)
金原明善　きんばら めいぜん(1832～1923 실업가)
金易右衛門　こん やすえもん(1776～1839 산업가)
今日出海　こん ひでみ(1903～84 소설가·평론가)
金子堅次郎　かねこ けんじろう (1887～1974 실업가)
金子堅太郎　かねこ けんたろう (1853～1942 정치가)
金子光晴　かねこ みつはる(1895～1975 시인)
金子金陵　かねこ きんりょう(?～1817 화가)
金子吉左衛門　かねこ きちざえもん (?～1728 狂言작가)
金子大栄　かねこ だいえい (1881～1976 승려·불교학자)
金子馬治　かねこ うまじ (1870～1937 철학자·문예평론가)
金子武蔵　かねこ たけぞう (1905～87 철학자·윤리학자)
金子文子　かねこ あやこ(1905～26 무정부주의자)
金子洋文　かねこ ようぶん (1894～1985 소설가·극작가)
金子佐一郎　かねこ さいちろう(1900～78 실업가)
金子重輔　かねこ じゅうすけ(1831～55 志士)
金子直　かねこ ただし(1878～1931 육군중장)
金子直吉　かねこ なおきち(1866～1944 실업가)
金子薫園　かねこ くんえん(1876～1951 歌人)
金子喜代太　かねこ きよた(1883～1971 실업가)
金子喜一　かねこ きいち(?～1909 사회주의자)
金蔵主　こんぞうす(?～1443 황족)
金田徳光　かねだ とくみつ(1863～1919 종교가)
金田一京助　きんだいち きょうすけ (1882～1971 언어학자)
金田一耕助　きんだいち こうすけ(작품)
金田正一　かねだ まさいち(1933～ 투수·야구감독)
今井嘉幸　いまい よしゆき (1878～1951 보통선거 운동가)
今井兼平　いまい かねひら(?～1184 무사)
今井慶松　いまい けいしょう(1871～1947 箏曲家)
今井金右衛門　いまい きんえもん (1800～47 정치가)
今井登志喜　いまい としき(1886～1950 역사학자)
今井武夫　いまい たけお(1900～82 육군소장)
金正米吉　かねまさ よねきち (1892～1963 노동운동가)
今井邦子　いまい くにこ(1890～1948 歌人)
今井似閑　いまい じかん(1657～1723 국학자)
金井三笑　かない さんしょう (1731～97 가부키 작가)
金井延　かない のぶる(1865～1933 사회정책학자)
今井誉次郎　いまい たかじろう (1906～77 교육운동가)
今井五介　いまい ごすけ(1859～1946 실업가)
金井烏洲　かない うしゅう(1796～1857 화가)
金井滋直　かない しげなお(1887～ 실업가)
今井田清徳　いまいだ きよのり(1884～1940 관료)
今井正　いまい ただし(1912～ 영화감독)
今井宗久　いまい そうきゅう(1520～93 다도가)
今井宗薫　いまい そうくん(1552～1627 다도가)
金井之恭　かない ゆきやす(1833～1907 서예가)
今井直一　いまい なおいち(1896～1963 인쇄인)
今井清　いまい きよし(1882～1938 육군중장)
今井弘済　いまい こうさい(1652～89 국학자·의사)
金鐘　こんしゅ(奈良시대, 승려)
金重陶陽　かねしげ とうよう(1896～1967 도예가)
今中次麿　いまなか つぎまろ(1893～1980 정치학자)
金地院崇伝　こんちいん すうでん(＝以心崇伝)
金倉円照　かなくら えんしょう (1896～1987 인도철학자)
今泉嘉一郎　いまいずみ かいちろう (1867～1941 관료·실업가)
今川国泰　いまがわ くにやす(室町초기, 무장)
今泉今右衛門　いまいずみ いまえもん (1897～1975 도예가)
今川了俊　いまがわ りょうしゅん(＝今川貞世)
今川範国　いまがわ のりくに(1304～84 무장)
今川範政　いまがわ のりまさ(1364～1433 무장)
今川範忠　いまがわ のりただ(?～1455 무장)
今川氏真　いまがわ うじざね(1538～1614 무장)
今川氏親　いまがわ うじちか(1470～1526 무장)
今川氏輝　いまがわ うじてる(?～1536 무장)
今泉雄作　いまいずみ ゆうさく (1850～1931 미술교육가)
今川義元　いまがわ よしもと(1519～60 무장)
今川義忠　いまがわ よしただ(1442～76 무장)
今川貞世　いまがわ さだよ(1325～1420 무장)
今泉定助　いまいずみ さだすけ (1863～1944 고전학자)
今泉鐸次郎　いまいずみ たくじろう (1873～1935 실업가)
今川泰範　いまがわ やすのり(室町초기, 무장)
今村均　いまむら ひとし(1886～1968 육군대장)
今村明恒　いまむら あきつね(1870～1948 지진학자)
今村文吾　いまむら ぶんご(1808～64 志士)

今村三之丞　いまむら　さんのじょう　(1610～96 도공)
今村英生　いまむら　えいせい(1671～1736 통역사)
今村有隣　いまむら　ゆうりん(1844～1924 불어학자)
今村紫紅　いまむら　しこう(1880～1916 화가)
今村知商　いまむら　ともあき(江戸전기, 수학자)
今村太平　いまむら　たいへい(1911～ 영화평론가)
今村恒夫　いまむら　つねお(1908～36 시인)
今村恵猛　いまむら　えみょう(1867～1932 승려)
今村虎成　いまむら　とらなり(1765～1810 국학자)
金春四郎次郎　こんぱる　しろうじろう　(室町후기, 狂言 배우)
金春禅鳳　こんぱる　ぜんぽう(1454～1532 能楽師)
金春禅竹　こんぱる　ぜんちく(1405～70 能楽師)
今出川兼季　いまでがわ　かねすえ　(1281～1339 公卿)
今出川公言　いまでがわ　きんこと(1738～76 公卿)
今出川晴季　いまでがわ　はるすえ　(1539～1617 公卿)
金沢嘉兵衛　かなざわ　かへえ(江戸후기, 간척자)
金沢実時　かねざわ　さねとき(1224～76 무장)
金沢実政　かねざわ　さねまさ(＝北条実政)
金沢庄三郎　かなざわ　しょうざぶろう　(1872～1967 언어학자·국어학자)
金沢貞将　かねざわ　さだまさ(？～1333 무장)
金沢貞顕　かねざわ　さだあき(1278～1333 執権)
金沢顕時　かねざわ　あきとき(＝北条顕時)
今和次郎　こん　わじろう　(1888～1973 건축학자·풍속연구가)
金丸富夫　かなまる　とみお(1896～ 정치가·실업가)
金丸信　かねまる　しん(1914～ 정치가)

及川古志郎　おいかわ　こしろう　(1883～1958 해군대장)
及川奥郎　おいかわ　おくろう(1896～1970 천문학자)
及川平治　おいかわ　へいじ(1875～1939 교육가)

기

其角　きかく(＝榎本其角)
紀角宿禰　きのつののすくね(전설)
紀古佐美　きのこさみ(733～97 관료)
磯谷廉介　いそがい　れんすけ(1883～1967 육군중장)
祇空　ぎくう(＝稲津祇空)
紀貫之　きのつらゆき(872～945 歌人·관료)
紀広浜　きのひろはま(759～819 관료)
紀広純　きのひろずみ(？～780 관료)
崎久保誓一　さきくぼ　せいいち　(1885～1955 저널리스트)
紀吉継　きのよしつぐ(？～784 궁녀)
紀男麻呂　きのおまろ(6세기 중엽, 무장)
紀内侍　きのないじ(平安중기, 歌人)
紀大磐　きのおおいわ(5세기 말, 무장)
紀麻利耆拖　きのまりきた(7세기 중엽, 国司)
紀名虎　きのなとら(？～847 관료)
磯部弥一郎　いそべ　やいちろう　(1861～1931 영어교육가)
忌部色弗　いんべのしこぶち(？～701 관료)
忌部子首　いんべのこびと(？～719 관료)
忌部正道　いんべのまさみち(江戸초기, 저술가)
忌部鳥麻呂　いんべのとりまろ(奈良시대, 관료)
磯部浅一　いそべ　あさいち(1905～37 육군중위)
忌部黒麻呂　いんべのくろまろ(8세기 중엽, 관료)
気比氏治　けひ　うじはる(？～1337 무장)
磯山清兵衛　いそやま　せいべえ　(1852～91 자유민권운동가)
磯城皇子　しきのみこ(7세기 말)
紀小弓　きのおゆみ(5세기 말, 무장)
紀淑望　きのよしもち(？～919 문인)
紀淑雄　きのとしお(1872～1936 미술연구가)
紀淑人　きのよしと(？～943 무관)
紀勝長　きのかつなが(754～806 관료)
紀時文　きのときぶみ(平安중기, 歌人)
紀深江　きのふかえ(790～840 관료)
紀阿閉麻呂　きのあべまろ(？～674 공신)
紀安雄　きのやすお(822～86 관료·문인)
磯野長蔵　いその　ちょうぞう(1874～1967 실업가)
岐陽方秀　きよう　ほうしゅう(1361～1424 선승)
妓王　ぎおう(작품)
紀友則　きのとものり(？～907 歌人)
祇園南海　ぎおん　なんかい(1677～1751 유학자)
祇園女御　ぎおんのにょうご(平安후기, 궁녀)
紀音那　きのおとな(奈良시대, 정절녀)
紀伊国屋文左衛門　きのくにや　ぶんざえもん　(江戸중기, 거상)
紀伊国屋源兵衛　きのくにや　げんべえ　(江戸중기, 미곡상)
紀益女　きのますめ(？～765 승려)
紀益人　きのますひと(奈良시대, 寺奴)
箕作麟祥　みつくり　りんしょう(1846～97 관료학자)
箕作省吾　みつくり　しょうご(1821～46 지리학자)
箕作阮甫　みつくり　げんぽ(1799～1863 의사)

箕作元八　みつくり　げんぱち
(1862～1919 서양사학자)
箕作秋吉　みつくり　しゅうきち(1895～1971 작곡가)
箕作秋坪　みつくり　しゅうへい(1825～86 서양학자)
紀長谷雄　きのはせお(851～912 문인)
磯田湖龍斎　いそだ　こりゅうさい
(?～1760 풍속화가)
基政七　もとい　せいしち(1903～ 노동운동가)
紀斉名　きのただな(966～99 문인)
紀清人　きのきよひと(?～753 학자)
磯村吉徳　いそむら　よしのり(?～1710 수학자)
崎村常雄　さきむら　つねお(1846～77 정치가)
磯村乙巳　いそむら　おとみ(1904～81 실업가)
磯村音介　いそむら　おとすけ(1867～1934 실업가)
祈親　きしん(958～1047 승려)
紀平正美　きひら　ただよし(1874～1949 철학자)
箕浦勝人　みのうら　かつんど(1854～1929 정치가)
箕浦元章　みのうら　もとあき(＝箕浦猪之吉)
箕浦猪之吉　みのうら　いのきち(1844～68 志士)
箕浦靖山　みのうら　せいざん(1719～1803 유학자)
箕浦直彝　みのうら　なおつね(?～1816 유학자)
紀夏井　きのなつい(平安전기, 관료)
紀海音　きのかいおん(1663～1742 狂歌師)

길

吉岡堅二　よしおか　けんじ(1896～ 화가)
吉江喬松　よしえ　たかまつ
(1880～1940 불문학자·평론가)
吉岡隆徳　よしおか　たかのり(1910～84 육상선수)
吉岡弥生　よしおか　やよい(1871～1960 의사)
吉岡憲法　よしおか　けんぽう(室町말기, 병법가)
吉見幸和　よしみ　ゆきかず(1673～1761 神道家)
吉光　よしみつ(＝粟田口吉光)
吉良義央　きら　よしなか(1641～1702 高家)
吉良仁吉　きらのにきち(1839～66 협객)
吉良長氏　きら　ながうじ(1211～90 무장)
吉武恵市　よしたけ　えいち(1903～88 정치가)
吉本隆明　よしもと　たかあき(1924～ 평론가)
吉富簡一　よしとみ　かんいち
(1838～1914 정치가·실업가)
吉分大魯　よしわけ　だいろ(?～1778 俳人)
吉備内親王　きび　ないしんのう(?～729)
吉備嶋皇祖母命　きびのしまのすめみおやのみこと(?～643 皇母)
吉備笠垂　きびのかさのしだる
(7세기 중엽, 모반 밀고자)
吉備武彦　きびのたけひこ(설화)
吉備上道田狭　きびのかみつみちのたさ
(5세기 말, 호족)
吉備上道弟君　きびのかみつみちのおときみ
(5세기 말, 호족)
吉備真備　きびのまきび(695～775 학자·관료)
吉備津彦　きびつひこ(설화)
吉備泉　きびのいずみ(743～814 관료)
吉備稚媛　きびのわかひめ(5세기 말, 황후)
吉四六　きっちょむ(전설)
吉山明兆　きっさん　みんちょう(1352～1431 선승)
吉識雅夫　よしき　まさお(1908～ 조선공학자)
吉植庄亮　よしうえ　しょうりょう
(1884～1958 歌人·정치가)
吉野秀雄　よしの　ひでお(1902～67 歌人)
吉野信次　よしの　しんじ(1888～1971 관료·정치가)
吉野彦助　よしの　ひこすけ(?～1701 간척자)
吉野屋慶寿　よしのや　けいじゅ(?～1702 거상)
吉野源三郎　よしの　げんざぶろう
(1899～1981 저널리스트)
吉野作造　よしの　さくぞう(1878～1933 정치학자)
吉野織部之助　よしの　おりべのすけ
(?～1639 간척자)
吉野太夫　よしの　だゆう(1606～43 기생)
吉永升庵　よしなが　しょうあん(1656～1735 의사)
吉永時次　よしなが　ときじ(1902～ 관료)
吉屋思鶴　よしや　おめつる(江戸중기, 歌人)
吉屋信子　よしや　のぶこ(1896～1973 소설가)
吉雄耕牛　よしお　こうぎゅう
(1724～1800 통역사·의사)
吉雄常三　よしお　じょうさん(1787～1843 蘭学者)
吉宜　きのよろし(＝吉田宜)
吉益南涯　よします　なんがい(1750～1813 의학자)
吉益東洞　よします　とうどう(1702～73 의학자)
吉田勘兵衛　よしだ　かんべえ(1611～86 간척자)
吉田甲子太郎　よしだ　きねたろう
(1894～1957 아동문학가)
吉田健一　よしだ　けんいち
(1912～77 영문학자·비평가)
吉田兼倶　よしだ　かねとも(1435～1511 神道家)
吉田謙吉　よしだ　けんきち
(1897～1982 무대장치가)
吉田兼延　よしだ　かねのぶ(平安중기, 神官)
吉田兼好　よしだ　けんこう(1283～1350 歌人)
吉田経房　よしだ　つねふさ(1143～1200 公卿)
吉田奈良丸　よしだ　ならまる(1878～1967 浪曲師)
吉田東洋　よしだ　とうよう(1816～62 정치가)
吉田東伍　よしだ　とうご(1864～1918 역사지리학자)
吉田了以　よしだ　りょうい(＝角倉了以)
吉田満　よしだ　みつる(1923～79 소설가)
吉田茂　よしだ　しげる(1878～1967 외교관·정치가)

吉田文三郎　よしだ　ぶんざぶろう
(？～1760 인형극 연출가)
吉田文五郎　よしだ　ぶんごろう
(1869～1962 인형극 연출가)
吉田半兵衛　よしだ　はんべえ(江戸중기, 풍속화가)
吉田芳明　よしだ　ほうめい(1875～1943 나무조각가)
吉田白嶺　よしだ　はくれい(1871～1942 나무조각가)
吉田富三　よしだ　とみぞう(1903～73 병리학자)
吉田書主　きったのふみぬし(＝興世書主)
吉田善吾　よしだ　ぜんご(1885～1966 해군대장)
吉田善右衛門　よしだ　ぜんえもん
(幕末·維新期, 독농가)
吉田松陰　よしだ　しょういん(1830～59 사상가)
吉田秀雄　よしだ　ひでお(1903～63 실업가)
吉田秀和　よしだ　ひでかず(1913～ 음악평론가)
吉田雅夫　よしだ　まさお(1915～ 플루우트 연주자)
吉田洋一　よしだ　よういち(1898～ 수학자)
吉田栄三　よしだ　えいざ
(1872～1945 인형극 연출가)
吉田五十八　よしだ　いそや(1894～1974 건축가)
吉田玉造　よしだ　たまぞう
(1829～1905 인형극 연출가)
吉田友直　よしだ　ともなお(1752～1811 양잠가)
吉田熊次　よしだ　くまじ(1874～1964 교육학자)
吉田宜　きったのよろし(奈良전기, 의사)
吉田意庵　よしだ　いあん(？～1572 의사)
吉田益三　よしだ　ますぞう(1895～1967 국가주의자)
吉田一穂　よしだ　いっすい(1898～1973 시인)
吉田一調　よしだ　いっちょう
(1812～1881 피리 연주자)
吉田稔麿　よしだ　としまろ(1841～64 志士)
吉田資治　よしだ　すけはる(1904～ 노동운동가)
吉田自休　よしだ　じきゅう(？～1694 의학자)
吉田正　よしだ　ただし(1921～ 작곡가)
吉田定房　よしだ　さだふさ(1274～1338 公卿)
吉田精一　よしだ　せいいち(1908～84 국문학자)
吉田鉄郎　よしだ　てつろう(1894～1956 건축가)
吉田清成　よしだ　きよなり(1845～91 외교관)
吉田晴風　よしだ　せいふう
(1891～1940 피리 연주자)
吉田追風　よしだ　おいかぜ(鎌倉시대, 씨름 심판)
吉田忠三郎　よしだ　ちゅうざぶろう
(1917～ 노동운동가·정치가)
吉田忠雄　よしだ　ただお(1908～ 실업가)
吉田豊彦　よしだ　とよひこ(1873～1951 육군대장)
吉田絃二郎　よしだ　げんじろう
(1886～1956 소설가·극작가)
吉田賢一　よしだ　けんいち
(1894～1982 변호사·정치가)
吉田篁墩　よしだ　こうとん(1745～98 유학자)
吉井当聡　よしい　まさとし(1714～90 학자)
吉井勇　よしい　いさむ(1886～1960 歌人)
吉井友実　よしい　ともざね(1828～91 志士·정치가)
吉住小三郎　よしずみ　こさぶろう
(1699～1753 長唄의 대가)
吉川経家　きっかわ　つねいえ(1547～81 무장)
吉川経幹　きっかわ　つねもと(1829～69 영주)
吉川広家　きっかわ　ひろいえ(1561～1625 무장)
吉川久治　きっかわ　ひさはる(1799～1864 학자)
吉川霊華　きっかわ　れいか(1875～1929 화가)
吉川守圀　よしかわ　もりくに
(1885～1939 사회운동가)
吉川英治　よしかわ　えいじ(1892～1962 소설가)
吉川元春　きっかわ　もとはる(1530～86 무장)
吉川惟足　きっかわ　これたり, **よしかわ　これたり**
(1616～94 神道家)
吉川泰二郎　よしかわ　たいじろう
(1851～95 교육가·실업가)
吉川幸次郎　よしかわ　こうじろう
(1904～80 중문학자)
吉村公三郎　よしむら　こうざぶろう
(1911～ 영화감독)
吉村光治　よしむら　みつはる(1900～23 노동운동가)
吉村冬彦　よしむら　ふゆひこ(＝寺田寅彦)
吉村寅太郎　よしむら　とらたろう(1837～63 志士)
吉村孝敬　よしむら　こうけい(1769～1836 화가)
吉沢検校　よしざわ　けんぎょう(1807～72 箏曲家)
吉阪隆正　よしざか　たかまさ(1917～80 건축가)
吉行淳之介　よしゆき　じゅんのすけ
(1924～ 소설가)
吉弘元常　よしひろ　もとつね(1643～94 학자)

ㄴ

那珂通世　なか　みちよ(1851～1908 동양사학자)
那須信吾　なす　しんご(1829～63 志士)
那須与一　なすのよいち(鎌倉전기, 무장)
那須資胤　なす　すけたね(？～1583 무장)
那須辰造　なす　たつぞう(1904～75 아동문학가)
那波活所　なわ　かっしょ(1595～1648 유학자)

難波大助　なんば　だいすけ (1899～1924 무정부주의자)
難波英夫　なんば　ひでお(1889～1972 사회운동가)

男谷精一郎　おたに　せいいちろう (1798～1864 검객)
南光坊天海　なんこうぼう　てんかい(＝天海)
南宮大湫　なんぐう　たいしゅう(1728～78 유학자)
南紀重国　なんき　しげくに(江戸전기, 刀工)
南桃作　みなみ　ももさく(1819～76 기계개량가)
楠瀬清蔭　くすのせ　きよかげ (1743～90 문인·정치가)
楠瀬喜多　くすのせ　きた (1836～1920 자유민권운동가)
南里文雄　なんり　ふみお(1910～75 트럼펫 연주자)
南里有鄰　なんり　ゆうりん(1812～64 국학자)
南梅吉　みなみ　うめきち(1878～1947 사회운동가)
楠目藤盛　くすめ　ふじもり(1842～63 志士)
楠木正家　くすのき　まさいえ(？～1348 무장)
楠木正季　くすのき　まさすえ(？～1336 무장)
楠木正成　くすのき　まさしげ(1294～1336 무장)
楠木正時　くすのき　まさとき(？～1348 무장)
楠木正儀　くすのき　まさのり(南北朝시대, 무장)
楠木正行　くすのき　まさつら(1326～48 무장)
南方熊楠　みなかた　くまくす (1867～1941 식물학자·민속학자)
楠本端山　くすもと　たんざん(1828～83 유학자)
楠本碩水　くすもと　せきすい(1832～1916 유학자)
楠本長三郎　くすもと　ちょうざぶろう (1871～1946 의학자)
楠本正隆　くすもと　まさたか(1838～1902 정치가)
楠部弥弌　くすべ　やいち(1897～1984 도예가)
南部師行　なんぶ　もろゆき(？～1338 무장)
南部信直　なんぶ　のぶなお(1546～99 大名)
南部陽一郎　なんぶ　よういちろう (1921～ 이론물리학자)
南部義籌　なんぶ　よしかず (1840～1917 로마字 주창자)
南部忠平　なんぶ　ちゅうへい(1904～ 육상선수)
南山士雲　なんざん　しうん(1254～1335 선승)
楠山正雄　くすやま　まさお(1884～1950 아동문학가)
南陽紹弘　なんよう　しょうこう(？～1652 선승)
南淵永河　みなぶちの ながかわ，**みなみぶち　ながかわ**(777～857 관료)
南淵請安　みなぶちのしょうあん，**みなみぶち　しょうあん**(7세기 초, 승려)

南淵弘貞　みなぶちの ひろさだ, **みなみぶち ひろさだ**(776～833 관료·학자)
楠葉西忍　くすば さいにん(1395～1486 무역상)
南原繁　なんばら しげる(1889～1974 정치학자)
楠音次郎　くす おんじろう(1826～64 志士)
南一郎　みなみ いちろう(幕末·明治전기, 治水家)
南日恒太郎　なんにち つねたろう (1871～1928 영어학자)
南条徳男　なんじょう とくお(1895～1974 정치가)
南条文雄　なんじょう ぶんゆう (1849～1927 범어학자)
南助松　みなみ すけまつ(1873～1964 노동운동가)
南次郎　みなみ じろう(1874～1955 육군대장)
南村梅軒　みなみむら ばいけん(戦国시대, 유학자)
南浦文之　なんぽ ぶんし(1556～1620 선승)
南浦紹明　なんぽ しょうみん(1235～1308 선승)
南好雄　みなみ よしお(1904～80 정치가)
南弘　みなみ ひろし(1869～1946 관료·정치가)
南薫造　みなみ くんぞう(1883～1950 서양화가)
南喜一　みなみ きいち(1904～70 사회주의자·실업가)

납

納富介次郎　のうとみ かいじろう (1844～1918 도예가)
納屋助左衛門　なや すけざえもん (江戸전기, 무역상)
納屋宗久　なや そうきゅう(＝今井宗久)

내

奈古屋登　なごや のぼる(1795～1855 정치가)
内ヶ崎作三郎　うちがさき さくさぶろう (1877～1947 학자·정치가)
内藤久寛　ないとう ひさひろ(1859～1945 실업가)
内藤魯一　ないとう ろいち(1846～1911 자유민권가)
内藤露沾　ないとう ろせん(1655～1733 俳人)
内藤鳴雪　ないとう めいせつ(1847～1926 俳人)
内藤信成　ないとう のぶなり(1545～1612 무장)
内藤如安　ないとう じょあん(？～1626 무장)
内藤誉三郎　ないとう たかぶろう(1912～86 관료)
内藤丈草　ないとう じょうそう(1662～1704 俳人)
内藤忠興　ないとう ただおき(1592～1674 大名)
内藤耻叟　ないとう ちそう(1826～1902 역사가)
内藤濯　ないとう あろう(1883～1977 불문학자)
内藤風虎　ないとう ふうこ(1619～85 大名·俳人)
内藤湖南　ないとう こなん(1866～1934 동양학자)
内藤虎次郎　ないとうとらじろう(＝内藤湖南)
内藤希顔　ないとう きがん(1625～92 유학자)
奈良利寿　なら としひさ(1666～1736 금속공예가)
奈良利輝　なら としてる(1580～1629 금속공예가)
奈良武次　なら たけじ(1868～1962 육군대장)
奈良松荘　なら しょうそう(1786～1862 국학자)
奈良屋道汐　ならや どうせき(江戸전기, 거상)
奈良屋茂左衛門　ならや もざえもん (？～1714 거상)
奈良原繁　ならはら しげる(1834～1918 관료)
奈良原三次　ならはら さんじ (1877～1944 항공공학자)
奈良専二　なら せんじ(1822～92 농업기술자)
奈良許知麻呂　ならのこちのまろ(奈良시대, 농민)
乃木希典　のぎ まれすけ(1849～1912 육군대장)
内山隆佐　うちやま たかすけ(1812～64 정치가)
内山彦次郎　うちやま ひこじろう (？～1864 막부관료)
内山完造　うちやま かんぞう (1885～1959 일·중우호운동가)
内山真弓　うちやま まゆみ(1786～1852 歌人)
内山真龍　うちやま またつ(1740～1821 국학자)
内山七郎右衛門　うちやま しちろうえもん (1807～81 정치가)
内山太郎右衛門　うちやま たろうえもん (1843～64 志士)
奈須恒徳　なす つねのり(1774～1841 의사)
内垣末吉　うちがき すえきち(1847～1918 바둑기사)
内蔵全成　くらのぜんせい(奈良시대, 관료)
内田嘉吉　うちだ かきち(1866～1933 관료·정치가)
内田康哉　うちだ こうさい(1865～1936 외교관)
内田良平　うちだ りょうへい (1874～1937 우익운동지도자)
内田魯庵　うちだ ろあん(1868～1929 소설가)
内田弥太郎　うちだ やたろう(1805～82 측량가)
内田百閒　うちだ ひゃっけん(1889～1971 소설가)
内田祥三　うちだ しょうぞう(1885～1972 건축학자)
内田信也　うちだ のぶや(1880～1971 정치가)
内田巌　うちだ いわお(1900～53 서양화가)
内田銀蔵　うちだ ぎんぞう(1872～1919 역사학자)
内田政風　うちだ まさかぜ(1815～93 志士)
内田俊一　うちだ しゅんいち(1895～1987 화학자)
内田清之助　うちだ せいのすけ (1884～1975 조류학자)
内田吐夢　うちだ とむ(1898～1970 영화감독)
内村鑑三　うちむら かんぞう (1861～1930 기독교 지도자)

内村裕之　うちむら　ゆうじ(1897～1980 정신의학자)
内村直也　うちむら　なおや(1909～89 극작가)
奈河亀助　なかわ　かめすけ(江戸후기, 狂言작가)
奈河篤助　なかわ　とくすけ(1764～1842 狂言작가)
奈河晴助　なかわ　はるすけ(1782～1826 狂言작가)
奈河七五三助　なかわ　しめすけ
(1754～1814 狂言작가)
内海継之　うつみ　つぐゆき(1757～1814 庄屋)
内海文三　うつみ　ぶんぞう(작품)
内海作兵衛　うつみ　さくべえ(江戸전기, 治水家)
内海忠勝　うつみ　ただかつ(1843～1905 정치가)

念仏重兵衛　ねんぶつ　じゅうべえ
(1818～69 다도가)

寧一山　ねい　いっさん(＝一山一寧)

能見愛太郎　のうみ　あいたろう
(1870～1932 실업가)
能久親王　よしひさ　しんのう(1847～95 황족)
能登屋円吉　のとや　えんきち
(1811～？ アイヌ어 연구가)
能勢達太郎　のせ　たつたろう(1843～64 志士)
能勢栄　のせ　さかえ(1852～95 교육학자)
能勢朝次　のせ　あさじ(1894～1955 能楽연구가)
能阿弥　のうあみ(1397～1471 화가·連歌師)
能因　のういん(998～1050 歌人)
能忍　のうにん(＝大日能忍)
能恵得業　のうえ　とくごう(？～1169 승려화가)

尼子経久　あまこ　つねひさ(1458～1541 무장)
尼子久次郎　あまこ　きゅうじろう(1846～64 志士)
尼子国久　あまこ　くにひさ(？～1554 무장)
尼子勝久　あまこ　かつひさ(1553～78 무장)
尼子義久　あまこ　よしひさ(？～1610 무장)
尼子長三郎　あまこ　ちょうざぶろう
(1819～63 志士)
尼子晴久　あまこ　はるひさ(1514～62 무장)
尼将軍　あま　しょうぐん(＝北条政子)

ㄷ

다

多近方　おおのちかかた(1090～1154 궁정악사)
多紀理毘売命　たぎりびめのみこと(記紀신화)
多岐津毘売命　たぎつひめのみこと(記紀신화)
茶々　ちゃちゃ(＝淀殿)
多々良孝平　たたら　こうへい
(？～1869 선박운수업자)
多羅尾伴内　たらお　ばんない(작품)
多門二郎　たもん　じろう(1878～1934 육군중장)
多門庄左衛門　たもん　しょうざえもん
(江戸전기, 가부키 배우)
多時資　おおのときすけ(1014～84 궁정악사)
茶屋四郎次郎　ちゃや　しろうじろう
(1545～96 거상)
茶屋小四郎　ちゃや　こしろう
(1553～1633 궁정의상가)
茶屋新四郎　ちゃや　しんしろう
(？～1663 궁정의상가)
茶屋又四郎　ちゃや　またしろう(＝茶屋四郎次郎)
多自然麻呂　おおのしぜまろ(？～886 궁정악사)
多資忠　おおのすけただ(1046～1100 궁정악사)
多田加助　ただ　かすけ(？～1686 농민봉기지도자)
多田吉左衛門　ただ　きちざえもん
(江戸전기, 고래잡이)
多田南嶺　ただ　なんれい(1698～1750 국학자)
多田督知　ただ　とくち(1901～63 육군대령)
多田等観　ただ　とうかん
(1890～1967 티베트어·라마교 연구가)
多田満仲　ただのみつなか(＝源満仲)
多田五郎右衛門　ただ　ごろうえもん
(江戸전기, 고래잡이)
多田作兵衛　ただ　さくべえ(1843～1920 정치가)
多田駿　ただ　はやお(1882～1948 육군대장)
多田昌綱　ただ　まさつな(1567～1605 무장)
多政方　おおのまさかた(？～1045 궁정악사)
多政資　おおのまさすけ(1004～77 궁정악사)
多忠方　おおのただかた(1085～1135 궁정악사)
多忠節　おおのただとき(1110～93 궁정악사)
多治見国長　たじみ　くになが(1289～1324 무장)
多治比広成　たじひのひろなり(？～739 관료)
多治比嶋　たじひのしま(624～701 관료)
多治比三宅麻呂　たじひのみやけまろ
(奈良시대, 관료)
多治比水守　たじひのみなもり(？～711 관료)
多治比屋主　たじひのやぬし(奈良시대, 관료·歌人)
多治比池守　たじひのいけもり(？～730 관료)
多治比真宗　たじひのまむね(769～823 황후)
多治比土作　たじひのはにし(？～771 관료·歌人)
多治比県守　たじひのあがたもり(668～737 관료)
多品治　おおのほむじ(7세기 말, 관료)
多賀谷重経　たがや　しげつね(？～1601 무장)
多賀寛　たが　ひろし(1896～1974 실업가)
多賀朝湖　たが　ちょうこ(＝英一蝶)
多胡真益　たご　さねます(？～1665 정치가)

단

檀林皇后　だんりん　こうごう(＝橘嘉智子)
但馬皇女　たじまのひめみこ(？～708)
但木土佐　ただき　とさ(1818～69 정치가)
丹野セツ　たんの　セツ(1902～87 노동운동가)
鍛冶大隅　かぬちのおおすみ(奈良시대, 학자)

丹羽嘉言　にわ　よしとき(1742～86 화가)
丹羽文雄　にわ　ふみお(1904～ 소설가)
丹羽保次郎　にわ　やすじろう
(1893～1975 사진전송기술 발명가)
丹羽長秀　にわ　ながひで(1535～85 무장)
丹羽長重　にわ　ながしげ(1571～1637 大名)
丹羽正伯　にわ　せいはく(1700～52 본초학자·의학자)
丹羽正雄　にわ　まさお(1834～64 志士)
團伊玖磨　だん　いくま(1924～ 작곡가)
檀一雄　だん　かずお(1912～76 소설가)
団子串助　だんご　くしすけ(작품)
丹次郎　たんじろう(작품)
団七九郎兵衛　だんしち　くろべえ(작품)
団琢磨　だん　たくま(1858～1932 실업가)
丹波康頼　たんばのやすより(912～95 의사)
丹波局　たんばのつぼね(平安말기, 후궁)
丹波道主命　たんばみちぬしのみこと(記紀설화)
丹波雅忠　たんばのまさただ(1021～88 의사)
丹波与作　たんば　よさく(작품)
丹波全宗　たんば　ぜんそう(1526～99 의사)
丹下健三　たんげ　けんぞう(1913～ 건축가)
丹下左膳　たんげ　さぜん(작품)
丹後局　たんごのつぼね(＝高階栄子)

妲妃お百　だっきのおひゃく(작품)

湛慶　たんけい(1173～1256 仏師)
淡谷のり子　あわや　のりこ(1907～ 가수)
淡輪四郎兵衛　たんなわ　しろべえ
(？～1695 정치가)
湛水賢忠　たんすい　けんちゅう(1623～82 음악가)
湛睿　たんえい(1271～1334 승려)
湛増　たんぞう(1130～？ 승려)
湛海　たんかい(1629～1716 승려)
淡海公　たんかいこう(＝藤原不比等)
淡海三船　おうみのみふね(721～85 학자·문인)

沓掛時次郎　くつかけ　ときじろう(작품)

唐犬権兵衛　とうけん　ごんべえ(？～1686 협객)
唐崎常陸介　からさき　ひたちのすけ
(1737～96 국학자·志士)
唐崎彦明　からさき　げんめい(1714～58 유학자)
唐端藤蔵　からはた　とうぞう(？～1851 治水家)
唐来三和　とうらい　さんな
(1749～1815 狂歌師·희작자)
当摩蹶速　たいまのけはや(전설)
当麻山背　たいまのやましろ(奈良시대, 皇母)
当麻皇子　たいまのみこ(6세기 말～7세기 초)
唐木順三　からき　じゅんぞう(1904～80 평론가)
唐物久兵衛　からもの　きゅうべえ(江戸중기, 仏師)
堂本印象　どうもと　いんしょう(1891～1975 화가)
当山久三　とうやま　きゅうぞう
(1868～1910 민권운동가)
唐衣橘洲　からごろも　きっしゅう
(1743～1802 狂歌師)
唐人お吉　とうじん　おきち(1841～90 간호사)
当真嗣合　とうま　しごう
(1884～1946 저널리스트·정치가)
唐沢俊樹　からさわ　としき
(1891～1967 관료·정치가)

大覚　だいがく(1297～1364 승려)
大覚禅師　だいがく　ぜんじ(＝蘭渓道隆)
大角岑生　おおすみ　みねお(1876～1941 해군대장)
大江健三郎　おおえ　けんざぶろう(1935～ 소설가)
大江季雄　おおえ　すえお(1914～41 육상선수)
大江匡房　おおえのまさふさ(1041～1111 학자·관료)
大江広元　おおえのひろもと(1148～1225 정치가)

大江匡衡　おおえのまさひら(952～1012 학자)
大江満雄　おおえ　みつお(1906～ 시인)
大江美智子　おおえ　みちこ(1910～39 여배우)
大江磐代　おおえ　いわしろ(1744～1812 皇母)
大岡昇平　おおおか　しょうへい(1909～88 소설가)
大江時棟　おおえのときむね(平安중기, 학자)
大岡雲峰　おおおか　うんぽう(1765～1848 화가)
大岡越前守　おおおか　えちぜんのかみ
(＝大岡忠相)
大江維時　おおえのこれとき(888～963 학자·관료)
大岡育造　おおおか　いくぞう(1856～1928 정치가)
大江音人　おおえのおとんど(811～77 학자·관료)
大江以言　おおえのもちとき(955～1010 학자)
大江朝綱　おおえのあさつな(886～957 漢詩人·서예가)
大江千里　おおえのちさと(平安전기, 歌人)
大江清定　おおえ　きよさだ(鎌倉중·후기, 악한)
大岡春朴　おおおか　しゅんぼく(1680～1763 화가)
大岡忠光　おおおか　ただみつ(1709～60 막부정치가)
大岡忠相　おおおか　ただすけ
(1677～1751 막부정치가)
大江卓　おおえ　たく(1847～1921 정치가·실업가)
大江皇女　おおえのひめみこ(？～699 황후)
大高又次郎　おおだか　またじろう(1821～64 志士)
大高源吾　おおたか　げんご(1672～1703 志士)
大高忠兵衛　おおだか　ちゅうべえ(1823～64 志士)
大高坂維佐子　おおたかさか　いさこ(1660～99 학자)
大高坂芝山　おおたかさか　しざん
(1647～1713 유학자)
大谷嘉兵衛　おおたに　かへえ(1844～1933 실업가)
大谷光瑞　おおたに　こうずい(1876～1948 승려)
大谷光勝　おおたに　こうしょう(1817～94 승려)
大谷光演　おおたに　こうえん
(1875～1943 승려·俳人)
大谷光瑩　おおたに　こうえい(1852～1923 승려)
大谷光尊　おおたに　こうそん(1850～1903 승려)
大谷広次　おおたに　ひろつぐ
(1699～1747 가부키 배우)
大谷光沢　おおたに　こうたく(1798～1871 승려)
大谷吉継　おおたに　よしつぐ(？～1600 무장)
大谷武一　おおたに　ぶいち(1887～1968 체육학자)
大谷米太郎　おおたに　よねたろう
(1881～1968 실업가)
大谷五郎右衛門　おおたに　ごろうえもん
(？～1670 염전간척자)
大谷友右衛門　おおたに　ともえもん
(1791～1861 가부키 배우)
大谷尊由　おおたに　そんゆう(1886～1939 정치가)
大谷竹次郎　おおたに　たけじろう
(1877～1969 실업가)
大工原銀太郎　だいくはら　ぎんたろう
(1868～1934 토양학자)
大関松三郎　おおぜき　まつさぶろう
(1926～44 시인)
大関増業　おおぜき　ますなり(1782～1845 大名)
大関増裕　おおぜき　ますひろ(1837～66 大名)
大関和七郎　おおぜき　わしちろう(1836～61 志士)
大橋　おおはし(江戸중기, 기생)
大橋光吉　おおはし　こうきち(1875～1946 인쇄업자)
大橋国一　おおはし　くにかず
(1931～74 바리톤 가수)
大橋訥庵　おおはし　とつあん(1816～62 유학자)
大橋武夫　おおはし　たけお(1904～81 정치가)
大橋慎　おおはし　しん(1835～72 志士)
大橋新太郎　おおはし　しんたろう
(1863～1944 실업가)
大橋宗桂　おおはし　そうけい(1555～1634 바둑기사)
大橋佐平　おおはし　さへい(1835～1901 출판인)
大橋八郎　おおはし　はちろう
(1885～1968 관료·정치가)
大久保紀伊守　おおくぼ　きいのかみ
(？～1868 幕臣)
大久保留次郎　おおくぼ　とめじろう
(1887～1966 관료·정치가)
大久保利謙　おおくぼ　としあきら(1900～ 역사학자)
大久保利通　おおくぼ　としみち(1830～78 정치가)
大久保甚五左衛門　おおくぼ　じんござえもん
(1803～64 志士)
大久保彦左衛門　おおくぼ　ひこざえもん
(1560～1639 旗本)
大久保要　おおくぼ　かなめ(1798～1859 志士)
大久保一翁　おおくぼ　いちおう(1817～88 정치가)
大久保長安　おおくぼ　ながやす(1545～1613 幕臣)
大久保忠寛　おおくぼ　ただひろ(＝大久保一翁)
大久保忠教　おおくぼ　ただたか
(＝大久保彦左衛門)
大久保忠隣　おおくぼ　ただちか(1553～1628 大名)
大久保忠尚　おおくぼ　ただひさ
(1825～80 해군군인)
大久保忠員　おおくぼ　ただかず(1511～82 무장)
大久保忠真　おおくぼ　たださね(1778～1837 老中)
大久保鷲山　おおくぼ　しゅうざん
(1797～1852 유학자)
大口屋治兵衛　おおぐちや　じへえ(江戸중기, 札差)
大口屋暁雨　おおぐちや　ぎょうう
(＝大口屋治兵衛)
大国隆正　おおくに　たかまさ
(1792～1871 국학자·神道家)
大国主命　おおくにぬしのみこと(신화)
大宮敏充　おおみや　としみつ(1913～76 희극배우)
大宮院　おおみやいん(1225～92 中宮)
大槻文彦　おおつき　ふみひこ(1847～1928 국어학자)
大槻文平　おおつき　ぶんぺい(1903～ 실업가)

大槻磐渓　おおつき　ばんけい　(1801～78 서양학자·포술가)
大槻磐水　おおつき　ばんすい(＝大槻玄沢)
大槻瑞卿　おおつき　ずいきょう(＝大槻西磐)
大槻西磐　おおつき　せいばん(1818～57 유학자)
大槻如電　おおつき　じょでん(1845～1931 학자)
大槻伝蔵　おおつき　でんぞう(1703～48 藩士)
大槻俊斎　おおつき　しゅんさい(1806～62 蘭医)
大槻玄沢　おおつき　げんたく(1757～1827 蘭学者)
大錦卯一郎　おおにしき　ういちろう　(1891～1941 力士)
大給恒　おぎゅう　ゆずる(1839～1910 관료)
大内兵衛　おおうち　ひょうえ(1888～1980 경제학자)
大内盛見　おおうち　もりみ(1377～1431 무장)
大内惟義　おおうち　これよし(＝平賀惟義)
大内義隆　おおうち　よしたか(1507～51 무장)
大内義長　おおうち　よしなが(？～1557 무장)
大内義弘　おおうち　よしひろ(1356～99 무장)
大内義興　おおうち　よしおき(1477～1528 무장)
大内政弘　おおうち　まさひろ(1446～95 무장)
大内持世　おおうち　もちよ(？～1441 무장)
大内青巒　おおうち　せいらん　(1845～1918 불교지도자)
大内弘世　おおうち　ひろよ(？～1380 무장)
大内輝弘　おおうち　てるひろ(？～1569 무장)
大達茂雄　おおだち　しげお　(1892～1955 관료·정치가)
大碓皇子　おおうすのみこ(설화)
台徳院　だいとくいん(＝徳川秀忠)
大島健一　おおしま　けんいち(1858～1947 육군중장)
大島高任　おおしま　たかとう(1826～1901 광산학자)
大島亮吉　おおしま　りょうきち(1899～1928 등산가)
大島蓼太　おおしま　りょうた(1718～87 俳人)
大道寺友山　だいどうじ　ゆうざん　(1639～1730 병법가)
大道寺政繁　だいどうじ　まさしげ(1533～90 무장)
大道寺直次　だいどうじ　なおつぐ　(1571～1651 무장)
大島宇吉　おおしま　うきち(1852～1940 실업가)
大島友之允　おおしま　とものじょう　(1826～82 志士)
大島有隣　おおしま　うりん(1755～1836 心学者)
大島義昌　おおしま　よしまさ(1850～1926 육군대장)
大道長安　だいどう　ちょうあん　(1843～1908 불교운동가)
帯刀貞代　たてわき　さだよ(1904～90 여성운동가)
大島正徳　おおしま　まさのり(1880～1947 교육가)
大島貞益　おおしま　さだます(1845～1906 경제학자)
大道憲二　おおみち　けんじ(1890～1970 노동운동가)
大島浩　おおしま　ひろし(1886～1975 육군중장)
大島喜侍　おおしま　きじ(？～1733 수학자·역학자)
大東義徹　**おおひがし　ぎてつ**，だいとう　ぎてつ　(1842～1905 정치가)
大燈国師　だいとう　こくし(＝宗峰妙超)
大楽源太郎　おおらく　げんたろう，**だいらく　げんたろう**(1832～71 志士)
大来佐武郎　おおきた　さぶろう(1914～ 경제학자)
台嶺　たいれい(1843～71 승려)
大鹿島命　おおかしまのみこと(中臣氏의 선조)
大鹿卓　おおしか　たく(1898～1959 소설가)
大瀬甚太郎　おおせ　じんたろう　(1865～1944 교육학자)
大類伸　おおるい　のぶる(1884～1975 역사학자)
大利鼎吉　**おおざと　ていきち**，おおり　ていきち　(1842～65 志士)
大里忠一郎　おおさと　ただいちろう　(1835～98 실업가)
大林芳五郎　おおばやし　よしごろう　(1864～1916 실업가)
大林宗套　だいりん　そうとう(1480～1568 선승)
大麻唯男　おおあさ　ただお(1889～1957 정치가)
戴曼公　たいまんこう(1596～1672 승려의사)
大網人主　おおあみのひとぬし(奈良시대, 관료)
大名麻呂　おおなまろ(奈良시대, 노예)
代明親王　よしあきら　しんのう(904～37)
大木喬任　おおき　たかとう(1832～99 정치가)
大木口哲　おおき　こうてつ(1855～1923 실업가)
大木実　おおき　みのる(1913～ 시인)
大木遠吉　おおき　えんきち(1871～1926 정치가)
大梶七兵衛　おおかじ　しちべえ　(1621～89 조림·치수가)
黛敏郎　まゆずみ　としろう(1929～ 작곡가)
大迫尚道　おおさこ　なおみち(1854～1934 육군대장)
大迫尚敏　おおさこ　なおとし(1844～1927 육군대장)
大迫貞清　おおさこ　さだきよ(1825～96 관료)
大伴家持　おおとものやかもち(？～785 관료)
大伴継人　おおとものつぎひと(？～785 관료)
大伴古麻呂　おおとものこまろ(？～757 관료)
大伴古慈斐　おおとものこしび(695～777 관료)
大伴金村　おおとものかなむら　(5세기 말～6세기 초, 정치가)
大伴稲公　おおとものいなぎみ(奈良시대, 관료)
大伴道足　おおとものみちたり(奈良시대, 관료)
大伴東人　おおとものあずまひと(奈良시대, 관료)
大伴郎女　おおとものいらつめ　(？～728 大伴旅人의 처)
大伴旅人　おおとものたびと(？～731 관료)
大伴馬来田　おおとものまぐた(？～683 공신)
大伴武日　おおとものたけひ(설화)
大伴磐　おおとものいわ(6세기 초, 무장)
大伴部博麻　おおともべのはかま(7세기 말, 병사)
大伴咋　おおとものくい(6세기 말～7세기 초, 무장)

大伴三中　おおとものみなか(奈良시대, 관료)
大伴書持　おおとものふみもち
(?～746 大伴旅人의 아들)
大伴宿奈麻呂　おおとものすくなまろ
(奈良시대, 관료)
大伴室屋　おおとものむろや
(5세기 말～6세기 초, 大連)
大伴安麻呂　おおとものやすまろ(?～714 공신)
大伴御行　おおとものみゆき(?～701 관료)
大伴牛養　おおとものうしかい(?～749 관료)
大伴益立　おおとものますたて(奈良시대, 관료)
大伴長徳　おおとものながとこ(?～651 관료)
大伴田主　おおとものたぬし(8세기 초, 万葉歌人)
大伴田村大嬢　おおとものたむらのおおいらつめ
(8세기 초, 万葉歌人)
大伴弟麻呂　おおとものおとまろ(731～809 정치가)
大伴駿河麻呂　おおとものするがまろ
(?～776 관료)
大伴池主　おおとものいけぬし(奈良시대, 관료)
大伴吹負　おおとものふけい(?～683 공신)
大伴坂上大嬢　おおとものさかのうえのおおい
らつめ(奈良시대, 歌人)
大伴坂上郎女　おおとものさかのうえのいらつめ
(奈良시대, 歌人)
大伴狭手彦　おおとものさでひこ(6세기 중엽, 무장)
大伯皇女　おおくのひめみこ(656～701)
大分稚見　おおきだのわかみ(?～679 공신)
大分恵尺　おおきだのえさか(?～675 공신)
大仏維貞　おさらぎ　これさだ(1285～1327 무장)
大仏貞将　おさらぎ　さだまさ(＝金沢貞将)
大仏貞直　おさらぎ　さだなお(?～1333 무장)
大仏宗宣　おさらぎ　むねのぶ(1259～1312 執権)
大佛次郎　おさらぎ　じろう(1897～1973 소설가)
大鵬幸喜　たいほう　こうき(1940～ 力士)
大浜信泉　おおはま　のぶもと
(1891～1976 와세다 대학총장)
大寺安純　おおてら　やすずみ(1846～95 육군소장)
大山覚威　おおやま　かくい(1882～1934 저널리스트)
大山綱良　おおやま　つなよし(1825～77 藩士)
大山康晴　おおやま　やすはる(1923～ 바둑기사)
大山守皇子　おおやまもりのみこ(5세기 초)
大山巌　おおやま　いわお(1842～1916 육군원수)
大山郁夫　おおやま　いくお(1880～1955 사회운동가)
大山為起　おおやま　ためおき(1651～1713 神道家)
大山祗神　おおやまずみのかみ(記紀)
大森金五郎　おおもり　きんごろう
(1867～1936 역사학자)
大森藤頼　おおもり　ふじより(?～1498 무장)
大三輪長兵衛　おおみわ　ちょうべえ
(1835～1908 실업가)
大森房吉　おおもり　ふさきち(1868～1923 지진학자)
大森氏頼　おおもり　うじより(?～1494 무장)
大杉栄　おおすぎ　さかえ(1885～1923 무정부주의자)
大森義太郎　おおもり　よしたろう
(1898～1940 경제학자)
大森庄兵衛　おおもり　しょうべえ
(安土桃山시대, 피리의 대가)
大上末広　おおがみ　すえひろ(1903～44 중국연구가)
大生部多　おおふべのおお(7세기 중엽, 혹세무민가)
大西克礼　おおにし　よしのり(1888～1959 미학자)
大西良慶　おおにし　りょうけい(1875～1983 승려)
大西滝治郎　おおにし　たきじろう
(1891～1945 해군중장)
大西愛治郎　おおにし　あいじろう
(1881～1958 종교가)
大西伍一　おおにし　ごいち(1898～ 농민교육가)
大西浄林　おおにし　じょうりん(1590～1663 釜師)
大西浄元　おおにし　じょうげん(1689～1762 釜師)
大西浄清　おおにし　じょうせい(1603～82 釜師)
大西俊夫　おおにし　としお(1896～1947 농민운동가)
大西祝　おおにし　はじめ(1864～1900 철학자)
大西椿年　おおにし　ちんねん(1792～1851 화가)
大西豊五郎　おおにし　とよごろう
(幕末·維新期, 민중봉기 지도자)
大石久敬　おおいし　きゅうけい(1721～94 농정가)
大石内蔵助　おおいし　くらのすけ(＝大石良雄)
大石良金　おおいし　よしかね(1688～1703 志士)
大石良雄　おおいし　よしお(1659～1703 志士)
大石武一　おおいし　ぶいち(1909～ 정치가)
大石保　おおいし　たもつ(1870～1924 실업가)
大石先生　おおいし　せんせい(작품)
大石誠之助　おおいし　せいのすけ
(1867～1911 사회주의자)
大石正巳　おおいし　まさみ(1855～1935 정치가)
大石真虎　おおいし　まとら(1792～1833 화가)
大石千引　おおいし　ちびき(1770～1834 국학자)
大城戸長兵衛　おおきど　ちょうべえ
(1810～73 志士)
大城孝蔵　おおしろ　こうぞう
(1881～1938 필리핀 이민자)
大蘇芳年　たいそ　よしとし(1839～92 풍속화가)
大沼枕山　おおぬま　ちんざん(1818～91 漢詩人)
大松博文　だいまつ　ひろふみ
(1921～78 여자배구감독)
大穂能一　おおほ　のういち(1819～71 수학자)
大手拓次　おおて　たくじ(1887～1934 시인)
大須賀乙字　おおすが　おつじ(1881～1920 俳人)
大淑　だいしゅく(＝季弘大淑)
大乗院実尊　だいじょういん　じっそん
(1180～1236 승려)
大乗院尋尊　だいじょういん　じんそん
(1430～1508 승려)

大乗院尊信　だいじょういん　そんしん
(1226～83 승려)
大矢市次郎　おおや　いちじろう
(1894～1972 신파배우)
大矢正夫　おおや　まさお(1863～1928 정치가)
大矢透　おおや　とおる(1850～1928 국어학자)
大神高市麻呂　おおみわのたけちまろ
(657～706 관료)
大神基政　おおが　もとまさ(1079～1138 피리연주자)
大神杜女　おおがのもりめ(奈良시대, 神官)
大神惟季　おおが　これすえ(1029～94 피리연주자)
大神田麻呂　おおがのたまろ(奈良시대, 神官)
大神虎主　おおみわのとらぬし(798～860 의사)
大辻司郎　おおつじ　しろう(1896～1952 만담가)
大野果安　おおののはたやす(7세기 말, 무장)
大野広城　おおの　ひろき(1788～1841 저술가)
大野九郎兵衛　おおの　くろべえ(江戸중기, 家老)
大野東人　おおののあずまんど(?～742 무관)
大野緑一郎　おおの　ろくいちろう(1887～ 관료)
大野龍太　おおの　りゅうた(1892～1957 관료)
大野林火　おおの　りんか(1904～82 俳人)
大野木秀次郎　おおのぎ　ひでじろう
(1895～1966 정치가)
大野伴睦　おおの　ばんぼく(1890～1964 정치가)
大野洒竹　おおの　しゃちく(1872～1913 俳人)
大野治長　おおの　はるなが(?～1615 무장)
大若子命　おおわくごのみこと(설화)
大陽義冲　たいよう　ぎちゅう(1282～1352 선승)
大塩平八郎　おおしお　へいはちろう
(1793～1837 유학자・양명학자)
大葉子　おおばこ(6세기 중엽, 무장의 아내)
大屋裏住　おおやのうらずみ(1734～1810 狂歌師)
大屋晋三　おおや　しんぞう
(1894～1980 정치가・실업가)
大窪詩仏　おおくぼ　しぶつ(1767～1837 시인)
大隈言道　おおくま　ことみち(1798～1868 歌人)
大隈重信　おおくま　しげのぶ(1838～1922 정치가)
大友吉統　おおとも　よしむね(1558～1605 무장)
大友能直　おおとも　よしなお(鎌倉전기, 무장)
大友義鑑　おおとも　よしあき(1502～50 大名)
大友義鎮　おおとも　よししげ(＝大友宗麟)
大友貞載　おおとも　さだとし(?～1336 무장)
大友貞宗　おおとも　さだむね(?～1336 무장)
大友宗麟　おおとも　そうりん(1530～87 大名)
大友親世　おおとも　ちかよ(?～1418 무장)
大友皇子　おおとものみこ(648～72)
大友黒主　おおとものくろぬし(平安전기, 歌人)
大熊信行　おおくま　のぶゆき(1893～1977 경제학자)
大熊氏広　おおくま　うじひろ(1856～1934 조각가)
大円良胤　だいえん　りょういん(1212～91 승려)
大原富枝　おおはら　とみえ(1912～ 소설가)

大原孫三郎　おおはら　まごさぶろう
(1880～1943 실업가)
大原桜井　おおはらのさくらい(奈良시대, 관료)
大原幽学　おおはら　ゆうがく
(1797～1858 농민지도자)
大源宗真　たいげん　そうしん(?～1370 선승)
大原左金吾　おおはら　さきんご(?～1810 책략가)
大原重徳　おおはら　しげとみ(1801～79 公卿)
大原総一郎　おおはら　そういちろう
(1909～68 실업가)
大越新　おおごし　あらた(1898～1975 실업가)
大蕤娘　おおぬのいらつめ(＝石川大蕤娘)
大音青山　おおおと　せいざん(1817～86 정치가)
大応国師　だいおう　こくし(＝南浦紹明)
大人弥五郎　おおひと　やごろう(전설)
大日能忍　だいにち　のうにん(?～1189 선승)
大場景明　おおば　かげあき(1719～85 暦学者)
大場茂馬　おおば　しげま(1869～1920 형법학자)
大蔵永常　おおくら　ながつね(1768～? 농학자)
大斎院　だいさいいん(＝選子内親王)
大田耕士　おおた　こうし(1909～ 교육판화가)
大田南畝　おおた　なんぽ(1749～1823 문인)
大畠文治右衛門　おおはた　ぶんじえもん
(江戸중・후기, 지도・판화 출판업자)
大田洋子　おおた　ようこ(1903～63 소설가)
大田垣蓮月　おおたがき　れんげつ
(1791～1875 歌人)
大畑才蔵　おおはた　さいぞう(江戸전기, 篤農家)
大田田根子　おおたたねこ(설화)
大前田英五郎　おおまえだ　えいごろう
(1792～1874 노름꾼)
大田皇女　おおたのひめみこ(?～667)
大田黒伴雄　おおたぐろ　ともお(1835～76 志士)
大田黒元雄　おおたぐろ　もとお
(1893～1979 음악평론가)
大庭柯公　おおば　かこう(1872～? 저널리스트)
大庭景能　おおばのかげよし(?～1210 무장)
大庭景親　おおばのかげちか(?～1180 무사)
大町桂月　おおまち　けいげつ
(1869～1925 시인・수필가)
大井成元　おおい　しげもと(1863～1951 육군대장)
大政所　おおまんどころ(＝天瑞院)
大町陽一郎　おおまち　よういちろう
(1931～ 오케스트라 지휘자)
大庭源之丞　おおば　げんのじょう
(江戸전기, 용수로 건설가)
大庭二郎　おおば　じろう(1864～1935 육군대장)
大井才太郎　おおい　さいたろう(1856～1924 전기공학자)
碓井次郎左衛門　うすい　じろうざえもん
(1800～68 志士)

大正天皇　たいしょう　てんのう(1879〜1926)
大井憲太郎　おおい　けんたろう
(1843〜1922 정치가·자유민권운동가)
大鳥居理兵衛　おおとりい　りへえ(1817〜62 志士)
大鳥圭介　おおとり　けいすけ(1832〜1911 외교관)
大潮元皓　だいちょう　げんこう(1676〜1768 선승)
大拙祖能　だいせつ　そのう(1313〜77 선승)
大洲鉄然　おおず　てつねん(1834〜1902 승려)
大竹貫一　おおたけ　かんいち(1860〜1944 정치가)
大竹博吉　おおたけ　ひろきち
(1890〜1958 러시아문제 전문가)
袋中　たいちゅう(1552〜1639 승려)
大中臣能宣　おおなかとみのよしのぶ(921〜91 歌人)
大中臣頼基　おおなかとみのよりもと
(平安중기, 신관)
大中臣輔親　おおなかとみのすけちか
(954〜1038 歌人)
大中臣淵魚　おおなかとみのふちな(774〜850 관료)
大中臣鷹主　おおなかとみのたかぬし(＝中臣鷹主)
大中臣諸魚　おおなかとみのもろな(743〜97 관료)
大中臣清麻呂　おおなかとみのきよまろ
(702〜88 관료)
大中恩　おおなか　めぐみ(1924〜　작곡가)
大中寅二　おおなか　とらじ(1896〜1982 작곡가)
大智　だいち(1290〜1366 선승)
大枝流芳　おおえだ　りゅうほう(江戸중기, 풍류인)
大津大浦　おおつのおおうら(？〜775 풍수지리가)
大津淳一郎　おおつ　じゅんいちろう
(1856〜1932 정치가)
大津皇子　おおつのみこ(663〜86)
大倉嘉十郎　おおくら　かじゅうろう
(1783〜1863 지리학자)
大倉笠山　おおくら　りつざん(1785〜1850 화가)
大倉種材　おおくらのたねき(平安중기, 지방관료)
大倉喜八郎　おおくら　きはちろう
(1837〜1928 실업가)
大妻コタカ　おおつま　コタカ(1884〜1970 교육가)
大川橋蔵　おおかわ　はしぞう(1929〜84 영화배우)
大川博　おおかわ　ひろし(1896〜1971 실업가)
大川周明　おおかわ　しゅうめい
(1886〜1957 국가주의자)
大川平三郎　おおかわ　へいざぶろう
(1860〜1936 실업가)
大泉黒石　おおいずみ　こくせき(1894〜1957 작가)
大草公弼　おおくさ　こうひつ(1775〜1817 국학자)
大草香皇子　おおくさかのみこ(5세기 중엽)
大村西崖　おおむら　せいがい(1868〜1927 미술사가)
大村純忠　おおむら　すみただ(1533〜87 무장·大名)
大村純熈　おおむら　すみひろ(1825〜82 大名)
大村彦太郎　おおむら　ひこたろう(1636〜89 상인)
大村益次郎　おおむら　ますじろう
(1824〜69 兵制家)
大村仁太郎　おおむら　じんたろう
(1863〜1907 독어학자)
大村清一　おおむら　せいいち
(1892〜1968 관료·정치가)
大塚嘉樹　おおつか　よしき(＝大塚蒼梧)
大塚甲山　おおつか　こうざん(1880〜1911 시인)
大塚高信　おおつか　たかのぶ(1897〜1979 영어학자)
大塚久雄　おおつか　ひさお(1907〜　경제사학자)
大塚金之助　おおつか　きんのすけ
(1892〜1977 경제학자·사회사상사가)
大塚楠緒子　おおつか　なおこ(1875〜1910 시인)
大塚令三　おおつか　れいぞう
(1909〜52 중국공산당 연구가)
大塚末子　おおつか　すえこ
(1902〜　기모노 디자이너)
大塚武松　おおつか　たけまつ(1878〜1946 역사학자)
大塚保治　おおつか　やすじ(1868〜1931 미학자)
大塚惟精　おおつか　いせい(1884〜1945 관료)
大塚蒼梧　おおつか　そうご(1731〜1803 典故학자)
大炊御門経宗　おおいみかど　つねむね
(1119〜89 관료)
大炊王　おおいおう(＝淳仁天皇)
大塔宮　だいとうのみや(＝護良親王)
大太法師　だいだら　ぼっち(전설)
大沢四郎右衛門　おおさわ　しろうえもん
(？〜1639 해외무역상)
大沢善助　おおさわ　ぜんすけ(1854〜1934 실업가)
大宅壮一　おおや　そういち(1900〜70 평론가)
大宅賀是麻呂　おおやけのかぜまろ(奈良시대, 귀족)
大坂屋茂兵衛　おおさかや　もへえ(＝杉本茂十郎)
大坂屋伊兵衛　おおさかや　いへえ(？〜1718 거상)
大坂屋長右衛門　おおさかや　ちょうえもん
(？〜1679 상인·개간사업가)
大平正芳　おおひら　まさよし(1910〜80 정치가)
大浦兼武　おおうら　かねたけ
(1850〜1918 관료·정치가)
大浦慶　おおうら　けい(1828〜84 무역상)
大砲万右衛門　おおずつ　まんえもん
(1870〜1918 力士)
大賀九郎左衛門　おおが　くろうざえもん
(？〜1641 무역상)
大河内一男　おおこうち　かずお(1905〜84 경제학자)
大河内伝次郎　おおこうち　でんじろう
(1898〜1962 영화배우)
大河内正敏　おおこうち　まさとし
(1878〜1952 과학자·실업가)
大下藤次郎　おおした　とうじろう
(1870〜1911 서양화가)
大下宇陀児　おおした　うだる
(1896〜1966 탐정소설가)

大賀一郎　おおが いちろう(1883～1965 식물학자)
大海人皇子　おおあまのみこ(＝天武天皇)
大幸勇吉　おおさか ゆうきち(1866～1950 화학자)
待賢門院　たいけんもんいん(1101～45 황후)
大脇順若　おおわき まさより(1825～1905 실업가)
大戸清上　おおとのきよかみ(平安전기, 작곡가)
大和田建樹　おおわだ たけき
(1857～1910 시인·歌人·국문학자)
大休宗休　たいきゅう そうきゅう
(1468～1549 선승)
大黒梅陰　だいこく ばいいん(1797～1851 유학자)
大黒常是　だいこく じょうぜ(?～1636 은화 주조가)
大黒屋光太夫　だいこくや こうだゆう
(1751～1828 선장)
大喜豊助　おおき とよすけ(?～1858 도공)

徳岡神泉　とくおか しんせん(1896～1972 화가)
徳光屋覚左衛門　とくこうや かくざえもん
(江戸전기, 개간·개척가)
徳大寺公純　とくだいじ きんいと(1821～83 公卿)
徳大寺実能　とくだいじ さねよし
(1095～1157 公卿)
徳大寺実定　とくだいじ さねさだ(1138～91 公卿)
徳大寺実則　とくだいじ さねつね
(1839～1919 궁중 시종장)
徳力善雪　とくりき ぜんせつ(1599～1680 화가)
徳本　とくほん(1789～1819 승려)
徳冨蘆花　とくとみ ろか(1868～1927 소설가)
徳富蘇峰　とくとみ そほう(1863～1957 평론가)
徳富一敬　とくとみ かずたか(1822～1914 漢学者)
徳善院　とくぜんいん(＝前田玄以)
徳安実蔵　とくやす じつぞう(1900～88 정치가)
徳永直　とくなが すなお(1899～1958 소설가)
徳右衛門　とくえもん(?～1667 도공)
徳一　とくいち(平安전기, 승려)
徳斎　とくさい(＝鞍作多須奈)
徳田寛豊　とくだ ひろあつ(1830～92 勤王家)
徳田球一　とくだ きゅういち
(1894～1953 사회운동가)
徳田秋声　とくだ しゅうせい(1871～1943 소설가)
徳川家康　とくがわ いえやす(1542～1616 장군)
徳川家綱　とくがわ いえつな(1641～80 장군)
徳川家慶　とくがわ いえよし(1793～1853 장군)
徳川家継　とくがわ いえつぐ(1709～16 장군)
徳川家光　とくがわ いえみつ(1604～51 장군)
徳川家達　とくがわ いえさと(1863～1940 공작)
徳川家茂　とくがわ いえもち(1846～66 장군)
徳川家宣　とくがわ いえのぶ(1663～1712 장군)
徳川家正　とくがわ いえまさ(1884～1963 공작)
徳川家定　とくがわ いえさだ(1824～58 장군)
徳川家斉　とくがわ いえなり(1773～1841 장군)
徳川家重　とくがわ いえしげ(1711～61 장군)
徳川家治　とくがわ いえはる(1737～86 장군)
徳川綱吉　とくがわ つなよし(1646～1709 장군)
徳川綱重　とくがわ つなしげ(1644～78 大名)
徳川慶頼　とくがわ よしより(1822～70 막부정치가)
徳川慶福　とくがわ よしとみ(＝徳川家茂)
徳川慶勝　とくがわ よしかつ(1824～83 大名)
徳川慶喜　とくがわ よしのぶ(1837～1913 장군)
徳川光圀　とくがわ みつくに(1628～1700 大名)
徳川吉子　とくがわ よしこ(1804～93 大名의 부인)
徳川吉宗　とくがわ よしむね(1684～1751 장군)
徳川頼房　とくがわ よりふさ(1603～61 大名)
徳川頼宣　とくがわ よりのぶ(1602～71 大名)
徳川夢声　とくがわ むせい(1894～1971 수필가)
徳川茂徳　とくがわ もちのり(1831～84 大名)
徳川昭武　とくがわ あきたけ(1853～1910 영주)
徳川秀康　とくがわ ひでやす(＝結城秀康)
徳川秀忠　とくがわ ひでただ(1579～1632 장군)
徳川信康　とくがわ のぶやす(1559～79 무장)
徳川義直　とくがわ よしなお(1600～50 大名)
徳川義親　とくがわ よしちか(1886～1976 후작)
徳川斉昭　とくがわ なりあき(1800～60 大名)
徳川宗敬　とくがわ むねよし(1897～1989 백작)
徳川宗睦　とくがわ むねちか(1733～99 大名)
徳川宗武　とくがわ むねたけ(＝田安宗武)
徳川宗尹　とくがわ むねただ(1721～64 大名)
徳川宗春　とくがわ むねはる(1696～1764 大名)
徳川重好　とくがわ しげよし(1745～95 大名)
徳川清康　とくがわ きよやす(＝松平清康)
徳川忠長　とくがわ ただなが(1606～33 大名)
徳川治貞　とくがわ はるさだ(1727～89 大名)
徳川好敏　とくがわ よしとし(1884～1963 비행사)

渡嘉敷守良　とかしき しゅりょう
(1880～1953 무용가)
渡嘉敷守礼　とかしき しゅれい
(1883～1927 배우·극작가)
都加使主　つかのおみ(5세기 말, 倭漢直의 선조)
道康親王　みちやす しんのう(＝文徳天皇)

道鏡　どうきょう(?～772 승려)
島谷市左衛門　しまだに　いちざえもん
(?～1690 탐험가)
道観長者　どうかん　ちょうじゃ(전설)
道光法親王　どうこうほうしんのう(1612～78 승려)
道具屋吉左衛門　どうぐや　きちざえもん
(江戸전기, 浄瑠璃太夫)
都の錦　みやこのにしき(1675～? 풍속소설가)
島崎藤村　しまざき　とうそん
(1872～1943 시인·소설가)
島崎雪子　しまざき　ゆきこ(작품)
島崎赤太郎　しまざき　あかたろう
(1874～1933 오르간 연주자)
道念仁兵衛　どうねん　にへえ(江戸전기, 歌人)
桃東園　もも　とうえん(1681～1760 유학자·역학자)
島袋源一郎　しまぶくろ　げんいちろう
(1885～1942 교육가)
道嶋嶋足　みちのしまのしまたり(?～783 관료)
都々逸坊扇歌　どどいつぼう　せんか
(1796～1852 예능인)
道登　どうとう(7세기 중엽, 승려)
都良香　みやこのよしか(834～79 한학자)
渡瀬庄三郎　わたせ　しょうざぶろう
(1862～1929 동물학자)
都留重人　つる　しげと(1912～　경제학자)
刀利宣令　とり　せんれい(奈良시대, 학자)
道面豊信　どうめん　とよのぶ(1888～　실업가)
稲毛金七　いなげ　きんしち(1887～1946 교육철학자)
稲毛実　いなげ　みのる(?～1869 문인)
島木健作　しまき　けんさく(1903～45 소설가)
島木赤彦　しまき　あかひこ(1876～1926 歌人)
島尾敏雄　しまお　としお(1917～86 소설가)
渡辺綱　わたなべのつな(953～1025 무사)
渡辺国武　わたなべ　くにたけ
(1846～1919 관료·정치가)
渡辺驥　わたなべ　き(1830～96 관료)
渡辺南岳　わたなべ　なんがく(1767～1813 화가)
渡辺内蔵太　わたなべ　くらた(1836～64 志士)
渡辺大濤　わたなべ　だいとう(1879～1958 철학자)
渡辺銅意　わたなべ　どうい(江戸전기, 주물기술자)
渡辺良夫　わたなべ　よしお(1905～64 정치가)
渡辺廉吉　わたなべ　れんきち(1854～1925 관료)
渡辺了慶　わたなべ　りょうけい(?～1645 화가)
渡辺蒙庵　わたなべ　もうあん(1687～1775 유학자)
渡辺美佐　わたなべ　みさ(1928～　프로듀서)
渡辺邦男　わたなべ　くにお(1899～1981 영화감독)
渡辺巳之次郎　わたなべ　みのじろう
(1869～1924 저널리스트)
渡辺省亭　わたなべ　せいてい(1851～1918 화가)
渡辺世祐　わたなべ　よすけ(1874～1957 역사학자)
渡辺守綱　わたなべ　もりつな(1545～1620 무장)
渡辺秀石　わたなべ　しゅうせき(1639～1707 화가)
渡辺順三　わたなべ　じゅんぞう(1894～1972 歌人)
渡辺昇　わたなべ　のぼる(1838～1913 志士·관료)
渡辺始興　わたなべ　しこう, わたなべ　もとおき
(1682～1755 화가)
渡辺玉子　わたなべ　たまこ(1858～1938 사회사업가)
渡辺勇次郎　わたなべ　ゆうじろう
(1887～1956 권투선수)
渡辺祐策　わたなべ　ゆうさく(1864～1934 실업가)
渡辺義介　わたなべ　ぎすけ(1888～1956 실업가)
渡辺一良　わたなべ　いちろう(1895～　실업가)
渡辺一夫　わたなべ　かずお(1901～75 불문학자)
渡辺はま子　わたなべ　はまこ(1910～　가수)
渡辺政人　わたなべ　まさんど(1892～1975 실업가)
渡辺政之輔　わたなべ　まさのすけ
(1899～1928 노동운동가)
渡辺政太郎　わたなべ　まさたろう
(1873～1918 무정부주의자)
渡辺錠太郎　わたなべ　じょうたろう
(1874～1936 육군대장)
渡辺政香　わたなべ　まさか
(1776～1840 국학자·한학자)
渡辺重名　わたなべ　しげな(1759～1830 국학자)
渡辺重石丸　わたなべ　いかりまろ
(1837～1915 국학자)
渡辺千冬　わたなべ　ちふゆ
(1876～1940 정치가·실업가)
渡辺千秋　わたなべ　ちあき(1843～1921 관료)
渡辺銕蔵　わたなべ　てつぞう(1884～1980 실업가)
渡辺忠雄　わたなべ　ただお(1898～　은행가)
渡辺霞亭　わたなべ　かてい
(1864～1926 소설가·극작가)
渡辺海旭　わたなべ　かいきょく
(1872～1933 승려·불교학자)
渡辺洪基　わたなべ　こうき(1848～1901 관료)
渡辺崋山　わたなべ　かざん
(1793～1841 화가·정치가)
渡辺暁雄　わたなべ　あけお
(1919～　오케스트라 지휘자)
島本久恵　しまもと　ひさえ(1893～1985 작가)
島本仲道　しまもと　なかみち(1833～92 정치가)
稲富稜人　いなとみ　たかと(1902～89 농민운동가)
渡部斧松　わたなべ　おのまつ(1793～1856 篤農家)
稲富祐直　いなとみ　すけなお(1551～1611 무사)
稲山嘉寛　いなやま　よしひろ(1904～87 실업가)
陶山鈍翁　すやま　どんおう(1657～1732 유학자)
島上勝次郎　しまがみ　かつじろう
(1881～1923 노동운동가)
稲生若水　いのう　じゃくすい(=稲若水)
道璿　どうせん(699～757 승려)
道昭　どうしょう(629～700 승려)

道首名　みちのおふとな(？～718 관료)
島秀雄　しま　ひでお(1901～ 철도 기술자)
道阿弥　どうあみ(？～1413 田楽의 대가)
稲若水　とう　じゃくすい(1655～1715 본초학자)
稲葉修　いなば　おさむ(1909～ 정치가)
稲葉岩吉　いなば　いわきち(1876～1940 동양사학자)
稲葉雍通　いなば　てるみち(1774～1847 大名)
稲葉迂斎　いなば　うさい(1684～1760 유학자)
稲葉一鉄　いなば　いってつ(1515～88 무장)
稲葉正邦　いなば　まさくに(1834～98 大名)
稲葉正成　いなば　まさなり(1571～1628 무장)
稲葉正勝　いなば　まさかつ(1597～1634 大名)
稲葉正休　いなば　まさやす(1640～84 大名)
都又平　みやこ　またへい(江戸중기, 만담가)
道元　どうげん(＝永平道元)
稲垣国三郎　いながき　くにさぶろう
(1886～1967 교육가)
稲垣つる女　いながき　つるじょ(江戸후기, 풍속화가)
稲垣達郎　いながき　たつろう(1901～86 국문학자)
稲垣大平　いながき　おおひら(＝本居大平)
稲垣満次郎　いながき　まんじろう
(1861～1908 외교관)
島薗順次郎　しまぞの　じゅんじろう
(1877～1937 의학자)
稲垣示　いながき　しめす
(1849～1902 자유민권운동가)
桃園右大臣　ももぞの　うだいじん(＝藤原継縄)
稲垣定穀　いながき　さだよし(1764～1835 지리학자)
稲垣足穂　いながき　たるほ(1900～77 소설가)
桃園天皇　ももぞの　てんのう(1741～62)
稲垣平太郎　いながき　へいたろう
(1888～1976 실업가·정치가)
稲垣浩　いながき　ひろし(1905～80 영화감독)
道融　どうゆう(奈良시대, 승려)
道隠　どうおん(1741～1813 승려)
島義勇　しま　よしたけ(1822～74 志士·정치가)
道因　どういん(＝藤原敦家)
道慈　どうじ(？～744 승려)
道場法師　どうじょう　ほうし(작품)
島田啓三　しまだ　けいぞう(1900～73 만화가)
都伝内　みやこ　でんない
(江戸전기, 가부키 배우·작가)
稲田龍吉　いなだ　りゅうきち(1874～1950 의학자)
桃田柳栄　ももた　りゅうえい(江戸중기, 화가)
島田利正　しまだ　としまさ(1576～1642 旗本)
島田蕃根　しまだ　ばんこん(1827～1907 불교학자)
嶋田繁太郎　しまだ　しげたろう
(1883～1976 해군대장)
島田三郎　しまだ　さぶろう
(1852～1923 저널리스트·정치가)
島田叡　しまだ　あきら(1901～45 県지사)

桃田伊信　ももた　これのぶ(？～1765 화가)
島田一良　しまだ　いちろう(1848～78 군인)
島田正吾　しまだ　しょうご(1905～ 배우)
島田俊雄　しまだ　としお(1877～1947 정치가)
島田清田　しまだのきよた(779～855 정치가)
島田清次郎　しまだ　せいじろう
(1899～1930 소설가)
島田忠臣　しまだのただおみ(828～91 관료·문인)
島田翰　しまだ　かん(1881～1915 한학자)
島田篁村　しまだ　こうそん(1838～98 한학자)
桃節山　もも　せつざん(1832～75 유학자)
桃井儀八　もものい　ぎはち(1803～64 유학자·志士)
島井宗室　しまい　そうしつ(1539～1615 거상)
桃井直常　もものい　なおつね(南北朝시대, 무장)
桃井直詮　もものい　なおあき(1403～80 무용가)
道祖王　ふなどおう(？～757)
嶋中雄三　しまなか　ゆうぞう
(1881～1940 사회운동가)
嶋中雄作　しまなか　ゆうさく(1886～1949 출판인)
桃中軒雲右衛門　とうちゅうけん　くもえもん
(1873～1916 浪曲師)
島地大等　しまじ　だいとう(1875～1927 승려)
島地黙雷　しまじ　もくらい(1838～1911 승려)
島津家久　しまず　いえひさ(1576～1638 大名)
島津久光　しまず　ひさみつ(1817～87 정치가)
島津久基　しまず　ひさもと(1891～1949 국문학자)
島津久芳　しまず　ひさよし(1822～85 정치가·군인)
島津久治　しまず　ひさはる(1841～72 정치가)
島津久通　しまず　ひさみち(1604～74 정치가)
島津貴久　しまず　たかひさ(1514～71 무장)
稲津祇空　いなず　ぎくう(1663～1733 俳人)
島津保次郎　しまず　やすじろう
(1896～1945 영화감독)
島津氏久　しまず　うじひさ(1328～87 무장)
島津元久　しまず　もとひさ(1342～1411 大名)
島津源蔵　しまず　げんぞう
(1869～1951 발명가·실업가)
島津義久　しまず　よしひさ(1533～1611 무장)
島津義弘　しまず　よしひろ(1535～1619 大名)
島津伊久　しまず　これひさ(1347～1407 무장)
島津貞久　しまず　さだひさ(1269～1366 무장)
島津斉彬　しまず　なりあきら(1809～58 大名)
島津重豪　しまず　しげひで(1745～1833 大名)
島津忠寛　しまず　ただひろ(1828～96 大名)
島津忠国　しまず　ただくに(1403～70 무장)
島津忠良　しまず　ただよし(1492～1568 무장)
島津忠義　しまず　ただよし(1840～97 영주)
島津忠重　しまず　ただしげ(1886～1968 해군소장)
島津忠昌　しまず　ただまさ(1463～1508 무장)
道昌　どうしょう(798～875 승려)
島川文八郎　しまかわ　ぶんはちろう

(1864～1921 해군대장)
桃川如燕　ももかわ　じょえん(1832～98 야담가)
濤川惣助　なみかわ　そうすけ
(1847～1910 칠보세공 기술자)
陶晴賢　すえ　はるかた(1521～55 무장)
稲村隆一　いなむら　りゅういち
(1897～1990 농민운동가·정치가)
稲村三伯　いなむら　さんぱく(1758～1811 蘭学者)
島村速雄　しまむら　はやお(1858～1923 해군원수)
稲村順三　いなむら　じゅんぞう
(1900～55 농민운동가·정치가)
島村抱月　しまむら　ほうげつ
(1871～1918 평론가·극작가)
稲村賢敷　いなむら　けんぷ(1894～ 향토사가)
稲村喜勢子　いなむら　きせこ(幕말기, 국학자)
都築正男　つずき　まさお(1892～1961 의학자)
都筑馨六　つずき　けいろく(1861～1923 관료)
道忠　どうちゅう(奈良시대, 승려)
都治月旦　つじ　げったん(1646～1727 검객)
桃太郎　ももたろう(설화)
都太夫一中　みやこだゆう　いっちゅう
(？～1724 浄瑠璃太夫)
道行　どうぎょう(奈良시대, 승려)
都丸広治　とまる　ひろはる(1814～74 사료수집가)
度会家行　わたらい　いえゆき(1256～1362 神官)
度会常昌　わたらい　つねよし(1263～1339 神道学者)
度会常彰　わたらい　つねあきら(1675～1752 神官)
度会延佳　わたらい　のぶよし(＝出口延佳)
度会益弘　わたらい　ますひろ(1641～1732 神道学者)
度会行忠　わたらい　ゆきただ(1236～1305 神道学者)
陶興房　すえ　おきふさ(？～1539 무장)
道喜　どうき(＝小瀬甫庵)

독

独本性源　どくほん　しょうげん(1618～89 선승)
篤子内親王　あつこ　ないしんのう, とくし　ないしんのう (1060～1114)

돈

敦固親王　あつかた　しんのう(？～926)
敦道親王　あつみち　しんのう(981～1007)
敦明親王　あつあきら　しんのう(＝小一条院)
敦実親王　あつみ　しんのう(893～967)
頓阿　とんあ(1289～1372 歌人)
敦昌親王　あつまさ　しんのう(平安중기)

동

東家楽遊　あずまや　らくゆう(1881～1960 浪曲師)
東皐心越　とうこう　しんえつ(1639～95 승려)
東久世通積　ひがしくぜ　みちつむ(1708～64 公卿)
東久世通禧　ひがしくぜ　みちとみ
(1833～1912 公卿)
董九如　とう　きゅうじょ(1744～1802 화가)
東久邇稔彦　ひがしくに　なるひこ
(1887～1990 황족·군인)
東宮鉄男　とうみや　かねお(1892～1937 육군대령)
東龍太郎　あずま　りょうたろう(1893～1983 의학자)
銅脈先生　どうみゃく　せんせい(？～1801 狂詩작가)
東明慧日　とうみょう　えにち(1272～1340 선승)
棟方志功　むなかた　しこう(1903～75 판화가)
東福門院　とうふくもんいん(1607～78 中宮)
東山魁夷　ひがしやま　かいい(1908～ 화가)
東山殿　ひがしやまどの(＝足利義政)
東山千栄子　ひがしやま　ちえこ
(1890～1980 신극배우)
東山天皇　ひがしやま　てんのう(1675～1709)
東三条院　ひがしさんじょういん(961～1001 후궁)
東常縁　とうのつねより(1401～94 歌人)
桐生悠々　きりゅう　ゆうゆう
(1873～1941 저널리스트)
桐野利秋　きりの　としあき(1838～77 志士·군인)
東野英治郎　とうの　えいじろう(1907～ 신극배우)
東巌慧安　とうがん　えあん(1225～77 선승)
洞院公定　とういん　きんさだ(1340～99 公卿)
洞院公賢　とういん　きんかた(1291～1360 公卿)
洞院実世　とういん　さねよ(1308～59 公卿)
東恩納寛惇　ひがしおんな　かんじゅん
(1882～1963 역사학자)
東儀哲三郎　とうぎ　てつさぶろう
(1884～1952 음악가)
東儀鉄笛　とうぎ　てってき
(1869～1925 음악가·배우)
東畑四郎　とうはた　しろう(1907～80 관료)
東畑精一　とうはた　せいいち(1899～1983 경제학자)
東井義雄　とうい　よしお(1912～ 교육가)
東条琴台　とうじょう　きんだい
(1795～1878 유학자·고증학자)

東条英教　とうじょう　ひでのり
(1855～1913 육군중장)
東条英機　とうじょう　ひでき(1884～1948 육군대장)
東条一堂　とうじょう　いちどう(1777～1857 유학자)
東条操　とうじょう　みさお(1884～1966 국어학자)
東洲斎写楽　とうしゅうさい　しゃらく
(江戸중기, 풍속화가)
桐竹勘十郎　きりたけ　かんじゅうろう
(1920～86 인형극 연출가)
桐竹紋十郎　きりたけ　もんじゅうろう
(1841～1910 인형극 연출가)
東俊郎　あずま　としろう(1898～1987 스포츠 의학자)
東忠続　あずま　ただつぐ(1890～1950 노동운동가)
東七条院　ひがししちじょういん(＝藤原温子)
東漢直駒　やまとのあやのあたい　こま
(6세기 말, 무장)
東海林武雄　しょうじ　たけお(1900～88 실업가)
東海林太郎　しょうじ　たろう(1898～1972 가수)
東海散士　とうかい　さんし
(1852～1922 정치가·소설가)
東郷茂徳　とうごう　しげのり
(1882～1950 외교관·정치가)
東郷実　とうごう　みのる(1881～1959 농학자·정치가)
東郷青児　とうごう　せいじ(1897～1978 서양화가)
東郷平八郎　とうごう　へいはちろう
(1847～1934 해군원수)

頭光　つむりのひかる(＝桑楊庵光)
頭本元貞　ずもと　もとさだ(1862～1943 저널리스트)
頭山満　とうやま　みつる(1855～1944 국가주의자)
頭山秀三　とうやま　ひでぞう(1907～52 국가주의자)
頭中将　とうのちゅうじょう(작품)

得能良介　とくのう　りょうすけ(1825～83 관료)
得能通綱　とくのう　みちつな(南北朝시대, 무장)

藤間勘兵衛　ふじま　かんべえ(?～1769 무용가)
藤間勘十郎　ふじま　かんじゅうろう
(?～1821 무용가)
藤間勘右衛門　ふじま　かんえもん
(1813～51 무용가)
藤岡勝二　ふじおか　かつじ(1872～1935 언어학자)
藤岡市助　ふじおか　いちすけ(1857～1916 실업가)
藤岡由夫　ふじおか　よしお(1903～76 물리학자)
藤岡有貞　ふじおか　ありさだ(1820～49 수학자)
藤岡作太郎　ふじおか　さくたろう
(1870～1910 국문학자)
藤岡好古　ふじおか　よしふる(1846～1917 국어학자)
藤堂高久　とうどう　たかひさ(1638～1703 大名)
藤堂高吉　とうどう　たかよし(1579～1670 무장)
藤堂高文　とうどう　たかふみ
(1720～84 정치가·학자)
藤堂高猷　とうどう　たかゆき(1813～95 大名)
藤堂高次　とうどう　たかつぐ(1601～76 大名)
藤堂高聴　とうどう　たかより(1810～63 大名)
藤堂高兌　とうどう　たかさわ(1777～1824 大名)
藤堂高通　とうどう　たかみち(1644～97 大名)
藤堂高虎　とうどう　たかとら(1556～1630 무장)
藤堂良忠　とうどう　よしただ(1642～66 俳人)
藤堂明保　とうどう　あきやす(1915～85 중국어학자)
藤堂元甫　とうどう　げんぽ
(1677～1762 정치가·지리학자)
藤堂正高　とうどう　まさたか(1588～1629 무장)
藤代禎輔　ふじしろ　ていすけ(1868～1927 독문학자)
藤島武二　ふじしま　たけじ(1867～1943 서양화가)
藤浪鑑　ふじなみ　あきら(1870～1934 병리학자)
藤浪剛一　ふじなみ　ごういち(1880～1942 의학자)
藤浪与兵衛　ふじなみ　よへえ
(1828～1906 연극·무용 소도구 제작자)
藤林普山　ふじばやし　ふざん(1781～1836 蘭学者)
藤木九三　ふじき　くぞう(1887～1970 등산가)
藤本斗文　ふじもと　とぶん
(江戸중기, 가부키狂言 작가)
藤本善右衛門　ふじもと　ぜんえもん
(1773～1822 양잠업자)
藤本庄太郎　ふじもと　しょうたろう
(1849～1902 실업가)
藤本真澄　ふじもと　さねずみ(1910～79 영화제작자)
藤本鉄石　ふじもと　てっせき(1817～63 志士)
藤四郎景正　とうしろう　かげまさ(鎌倉시대, 도공)

藤山寛美　ふじやま　かんび(1929～ 희극배우)
藤山雷太　ふじやま　らいた(1863～1938 실업가)
藤山愛一郎　ふじやま　あいいちろう
(1897～1985 실업가·정치가)
藤山一郎　ふじやま　いちろう(1911～ 가수)
藤森成吉　ふじもり　せいきち
(1892～1977 소설가·극작가)
藤森天山　ふじもり　てんざん(＝藤森弘庵)
藤森弘庵　ふじもり　こうあん(1799～1862 유학자)
藤沼栄四郎　ふじぬま　えいしろう
(1881～1952 노동운동가)
藤縄英一　ふじなわ　えいいち
(1894～1921 민간 비행사)
藤野孫市　ふじの　まごいち(1701～84 造林家)
藤野斎　ふじの　いつき(1831～1903 志士)
藤野海南　ふじの　かいなん(1826～88 역사가)
藤屋露川　ふじや　ろせん(1661～1743 俳人)
藤原家隆　ふじわらのいえたか(1158～1237 歌人)
藤原家忠　ふじわらのいえただ(1061～1136 관료)
藤原葛野麻呂　ふじわらのかどのまろ
(755～818 관료)
藤原綱継　ふじわらのつなつぐ(763～847 관료)
藤原兼家　ふじわらのかねいえ(929～90 관료)
藤原兼実　ふじわらのかねざね(＝九条兼実)
藤原兼長　ふじわらのかねなが(1138～58 관료)
藤原鎌足　ふじわらのかまたり(＝中臣鎌足)
藤原兼通　ふじわらのかねみち(925～77 관료)
藤原景経　ふじわらのかげつね(？～1185 무사)
藤原経任　ふじわらのつねとう(1000～66 관료)
藤原季経　ふじわらのすえつね(1131～1221 歌人)
藤原季範　ふじわらのすえのり(1090～1155 관료)
藤原継縄　ふじわらのつぐただ(727～96 관료)
藤原高光　ふじわらのたかみつ(？～994 歌人)
藤原高藤　ふじわらのたかふじ(838～900 관료)
藤原高房　ふじわらのたかふさ(795～852 관료)
藤原高子　ふじわらのこうし，ふじわらのたかいこ
(842～910 후궁)
藤原公季　ふじわらのきんすえ(956～1029 관료)
藤原公実　ふじわらのきんざね(1043～1107 公卿)
藤原公任　ふじわらのきんとう(966～1041 관료·歌人)
藤原公宗　ふじわらのきんむね(＝西園寺公宗)
藤原公賢　ふじわらのきんかた(＝洞院公賢)
藤原菅根　ふじわらのすがね(856～908 관료)
藤原関雄　ふじわらのせきお(805～53 관료)
藤原寛子　ふじわらのかんし(1036～1121 황후)
藤原広嗣　ふじわらのひろつぐ(？～740 관료)
藤原光長　ふじわらのみつなが(＝常盤光長)
藤原光親　ふじわらのみつちか(1176～1221 公卿)
藤原教通　ふじわらののりみち(996～1075 관료)
藤原久須麻呂　ふじわらのくすまろ(？～764 관료)
藤原国衡　ふじわらのくにひら(？～1189 무사)

藤原宮子　ふじわらのみやこ(？～754 황후)
藤原貴子　ふじわらのきし(904～62 왕비)
藤原基経　ふじわらのもとつね(836～91 관료)
藤原基房　ふじわらのもとふさ(1144～1230 公卿)
藤原基俊　ふじわらのもととし(1056～1142 歌人)
藤原基通　ふじわらのもとみち(＝近衛基通)
藤原基衡　ふじわらのもとひら(平安후기, 호족)
藤原吉子　ふじわらのよしこ(？～807 황후)
藤原内麻呂　ふじわらのうちまろ(756～812 관료)
藤原能保　ふじわらのよしやす(＝一条能保)
藤原能信　ふじわらのよしのぶ(995～1065 관료)
藤原多子　ふじわらのたし(1140～1201 황후)
藤原帯子　ふじわらのたらしこ(？～794 황후)
藤原大津　ふじわらのおおつ(782～854 관료)
藤原道家　ふじわらのみちいえ(＝九条道家)
藤原道綱　ふじわらのみちつな(955～1020 관료)
藤原道兼　ふじわらのみちかね(961～95 관료)
藤原道隆　ふじわらのみちたか(953～95 관료)
藤原道長　ふじわらのみちなが(966～1027 관료)
藤原道平　ふじわらのみちひら(＝二条道平)
藤原敦家　ふじわらのあついえ(？～1091 악사)
藤原敦光　ふじわらのあつみつ
(1063～1144 문장 박사)
藤原冬嗣　ふじわらのふゆつぐ(775～826 관료)
藤原冬緒　ふじわらのふゆお(807～90 관료)
藤原得子　ふじわらのとくし(＝美福門院)
藤原藤房　ふじわらのふじふさ(1295～1380 公卿)
藤原登子　ふじわらのとうし，ふじわらのなりこ
(？～975 후궁)
藤元良　とう　げんりょう(江戸후기, 의사)
藤原良経　ふじわらのよしつね(＝九条良経)
藤原良継　ふじわらのよしつぐ(716～77 관료)
藤原良房　ふじわらのよしふさ(804～72 관료)
藤原良相　ふじわらのよしすけ，ふじわらのよしみ
(813～67 관료)
藤原良世　ふじわらのよしよ(823～900 관료)
藤原良縄　ふじわらのよしただ(814～68 관료)
藤原旅子　ふじわらのたびこ(759～88 황후)
藤原頼経　ふじわらのよりつね(＝九条頼経)
藤原頼輔　ふじわらのよりすけ(1112～86 관료)
藤原頼嗣　ふじわらのよりつぐ(＝九条頼嗣)
藤原頼実　ふじわらのよりざね(1155～1225 歌人)
藤原頼長　ふじわらのよりなが(1120～56 관료)
藤原頼宗　ふじわらのよりむね(993～1065 관료)
藤原頼忠　ふじわらのよりただ(924～89 관료)
藤原頼通　ふじわらのよりみち(992～1074 관료)
藤原倫寧女　ふじわらのともやすのむすめ
(935～95 歌人)
藤原隆家　ふじわらのたかいえ(979～1044 관료)
藤原隆能　ふじわらのたかよし(平安후기, 화가)
藤原隆信　ふじわらのたかのぶ(1142～1205 궁정화가)

藤原隆章　ふじわらのたかあき(南北朝시대, 화가)
藤原隆俊　ふじわらのたかとし(？～1373 정치가)
藤原麻呂　ふじわらのまろ(695～737 관료)
藤原明子　ふじわらのあきらけいこ(829～900 후궁)
藤原明衡　ふじわらのあきひら(？～1066 관료)
藤原武智麻呂　ふじわらのむちまろ(680～737 관료)
藤原房前　ふじわらのふささき(681～737 관료)
藤原百川　ふじわらのももかわ(732～79 관료)
藤原輔子　ふじわらのほし(平安말기, 무장의 아내)
藤原保昌　ふじわらのやすまさ(958～1036 관료)
藤原保忠　ふじわらのやすただ(890～936 관료)
藤原保則　ふじわらのやすのり(825～95 관료)
藤原富士麻呂　ふじわらのふじまろ(804～50 관료)
藤原不比等　ふじわらのふひと(659～720 관료)
藤原浜成　ふじわらのはまなり(711～90 관료)
藤原氷上娘　ふじわらのひかみのいらつめ (？～682 황후)
藤原師光　ふじわらのもろみつ(？～1177 관료)
藤原師基　ふじわらのもろもと(1301～65 公卿)
藤原師輔　ふじわらのもろすけ(908～60 관료)
藤原師実　ふじわらのもろざね(1042～1101 관료)
藤原師尹　ふじわらのもろただ(920～69 관료)
藤原師長　ふじわらのもろなが(1138～92 관료)
藤原師通　ふじわらのもろみち(1062～99 관료)
藤原山蔭　ふじわらのやまかげ(824～88 관료)
藤原常嗣　ふじわらのつねつぐ(796～840 관료)
藤原生子　ふじわらのいくし(1014～68 후궁)
藤原西光　ふじわらのさいこう(＝藤原師光)
藤原緒嗣　ふじわらのおつぐ(774～843 관료)
藤原宣房　ふじわらののぶふさ(1258～？ 公卿)
藤原盛房　ふじわらのもりふさ(平安후기, 歌学者)
藤原誠信　ふじわらのしげのぶ(964～1001 관료)
藤原惺窩　ふじわら　せいか(1561～1619 유학자)
藤原娍子　ふじわらのじょうし(？～1025 황후)
藤原聖子　ふじわらのせいし(1121～81 中宮)
藤原成親　ふじわらのなりちか(1137～77 관료)
藤原昭子　ふじわらのしょうし(平安말기, 후궁)
藤原咲平　ふじわら　さくへい(1884～1950 기상학자)
藤原小黒麿　ふじわらのおぐろまろ(733～94 관료)
藤原松三郎　ふじわら　まつさぶろう (1881～1946 수학자)
藤原刷雄　ふじわらのさつお(奈良시대, 관료)
藤原秀康　ふじわらのひでやす(？～1221 무사)
藤原綏子　ふじわらのやすこ(974～1004 황태자비)
藤原秀郷　ふじわらのひでさと(平安중기, 호족)
藤原秀衡　ふじわらのひでひら(？～1187 호족)
藤原純友　ふじわらのすみとも(？～941 관료)
藤原順子　ふじわらのじゅんし(809～71 후궁)
藤原縄麻呂　ふじわらのただまろ(729～79 관료)
藤原縄主　ふじわらのただぬし(760～817 관료)
藤原是公　ふじわらのこれきみ(727～89 관료)
藤原時平　ふじわらのときひら(871～909 관료)
藤原信頼　ふじわらののぶより(1133～59 관료)
藤原信西　ふじわらのしんぜい(＝藤原通憲)
藤原信実　ふじわらののぶざね (1176～？ 궁정화가·歌人)
藤原信長　ふじわらののぶなが(1022～94 관료)
藤原実頼　ふじわらのさねより(900～70 정치가)
藤原実方　ふじわらのさねかた(？～998 歌人)
藤原実資　ふじわらのさねすけ(957～1046 관료)
藤原実定　ふじわらのさねさだ(1139～91 公卿)
藤原氏宗　ふじわらのうじむね(808～72 관료)
藤原雅経　ふじわらのまさつね(＝飛鳥井雅経)
藤原安子　ふじわらのあんし, ふじわらのやすこ (927～64 황후)
藤原薬子　ふじわらのくすこ(？～810 궁녀)
藤原魚名　ふじわらのうおな(721～83 관료)
藤原妍子　ふじわらのけんし, ふじわらのよしこ (994～1027 황후)
藤原延子　ふじわらのえんし, ふじわらののぶこ (1016～95 후궁)
藤原永手　ふじわらのながて(714～71 관료)
藤原温子　ふじわらのおんし(872～907 후궁)
藤原穏子　ふじわらのおんし(885～954 황후)
藤原宇合　ふじわらのうまかい(694～737 관료)
藤原雄友　ふじわらのおとも(753～811 관료)
藤原元命　ふじわらのもとなが(平安중기, 귀족)
藤原元方　ふじわらのもとかた(888～953 관료)
藤原園人　ふじわらのそのんど(756～818 관료)
藤原為家　ふじわらのためいえ(1198～1275 歌人)
藤原為光　ふじわらのためみつ(942～92 관료)
藤原為房　ふじわらのためふさ(1049～1115 公卿)
藤原為相　ふじわらのためすけ(＝冷泉為相)
藤原為時　ふじわらのためとき(947～1021 歌人)
藤原為氏　ふじわらのためうじ(＝二条為氏)
藤原威子　ふじわらのいし(999～1036 황후)
藤原為憲　ふじわらのためのり(平安중기, 관료)
藤原有国　ふじわらのありくに(943～1011 관료)
藤原惟方　ふじわらのこれかた(1125～？ 관료)
藤原惟成　ふじわらのこれしげ(953～89 관료)
藤原育子　ふじわらのいくし(1146～73 황후)
藤原胤子　ふじわらのいんし(？～896 후궁)
藤原銀次郎　ふじわら　ぎんじろう (1869～1960 재계인·정치가)
藤原乙牟漏　ふじわらのおとむろ(760～90 황후)
藤原乙叡　ふじわらのおとただ(761～808 관료)
藤原義江　ふじわら　よしえ(1898～1976 테너 가수)
藤原義懐　ふじわらのよしちか(956～1008 관료)
藤原伊房　ふじわらのこれふさ (1030～96 관료·서예가)
藤原伊尹　ふじわらのこれただ(924～72 관료)
藤原苡子　ふじわらのいし(1076～1103 후궁)

藤原伊周　ふじわらのいしゅう，**ふじわらのこれちか**（973～1010 관료）
藤原伊通　ふじわらのこれみち（1093～1165 관료）
藤原資明　ふじわらのすけあき（1297～1353 公卿）
藤原資平　ふじわらのすけひら（987～1067 관료）
藤原長岡　ふじわらのながおか（786～849 관료）
藤原長良　ふじわらのながら（802～56 관료）
藤原璋子　ふじわらのしょうし（＝待賢門院）
藤原蔵下麻呂　ふじわらのくらじまろ（734～75 관료）
藤原在衡　ふじわらのありひら（892～970 관료）
藤原田麻呂　ふじわらのたまろ（722～83 관료）
藤原詮子　ふじわらのせんし（＝東三条院）
藤原定家　**ふじわらのさだいえ**，ふじわらのていか（1162～1241 歌人・歌学者）
藤原貞幹　ふじわら　ていかん（＝藤貞幹）
藤原定国　ふじわらのさだくに（867～906 관료）
藤原定頼　ふじわらのさだより（995～1045 歌人）
藤原貞敏　ふじわらのさだとし（807～67 비파 연주자）
藤原定方　ふじわらのさだかた（873～932 관료）
藤原定房　ふじわらのさだふさ（＝吉田定房）
藤原定子　ふじわらのていし（977～1000 황후）
藤原貞子　ふじわらのていし（？～864 후궁）
藤原定長　ふじわらのさだなが（＝寂蓮）
藤原済時　ふじわらのなりとき（941～95 관료）
藤原斉信　ふじわらのただのぶ（957～1035 관료・歌人）
藤原朝獦　ふじわらのあさかり（？～764 정치가）
藤原尊子　ふじわらのそんし（984～1022 후궁）
藤原種継　ふじわらのたねつぐ（737～85 관료）
藤原鐘子　ふじわらのしょうし（＝永福門院）
藤原宗忠　ふじわらのむねただ（1062～1141 관료）
藤原佐理　ふじわらのさり，**ふじわらのすけまさ**（944～98 관료・서예가）
藤原佐世　ふじわらのすけよ（？～898 학자）
藤原俊成　ふじわらのしゅんぜい，**ふじわらのとしなり**（1114～1204 歌人）
藤原遵子　ふじわらのじゅんし（957～1017 황후）
藤原仲麻呂　ふじわらのなかまろ（706～64 관료）
藤原仲成　ふじわらのなかなり（774～810 관료）
藤原重子　ふじわらのじゅうし（＝修明門院）
藤原仲平　ふじわらのなかひら（875～945 관료）
藤原枝良　ふじわらのえだよし（845～917 관료）
藤原真楯　ふじわらのまたて（715～66 관료）
藤原澄憲　ふじわらのちょうけん（＝澄憲）
藤原彰子　**ふじわらのあきこ**，ふじわらのしょうし（＝上東門院）
藤原清輔　ふじわらのきよすけ（1104～77 歌人）
藤原清河　ふじわらのきよかわ（？～779 관료）
藤原清衡　ふじわらのきよひら（＝清原清衡）
藤原超子　ふじわらのちょうし（？～982 후궁）
藤原忠文　ふじわらのただふみ（873～947 관료）
藤原忠信　ふじわらのただのぶ（＝坊門清忠）
藤原忠実　ふじわらのただざね（1078～1162 관료）
藤原忠通　ふじわらのただみち（1097～1164 관료）
藤原忠平　ふじわらのただひら（880～949 관료）
藤原親能　ふじわらのちかよし（＝中原親能）
藤原泰衡　ふじわらのやすひら（1155～89 무장）
藤原沢子　ふじわらのたくし（？～839 궁녀）
藤原通憲　ふじわらのみちのり（1106～59 관료）
藤原楓麻呂　ふじわらのかえでまろ（723～76 관료）
藤原豊成　ふじわらのとよなり（704～65 관료）
藤原行成　ふじわらのこうぜい，**ふじわらのゆきなり**（971～1027 관료・서예가）
藤原行秀　ふじわらのゆきひで（室町전기，풍속화가）
藤原顕綱　ふじわらのあきつな（1029～1103 歌人）
藤原顕季　ふじわらのあきすえ（1055～1123 관료）
藤原顕光　ふじわらのあきみつ（944～1021 관료）
藤原顕房　ふじわらのあきふさ（＝源顕房）
藤原顕輔　ふじわらのあきすけ（1090～1155 歌人）
藤原顕昭　ふじわらのけんしょう（＝顕昭）
藤原賢子　ふじわらのけんし（1057～84 황후）
藤原顕忠　ふじわらのあきただ（897～965 관료）
藤原歓子　ふじわらのかんし（1021～1102 황후）
藤原媓子　ふじわらのこうし（947～79 황후）
藤原懐子　ふじわらのかいし（945～75 후궁）
藤原孝夫　ふじわら　たかお（1896～　관료）
藤原興風　ふじわらのおきかぜ（平安전기，歌人）
藤原嬉子　ふじわらのきし（1007～25 황후）
藤蔭静樹　ふじかげ　せいじゅ（1880～1966 무용가）
登張竹風　とばり　ちくふう（1873～1955 독문학자）
藤田健治　ふじた　けんじ（1904～　철학자）
藤田東湖　ふじた　とうこ（1806～55 정치가・사상가）
藤田藤太郎　ふじた　とうたろう（1910～76 노동운동가・정치가）
藤田亮策　ふじた　りょうさく（1892～1960 역사학자）
藤田鳴鶴　ふじた　めいかく（1852～92 기자・정치가）
藤田茂吉　ふじた　もきち（＝藤田鳴鶴）
藤田嗣治　ふじた　つぐはる（1886～1968 서양화가）
藤田尚徳　ふじた　ひさのり（1880～1970 해군대장）
藤田小四郎　ふじた　こしろう（1842～65 志士）
藤田小平次　ふじた　こへいじ（江戸전기，가부키 배우）
藤田呉江　ふじた　ごこう（1827～85 志士）
藤田五郎　ふじた　ごろう（1915～52 일본경제사학자）
藤田元春　ふじた　もとはる（1879～1958 지리학자）
藤田幽谷　ふじた　ゆうこく（1774～1826 유학자）
藤田伝三郎　ふじた　でんざぶろう（1841～1912 실업가）
藤田貞資　ふじた　さだすけ（1734～1807 수학자）
藤田宗兵衛　ふじた　そうべえ（1780～1843 민중봉기 지도자）
藤田進　ふじた　すすむ（1913～　노동운동가・정치가）
藤田豊八　ふじた　とよはち（1869～1929 동양사가）

藤田顕蔵　ふじた けんぞう(1781～1829 의사)
藤貞幹　とう ていかん(1732～97 고증학자)
藤井健次郎　ふじい けんじろう
(1866～1952 식물학자)
藤井健治郎　ふじい けんじろう
(1872～1931 윤리학자)
藤井高尚　ふじい たかなお(1764～1840 국학자)
藤井懶斎　ふじい らいさい(1626～1706 유학자)
藤井隣次　ふじい りんじ(1889～1974 실업가)
藤井武　ふじい たけし(1888～1930 성서학자)
藤定房　とう さだふさ(1694～1732 역사학자)
藤井方亭　ふじい ほうてい(1778～1845 의사)
藤井丙午　ふじい へいご(1906～80 재계인·정치가)
藤井宣正　ふじい せんしょう(1859～1903 승려)
藤井小三郎　ふじい こさぶろう
(江戸중기, 인형극 연출가)
藤井小八郎　ふじい こはちろう
(江戸중기, 인형극 연출가)
藤井実　ふじい みのる(1880～1963 육상선수)
藤井甚太郎　ふじい じんたろう
(1883～1958 역사학자)
藤井右門　ふじい うもん(1720～67 尊王論者)
藤井源三郎　ふじい げんざぶろう
(江戸중기, 농업기술개량가)
藤井乙男　ふじい おとお
(1868～1945 국문학자·俳人)
藤井日達　ふじい にったつ(1885～1985 승려)
藤井貞幹　ふじい さだもと, ふじい ていかん
(＝藤貞幹)
藤井斉　ふじい ひとし(1904～32 해군소령)
藤井種太郎　ふじい たねたろう
(1870～1914 우익운동가)
藤井竹外　ふじい ちくがい(1807～66 문인)
藤井真信　ふじい さだのぶ(1885～1935 관료)
藤井浩祐　ふじい こうすけ(1882～1958 조각가)
藤斉延　とう まさのぶ(1661～1738 국학자)
藤重藤厳　ふじしげ とうげん(江戸전기, 칠기장인)
藤枝外記　ふじえだ げき(1758～85 幕臣)
等持院　とうじいん(＝足利尊氏)
藤枝泉介　ふじえだ せんすけ(1907～71 정치가)
藤川勇造　ふじかわ ゆうぞう(1883～1935 조각가)
藤村庸軒　ふじむら ようけん(1613～99 다도가)
藤村義朗　ふじむら よしろう
(1870～1933 실업가·정치가)
藤村作　ふじむら つくる(1875～1953 국문학자)
藤村操　ふじむら みさお(1886～1903 철학자)
藤沢幾之輔　ふじさわ いくのすけ
(1859～1940 정치가)
藤沢南岳　ふじさわ なんがく(1842～1920 유학자)
藤沢東畡　ふじさわ とうがい(1794～1864 유학자)
藤沢利喜太郎　ふじさわ りきたろう
(1861～1933 수학자)
藤沢浅二郎　ふじさわ あさじろう
(1866～1917 신파 배우)
藤沢桓夫　ふじさわ たけお(1904～89 소설가)
藤波収　ふじなみ おさむ(1888～1972 실업가)
藤波時綱　ふじなみ ときつな(1648～1717 神道家)
藤波甚助　ふじなみ じんすけ(1850～1917 교육가)
藤懸静也　ふじかけ しずや
(1881～1958 일본미술사가)
藤壺女御　ふじつぼのにょうご(？～1142 후궁)

ㄹ

楽了入　らく　りょうにゅう(1756~1834 도공)
楽長次郎　らく　ちょうじろう(1516~89 도공)
落合謙太郎　おちあい　けんたろう
(1873~1926 외교관)
落合芳幾　おちあい　よしいく(1833~1904 풍속화가)
落合英二　おちあい　えいじ(1898~1974 약학자)
落合寅市　おちあい　とらいち
(1850~1936 자유민권운동가)
落合直亮　おちあい　なおあき(1827~94 국학자)
落合直文　おちあい　なおぶみ
(1861~1903 국문학자·歌人)
落合直澄　おちあい　なおずみ(1840~91 국학자)
落合太郎　おちあい　たろう(1886~1969 불문학자)

란

蘭更　らんこう(＝高桑蘭更)
蘭渓道隆　らんけい　どうりゅう(1213~78 선승)
蘭坡景茝　らんぱ　けいしん(1417~1501 선승)

람

嵐寛寿郎　あらし　かんじゅうろう
(1903~80 영화배우)
嵐蘭　らんらん(＝松倉嵐蘭)
嵐山甫安　あらしやま　ほあん(1632~93 蘭医)
嵐雪　らんせつ(＝服部嵐雪)
藍沢弥八　あいざわ　やはち(1880~1969 증권업자)

랍

蠟山政道　ろうやま　まさみち(1895~1980 정치학자)

랑

浪岡鯨児　なみおか　げいじ
(江戸중·후기, 浄瑠璃작가)
浪江小勘　なみえ　こかん(1659~？ 가부키 배우)
浪化　ろうか(1671~1703 승려·俳人)
浪花亭駒吉　なにわてい　こまきち
(1842~1906 浪曲師)
浪花亭綾太郎　なにわてい　あやたろう
(1893~1960 浪曲師)

浪花千栄子　なにわ ちえこ(1907～73 여배우)

래

来島又兵衛　きじま またべえ(1816～64 志士)
来島恒喜　くるしま つねき(1859～89 국수주의자)
来馬琢道　くるま たくどう(1877～1964 선승)
来目皇子　くめのみこ(?～603 무장)
来山　らいざん(＝小西来山)
来栖赳夫　くるす たけお(1895～1966 정치가)
来栖良夫　くるす よしお(1916～ 아동문학가)
来栖三郎　くるす さぶろう(1886～1954 외교관)
来栖壮兵衛　くるす そうべえ (1855～1917 실업가·정치가)
来原良蔵　くるはら りょうぞう(1829～62 志士)

랭

冷泉為兼　れいぜい ためかね(＝京極為兼)
冷泉為恭　れいぜい ためちか(＝岡田為恭)
冷泉為相　れいぜい ためすけ(1260～1328 歌人)
冷泉為村　れいぜい ためむら(1712～74 公卿·歌人)
冷泉天皇　れいぜい てんのう(950～1011)

량

椋家長　くらのいえぎみ(작품)
良慶　りょうけい(鎌倉후기, 악한)
良寛　りょうかん(1758～1831 歌人·승려)
良観　りょうかん(＝忍性)
椋橋部家長　くらはしべのいえなが(平安전기, 법률가)
椋鳩十　むく はとじゅう(1905～87 소설가)
椋梨藤太　むくなし とうた(1805～65 정치가)
椋木潜　むくのき ひそむ(1828～1912 유학자)
良弁　りょうべん, ろうべん(689～773 승려)
椋部秦久麻　くらべのはたくま(7세기 초, 기술자)
良尚法親王　りょうしょうほうしんのう(1622～93)
良成親王　ながなり しんのう, よしなり しんのう (南北朝시대)
良永　りょうえい(1585～1647 승려)
良源　りょうげん(912～85 승려)
良忍　りょうにん(1072～1132 승려)
良岑安世　よしみねのやすよ(785～830 황자)
良岑宗貞　よしみねのむねさだ(＝遍昭)
簗田藤左衛門　やなだ とうざえもん (安土桃山시대, 거상)
梁田蛻巌　やなだ ぜいがん(1672～1757 유학자)
良真　りょうしん(1024～96 승려)
梁川星巌　やながわ せいがん(1789～1858 시인)
梁川紅蘭　やながわ こうらん(1804～79 시인)
良忠　りょうちゅう(1199～1287 승려)

려

蠣崎波響　かきざき はきょう(1764～1826 화가)
呂宋助左衛門　るそん すけざえもん (＝納屋助左衛門)
廬井鯨　いおいのくじら(7세기 말, 무장)
礪波志留志　となみのしるし(奈良시대, 지방호족)

력

力久辰斎　りきひさ たつさい (1906～77 善隣会 교주)

련

蓮待　れんたい(1013～98 승려)
蓮台僧正　れんたい そうじょう(＝寛空)
蓮沼門三　はすぬま もんぞう (1882～1980 정신계몽운동가)
蓮如　れんにょ(1415～99 승려)
蓮田市五郎　はすだ いちごろう(1833～61 志士)
恋川春町　こいかわ はるまち, こいしかわ はるまち(1744～89 희작자·狂歌師)
恋川好町　こいかわ よしまち(＝鹿都部真顔)

鈴江言一　すずえ　げんいち(1894～1945 중국연구가)
霊空　れいくう(1652～1739 승려)
鈴鹿甚右衛門　すずか　じんえもん(幕末期, 거상)
鈴鹿王　すずかおう(?～745 관료)
鈴木剛　すずき　ごう(1896～1986 실업가)
鈴木敬一　すずき　けいいち
(1889～1973 관료·실업가)
鈴木鼓村　すずき　こそん(1875～1931 箏曲家)
鈴木貫太郎　すずき　かんたろう
(1867～1948 해군대장·정치가)
鈴木其一　すずき　きいち(1796～1858 화가)
鈴木大拙　すずき　だいせつ(1870～1966 종교가)
鈴木徳次郎　すずき　とくじろう
(1827～81 인력거업자)
鈴木桃野　すずき　とうや(1800～52 수필가)
鈴木道彦　すずき　みちひこ(1757～1819 俳人)
鈴木道太　すずき　みちた(1907～ 교육실천가)
鈴木東民　すずき　とうみん(1895～1979 저널리스트)
鈴木藤三郎　すずき　とうざぶろう
(1855～1913 실업가)
鈴木朖　すずき　あきら(1764～1837 국학자)
鈴木力　すずき　ちから(1867～1926 저널리스트)
鈴木利享　すずき　としゆき
(1838～1914 관료·은행가)
鈴木馬左也　すずき　まさや(1861～1922 실업가)
鈴木万里　すずき　ばんり(?～1816 長唄의 대가)
鈴木万平　すずき　まんぺい(1903～75 실업가)
鈴木梅太郎　すずき　うめたろう
(1874～1943 생화학자)
鈴木牧之　すずき　ぼくし(1770～1842 문인)
鈴木茂三郎　すずき　もさぶろう
(1893～1970 사회운동가·정치가)
鈴木武雄　すずき　たけお(1901～75 경제학자)
鈴木文史朗　すずき　ぶんしろう
(1890～1951 저널리스트)
鈴木文治　すずき　ぶんじ(1885～1946 노동운동가)
鈴木文太郎　すずき　ぶんたろう
(1864～1921 해부학자)
鈴木富士弥　すずき　ふじや(1882～1946 정치가)
鈴木芙蓉　すずき　ふよう(1749～1816 화가)
鈴木舎定　すずき　しゃてい(1856～84 정치가)
鈴木三郎助　すずき　さぶろうすけ
(1867～1931 실업가)
鈴木三重吉　すずき　みえきち(1882～1936 소설가)
鈴木三千代　すずき　みちよ(1901～ 실업가)
鈴木尚之　すずき　なおゆき(1929～ 시나리오 작가)
鈴木祥枝　すずき　さかえ(1887～1957 실업가)
鈴木石橋　すずき　せっきょう(1754～1815 유학자)
鈴木善幸　すずき　ぜんこう(1911～ 정치가)
鈴木率道　すずき　よりみち(1890～1943 육군중장)
鈴木信太郎　すずき　しんたろう
(1895～1970 불문학자)
鈴木雅之　すずき　まさゆき
(1838～72 국학자·神道학자)
鈴木安蔵　すずき　やすぞう(1904～83 정치학자)
鈴木栄太郎　すずき　えいたろう
(1894～1966 사회학자)
鈴木義男　すずき　よしお(1894～1963 학자·변호사)
鈴木荘六　すずき　そうろく(1865～1940 육군대장)
鈴木田正雄　すずきだ　まさお
(1845～1905 저널리스트)
鈴木正久　すずき　まさひさ(1912～69 기독교지도자)
鈴木政吉　すずき　まさきち
(1859～1944 악기제조업자)
鈴木正文　すずき　まさぶみ(1899～1978 정치가)
鈴木正三　すずき　しょうさん
(1579～1655 대중소설가)
鈴木貞一　すずき　ていいち(1888～1989 육군중장)
鈴木正長　すずき　まさなが(1725～1806 정치가)
鈴木貞斎　すずき　ていさい(?～1740 유학자)
鈴木主税　すずき　ちから(1814～56 정치가)
鈴木主水　すずき　もんど(1547～88 무장)
鈴木俊子　すずき　としこ(1906～ 유아교육운동가)
鈴木重成　すずき　しげなり(1587～1653 정치가)
鈴木重遠　すずき　しげとお(1828～1906 정치가)
鈴木重胤　すずき　しげたね(1812～63 국학자)
鈴木重義　すずき　しげよし(1838～1903 정치가)
鈴木鎮一　すずき　しんいち(1898～ 바이올리니스트)
鈴木昌司　すずき　しょうじ(1841～95 정치가)
鈴木千里　すずき　せんり(1807～59 유학자·志士)
鈴木泉三郎　すずき　せんざぶろう
(1893～1924 희작자)
鈴木天眼　すずき　てんがん(＝鈴木力)
鈴木清　すずき　きよし(1907～ 사회운동가)
鈴木春山　すずき　しゅんざん
(1801～46 의사·兵学者)
鈴木春信　すずき　はるのぶ(1725～70 풍속화가)
鈴木忠治　すずき　ちゅうじ(1875～1950 실업가)
鈴木平左衛門　すずき　へいざえもん
(?～1701 가부키 배우)
鈴木虎雄　すずき　とらお
(1878～1963 중문학자·시인)
鈴木孝雄　すずき　たかお(1869～1964 육군대장)
鈴木喜三郎　すずき　きさぶろう
(1867～1940 관료·정치가)

霊巌　れいがん(1554～1641 승려)
霊陽院　れいようい ん(＝足利義昭)
霊元天皇　れいげん　てんのう(1654～1732)
婦子内親王　れいし　ないしんのう(＝遊義門院)

례

礼阿　らいあ(？～1294 승려)

お露　おつゆ(작품)
路大人　みちのうし(？～719 관료)
蘆東山　あし　とうざん(1696～1776 유학자)
蘆名盛氏　あしな　もりうじ(1521～80 무장)
蘆名盛重　あしな　もりしげ(1576～1631 무장)
鱸半兵衛　すずき　はんべえ(1815～56 蘭学者)
露五郎兵衛　つゆのごろべえ(1643～1703 만담가)
蘆原英了　あしはら　えいりょう
(1907～81 음악·무용평론가)
盧艸拙　ろ　そうせつ(1675～1729 천문학자)

록

鹿内信隆　しかない　のぶたか(1911～ 실업가)
鹿島万平　かしま　まんぺい(1822～91 실업가)
鹿島房次郎　かしま　ふさじろう
(1868～1932 실업가)
鹿都部真顔　しかつべ　まがお
(1752～1829 狂歌師·회작자)
鹿島守之助　かじま　もりのすけ
(1896～1975 실업가·정치가)
鹿島一谷　かしま　いっこく(1898～ 금속조각가)
鹿島精一　かしま　せいいち(1875～1947 실업가)
鹿島則文　かしま　のりふみ(1839～1901 神道家)
鹿毛甚右衛門　かげ　じんえもん(？～1731 권농가)
鹿児島寿蔵　かごしま　じゅぞう(1897～1982 歌人)
鹿野武左衛門　しかの　ぶざえもん
(1649～99 만담가)
鹿苑院　ろくおんいん(＝足利義満)
鹿子木量平　かのこぎ　りょうへい
(1753～1841 권농가)
鹿子木孟郎　かのこぎ　たけしろう
(1874～1941 서양화가)
鹿子木員信　かのこぎ　かずのぶ
(1884～1949 철학자)
鹿地亘　かじ　わたる(1903～82 소설가)
鹿持雅澄　かもち　まさずみ(1791～1858 국학자)

롱

滝口修造　たきぐち　しゅうぞう
(1903～79 미술평론가)
滝口入道　たきぐち　にゅうどう(＝斎藤時頼)
滝廉太郎　たき　れんたろう
(1879～1903 작곡가·피아니스트)
滝本誠一　たきもと　せいいち(1857～1932 경제학자)
滝善三郎　たき　ぜんざぶろう(1837～68 藩士)
滝野検校　たきの　けんぎょう
(安土桃山시대, 三味線 연주자)
滝夜叉姫　たきやしゃひめ(작품)
滝田実　たきた　みのる(1912～ 노동운동가)
滝田樗陰　たきた　ちょいん(1882～1925 잡지편집자)
滝亭鯉丈　りゅうてい　りじょう(？～1841 회작자)
滝正雄　たき　まさお(1884～1969 정치가)
滝精一　たき　せいいち(1873～1945 미술사가)
滝井孝作　たきい　こうさく
(1894～1984 俳人·소설가)
滝川一益　たきがわ　かずます(1525～86 무장)
滝川政次郎　たきかわ　まさじろう
(1897～ 法制史 학자)
滝川幸辰　たきかわ　ゆきとき(1891～1962 법학자)
滝沢馬琴　たきざわ　ばきん(1767～1848 회작자)
滝沢修　たきざわ　おさむ(1906～ 신극배우)
滝瓢水　たき　ひょうすい(1684～1762 俳人)
滝鶴台　たき　かくだい(1709～73 의사)
滝和亭　たき　かてい(1832～1901 화가)

뢰

お頼　おらい(작품)
瀬島龍三　せじま　りゅうぞう(1911～ 전문경영인)

瀬藤象二　せとう　しょうじ(1891～1977 전기공학자)
瀬名貞雄　せな　さだお(1716～96 典故학자)
頼母木桂吉　たのもぎ　けいきち
(1867～1940 정치가)
瀬木博尚　せき　ひろなお(1852～1939 실업가)
頼山陽　らい　さんよう(1780～1832 유학자)
頼三樹三郎　らい　みきさぶろう(1825～59 志士)
瀬沼茂樹　せぬま　しげき(1904～88 문예평론가)
頼信　らいしん(？～1076 승려)
頼源　らいげん(南北朝시대, 승려)
瀬長亀次郎　せなが　かめじろう(1907～ 정치가)
雷電為右衛門　らいでん　ためえもん
(1767～1825 力士)
頼助　らいじょ(1044～1119 仏師)
頼重　らい　じゅう(？～1384 승려)
瀬川菊之丞　せがわ　きくのじょう
(1693～1749 가부키 배우)
瀬川如皐　せがわ　じょこう
(1739～94 가부키 狂言작가)
頼春水　らい　しゅんすい(1746～1816 유학자)
頼春風　らい　しゅんぷう(1753～1825 의사·학자)
頼杏坪　らい　きょうへい(1756～1834 유학자)
頼豪　らいごう(1002～84 승려)
瀬戸口藤吉　せとぐち　とうきち
(1868～1941 군악대지휘자·작곡가)
瀬戸内晴美　せとうち　はるみ(1922～ 소설가)
瀬戸助　せとすけ(江戸시대, 도공)

료

蓼沼丈吉　たでぬま　じょうきち(1863～1919 실업가)
了阿　りょうあ(＝村田了阿)
了庵桂悟　りょうあん　けいご(1425～1514 선승)
了然元總　りょうねん　げんそう
(1646～1711 비구니 선승)
了翁道覚　りょうおう　どうかく(1630～1707 선승)
了入　りょうにゅう(＝楽了入)
了全　りょうぜん(？～1841 도공)

룡

龍渓性潜　りゅうけい　しょうせん(1602～70 선승)
龍胆寺雄　りゅうたんじ　ゆう(1901～ 소설가)
龍文堂　りゅうもんどう(＝四方龍文)
龍山徳見　りゅうざん　とくけん(1284～1358 선승)
龍野周一郎　たつの　しゅういちろう
(1864～1928 정치가·실업가)
龍野熙近　たつの　ひろちか(1616～93 神道家)
龍造寺隆信　りゅうぞうじ　たかのぶ
(1529～84 무장)
龍造寺政家　りゅうぞうじ　まさいえ
(1566～1607 무장)
龍泉令淬　りゅうせん　れいさい(？～1365 선승)
龍草廬　りゅう　そうろ(1714～92 유학자·국학자)
龍村平蔵　たつむら　へいぞう
(1876～1962 직물 염색 연구가)

루

累・与右衛門　かさね・よえもん(설화)

류

柳家金語楼　やなぎや　きんごろう
(1901～72 만담가·배우)
柳家三亀松　やなぎや　みきまつ(1901～68 연예인)
柳家小さん　やなぎや　こさん(1850～98 만담가)
留岡清男　とめおか　きよお(1898～1977 교육가)
留岡幸男　とめおか　ゆきお(1894～1981 관료)
留岡幸助　とめおか　こうすけ
(1864～1934 사회개혁가)
柳兼子　やなぎ　かねこ(1892～1984 알토가수)
柳敬助　やなぎ　けいすけ(1881～1923 서양화가)
劉東閣　りゅう　とうかく(1633～95 유학자)
柳瀬方塾　やなせ　みちいえ(1685～1740 歌人)
柳瀬正夢　やなせ　まさむ(1900～45 서양화가)
柳里恭　りゅう　りきょう(＝柳沢淇園)
柳生連也斎　やぎゅう　れんやさい(＝柳生厳包)
柳生利厳　やぎゅう　としとし(1579～1650 검술가)
柳生三厳　やぎゅう　みつよし(1607～50 검술가)
柳生石舟斎　やぎゅう　せきしゅうさい
(＝柳生宗厳)
柳生十兵衛　やぎゅう　じゅうべえ(＝柳生三厳)
柳生厳包　やぎゅう　としかね(1625～94 검술가)
柳生宗矩　やぎゅう　むねのり(1571～1646 검술가)
柳生宗冬　やぎゅう　むねふゆ(1613～75 검술가)

柳生宗厳　やぎゅう　むねよし(1527～1606 검술가)
劉石秋　りゅう　せきしゅう(1786～1869 유학자)
留守友信　るす　とものぶ(？～1765 유학자·神道家)
柳原紀光　やなぎはら　もとみつ(1747～1800 公卿)
柳原白蓮　やなぎはら　びゃくれん
(1885～1967 歌人)
柳原愛子　やなぎはら　なるこ(1855～1943 皇母)
柳原前光　やなぎはら　さきみつ(1850～94 외교관)
柳田謙十郎　やなぎだ　けんじゅうろう
(1893～1983 철학자)
柳田国男　やなぎた　くにお(1875～1962 민속학자)
柳田誠二郎　やなぎだ　せいじろう(1893～ 실업가)
柳田泉　やなぎだ　いずみ
(1894～1969 근대문학연구가)
柳亭種彦　りゅうてい　たねひこ(1783～1842 희작자)
流政之　ながれ　まさゆき(1923～ 조각가)
柳宗悦　やなぎ　むねよし(1889～1961 민예연구가)
柳川一蝶斎　やながわ　いっちょうさい
(1847～1909 마술사)
柳川直政　やながわ　なおまさ
(1692～1757 금속공예가)
柳川春葉　やながわ　しゅんよう(1877～1918 소설가)
柳川平助　やながわ　へいすけ(1879～1945 육군중장)
柳沢淇園　やなぎさわ　きえん(1704～58 문인화가)
柳沢吉保　やなぎさわ　よしやす(1658～1714 老中)
柳沢伯民　やなぎさわ　はくみん(1817～45 유학자)
柳沢保申　やなぎさわ　やすのぶ(1846～93 영주)
柳下亭種員　りゅうかてい　たねかず
(1807～58 희작자)
柳河春三　やながわ　しゅんさん(1832～70 서양학자)

륙

六角高頼　ろっかく　たかより(1462～1520 大名)
六角氏頼　ろっかく　うじより(＝佐々木氏頼)
六角義賢　ろっかく　よしかた(1521～98 무장)
六角定頼　ろっかく　さだより(1495～1552 大名)
陸羯南　くが　かつなん
(1857～1907 저널리스트·평론가)
六の宮姫君　ろくのみやのひめぎみ(작품)
六代　ろくだい(1174～1199 승려)
六物空満　ろくぶつ　くうまん(1801～59 志士)
六孫王　ろくそんおう(＝源経基)
六如　りくにょ(？～1801 승려)
陸奥宗光　むつ　むねみつ(1844～97 외교관)
六人部是香　むとべ　よしか(1806～63 국학자)
六条御息所　ろくじょうのみやすどころ(작품)
六条天皇　ろくじょう　てんのう(1164～76)
六川長三郎　ろくがわ　ちょうざぶろう
(1579～1671 治水家)
六郷新三郎　ろくごう　しんざぶろう
(1742～1834 長唄의 대가)

輪島聞声　わじま　もんじょう(1852～1920 비구니)

栗崎道有　くりさき　どうう(1664～1726 의학자)
栗崎道喜　くりさき　どうき(1568～1651 의학자)
栗島すみ子　くりしま　すみこ
(1902～ 영화배우·일본무용가)
栗林義信　くりばやし　よしのぶ(1933～ 바리톤가수)
栗林一石路　くりばやし　いっせきろ
(1894～1961 불교인)
栗林次兵衛　くりばやし　じへえ(江戸전기, 水利家)
栗木幹　くりき　かん(1896～1981 실업가)
栗本瑞仙院　くりもと　ずいせんいん
(1756～1834 의사)
栗本鋤雲　くりもと　じょうん(1822～97 幕臣)
栗本順三　くりもと　じゅんぞう(1901～79 실업가)
栗本義彦　くりもと　よしひこ
(1897～1974 마라톤 선수)
栗山大膳　くりやま　たいぜん(1591～1652 정치가)
栗山潜鋒　くりやま　せんぽう
(1671～1706 유학자·역사가)
栗山幸庵　くりやま　こうあん(1728～91 의학자)
栗須七郎　くりす　しちろう(1882～1950 사회운동가)
栗野慎一郎　くりの　しんいちろう
(1851～1937 외교관)
栗隈王　くりくまのおおきみ(？～676)
栗原亮一　くりはら　りょういち(1855～1911 정치가)
栗原百寿　くりはら　ひゃくじゅ
(1910～55 농업경제학자)
栗原百助　くりはら　ももすけ(1788～1826 관료)
栗原信充　くりはら　のぶみつ(1794～1870 典故학자)
栗原安秀　くりはら　やすひで(1908～36 청년장교)
栗田寛　くりた　ひろし(1835～99 역사학자)
栗田勤　くりた　つとむ(1857～1930 水戸学者)

栗田源左衛門　くりた げんざえもん
(1828〜65 志士)
栗田元次　くりた もとつぐ(1890〜1955 역사학자)
栗田土満　くりた ひじまろ(1737〜1811 국학자)

륭

隆覚　りゅうかく(平安후기, 승려)
隆慶　りゅうけい(江戸중기, 仏師)
隆光　りゅうこう(1649〜1724 승려)
隆琦　りゅうき(＝隠元隆琦)
隆達　りゅうたつ(1527〜1611 隆達節의 창시자)
隆明　りゅうみょう(1020〜1104 승려)
隆禅　りゅうぜん(1038〜1100 승려)
隆子女王　たかこ にょおう(？〜974)
隆海　りゅうかい(815〜86 승려)
隆暁　りゅうぎょう(1135〜1206 승려)
隆姫子女王　たかひめこ にょおう(995〜1087)

릉

綾部剛立　あやべ ごうりゅう(＝麻田剛立)
綾部健太郎　あやべ けんたろう
(1890〜1972 정치가)
綾部絅斎　あやべ けいさい(1676〜1750 유학자)
菱山修三　ひしやま しゅうぞう(1909〜67 시인)
菱沼五郎　ひしぬま ごろう(1912〜 국가주의자)
菱野貞次　ひしの さだじ(1898〜1956 사회운동가)
菱刈隆　ひしかり たか(1871〜1952 육군대장)
菱田春草　ひしだ しゅんそう(1874〜1911 일본화가)
綾川武治　あやかわ たけじ(1891〜1966 국가주의자)
菱川師宣　ひしかわ もろのぶ(1618〜94 풍속화가)
菱川師信　ひしかわ もろのぶ(江戸중기, 풍속화가)

리

里見弴　さとみ とん(1888〜1983 소설가)
里見勝蔵　さとみ かつぞう(1895〜1981 서양화가)
里見実堯　さとみ さねたか(1494〜1533 무장)
里見岸雄　さとみ きしお(1897〜1974 국가주의자)
里見義康　さとみ よしやす(1573〜1603 大名)
里見義頼　さとみ よしより(1555〜86 무장)
里見義実　さとみ よしざね(1417〜88 무장)
里見義氏　さとみ よしうじ(？〜1336 무장)
里見義堯　さとみ よしたか(1512〜74 무장)
里見義俊　さとみ よしとし(鎌倉전기, 무사)
里見義弘　さとみ よしひろ(1530〜78 무장)
利光鶴松　としみつ つるまつ(1863〜1945 실업가)
利根川進　とねがわ すすむ(1939〜 면역유전학자)
梨本宮守正　なしもとのみや もりまさ
(1874〜1951 황족·육군원수)
裏松光世　うらまつ みつよ(1736〜1804 典故학자)
裏松重子　うらまつ しげこ(＝日野重子)
理秀女王　りしゅう にょおう(1725〜64)
鯉淵要人　こいぶち かなめ(1810〜60 志士)
理源大師　りげん だいし(＝聖宝)
里井浮丘　さとい ふきゅう(1799〜1866 문인)
履中天皇　りちゅう てんのう(記紀)
理昌女王　りしょう にょおう(1631〜56)
里村紹巴　さとむら じょうは(？〜1602 連歌師)
里村昌琢　さとむら しょうたく(1574〜1636 連歌師)
里村欣三　さとむら きんぞう(1902〜45 소설가)
理忠女王　りちゅう にょおう(1641〜89)
お里·沢市　おさと·さわいち(작품)
莅戸太華　のぞきど たいか(1735〜1803 정치가)
利休　りきゅう(＝千利休)

림

林家三平　はやしや さんぺい(1925〜80 만담가)
林歌子　はやし うたこ(1864〜1946 사회사업가)
林久男　はやし ひさお(1882〜1934 독문학자)
林久治郎　はやし きゅうじろう(1882〜1964 외교관)
林権助　はやし ごんすけ(1860〜1939 외교관)
林金兵衛　はやし きんべえ(1825〜81 志士)
林吉左衛門　はやし きちざえもん
(？〜1646 천문·역학자)
林達夫　はやし たつお(1896〜1984 평론가)
林道春　はやし どうしゅん(＝林羅山)
林董　はやし ただす(1850〜1913 외교관)
林東溟　はやし とうめい(1708〜80 유학자)
林東舟　はやし とうしゅう(1585〜1638 유학자)
林洞海　はやし どうかい(1813〜95 의사)
林羅山　はやし らざん(1583〜1657 유학자)
林頼三郎　はやし らいさぶろう(1878〜1958 관료)
林武　はやし たけし(1896〜1975 서양화가)

林弥三吉　はやし　やさきち(1876～1948 육군중장)
林博太郎　はやし　ひろたろう(1874～1968 교육학자)
林房雄　はやし　ふさお(1903～75 소설가·평론가)
林鳳岡　はやし　ほうこう(1644～1732 유학자)
林芙美子　はやし　ふみこ(1903～51 소설가)
林復斎　はやし　ふくさい(1800～59 유학자)
林不忘　はやし　ふぼう(＝長谷川海太郎)
琳瑞　りんずい(1830～67 승려)
林銑十郎　はやし　せんじゅうろう (1876～1943 육군대장)
林仙之　はやし　なりゆき(1877～1944 육군대장)
林述斎　はやし　じゅっさい(1768～1841 유학자)
林信篤　はやし　のぶあつ(＝林鳳岡)
林甚之丞　はやし　じんのじょう(1885～1960 실업가)
林鵞峰　はやし　がほう(1618～80 유학자)
林桜園　はやし　おうえん(1798～1870 국학자)
林譲治　はやし　じょうじ(1889～1960 정치가)
林永喜　はやし　えいき(＝林東舟)
林屋亀次郎　はやしや　かめじろう (1886～1980 정치가)
林屋(家)正蔵　はやしや　しょうぞう (1781～1842 만담가)
林倭衛　はやし　しずえ(1895～1945 서양화가)
林要　はやし　かなめ(1894～ 경제학자)
林又七　はやし　またしち(＝林重治)
林友幸　はやし　ともゆき(1823～1907 관료)
林遠里　はやし　おんり(1831～1906 篤農家)
林有造　はやし　ゆうぞう(1842～1921 정치가)
林毅陸　はやし　きろく(1872～1950 외교사가)
林子平　はやし　しへい(1738～93 경세가)
林田亀太郎　はやしだ　かめたろう (1863～1927 정치가)
林宗二　はやし　そうじ(1498～1581 상인·학자)
林重治　はやし　しげはる(1613～99 금속공예가)
林春斎　はやし　しゅんさい(＝林鵞峰)
林忠四郎　はやし　ちゅうしろう (1920～ 우주물리학자)
林忠彦　はやし　ただひこ(1918～90 사진작가)
林忠正　はやし　ただまさ(1851～1906 미술무역상)
林八右衛門　はやし　はちえもん (1767～1830 농학자)
林包明　はやし　かねあき(1852～1920 정치가)
林鶴梁　はやし　かくりょう(1806～78 유학자)
林鶴一　はやし　つるいち(1873～1935 수학자)
林賢徳　はやし　けんとく(1838～1914 실업가)
林懐　りんえ(？～1025 승려)

립

立見尚文　たつみ　なおぶみ(1845～1907 육군대장)
笠継子　かさのつぐこ(平安전기, 후궁)
笠谷幸生　かさや　ゆきお(1943～ 스키선수)
笠金村　かさのかなむら(奈良시대, 歌人)
笠女郎　かさのいらつめ(奈良시대, 歌人)
立林何帠　たてばやし　かげい(江戸중기, 화가)
笠麻呂　かさのまろ(奈良시대, 관료·승려)
笠森お仙　かさもり　おせん(江戸후기, 절세가인)
立石一真　たていし　かずま(1900～ 실업가)
笠松謙吾　かさまつ　けんご(1838～72 志士)
笠信太郎　りゅう　しんたろう(1900～67 저널리스트)
立野龍貞　たつの　りゅうてい(江戸후기, 의사)
立野信之　たての　のぶゆき(1903～71 소설가)
立原道造　たちはら　みちぞう(1914～39 시인)
笠原白翁　かさはら　はくおう(1809～80 의학자)
笠原研寿　かさはら　けんじゅ(1852～83 불교학자)
立原翠軒　たちはら　すいけん(1744～1823 유학자)
立原杏所　たちはら　きょうしょ(1785～1840 화가)
立入宗継　たてり　むねつぐ(1528～1622 무장)
立作太郎　たち　さくたろう(1874～1943 국제법학자)
立川清登　たちかわ　すみと(1929～85 바리톤 가수)
笠置シヅ子　かさぎ　シズこ(1914～85 가수·배우)
立花鑑連　たちばな　あきつら(1516～85 무장)
立花北枝　たちばな　ほくし(？～1718 俳人)
立花宗茂　たちばな　むねしげ(1569～1642 大名)
立花俊道　たちばな　しゅんどう (1877～1955 불교학자)
立花忠茂　たちばな　ただしげ(1612～75 大名)

ㅁ

馬琴　ばきん(＝宝井馬琴)
馬内侍　うまのないし(平安중기, 歌人)
麻生久　あそう　ひさし(1891～1940 사회운동가)
麻生義　あそう　ぎ(1903～43 무정부주의자)
麻生太吉　あそう　たきち
(1857～1933 실업가)
麻生太賀吉　あそう　たかきち
(1911～80 정치가·실업가)
麻続王　おみのおおきみ(7세기 말)
馬淵嘉平　まぶち　かへい(1793～1851 정치개혁가)
馬越恭平　まごし　きょうへい(1844～1933 실업가)
馬夷麻呂　うまのひなまろ(奈良시대, 관료)
馬場敬治　ばば　けいじ(1897～1961 경영학자)
馬場孤蝶　ばば　こちょう(1869～1940 수필가)
馬場錦江　ばば　きんこう(1801～60 불교인)
馬場文耕　ばば　ぶんこう(1718～58 야담가)
馬場鍈一　ばば　えいいち(1879～1937 정치가)
馬場元治　ばば　もとはる(1902～69 정치가)
馬場義続　ばば　よしつぐ(1902～77 법관)
馬場正道　ばば　まさみち(1780～1805 탐험가)
馬場佐十郎　ばば　さじゅうろう
(1787～1822 네덜란드어 통역사)
馬場重久　ばば　しげひさ(1663～1735 양잠업자)
馬場辰猪　ばば　たつい(1850～88 자유민권운동가)
馬場恒吾　ばば　つねご(1875～1956 저널리스트)
麻田剛立　あさだ　ごうりゅう
(1734～99 천문역학자·의사)
麻田陽春　あさだのやす(奈良시대, 관료)
麻田鷹司　あさだ　たかし(1928～87 화가)
摩志田好阿　ましだ　こうあ(江戸 중·후기, 희작자)

만

満谷国四郎　みつたに　くにしろう
(1874～1936 서양화가)
万多親王　まんだ　しんのう(788～830)
万代順四郎　ばんだい　じゅんしろう
(1883～1959 은행가)
饅頭屋宗二　まんじゅうや　そうじ(＝林宗二)
万里小路藤房　までのこうじ　ふじふさ
(＝藤原藤房)
万里小路宣房　までのこうじ　のぶふさ
(＝藤原宣房)
万里小路正房　までのこうじ　まさふさ
(1802～59 公卿)
万里小路政房　までのこうじ　ゆきふさ
(1729～1801 公卿)
万里集九　ばんり　しゅうく(1428～？ 선승)
お万方　おまんのかた(1580～1653 徳川家康의 첩)
卍山道白　まんざん　どうはく(1636～1715 선승)
満誓　まんぜい(＝笠麻呂)
万葉善九郎　ばんば　ぜんくろう(＝本郷村善九郎)
お万·源五兵衛　おまん·げんごべえ(작품)
満井佐吉　みつい　さきち(1893～1967 육군중령)
満済准后　まんさい　じゅごう(1378～1435 승려)
万鉄五郎　よろず　てつごろう(1885～1927 서양화가)

末岡精一　すえおか　せいいち(1855～94 법학자)
末広恭雄　すえひろ　やすお(1904～88 어류학자)
末広鉄腸　すえひろ　てっちょう(1849～96 정치가)

末吉勘兵衛　すえよし かんべえ(＝末吉利方)
末吉吉安　すえよし よしやす(1570～1617 무역상)
末吉道節　すえよし どうせつ(1608～54 俳人)
末吉利方　すえよし としかた(1526～1607 거상)
末吉孫左衛門　すえよし まござえもん(＝末吉長方)
末吉長方　すえよし ながかた(1588～1639 무역상)
末松謙澄　すえまつ けんちょう (1855～1920 정치가·법학자)
末松保和　すえまつ やすかず(1904～ 역사학자)
末延道成　すえのぶ みちなり(1855～1932 실업가)
末永純一郎　すえなが じゅんいちろう (1867～1913 저널리스트)
末永雅雄　すえなが まさお(1897～1991 고고학자)
末永虚舟　すえなが きょしゅう (1635～1729 지리학자)
末摘花　すえつむはな(작품)
末田元慶　すえだ げんけい(江戸후기, 蘭医)
末次信正　すえつぐ のぶまさ(1880～1944 해군대장)
末次忠助　すえつぐ ちゅうすけ (1766～1838 蘭学者)
末次平蔵　すえつぐ へいぞう(？～1630 무역상)
末川博　すえかわ ひろし(1892～1977 법학자)
末弘厳石　すえひろ げんせき(1857～1922 판사)
末弘厳太郎　すえひろ いずたろう (1888～1951 법학자)

망

網野菊　あみの きく(1900～78 소설가)
望月軍四郎　もちずき ぐんしろう (1879～1940 실업가)
望月亀弥太　もちずき かめやた(1838～64 志士)
望月圭介　もちずき けいすけ(1867～1941 정치가)
望月藤兵衛　もちずき とうべえ(＝望月玉蟾)
望月三英　もちずき さんえい(1697～1769 의사)
望月信亨　もちずき しんこう(1869～1948 불교학자)
望月玉蟾　もちずき ぎょくせん(1673～1755 화가)
望月長好　もちずき ちょうこう(1619～81 歌人)
望月清兵衛　もちずき せいべえ (1541～1629 제지업자)
望月太左衛門　もちずき たざえもん (1784～1861 長唄의 대가)

매

梅謙次郎　うめ けんじろう(1860～1910 법학자)
梅ヶ谷藤太郎　うめがたに とうたろう (1845～1928 力士)
梅根悟　うめね さとる(1903～80 교육학자)
梅崎春生　うめざき はるお(1915～65 소설가)
売茶翁　ばいさおう(＝高遊外)
梅島昇　うめじま のぼる(1887～1943 신파배우)
梅暮里谷峨　うめぼり こくが(1750～1821 희작자)
妹尾三郎平　せのお さぶろべい(1837～72 志士)
妹尾義郎　せのお ぎろう(1889～1961 불교운동가)
梅本克己　うめもと かつみ(1912～74 철학자)
梅本敏鎌　うめもと とかま(1839～77 歌人)
梅峰竺信　ばいほう じくしん(1633～1707 선승)
梅辻規清　うめつじ のりきよ(1799～1861 神道家)
梅辻春樵　うめつじ しゅんしょう (1777～1857 유학자·시인)
梅庵　ばいあん(＝万里集九)
梅若六郎　うめわか ろくろう(1907～79 能楽師)
梅若万三郎　うめわか まんざぶろう (1868～1946 能楽師)
梅若実　うめわか みのる(1828～1909 能楽師)
梅若丸　うめわかまる(전설)
梅原龍三郎　うめはら りゅうざぶろう (1888～1986 서양화가)
梅原末治　うめはら すえじ (1893～1983 동양고고학자)
梅原北明　うめはら ほくめい (1899～1946 저널리스트)
梅由兵衛　うめのよしべえ(작품)
禖子内親王　ばいし ないしんのう(1039～96)
梅田雲浜　うめだ うんぴん(1815～59 志士)
梅亭金鵞　ばいてい きんが(1823～93 희작자)
梅が枝　うめがえ(작품)
梅津美治郎　うめず よしじろう (1882～1949 육군대장)
梅津政景　うめず まさかげ(1581～1633 정치가)
梅川文男　うめかわ ふみお (1906～68 농민·노동운동가)
梅川・忠兵衛　うめがわ・ちゅうべえ(작품)
梅村甘節　うめむら かんせつ (江戸중기, 의학자·물리학자)
梅村速水　うめむら はやみ(1842～70 県知事)
梅村真一郎　うめむら しんいちろう (1840～64 志士)

埋忠明寿　　うめただ　みょうじゅ
(1558～1631 刀工·금속공예가)
梅沢浜夫　　うめざわ　はまお(1914～86 세균학자)
梅浦精一　　うめうら　せいいち(1852～1912 실업가)

名古屋山三郎　　なごや　さんざぶろう
(?～1603 가부키 배우)
名古屋玄医　　なごや　げんい(1628～96 의사)
明救　　みょうぐ(946～1020 승려)
明極楚俊　　みんき　そしゅん(1262～1336 선승)
明達　　みょうたつ(877～955 승려)
明峰素哲　　めいほう　そてつ(1277～1350 선승)
明算　　みょうさん(1021～1106 승려)
明石覚一　　あかし　かくいち(南北朝시대, 비파연주자)
明石掃部　　あかし　かもん(江戸전기, 무장)
明石守重　　あかし　もりしげ(＝明石掃部)
明石順三　　あかし　じゅんぞう
(1889～1965 기독교운동가)
明石御方　　あかしのおんかた(작품)
明石元二郎　　あかし　もとじろう
(1864～1919 육군대장)
明石照男　　あかし　てるお(1881～1956 실업가)
明石志賀之助　　あかし　しがのすけ(江戸전기, 力士)
明石次郎　　あかし　じろう(1620～79 직물기술자)
明寿　　みょうじゅ(＝埋忠明寿)
鳴神上人　　なるかみ　しょうにん(작품)
明庵栄西　　みょうあん　ようさい(1141～1215 선승)
明雲　　みょううん(?～1183 승려)
名越家昌　　なごし　いえまさ(?～1629 釜師)
名越三昌　　なごし　さんしょう(?～1638 釜師)
名越善正　　なごし　ぜんせい(?～1619 釜師)
明応　　みょうおう(＝空谷明応)
明一　　みょういち(728～98 승려)
明詮　　みょうせん(789～868 승려)
明正天皇　　めいしょう　てんのう(1623～96)
明済　　みょうさい(室町전기, 지방관)
明兆　　みんちょう(1352～1431 승려화가)
明尊　　みょうそん(971～1063 승려)
明智光秀　　あけち　みつひで(1526～82 무장)
明智小五郎　　あけち　こごろう(작품)
明智秀満　　あけち　ひでみつ(1557～82 무장)
明珍恒男　　みょうちん　つねお(1882～1940 조각가)
名取礼二　　なとり　れいじ(1912～ 근육생리학자)
名取洋之助　　なとり　ようのすけ(1910～62 사진작가)
名取和作　　なとり　わさく(1872～1959 실업가)

明治天皇　　めいじ　てんのう(1852～1912)
明快　　みょうかい(987～1070 승려)
明遍　　みょうへん(1142～1224 승려)
明恵　　みょうえ(1173～1232 승려)
名和長年　　なわ　ながとし(?～1336 무장)
名和靖　　なわ　やすし(1857～1926 곤충학자)
名和統一　　なわ　とういち(1906～78 경제학자)

毛谷村六助　　けやむら　ろくすけ(安土桃山시대, 검객)
牡丹花肖柏　　ぼたんか　しょうはく
(1443～1527 連歌師)
牡鹿嶋足　　おがのしまたり(?～783 관료)
毛利敬親　　もうり　たかちか(1819～71 大名)
毛利藤内　　もうり　とうない(1851～85 家老)
毛利隆元　　もうり　たかもと(1523～63 무장)
毛利秀元　　もうり　ひでもと(1579～1650 大名)
毛利秀就　　もうり　ひでなり(1595～1651 大名)
毛利秀包　　もうり　ひでかね(1566～1601 무장)
毛利元徳　　もうり　もとのり(1839～96 영주)
毛利元清　　もうり　もときよ(1551～97 무장)
毛利元就　　もうり　もとなり(1497～1571 무장)
毛利宗瑞　　もうり　そうずい(＝毛利輝元)
毛利重能　　もうり　しげよし(江戸초기, 수학자)
毛利輝元　　もうり　てるもと(1553～1625 大名)
茅誠司　　かや　せいじ(1898～1988 물리학자)
茅野蕭々　　ちの　しょうしょう(1883～1946 독문학자)
茅野雅子　　ちの　まさこ(1880～1946 歌人)
茅原華山　　かやはら　かざん(1870～1952 평론가)
牟田口廉也　　むだぐち　れんや(1888～1966 육군중장)
牟田口元学　　むだぐち　げんがく
(1844～1920 실업가)

木枯紋次郎　　こがらし　もんじろう(작품)
木谷実　　きたに　みのる(1909～75 바둑기사)
目貫屋長三郎　　めぬきや　ちょうざぶろう
(江戸전기, 浄瑠璃太夫)
牧口常三郎　　まきぐち　つねさぶろう
(1871～1944 교육사상가·종교가)
木口小平　　きぐち　こへい(1872～94 군인)

木内石亭　きうち せきてい，きのうち せきてい (1724～1808 광물학자)
木内順二　きうち じゅんじ(1810～67 志士)
木内信胤　きうち のぶたね(1899～ 실업가)
木内重四郎　きうち じゅうしろう (1865～1925 관료)
木内惣五郎　きうち そうごろう(＝佐倉宗吾)
木内喜八　きうち きはち(1827～1902 목공예가)
牧徳右衛門　まきのとくえもん (？～1727 농민봉기지도자)
木梨軽皇子　きなしのかるのみこ(5세기 중엽)
木暮理太郎　こぐれ りたろう(1874～1944 등산가)
木暮武太夫　こぐれ ぶだゆう(1893～1967 정치가)
木々高太郎　きぎ たかたろう (1897～1969 소설가·대뇌생리학자)
牧墨僊　まき ぼくせん(1775～1824 풍속화가)
牧方　まきのかた(鎌倉전기，北条時政의 후처)
木本凡人　きもと ぼんじん(1888～1947 사회운동가)
木山捷平　きやま しょうへい(1904～68 소설가)
木食上人　もくじき しょうにん(＝木食応其)
木食養阿　もくじき ようあ(？～1763 승려)
木食五行　もくじき ごぎょう(1718～1810 승려)
木食応其　もくじき おうご(1536～1608 승려)
木菴性瑫　もくあん しょうとう(1611～84 선승)
牧野康成　まきの やすなり(1555～1609 大名)
牧野権六郎　まきの ごんろくろう (1819～69 정치가)
牧野良三　まきの りょうぞう(1885～1961 정치가)
牧野富太郎　まきの とみたろう (1862～1957 식물학자)
牧野信一　まきの しんいち(1896～1936 소설가)
牧野伸顕　まきの のぶあき (1861～1949 정치가·외교관)
牧野英一　まきの えいいち(1878～1970 법학자)
牧野元次郎　まきの もとじろう (1874～1942 은행가)
牧野正蔵　まきの しょうぞう(1915～87 수영선수)
牧野忠篤　まきの ただあつ(1870～1935 정치가)
牧野忠成　まきの ただなり(1581～1654 大名)
牧野忠精　まきの ただきよ(1760～1828 大名)
牧野親成　まきの ちかしげ(1607～77 大名)
牧野虎雄　まきの とらお(1890～1946 서양화가)
木俣修　きまた おさむ(1906～83 歌人)
木屋弥三右衛門　きや やそうえもん (江戸전기，해외무역상)
木原均　きはら ひとし(1893～1986 유전학자)
木越安綱　きごし やすつな(1854～1932 육군중장)
牧逸馬　まき いつま(＝長谷川海太郎)
木場貞長　こば さだたけ(1859～1944 관료)
木曾源太郎　きそ げんたろう(1839～1918 志士)
木曾義仲　きそ よしなか(＝源義仲)

木津無庵　きず むあん(1866～1943 승려)
木津宗詮　きず そうせん(1775～1855 다도가)
木川田一隆　きかわだ かずたか (1899～1977 실업가)
木村芥舟　きむら かいしゅう (1830～1901 군인·정치가)
木村蒹葭堂　きむら けんかどう(1736～1802 문인)
木村謙次　きむら けんじ(1732～1811 탐험가)
木村京太郎　きむら きょうたろう (1902～88 지역해방운동가)
木村久寿弥太　きむら くすやた (1865～1935 실업가)
木村謹治　きむら きんじ(1889～1948 독문학자)
木村篤太郎　きむら とくたろう (1886～1982 정치가·변호사)
木村利右衛門　きむら りえもん (1834～1919 실업가)
木村猛夫　きむら たけお(1873～1924 신파배우)
木村武山　きむら ぶざん(1876～1942 화가)
木村黙老　きむら もくろう(1774～1856 정치가)
木村文助　きむら ぶんすけ(1882～1954 작문교육가)
木村兵太郎　きむら へいたろう (1888～1948 육군중장)
木村富子　きむら とみこ(1890～1944 극작가)
木村曙　きむら あけぼの(1872～90 작가)
木村素衛　きむら もともり (1895～1946 철학자·교육학자)
木村小左衛門　きむら こざえもん (1888～1952 정치가)
木村秀子　きむら ひでこ(1869～1887 교육학자)
木村秀政　きむら ひでまさ(1904～86 항공공학자)
木村安兵衛　きむら やすべえ(1817～89 제빵업자)
木村延吉　きむら えんきち(1853～1911 실업가)
木村栄　きむら ひさし(1870～1943 천문학자)
木村鷹太郎　きむら たかたろう (1870～1931 평론가)
木村毅　きむら き(1894～1979 평론가)
木村義雄　きむら よしお(1905～86 바둑기사)
木村伊兵衛　きむら いへえ(1901～74 사진작가)
木村資生　きむら もとお(1924～ 생물과학·유전학자)
木村庄之助　きむら しょうのすけ (江戸전기，씨름 심판)
木村長七　きむら ちょうしち(1852～1922 실업가)
木村荘八　きむら そうはち(1893～1959 서양화가)
木村正幹　きむら まさみき(1843～1903 실업가)
木村錠吉　きむら じょうきち (1870～1949 노동운동가)
木村正辞　きむら まさこと(1827～1913 국학자)
木村貞子　きむら さだこ(1855～1926 교육가)
木村助九郎　きむら すけくろう(1585～1654 검객)
木村重成　きむら しげなり(1593～1615 무장)

木村清四郎　きむら　せいしろう
(1861～1934 실업가)
木村探元　きむら　たんげん(1679～1767 화가)
木村泰賢　きむら　たいけん
(1881～1930 인도철학자·불교학자)
木村禧八郎　きむら　きはちろう
(1901～75 경제평론가)
木下謙次郎　きのした　けんじろう
(1869～1947 정치가)
木下庫之助　きのした　くらのすけ(1844～64 志士)
木下広次　きのした　ひろじ(1851～1910 교육가)
木下東作　きのした　とうさく
(1878～1952 운동생리학자)
木下藤吉郎　きのした　とうきちろう(＝豊臣秀吉)
木下蘭皐　きのした　らんこう(1681～1752 유학자)
木下利玄　きのした　りげん(1886～1925 歌人)
木下杢太郎　きのした　もくたろう
(1885～1945 시인·의사)
木下弥八郎　きのした　やはちろう(幕末期，志士)
木下尚江　きのした　なおえ
(1869～1937 소설가·사회운동가)
木下順庵　きのした　じゅんあん(1621～98 유학자)
木下順二　きのした　じゅんじ(1914～ 극작가)
木下勝俊　きのした　かつとし(＝木下長嘯子)
木下逸雲　きのした　いつうん(1799～1866 화가)
木下長嘯子　きのした　ちょうしょうし
(1569～1649 歌人)
目賀田種太郎　めがた　たねたろう
(1853～1926 관료)
木下竹次　きのした　たけじ
(1872～1946 신교육운동가)
木下俊長　きのした　としなが(1648～1716 大名)
木下恵介　きのした　けいすけ(1912～ 영화감독)
木戸松子　きど　まつこ(1843～86 木戸孝允의 아내)
木戸幸一　きど　こういち(1889～1977 궁중정치가)
木戸孝允　きど　たかよし(1833～77 정치가)
木花之佐久夜毘売　このはなのさくやひめ(記紀)

몽

夢見小僧　ゆめみ　こぞう(설화)
夢野久作　ゆめの　きゅうさく(1889～1936 소설가)
夢窓疎石　むそう　そせき(1275～1351 선승)

묘

妙立慈山　みょうりゅう　じざん(＝慈山)
妙超　みょうちょう(＝宗峰妙超)
妙葩　みょうは(＝春屋妙葩)
妙玄寺義門　みょうげんじ　ぎもん
(1786～1843 승려)

무

武　たけ(？～1782 문학가)
武見太郎　たけみ　たろう(1904～83 의사)
武谷三男　たけたに　みつお(1911～ 이론물리학자)
無空　むくう(？～918 승려)
無関普門　むかん　ふもん(1212～91 선승)
無極志玄　むきょく　しげん(1282～1359 선승)
武男・浪子　たけお・なみこ(작품)
武内桂舟　たけうち　けいしゅう(1863～1943 삽화가)
武内龍次　たけうち　りゅうじ(1903～ 외교관)
武内宿禰　たけしうちのすくね，たけのうち　すくね(전설)
武内義雄　たけうち　よしお(1886～1966 철학자)
武内作平　たけうち　さくへい(1867～1931 정치가)
務台理作　むたい　りさく(1890～1974 철학자)
武藤絲治　むとう　いとじ(1903～70 실업가)
武藤山治　むとう　さんじ
(1867～1934 실업가·정치가)
武藤信義　むとう　のぶよし(1868～1933 육군원수)
武藤資頼　むとう　すけより(鎌倉전기，무장)
武藤章　むとう　あきら(1892～1948 육군중장)
武藤清　むとう　きよし(1903～89 건축구조학자)
武藤致和　むとう　むねかず(1741～1813 地誌편찬자)
武烈天皇　ぶれつ　てんのう(記紀)
武林無想庵　たけばやし　むそうあん
(1880～1958 소설가)
武林唯七　たけばやし　ただしち(1672～1703 志士)
武満徹　たけみつ　とおる(1930～ 작곡가)
無文元選　むもん　げんせん(1323～90 선승)
武部六蔵　たけべ　ろくぞう
(1893～1958 식민지행정관료)
武部小四郎　たけべ　こしろう
(1846～77 반란군 무장)

武富時敏　たけとみ　ときとし(1855～1938 정치가)
茂山千作　しげやま　せんさく(1896～1986 狂言師)
茂山忠三郎　しげやま　ちゅうざぶろう (1848～1928 能楽師)
武市健人　たけち　たてひと(1901～ 철학자)
武市瑞山　たけち　ずいざん(1829～65 志士)
武信由太郎　たけのぶ　よしたろう (1863～1930 영어학자)
武野紹鷗　たけの　じょうおう(1502～55 거상)
武野安斎　たけの　あんさい(1597～？ 다도가)
武野宗瓦　たけの　そうが(1550～1614 다도가)
武原はん　たけはら　はん(1903～ 무용가)
無隠元晦　むいん　げんかい(？～1358 선승)
武者小路公共　むしゃのこうじ　きんとも (1882～1962 외교관)
武者小路実篤　むしゃのこうじ　さねあつ (1885～1976 소설가·극작가)
武者小路実陰　むしゃのこうじ　さねかげ (1661～1738 公卿·歌人)
武蔵大掾忠吉　むさしだいじょう　ただよし (＝肥前忠吉)
武蔵石寿　むさし　せきじゅ(1768～1860 貝類学者)
無著道忠　むちゃく　どうちゅう(1653～1744 선승)
武田簡吾　たけだ　かんご(幕말기, 蘭医)
武田耕雲斎　たけだ　こううんさい(1803～65 志士)
武田久吉　たけだ　ひさよし(1883～1972 식물학자)
武田九平　たけだ　きゅうへい (1875～1933 사회운동가)
武田国信　たけだ　くにのぶ(1438～91 무장)
武田錦子　たけだ　きんこ(1861～1913 영어학자)
武田麟太郎　たけだ　りんたろう(1904～46 소설가)
武田斐三郎　たけだ　あやさぶろう (1827～80 兵学者)
武田成章　たけだ　なりあき(1827～80 兵学者)
武田秀平　たけだ　しゅうへい(1772～1844 공예가)
武田勝頼　たけだ　かつより(1546～82 大名)
武田信広　たけだ　のぶひろ(1431～94 무장)
武田信光　たけだ　のぶみつ(1162～1248 무장)
武田信満　たけだ　のぶみつ(？～1417 무장)
武田信繁　たけだ　のぶしげ(1525～61 무장)
武田信勝　たけだ　のぶかつ(1567～82 무장)
武田信実　たけだ　のぶざね(？～1575 무장)
武田信元　たけだ　のぶもと(室町전기, 무장)
武田信義　たけだ　のぶよし(1128～86 무장)
武田信長　たけだ　のぶなが(室町전기, 무장)
武田信玄　たけだ　しんげん(1521～73 大名)
武田信賢　たけだ　のぶかた(1420～71 무장)
武田信虎　たけだ　のぶとら(1494～1574 大名)
武田五兵衛　たけだ　ごひょうえ(1569～1603 무사)
武田五一　たけだ　ごいち(1872～1938 건축가)
武田祐吉　たけだ　ゆうきち(1886～1958 국문학자)
武田長兵衛　たけだ　ちょうべえ (1870～1959 실업가)
武田定清　たけだ　さだきよ(？～1712 정치가)
武田千代三郎　たけだ　ちよさぶろう (1867～1932 체육지도자)
武田晴信　たけだ　はるのぶ(＝武田信玄)
茂田七右衛門　しげた　しちえもん (？～1670 개간·간척자)
武田泰淳　たけだ　たいじゅん (1912～76 중문학자·소설가)
武井柯亭　たけい　かてい(1823～95 藩士)
武井大助　たけい　だいすけ(1887～1972 해군중장)
武井武雄　たけい　たけお(1894～1983 아동화가)
武井守正　たけい　もりまさ(1842～1926 관료)
無住一円　むじゅう　いちえん(1226～1312 선승)
武知勇記　たけち　ゆうき(1894～1963 정치가)
武智鉄二　たけち　てつじ(1912～88 연출가)
蕪村　ぶそん(＝与謝蕪村)
舞出長五郎　まいで　ちょうごろう (1891～1964 경제학자)
無学祖元　むがく　そげん(1226～86 선승)

黙霖　もくりん(＝宇都宮黙霖)

문

文覚　もんがく(鎌倉전기, 승려)
文観　もんかん(1278～1357 승려)
文禰麻呂　ふみのねまろ(？～707 공신)
文徳天皇　もんとく　てんのう(827～58)
文楽　ぶんらく(＝桂文楽)
門馬直衛　もんま　なおえ(1897～1961 음악평론가)
文武天皇　もんむ　てんのう(683～707)
文室宮田麻呂　ふんやのみやたまろ(平安전기, 관료)
文室大市　ふんやのおおち(704～80 관료)
文室綿麻呂　ふんやのわたまろ(765～823 관료)
文室珍努　ふんやのちぬ(693～770 관료)
門野幾之進　かどの　いくのしん (1856～1938 실업가)
門野重九郎　かどの　じゅうくろう (1867～1958 실업가)

文魚　ぶんぎょ(江戸중·후기, 거상)
文屋康秀　ふんやのやすひで(?～885 歌人)
蚊屋秋庭　かやのあきにわ(奈良시대, 山背真作의 아내)
文雄　ぶんゆう(1700～63 승려·음운학자)
文蔵　ぶんぞう(＝宝山文蔵)
門田樸斎　もんでん　ぼくさい(1797～1873 유학자)
文晁　ぶんちょう(＝谷文晁)
文珠九助　もんじゅ　くすけ
(1725～88 민중봉기지도자)
聞証　もんしょう(1635～88 승려)
文智女王　ぶんち　にょおう(1619～97)
文之玄昌　ぶんし　げんしょう(＝南浦文之)
門叶宗雄　とが　むねお(1906～69 관료)
文暁　ぶんぎょう(1735～1816 俳人·승려)

物茂卿　ぶつ　もけい(＝荻生徂徠)
物部広成　もののべのひろなり(＝斎部広成)
物部目　もののべのめ(5세기 말, 大連)
物部尾輿　もののべのおこし(6세기 중엽, 大連)
物部守屋　もののべのもりや(?～587 大連)
物部雄君　もののべのおきみ(?～676 공신)
物部麁鹿火　もののべのあらかび(6세기 중엽, 大連)
物外不遷　もつがい　ふせん(1795～1867 선승)
物集高見　もずめ　たかみ(1847～1928 국문학자)
物集高世　もずめ　たかよ(1833～83 국학자)

弥　ねね(＝高台院)
尾高尚忠　おだか　ひさただ
(1911～51 오케스트라 지휘자)
尾高朝雄　おだか　ともお(1899～1956 법철학자)
尾高次郎　おだか　じろう(1866～1920 은행가)
尾高豊作　おだか　ほうさく
(1894～1944 실업가·교육가)
美空ひばり　みそら　ひばり(1937～89 가수)
尾崎放哉　おざき　ほうさい(1885～1926 俳人)
尾崎士郎　おざき　しろう(1898～1964 소설가)
尾崎三良　おざき　さぶろう(1842～1918 관료)
尾崎秀実　おざき　ほつみ
(1901～44 사회주의자·저널리스트)
尾崎雅嘉　おざき　まさよし(1755～1827 국학자)
尾崎一雄　おざき　かずお(1899～1983 소설가)
尾崎直政　おざき　なおまさ(1732～82 금속공예가)
尾崎惣左衛門　おざき　そうざえもん
(1812～65 志士)
尾崎忠治　おざき　ただはる(1831～1905 관료)
尾崎行雄　おざき　ゆきお(1859～1954 정치가)
尾崎幸之進　おざき　こうのしん(1840～64 志士)
尾崎紅葉　おざき　こうよう(1867～1903 소설가)
尾崎喜八　おざき　きはち(1892～1973 시인)
米内光政　よない　みつまさ(1880～1948 해군대장)
美努岡麻呂　みののおかまろ(662～728 관료)
美濃部達吉　みのべ　たつきち(1873～1948 헌법학자)
美濃部亮吉　みのべ　りょうきち
(1904～84 경제학자)
美濃王　みののおおきみ(7세기 말, 관료)
尾藤二洲　びとう　じしゅう(1745～1813 유학자)
尾瀬敬止　おせ　けいし(1889～1952 러시아문학가)
眉輪王　まよわのおおきみ(5세기 중엽)
美馬順三　みま　じゅんぞう(1807～37 의사)
美福門院　びふくもんいん(1117～60 황후)
味耜高彦根神　あじすきたかひこねのかみ(신화)
梶山季之　かじやま　としゆき(1930～75 작가)
尾山篤二郎　おやま　とくじろう(1889～1963 歌人)
米山梅吉　よねやま　うめきち(1868～1946 실업가)
尾上菊五郎　おのえ　きくごろう
(1717～83 가부키 배우)
梶常吉　かじ　つねきち(1803～83 칠기공예가)
尾上梅幸　おのえ　ばいこう
(1870～1934 가부키 배우)
尾上松緑　おのえ　しょうろく
(1913～89 가부키 배우)
尾上松之助　おのえ　まつのすけ
(1876～1926 영화배우)
尾上柴舟　おのえ　さいしゅう
(1876～1957 歌人·서예가)
尾上・伊太八　おのえ・いだはち(작품)
梶野伊之助　かじの　いのすけ
(明治시대, 자전거 제조업자)
美玉三平　みたま　さんぺい(1822～63 志士)
米窪満亮　よねくぼ　みつすけ
(1888～1951 노동운동가)
梶原景季　かじわら　かげすえ(1162～1200 무사)
梶原景時　かじわら　かげとき(?～1200 무장)
梶原茂嘉　かじわら　しげよし
(1900～78 관료·정치가)
梶原性善　かじわら　しょうぜん
(?～1337 승려·의사)
米原雲海　よねはら　うんかい(1869～1925 조각가)
米原昶　よねはら　いたる(1909～ 사회운동가)
尾張浜主　おわりのはまぬし(733～? 악사)

梶田半古　かじた　はんこ(1870～1917 화가)
米田富　よねだ　とみ(1901～88 농민운동가)
米田庄太郎　よねだ　しょうたろう
(1873～1945 사회학자)
梶井基次郎　かじい　もとじろう(1901～32 소설가)
尾佐竹猛　おさたけ　たけき
(1880～1946 법관·역사학자)
尾池春水　おいけ　はるみ(？～1813 정치가·歌人)
弥次郎　やじろう(戦国시대, 기독교도)
梶川久次郎　かじかわ　きゅうじろう
(江戸중기, 공예가)
米川文子　よねかわ　ふみこ(1894～ 箏曲家)
米川正夫　よねかわ　まさお(1891～1965 노문학자)
米川操軒　よねかわ　そうけん(1626～78 유학자)
梶清次右衛門　かじ　せいじえもん(1821～65 志士)
米村広治　よねむら　こうじ(1643～1727 정치가)
米沢彦八　よねざわ　ひこはち(？～1714 만담가)
美土路昌一　みどろ　ますいち
(1886～1973 저널리스트)
麛坂皇子　かごさかのみこ(설화)
尾形乾山　おがた　けんざん(1663～1743 도공·화가)
尾形光琳　おがた　こうりん
(1658～1716 화가·칠기공예가)
尾形亀之助　おがた　かめのすけ(1900～42 시인)
尾形周平　おがた　しゅうへい(1788～1830 도공)
尾和宗臨　おわ　そうりん(？～1501 거상)

旻　みん(？～653 승려)
民吉　たみきち(＝加藤民吉)
敏達天皇　びだつ　てんのう(？～585)
民小鮪　たみのおしび(7세기 말, 무장)

ㅂ

粕谷義三　かすや　ぎぞう(1866～1930 정치가)
狛光季　こまのみつすえ(1025～1112 무용가)
狛近真　こま　ちかざね，こまのちかざね
(1177～1242 雅楽師)
博多小女郎　はかた　こじょろう(작품)
泊瀬部皇子　はつせべのみこ(＝崇峻天皇)
薄雪姫　うすゆきひめ(작품)
迫水久常　さこみず　ひさつね
(1902～77 관료·정치가)
朴市秦田来津　えちのはたのたくつ(？～663 무장)
薄雲太夫　うすぐも　たゆう(江戸전기, 기생)
薄田兼相　すすきだ　かねすけ(？～1615 무장)
薄田美朝　すすきだ　よしとも
(1897～1963 관료·정치가)
薄田研二　すすきだ　けんじ(1898～1972 배우)
薄田泣菫　すすきだ　きゅうきん(1877～1945 시인)
薄井龍之　うすい　たつゆき(1832～1916 勤王家)
朴井雄君　えのいのおきみ(？～676 공신)
朴正意　ぼく　せいい(？～1689 도공)
迫静二　さこ　せいじ(1898～1983 실업가)
狛行高　こまのゆきたか(1062～1120 무용가)

飯降伊蔵　いぶり　いぞう(1823～1907 종교가)
飯岡助五郎　いいおかのすけごろう
(1792～1859 노름꾼)
伴健岑　とものこわみね(平安전기, 관료)
伴蒿蹊　ばん　こうけい(1733～1806 국학자)
盤珪永琢　ばんけい　ようたく(1622～93 승려)
飯島珈涼尼　いいじま　かりょうに(1696～1771 俳人)

飯島魁　いいじま　いさお(1861～1921 동물학자)
飯島喬平　いいじま　きょうへい
(1877～1921 민법학자)
畔柳都太郎　くろやなぎ　くにたろう
(1871～1923 영문학자)
伴林光平　**ともはやし　みつひら**，ばんばやし　みつひら(1813～64 志士)
飯尾元連　**いいお　もとつら**，いのお　もとつら
(?～1492 奉行)
飯尾為数　**いいお　ためかず**，いのお　ためかず
(?～1467 奉行)
飯尾為種　**いいお　ためたね**，いのお　ためたね
(?～1458 奉行)
飯尾貞連　**いいお　さだつら**，いのお　さだつら
(?～1455 奉行)
飯尾宗祇　いいお　そうぎ(1421～1502 連歌師)
伴事負　ばん　ことひ(＝伴信友)
伴善男　とものよしお(809～68 公卿)
飯沼剛一　いいぬま　ごういち(1877～1960 실업가)
飯沼慾斎　いいぬま　よくさい(1783～1865 식물학자)
飯沼一省　いいぬま　かずみ(1892～ 관료)
飯篠長威斎　いいざさ　ちょういさい
(?～1488 창검술가)
伴淳三郎　ばん　じゅんざぶろう(1908～81 희극배우)
伴信友　ばん　のぶとも(1773～1846 국학자)
攀安知　はんあんち(?～1416 왕)
飯野吉三郎　いいの　きちさぶろう
(1867～1944 神道家)
飯野厚比　いいの　あつとも
(1797～1854 국학자·歌人)
斑子女王　はんし　にょおう(833～900)
お半·長右衛門　おはん·ちょうえもん(설화)
飯田軍造　いいだ　ぐんぞう(1834～64 志士)
飯田年平　いいだ　としひら(1820～86 국학자)
半田良平　はんだ　りょうへい(1887～1945 歌人)
飯田龍太　いいだ　りゅうた(1920～ 俳人)
飯田武郷　いいだ　たけさと(1827～1900 국학자)
伴伝兵衛　ばん　でんべえ(安土桃山시대, 상인)
飯田蛇笏　いいだ　だこつ(1885～1962 俳人)
飯田守年　いいだ　もりとし(1815～96 국학자)
飯田秀雄　いいだ　ひでお(1791～1859 국학자)
飯田深雪　いいだ　みゆき
(1903～ 아트플라워디자이너)
飯田義一　いいだ　ぎいち(1850～1924 실업가)
飯田長次郎　いいだ　ちょうじろう
(?～1711 농민봉기지도자)
飯田蝶子　いいだ　ちょうこ(1897～1972 영화배우)
飯田清三　いいだ　せいぞう(1894～1976 실업가)
飯田忠彦　いいだ　ただひこ(1798～1860 역사가)
畔田翠山　くろだ　すいざん(1792～1859 동물학자)
半井桃水　なからい　とうすい(1860～1926 소설가)
半井卜養　なからい　ぼくよう
(1607～78 狂歌師·의사)
伴貞懿　ばん　さだよし(1839～68 반란 지도자)
半井仲庵　なからい　ちゅうあん(1812～71 의사)
反正天皇　はんぜい　てんのう(記紀)
磐之媛　いわのひめ(5세기 초, 황후)
磐次磐三郎　ばんじ　ばんざぶろう(설화)
飯塚桃葉　いいずか　とうよう(江戸후기, 공예가)
飯塚森蔵　いいずか　もりぞう
(1854～1917 자유민권운동가)
飯塚浩二　いいずか　こうじ(1906～70 지리학자)
飯沢匡　いいざわ　ただす(1909～ 희작자)
飯豊青皇女　いいとよあおのひめみこ(5세기 말)

발

髪結新三　かみゆい　しんざ(작품)
抜隊得勝　ばっすい　とくしょう(1327～87 선승)
髪長媛　かみながひめ(설화)

방

邦良親王　くになが　しんのう(1300～26)
坊門清忠　ぼうもん　きよただ(?～1338 公卿)
坊城俊逸　ぼうじょう　としはや(1727～73 公卿)
芳野金陵　よしの　きんりょう(1802～78 유학자)
方外道人　ほうがい　どうじん(江戸후기, 狂詩작가)
坊主小兵衛　ぼうず　こへえ(江戸전기, 배우)
邦枝完二　くにえだ　かんじ(1892～1956 소설가)
芳川顕正　よしかわ　あきまさ
(1841～1920 관료·정치가)
芳村伊三郎　よしむら　いさぶろう
(1735～1820 長唄의 대가)
芳村伊十郎　よしむら　いじゅうろう
(1858～1935 長唄의 대가)
芳沢謙吉　よしざわ　けんきち(1874～1965 외교관)
芳賀矢一　はが　やいち(1867～1927 국문학자)

백

白根専一　しらね　せんいち(1849～98 관료·정치가)
白根竹介　しらね　たけすけ(1883～1957 관료)
柏崎具元　かしわざき　とももと(？～1772 국학자)
柏崎権兵衛　かしわざき　ごんべえ
(江戸중기, 小唄의 대가)
白浪五人男　しらなみ　ごにんおとこ(작품)
白滝幾之助　しらたき　いくのすけ
(1873～1960 서양화가)
白瀬矗　しらせ　のぶ(1861～1946 탐험가)
白柳秀湖　しらやなぎ　しゅうこ
(1884～1950 소설가·사회평론가)
白鯉館卯雲　はくりかん　ぼううん
(1714～83 狂歌師·만담가)
白木茂　しらき　しげる(1910～77 아동문학가)
柏木民部　かしわぎ　みんぶ(1827～71 志士)
柏木小右衛門　かしわぎ　こえもん
(江戸전기, 개간·간척자)
柏木如亭　かしわぎ　じょてい(1763～1819 시인)
柏木義円　かしわぎ　ぎえん
(1860～1938 기독교사상가)
柏木忠俊　かしわぎ　ただとし(1824～78 지방관)
百武兼行　ひゃくたけ　かねゆき(1842～87 서양화가)
百武万里　ひゃくたけ　ばんり(1794～1854 의사)
百武三郎　ひゃくたけ　さぶろう
(1872～1963 해군대장)
百武源吾　ひゃくたけ　げんご(1882～1976 해군대장)
白尾斎蔵　しらお　さいぞう(1762～1821 국학자)
白壁王　しらかべおう(＝光仁天皇)
白峯駿馬　しらみね　しゅんめ(1836～1909 造船家)
白石廉作　しらいし　れんさく(1828～63 志士)
白石元治郎　しらいし　もとじろう
(1867～1945 실업가)
白石正一郎　しらいし　しょういちろう
(1811～80 거상)
白神新一郎　しらが　しんいちろう
(1818～82 종교지도자)
白崖宝生　びゃくがい　ほうしょう
(1343～1414 선승)
伯円　はくえん(＝松林伯円)
柏原謙好　かしわばら　けんこう(1808～73 의사)
柏原省三　かしわばら　しょうぞう(1835～64 志士)
柏原瓦全　かしわばら　がぜん(1744～1825 俳人)
柏原禎吉　かしわばら　ていきち(？～1864 志士)
柏原太郎左衛門　かしわばら　たろうざえもん
(江戸전기, 해외무역상)
白隠慧鶴　はくいん　えかく(1685～1768 선승)
白仁武　しらに　たけし(1863～1941 실업가)
白猪骨　しらいのほね(7세기 말, 관료)
白猪広成　しらいのひろなり(＝葛井広成)
白猪胆津　しらいのいつ(6세기 중엽, 지방관)
百田宗治　ももた　そうじ(1893～1955 시인)
白井光太郎　しらい　こうたろう
(1861～1932 식물학자)
白井喬二　しらい　きょうじ(1889～1980 소설가)
白井権八　しらい　ごんぱち(＝平井権八)
白井宣左衛門　しらい　せんざえもん
(1811～68 志士)
白井晟一　しらい　せいいち(1905～83 건축가)
白井松次郎　しらい　まつじろう
(1877～1951 실업가)
白井矢太夫　しらい　やだいふ
(1753～1812 문인·정치가)
白井新太郎　しらい　しんたろう
(1862～1932 志士·실업가)
柏井園　かしわい　えん(1870～1920 신학자·목사)
白井義男　しらい　よしお(1923～ 프로권투선수)
白井織部　しらい　おりべ(1820～65 정치가)
白井鉄造　しらい　てつぞう
(1900～83 연출가·각본가)
百済慶命　くだらのけいみょう(？～849 후궁)
百済敬福　くだらのけいふく(698～766 관료)
百済教法　くだらのきょうほう(？～840 후궁)
百済貴命　くだらのきみょう(？～851 후궁)
百済明信　くだらのみょうしん
(？～815 藤原継縄의 처)
百済俊哲　くだらのしゅんてつ(？～795 관료)
百済河成　くだらのかわなり(782～853 관료·화가)
白鳥庫吉　しらとり　くらきち
(1865～1942 동양사학자)
白鳥敏夫　しらとり　としお(1887～1949 외교관)
白鳥省吾　しろとり　せいご(1890～1973 시인)
白洲次郎　しらす　じろう(1902～85 실업가·정치가)
百地三太夫　ももち　さんだゆう(室町말기, 닌자)
白川義則　しらかわ　よしのり(1868～1932 육군대장)
白川伊右衛門　しらかわ　いえもん
(？～1807 북해도개척자)
白太夫　しらだゆう(작품)
百太夫　ひゃくだゆう(설화)
白土三平　しらと　さんぺい(1932～ 화가)
白河楽翁　しらかわ　らくおう(＝松平定信)
白河天皇　しらかわ　てんのう(1053～1129)
百合若大臣　ゆりわか　だいじん(작품)
柏戸剛　かしわど　つよし(1938～ 力士)

幡崎鼎　はたざき　かなえ(1807～42 蘭学者)
幡随院長兵衛　ばんずいいん　ちょうべえ (?～1650 협객)
鑁阿　ばんあ, **ばんな**(?～1207 승려)
蕃元　ばんげん(＝喜安)

梵舜　ぼんしゅん(1553～1632 神道家)
帆足計　ほあし　けい(1905～89 정치가)
帆足理一郎　ほあし　りいちろう (1881～1963 철학자)
帆足万里　ほあし　ばんり(1778～1852 유학자)
帆足杏雨　ほあし　きょうう(1810～84 화가)
範俊　はんしゅん(1038～1112 승려)
凡判麻呂　おおしのはんまろ(奈良시대, 관료)
凡河内躬恒　おおしこうちのみつね(平安전기, 歌人)

法界坊　ほうかいぼう(1751～1829 승려)
法均尼　ほうきんに(＝和気広虫)
法道仙人　ほうどう　せんにん(전설)
法霖　ほうりん(1693～1741 승려)
法岸　ほうがん(1744～1815 승려)
法然　ほうねん(1133～1212 승려)
法提郎媛　ほほてのいらつめ(＝蘇我法提郎媛)

碧梧桐　へきごとう(＝河東碧梧桐)

弁慶　べんけい(?～1189 승려)
弁内侍　べんのないし(鎌倉후기, 歌人)
弁坊　べんぼう(鎌倉후기, 荘官)
弁阿　べんあ(＝弁長)
弁円　べんえん(＝円爾弁円)
弁長　べんちょう(1162～1238 승려)
弁天小僧菊之助　べんてんこぞう　きくのすけ (작품)

別府晋介　べっぷ　しんすけ(1847～77 육군소령)
別所長治　べっしょ　ながはる(1558～80 무장)

並木十輔　なみき　じゅうすけ (江戸중・후기, 가부키狂言 작가)
並木五瓶　なみき　ごへい (1747～1808 가부키狂言 작가)
並木翁輔　なみき　おうすけ (江戸중・후기, 가부키狂言 작가)
並木丈輔　なみき　じょうすけ (江戸중기, 가부키狂言 작가)
並木正三　なみき　しょうぞう (1730～73 가부키狂言 작가)
並木宗輔　なみき　そうすけ(1695～1751 浄瑠璃작가)
柄井川柳　からい　せんりゅう (1718～90 前句付 채점관)
並河魯山　なびか　ろざん, **なみかわ　ろざん** (1629～1710 유학자・의사)
並河誠所　なみかわ　せいしょ(1668～1738 유학자)
並河靖之　なみかわ　やすゆき (1845～1927 칠보세공기술자)
並河天民　なみかわ　てんみん(1679～1718 유학자)
並河寒泉　なみかわ　かんせん(1796～1878 한학자)

保高徳蔵　やすたか　とくぞう(1889～1971 소설가)
保科善四郎　ほしな　ぜんしろう(1891～ 해군중장)
保科正光　ほしな　まさみつ(1561～1631 大名)
保科正貞　ほしな　まささだ(1588～1661 大名)
保科正之　ほしな　まさゆき(1611～72 大名)
保科孝一　ほしな　こういち(1872～1955 국어학자)
普寛　ふかん(1731～1801 수도자)
普広院　ふこういん(＝足利義教)
普寧　ふねい(＝兀庵普寧)
保利茂　ほり　しげる(1901～79 정치가)
普門　ふもん(＝無関普門)
宝山文蔵　ほうざん　ぶんぞう(戦国시대, 도공)
宝山左衛門　たから　さんざえもん
(？～1844 長唄囃子方의 대가)
宝生九郎　ほうしょう　くろう(1837～1917 能楽師)
宝生新　ほうしょう　しん(1870～1944 能楽師)
宝樹文彦　たからぎ　ふみひこ(1920～ 노동운동가)
輔仁親王　すけひと　しんのう(1073～1119)
宝蔵院胤栄　ほうぞういん　いんえい
(1521～1607 병법가)
普寂　ふじゃく(1707～81 승려)
保田与重郎　やすだ　よじゅうろう
(1910～81 평론가)
宝井其角　たからい　きかく(＝榎本其角)
宝井馬琴　たからい　ばきん(1852～1928 야담가)
普済国師　ふさい　こくし(＝夢窓疎石)
菩提僊那　ぼだい　せんな(704～60 승려)
普照　ふしょう(奈良시대, 승려)
宝篋院　ほうきょういん(＝足利義詮)

福岡弥五四郎　ふくおか　やごしろう
(江戸중기, 배우·가부키狂言 작가)
福岡孝弟　ふくおか　たかちか(1835～1919 정치가)
伏見宮博恭　ふしみのみや　ひろやす
(1875～1946 황족·해군원수)
伏見宮貞愛　ふしみのみや　さだなる
(1858～1925 황족·육군원수)
伏見天皇　ふしみ　てんのう(1265～1317)
福内鬼外　ふくうち　きがい(＝平賀源内)
福島慎太郎　ふくしま　しんたろう
(1907～87 외교관·新聞人)
福島安正　ふくしま　やすまさ(1852～1919 육군대장)
福島正則　ふくしま　まさのり(1561～1624 大名)
福来友吉　ふくらい　ともきち(1869～1952 심령학자)
福本日南　ふくもと　にちなん
(1857～1921 저널리스트·역사평론가)
福本和夫　ふくもと　かずお
(1894～1983 마르크스주의 이론가)
服部嘉香　はっとり　よしか(1886～1975 시인)
卜部兼倶　うらべ　かねとも(＝吉田兼倶)
卜部兼文　うらべ　かねふみ(鎌倉중기, 神道家)
卜部兼方　うらべ　かねかた(鎌倉중기, 神道家)
卜部兼好　うらべ　かねよし(＝吉田兼好)
服部金太郎　はっとり　きんたろう
(1860～1934 실업가)
服部南郭　はっとり　なんかく(1683～1759 유학자)
服部達　はっとり　たつ(1922～56 평론가)
服部嵐雪　はっとり　らんせつ(1654～1707 俳人)
服部良一　はっとり　りょういち(1907～ 작곡가)
服部栗斎　はっとり　りっさい(1736～1800 유학자)
服部撫松　はっとり　ぶしょう(1842～1908 만필가)
服部四郎　はっとり　しろう(1908～ 언어학자)
服部蘇門　はっとり　そもん(1724～69 유학자)
服部伸　はっとり　しん(1880～1974 浪曲家·야담가)
服部安休　はっとり　あんきゅう(1619～81 神道家)
服部英太郎　はっとり　えいたろう
(1899～1965 경제학자)
服部宇之吉　はっとり　うのきち
(1867～1939 동양철학자)
服部因淑　はっとり　いんしゅく(1752～？ 바둑기사)
服部中庸　はっとり　なかつね(1757～1824 국학자)
服部之総　はっとり　しそう(1901～56 역사가)
服部卓四郎　はっとり　たくしろう
(1901～60 육군대령)
服部土芳　はっとり　どほう(1657～1730 俳人)
卜部平麻呂　うらべのひらまろ(807～81 역술가)
福士幸次郎　ふくし　こうじろう(1889～1946 시인)
福永健司　ふくなが　けんじ(1910～88 정치가)
福永武彦　ふくなが　たけひこ(1918～79 소설가)
福永三十郎　ふくなが　さんじゅうろう
(1721～74 義人)
伏屋素狄　ふせや　そてき(1747～1811 의학자)
伏屋重賢　ふせや　しげたか(？～1693 부농)
福羽美静　ふくば　びせい(1831～1907 국학자)
福羽逸人　ふくば　はやと(1856～1921 원예가)
福原麟太郎　ふくはら　りんたろう
(1894～1981 영문학자)
福原五岳　ふくはら　ごがく(1730～99 화가)
福原越後　ふくはら　えちご(1815～64 志士)

福原有信　ふくはら　ありのぶ(1848～1924 실업가)
福田規矩雄　ふくだ　きくお(明治시대, 낭인)
福田赳夫　ふくだ　たけお(1905～ 정치가)
福田徳三　ふくだ　とくぞう(1874～1930 경제학자)
福田篤泰　ふくだ　とくやす(1906～ 정치가)
福田半香　ふくだ　はんこう(1804～64 화가)
福田復　ふくだ　ふく(1806～58 수학자)
福田秀一　ふくだ　ひでいち(1839～70 志士)
福田雅太郎　ふくだ　まさたろう (1866～1932 육군대장)
福田英子　ふくだ　ひでこ (1865～1927 여성해방운동가)
福田一　ふくだ　はじめ(1902～ 정치가)
福田正夫　ふくだ　まさお(1893～1952 시인)
福田清人　ふくだ　きよと(1904～ 소설가·평론가)
福田平八郎　ふくだ　へいはちろう (1892～1974 일본화가)
福田豊四郎　ふくだ　とよしろう(1904～70 일본화가)
福田恆存　ふくだ　つねあり(1912～ 평론가·희작자)
福田行誡　ふくだ　ぎょうかい(1809～88 승려)
福井謙一　ふくい　けんいち(1918～ 화학자)
福井久蔵　ふくい　きゅうぞう (1867～1951 국문학자)
福井利吉郎　ふくい　りきちろう (1886～1972 미술사학자)
福井茂兵衛　ふくい　もへえ(1860～1930 신파배우)
福住正兄　ふくずみ　まさえ(1824～92 농정가)
福地桜痴　ふくち　おうち(＝福地源一郎)
福地源一郎　ふくち　げんいちろう (1841～1906 저널리스트)
福沢桃介　ふくざわ　とうすけ(1868～1938 실업가)
福沢諭吉　ふくざわ　ゆきち (1835～1901 계몽사상가)
福沢一郎　ふくざわ　いちろう(1898～ 서양화가)
伏姫　ふせひめ(작품)

본

本間光輝　ほんま　みつてる(1854～1922 대지주)
本間久雄　ほんま　ひさお (1886～1981 평론가·영문학자)
本間四郎三郎　ほんま　しろうさぶろう (1732～1801 부농·거상)
本間雅晴　ほんま　まさはる(1887～1946 육군중장)
本間精一郎　ほんま　せいいちろう(1834～62 志士)
本間棗軒　ほんま　そうけん(1804～72 의사)
本間琢斎　ほんま　たくさい(1812～91 금속세공사)
本間太郎右衛門　ほんま　たろうえもん (1693～1752 농민봉기지도자)
本間憲一郎　ほんま　けんいちろう (1889～1959 국가주의자)
本康親王　もとやす　しんのう(？～901)
本居内遠　もとおり　うちとお(1792～1855 국학자)
本居大平　もとおり　おおひら(1756～1833 국학자)
本居宣長　もとおり　のりなが(1730～1801 국학자)
本居長世　もとおり　ながよ(1885～1945 작곡가)
本居春庭　もとおり　はるにわ(1763～1828 국학자)
本多光太郎　ほんだ　こうたろう (1870～1954 물리학자)
本多錦吉郎　ほんだ　きんきちろう (1850～1921 서양화가)
本多利明　ほんだ　としあき(1743～1820 경세가)
本多利長　ほんだ　としなが(1635～92 大名)
本多市郎　ほんだ　いちろう(1895～1959 정치가)
本多庸一　ほんだ　よういち (1848～1912 기독교지도자)
本多熊太郎　ほんだ　くまたろう (1874～1948 외교관)
本多貞吉　ほんだ　ていきち(1766～1819 도공)
本多静六　ほんだ　せいろく(1866～1952 임학자)
本多正純　ほんだ　まさずみ(1565～1637 大名)
本多正信　ほんだ　まさのぶ(1538～1616 무장)
本多精一　ほんだ　せいいち(1871～1920 저널리스트)
本多政材　ほんだ　まさき(1889～1964 육군중장)
本多秋五　ほんだ　しゅうご(1908～ 평론가)
本多忠利　ほんだ　ただとし(1635～1700 大名)
本多忠勝　ほんだ　ただかつ(1548～1610 大名)
本多忠政　ほんだ　ただまさ(1575～1631 大名)
本多忠籌　ほんだ　ただかず(1739～1812 老中)
本多忠次　ほんだ　ただつぐ(1547～1612 무사)
本多平八郎　ほんだ　へいはちろう(＝本多忠勝)
本木良永　もとき　よしなが(1735～94 蘭学者)
本木良意　もとき　りょうい(1628～97 통역사)
本木庄左衛門　もとき　しょうざえもん (1767～1822 서양학자)
本木昌造　もとき　しょうぞう(1824～75 통역사)
本山彦一　もとやま　ひこいち (1853～1932 신문사 경영자)
本山荻舟　もとやま　てきしゅう(1881～1958 수필가)
本山政雄　もとやま　まさお(1910～ 교육학자)
本城安太郎　ほんじょう　やすたろう (1860～1918 낭인)
本松斎一鯨　ほんしょうさい　いっけい (？～1847 꽃꽂이 연구가)
本松斎一得　ほんしょうさい　いっとく (1718～1820 꽃꽂이 연구가)
本松斎一甫　ほんしょうさい　いっぽ (？～1872 꽃꽂이 연구가)

本阿弥光甫　ほんあみ　こうほ(1601~82 공예가)
本阿弥光悦　ほんあみ　こうえつ
(1558~1637 예술가)
本野一郎　もとの　いちろう(1862~1918 외교관)
本願寺光佐　ほんがんじ　こうさ(＝顕如光佐)
本因坊道策　ほんいんぼう　どうさく
(1645~1702 바둑의 名家)
本因坊算砂　ほんいんぼう　さんさ
(1558~1623 승려)
本因坊算悦　ほんいんぼう　さんえつ
(1611~58 바둑의 名家)
本因坊秀甫　ほんいんぼう　しゅうほ
(1838~86 바둑의 名家)
本因坊秀悦　ほんいんぼう　しゅうえつ
(1850~90 바둑의 名家)
本因坊秀栄　ほんいんぼう　しゅうえい
(1852~1907 바둑의 名家)
本因坊秀元　ほんいんぼう　しゅうげん
(1855~1917 바둑의 名家)
本因坊秀哉　ほんいんぼう　しゅうさい
(1874~1940 바둑의 名家)
本庄陸男　ほんじょう　むつお(1905~39 소설가)
本庄繁　ほんじょう　しげる(1876~1945 육군대장)
本荘繁長　ほんじょう　しげなが(1539~1613 무장)
本庄栄治郎　ほんじょう　えいじろう
(1888~1973 일본경제사학자)
本庄義胤　ほんじょう　よしたね
(江戸후기, 금속공예가)
本荘助三郎　ほんじょう　すけさぶろう
(江戸전기, 공익사업가)
本庄宗秀　ほんじょう　むねひで(1809~73 老中)
本庄宗資　ほんじょう　むねすけ(1629~99 大名)
本荘重政　ほんじょう　しげまさ(?~1676 경세가)
本田宗一郎　ほんだ　そういちろう
(1906~ 기술자·실업가)
本郷亘　ほんごう　わたる(1645~1725 발명가)
本郷新　ほんごう　しん(1905~80 조각가)
本郷村善九郎　ほんごうむら　ぜんくろう
(?~1774 농민봉기지도자)

봉

鳳谷五郎　おおとり　たにごろう(1887~1956 力士)
鳳潭　ほうたん(1654~1738 승려)
蓬萊山人　ほうらい　さんじん(江戸후기, 문인)
峰尾節堂　みねお　せつどう(1885~1919 승려)
蜂須賀家政　はちすか　いえまさ(1559~1638 무장)
蜂須賀茂韶　はちすか　もちあき
(1846~1918 정치가)
蜂須賀正勝　はちすか　まさかつ(1526~86 무장)
蜂須賀至鎮　はちすか　よししげ(1586~1620 大名)
峰宿　ほうしゅく(平安중기, 승려)
蜂屋茂橘　はちや　もきつ(1795~1873 국학자)
峰地光重　みねじ　みつしげ(1890~1968 교육운동가)
蓬春門院　ほうしゅんもんいん(1604~85 후궁)
峰春泰　みね　しゅんたい(1746~93 의학자)
逢沢寛　あいざわ　かん(1888~1982 정치가)

부

富岡鉄斎　とみおか　てっさい(1836~1924 일본화가)
富樫政親　とがし　まさちか(1455~88 무장)
富樫泰高　とがし　やすたか(室町중기, 무장)
富谷鉎太郎　とみや　しょうたろう
(1856~1936 관료)
扶公　ふこう(?~1035 승려)
富崎春昇　とみざき　しゅんしょう
(1880~1958 地唄 연주자)
富吉栄二　とみよし　えいじ
(1899~1954 사회운동가·정치가)
富島松五郎　とみしま　まつごろう(작품)
副島種臣　そえじま　たねおみ(1828~1905 정치가)
富本豊前掾　とみもと　ぶぜんのじょう
(1733~81 常磐津節의 太夫)
富本憲吉　とみもと　けんきち(1886~1963 도예가)
富士谷成章　ふじたに　なりあきら
(1738~79 국학자)
富士谷御杖　ふじたに　みつえ(1768~1823 국학자)
富士松加賀太夫　ふじまつ　かがだゆう
(＝富士松魯中)
富士松魯中　ふじまつ　ろちゅう
(1797~1861 新内節의 대가)
富士松薩摩掾　ふじまつ　さつまのじょう
(1686~1757 新内節의 대가)
富士松紫朝　ふじまつ　しちょう
(1827~1902 新内節의 대가)
富士田吉次　ふじた　きちじ(?~1771 長唄의 대가)
富士田音蔵　ふじた　おとぞう
(?~1827 長唄의 대가)
富士田楓江　ふじた　ふうこう(＝富士田吉次)
富士川游　ふじかわ　ゆう(1865~1940 의학자)
富森助右衛門　とみもり　すけえもん
(1670~1703 志士)
富松正安　とまつ　まさやす(1849~86 자유민권가)

夫神村半平　おがみむら　はんぺい
(1725〜63 농민봉기지도자)
夫神村浅之丞　おがみむら　あさのじょう
(1705〜63 농민봉기지도자)
富安風生　とみやす　ふうせい(1885〜1979 俳人)
お富・与三郎　おとみ・よさぶろう(작품)
富永謙斎　とみなが　けんさい(＝富永仲基)
富永恭次　とみなが　きょうじ(1892〜1960 육군중장)
富永有隣　とみなが　ゆうりん(1821〜1900 志士)
富永仲基　とみなが　なかもと(1715〜46 유학자)
富永惣一　とみなが　そういち(1902〜80 미술평론가)
富永太郎　とみなが　たろう(1901〜25 시인)
富永平兵衛　とみなが　へいべえ
(江戸전기, 가부키狂言 작가)
富田健治　とみた　けんじ(1897〜1977 정치가)
富田渓仙　とみた　けいせん(1879〜1936 일본화가)
富田高慶　とみた　こうけい(1814〜90 농정가)
敷田年治　しきだ　としはる(1817〜1902 국학자)
富田常雄　とみた　つねお(1904〜67 소설가)
富田常次郎　とみた　つねじろう
(1865〜1937 유도인)
富田砕花　とみた　さいか(1890〜1984 歌人・시인)
浮田一蕙　うきた　いっけい(1795〜1859 화가・志士)
富田才治　とみた　さいじ(?〜1772 민중봉기지도자)
富田鉄之助　とみた　てつのすけ
(1835〜1916 실업가)
富田幸次郎　とみた　こうじろう
(1872〜1938 정치가)
浮田和民　うきた　かずたみ(1859〜1945 정치학자)
斧定九郎　おの　さだくろう(작품)
富井政章　とみい　まさあき(1858〜1935 민법학자)
浮舟　うきふね(작품)
富川吟雪　とみかわ　ぎんせつ
(江戸중・후기, 풍속화가・회작자)
富村勘右衛門　とみむら　かんえもん
(?〜1725 밀수업자)
富沢赤黄男　とみざわ　かきお(1902〜62 俳人)

北館大学　きただて　だいがく(江戸전기, 농정가)
北大路魯山人　きたおおじ　ろさんじん
(1883〜1959 도예가)
北代誠弥　きただい　せいや(1896〜1986 은행가)
北島見信　きたじま　けんしん(江戸중기, 천문학자)
北島吉蔵　きたじま　きちぞう(1904〜23 사회운동가)
北島雪山　きたじま　せつざん
(1636〜97 서예가・유학자)
北島織衛　きたじま　おりえ(1905〜80 실업가)
北杜夫　きた　もりお(1927〜 소설가)
北昤吉　きた　れいきち(1885〜1961 학자・정치가)
北陸宮　ほくりくのみや(1165〜1230 왕자)
北里柴三郎　きたざと　しばさぶろう
(1852〜1931 세균학자)
北尾政美　きたお　まさよし(1764〜1824 풍속화가)
北尾政演　きたお　まさのぶ(＝山東京伝)
北尾重政　きたお　しげまさ(1739〜1820 풍속화가)
北尾次郎　きたお　じろう
(1853〜1907 기상학자・물리학자)
北方心泉　きたかた　しんせん
(1850〜1904 승려・학자)
北白川宮能久親王　きたしらかわのみや　よしひさしんのう(＝能久親王)
北山友松　きたやま　ゆうしょう(?〜1701 의학자)
北山院　きたやまいん(?〜1419 장군의 아내)
北森嘉蔵　きたもり　かぞう(1916〜 기독교신학자)
北小路昂　きたこうじ　たかし
(1908〜65 교육가・정치가)
北野鞠塢　きたの　きくう(1762〜1831 본초학자)
北垣国道　きたがき　くにみち(1836〜1916 관료)
北園克衛　きたぞの　かつえ(1902〜78 시인)
北原武夫　きたはら　たけお(1907〜73 소설가)
北原白秋　きたはら　はくしゅう
(1885〜1942 시인・歌人)
北原泰作　きたはら　たいさく
(1906〜81 지역해방운동가)
北一輝　きた　いっき(1883〜1937 국가사회주의자)
北斎　ほくさい(＝葛飾北斎)
北畠具教　きたばたけ　とものり(1528〜76 무장)
北畠具行　きたばたけ　ともゆき(1290〜1332 公卿)
北畠道龍　きたばたけ　どうりゅう
(1820〜1907 승려・법률가)
北畠満雅　きたばたけ　みつまさ(?〜1428 무장)
北田薄氷　きただ　うすらい(1876〜1900 소설가)
北畠治房　きたばたけ　はるふさ(1833〜1921 志士)
北畠親房　きたばたけ　ちかふさ(1293〜1354 公卿)
北畠八穂　きたばたけ　やお(1903〜82 소설가)
北畠顕家　きたばたけ　あきいえ
(1318〜38 公卿・무장)
北畠顕能　きたばたけ　あきよし(南北朝시대, 무장)
北畠顕信　きたばたけ　あきのぶ(?〜1380 무장)
北畠顕泰　きたばたけ　あきやす(南北朝시대, 무장)
北政所　きたのまんどころ(＝高台院)
北条綱成　ほうじょう　つなしげ(1516〜87 무장)
北条兼時　ほうじょう　かねとき(1264〜95 무장)
北条高時　ほうじょう　たかとき(1303〜33 무장)
北条久時　ほうじょう　ひさとき(1272〜1307 무장)
北条団水　ほうじょう　だんすい(1663〜1711 俳人)

北条民雄　ほうじょう　たみお(1914〜37 소설가)
北条秀司　ほうじょう　ひでじ(1902〜 희작자)
北条守時　ほうじょう　もりとき(＝赤橋守時)
北条時頼　ほうじょう　ときより(1227〜63 무장)
北条時房　ほうじょう　ときふさ(1175〜1240 무장)
北条時氏　ほうじょう　ときうじ(1203〜30 무장)
北条時益　ほうじょう　ときます(？〜1333 무장)
北条時政　ほうじょう　ときまさ(1138〜1215 執権)
北条時宗　ほうじょう　ときむね(1251〜84 무장)
北条時直　ほうじょう　ときなお(鎌倉후기, 무장)
北条時村　ほうじょう　ときむら(1242〜1305 무장)
北条時行　ほうじょう　ときゆき(？〜1353 무장)
北条実時　ほうじょう　さねとき(＝金沢実時)
北条実政　ほうじょう　さねまさ(1249〜1302 무장)
北条氏康　ほうじょう　うじやす(1515〜71 무장)
北条氏綱　ほうじょう　うじつな(1486〜1541 무장)
北条氏規　ほうじょう　うじのり(1545〜1600 무장)
北条氏房　ほうじょう　うじふさ(1563〜93 무장)
北条氏盛　ほうじょう　うじもり(1577〜1608 무장)
北条氏勝　ほうじょう　うじかつ(1559〜1611 무장)
北条氏長　ほうじょう　うじなが(1609〜70 병법가)
北条氏政　ほうじょう　うじまさ(1538〜90 大名)
北条氏朝　ほうじょう　うじとも(1669〜1735 大名)
北条氏照　ほうじょう　うじてる(1540〜90 무장)
北条氏直　ほうじょう　うじなお(1562〜91 大名)
北条英時　ほうじょう　ひでとき(＝赤橋英時)
北条維貞　ほうじょう　これさだ(＝大仏維貞)
北条義時　ほうじょう　よしとき(1163〜1224 執権)
北条義政　ほうじょう　よしまさ(1242〜81 무장)
北条一雄　ほうじょう　かずお(＝福本和夫)
北条長時　ほうじょう　ながとき(1229〜64 무장)
北条長氏　ほうじょう　ながうじ(＝北条早雲)
北条貞時　ほうじょう　さだとき(1271〜1311 무장)
北条政子　ほうじょう　まさこ(1157〜1225 정치가)
北条貞将　ほうじょう　さだまさ(＝金沢貞将)
北条貞直　ほうじょう　さだなお(＝大仏貞直)
北条政村　ほうじょう　まさむら(1205〜73 무장)
北条貞顕　ほうじょう　さだあき(＝金沢貞顕)
北条早雲　ほうじょう　そううん(1432〜1519 무장)
北条宗宣　ほうじょう　むねのぶ(＝大仏宗宣)
北条仲時　ほうじょう　なかとき(1306〜33 지방관)
北条重時　ほうじょう　しげとき(1198〜1261 무장)
北条泰時　ほうじょう　やすとき(1183〜1242 執権)
北条霞亭　ほうじょう　かてい(1780〜1823 유학자)
北条顕時　ほうじょう　あきとき(1248〜1301 무장)
北条浩　ほうじょう　ひろし(1923〜81 종교가)
北川冬彦　きたがわ　ふゆひこ(1900〜 시인)
北川民次　きたがわ　たみじ(1894〜1989 서양화가)
北川千代　きたがわ　ちよ(1894〜1965 아동문학가)
北添佶摩　きたぞえ　きつま(1835〜64 志士)
北村季吟　きたむら　きぎん
(1624〜1705 국학자·俳人)
北村季晴　きたむら　すえはる(1872〜1931 작곡가)
北村校尉　きたむら　こうじょう(1682〜1729 병법가)
北村久寿雄　きたむら　くすお(1917〜 수영선수)
北村徳太郎　きたむら　とくたろう
(1886〜1968 정치가)
北村四海　きたむら　しかい(1871〜1927 조각가)
北村西望　きたむら　せいぼう(1884〜1987 조각가)
北村義貞　きたむら　よしさだ(1839〜99 志士)
北村透谷　きたむら　とうこく
(1868〜94 평론가·시인)
北沢楽天　きたざわ　らくてん(1876〜1955 만화가)
北沢伴助　きたざわ　ばんすけ
(1796〜1884 민중봉기지도자)
北沢新次郎　きたざわ　しんじろう
(1887〜1980 경제학자·사회운동가)
北浦千太郎　きたうら　せんたろう
(1901〜61 사회주의자)
北風六右衛門　きたかぜ　ろくえもん
(江戸중기, 거상)
北風彦太郎　きたかぜ　ひこたろう(江戸전기, 상인)
北風正造　きたかぜ　しょうぞう(1834〜95 상인)
北向道陳　きたむき　どうちん(1504〜62 피혁상인)
北脇昇　きたわき　のぼる(1901〜51 서양화가)
北の湖敏満　きたのうみ　としみつ(1953〜 力士)

分部光嘉　わけべ　みつよし(1552〜1601 무장)

仏光国師　ぶっこう　こくし(＝無学祖元)
仏御前　ほとけ　ごぜん(작품)
不知火諾右衛門　しらぬい　だくえもん
(1801〜54 力士)
仏哲　ぶってつ(8세기, 승려)
不破内親王　ふわ　ないしんのう(8세기)
不破伴左衛門　ふわ　ばんざえもん(작품)
不破数右衛門　ふわ　かずえもん(1670〜1703 志士)

붕

棚橋小虎　たなはし　ことら
(1889～1973 노동운동가·정치가)
棚橋源太郎　たなはし　げんたろう
(1869～1961 교육가)
棚橋寅五郎　たなはし　とらごろう
(1866～1955 실업가)
棚橋絢子　たなはし　あやこ(1839～1939 교육가)
朋誠堂喜三二　ほうせいどう　きさんじ
(1735～1813 희작자·狂歌師)

비

比嘉秀平　ひが　しゅうへい
(1901～56 琉球정부 행정주석)
比嘉乗昌　ひが　じょうしょう(江戸중기, 칠기공예가)
比嘉春潮　ひが　しゅんちょう(1883～1977 역사학자)
肥君猪手　ひのきみのいて(7세기 말, 지방관료)
比企能員　ひき　よしかず(？～1203 무장)
比企尼　ひきのあま(源頼朝의 유모)
飛島文吉　とびしま　ぶんきち(1876～1939 실업가)
飛来一閑　ひらい　いっかん(1578～1657 칠기공예가)
卑弥呼　ひみこ(3세기, 여왕)
肥富　こいとみ(室町시대, 상인)
鼻山人　びさんじん(1790～1858 희작자)
飛田穂洲　とびた　すいしゅう
(1886～1965 야구선수·감독)
比田井天来　ひだい　てんらい(1872～1939 서예가)
肥前忠吉　ひぜん　ただよし(1572～1632 刀工)
飛鳥部常典　あすかべのつねのり(平安중기, 화가)
飛鳥田一雄　あすかた　いちお(1915～90 정치가)
飛鳥井雅経　あすかい　まさつね(1170～1221 歌人)
飛鳥井雅世　あすかい　まさよ
(1390～1452 公卿·歌人)
飛鳥井雅章　あすかい　まさあき(1611～79 公卿)
飛鳥井雅親　あすかい　まさちか
(1417～90 公卿·歌人)
飛鳥皇女　あすかのひめみこ(？～700)
肥塚龍　こいずか　りょう(1848～1920 정치가)
飛騨屋久兵衛　ひだや　きゅうべえ
(1674～1728 상인)

빈

浜岡光哲　はまおか　こうてつ(1853～1936 실업가)
浜口陽三　はまぐち　ようぞう(1909～ 판화가)
浜口梧陵　はまぐち　ごりょう
(1820～85 정치가·실업가)
浜口雄彦　はまぐち　かつひこ(1896～1976 실업가)
浜口雄幸　はまぐち　おさち(1870～1931 정치가)
浜口儀兵衛　はまぐち　ぎへえ(1874～1962 실업가)
浜尾新　はまお　あらた(1849～1925 교육학자)
浜松歌国　はままつ　うたくに
(1776～1827 가부키 狂言 작가)
浜野矩随　はまの　のりゆき(1736～87 금속공예가)
浜野茂　はまの　しげる(1852～1914 투기 상인)
浜野定四郎　はまの　さだしろう
(1845～1909 영어학자)
浜野政随　はまの　しょうずい
(1696～1769 금속공예가)
浜田健次郎　はまだ　けんじろう
(1860～1918 실업가)
浜田耕作　はまだ　こうさく(1881～1938 고고학자)
浜田広介　はまだ　ひろすけ(1893～1973 동화작가)
浜田国松　はまだ　くにまつ(1868～1939 정치가)
浜田国太郎　はまだ　くにたろう
(1873～1958 노동운동가)
浜田弥兵衛　はまだ　やひょうえ
(江戸전기, 해외무역상)
浜田洒堂　はまだ　しゃどう(江戸중기, 俳人)
浜田彦蔵　はまだ　ひこぞう(1836～97 무역상)
浜田庄司　はまだ　しょうじ(1894～1978 도예가)
浜田珍碩　はまだ　ちんせき(＝浜田洒堂)
浜田玄達　はまだ　げんたつ(1854～1915 의학자)

빙

氷上志計志麻呂　ひかみのしけしまろ
(平安초기, 관료)
氷上川継　ひかみのかわつぎ(平安초기, 관료)

人

사

四家文子　よつや　ふみこ(1906～81 알토가수)
師岡千代子　もろおか　ちよこ(1875～1960 幸徳秋水의 처)
寺崎広業　てらさき　こうぎょう(1866～1919 일본화가)
寺内万治郎　てらうち　まんじろう(1890～1964 서양화가)
寺内寿一　てらうち　ひさいち(1879～1946 육군원수)
寺内正毅　てらうち　まさたけ(1852～1919 육군원수)
捨女　すてじょ(＝田捨女)
士曇　しどん(＝乾峰士曇)
寺島健　てらしま　けん(1882～1972 해군중장·정치가)
寺島良安　てらしま　りょうあん(江戸중기, 의사)
寺島宗則　てらしま　むねのり(1834～93 외교관)
寺島忠三郎　てらじま　ちゅうざぶろう(1843～64 志士)
写楽　しゃらく(＝東洲斎写楽)
師錬　しれん(＝虎関師錬)
仕立屋銀次　したてや　ぎんじ(1866～1935 소매치기)
司馬江漢　しば　こうかん(1738～1818 서양화가·蘭学者)
司馬達等　しばのたちと(6세기, 기술자)
司馬遼太郎　しば　りょうたろう(1923～ 소설가)
司馬凌海　しば　りょうかい(1839～79 의학자)
司馬芝叟　しば　しそう(江戸후기, 浄瑠璃·가부키 작가)
司蛮　しばん(？～1710 승려)
謝名利山　じゃな　りざん(1545～1611 지방관료)
寺門静軒　てらかど　せいけん(1796～1868 유학자)
沙弥満誓　しゃみ　まんせい(＝笠麻呂)
寺尾寿　てらお　ひさし(1855～1923 천문학자)
寺尾豊　てらお　ゆたか(1898～1972 정치가)
寺尾亨　てらお　とおる(1858～1925 법학자)
四方龍文　しかた　りゅうぶん(1732～98 주물기술자)
四方赤良　しかた　あから, よものあから(＝大田南畝)
四方好町　よものよしまち(＝鹿都部真顔)
寺本立軒　てらもと　りっけん(1650～1730 地誌学者)
寺山修司　てらやま　しゅうじ(1935～83 歌人·희작자)
寺西封元　てらにし　たかもと(1749～1827 지방관)
四書屋加助　ししょのや　かすけ(＝五井持軒)
寺西元栄　てらにし　もとなが(1782～1840 국학자)
師信　もろのぶ(＝菱川師信)
四辻善成　よつつじ　よしなり(1326～1402 公卿)
似我与左衛門　じが　よざえもん(1506～80 국악인)
糸屋随右衛門　いとや　ずいえもん(？～1662 무역상)
士雲　しうん(＝南山士雲)
似雲　じうん(1673～1753 歌人·승려)
砂原格　すなはら　かく(1902～72 정치가)
砂原美智子　すなはら　みちこ(1923～87 소프라노 가수)
舎人親王　とねり　しんのう(？～735 정치가)
獅子文六　しし　ぶんろく(1893～1969 소설가)
寺田法念　てらだ　ほうねん(鎌倉후기, 家人)
寺田寅彦　てらだ　とらひこ(1878～1935 물리학자)
寺田精一　てらだ　せいいち(1884～1922 심리학자)
砂田重政　すなだ　しげまさ(1884～1957 정치가)
寺田透　てらだ　とおる(1915～ 평론가·불문학자)
蓑田胸喜　みのだ　むねき(1894～1946 국가주의자)
寺井久信　てらい　ひさのぶ(1887～1958 실업가)
四条宮下野　しじょうのみや　しもつけ(平安후기, 歌人)
四条頼基　しじょう　よりもと(鎌倉중기, 무사)
四条隆謌　しじょう　たかうた(1828～98 公卿)
四条隆房　しじょう　たかふさ(1148～1209 歌人)
四条隆蔭　しじょう　たかかげ(1295～1364 公卿)
四条隆資　しじょう　たかすけ(1292～1352 公卿)
四条天皇　しじょう　てんのう(1231～42)
四竈孝輔　しかま　こうすけ(1876～1937 해군중장)
砂川捨丸　すながわ　すてまる(1890～1971 만담가)

司忠　　つかさ　ただし(1893～1986 실업가)
思託　　したく(奈良시대, 승려)
寺沢堅高　　てらざわ　かたたか(1609～47 大名)
寺沢広高　　てらざわ　ひろたか(1564～1633 大名)
斯波家氏　　しば　いえうじ(鎌倉중기, 무장)
斯波高経　　しば　たかつね(1305～67 무장)
斯波義健　　しば　よしたけ(1435～52 무장)
斯波義廉　　しば　よしかど(室町중기, 무장)
斯波義敏　　しば　よしとし(1435～1508 무장)
斯波義銀　　しば　よしかね(1540～1600 무장)
斯波義将　　しば　よしまさ(1350～1410 무장)
斯波義種　　しば　よしたね(1352～1408 무장)
斯波義重　　しば　よししげ(1371～1418 무장)
斯波義統　　しば　よしむね(？～1554 무장)
斯波貞吉　　しば　ていきち
(1869～1939 저널리스트·정치가)
斯波忠三郎　　しば　ちゅうざぶろう
(1872～1934 공학자)
寺坂吉右衛門　　てらさか　きちえもん
(1665～1747 志士)
糸賀一雄　　いとが　かずお
(1914～68 장애자복지교육가)
謝花昇　　じゃはな　のぼる
(1865～1908 자유민권운동가)
謝花雲石　　じゃはな　うんせき(1883～1975 서예가)

산

山岡万之助　　やまおか　まんのすけ
(1876～1968 형법학자·변호사)
山岡孫吉　　やまおか　まごきち(1888～1962 발명가)
山岡元隣　　やまおか　げんりん(1631～72 俳人)
山岡荘八　　やまおか　そうはち(1907～78 소설가)
山岡重厚　　やまおか　しげあつ(1882～1954 육군중장)
山岡鉄舟　　やまおか　てっしゅう(1836～88 정치가)
山階芳麿　　やましな　よしまろ(1900～89 조류학자)
山高しげり　　やまたか　しげり
(1899～1977 여성운동가·정치가)
山科教成　　やましな　のりしげ(1177～1239 公卿)
山科実教　　やましな　さねのり(1150～1227 公卿)
山科言経　　やましな　ときつね(1543～1611 公卿)
山科言継　　やましな　ときつぐ(1507～79 公卿)
山科言国　　やましな　ときくに(1452～1503 公卿)
山口孤剣　　やまぐち　こけん
(1882～1920 사회주의자)
山口官兵衛　　やまぐち　かんべえ
(1642～1716 治水家)
山口吉郎　　やまぐち　きちろう(1892～1988 광산학자)
山口吉郎兵衛　　やまぐち　きちろべえ
(1883～1951 은행가)
山口吉右衛門　　やまぐち　きちえもん
(？～1757 농민봉기지도자)
山口蓬春　　やまぐち　ほうしゅん
(1893～1971 일본화가)
山口誓子　　やまぐち　せいし(1901～ 俳人)
山口雪渓　　やまぐち　せっけい(1644～1732 화가)
山口素堂　　やまぐち　そどう(1642～1716 俳人)
山口素臣　　やまぐち　もとおみ(1846～1904 육군대장)
山口素絢　　やまぐち　そけん(1759～1818 화가)
山口淑子　　やまぐち　よしこ(1920～ 여배우·정치가)
山口市左衛門　　やまぐち　いちざえもん
(？～1757 농민봉기지도자)
山口義一　　やまぐち　ぎいち(1888～1935 정치가)
山口正弘　　やまぐち　まさひろ(？～1600 무장)
山口青邨　　やまぐち　せいそん(＝山口吉郎)
山口華楊　　やまぐち　かよう(1899～1984 일본화가)
山口薫　　やまぐち　かおる(1907～68 서양화가)
山口喜久一郎　　やまぐち　きくいちろう
(1897～1981 정치가)
山口喜三郎　　やまぐち　きさぶろう
(1874～1947 실업가)
山国兵部　　やまぐに　ひょうぶ(1793～1865 志士)
山極勝三郎　　やまぎわ　かつさぶろう
(1863～1930 병리학자)
山根与右衛門　　やまね　よえもん
(1718～1800 사회문제연구가)
山根銀二　　やまね　ぎんじ(1906～82 음악평론가)
山崎匡輔　　やまざき　きょうすけ
(1888～1963 토목공학자)
山崎今朝弥　　やまざき　けさや(1877～1954 변호사)
山崎達之輔　　やまざき　たつのすけ
(1880～1948 관료·정치가)
山崎楽堂　　やまざき　がくどう(1885～1944 건축가)
山崎龍　　やまざき　りゅう(江戸중기, 풍속화가)
山崎猛　　やまざき　たけし(1886～1957 정치가)
山崎美成　　やまざき　よししげ(1797～1856 잡학가)
山崎夫八郎　　やまざき　ぶはちろう
(1786～1845 농업개혁가)
山崎巌　　やまざき　いわお(1894～1968 관료)
山崎闇斎　　やまざき　あんさい
(1618～82 유학자·神道家)
山崎延吉　　やまざき　のぶきち(1873～1954 농정가)
山崎紫紅　　やまざき　しこう(1875～1939 희작자)
山崎宗鑑　　やまざき　そうかん
(1465～1553 連歌師·俳人)
山崎種二　　やまざき　たねじ(1893～1983 재계인)
山崎直方　　やまざき　なおまさ(1870～1929 지리학자)
山内経俊　　やまのうち　つねとし(＝首藤経俊)

山内道慶　やまのうち　みちよし(江戸중기, 양잠업자)
山内道恒　やまのうち　みちつね(江戸중기, 양잠업자)
山内篤処　やまのうち　とくしょ(1835〜85 교육가)
山内得立　やまのうち　とくりゅう
(1890〜1982 철학자)
山内四郎左衛門　やまのうち　しろうざえもん
(江戸전기, 연초업자)
山内甚之丞　やまのうち　じんのじょう
(1695〜1778 篤農家)
山内容堂　やまのうち　ようどう(＝山内豊信)
山内一豊　やまのうち　かずとよ(1546〜1605 무장)
山内一豊妻　やまのうち　かずとよのつま
(＝見性院)
山内忠義　やまのうち　ただよし(1592〜1664 大名)
山内忠豊　やまのうち　ただとよ(1609〜69 大名)
山内豊信　やまのうち　とよしげ(1827〜72 大名)
山代巴　やましろ　ともえ(1912〜 소설가)
山道襄一　やまじ　じょういち(1882〜1941 정치가)
山東京山　さんとう　きょうざん(1769〜1858 희작자)
山東京伝　さんとう　きょうでん(1761〜1816 희작자)
山嵐　やまあらし(작품)
山路愛山　やまじ　あいざん(1864〜1917 역사평론가)
山路主住　やまじ　ぬしずみ(？〜1772 수학자)
山鹿素行　やまが　そこう(1622〜85 유학자)
山梨稲川　やまなし　とうせん(1771〜1826 유학자)
山梨半造　やまなし　はんぞう(1864〜1944 육군대장)
山梨勝之進　やまなし　かつのしん
(1877〜1967 해군대장)
山名満幸　やまな　みつゆき(？〜1395 무장)
山名師義　やまな　もろよし(1328〜78 무장)
山名時氏　やまな　ときうじ(1303〜71 무장)
山名時熙　やまな　ときひろ(1367〜1435 무장)
山名氏清　やまな　うじきよ(1344〜91 무장)
山名氏幸　やまな　うじゆき(南北朝시대, 무장)
山名義理　やまな　よしまさ(南北朝시대, 무장)
山名義鶴　やまな　よしつる(1891〜1967 사회운동가)
山名義幸　やまな　よしゆき(南北朝시대, 무장)
山名宗全　やまな　そうぜん(＝山名持豊)
山名持豊　やまな　もちとよ(1404〜73 무장)
山姥　やまうば(설화)
山木検校　やまき　けんぎょう(？〜1873 箏曲家)
山木判官兼隆　やまきはんがん　かねたか(＝平兼隆)
山背大兄王　やましろのおおえのおう(？〜643 황자)
山背真作　やましろのまつくり(？〜728 관료)
山辺丈夫　やまべ　たけお(1851〜1920 실업가)
山辺皇女　やまべのひめみこ(？〜686)
山本嘉次郎　やまもと　かじろう(1902〜74 영화감독)
山本覚馬　やまもと　かくま(1828〜92 정치가)
山本勘助　やまもと　かんすけ(？〜1561 무장)
山本健吉　やまもと　けんきち(1907〜88 문예평론가)
山本丘人　やまもと　きゅうじん(1900〜86 일본화가)
山本権兵衛　やまもと　ごんべえ
(1852〜1933 해군대장·정치가)
山本達雄　やまもと　たつお
(1856〜1947 정치가·실업가)
山本滝之助　やまもと　たきのすけ
(1873〜1931 청년운동 지도자)
山本利兵衛　やまもと　りへえ(1688〜1766 蒔絵師)
山本亡羊　やまもと　ぼうよう(1778〜1859 본초학자)
山本梅逸　やまもと　ばいいつ(1783〜1856 화가)
山本芳翠　やまもと　ほうすい(1850〜1906 서양화가)
山本富士子　やまもと　ふじこ(1931〜 여배우)
山本北山　やまもと　ほくざん(1752〜1812 유학자)
山本薩夫　やまもと　さつお(1910〜83 영화감독)
山本常朝　やまもと　つねとも(1659〜1719 학자)
山本瑞雲　やまもと　ずいうん(1867〜1941 조각가)
山本宣治　やまもと　せんじ
(1889〜1929 생물학자·정치가)
山本松之助　やまもと　まつのすけ
(1873〜1936 신문기자)
山本松次郎　やまもと　まつじろう
(1845〜1902 어학자)
山本秀煌　やまもと　ひでてる(1857〜1943 목사)
山本信次郎　やまもと　しんじろう
(1878〜1942 해군소장)
山本新太夫　やまもと　しんだゆう
(1776〜1841 篤農家)
山本実彦　やまもと　さねひこ(1885〜1952 정치가)
山本鷃寮　やまもと　あんりょう(江戸후기, 유학자)
山本安英　やまもと　やすえ(1905〜 신극배우)
山本英輔　やまもと　えいすけ(1876〜1962 해군대장)
山本五十六　やまもと　いそろく
(1884〜1943 해군원수)
山本熊一　やまもと　くまいち(1889〜1963 외교관)
山本有三　やまもと　ゆうぞう
(1887〜1974 소설가·희작자)
山本一清　やまもと　いっせい(1889〜1959 천문학자)
山本長五郎　やまもと　ちょうごろう
(＝清水次郎長)
山本鼎　やまもと　かなえ(1882〜1946 화가)
山本悌二郎　やまもと　ていじろう
(1870〜1937 정치가·실업가)
山本条太郎　やまもと　じょうたろう
(1867〜1936 정치가·실업가)
山本周五郎　やまもと　しゅうごろう
(1903〜67 소설가)
山本晴海　やまもと　はるみ(1804〜67 砲術家)
山本晴幸　やまもと　はるゆき(＝山本勘助)
山本春正　やまもと　しゅんしょう(1610〜82 蒔絵師)
山本忠興　やまもと　ただおき
(1881〜1951 전기공학자)
山本豊市　やまもと　とよいち(1899〜1987 조각가)

山本荷兮 やまもと かけい(1648～1716 俳人)
山本幸彦 やまもと ゆきひこ(1844～1913 정치가)
山本幸一 やまもと こういち
(1910～ 노동운동가·정치가)
山本玄峰 やまもと げんぽう(1865～1961 선승)
山本懸蔵 やまもと けんぞう
(1895～1942 노동운동가)
山本和夫 やまもと かずお(1907～ 시인·아동문학가)
山部赤人 やまべのあかひと(奈良시대, 歌人)
山上武雄 やまがみ たけお(1881～1944 농민운동가)
山上憶良 やまのうえのおくら, **やまのえのおくら**
(660～733 歌人)
山上正義 やまがみ まさよし
(1896～1938 저널리스트)
山上宗二 やまのうえ そうじ(1544～90 거상)
山城屋和助 やましろや わすけ(1836～72 상인)
山城左内 やましろ さない(江戸전기, 浄瑠璃 太夫)
山手樹一郎 やまて きいちろう
(1899～1978 소설가)
山室軍平 やまむろ ぐんぺい(1872～1940 종교가)
山室民子 やまむろ たみこ(1900～81 사회사업가)
山岸徳平 やまぎし とくへい(1894～1987 국문학자)
山野愛子 やまの あいこ(1909～ 미용사)
山野井検校 やまのい けんぎょう
(江戸전기, 三味線 연주자)
山彦源四郎 やまびこ げんしろう
(?～1756 三絃의 名家)
山葉寅楠 やまは とらくす
(1851～1916 양악기 제조업자)
山屋他人 やまや たにん(1866～1940 해군대장)
山羽儀兵 やまば ぎへい(1895～1948 식물학자)
山元藤助 やまもと とうすけ(1830～71 造林家)
山元荘兵衛 やまもと そうべえ
(1795～1856 造林家)
山田検校 やまだ けんぎょう(1757～1817 箏曲家)
山田耕筰 やまだ こうさく(1886～1965 작곡가)
山田敬蔵 やまだ けいぞう(1928～ 마라톤 선수)
杣田光正 そまた みつまさ(1795～1856 칠기공예가)
山田鬼斎 やまだ きさい(1864～1901 조각가)
山田徳兵衛 やまだ とくべえ(1896～1983 실업가)
山田無文 やまだ むもん(1900～88 선승)
山田武甫 やまだ たけとし(1831～93 정치가)
山田美妙 やまだ びみょう
(1868～1910 소설가·시인·평론가)
山田方谷 やまだ ほうこく(1805～77 유학자)
山田三良 やまだ さぶろう(1869～1965 법률학자)
山田盛太郎 やまだ もりたろう
(1897～1980 경제학자)
山田松斎 やまだ しょうさい(1770～1841 유학자)
山田勝次郎 やまだ かつじろう(1897～ 경제학자)
山田亦介 やまだ またすけ(1809～64 軍制개혁자)

山田五十鈴 やまだ いすず(1917～ 여배우)
山田宇右衛門 やまだ うえもん(1813～67 정치가)
山田右衛門作 やまだ うえもんさく
(江戸전기, 기독교도)
山田源次郎 やまだ げんじろう
(1768～1840 농민봉기지도자)
山田乙三 やまだ おとぞう(1881～1965 육군대장)
山田一雄 やまだ かずお(1912～ 지휘자·작곡가)
山田長兵衛 やまだ ちょうべえ(江戸후기, 造林家)
山田長政 やまだ ながまさ(?～1630 타이 이민자)
山田猪三郎 やまだ いさぶろう
(1863～1913 기구·비행선의 선구자)
山田宗徧 やまだ そうへん(1627～1708 다도가)
山田次左衛門 やまだ じざえもん
(1616～73 治水家)
山田清三郎 やまだ せいざぶろう
(1896～ 소설가·평론가)
山田抄太郎 やまだ しょうたろう
(1899～1970 작곡가)
山田春城 やまだ はるき(826～58 학자·관료)
山田顕義 やまだ あきよし
(1844～92 육군중장·정치가)
山田好之 やまだ よしゆき(江戸중기, 농학자)
山田孝野次郎 やまだ こうのじろう
(1908～36 사회운동가)
山田孝雄 やまだ よしお(1873～1958 국어학자)
山井崑崙 やまのい こんろん(1681～1728 유학자)
山際正道 やまぎわ まさみち
(1901～75 관료·일본은행 총재)
山際七司 やまぎわ しちし(1849～91 정치가)
山中鹿之介 やまなか しかのすけ(=山中幸盛)
山中峯太郎 やまなか みねたろう
(1885～1966 아동문학가)
山中成太郎 やまなか なりたろう(1824～95 志士)
山中新十郎 やまなか しんじゅうろう
(1818～77 거상)
山中為綱 やまなか ためつな(?～1681 정치가)
山中毅 やまなか つよし(1939～ 수영선수)
山中貞雄 やまなか さだお(1909～38 영화감독)
山中幸盛 やまなか ゆきもり(1545～78 무장)
山之口貘 やまのくち ばく(1903～63 시인)
山之内仰西 やまのうち ごうさい(?～1698 篤農家)
山川健 やまかわ たける(1892～1944 관료)
山川健次郎 やまかわ けんじろう
(1854～1931 물리학자)
山川菊栄 やまかわ きくえ
(1890～1980 여성운동가·평론가)
山川均 やまかわ ひとし(1880～1958 사회주의자)
山川登美子 やまかわ とみこ(1879～1909 歌人)
山川良一 やまかわ りょういち(1891～1982 실업가)
山川方夫 やまかわ まさお(1930～65 소설가)

山川秀峰　やまかわ　しゅうほう (1898～1944 일본화가)
山椒大夫　さんしょう　だゆう(전설)
山村耕花　やまむら　こうか(1886～1942 일본화가)
山村暮鳥　やまむら　ぼちょう(1884～1924 시인)
山村松庵　やまむら　しょうあん(?～1658 도공)
山村新治郎　やまむら　しんじろう (1908～64 정치가)
山村才助　やまむら　さいすけ(1770～1807 서양학자)
山村昌永　やまむら　しょうえい(＝山村才助)
山村通庵　やまむら　つうあん(1671～1751 의사)
山片蟠桃　やまがた　ばんとう(1748～1821 학자)
山浦貫一　やまうら　かんいち (1893～1967 정치평론가)
山浦玄蕃　やまうら　げんば(?～1654 기독교도)
山下亀三郎　やました　かめさぶろう (1867～1944 실업가)
山下徳治　やました　とくじ(1892～1965 교육가)
山下奉文　やました　ともゆき(1885～1946 육군대장)
山下新太郎　やました　しんたろう (1881～1966 서양화가)
山下義韶　やました　よしあき(1865～1935 유도인)
山下清　やました　きよし(1922～71 화가)
山下太郎　やました　たろう(1889～1967 실업가)
山下幸内　やました　こうない(江戸중기, 낭인)
山幸彦　やまさちひこ(＝彦火火出見尊)
山県大弐　やまがた　だいに(1725～67 勤王家)
山県大華　やまがた　たいか(1781～1866 유학자)
山県勝見　やまがた　かつみ (1902～76 정치가·실업가)
山県有朋　やまがた　ありとも (1838～1922 육군원수·정치가)
山県周南　やまがた　しゅうなん(1687～1752 유학자)
山脇東門　やまわき　とうもん(1736～82 한의사)
山脇東洋　やまわき　とうよう(1705～62 한의사)
山脇房子　やまわき　ふさこ(1867～1935 교육가)
山脇信徳　やまわき　しんとく(1886～1952 서양화가)
山脇正隆　やまわき　まさたか(1886～1974 육군대장)
山脇玄　やまわき　げん(1849～1925 법학자·정치가)
山花秀雄　やまはな　ひでお (1904～87 노동운동가·정치가)

薩摩侍従　さつま　じじゅう(＝島津義弘)
薩摩浄雲　さつま　じょううん (1595～1672 浄瑠璃 太夫)
薩摩治郎八　さつま　じろはち(1901～76 저술가)
薩摩治兵衛　さつま　じへえ(1831～1900 상인)
薩埵徳軒　さった　とくけん(1778～1836 心学者)

森可成　もり　よしなり(1523～70 무장)
森恪　もり　かく, もり　つとむ (1882～1932 정치가)
三角寛　みすみ　かん(1903～71 소설가)
三角錫子　みすみ　すずこ(1872～1921 교육가)
森岡守成　もりおか　もりしげ(1869～1945 육군대장)
森岡昌純　もりおか　まさずみ(1833～98 실업가)
森岡幸夫　もりおか　ゆきお(?～1878 국학자)
三谷隆正　みたに　たかまさ(1889～1944 법철학자)
三谷三九郎　みたに　さんくろう(江戸시대, 환전상)
森恭三　もり　きょうぞう(1907～84 저널리스트)
森寛斎　もり　かんさい(1814～94 일본화가)
三光坊　さんこうぼう(室町시대, 탈 제작자)
森広蔵　もり　こうぞう(1873～1944 재계인)
森槐南　もり　かいなん(1863～1911 漢詩人)
森宏一　もり　こういち(1901～ 철학자)
三橋検校　みつはし　けんぎょう(?～1760 箏曲家)
森鷗外　もり　おうがい(1862～1922 군의관·소설가)
三国彦作　みくに　ひこさく (江戸전·중기, 가부키 배우)
三宮四郎　さんのみや　しろう(1897～1973 실업가)
三宮吾郎　さんのみや　ごろう(1899～1961 실업가)
三鬼隆　みき　たかし(1892～1952 실업가)
森近運平　もりちか　うんぺい (1881～1911 사회주의자)
三島勘左衛門　みしま　かんざえもん (1749～1832 기행문작가)
三島徳七　みしま　とくしち(1893～1975 금속공학자)
森島万蔵　もりしま　まんぞう(＝桂川甫粲)
三島弥彦　みしま　やひこ(1885～1954 스포츠 선수)
森島守人　もりしま　もりと(1896～1975 외교관)
三島雅夫　みしま　まさお(1906～73 신극배우)
三島由紀夫　みしま　ゆきお (1925～70 소설가·희작자)
三島一　みしま　はじめ(1897～1973 동양사학자)
杉道助　すぎ　みちすけ(1884～1964 실업가)
三嶋中洲　みしま　ちゅうしゅう(1830～1919 한학자)
三島通良　みしま　みちよし (1866～1925 학교위생연구가)
森嶋通夫　もりしま　みちお(1923～ 경제학자)
三島通陽　みしま　みちはる

(1897～1965 소년단 지도자)
三島通庸　みしま　みちつね(1835～88 관료)
森羅万象　しんら　ばんしょう(＝桂川甫粲)
森蘭丸　もり　らんまる(1565～82 무사)
お三輪　おみわ(작품)
三輪常次郎　みわ　つねじろう
(1886～1963 실업가)
三輪寿壮　みわ　じゅそう
(1894～1956 변호사·사회운동가)
三輪逆　みわのさかう(？～586 대신)
三輪田元綱　みわだ　もとつな(1828～79 志士)
三輪田真佐子　みわた　まさこ(1843～1927 교육가)
三輪執斎　みわ　しっさい(1669～1744 유학자)
三輪休雪　みわ　きゅうせつ(1615～1705 도공)
森律子　もり　りつこ(1890～1961 여배우)
三笠宮崇仁　みかさのみや　たかひと(1915～ 皇子)
森立之　もり　りっし(1807～85 의학자)
三木勘兵衛　みき　かんべえ(幕末期，개척자)
三木鶏郎　みき　とりろう(1914～ 작곡가·방송작가)
三木露風　みき　ろふう(1889～1964 시인)
三木武吉　みき　ぶきち(1884～1956 정치가)
三木武夫　みき　たけお(1907～88 정치가)
杉木茂左衛門　すぎき　もざえもん
(？～1686 농민봉기지도자)
三木稔　みき　みのる(1930～ 작곡가)
三木静次郎　みき　しずじろう
(1893～1936 사회운동가)
三木竹二　みき　たけじ(1867～1908 연극평론가)
三木清　みき　きよし(1897～1945 철학자)
三木治朗　みき　じろう
(1885～1963 노동운동가·정치가)
三藐院信尹　さんみゃくいん　のぶただ
(＝近衛信尹)
三門博　みかど　ひろし(1907～ 浪曲家)
森芳雄　もり　よしお(1908～ 서양화가)
森繁久弥　もりしげ　ひさや(1913～ 배우)
三保木儀左衛門　みほき　ぎざえもん
(1731～89 가부키 배우)
杉本健吉　すぎもと　けんきち(1905～ 화가)
杉本京太　すぎもと　きょうた(1882～1972 발명가)
杉本良吉　すぎもと　りょうきち(1907～39 연출가)
森本六爾　もりもと　ろくじ(1903～36 고고학자)
杉本茂十郎　すぎもと　もじゅうろう
(江戸후기, 상공인)
杉本栄一　すぎもと　えいいち
(1901～52 이론경제학자)
杉本直治郎　すぎもと　なおじろう
(1890～1973 역사학자)
杉本惣太郎　すぎもと　そうたろう
(江戸후기, 민중봉기지도자)
杉本忠恵　すぎもと　ちゅうけい(1618～89 의사)
森本薫　もりもと　かおる(1912～46 희작자)
三富朽葉　みとみ　きゅうよう(1889～1917 시인)
三四郎　さんしろう(작품)
森山啓　もりやま　けい(1904～ 소설가·시인)
杉山金太郎　すぎやま　きんたろう
(1875～1973 실업가)
杉山寧　すぎやま　やすし(1909～ 일본화가)
森山多吉郎　もりやま　たきちろう
(1820～71 통역사)
杉山丹後掾　すぎやま　たんごのじょう
(江戸전기, 浄瑠璃의 시조)
杉山六蔵　すぎやま　ろくぞう(1890～1947 해군중장)
杉山茂丸　すぎやま　しげまる(1864～1935 정치가)
杉山弥一郎　すぎやま　やいちろう(1824～61 志士)
森山芳平　もりやま　よしへい(1854～1915 방직업자)
杉山杉風　すぎやま　さんぷう(1647～1732 俳人)
杉山松介　すぎやま　まつすけ(1838～64 志士)
森山鋭一　もりやま　えいいち(1894～1956 관료)
杉山元　すぎやま　はじめ(1880～1945 육군원수)
杉山元治郎　すぎやま　もとじろう
(1885～1964 농민운동가)
杉山長谷夫　すぎやま　はせお(1889～1952 작곡가)
杉山直治郎　すぎやま　なおじろう
(1878～1966 법학자)
杉山平助　すぎやま　へいすけ(1895～1946 평론가)
杉山平八　すぎやま　へいはち
(江戸중기, 가부키 배우)
杉山和一　すぎやま　わいち(1613～94 침구사)
森山孝盛　もりやま　たかもり(1738～1815 旗本)
杉山孝子　すぎやま　たかこ(＝石上露子)
森山欽司　もりやま　きんじ(1917～87 정치가)
三上参次　みかみ　さんじ(1865～1939 역사학자)
三上於菟吉　みかみ　おときち(1891～1944 소설가)
三上英夫　みかみ　ひでお(1890～1982 실업가)
三上義夫　みかみ　よしお(1875～1950 数学史家)
三上千那　みかみ　せんな(1651～1723 俳人)
三上卓　みかみ　たく(1905～71 국가주의자)
杉生十右衛門　すぎゅう　じゅうえもん
(1767～1830 정치가)
三善康連　みよし　やすつら
(1193～1256 재판소 서기관)
三善康信　みよし　やすのぶ
(1140～1221 재판소 서기관)
三善康有　みよし　やすあり(1228～90 재판소 서기관)
三善康俊　みよし　やすとし
(1167～1238 재판소 서기관)
三善康持　みよし　やすもち(1206～57 재판소 서기관)
三船久蔵　みふね　きゅうぞう(1884～1966 유도인)
三船敏郎　みふね　としろう(1920～ 영화배우)
森銑三　もり　せんぞう(1895～1985 서지학자)
三善為康　みよしのためやす(1049～1139 문인)

三善清行　みよし　きよゆき(847〜918 학자·관료)
三善晃　みよし　あきら(1933〜 작곡가)
三笑亭可楽　さんしょうてい　からく
(？〜1833 만담가)
三勝・半七　さんかつ・はんしち(설화)
三升屋二三治　みますや　にそうじ
(1785〜1856 가부키狂言 작가)
三室戸敬光　みむろど　ゆきみつ(1872〜1956 귀족)
森雅之　もり　まさゆき(1911〜73 배우)
杉贋阿弥　すぎ　がんあみ(1870〜1917 연극평론가)
三岸好太郎　みぎし　こうたろう(1903〜34 서양화가)
森岩雄　もり　いわお(1899〜1978 영화제작자)
杉野芳子　すぎの　よしこ(1892〜78 디자이너)
三野王　みののおおきみ(？〜708 관료)
三野村利左衛門　みのむら　りざえもん
(1821〜77 실업가)
杉野喜精　すぎの　きせい(1870〜1939 실업가)
三淵忠彦　みぶち　ただひこ(1880〜1950 판사)
森永貞一郎　もりなが　ていいちろう
(1910〜86 관료·은행가)
森永太一郎　もりなが　たいちろう
(1865〜1937 실업가)
森英恵　もり　はなえ(1926〜 의상디자이너)
三要　さんよう(＝閑室元佶)
三原脩　みはら　おさむ(1911〜84 프로야구선수·감독)
三原王　みはらおう(？〜752 관료)
杉原荒太　すぎはら　あらた(1899〜1982 정치가)
森有礼　もり　ありのり(1847〜89 정치가)
森有節　もり　ゆうせつ(1808〜82 도공)
森有正　もり　ありまさ(1911〜76 불문학자·철학자)
三遊亭歌笑　さんゆうてい　かしょう
(1919〜50 만담가)
三遊亭金馬　さんゆうてい　きんば
(1894〜1964 만담가)
三遊亭円生　さんゆうてい　えんしょう
(1768〜1838 만담가)
三遊亭円右　さんゆうてい　えんう
(1861〜1924 만담가)
三遊亭円遊　さんゆうてい　えんゆう
(1849〜1907 만담가)
三遊亭円朝　さんゆうてい　えんちょう
(1839〜1900 만담가)
三人吉三　さんにん　きちさ(작품)
森一鳳　もり　いっぽう(1798〜1871 화가)
三日月お仙　みかずき　おせん(작품)
森長可　もり　ながよし(1558〜84 大名)
森狙仙　もり　そせん(1747〜1821 화가)
杉田久女　すぎた　ひさじょ(1890〜1946 俳人)
森田久右衛門　もりた　きゅうえもん
(1641〜1715 도공)
杉田立卿　すぎた　りっけい(1786〜1845 蘭医)

杉田伯元　すぎた　はくげん(1763〜1833 蘭医)
森田思軒　もりた　しけん
(1861〜97 저널리스트·문학가)
杉田成卿　すぎた　せいけい(1817〜59 蘭学者)
森田悟由　もりた　ごゆう(1834〜1915 선승)
森田節斎　もりた　せっさい(1811〜68 유학자·志士)
三田浄久　さんだ　じょうきゅう(1608〜88 俳人)
森田正馬　もりた　まさたけ(1874〜1938 정신의학자)
杉田定一　すぎた　ていいち(1851〜1929 정치가)
三田定則　みた　さだのり(1876〜1950 법의학자)
森田草平　もりた　そうへい(1881〜1949 소설가)
三田村四郎　みたむら　しろう(1906〜64 노동운동가)
三田村鳶魚　みたむら　えんぎょ
(1870〜1952 수필가)
森田治郎兵衛　もりた　じろべえ
(江戸중기, 직물기술자)
森田恒友　もりた　つねとも(1881〜1933 서양화가)
三田幸夫　みた　ゆきお(1900〜91 등산가)
杉田玄端　すぎた　げんたん(1818〜89 蘭医)
杉田玄白　すぎた　げんぱく(1733〜1817 蘭医)
三井高利　みつい　たかとし(1622〜94 거상)
三井高房　みつい　たかふさ(1684〜1748 거상)
三井高福　みつい　たかよし(1808〜85 실업가)
三井高富　みつい　たかとみ(1654〜1709 거상)
三井高平　みつい　たかひら(1653〜1737 거상)
杉靖三郎　すぎ　やすさぶろう(1906〜 의학자)
三井殊法　みつい　しゅほう(1590〜1676 상인)
森正蔵　もり　しょうぞう(1900〜53 신문기자)
三井親和　みつい　しんな(1700〜82 서예가·무술가)
三井八郎次郎　みつい　はちろうじろう
(1849〜1919 실업가)
三条西季知　さんじょうにし　すえとも
(1811〜80 公卿)
三条西公条　さんじょうにし　きんえだ
(1487〜1563 公卿·학자)
三条西実隆　さんじょうにし　さねたか
(1455〜1537 公卿·학자)
三条実量　さんじょう　さねかず(1415〜83 公卿)
三条実万　さんじょう　さねつむ(1802〜59 公卿)
三条実美　さんじょう　さねとみ(1837〜91 정치가)
三条天皇　さんじょう　てんのう(976〜1017)
森宗意軒　もり　そういけん
(？〜1638 농민봉기 지도자)
森竹竹市　もりたけ　たけいち(1902〜76 アイヌ歌人)
三重采女　みえのうねめ(記紀)
三枝博音　さいぐさ　ひろと
(1892〜1963 철학자·과학사가)
三枝斐子　さいぐさ　あやこ(1759〜？ 문학가)
森枳園　もり　きえん(＝森立之)
森直長　もり　なおなが(1839〜61 志士)
森川竹窓　もりかわ　ちくそう

(1763～1830 서예가·전각가)
森川許六　もりかわ　きょろく(1656～1715 俳人)
森徹山　もり　てっさん(1775～1841 화가)
森清子　もり　きよこ(1833～72 歌人)
森矗昶　もり　のぶてる(1884～1941 실업가)
杉村隆　すぎむら　たかし(1926～ 생화학자)
森村市左衛門　もりむら　いちざえもん
(1839～1919 실업가)
杉村陽太郎　すぎむら　ようたろう
(1884～1939 외교관)
杉村濬　すぎむら　ふかし(1848～1906 외교관)
杉村直記　すぎむら　なおき(1741～1808 정치가)
杉村楚人冠　すぎむら　そじんかん
(1872～1945 저널리스트)
杉村春子　すぎむら　はるこ(1909～ 신극 배우)
森丑之助　もり　うしのすけ(1877～1926 대만연구가)
森春濤　もり　しゅんとう(1818～88 漢詩人)
森忠政　もり　ただまさ(1570～1634 大名)
三宅剛一　みやけ　ごういち(1895～1982 철학자)
三宅観瀾　みやけ　かんらん(1674～1718 유학자)
三宅光治　みやけ　みつはる(1881～1945 육군중장)
三宅克己　みやけ　かつみ(1874～1954 서양화가)
三宅寄斎　みやけ　きさい(1580～1649 유학자)
三宅董庵　みやけ　とうあん(1814～59 의학자)
三宅万年　みやけ　まんねん(＝三宅石庵)
三宅亡羊　みやけ　ぼうよう(＝三宅寄斎)
三宅米吉　みやけ　よねきち(1860～1929 고고학자)
三宅瓶斎　みやけ　へいさい(1801～60 농정가)
三宅尚斎　みやけ　しょうさい(1662～1741 유학자)
三宅石庵　みやけ　せきあん(1665～1730 유학자)
三宅雪嶺　みやけ　せつれい(1860～1945 평론가)
三宅嘯山　みやけ　しょうざん(1718～1801 유학자)
三宅友信　みやけ　とものぶ(1806～86 蘭学者)
三宅雄二郎　みやけ　ゆうじろう(＝三宅雪嶺)
三宅義信　みやけ　よしのぶ(1939～ 역도선수)
三宅やす子　みやけ　やすこ(1890～1932 소설가)
三宅正一　みやけ　しょういち(1900～82 농민운동가)
三宅正太郎　みやけ　しょうたろう
(1887～1949 관료)
三宅周太郎　みやけ　しゅうたろう
(1892～1967 연극평론가)
三宅片鉄　みやけ　へんてつ(＝三宅友信)
三宅花圃　みやけ　かほ(1868～1943 소설가)
三土忠造　みつち　ちゅうぞう(1871～1948 정치가)
三波春夫　みなみ　はるお(1923～ 가수)
杉浦啓一　すぎうら　けいいち
(1897～1942 노동운동가)
三浦謹之助　みうら　きんのすけ
(1864～1950 의학자)
三浦梅園　みうら　ばいえん(1723～89 철학자)
三浦命助　みうら　めいすけ
(1820～64 민중봉기지도자)
杉浦明平　すぎうら　みんぺい(1913～ 소설가)
杉浦非水　すぎうら　ひすい(1876～1965 도안가)
杉浦乗意　すぎうら　じょうい(1701～61 금속공예가)
三浦時高　みうら　ときたか(1416～94 무장)
三浦新七　みうら　しんしち(1877～1947 문명사가)
三浦按針　みうら　あんじん(1564～1620 항해사)
三浦梧楼　みうら　ごろう
(1846～1926 육군중장·정치가)
三浦梧門　みうら　ごもん(1809～60 화가)
三浦為春　みうら　ためはる(1573～1652 대중소설가)
三浦義同　みうら　よしあつ(？～1516 무장)
三浦義明　みうら　よしあき(1092～1180 무사)
三浦義一　みうら　ぎいち
(1898～1971 국가사회주의자)
三浦義村　みうら　よしむら(？～1239 무장)
三浦一雄　みうら　くにお(1896～1963 정치가)
三浦樗良　みうら　ちょら(1729～80 俳人)
三浦貞連　みうら　さだつら(南北朝시대, 무장)
三浦浄心　みうら　じょうしん
(1565～1644 대중소설가)
三浦周行　みうら　ひろゆき(1871～1931 역사학자)
杉浦重剛　すぎうら　じゅうごう
(1855～1924 국수주의자)
杉浦真崎　すぎうら　まさき(1690～1754 歌人)
三浦徹　みうら　とおる(1850～1925 목사)
杉浦翠子　すぎうら　すいこ(1891～1960 歌人)
三浦泰村　みうら　やすむら(？～1247 무장)
三浦環　みうら　たまき(1884～1946 소프라노 가수)
森下博　もりした　ひろし(1869～1943 실업가)
森下雨村　もりした　うそん(1890～1965 소설가)
三河町半七　みかわちょうのはんしち(작품)
森幸太郎　もり　こうたろう(1889～1964 정치가)
森脇將光　もりわき　まさみつ(1900～ 금융업자)
杉亨二　すぎ　こうじ(1828～1917 통계학자)
三好達治　みよし　たつじ(1900～64 시인)
三好想山　みよし　しょうざん(？～1850 문필가)
三好松洛　みよし　しょうらく
(1669～？ 浄瑠璃 작가)
三好十郎　みよし　じゅうろう
(1902～58 시인·희작자)
三好義継　みよし　よしつぐ(？～1573 무장)
三好伊平次　みよし　いへいじ
(1873～1969 지역개혁운동가)
三好長慶　みよし　ながよし(1522～64 무장)
三好重夫　みよし　しげお(1898～1982 관료)
森戸辰男　もりと　たつお(1888～1984 사회학자)
三好退蔵　みよし　たいぞう(1845～1908 관료)
森横谷　もり　おうこく(1805～72 유학자)
森暁　もり　さとる(1907～82 실업가)
森喜作　もり　きさく(1908～77 버섯 재배연구가)

渋江長伯　しぶえ　ちょうはく(1760～？ 본초학자)
渋江抽斎　しぶえ　ちゅうさい(1805～58 의사)
渋谷伊予作　しぶや　いよさく(1842～64 志士)
渋谷定輔　しぶや　ていすけ
(1905～89 농민운동가·시인)
渋谷天外　しぶや　てんがい
(1906～83 희극배우·각본가)
渋井太室　しぶい　たいしつ(1720～88 유학자)
渋川景佑　しぶかわ　かげすけ(1787～1856 천문학자)
渋川六蔵　しぶかわ　ろくぞう(1815～51 暦学者)
渋川満頼　しぶかわ　みつより(1372～1446 무장)
渋川伴五郎　しぶかわ　ばんごろう
(1652～1704 유도인)
渋川義俊　しぶかわ　よしとし(1382～1434 무장)
渋川春海　しぶかわ　はるみ(＝安井算哲)
渋川玄耳　しぶかわ　げんじ(1872～1926 저술가)
渋沢敬三　しぶさわ　けいぞう(1896～1963 실업가)
渋沢栄一　しぶさわ　えいいち(1840～1931 실업가)
渋沢喜作　しぶさわ　きさく(1838～1912 실업가)

上甲米太郎　じょうこう　よねたろう
(1902～ 교육실천가)
上岡胆治　かみおか　たんじ(1822～64 志士)
常康親王　つねやす　しんのう(？～869)
尚健　しょう　けん(1818～？ 琉球国 섭정)
尚敬　しょう　けい(1700～49 琉球国 국왕)
常光院　じょうこういん(1584～1635 장군의 첩)
尚寧　しょう　ねい(1564～1620 琉球国 국왕)
霜多正次　しもた　せいじ(1913～ 소설가)
上島鬼貫　うえしま　おにつら，かみしま　おにつら(1661～1738 俳人)
桑島主計　くわじま　しゅけい(1884～1958 외교관)
上東門院　じょうとうもんいん(988～1074 황후)
常騰　じょうとう(740～815 승려)
相楽総三　さがら　そうぞう(1839～68 志士)
相良頼俊　さがら　よりとし(鎌倉후기, 무장)
相良守峯　さがら　もりお(1895～1989 독문학자)
相良長頼　さがら　ながより(1177～1254 무장)
相良長毎　さがら　ながつね(1574～1636 大名)
常陸坊海尊　ひたちぼう　かいそん(전설)
常陸山谷右衛門　ひたちやま　たにえもん
(1874～1922 力士)
上里春生　うえざと　しゅんせい
(1902～39 사회운동가·시인)
上林暁　かんばやし　あかつき(1902～80 소설가)
相馬大作　そうま　だいさく(＝下斗米秀之進)
相馬半治　そうま　はんじ(1869～1946 실업가)
相馬師常　そうま　もろつね(1139～1205 무장)
相馬愛蔵　そうま　あいぞう(1870～1954 실업가)
相馬御風　そうま　ぎょふう(1883～1950 시인)
相馬永胤　そうま　ながたね(1850～1924 실업가)
相馬義胤　そうま　よしたね(1548～1635 무장)
相馬一郎　そうま　いちろう(1902～40 노동운동가)
相馬重胤　そうま　しげたね(？～1337 무장)
相馬哲平　そうま　てっぺい(1833～1921 실업가)
相馬親胤　そうま　ちかたね(南北朝시대, 무장)
相馬泰三　そうま　たいぞう(1885～1952 소설가)
相馬黒光　そうま　こっこう(1876～1955 수필가)
上毛野大川　かみつけぬのおおかわ(奈良시대, 관료)
上毛野三千　かみつけぬのみち(？～681 관료)
上毛野穎人　かみつけぬのかいひと(平安초기, 관료)
上毛野形名　かみつけぬのかたな(7세기 초, 무장)
桑木厳翼　くわき　げんよく(1874～1946 철학자)
桑木彧雄　くわき　あやお(1878～1945 물리학자)
常盤光長　ときわ　みつなが(平安후기, 화가)
常盤大定　ときわ　だいじょう
(1870～1945 불교학자)
常盤御前　ときわ　ごぜん(1137～？ 무장의 아내)
常盤井宮　ときわいのみや(1303～51 황자)
常磐津兼太夫　ときわず　かねだゆう
(1756～99 常磐津節의 太夫)
常磐津林中　ときわず　りんちゅう
(1842～1906 常磐津節의 太夫)
常磐津文字兵衛　ときわず　もじべえ
(1839～1905 三味線 연주자)
常磐津文字太夫　ときわず　もじだゆう
(？～1781 常磐津節의 太夫)
常磐津小文字太夫　ときわず　こもじだゆう
(1733～81 常磐津節의 太夫)
常磐津松尾太夫　ときわず　まつおだゆう
(1875～1947 常磐津節의 太夫)
尚思紹　しょう　ししょう(？～1421 琉球国 국왕)
上司小剣　かみつかさ　しょうけん
(1874～1947 소설가)
上山満之進　かみやま　みつのしん
(1869～1938 정치가)
桑山玉洲　くわやま　ぎょくしゅう(1746～99 화가)
霜山精一　しもやま　せいいち(1884～1975 판사)
上山草人　かみやま　そうじん(1884～1954 영화배우)

上杉謙信　うえすぎ　けんしん(1530～78 무장)
上杉景勝　うえすぎ　かげかつ(1555～1623 무장)
上杉景虎　うえすぎ　かげとら(1553～79 무장)
上杉教朝　うえすぎ　のりとも(室町전기, 무장)
峠三吉　とうげ　さんきち(1917～53 시인)
上杉能憲　うえすぎ　よしのり(1333～78 무장)
上杉茂憲　うえすぎ　もちのり
(1844～1919 귀족·관료)
上杉房能　うえすぎ　ふさよし(?～1507 무장)
上杉房顕　うえすぎ　ふさあき(1434～66 무장)
上杉禅秀　うえすぎ　ぜんしゅう(＝上杉氏憲)
上杉慎吉　うえすぎ　しんきち(1878～1929 헌법학자)
上杉氏憲　うえすぎ　うじのり(?～1417 무장)
上杉鷹山　うえすぎ　ようざん(1751～1822 大名)
上杉定実　うえすぎ　さだざね(?～1550 무장)
上杉定正　うえすぎ　さだまさ(1443～94 무장)
上杉斉定　うえすぎ　なりさだ(1788～1839 大名)
上杉斉憲　うえすぎ　なりのり(1820～89 大名)
上杉朝良　うえすぎ　ともよし(?～1518 무장)
上杉朝房　うえすぎ　ともふさ(?～1371 무장)
上杉朝定　うえすぎ　ともさだ(1525～46 무장)
上杉朝宗　うえすぎ　ともむね(1339～1414 무장)
上杉朝興　うえすぎ　ともおき(1488～1537 무장)
上杉重能　うえすぎ　しげよし(?～1349 무장)
上杉重房　うえすぎ　しげふさ(鎌倉중기, 무장)
上杉重定　うえすぎ　しげさだ(1720～98 大名)
上杉持房　うえすぎ　もちふさ(室町전기, 무장)
上杉持朝　うえすぎ　もちとも(1416～67 무장)
上杉清子　うえすぎ　きよこ(?～1342 무장의 아내)
上杉治憲　うえすぎ　はるのり(＝上杉鷹山)
上杉憲基　うえすぎ　のりもと(1392～1418 무장)
上杉憲方　うえすぎ　のりかた(1335～94 무장)
上杉憲房　うえすぎ　のりふさ(?～1336 무장)
上杉憲実　うえすぎ　のりざね(1411～66 무장)
上杉憲政　うえすぎ　のりまさ(1523～79 무장)
上杉憲春　うえすぎ　のりはる(?～1379 무장)
上杉憲忠　うえすぎ　のりただ(1433～54 무장)
上杉憲顕　うえすぎ　のりあき(1306～68 무장)
上杉顕能　うえすぎ　あきよし(南北朝시대, 무장)
上杉顕房　うえすぎ　あきふさ(1435～55 무장)
上杉顕定　うえすぎ　あきさだ(1454～1510 무장)
上杉輝虎　うえすぎ　てるとら(＝上杉謙信)
相生由太郎　あいおい　よしたろう
(1867～1930 실업가)
祥瑞　しょうずい(＝呉祥瑞)
上西門院　じょうさいもんいん(1126～89 황녀)
尚順　しょう　じゅん(1873～1945 신문사 경영자)
相阿弥　そうあみ(?～1525 화가)
上野景範　うえの　かげのり(1844～88 외교관)
上野道輔　うえの　みちすけ(1888～1962 회계학자)
上野理一　うえの　りいち(1848～1920 신문사 경영자)
上野岩太郎　うえの　いわたろう
(1867～1925 저널리스트)
上野彦馬　うえの　ひこま(1838～1904 사진사)
上野英三郎　うえの　えいざぶろう
(1871～1925 농학자)
上野精一　うえの　せいいち(1882～1970 실업가)
上野俊之丞　うえの　としのじょう
(1791～1852 과학자)
上野直昭　うえの　なおてる
(1882～1973 미학자·미술사학자)
桑楊庵光　そうようあん　ひかる(1753～96 狂歌師)
尚円　しょう　えん(1415～76 琉球国 왕통수립자)
上原六四郎　うえはら　ろくしろう
(1848～1913 음악이론가)
桑原武夫　くわばら　たけお(1904～88 불문학자)
上原信雄　うえはら　のぶお(1897～ 나병퇴치운동가)
上原勇作　うえはら　ゆうさく(1856～1933 육군원수)
上原熊次郎　うえはら　くまじろう
(江戸후기, 통역사)
上原専禄　うえはら　せんろく(1899～1975 역사학자)
桑原隲蔵　くわばら　じつぞう
(1870～1931 동양사학자)
上原真佐喜　うえはら　まさき(1869～1933 箏曲家)
相応　そうおう(831～918 승려)
常田角左衛門　つねた　かくざえもん
(1693～1711 민중봉기지도자)
上田広　うえだ　ひろし(1905～66 소설가)
上田及淵　うえだ　しきのぶ(1819～79 국학자)
箱田六輔　はこだ　ろくすけ
(1850～85 자유민권운동가)
桑田立斎　くわた　りゅうさい(1811～68 의사)
上田萬年　うえだ　かずとし(1867～1937 언어학자)
上田茂樹　うえだ　しげき(1899～1932 사회운동가)
上田茂右衛門　うえだ　もえもん(1769～1853 학자)
上田敏　うえだ　びん(1874～1916 시인)
上田百樹　うえだ　ももき(江戸중·후기, 국학자)
桑田熊蔵　くわた　くまぞう
(1868～1932 사회정책학자)
上田唯郎　うえだ　ただろう(1904～ 저널리스트)
上田音市　うえだ　おといち
(1897～ 사회운동가·농민운동가)
桑田義備　くわた　よしなり(1882～1981 식물학자)
上田仁　うえだ　まさし(1904～66 지휘자)
上田作之丞　うえだ　さくのじょう
(1787～1864 유학자·경세가)
上田庄三郎　うえだ　しょうざぶろう
(1894～1958 교육평론가)
上田貞次郎　うえだ　ていじろう
(1879～1940 경제학자)
上田重良　うえだ　しげよし(1862～1915 저널리스트)
上田重秀　うえだ　しげひで(江戸초기, 무예가)

上田哲農　うえだ　てつのう(1911〜70 화가)
上田秋成　うえだ　あきなり
(1734〜1809 희작자·국학자)
上田春荘　うえだ　しゅんそう
(1784〜1873 식산흥업가)
上井覚兼　うわい　かくけん(1545〜89 무장)
上条嘉門次　かみじょう　かもんじ
(1847〜1918 등산가이드)
上条愛一　かみじょう　あいいち
(1894〜1969 노동운동가·정치가)
相州正宗　そうしゅう　まさむね(=正宗)
相州貞宗　そうしゅう　さだむね(=貞宗)
尚真　しょう　しん(1465〜1526 琉球国 국왕)
床次竹二郎　とこなみ　たけじろう
(1866〜1935 관료·정치가)
相川道之助　あいかわ　みちのすけ(1900〜 실업가)
相川勝六　あいかわ　かつろく(1891〜1973 정치가)
上泉伊勢守　かみいずみ　いせのかみ, **こういずみ いせのかみ**(戦国시대, 검객)
相川春喜　あいかわ　はるき
(1909〜53 저술가·사회운동가)
上村松園　うえむら　しょうえん
(1875〜1949 일본화가)
上村松篁　うえむら　しょうこう(1902〜 일본화가)
上村彦之丞　かみむら　ひこのじょう
(1849〜1916 해군대장)
上村源之丞　うえむら　げんのじょう
(江戸전기, 인형극 연출가)
上村仁右衛門　かみむら　にえもん(?〜1807 義人)
上村進　かみむら　すすむ
(1883〜1969 사회운동가·변호사)
尚泰　しょう　たい(1841〜1901 琉球国 국왕)
尚泰久　しょう　たいきゅう(1410〜68 琉球国 국왕)
上沢謙二　うえさわ　けんじ(1890〜 아동문학가)
相沢三郎　あいざわ　さぶろう(1889〜1936 육군중령)
相沢重明　あいざわ　しげあき(1910〜81 노동운동가)
相沢忠洋　あいざわ　ただひろ(1926〜89 고고학자)
尚巴志　しょう　はし(1372〜1439 琉球国 국왕)
上坂景重　うえさか　かげしげ(1464〜1516 무장)
上河淇水　うえかわ　きすい(1748〜1817 心学者)

새

璽光尊　じこうそん(1903〜 종교가)

색

色川三中　いろかわ　みなか(1802〜55 국학자)

생

生江東人　いくえのあずまひと(奈良시대, 지방호족)
生江孝之　なまえ　たかゆき(1867〜1957 사회사업가)
生駒雷遊　いこま　らいゆう(1895〜1964 영화변사)
生駒親敬　いこま　ちかゆき(1849〜80 大名)
生駒親正　いこま　ちかまさ(1526〜1603 무장)
生島藤七　いくしま　とうしち(江戸전기, 칠기공예가)
生島新五郎　いくしま　しんごろう
(1671〜1743 가부키 배우)
生西法師　しょうざい　ほっし(鎌倉후기, 악한)
生田検校　いくた　けんぎょう(1655〜1715 箏曲家)
生田万　いくた　よろず(1801〜37 국학자)
生田長江　いくた　ちょうこう(1882〜1936 평론가)
生田春月　いくた　しゅんげつ(1892〜1930 시인)
生田鎬　いくた　こう(1807〜37 열녀)

서

西角井正慶　にしつのい　まさよし
(1900〜71 민속학자·국문학자)
西澗子曇　さいかん　しどん, **せいかん　しどん**
(1249〜1306 선승)
西岡虎之助　にしおか　とらのすけ
(1895〜1970 역사학자)
瑞渓周鳳　ずいけい　しゅうほう
(1391〜1473 선승)
西谷啓治　にしたに　けいじ(1900〜 철학자)
西寛二郎　にし　かんじろう(1846〜1912 육군대장)
西光　さいこう(=藤原師光)
西光万吉　さいこう　まんきち
(1895〜1970 사회·농민운동가)
西口与左衛門　にしぐち　よざえもん
(?〜1781 민중봉기지도자)

西堀栄三郎　にしぼり　えいざぶろう
(1903～89 화학자)
西宮左大臣　にしのみや　さだいじん(＝源高明)
西崎緑　にしざき　みどり(1911～57 무용가)
西念　さいねん(1182～1289 승려)
西大路隆共　にしおおじ　たかとも(1733～93 公卿)
西徳二郎　にし　とくじろう(1847～1912 외교관)
西島葛坡　にしじま　かっぱ(1758～1835 유학자)
西島蘭渓　にしじま　らんけい(1780～1852 유학자)
西道仙　にし　どうせん(1836～1913 사회교육가·의사)
西島八兵衛　にしじま　はちべえ
(1596～1680 농정가)
西東三鬼　さいとう　さんき(1900～62 俳人)
西洞院時慶　にしのとういん　ときよし
(1552～1639 公卿)
西洞院時名　にしのとういん　ときな
(1730～98 公卿)
舒明天皇　じょめい　てんのう(593～641)
西尾末広　にしお　すえひろ(1891～1981 노동운동가)
西尾寿造　にしお　としぞう(1881～1960 육군대장)
西尾実　にしお　みのる(1889～1979 국어학자)
西尾忠尚　にしお　ただなお(1689～1760 大名)
西尾治郎平　にしお　じろうへい(1907～ 농민운동가)
緒方規雄　おがた　のりお(1887～1970 세균학자)
緒方富雄　おがた　とみお(1901～89 혈청학자)
緒方三郎　おがた　さぶろう(전설)
緒方惟準　おがた　これよし(1843～1909 의사)
緒方正規　おがた　まさのり(1853～1919 의학자)
緒方宗哲　おがた　そうてつ(？～1722 유학자)
緒方竹虎　おがた　たけとら(1888～1956 정치가)
緒方知三郎　おがた　ともさぶろう
(1883～1973 의학자)
緒方春朔　おがた　しゅんさく(1748～1810 의학자)
緒方洪庵　おがた　こうあん
(1810～63 蘭学者·의학자)
徐福　じょふく(전설)
西本省三　にしもと　しょうぞう
(1878～1928 중국연구가)
西仏　さいぶつ(1157～1241 승려)
西山英雄　にしやま　ひでお(1911～89 일본화가)
西山夘三　にしやま　うぞう(1911～ 건축학자)
西山宗因　にしやま　そういん(1605～82 俳人)
西山翠嶂　にしやま　すいしょう
(1879～1958 일본화가)
書上順四郎　かきあげ　じゅんしろう
(1847～1912 실업가)
西善三郎　にし　ぜんざぶろう(1717～68 통역사)
鼠小僧　ねずみ　こぞう(1797～1832 도적)
西松三好　にしまつ　みよし(1898～1971 실업가)
西雅雄　にし　まさお(1896～1944 사회운동가)
西野辰吉　にしの　たつきち(1916～ 소설가)

栖原角兵衛　すはら　かくべえ
(江戸후기, 북해도 개척자)
西垣勘四郎　にしがき　かんしろう(1613～93 刀工)
西原亀三　にしはら　かめぞう(1873～1953 실업가)
西原文虎　にしはら　ぶんこ(1790～1855 俳人)
西園寺公経　さいおんじ　きんつね
(1171～1244 公卿)
西園寺公望　さいおんじ　きんもち
(1849～1940 정치가)
西園寺公一　さいおんじ　きんかず(1906～ 정치가)
西園寺公宗　さいおんじ　きんむね(1310～35 公卿)
西園寺公衡　さいおんじ　きんひら
(1264～1315 公卿)
西園寺実氏　さいおんじ　さねうじ
(1194～1269 公卿)
西園寺通季　さいおんじ　みちすえ
(1089～1128 公卿)
栖原三郎兵衛　すはら　さぶろべえ(江戸후기, 어부)
西原晁樹　にしはら　ちょうじゅ(1781～1859 국학자)
西胤俊承　せいいん　しゅんしょう
(1358～1422 선승)
西吟　さいぎん(1605～63 승려)
西邑虎四郎　にしむら　とらしろう
(1830～98 은행가)
西義一　にし　よしかず(1878～1941 육군대장)
西毅一　にし　きいち(1833～94 교육가)
西田ハル　にしだ　ハル(1905～45 여성해방운동가)
西田健太郎　にしだ　けんたろう
(1893～1933 노동운동가)
西田幾多郎　にしだ　きたろう(1870～1945 철학자)
西田隆男　にしだ　たかお(1901～67 정치가)
西田博太郎　にしだ　ひろたろう
(1877～1953 염색학자)
西田税　にしだ　みつぐ(1901～37 국가주의자)
西田修平　にしだ　しゅうへい(1910～ 육상선수)
西田直養　にしだ　なおかい(1793～1865 국학자)
西田直二郎　にしだ　なおじろう
(1886～1964 역사학자)
西田天香　にしだ　てんこう(1872～1968 종교가)
西条八十　さいじょう　やそ(1892～1970 시인)
西宗真　にし　そうしん(？～1646 해외무역상)
西周　にし　あまね(1829～97 관료학자)
西竹一　にし　たけいち(1902～45 경마선수)
書知徳　ふみのちとこ(？～692 功臣)
西川嘉義　にしかわ　かぎ(1863～1921 무용가)
西川光二郎　にしかわ　こうじろう
(1876～1940 사회주의자)
西川吉輔　にしかわ　よしすけ(1816～80 국학자)
西川寧　にしかわ　やすし(1902～89 서예가)
西川鯉三郎　にしかわ　こいさぶろう
(1823～99 일본무용가)

西川扇蔵　にしかわ　せんぞう(1718～85 일본무용가)
西川甚五郎　にしかわ　じんごろう(1746～1825 상인)
西川如見　にしかわ　じょけん(1648～1724 천문학자)
西川祐信　にしかわ　すけのぶ(1671～1751 풍속화가)
西川伊三郎　にしかわ　いさぶろう(1724～85 인형극 연출가)
西川伝右衛門　にしかわ　でんえもん(1626～1709 상인)
西川正身　にしかわ　まさみ(1904～88 영문학자)
西川正治　にしかわ　しょうじ(1884～1952 물리학자)
西川正休　にしかわ　せいきゅう(1693～1756 천문·역학자)
西川照信　にしかわ　てるのぶ(江戸중기, 화가)
西村勘九郎　にしむら　かんくろう(＝斎藤道三)
西村九兵衛　にしむら　きゅうべえ(江戸전기, 釜師)
西村久左衛門　にしむら　きゅうざえもん(江戸중기, 거상)
西村道仁　にしむら　どうにん(安土桃山시대, 釜師)
西村茂樹　にしむら　しげき(1828～1902 관료학자)
西村善五郎　にしむら　ぜんごろう(？～1558 도공)
西村勝三　にしむら　かつぞう(1836～1907 실업가)
西村陽吉　にしむら　ようきち(1892～1959 歌人)
西村英一　にしむら　えいいち(1897～1987 정치가)
西村五雲　にしむら　ごうん(1877～1938 일본화가)
西村遠里　にしむら　とおさと(？～1787 역학자)
西村伊作　にしむら　いさく(1884～1963 교육가)
西村定雅　にしむら　ていが(1744～1826 俳人)
西村宗忠　にしむら　むねただ(1720～73 蒔絵師)
西村重長　にしむら　しげなが(？～1756 풍속화가)
西村直巳　にしむら　なおみ(1905～80 정치가)
西村真次　にしむら　しんじ(1879～1943 역사학자)
西村天囚　にしむら　てんしゅう(1865～1924 저널리스트·문학가)
西村七右衛門　にしむら　しちえもん(1814～95 개간가)
西村太沖　にしむら　たちゅう(1767～1835 暦学者)
西春彦　にし　はるひこ(1893～1986 외교관)
西沢一鳳　にしざわ　いっぽう(1802～52 가부키狂言 작가)
西沢一風　にしざわ　いっぷう(1665～1731 浄瑠璃 작가)
西沢笛畝　にしざわ　てきほ(1890～1965 일본화가)
西鶴　さいかく(＝井原西鶴)
西行　さいぎょう(1118～90 歌人)
西郷頼母　さいごう　たのも(1830～1905 정치가)
西郷隆盛　さいごう　たかもり(1827～77 정치가)
西郷四郎　さいごう　しろう(1869～1922 유도인)
西郷小兵衛　さいごう　こへえ(1847～77 군인)
西郷従道　さいごう　つぐみち(1843～1902 군인·정치가)
西郷孤月　さいごう　こげつ(1873～1912 일본화가)
西玄甫　にし　げんぽ(？～1684 의사)
西玄哲　にし　げんてつ(1681～1760 蘭医)
西脇順三郎　にしわき　じゅんざぶろう(1894～1982 시인·영문학자)
西華門院　せいかもんいん(1269～1355 황후)

石谷貞清　いしがや　さだきよ(1594～1672 奉行)
石光真臣　いしみつ　まおみ(1870～1937 육군중장)
石光真清　いしみつ　まきよ(1868～1942 육군소령)
石橋湛山　いしばし　たんざん(1884～1973 저널리스트·정치가)
石橋思案　いしばし　しあん(1867～1927 소설가)
石橋五郎　いしばし　ごろう(1877～1946 지리학자)
石橋忍月　いしばし　にんげつ(1865～1926 평론가·소설가)
石橋政嗣　いしばし　まさし(1924～ 정치가)
石橋正二郎　いしばし　しょうじろう(1889～1976 실업가)
石橋助左衛門　いしばし　すけざえもん(1757～1838 통역사)
石橋辰之助　いしばし　たつのすけ(1909～48 俳人)
石橋和義　いしばし　かずよし(南北朝시대, 무장)
石金音主　いしがね　おとぬし(江戸후기, 국학자)
石崎文雅　いしざき　ぶんが(1723～99 국학자)
石崎融思　いしざき　ゆうし(1768～1846 화가)
石渡荘太郎　いしわた　そうたろう(1891～1950 관료·정치가)
石島正猗　いしじま　まさき(1708～58 유학자)
石母田正　いしもた　しょう(1912～86 역사학자)
石本新六　いしもと　しんろく(1854～1912 육군중장)
石本寅三　いしもと　とらぞう(1890～1941 육군중장)
石榑千亦　いしくれ　ちまた(1869～1942 歌人)
石山脩平　いしやま　しゅうへい(1899～1960 교육학자)
石山徹郎　いしやま　てつろう(1888～1945 국문학자)
石山賢吉　いしやま　けんきち(1882～1964 출판인)
石森延男　いしもり　のぶお(1897～1987 아동문학가)
石上露子　いそのかみ　つゆこ(1882～1959 歌人)
石上麻呂　いそのかみのまろ(640～717 관료)
石上乙麻呂　いそのかみのおとまろ(？～750 관료)
石上宅嗣　いそのかみのやかつぐ(729～81 관료·문인)
石上玄一郎　いそのかみ　げんいちろう(1910～ 소설가)

石城一作　いしき いっさく(1834~67 志士·국학자)
石室善玖　せきしつ ぜんきゅう(1294~1389 선승)
夕顔　ゆうがお(작품)
石野広道　いしの ひろみち(1718~1800 국학자)
石屋真梁　せきおく しんりょう(1345~1423 선승)
石原健三　いしはら けんぞう(1864~1936 관료)
石原謙　いしはら けん(1882~1976 기독교사학자)
石原広一郎　いしはら こういちろう (1890~1970 실업가·국가주의자)
石垣綾子　いしがき あやこ(1903~ 평론가)
石垣卯一　いしがき ういち(1915~78 노동운동가)
石原修　いしはら おさむ(1885~1947 의학자)
石原純　いしはら じゅん(1881~1947 물리학자)
石垣純二　いしがき じゅんじ (1912~76 의학컬럼니스트)
石原慎太郎　いしはら しんたろう (1932~ 소설가·정치가)
石垣栄太郎　いしがき えいたろう (1893~1957 화가)
石原莞爾　いしはら かんじ(1889~1949 육군중장)
石原忍　いしはら しのぶ(1879~1963 의학자)
石原正明　いしはら まさあきら(1759~1821 국학자)
石原周夫　いしはら かねお(1911~83 관료)
石凝姥　いしこりどめ(記紀神話)
石蔵卯平　いしくら うへい(1836~68 志士)
石田幹之助　いしだ みきのすけ (1891~1974 동양사학자)
石田礼助　いしだ れいすけ(1886~1978 실업가)
石田龍次郎　いしだ りゅうじろう (1904~79 지리학자)
石田六次郎　いしだ ろくじろう (1864~1937 노동운동가)
石田梅岩　いしだ ばいがん(1685~1744 心学者)
石田茂作　いしだ もさく(1894~1977 불교고고학자)
石田未得　いしだ みとく(1587~1669 俳人·狂歌師)
石田博英　いしだ ひろひで(1914~ 정치가)
石田三成　いしだ みつなり(1560~1600 무장)
石田樹心　いしだ じゅしん(1898~1950 농민운동가)
石田英一郎　いしだ えいいちろう (1903~68 문화인류학자)
石田友治　いしだ ともじ(1881~1942 기독교지도자)
石田宥全　いしだ ゆうぜん(1901~81 농민운동가)
石田悠汀　いしだ ゆうてい(1798~1859 화가)
石田一松　いしだ いちまつ(1902~56 演歌師)
石田天海　いしだ てんかい(1889~1972 마술사)
石田春律　いしだ はるのり(1757~1826 농학자)
石田退三　いしだ たいぞう(1888~1979 실업가)
石田波郷　いしだ はきょう(1913~69 俳人)
石田馨　いしだ かおる(1885~1959 관료)
石田和外　いしだ かずと(1903~79 판사)
石井光次郎　いしい みつじろう (1889~1981 정치가)
石井菊次郎　いしい きくじろう (1866~1945 외교관)
石井桃子　いしい ももこ(1907~ 동화작가)
石井亮一　いしい りょういち (1867~1937 사회사업가)
石井林響　いしい りんきょう(1884~1930 일본화가)
石井漠　いしい ばく(1886~1962 무용가)
石井満　いしい みつる(1891~1977 출판인)
石井柏亭　いしい はくてい(1882~1958 서양화가)
石井四郎　いしい しろう(1892~1959 군의관)
石井三朶花　いしい さんだか(1649~1724 학자)
石井十次　いしい じゅうじ (1865~1914 기독교사회사업가)
石井研堂　いしい けんどう(1865~1943 저널리스트)
石井伊左衛門　いしい いざえもん (江戸중기, 농민봉기지도자)
石井庄八　いしい しょうはち (1926~80 레슬링 선수)
石井鼎湖　いしい ていこ(1848~97 화가)
石井鶴三　いしい つるぞう (1887~1973 조각가·판화가)
釈宗演　しゃく そうえん(1859~1919 선승)
石津亮澄　いしず すけずみ (1779~1840 국학자·歌人)
石川謙　いしかわ けん(1891~1969 교육학자)
石川瓊洲　いしかわ けいしゅう(1810~58 화가)
石川光明　いしかわ こうめい(1852~1913 조각가)
石川年足　いしかわのとしたり(688~762 정치가)
石川達三　いしかわ たつぞう(1905~85 소설가)
石川大蕤娘　いしかわのおおぬのいらつめ (?~724 황후)
石川刀子娘　いしかわのとねのいらつめ (7세기 말~8세기 초, 皇嬪)
石川桃蹊　いしかわ とうけい(1756~1837 유학자)
石川登喜治　いしかわ ときじ (1879~1964 금속공학자)
石川魯庵　いしかわ ろあん(1773~1841 유학자)
石川滝右衛門　いしかわ たきえもん (江戸후기, 식산흥업가)
石川流宣　いしかわ とものぶ, いしかわ りゅうせん (江戸전기, 풍속화가)
石川理紀之助　いしかわ りきのすけ (1844~1914 농촌지도자)
石川名足　いしかわのなたり(728~88 관료)
石川武美　いしかわ たけよし(1887~1961 출판인)
石川半山　いしかわ はんざん (1872~1925 저널리스트)
石川三四郎　いしかわ さんしろう (1876~1956 무정부주의자)
石川善兵衛　いしかわ ぜんべえ(江戸후기, 造林家)

石川素堂　いしかわ　そどう(1841～1924 선승)
石川数正　いしかわ　かずまさ(?～1593 무장)
石川淳　いしかわ　じゅん(1899～1987 소설가)
石川舜台　いしかわ　しゅんだい(1842～1931 승려)
石川雅望　いしかわ　まさもち
(1753～1830 문인·국학자)
石川安貞　いしかわ　あんてい(1736～1810 유학자)
石川栄燿　いしかわ　ひであき
(1893～1955 도시공학자)
石川五右衛門　いしかわ　ごえもん
(安土桃山시대, 도적)
石川王　いしかわのおおきみ(?～679 관료)
石川潤次郎　いしかわ　じゅんじろう
(1836～64 志士)
石川依平　いしかわ　よりひら(1791～1859 국학자)
石川寅治　いしかわ　とらじ(1875～1964 서양화가)
石川一郎　いしかわ　いちろう(1885～1970 실업가)
石川丈山　いしかわ　じょうざん(1583～1672 문인)
石川正龍　いしかわ　せいりゅう(1825～95 기술자)
石川照勤　いしかわ　しょうきん(1869～1924 승려)
石川竹崖　いしかわ　ちくがい(1793～1843 유학자)
石川準十郎　いしかわ　じゅんじゅうろう
(1899～ 국가사회주의자)
石川之褧　いしかわ　これかげ(＝石川竹崖)
石川千代松　いしかわ　ちよまつ
(1861～1935 동물학자)
石川忠房　いしかわ　ただふさ(1754～1836 幕臣)
石川七財　いしかわ　しちざい(1828～82 실업가)
石川啄木　いしかわ　たくぼく
(1886～1912 시인·평론가)
石川豊成　いしかわのとよなり(?～772 관료)
石川豊信　いしかわ　とよのぶ(1711～85 풍속화가)
石川香山　いしかわ　こうざん(＝石川安貞)
釈迢空　しゃく　ちょうくう(＝折口信夫)
石村検校　いしむら　けんぎょう
(?～1642 三味線 연주자)
石村近江　いしむら　おうみ
(?～1636 三味線 제조의 名人)
石村石楯　いわむらのいわたて(奈良시대, 관료)
石塚国保　いしずか　くにやす(江戸후기, 직물기술자)
石塚龍麿　いしずか　たつまろ(1764～1823 국학자)
石塚英蔵　いしずか　えいぞう(1866～1942 관료)
石塚友二　いしずか　ともじ(1906～86 俳人·소설가)
石塚豊芥子　いしずか　ほうかいし
(1799～1861 고증학자)
石出常軒　いしで　じょうけん(1615～89 국학자)
石出掃部介　いしで　かもんのすけ
(1532～1618 부농)
石塔頼房　いしどう　よりふさ(南北朝시대, 무장)
石塔義房　いしどう　よしふさ(南北朝시대, 무장)
石坂公歴　いしざか　まさつぐ
(1868～1944 자유민권운동가)
石坂常堅　いしざか　つねかた(江戸후기, 천문학자)
石坂洋次郎　いしざか　ようじろう
(1900～86 소설가)
石坂宗哲　いしざか　そうてつ
(1765～1840 침구사)
石坂昌孝　いしざか　まさたか
(1841～1907 자유민권운동가)
石坂泰三　いしざか　たいぞう(1886～1975 재계인)
石河正竜　いしかわ　まさたつ(1825～95 기술자)
石河正養　いしこ　まさかい(1821～91 국학자)
石桁真礼生　いしけた　まれお(1916～ 작곡가)
石丸定次　いしまる　さだつぐ(1603～79 幕臣)
石黒藤右衛門　いしぐろ　とうえもん
(1760～1836 수학자)
石黒武重　いしぐろ　たけしげ(1897～ 관료·정치가)
石黒信由　いしぐろ　のぶよし(＝石黒藤右衛門)
石黒政常　いしぐろ　まさつね
(1746～1828 금속공예가)
石黒宗麿　いしぐろ　むねまろ(1893～1968 도예가)
石黒俊夫　いしぐろ　としお(1892～1964 실업가)
石黒忠悳　いしぐろ　ただのり(1845～1941 군의관)
石黒忠篤　いしぐろ　ただあつ
(1884～1960 관료·농정가)
釈興然　しゃく　こうねん(1849～1924 승려)

선

仙覚　せんかく(1203～? 시가집 연구가)
禅鑑　ぜんかん(鎌倉중기, 승려)
膳桂之助　ぜん　けいのすけ(1887～1951 실업가)
船橋随菴　ふなばし　ずいあん(1795～1872 정치가)
膳大丘　かしわでのおおおか(奈良시대, 승려)
仙台国包　せんだい　くにかね(?～1664 刀工)
善徳　ぜんとく(6세기 말, 비구니)
善鸞　ぜんらん(1210～92 승려)
禅林寺僧正　ぜんりんじ　そうじょう(＝宗叡)
船本顕定　ふなもと　あきさだ(江戸전기, 무역상)
船山信一　ふなやま　しんいち(1907～ 철학자)
船山馨　ふなやま　かおる(1914～81 소설가)
仙石貢　せんごく　みつぐ(1857～1931 관료·정치가)
仙石権兵衛　せんごく　ごんべえ(＝仙石秀久)
仙石秀久　せんごく　ひでひさ(1552～1614 무장)
仙石政寅　せんごく　まさとら(?～1799 奉行)
仙石政辰　せんごく　まさとき(1722～79 大名)
仙石左京　せんごく　さきょう(1787～1835 정치가)
仙石佐多雄　せんごく　さたお(1842～63 志士)

善信　ぜんしん(＝親鸞)
善信尼　ぜんしんに(566～？ 비구니)
善阿弥　ぜんあみ(1386～1482 정원사)
仙厓義梵　せんがい　ぎぼん(1750～1837 선승)
宣陽門院　せんようもんいん(1181～1252 황녀)
膳王　かしわでのおおきみ(？～729 왕자)
船王後　ふねのおうご(？～641 관료)
船越衛　ふなこし　まもる(1840～1913 관료)
善議　ぜんぎ(729～812 관료)
善子内親王　よしこ　ないしんのう(1077～1132 황녀)
選子内親王　せんし　ないしんのう(964～1035 황녀)
船田一琴　ふなだ　いっきん(幕末期, 금속공예가)
船田中　ふなだ　なか(1895～1979 정치가)
善珠　ぜんじゅ(723～98 승려)
善竹弥五郎　ぜんちく　やごろう(1883～1965 能楽師)
禅智内供　ぜんち　ないぐ(작품)
善知鳥安方　うとう　やすかた(작품)
船津伝次平　ふなず　でんじへい(1832～98 篤農家)
禅海　ぜんかい(江戸중기, 선승)
船恵尺　ふねのえさか(7세기 중엽,「国記」전수자)
宣化天皇　せんか　てんのう(6세기 초)
蟬丸　せみまる(平安중기, 琵琶法師)
禅喜　ぜんき(874～955 승려)

설

雪江宗深　せっこう　そうしん(1408～86 선승)
説教強盗　せっきょ　ごうとう(1903～89 강도)
雪女　ゆきおんな(설화)
雪舟等楊　せっしゅう　とうよう(1420～1506 화가)
雪村友梅　せっそん　ゆうばい(1290～1346 선승)
雪村周継　せっそん　しゅうけい(安土桃山시대, 승려)

섬

暹覚　せんかく(1046～1140 승려)
暹羅屋勘兵衛　しゃむろや　かんべえ(1566～1649 상인)
暹賀　せんが(914～98 승려)

성

聖覚　しょうがく(1167～1235 승려)
城間正安　ぐしくま　せいあん(1860～1944 농민운동가)
城間清豊　ぐしくま　せいほう(1614～44 화가)
聖慶　しょうきょう(1154～75 승려)
性空　しょうくう(910～1007 승려)
城多董　きた　ただす(1828～87 志士)
城多虎雄　きた　とらお(1854～87 평론가·정치가)
聖徳太子　しょうとく　たいし(574～622 섭정)
成島錦江　なるしま　きんこう(1689～1760 유학자)
成島柳北　なるしま　りゅうほく(1837～84 만필가)
成島司直　なるしま　もとなお(1778～1862 유학자)
星島二郎　ほしじま　にろう(1887～1980 정치가)
成島筑山　なるしま　ちくざん(1803～54 유학자)
成良親王　なりなが　しんのう(1326～44)
成瀬無極　なるせ　むきょく(1884～1958 독문학자)
成瀬巳喜男　なるせ　みきお(1905～69 영화감독)
成瀬仁蔵　なるせ　じんぞう(1858～1919 교육가)
成瀬正武　なるせ　まさたけ(？～1615 무사)
成瀬正成　なるせ　まさなり(1568～1625 大名)
成瀬正一　なるせ　しょういち(1892～1936 불문학자)
成務天皇　せいむ　てんのう(記紀)
聖武天皇　しょうむ　てんのう(701～56)
聖宝　しょうぼう(832～909 승려)
成富兵庫　なるとみ　ひょうご(1559～1634 治水家)
城常太郎　じょう　つねたろう(1863～1903 노동조합운동가)
成石勘三郎　なるいし　かんざぶろう(1880～1931 사회주의자)
成石平四郎　なるいし　へいしろう(1882～1911 사회주의자)
聖守　しょうしゅ(1219～91 승려)
星恂太郎　ほし　じゅんたろう(1840～76 藩士)
性信法親王　しょうしんほうしんのう(1005～85 승려)
成尋　じょうじん(1011～81 승려)
聖尋　しょうじん(鎌倉후기, 승려)
星野考祥　ほしの　こうしょう(1823～87 농정가)
星野良悦　ほしの　りょうえつ(1754～1802 의학자)
星野立子　ほしの　たつこ(1903～84 俳人)
星野錫　ほしの　しゃく(1854～1938 실업가)
星野直樹　ほしの　なおき(1892～1978 관료·정치가)
星野天知　ほしの　てんち(1862～1950 소설가)
星野恒　ほしの　ひさし(1839～1917 역사가·한학자)

星屋光次　ほしや　みつじ(江戸후기, 狂歌師)
聖応大師　しょうおう　だいし(＝良忍)
誠仁親王　さねひと　しんのう(1552〜88)
星一　ほし　はじめ(1873〜1951 정치가·실업가)
城一　じょういち(南北朝시대, 琵琶法師)
城長茂　じょう　ながもち(？〜1201 무장)
盛田昭夫　もりた　あきお(1921〜 실업가)
成田為三　なりた　ためぞう(1893〜1945 작곡가)
成田知巳　なりた　ともみ(1912〜79 정치가)
成田蒼虬　なりた　そうきゅう(1761〜1842 俳人)
成田忠久　なりた　ただひさ(1897〜1960 교육운동가)
成朝　せいちょう(平安후기, 仏師)
城泉太郎　じょう　せんたろう
(1856〜1936 사회사상가)
星川皇子　ほしかわのみこ(5세기 말)
星布尼　せいふに(1732〜1814 俳人)
星亨　ほし　とおる(1850〜1901 정치가)
聖恵法親王　しょうえほうしんのう(1094〜1137)
城戸幡太郎　きど　まんたろう
(1893〜1985 교육심리학자)
城戸四郎　きど　しろう(1894〜1977 실업가)
城戸千楯　きど　ちたて(1778〜1845 국학자)

세

世耕弘一　せこう　こういち(1893〜1965 정치가)
世継翁　よつぎのおきな(작품)
世継寂窓　よつぎ　じゃくそう(幕末·維新期, 화가)
世古格太郎　せこ　かくたろう(1824〜76 志士)
細谷松太　ほそや　まつた(1900〜 노동운동가)
世良修蔵　せら　しゅうぞう(1835〜68 志士)
世良親王　せいりょう　しんのう(？〜1330)
勢力富五郎　せいりき　とみごろう
(1813〜49 노름꾼)
世礼国男　せれい　くにお(1895〜1949 교육가)
細木瑞枝　ほそぎ　みずえ(1780〜1848 歌人)
細木核太郎　ほそき　もとたろう(1838〜1904 志士)
細木香以　さいき　こうい, **ほそき　こうい**
(1822〜70 풍류인)
細迫兼光　ほそさこ　かねみつ
(1896〜1972 사회운동가·정치가)
笹山忠夫　ささやま　ただお(1896〜1974 실업가)
笹森順造　ささもり　じゅんぞう(1886〜1976 정치가)
笹森儀助　ささもり　ぎすけ(1845〜1915 탐험가)
税所篤　さいしょ　あつし(1827〜1910 정치가)
税所敦子　さいしょ　あつこ(1825〜1900 歌人)
世阿弥　ぜあみ(1363〜1443 能楽師)
細野三千雄　ほその　みちお(1897〜1955 변호사)
笹原正三　ささはら　しょうぞう
(1929〜 레슬링 선수)
細田民樹　ほそだ　たみき(1892〜1972 소설가)
細田栄之　ほそだ　えいし(1756〜1829 풍속화가)
細田源吉　ほそだ　げんきち(1891〜1974 소설가)
細井広沢　ほそい　こうたく
(1658〜1735 유학자·서예가)
細井貞雄　ほそい　さだお(1772〜1823 典故학자)
細井平洲　ほそい　へいしゅう(1728〜1801 유학자)
細井和喜蔵　ほそい　わきぞう(1897〜1925 소설가)
勢州村正　せいしゅう　むらまさ(＝村正)
世之介　よのすけ(작품)
細川嘉六　ほそかわ　かろく(1888〜1962 사회평론가)
細川綱利　ほそかわ　つなとし(1641〜1712 大名)
細川高国　ほそかわ　たかくに(1484〜1531 무장)
細川藤孝　ほそかわ　ふじたか(＝細川幽斎)
笹川良一　ささがわ　りょういち(1899〜 우익운동가)
細川頼元　ほそかわ　よりもと(1343〜97 무장)
細川頼之　ほそかわ　よりゆき(1329〜92 무장)
細川頼春　ほそかわ　よりはる(1299〜1352 무장)
笹川臨風　ささがわ　りんぷう(1870〜1949 평론가)
細川半蔵　ほそかわ　はんぞう(？〜1796 暦学者)
笹川繁蔵　ささがわのしげぞう(1819〜44 노름꾼)
細川三斎　ほそかわ　さんさい(＝細川忠興)
細川勝元　ほそかわ　かつもと(1430〜73 무장)
細川氏綱　ほそかわ　うじつな(？〜1563 무장)
細川雄次郎　ほそかわ　ゆうじろう
(1851〜1914 통계학자)
細川幽斎　ほそかわ　ゆうさい(1534〜1610 무장)
細川潤次郎　ほそかわ　じゅんじろう
(1834〜1923 법률가)
細川定禅　ほそかわ　じょうぜん(南北朝시대, 무장)
細川政元　ほそかわ　まさもと(1466〜1507 무장)
細川重賢　ほそかわ　しげかた(1720〜85 영주)
細川持之　ほそかわ　もちゆき(1400〜42 무장)
細川澄元　ほそかわ　すみもと(1489〜1520 무장)
細川清氏　ほそかわ　きようじ(？〜1362 무장)
細川晴元　ほそかわ　はるもと(1514〜63 무장)
細川忠利　ほそかわ　ただとし(1586〜1641 大名)
細川忠顕　ほそかわ　ただあき(1816〜78 정치가)
細川忠興　ほそかわ　ただおき(1563〜1645 大名)
細川顕氏　ほそかわ　あきうじ(？〜1352 무장)
細川護立　ほそかわ　もりたつ(1883〜1970 귀족)
細川和氏　ほそかわ　かずうじ(1296〜1342 무장)
細川興文　ほそかわ　おきのり(1723〜85 영주)
細川興元　ほそかわ　おきもと(1563〜1618 무장)
笹村吉郎　ささむら　よしろう(1867〜1960 실업가)
笹沢美明　ささざわ　よしあき(1898〜 시인)

沼間守一　ぬま　もりかず
(1843~90 저널리스트·정치가)
小懇田皇女　おわりだのひめみこ(6세기 말)
沼尻墨僊　ぬまじり　ぼくせん(1774~1856 지리학자)
小谷方　おだにのかた(1547~83 무장의 아내)
小谷三志　おたに　さんし，こだに　さんし
(1764~1841 수행자)
小谷庄兵衛　おたに しょうべえ，こだに しょうべえ(?~1866 수행자)
小谷正雄　こたに　まさお(1906~ 물리학자)
小谷喜美　こたに　きみ(1900~71 종교지도자)
小菅丹治　こすげ　たんじ(1882~1961 실업가)
小関三英　おぜき　さんえい
(1787~1839 蘭学者·의사)
小橋安蔵　こばし　やすぞう(1808~72 志士)
小橋一太　こばし　いちた(1890~1939 정치가)
紹鷗　じょうおう(＝武野紹鷗)
小久保喜七　こくぼ　きしち
(1865~1939 자유민권운동가)
小国重年　おぐに　しげとし(1766~1819 국학자)
小堀鞆音　こぼり　ともと(1864~1934 일본화가)
小堀遠州　こぼり　えんしゅう(＝小堀政一)
小堀政方　こぼり　まさかた(1742~1803 奉行)
小堀政一　こぼり　まさかず(1579~1647 무장)
小宮山明敏　こみやま　あきとし
(1902~31 러시아 문학자·문예평론가)
小宮山綏介　こみやま　やすすけ(1829~96 한학자)
小宮山昌世　こみやま　しょうせい(江戸중기, 학자)
小宮山昌秀　こみやま　まさひで(1764~1840 학자)
小宮豊隆　こみや　とよたか(1884~1966 독문학자)
紹瑾　じょうきん(＝瑩山紹瑾)
小さん·金五郎　こさん·きんごろう(작품)
小金義照　こがね　よしてる(1898~1984 정치가)
小金井良精　こがねい　よしきよ
(1858~1944 해부학자·인류학자)
小金井蘆洲　こがねい　ろしゅう
(1848~1908 야담가)
小金井小次郎　こがねい　こじろう(1818~81 협객)
篠崎桂之助　しのざき　けいのすけ
(1852~76 종교가)
小磯国昭　こいそ　くにあき
(1880~1950 육군대장·정치가)
小磯良平　こいそ　りょうへい(1903~88 서양화가)
篠崎保平　しのざき　やすへい(江戸중기, 금속공예가)
篠崎小竹　しのざき　しょうちく(1781~1851 유학자)
小崎弘道　おざき　ひろみち，こざき　ひろみち
(1856~1939 기독교 지도자)
小南五郎右衛門　こみなみ　ごろうえもん
(1812~82 정치가)
小南義方　こみなみ　よしかた(1765~1827 정치가)
巣内式部　すのうち　しきぶ(1818~72 志士)
素堂　そどう(＝山口素堂)
小大君　こおおいのきみ(平安중기, 歌人)
小碓尊　おうすのみこと(＝日本武尊)
小島龍太郎　こじま　りょうたろう
(1849~1913 사회사상가)
小島弥太郎　こじま　やたろう(?~1582 무장)
小島法師　こじま　ほうし(전설)
小島成斎　こじま　せいさい(1796~1862 유학자)
小島信夫　こじま　のぶお(1915~ 소설가)
小島新一　おじま　あらかず(1893~1987 실업가)
小島烏水　こじま　うすい(1873~1948 등산가)
小島祐馬　おじま　すけま(1881~1966 중국철학자)
小島勗　こじま　つとむ(1900~33 작가)
小島政二郎　こじま　まさじろう(1894~ 소설가)
小島辰三郎　こじま　たつさぶろう(＝雲井龍雄)
小島徹三　こじま　てつぞう(1899~1988 정치가)
小島泰次郎　こじま　たいじろう
(1861~1905 러시아어학자)
小督局　こごうのつぼね(平安말기, 후궁)
小滝彬　こだき　あきら(1904~58 정치가)
小瀬甫庵　おぜ　ほあん(1564~1640 유학자·의사)
小柳司気太　こやなぎ　しきた(1870~1940 중국학자)
小栗満重　おぐり　みつしげ(室町전기, 무장)
小栗山喜四郎　おぐりやま　きしろう
(1676~1722 농민봉기지도자)
小栗上野介　おぐり　こうずけのすけ(＝小栗忠順)
小栗栖香頂　おぐるす　こうちょう
(1831~1905 승려)
小栗一雄　おぐり　かずお(1886~1973 관료)
小栗宗湛　おぐり　そうたん(1413~81 승려화가)
小栗忠順　おぐり　ただまさ(1827~68 정치가·旗本)
小栗虫太郎　おぐり　むしたろう(1901~46 소설가)
小栗判官　おぐり　はんがん(작품)
小栗風葉　おぐり　ふうよう(1875~1926 소설가)
小林謙貞　こばやし　けんてい(＝小林義信)
小林古径　こばやし　こけい(1883~1957 일본화가)
小林国広　こばやし　くにひろ(江戸전기, 개간자)
小林紀茂　こばやし　のりしげ(1829~1908 시계상인)
小林多喜二　こばやし　たきじ(1903~33 소설가)
小林万吾　こばやし　まんご(1870~1947 서양화가)
小林武　こばやし　たけし
(1906~87 노동운동가·정치가)
小林武治　こばやし　たけじ(1899~1988 정치가)
小林芳郎　こばやし　よしろう(1857~1936 관료)

小林百哺　こばやし　ひゃっぽ(1804～87 수학자)
小林富次郎　こばやし　とみじろう
(1872～1958 실업가)
小林省三郎　こばやし　せいざぶろう
(1883～1956 해군중장)
小林孫左衛門　こばやし　まござえもん
(1723～56 농민봉기지도자)
小林秀雄　こばやし　ひでお(1902～83 평론가)
小林順一郎　こばやし　じゅんいちろう
(1880～1963 육군대령)
小林陽之助　こばやし　ようのすけ
(1908～42 사회운동가)
小林如泥　こばやし　じょでい(1753～1813 工匠)
小林英夫　こばやし　ひでお(1903～78 언어학자)
小林勇　こばやし　いさむ(1903～81 수필가·출판인)
小林郁　こばやし　かおる(1881～1933 사회학자)
小林有也　こばやし　うなり(1855～1914 교육가)
小林義信　こばやし　よしのぶ(1600～83 暦学家)
小林一茶　こばやし　いっさ(1763～1827 俳人)
小林一三　こばやし　いちぞう(1873～1957 정치가)
小林樟雄　こばやし　くすお(1856～1920 정치가)
小林躋造　こばやし　せいぞう(1877～1962 해군대장)
小林中　こばやし　あたる(1899～1981 재계인)
小林清親　こばやし　きよちか(1847～1915 목판화가)
小林丑三郎　こばやし　うしさぶろう
(1866～1930 경제학자)
小林忠良　こばやし　ちゅうりょう
(1795～1871 수학자)
小林太市郎　こばやし　たいちろう
(1901～63 미술사가)
小林行雄　こばやし　ゆきお(1911～89 고고학자)
小林虎三郎　こばやし　とらさぶろう
(1827～77 志士)
小林和作　こばやし　わさく(1888～1974 서양화가)
小笠原光雄　おがさわら　みつお
(1894～1988 실업가)
小笠原菊次郎　おがさわら　きくじろう
(1875～1933 제지업자)
小笠原三九郎　おがさわら　さんくろう
(1885～1967 정치가)
小笠原長時　おがさわら　ながとき(1514～83 무장)
小笠原長昌　おがさわら　ながまさ(？～1823 大名)
小笠原長行　おがさわら　ながみち
(1822～91 정치가)
小笠原貞頼　おがさわら　さだより
(安土桃山시대, 무장)
小笠原貞宗　おがさわら　さだむね
(1294～1350 무장)
小笠原持長　おがさわら　もちなが
(1396～1462 守護)
小笠原只八　おがさわら　ただはち
(1829～68 정치가)
小笠原忠真　おがさわら　ただざね
(1596～1667 大名)
小馬命婦　こうまのみょうぶ(平安시대, 歌人)
紹明　しょうみょう(＝南浦紹明)
小牧近江　こまき　おうみ(1894～1978 평론가)
小牧正英　こまき　まさひで(1914～ 무용가)
小木曾猪兵衛　おぎそ　いへえ
(1815～89 농민봉기 지도자)
小茂田青樹　おもだ　せいじゅ(1891～1933 일본화가)
小いな·半兵衛　こいな·はんべえ(작품)
蕭白　しょうはく(＝曾我蕭白)
小幡景憲　おばた　かげのり(1572～1663 병법가)
小幡酉吉　おばた　ゆうきち(1873～1947 외교관)
小弁　こべん(平安후기, 歌人)
笑福亭松鶴　しょうふくてい　しょかく
(？～1865 만담가)
小本村弥五兵衛　こもとむら　やごべえ
(1780～1850 농민봉기 지도자)
小本村斎太　こもとむら　さいた
(江戸후기, 농민봉기 지도자)
小寺謙吉　こでら　けんきち(1877～1949 정치가)
小砂丘忠義　ささおか　ただよし
(1897～1937 교육운동가)
小寺房治郎　こでら　ふさじろう
(1870～1949 화학자)
小寺信正　おでら　のぶまさ，こでら　のぶまさ
(1681～1754 향토사가)
小絲源太郎　こいと　げんたろう
(1887～1978 서양화가)
小寺融吉　こでら　ゆうきち
(1895～1945 민속무용연구가)
小糸・佐七　こいと・さしち(작품)
小山健三　こやま　けんぞう(1858～1923 관료)
小山敬三　こやま　けいぞう(1897～1987 서양화가)
小山磯之丞　こやま　いそのじょう
(1764～87 농민봉기 지도자)
小山内宏　おさない　ひろし(1916～78 군사평론가)
小山内薫　おさない　かおる(1881～1928 극작가)
小山東助　おやま　とうすけ(1860～1919 평론가)
小山冨士夫　こやま　ふじお(1900～75 도예사연구가)
小山松吉　こやま　まつきち(1869～1948 관료)
小山秀朝　おやま　ひでとも(？～1335 무장)
小山若犬丸　おやま　わかいぬまる(？～1397 무장)
小山五郎　こやま　ごろう(1909～ 재계인)
小山完吾　こやま　かんご(1875～1955 저널리스트)
小山祐士　こやま　ゆうし(1906～82 극작가)
小山義政　おやま　よしまさ(？～1382 무장)
小山田高家　おやまだ　たかいえ(？～1336 무장)
小山田与清　おやまだ　ともきよ
(1783～1847 국학자)

小山政光　おやま　まさみつ(鎌倉시대, 무장)
小山正太郎　こやま　しょうたろう (1857～1916 서양화가)
小山朝政　おやま　ともまさ(1155～1238 무장)
小山清茂　こやま　きよしげ(1914～ 작곡가)
小山清次　こやま　せいじ(1889～1945 중국연구가)
小森桃塢　こもり　とうう(1782～1843 의학자)
小杉未醒　こすぎ　みせい(＝小杉放庵)
小杉放庵　こすぎ　ほうあん(1881～1964 화가)
小杉榲邨　こすぎ　すぎむら(1834～1910 국문학자)
小杉天外　こすぎ　てんがい(1865～1952 소설가)
小杉玄適　こすぎ　げんてき(1734～91 의사)
小西篤好　こにし　あつよし(1767～1837 篤農家)
小西得郎　こにし　とくろう(1896～1977 야구해설가)
小西来山　こにし　らいざん(1654～1716 俳人)
小西六右衛門　こにし　ろくえもん (1847～1921 실업가)
小西隆佐　こにし　りゅうさ(1520～93 거상)
小西如安　こにし　じょあん(？～1626 무장)
小西如清　こにし　じょせい(安土桃山시대, 奉行)
小西重直　こにし　しげなお(1875～1948 교육학자)
小西行長　こにし　ゆきなが(？～1600 大名)
疎石　そせき(＝夢窓疎石)
小石元瑞　こいし　げんずい(1784～1849 의사)
小石元俊　こいし　げんしゅん(1743～1808 의사)
素性　そせい(平安전기, 歌人)
小沼正　おぬま　しょう(1911～78 국가주의자)
小松耕輔　こまつ　こうすけ(1884～1966 작곡가)
小松帯刀　こまつ　たてわき(1835～70 정치가)
小松芳喬　こまつ　よしたか(1906～ 경제사학자)
小松屋百亀　こまつや　ひゃっき(江戸후기, 풍속화가)
小松原英太郎　こまつばら　えいたろう (1852～1919 관료·정치가)
小松彰　こまつ　あきら(1842～88 관료·실업가)
小式部内侍　こしきぶのないし(平安중기, 歌人)
小室三吉　こむろ　さんきち(1863～1921 실업가)
小室信介　こむろ　しんすけ(1852～85 정치가)
小室信夫　こむろ　しのぶ(1839～98 정치가·실업가)
小室翠雲　こむろ　すいうん(1874～1945 일본화가)
蘇我堅塩媛　そがのきたしひめ(6세기 말, 황후)
蘇我果安　そがのはたやす(？～672 관료)
蘇我大蕤娘　そがのおおぬのいらつめ (＝石川大蕤娘)
蘇我稲目　そがのいなめ(？～570 대신)
蘇我連子　そがのむらじこ(611～64 관료)
蘇我馬子　そがのうまこ(？～626 대신)
蘇我法提郎媛　そがのほほてのいらつめ (7세기 초, 황후)
蘇我小姉君　そがのおあねぎみ(6세기 중엽, 황후)
蘇我安麻呂　そがのやすまろ (7세기 말, 대신)
蘇我遠智娘　そがのおちのいらつめ (？～649 황세자빈)
蘇我日向　そがのひむか(7세기 중엽, 관료)
蘇我入鹿　そがのいるか(？～645 정치가)
蘇我赤兄　そがのあかえ(623～72 관료)
蘇我造媛　そがのみやつこひめ(＝蘇我遠智娘)
蘇我姪娘　そがのめいのいらつめ(7세기 말, 황세자빈)
蘇我倉山田石川麻呂　そがのくらやまだのいしかわのまろ(？～649 정치가)
蘇我河上娘　そがのかわかみのいらつめ (6세기 말, 황후)
蘇我蝦夷　そがのえみし(？～645 대신)
小岩井浄　こいわい　きよし (1897～1959 사회운동가·변호사)
小野高潔　おの　たかきよ(1747～1817 국학자)
小野高尚　おの　たかひさ(1720～99 국학자)
小野広胖　おの　こうはん(幕末후기, 수학자)
小野喬　おの　たかし(1931～ 체조선수)
小野宮吉　おの　みやきち(1900～36 극작가·연출가)
小野金六　おの　きんろく(1852～1923 실업가)
小野道風　おののみちかぜ(894～966 서예가)
小野東人　おののあずまんど(？～757 관료)
小野蘭山　おの　らんざん(1729～1810 본초학자)
小野老　おののおゆ(？～737 관료)
小野妹子　おののいもこ(7세기 초, 遣隋使)
小野毛野　おののけぬ(？～714 관료)
小野毛人　おののえみし(？～677 관료)
小野武夫　おの　たけお(1883～1949 농업경제사가)
小野美材　おののよしき(？～902 歌人·서예가)
小野石根　おののいわね(？～778 관료)
小野善兵衛　おの　ぜんべえ(1782～1861 부농)
小野善助　おの　ぜんすけ(？～1888 실업가)
小野小町　おののこまち(平安전기, 歌人)
小野秀雄　おの　ひでお(1885～1977 저널리스트)
小野十三郎　おの　とおざぶろう(1903～ 시인)
小野鵞堂　おの　がどう(1862～1922 서예가)
小野栄重　おの　えいじゅう(江戸후기, 수학자)
小野友五郎　おの　ともごろう(＝小野広胖)
小野滋野　おののしげの(平安전기, 관료)
小野岑守　おののみねもり(778～830 관료·문인)
小野梓　おの　あずさ(1852～86 정치가·법학자)
小野田寛郎　おのだ　ひろお(1922～ 육군소위)
小野田守　おののたもり(奈良시대, 관료)
小野竹喬　おの　ちくきょう(1889～1979 일본화가)
小野川喜三郎　おのがわ　きさぶろう (1758～1806 力士)
小野清一郎　おの　せいいちろう (1891～1986 법학자)
小野塚喜平次　おのずか　きへいじ (1870～1944 정치학자)
小野春信　おの　はるのぶ(江戸중기, 광산업자)

小野春風　おののはるかぜ(平安전기, 관료)
小野お通　おののおつう(江戸전기, 浄瑠璃 작가)
小野恒柯　おののつねえだ(802〜60 관료·서예가)
小野玄妙　おの　げんみょう
(1883〜1939 불교미술사학자)
小野好古　おののよしふる(884〜968 무관)
小野湖山　おの　こざん(1814〜1910 志士·漢詩人)
小野篁　おののたかむら(802〜52 학자·관료)
小野后　おののきさき(＝藤原歓子)
少彦名神　すくなひこなのかみ(神話)
所郁太郎　ところ　いくたろう(1838〜65 志士)
小熊秀雄　おぐま　ひでお(1901〜40 시인)
篠原国幹　しのはら　くにもと(1836〜77 군인)
小原国芳　おばら　くによし(1887〜1977 교육가)
小原桃洞　おはら　とうどう(1746〜1825 동물학자)
篠原英太郎　しのはら　えいたろう
(1885〜1955 관료)
小原庄助　おはら　しょうすけ(江戸시대, 풍류인)
篠原助市　しのはら　すけいち(1876〜1957 교육학자)
小原直　おばら　なおし(1877〜1966 관료·변호사)
小原鉄心　おはら　てっしん(1817〜72 정치가)
小原春造　おはら　しゅんぞう(1762〜1822 본초학자)
小猿七之助　こざる　しちのすけ(작품)
少弐経資　しょうに　つねすけ(1226〜89 무장)
少弐景資　しょうに　かげすけ(？〜1285 무장)
少弐冬資　しょうに　ふゆすけ(？〜1375 무장)
少弐頼尚　しょうに　よりひさ(1293〜1371 무장)
少弐時尚　しょうに　ときひさ(？〜1559 大名)
少弐資能　しょうに　すけよし(1198〜1281 무장)
少弐貞経　しょうに　さだつね(1272〜1336 무장)
蘇因高　そ　いんこう(＝小野妹子)
小日山直登　こびやま　なおと
(1886〜1949 실업가·정치가)
小一条院　こいちじょういん(994〜1051 皇子)
小姉君　おあねぎみ(＝蘇我小姉君)
小子部栖軽　ちいさこべのすがる(5세기 말, 내시)
小子部鉏鉤　ちいさこべのさひち(？〜672 공신)
素戔嗚尊　すさのおのみこと(記紀神話)
小田内通敏　おだうち　みちとし
(1876〜1954 인문지리학자)
小畑篤次郎　おばた　とくじろう
(1841〜1905 학자·실업가)
小畑敏四郎　おばた　としじろう
(1885〜1947 육군중장)
沼田順義　ぬまた　ゆきよし(1792〜1849 국학자)
小田氏治　おだ　うじはる(1534〜75 무장)
小田野直武　おだの　なおたけ(1749〜80 화가)
小田又蔵　おだ　またぞう(1804〜70 전신기술자)
篠田雲鳳　しのだ　うんぽう(1810〜83 시인)
小田原大造　おだわら　たいぞう
(1892〜1971 실업가)
小畑源之助　おばた　げんのすけ
(1875〜1959 실업가)
小田切秀雄　おだぎり　ひでお(1916〜 평론가)
小田朝久　おだ　ともひさ(1417〜55 무장)
小田真一　おだ　しんいち(1907〜 교육운동가)
小畑忠良　おばた　ただよし
(1893〜1977 실업가·관료)
小田治久　おだ　はるひさ(1283〜1352 무장)
小田海僊　おだ　かいせん(1785〜1862 문인화가)
篠田弘作　しのだ　こうさく(1899〜1981 정치가)
小田孝朝　おだ　たかとも(？〜1414 무장)
小汀利得　おばま　としえ
(1889〜1972 경제저널리스트)
篠井秀次　しののい　ひでつぐ(戦国시대, 칠기공예가)
小早川隆景　こばやかわ　たかかげ(1533〜97 무장)
小早川秀秋　こばやかわ　ひであき
(1582〜1602 大名)
小足媛　おたらしひめ(＝阿倍小足媛)
小佐野賢治　おさの　けんじ(1917〜86 실업가)
小疇伝　こあぜ　つたう(1874〜1912 법학자)
小酒井不木　こさかい　ふぼく
(1890〜1929 소설가·의학자)
小中村清矩　こなかむら　きよのり
(1821〜94 국학자)
小池国三　こいけ　くにぞう(1866〜1925 실업가)
小池張造　こいけ　ちょうぞう
(1873〜1921 외교관·실업가)
小池村吉兵衛　こいけむら　きちべえ
(1767〜1805 농민봉기지도자)
小池村勇七　こいけむら　ゆうしち
(1763〜1805 농민봉기지도자)
小池厚之助　こいけ　こうのすけ
(1899〜1985 실업가)
小津安二郎　おず　やすじろう(1903〜63 영화감독)
小倉宮　おぐらのみや(？〜1443 황족)
小倉金之助　おぐら　きんのすけ
(1885〜1962 수학자)
小倉武一　おぐら　たけかず(1910〜 관료)
小倉三省　おぐら　さんせい(1604〜54 유학자)
小倉勝介　おぐら　しょうすけ(1582〜1654 정치가)
小倉遊亀　おぐら　ゆき(1895〜 일본화가)
小倉正恒　おぐら　まさつね
(1875〜1961 실업가·정치가)
小倉進平　おぐら　しんぺい(1882〜1944 언어학자)
小倉清三郎　おぐら　せいざぶろう
(1882〜1941 성문제 연구가)
小川可進　おがわ　かしん(1781〜1855 다도가)
小川官次　おがわ　かんじ(1844〜64 勤王家)
小泉丹　こいずみ　まこと(1882〜1952 기생충 학자)
小泉苳三　こいずみ　とうぞう(1894〜1957 歌人)
小川未明　おがわ　みめい

(1882~1961 소설가·동화작가)
小川芳男 おがわ よしお(1908~ 영어학자)
小川尚義 おがわ ひさよし(1869~1947 언어학자)
小川笙船 おがわ しょうせん(1672~1760 의사)
小泉小太郎 こいずみ こたろう(설화)
小泉純也 こいずみ じゅんや(1904~69 정치가)
小泉信吉 こいずみ のぶきち(1853~94 은행가)
小泉信三 こいずみ しんぞう(1888~1966 경제학자)
小川実也 おがわ じつや(1884~1946 교육평론가)
小川栄一 おがわ えいいち(1900~78 실업가)
小川芋銭 おがわ うせん(1868~1938 일본화가)
小川又次 おがわ またじ(1848~1909 육군대장)
小泉又次郎 こいずみ またじろう
(1865~1951 정치가)
小川義綏 おがわ よしやす(1833~1912 기독교목사)
小川一真 おがわ いっしん(1860~1929 사진작가)
小川定明 おがわ じょうみょう
(1855~1919 저널리스트)
小泉策太郎 こいずみ さくたろう
(1872~1937 저널리스트·정치가)
小川晴暘 おがわ せいよう(1894~1960 사진작가)
小泉親彦 こいずみ ちかひこ(1884~1945 군의관)
小川琢治 おがわ たくじ(1870~1941 지질학자)
小川太郎 おがわ たろう(1907~74 교육학자)
小川破笠 おがわ はりつ
(1663~1747 풍속화가·俳人)
小泉八雲 こいずみ やくも
(1850~1904 소설가·영문학자)
小川平吉 おがわ へいきち(1869~1942 정치가)
小川郷太郎 おがわ ごうたろう
(1876~1945 정치가·재정학자)
小村雪岱 こむら せったい(1887~1940 일본화가)
小村寿太郎 こむら じゅたろう
(1855~1911 외교관)
小村田之助 こもれ たのすけ(1624~44 義人)
小塚空谷 こずか くうこく(1877~1959 시인)
小塚藤十郎 こずか とうじゅうろう
(1785~1859 造林家)
小春・治兵衛 こはる・じへえ(작품)
小出兼政 こいで かねまさ(1797~1865 暦算家)
小出龍 こいで りゅう(江戸후기, 의사)
小出秀政 こいで ひでまさ(1540~1604 무장)
小出楢重 こいで ならしげ(1887~1931 서양화가)
小沢蘆庵 おざわ ろあん(1723~1801 歌人)
小沢武二 おざわ たけじ(1896~1966 俳人)
小沢弁蔵 おざわ べんぞう
(明治시대, 노동조합운동가)
小沢征爾 おざわ せいじ(1935~ 오케스트라 지휘자)
小沢佐重喜 おざわ さえき(1898~1968 정치가)
小沢治三郎 おざわ じさぶろう
(1886~1966 해군중장)

紹巴 じょうは(=里村紹巴)
沼波瓊音 ぬなみ けいおん(1877~1927 국문학자)
沼波弄山 ぬなみ ろうざん(1718~77 도공)
小坂徳三郎 こさか とくさぶろう
(1916~ 실업가·정치가)
小坂象堂 こさか しょうどう(1870~99 일본화가)
小坂善太郎 こさか ぜんたろう(1912~ 정치가)
小坂順造 こさか じゅんぞう(1881~1960 실업가)
小唄勝太郎 こうた かつたろう(=勝太郎)
小平浪平 おだいら なみへい(1874~1951 실업가)
小平邦彦 こだいら くにひこ(1915~ 수학자)
小布施新三郎 おぶせ しんざぶろう
(1845~1925 증권업자)
小河一敏 **おがわ かずとし**, おごう かずとし
(1813~86 志士)
小河一順 **おがわ かずのぶ**, おごう かずのぶ
(1836~72 志士)
小河滋次郎 おがわ しげじろう
(1862~1925 사회사업가)
昭憲皇太后 しょうけん こうたいごう
(1850~1914 황후)
昭和天皇 しょうわ てんのう(1901~89)
昭訓門院 しょうくんもんいん(1273~1336 후궁)
紹喜 じょうき(=快川紹喜)

栗飯原清胤 **あいばら きよたね**, あわいはら きよたね(南北朝시대, 무장)
栗凡鱒麻呂 あわのおおしのますまろ
(平安전기, 율령가)
栗生屋源右衛門 あおや げんえもん
(1789~1858 도공)
速水御舟 はやみ ぎょしゅう(1894~1935 일본화가)
速水滉 はやみ ひろし
(1876~1943 논리학자·심리학자)
栗野秀用 あわの ひでもち(?~1595 무장)
栗屋良之助 あわや よしのすけ(1841~64 志士)
栗田口国綱 あわたぐち くにつな(鎌倉중기, 刀工)
栗田口吉光 あわたぐち よしみつ(鎌倉중기, 刀工)
栗田宮 あわたのみや(=朝彦親王)
栗田道麻呂 あわたのみちまろ(?~765 관료)
栗田馬養 あわたのうまかい(奈良시대, 관료·학자)
栗田人上 あわたのひとかみ(?~738 관료)
栗田真人 あわたのまひと(?~719 학자·정치가)

巽聖歌　たつみ せいか(1905～73 동요시인)

송

松岡駒吉　まつおか こまきち(1888～1958 노동운동가·정치가)
松岡恕庵　まつおか じょあん(1668～1746 본초학자)
松岡寿　まつおか ひさし(1862～1943 서양화가)
松岡洋右　まつおか ようすけ(1880～1946 외교관·정치가)
松岡映丘　まつおか えいきゅう(1881～1938 일본화가)
松江宗安　まつえ そうあん(1586～1666 거상)
松岡青蘿　まつおか せいら(1740～91 俳人)
松岡好一　まつおか こういち(1865～1921 낭인)
松岡荒村　まつおか こうそん(1879～1904 시인·평론가)
松居松翁　まつい しょうおう(1870～1933 극작가)
松谷与二郎　まつたに よじろう(1880～1937 사회운동가)
松谷天光光　まつたに てんこうこう(1919～ 정치가)
松貫四　まつ かんし(江戸후기, 浄瑠璃작가)
松宮観山　まつみや かんざん(1687～1780 유학자)
松根東洋城　まつね とうようじょう(1878～1964 俳人)
松崎慊堂　まつざき こうどう(1771～1844 유학자)
松崎蘭谷　まつざき らんこく(1674～1735 유학자)
松崎渋右衛門　まつざき じゅうえもん(1827～69 志士)
松崎蔵之助　まつざき くらのすけ(1865～1919 경제학자)
松崎鶴雄　まつざき つるお(1867～1949 중문학자)
松島剛蔵　まつしま ごうぞう(1825～64 志士)
松島鹿夫　まつしま しかお(1888～1968 외교관)
松濤明　まつなみ あきら(1922～49 등산가)
松島清重　まつしま きよしげ(1901～ 실업가)
松島治重　まつしま はるしげ(1912～ 사회운동가)
松島喜作　まつしま きさく(1892～1977 정치가)
松瀬青々　まつせ せいせい(1869～1937 俳人)
松林桂月　まつばやし けいげつ(1876～1963 일본화가)
松林伯円　しょうりん はくえん(1812～55 야담가)
松木淡々　まつき たんたん(1674～1761 俳人)
松木与左衛門　まつき よざえもん(安土桃山시대, 거상)
松木長操　まつき ながもち(＝松木荘左衛門)
松木荘左衛門　まつき しょうざえもん(1625～52 義人)
松木直亮　まつき なおすけ(1876～1940 육군대장)
松尾多勢子　まつお たせこ(1811～94 勤王家)
松尾臣善　まつお しげよし(1843～1916 관료)
松尾静磨　まつお しずま(1903～72 기술자·실업가)
松尾直義　まつお ただよし(1900～35 노동운동가)
松尾芭蕉　まつお ばしょう(1644～94 俳人)
松方正義　まつかた まさよし(1835～1924 정치가)
松方幸次郎　まつかた こうじろう(1865～1950 실업가)
松本剛吉　まつもと ごうきち(1862～1929 관료·정치가)
松本健次郎　まつもと けんじろう(1870～1963 재계인)
松本奎堂　まつもと けいどう(1831～63 志士)
松本斗機蔵　まつもと ときぞう(幕末期, 해양방위론자)
松本良順　まつもと りょうじゅん(1832～1907 의사)
松本白鸚　まつもと はくおう(1910～82 가부키 배우)
松本三益　まつもと さんえき(1904～ 사회운동가)
松本淳三　まつもと じゅんぞう(1895～1950 시인)
松本安親　まつもと やすちか(1749～1810 토목 기술자)
松本亦太郎　まつもと またたろう(1865～1943 심리학자)
松本栄一　まつもと えいいち(1900～ 동양미술사학자)
松本潤一郎　まつもと じゅんいちろう(1893～1947 사회학자)
松本長　まつもと ながし(1877～1935 能楽師)
松本正夫　まつもと まさお(1910～ 철학자)
松本竣介　まつもと しゅんすけ(1912～48 서양화가)
松本俊一　まつもと しゅんいち(1897～1987 외교관)
松本重治　まつもと しげはる(1899～1989 국제문제 저널리스트)
松本烝治　まつもと じょうじ(1877～1954 상법학자·정치가)
松本清張　まつもと せいちょう(1909～ 소설가)
松本治一郎　まつもと じいちろう(1887～1966 정치가)
松本楓湖　まつもと ふうこ(1840～1923 일본화가)

松本学　まつもと　がく(1886~1974 관료)
松本幸四郎　まつもと　こうしろう (1674~1730 가부키 배우)
松山正夫　まつやま　まさお(1837~64 志士)
松森胤保　まつもり　たねやす(1825~92 동물학자)
松野頼三　まつの　らいぞう(1917~ 정치가)
松野鶴平　まつの　つるへい(1883~1962 정치가)
松永健哉　まつなが　けんや(1907~ 교육운동가)
松永久秀　まつなが　ひさひで(1510~77 무장)
松永東　まつなが　とう(1887~1968 정치가)
松永安左衛門　まつなが　やすざえもん (1875~1971 재계인)
松永貞徳　まつなが　ていとく(1571~1653 문인)
松永尺五　まつなが　せきご(1592~1657 유학자)
松永和風　まつなが　わふう(?~1808 長唄의 대가)
松屋宗助　まつや　そうすけ(=並木宗輔)
松王健児　まつおう　こんでい(전설)
松王丸·梅王丸·桜丸　まつおうまる·うめおうまる·さくらまる (작품)
松隈秀雄　まつくま　ひでお(1896~1989 관료)
松旭斎天勝　しょうきょくさい　てんかつ (1886~1944 마술사)
松旭斎天一　しょうきょくさい　てんいち (1853~1912 마술사)
松原慶輔　まつばら　けいほ(1689~1765 한의사)
松原岩五郎　まつばら　いわごろう (1866~1935 작가·저널리스트)
松原与三松　まつばら　よそまつ (1895~1975 실업가)
松原清介　まつばら　せいすけ (1691~1711 농민봉기 지도자)
宋紫石　そう　しせき(1712~86 화가)
松田勘右衛門　まつだ　かんえもん (?~1740 농민봉기 지도자)
松前公広　まつまえ　きみひろ(1598~1641 大名)
松前広長　まつまえ　ひろなが(1737~1801 정치가)
松田権六　まつだ　ごんろく(1896~1986 칠기공예가)
松田道雄　まつだ　みちお(1908~ 의사·평론가)
松田道之　まつだ　みちゆき(1839~82 관료)
松田敦朝　まつだ　あつとも (幕末·維新期, 동판화가)
松田満秀　まつだ　みつひで(室町전기, 奉行)
松前邦広　まつまえ　くにひろ(1705~43 大名)
松田源治　まつだ　げんじ(1875~1936 정치가)
松田伝十郎　まつだ　でんじゅうろう (1769~? 탐험가)
松田正久　まつだ　まさひさ(1845~1914 정치가)
松田貞清　まつだ　さだきよ(室町전기, 奉行)
松田竹千代　まつだ　たけちよ(1888~1980 정치가)
松前重義　まつまえ　しげよし(1901~ 정치가)
松田恒次　まつだ　つねじ(1895~1970 실업가)

松田憲秀　まつだ　のりひで(?~1590 무장)
松田喜一　まつだ　きいち(1899~1965 사회운동가)
松井簡治　まつい　かんじ(1863~1945 국문학자)
松井慶四郎　まつい　けいしろう (1868~1946 외교관)
松井石根　まつい　いわね(1878~1948 육군대장)
松井須磨子　まつい　すまこ(1886~1919 신극배우)
松井友閑　まつい　ゆうかん(安土桃山시대, 무장)
松井源水　まつい　げんすい(?~1878 약장수)
松井元泰　まつい　げんたい (1689~1743 먹 제조업자)
松井儀長　まつい　のりなが(1570~1657 토목기술자)
松井春生　まつい　はるお(1891~1966 관료)
松井幸三　まつい　こうぞう (?~1828 가부키 狂言작가)
松井憲三　まつい　けんぞう(1896~1971 산림감시원)
松倉嵐蘭　まつくら　らんらん(1647~93 俳人)
松倉勝家　まつくら　かついえ(?~1638 大名)
松倉重政　まつくら　しげまさ(?~1630 大名)
松川重明　まつかわ　しげあき(1802~76 북방개척자)
松村介石　まつむら　かいせき (1859~1939 기독교 지도자)
松村謙三　まつむら　けんぞう(1883~1971 정치가)
松村景文　まつむら　けいぶん(1779~1843 화가)
松村理兵衛　まつむら　りへえ(1721~85 治水家)
松村武雄　まつむら　たけお(1883~1969 신화 학자)
松村文治郎　まつむら　ぶんじろう (1837~1909 정치가)
松村松年　まつむら　しょうねん (1872~1960 곤충학자)
松村英一　まつむら　えいいち(1889~1981 歌人)
松村雄之進　まつむら　ゆうのしん (1852~1921 정치가)
松村月渓　まつむら　げっけい(1752~1811 화가)
松村一人　まつむら　かずと(1905~77 철학자)
松村禎三　まつむら　ていぞう(1929~ 작곡가)
松沢求策　まつざわ　きゅうさく (1855~87 자유민권운동가)
松沢義章　まつざわ　よしあきら(1791~1861 국학자)
松波勘十郎　まつなみ　かんじゅうろう (?~1710 정치개혁가)
松阪広政　まつざか　ひろまさ(1884~1960 관료)
松平家信　まつだいら　いえのぶ(1565~1638 大名)
松平家忠　まつだいら　いえただ(1548~82 무장)
松平康英　まつだいら　やすひで(?~1808 奉行)
松平康重　まつだいら　やすしげ(1568~1640 大名)
松平慶民　まつだいら　よしたみ(1882~1948 귀족)
松平慶永　まつだいら　よしなが(1828~90 大名)
松平光長　まつだいら　みつなが(1615~1707 大名)
松平広忠　まつだいら　ひろただ(1526~49 무장)
松平君山　まつだいら　くんざん(1697~1783 유학자)

松平大膳 まつだいら だいぜん(1808~67 정치가)
松平楽翁 まつだいら らくおう(=松平定信)
松平頼恕 まつだいら よりひろ(1798~1842 大名)
松平頼重 まつだいら よりしげ(1622~95 大名)
松平頼則 まつだいら よりつね(1907~ 작곡가)
松平茂昭 まつだいら もちあき(1836~90 大名)
松平不昧 まつだいら ふまい(=松平治郷)
松平宣富 まつだいら のぶとみ(1678~1721 大名)
松平秀康 まつだいら ひでやす(=結城秀康)
松平勝隆 まつだいら かつたか(1589~1666 大名)
松平乗寿 まつだいら のりなが(1604~54 大名)
松平乗邑 まつだいら のりむら(1686~1746 大名)
松平信康 まつだいら のぶやす(=徳川信康)
松平信綱 まつだいら のぶつな(1596~1662 大名)
松平信明 まつだいら のぶあきら (1763~1817 大名)
松平容保 まつだいら かたもり(1835~93 大名)
松平容頌 まつだいら かたのぶ(1744~1805 大名)
松平長七郎 まつだいら ちょうしちろう (1614~61 낭인)
松平定綱 まつだいら さだつな(1592~1651 大名)
松平定勝 まつだいら さだかつ(1560~1624 大名)
松平定信 まつだいら さだのぶ(1758~1829 老中)
松平定安 まつだいら さだやす(1835~82 大名)
松平正之 まつだいら まさゆき(=保科正之)
松平正直 まつだいら まさなお(1844~1915 정치가)
松平斉貴 まつだいら なりたけ(1815~63 大名)
松平斉民 まつだいら なりたみ(1814~91 大名)
松平宗衍 まつだいら むねのぶ(1729~82 大名)
松平左近 まつだいら さこん(1809~68 勤王家)
松平直矩 まつだいら なおのり(1642~95 大名)
松平直政 まつだいら なおまさ(1601~66 大名)
松平清康 まつだいら きよやす(1511~35 무장)
松平清武 まつだいら きよたけ(1663~1724 大名)
松平春嶽 まつだいら しゅんがく(=松平慶永)
松平忠吉 まつだいら ただよし(1580~1607 大名)
松平忠優 まつだいら ただます(1803~59 老中)
松平忠直 まつだいら ただなお(1595~1650 大名)
松平忠次 まつだいら ただつぐ(1607~65 大名)
松平忠昌 まつだいら ただまさ(1597~1645 大名)
松平忠輝 まつだいら ただてる(1592~1683 大名)
松平治郷 まつだいら はるさと(1751~1818 大名)
松平恒雄 まつだいら つねお (1877~1949 외교관·정치가)
松平輝綱 まつだいら てるつな(1620~71 大名)
松浦東渓 まつうら とうけい(1752~1820 유학자)
松浦隆信 まつうら たかのぶ, **まつら たかのぶ** (1529~99 무장)
松浦武四郎 まつうら たけしろう (1818~88 탐험가)
松浦松洞 まつうら しょうどう(1837~62 志士)
松浦信辰 まつら のぶたつ(1597~1638 기독교도)
松浦詮 まつうら あきら(1840~1908 大名)
松浦静山 まつうら せいざん, **まつら せいざん** (1760~1841 大名)
松浦宗案 まつうら そうあん, **まつら そうあん** (戦国시대, 무사)
松浦佐用媛 まつうら さよひめ, **まつら さよひめ**(설화)
松浦周太郎 まつうら しゅうたろう (1896~1980 정치가)
松浦鎮信 まつうら しげのぶ, **まつら しげのぶ** (1549~1614 大名)
松浦鎮次郎 まつうら しげじろう (1872~1945 관료)
松風·村雨 まつかぜ·むらさめ(설화)
松下見林 まつした けんりん(1637~1703 유학자)
松下大三郎 まつした だいざぶろう (1878~1935 국어학자)
松下芳男 まつした よしお(1892~ 軍制史 연구가)
松下禅尼 まつした ぜんに (鎌倉중기, 무장의 아내)
松下重綱 まつした しげつな(1579~1672 大名)
松下幸之助 まつした こうのすけ (1894~1989 실업가)
松花堂昭乗 しょうかどう しょうじょう (1582~1639 승려화가·서예가)
松丸殿 まつまる どの(?~1634 豊臣秀吉의 첩)

洒堂 しゃどう(=浜田洒堂)

守覚法親王 しゅかくほうしんのう(1150~1202)
水間沾徳 みずま せんとく(1662~1726 俳人)
水の江滝子 みずのえ たきこ(1915~ 배우)
水江浦島子 みずのえのうらしまのこ(전설)
藪孤山 やぶ こざん(1735~1802 유학자)
水谷民彦 みずたに たみひこ(1808~91 양잠업자)
狩谷棭斎 かりや えきさい(1775~1835 고증학자)
水谷長三郎 みずたに ちょうざぶろう (1897~1960 사회운동가·정치가)

水谷八重子　みずたに　やえこ(1905～79 신파배우)
水谷豊文　みずたに　とよぶみ(1779～1833 동물학자)
水郡善之祐　にごおり　ぜんのすけ(1826～64 志士)
須崎芳三郎　すざき　よしさぶろう
(1863～1949 저널리스트)
藪内清　やぶうち　きよし(1906～ 중국 과학사가)
手島堵庵　てじま　とあん(1718～86 心学者)
水島三一郎　みずしま　さんいちろう
(1899～1983 화학자)
手島栄　てじま　さかえ(1897～1963 관료·정치가)
手島精一　てじま　せいいち(1849～1918 교육가)
首藤経俊　すどう　つねとし(1137～1225 무장)
須藤南翠　すどう　なんすい(1857～1920 소설가)
首藤水晶　すどう　すいしょう(1740～72 유학자)
須藤佐次兵衛　すどう　さじべえ
(？～1770 민중봉기 지도자)
藪六右衛門　やぶ　ろくえもん(1790～1872 도공)
須磨弥吉郎　すま　やきちろう(1892～1970 외교관)
修明門院　しゅめい　もんいん，すめい　もんいん
(1182～1264 皇母)
水木洋子　みずき　ようこ(1913～ 시나리오 작가)
守邦親王　もりくに　しんのう(1301～33)
手白香皇女　たしらかのひめみこ(6세기 초, 황후)
守部大隅　もりべのおおすみ(＝鍛冶大隅)
須山計一　すやま　けいいち(1905～75 화가)
守山恒太郎　もりやま　つねたろう
(1880～1912 야구선수)
袖山喜久雄　そでやま　きくお(1902～60 실업가)
水上達三　みずかみ　たつぞう(1903～89 실업가)
水上滝太郎　みなかみ　たきたろう
(1887～1940 소설가·평론가)
水上勉　みずかみ　つとむ，みなかみ　つとむ
(1919～ 소설가)
水沼辰夫　みずぬま　たつお
(1892～1965 노동운동가·무정부주의자)
寿々木米若　すずき　よねわか(1899～1979 浪曲師)
垂水左衛門尉繁昌　たるみ　さえもんのじょう　はんしょう(鎌倉후기, 영주)
藪慎庵　やぶ　しんあん(1689～1744 유학자)
寿岳文章　じゅがく　ぶんしょう(1900～ 영문학자)
水野広徳　みずの　ひろのり(1875～1945 해군대령)
狩野光信　かのう　みつのぶ(1561～1608 화가)
水野軍記　みずの　ぐんき(？～1825 기독교도)
水野年方　みずの　としかた(1866～1908 일본화가)
狩野洞雲　かのう　どううん(1625～94 화가)
水野錬太郎　みずの　れんたろう
(1868～1949 관료·정치가)
水野梅暁　みずの　ばいぎょう(1877～1949 선승)
狩野芳崖　かのう　ほうがい(1828～88 일본화가)
狩野山雪　かのう　さんせつ(1589～1651 화가)
狩野尚信　かのう　なおのぶ(1607～50 화가)
狩野常信　かのう　つねのぶ(1636～1713 화가)
水野仙子　みずの　せんこ(1888～1919 소설가)
狩野雪信　かのう　ゆきのぶ(＝清原雪信)
水野成夫　みずの　しげお(1899～1972 실업가)
水野成之　みずの　なりゆき(？～1664 旗本奴)
狩野松栄　かのう　しょうえい(1519～92 화가)
狩野秀頼　かのう　ひでより(戦国시대, 화가)
水野勝成　みずの　かつなり(1564～1651 大名)
狩野勝川　かのう　しょうせん(1823～80 화가)
水野十郎左衛門　みずの　じゅうろうざえもん
(＝水野成之)
狩野雅楽介　かのう　うたのすけ(＝狩野之信)
狩野安信　かのう　やすのぶ(1613～85 화가)
水野葉舟　みずの　ようしゅう
(1883～1947 소설가·시인)
狩野永納　かのう　えいのう(1631～1697 화가)
狩野永徳　かのう　えいとく(1543～90 화가)
水野元朗　みずの　もとあきら(1692～1748 문인)
水野元宣　みずの　もとのぶ(？～1869 정치가)
狩野元信　かのう　もとのぶ(1476～1559 화가)
水野源左衛門　みずの　げんざえもん
(？～1647 도공)
水野寅次郎　みずの　とらじろう
(1854～1909 정치가)
狩野正信　かのう　まさのぶ(1434～1530 화가)
狩野周信　かのう　ちかのぶ(1660～1728 화가)
狩野之信　かのう　ゆきのぶ(1513～75 화가)
狩野直喜　かのう　なおき(1868～1947 중국연구가)
狩野昌運　かのう　しょううん(1637～1702 화가)
水野忠徳　みずの　ただのり(1810～68 幕臣)
水野忠邦　みずの　ただくに(1794～1851 老中)
水野忠成　みずの　ただあきら(1762～1834 영주)
水野忠央　みずの　ただなか(1814～65 大名)
水野忠友　みずの　ただとも(1731～1801 大名)
水野忠任　みずの　ただとう(1734～？ 大名)
水野忠周　みずの　ただちか(1673～1718 大名)
水野忠之　みずの　ただゆき(1669～1731 大名)
水野忠辰　みずの　ただとき(1722～52 大名)
水野忠清　みずの　ただきよ(1582～1647 大名)
水野忠恒　みずの　ただつね(1701～39 大名)
狩野探幽　かのう　たんゆう(1602～74 화가)
狩野亨吉　かのう　こうきち(1865～1942 사상가)
狩野興以　かのう　こうい(？～1636 화가)
須永好　すなが　こう(1894～1946 농민운동가)
穂苅三寿雄　ほかり　みすお(1891～1966 산악인)
守屋典郎　もりや　ふみお(1907～ 경제학자·변호사)
授翁宗弼　じゅおう　そうひつ(1296～1380 선승)
修円　しゅうえん(771～835 승려)
水原茂　みずはら　しげる(1909～82 야구선수·감독)
水原秋桜子　みずはら　しゅうおうし
(1892～1981 俳人)

水越与三兵衛　みずこし よそべえ(幕末期, 도공)
垂仁天皇　すいにん てんのう(記紀)
脩子内親王　しゅうし ないしんのう(996～1049)
寿長　じゅちょう(平安전기, 승려)
穂積老　ほずみのおゆ(?～749 관료)
穂積押山　ほずみのおしやま(6세기 초, 관료)
穂積以貫　ほずみ いかん(1692～1769 유학자)
穂積重遠　ほずみ しげとお(1883～1951 민법학자)
穂積陳重　ほずみ のぶしげ(1856～1926 법학자)
穂積清軒　ほずみ せいけん(1836～74 蘭学者)
穂積親王　ほずみ しんのう(?～715)
穂積八束　ほずみ やつか(1860～1912 법학자)
守田勘弥　もりた かんや(?～1679 가부키 배우)
須田官蔵　すだ かんぞう(1755～1826 상인)
須田国太郎　すだ くにたろう
(1891～1961 서양화가·미술사가)
水田三喜男　みずた みきお(1905～76 정치가)
須田盛貞　すだ もりさだ(1845～1901 藩士)
水田正秀　みずた まさひで(1657～1723 俳人)
須田泰嶺　すだ たいれい(1825～1908 의학자)
水町袈裟六　みずまち けさろく
(1864～1934 재정가)
須井一　すい はじめ(＝谷口善太郎)
穂井田忠友　ほいだ ただとも(1792～1847 국학자)
綏靖天皇　すいぜい てんのう(記紀)
守貞親王　もりさだ しんのう(1179～1223)
随朝陳　ずいちょう のぶる(1790～1850 수학자)
守住貫魚　もりずみ かんぎょ(1809～92 화가)
随川甫信　ずいせん ほしん(1692～1745 화가)
手塚律蔵　てずか りつぞう(1823～78 蘭学者)
手塚富雄　てずか とみお(1903～83 독문학자)
手塚岸衛　てずか きしえ(1880～1936 신교육가)
手塚治虫　てずか おさむ(1928～89 만화가)
袖萩　そではぎ(작품)
須貝快天　すがい かいてん
(1860～1929 농민운동가)
水戸光圀　みと みつくに(＝徳川光圀)
水戸黄門　みと こうもん(＝徳川光圀)
首皇子　おびとのみこ(＝聖武天皇)

宿屋飯盛　やどやのめしもり(＝石川雅望)

順空　じゅんくう(＝蔵山順空)
順徳天皇　じゅんとく てんのう(1197～1242)
純信·お馬　じゅんしん·おうま(작품)
淳祐　じゅんゆう(890～953 승려)
淳仁天皇　じゅんにん てんのう(733～65)
舜天　しゅんてん(1166～1237 琉球国 국왕)
淳和天皇　じゅんな てんのう(786～840)

崇光天皇　すこう てんのう(1334～98)
崇徳天皇　すとく てんのう(1119～64)
崇道天皇　すどう てんのう(＝早良親王)
崇山居中　すうざん きょちゅう(1277～1345)
崇神天皇　すじん てんのう(記紀)
崇源院　すうげんいん(1573～1626 장군의 아내)
崇伝　すうでん(＝以心崇伝)
崇峻天皇　すしゅん てんのう(?～592)

勝覚　しょうかく(1057～1129 승려)
勝間田清一　かつまた せいいち(1908～89 정치가)
勝見二柳　かつみ じりゅう(1723～1803 俳人)
勝能進　かつ のうしん(1821～86 가부키狂言 작가)
勝道　しょうどう(737～817 승려)
承明門院　しょうめいもんいん(1171～1257 후궁)
僧旻　そう みん(＝旻)
勝範　しょうはん(996～1077 승려)
勝本勘三郎　かつもと かんざぶろう
(1866～1923 형법학자)
勝本清一郎　かつもと せいいちろう
(1899～1967 문예평론가)
勝算　しょうさん(939～1011 승려)
昇曙夢　のぼる しょむ(1878～1958 러시아 문학가)
勝沼精蔵　かつぬま せいぞう(1886～1963 의학자)

勝野正道　かつの　まさみち(1808~58 志士)
勝諺蔵　かつげんぞう(1796~1852 가부키狂言 작가)
承誉　しょうえい(鎌倉후기, 荘官)
勝俣銓吉郎　かつまた　せんきちろう
(1872~1959 영어학자)
勝虞　しょうご(733~811 승려)
承仁法親王　しょうにんほうしんのう(1169~97)
承子内親王　しょうし　ないしんのう(948~51)
勝田守一　かつた　しゅいち(1908~69 교육학자)
勝田永吉　かつた　えいきち(1888~1946 정치가)
勝田主計　しょうだ　かずえ
(1869~1948 재정가·정치가)
勝田竹翁　かつた　ちくおう(江戸전기, 화가)
升田幸三　ますだ　こうぞう(1918~91 바둑기사)
昇亭北寿　しょうてい　ほくじゅ
(1763~1824 풍속화가)
勝定院　しょうじょういん(＝足利義持)
僧正遍昭　そうじょう　へんじょう(＝遍昭)
勝正憲　かつ　まさのり(1879~1957 관료·정치가)
乗竹東谷　のりたけ　とうこく(1733~94 정치가)
乗竹孝太郎　のりたけ　こうたろう
(1860~1909 경제학자)
承察度　うふ　さと(？~1404 琉球国 국왕)
勝川春童　かつかわ　しゅんどう(江戸후기, 풍속화가)
勝川春扇　かつかわ　しゅんせん(江戸후기, 풍속화가)
勝川春英　かつかわ　しゅんえい
(1762~1819 풍속화가)
勝川春章　かつかわ　しゅんしょう
(1726~92 풍속화가)
勝川春潮　かつかわ　しゅんちょう
(江戸후기, 풍속화가)
勝川春好　かつかわ　しゅんこう
(1743~1812 풍속화가)
勝太郎　かつたろう(1904~74 가수)
勝海舟　かつ　かいしゅう(1823~99 정치가)
勝賢　しょうけん(1132~90 승려)

市岡猛彦　いちおか　たけひこ(1749~1827 국학자)
市乾鹿文・市鹿文　いちふかや・いちかや(설화)
始関伊平　しぜき　いへい(1907~　정치가)
市橋長義　いちはし　ながよし(1821~82 大名)
市九郎　いちくろう(작품)
矢口来応　やぐち　らいおう(1782~1858 心学者)
矢崎嵯峨の屋　やざき　さがのや(＝嵯峨の屋お室)
矢崎千代二　やざき　ちよじ(1872~1947 서양화가)
施基皇子　しきのみこ(？~716)
矢内原忠雄　やないはら　ただお
(1893~1961 경제학자)
矢代東村　やしろ　とうそん(1889~1952 歌人)
矢代村弥助　やしろむら　やすけ
(1734~74 민중봉기 지도자)
矢代秋雄　やしろ　あきお(1929~76 작곡가)
矢代幸雄　やしろ　ゆきお(1890~1975 미술사학자)
市島謙吉　いちじま　けんきち(1860~1944 저술가)
矢島楫子　やじま　かじこ(1833~1925 교육가)
市島喜右衛門　いちしま　きえもん(1713~74 상인)
矢頭藤七　やとう　とうしち(江戸전기, 旗本奴)
矢頭右衛門七　やとう　えもしち(1686~1703 志士)
市来四郎　いちき　しろう(1828~1903 포술가)
柴栗山　しば　りつざん(＝柴野栗山)
矢尾喜兵衛　やお　きへえ(1709~82 상인)
お市方　おいちのかた(＝小谷方)
市辺押磐皇子　いちのべのおしはのみこ
(5세기 말)
柿本人麻呂　かきのもとのひとまろ(7세기 말, 歌人)
矢部理左衛門　やべ　りざえもん
(1615~67 개간·간척자)
矢部長克　やべ　ひさかつ(1878~1969 지질학자)
矢部定謙　やべ　さだのり(1794~？ 정치가)
柴四朗　しば　しろう(＝東海散士)
柴山兼四郎　しばやま　かねしろう
(1889~1956 육군중장)
柴山良助　しばやま　りょうすけ(1834~68 志士)
柴山矢八　しばやま　やはち(1850~1924 해군대장)
柴山伊兵衛　しばやま　いへえ(1611~1703 부농)
時山直八　ときやま　なおはち(1838~68 志士)
市聖　いちのひじり(＝空也)
時実利彦　ときざね　としひこ(1909~73 뇌생리학자)
矢野勘三郎　やの　かんざぶろう(1821~94 거상)
矢野龍渓　やの　りゅうけい
(1850~1931 정치가·소설가)
柴野栗山　しばの　りつざん(1736~1807 유학자)
市野迷庵　いちの　めいあん(1765~1826 유학자)
柴野碧海　しばの　へきかい(1773~1835 유학자)
矢野峰人　やの　ほうじん(1893~　시인·영문학자)
矢野二郎　やの　じろう(1845~1906 교육가)
矢野仁一　やの　じんいち
(1872~1970 중국근대사학자)
矢野一郎　やの　いちろう(1899~　실업가)
矢野庄太郎　やの　しょうたろう
(1886~1949 정치가)
矢野拙斎　やの　せっさい(1662~1732 유학자)
矢野恒太　やの　つねた(1865~1951 실업가)
矢野玄道　やの　はるみち(1823~87 국학자)
施薬院全宗　せやくいん　ぜんそう(＝丹波全宗)
柴五郎　しば　ごろう(1859~1945 육군대장)

柴屋軒宗長　さいおくけん そうちょう
(1448～1532 連歌師)
柿右衛門　かきえもん(＝酒井田柿右衛門)
是円　ぜえん(＝二階堂是円)
市原王　いちはらおう(奈良시대, 歌人·학자)
時任謙作　ときとう けんさく(작품)
市場通笑　いちば つうしょう(1739～1812 희작자)
柴田鳩翁　しばた きゅうおう(1783～1839 心学者)
柴田南雄　しばた みなお
(1916～ 작곡가·음악평론가)
柴田錬三郎　しばた れんざぶろう
(1917～78 소설가)
柴田睦陸　しばた むつむ(1913～88 테너가수)
柴田方庵　しばた ほうあん(1800～56 의사)
矢田部勁吉　やたべ けいきち(1896～1980 성악가)
矢田部良吉　やたべ りょうきち
(1851～99 식물학자·시인)
矢田部盛治　やたべ もりはる(1824～71 志士)
矢田部通寿　やたべ つうじゅ(？～1768 금속공예가)
矢田挿雲　やだ そううん(1882～1961 소설가·俳人)
柴田善三郎　しばた ぜんざぶろう
(1877～1943 관료)
柴田勝家　しばた かついえ(1522～83 무장)
柴田承桂　しばた しょうけい(1850～1910 약학자)
柴田是真　しばた ぜしん
(1807～91 일본화가·칠기공예가)
柴田雄次　しばた ゆうじ(1882～1980 화학자)
柴田清　しばた きよし(1887～1961 실업가)
柴田花守　しばた はなもり(1809～90 神道家)
是枝恭二　これえだ きょうじ(1904～34 사회운동가)
是枝柳右衛門　これえだ りゅうえもん
(1817～64 志士)
時枝誠記　ときえだ もとき(1900～67 국어학자)
矢次一夫　やつぎ かずお
(1899～1983 노동운동가·정치가)
市川高麗蔵　いちかわ こまぞう
(1674～1730 가부키 배우)
市川崑　いちかわ こん(1915～ 영화감독)
市川九女八　いちかわ くめはち
(1846～1913 가부키 배우)
市川段四郎　いちかわ だんしろう
(1651～1717 가부키 배우)
市川団十郎　いちかわ だんじゅうろう
(1660～1704 가부키 배우)
市川団蔵　いちかわ だんぞう
(1684～1740 가부키 배우)
市川団之助　いちかわ だんのすけ
(1786～1817 가부키 배우)
矢川徳光　やがわ とくみつ(1900～82 교육학자)
市川雷蔵　いちかわ らいぞう(1931～69 영화배우)
市川房枝　いちかわ ふさえ
(1893～1981 여성운동가·정치가)
市川三左衛門　いちかわ さんざえもん
(？～1869 정치가)
市川小団次　いちかわ こだんじ
(1812～66 가부키 배우)
市川松蔦　いちかわ しょうちょう
(1886～1940 가부키 배우)
市川寿美蔵　いちかわ すみぞう
(1845～1906 가부키 배우)
市川寿海　いちかわ じゅかい
(1886～1971 가부키 배우)
市川新蔵　いちかわ しんぞう
(1861～97 가부키 배우)
市川栄之助　いちかわ えいのすけ
(1831～72 기독교도)
市川五郎兵衛　いちかわ ごろべえ
(1571～1665 개간·간척자)
市川右太衛門　いちかわ うたえもん
(1907～ 영화배우)
市川猿翁　いちかわ えんおう
(1888～1963 가부키 배우)
市川猿之助　いちかわ えんのすけ
(1855～1922 가부키 배우)
市川義雄　いちかわ よしお(1894～1971 사회운동가)
市川正一　いちかわ しょういち
(1892～1945 사회운동가)
市川正好　いちかわ まさよし(1675～1757 정치가)
市川左団次　いちかわ さだんじ
(1842～1904 가부키 배우)
市川中車　いちかわ ちゅうしゃ
(1860～1936 가부키 배우)
市川翠扇　いちかわ すいせん
(1881～1944 무용가·여배우)
市川鶴鳴　いちかわ かくめい(1740～95 유학자)
市川厚一　いちかわ こういち(1888～1948 축산학자)
市村光恵　いちむら みつえ(1875～1928 법학자)
市村羽左衛門　いちむら うざえもん
(1605～52 가부키 배우)
市村竹之丞　いちむら たけのじょう
(1654～1718 가부키 배우)
市村瓚次郎　いちむら さんじろう
(1864～1947 동양사학자)
是忠親王　これただ しんのう(857～922)
矢沢頼堯　やざわ よりたか(1797～1841 정치가)
市浦検校　いちうら けんぎょう(江戸후기, 箏曲家)
市河寛斎　いちかわ かんさい(1749～1820 유학자)
市河米庵　いちかわ べいあん(1779～1858 서예가)
市河三喜　いちかわ さんき(1886～1970 영어학자)
市丸　いちまる(1906～ 가수)
蒔絵師源三郎　まきえし げんざぶろう
(江戸중기, 풍속화가)

식

式乾門院　しきけんもんいん(1197～1251 황녀)
式見市左衛門　しきみ いちざえもん
(江戸전기, 기독교도)
植崎九八郎　うえざき くはちろう(？～1807 幕臣)
識名盛命　しきな せいめい
(1651～1715 국문학자·정치가)
植木挙因　うえき きょいん(1686～1774 유학자)
植木庚子郎　うえき こうしろう(1900～80 정치가)
植木玉厓　うえき ぎょくがい(1781～1839 漢詩人)
植木枝盛　うえき えもり(1857～92 정치가·사상가)
植松茂岳　うえまつ しげおか(1793～1876 국학자)
植松雅久　うえまつ まさひさ(1722～77 公卿)
植松有信　うえまつ ありのぶ(1754～1813 국학자)
植松自謙　うえまつ じけん(1750～1810 心学者)
式守伊之助　しきもり いのすけ
(1880～1966 씨름 심판)
植原悦二郎　うえはら えつじろう
(1877～1962 정치가)
植月重佐　うえつき しげすけ(？～1333 무장)
式子内親王　しきし ないしんのう, しょくし ないしんのう(？～1201)
植田謙吉　うえだ けんきち(1875～1962 육군대장)
植田寿蔵　うえだ じゅぞう(1886～1973 미학자)
植田乙次郎　うえだ おとじろう(1825～93 志士)
殖田俊吉　うえだ しゅんきち(1890～1960 관료)
植田清次　うえだ せいじ(1902～63 철학자)
式亭三馬　しきてい さんば(1776～1822 희작자)
植竹春彦　うえたけ はるひこ(1898～1988 정치가)
植芝盛平　うえしば もりへい(1883～1969 무술가)
植草甚一　うえくさ じんいち(1908～79 평론가)
植村角左衛門　うえむら かくざえもん
(1739～1822 식산흥업가)
植村甲午郎　うえむら こうごろう
(1894～1978 관료·재계인)
植村文楽軒　うえむら ぶんらくけん
(1737～1810 文楽의 시조)
植村正久　うえむら まさひさ
(1858～1925 기독교 지도자)
植村直己　うえむら なおみ(1941～84 등산가)
植村諦　うえむら たい(1903～59 시인)
植村環　うえむら たまき(1890～1982 목사)
食行身禄　じきぎょう みろく(1670～1733 종교가)

신

信家　のぶいえ(安土桃山시대, 刀工)
信覚　しんかく(1011～84 승려)
新居格　にい いたる(1888～1951 평론가)
新居藤右衛門　にい とうえもん(？～1756 방직업자)
新居日薩　あらい にっさつ(1830～88 승려)
新見正路　しんみ まさみち(1791～1848 幕臣)
新見正興　しんみ まさおき(1822～69 幕臣)
神谷寿貞　かみや じゅてい(戦国시대, 광산업자)
神谷正太郎　かみや しょうたろう
(1898～1980 실업가)
神谷宗湛　かみや そうたん(1551～1635 거상)
神功皇后　じんぐう こうごう(記紀)
新関良三　にいぜき りょうぞう
(1889～1979 독문학자)
新関八洲太郎　にいぜき やすたろう
(1897～1978 실업가)
新宮涼庭　しんぐう りょうてい(1787～1854 의학자)
神近市子　かみちか いちこ(1888～1981 정치가)
神崎与五郎　かんざき よごろう(1666～1703 志士)
神崎一作　かんざき いっさく(1867～1938 神道家)
神吉寿平　かみよし じゅへい
(1754～1820 금속공예가)
神吉晴夫　かんき はるお(1901～77 출판인)
新納時升　にいろ ときます(1777～1864 藩士)
新納中三　にいろ なかぞう(1832～89 정치가)
新納忠元　にいろ ただもと(1526～1610 무장)
新納忠之介　にいろ ちゅうのすけ
(1868～1954 조각가)
新納鶴千代　にいろ つるちよ(작품)
神奈備種松　かんなびのたねまつ(작품)
信濃前司行長　しなののぜんじ ゆきなが
(鎌倉전기, 귀족)
新待賢門院　しんたいけんもんいん(1803～56 후궁)
信徳丸　しんとくまる(작품)
新島繁　にいじま しげる(1900～57 문화·교육운동가)
新島襄　にいじま じょう(1843～90 기독교 교육자)
新島栄治　にいじま えいじ(1889～ 시인)
新渡戸稲造　にとべ いなぞう(1862～1933 교육가)
新渡戸伝　にとべ つたう(1793～1871 篤農家)
新羅三郎　しんら さぶろう(＝源義光)
身禄　みろく(＝食行身禄)
新明正道　しんめい まさみち(1898～1984 사회학자)
新木栄吉　あらき えいきち(1891～1959 실업가)
神武天皇　じんむ てんのう(記紀)

新門辰五郎　しんもん　たつごろう(1800～75 협객)
神尾光臣　かみお　みつおみ(1855～1927 육군대장)
新美南吉　にいみ　なんきち(1913～43 동화작가)
新美卯一郎　にいみ　ういちろう (1879～1911 사회주의자)
新発田収蔵　しばた　しゅうぞう(1820～59 지리학자)
信方　のぶかた(江戸전기, 서양화가)
神保綱忠　じんぼう　つなただ(1729～1826 정치가)
神保格　じんぼう　かく(1883～1965 언어학자)
神保光太郎　じんぼう　こうたろう (1905～ 시인·독문학자)
神保小虎　じんぼ　ことら(1867～1924 지질학자)
信夫淳平　しのぶ　じゅんぺい (1871～1962 국제법학자·외교사가)
神山郡廉　こうやま　くにきよ(1829～1909 관료)
神山茂夫　かみやま　しげお(1905～74 사회운동가)
神産巣日神　かみむすびのかみ(記紀신화)
神山政良　かみやま　せいりょう(1882～ 관료)
信西　しんぜい(＝藤原通憲)
神西清　じんざい　きよし(1903～57 소설가·번역가)
新城新蔵　しんじょう　しんぞう (1873～1938 천문학자)
榊俶　さかき　はじめ(1857～97 정신의학자)
新崇賢門院　しんすうけんもんいん (1675～1709 후궁)
信時潔　のぶとき　きよし(1887～1965 작곡가)
神野金之助　かみの　きんのすけ (1893～1961 실업가)
神叡　しんえい(奈良시대, 승려)
神王　みわおう(738～806)
榊原康政　さかきばら　やすまさ(1548～1606 무장)
榊原健吉　さかきばら　けんきち(1830～99 검객)
新垣弓太郎　あらかき　ゆみたろう (1872～1964 자유민권운동가)
新垣松含　あらかき　しょうがん (1880～1937 고전무용가)
榊原紫峰　さかきばら　しほう(1887～1971 일본화가)
榊原政令　さかきばら　まさのり(1776～1861 大名)
榊原政岑　さかきばら　まさみね(1713～42 大名)
榊原職直　さかきばら　もとなお(江戸전기, 奉行)
榊原仟　さかきばら　しげる(1910～79 심장외과 의사)
榊原忠政　さかきばら　ただまさ(1540～1601 무장)
榊原篁洲　さかきばら　こうしゅう (1659～1706 유학자)
神日本磐余彦尊　かんやまといわれひこのみこと (＝神武天皇)
新庄直時　しんじょう　なおとき(1626～77 大名)
新庄直詮　しんじょう　なおのり(1665～1708 大名)
新庄直定　しんじょう　なおさだ(1562～1616 大名)
新庄直好　しんじょう　なおよし(1599～1662 大名)
神田乃武　かんだ　ないぶ(1857～1923 영어영문학자)
神田大作　かんだ　だいさく(1913～83 정치가)
神田鐳蔵　かんだ　らいぞう(1872～1934 실업가)
新田邦光　にった　くにてる(1829～1902 종교가)
神田伯龍　かんだ　はくりゅう(1890～1949 야담가)
神田伯山　かんだ　はくざん(？～1874 야담가)
神田兵右衛門　かんだ　ひょうえもん (1841～1921 공공사업가)
新田部親王　にいたべのしんのう, **にたべ　しんのう**(？～735)
新田部皇女　にたべのひめみこ(？～699)
神田松鯉　かんだ　しょうり(1843～1921 야담가)
神田庵厚丸　かんだあん　あつまる(？～1829 狂歌師)
新田潤　にった　じゅん(1904～78 소설가)
新田融　にった　とおる(1880～？ 무정부주의자)
新田義貞　にった　よしさだ(1301～38 무장)
新田義宗　にった　よしむね(？～1368 무장)
新田義重　にった　よししげ(1135～1202 무장)
新田義顕　にった　よしあき(？～1337 무장)
新田義興　にった　よしおき(1331～58 무장)
信田仁十郎　しのだ　にじゅうろう(1826～58 志士)
神田宗兵衛　かんだ　そうべえ(？～1840 요업가)
新田次郎　にった　じろう(1912～80 소설가)
神前皇女　かんさきのひめみこ(6세기 초)
神田孝平　かんだ　こうへい, **かんだ　たかひら** (1830～98 관료학자)
神田喜一郎　かんだ　きいちろう (1897～1984 중국학자)
新井紀一　あらい　きいち(1890～1966 소설가)
新井白石　あらい　はくせき(1657～1725 유학자)
新井白蛾　あらい　はくが(1714～92 유학자)
新井石禅　あらい　せきぜん(1864～1927 선승)
新井奥邃　あらい　おうすい(1846～1922 기독교도)
新井章吾　あらい　しょうご(1856～1906 정치가)
新井章治　あらい　しょうじ(1881～1952 실업가)
新中和門院　しんちゅうかもんいん(1702～20 후궁)
神川彦松　かみかわ　ひこまつ (1889～1988 국제정치학자)
新村猛　しんむら　たけし(1905～ 불문학자)
新村出　しんむら　いずる(1876～1967 언어학자)
新村忠雄　にいむら　ただお(1887～1911 사회주의자)
信太意舒　しのだ　もとのぶ(1839～92 정치가)
神鞭知常　かみむち　ともつね, **こうむち　ともつね**(1848～1905 관료·정치가)
神夏磯媛　かんなつそひめ(설화)
神下村豊五郎　かみしもむら　とよごろう (＝大西豊五郎)
信海　しんかい(鎌倉시대, 승려화가)
新海竹太郎　しんかい　たけたろう (1868～1927 조각가)
神戸挙一　かんべ　きょいち(1862～1926 실업가)
神戸信孝　かんべ　のぶたか(＝織田信孝)

神戸正雄　かんべ　まさお(1877～1959 경제학자)

室鳩巣　むろ　きゅうそう(1658～1734 유학자)
実藤恵秀　さねとう　けいしゅう
(1896～1985 중국연구가)
実敏　じつびん(788～853 승려)
実範　じっぱん(平安후기, 승려)
室生犀星　むろう　さいせい
(1889～1962 시인·소설가)
実如光兼　じつにょ　こうけん(1458～1525 승려)
室町院　むろまちいん(1228～1300 황녀)
実尊　じっそん(＝大乗院実尊)
実川額十郎　じつかわ　がくじゅうろう
(1782～1835 가부키 배우)
実川延若　じつかわ　えんじゃく
(1831～85 가부키 배우)
実忠　じっちゅう(奈良시대, 승려)
室賀国威　むろが　くにたけ(1896～ 실업가)
実慧　じつえ(786～847 승려)

心覚　しんかく(？～1181 승려)
深慨隠士　しんがい　おんし(＝超然)
深見十左衛門　ふかみ　じゅうざえもん
(1641～1730 협객)
心敬　しんけい(1406～75 連歌師)
深尾須磨子　ふかお　すまこ(1888～1974 시인)
審祥　しんしょう(奈良시대, 승려)
尋禅　じんぜん(943～90 승려)
心誉　しんよ(957～1029 승려)
心越興儔　しんえつ　こうちゅう(＝東皐心越)
深田康算　ふかだ　やすかず(1878～1928 미학자)
深田久弥　ふかだ　きゅうや(1903～71 소설가)
深田正室　ふかだ　まさむろ(？～1663 유학자)
心田清播　しんでん　せいはん(1375～1447 선승)
深井英五　ふかい　えいご(1871～1945 재계인·관료)
深井仁子　ふかい　じんこ(1841～1918 교육가)
深井志道軒　ふかい　しどうけん
(1682～1765 야담가)
尋尊　じんそん(＝大乗院尋尊)
心地覚心　しんち　かくしん(1207～98 선승)
深川武　ふかがわ　たけし(1900～62 사회운동가)
深草少将　ふかくさのしょうしょう(설화)
深草元政　ふかくさのげんせい(＝元政)
深沢勝清　ふかざわ　かつきよ(？～1663 고래잡이)
深沢七郎　ふかざわ　しちろう(1914～87 소설가)
深沢恒造　ふかざわ　つねぞう(1873～1925 신파배우)

辻嘉六　つじ　かろく(1877～1948 실업가)
辻久子　つじ　ひさこ(1926～ 바이올리니스트)
十達　じったつ(1259～1353 승려)
辻蘭室　つじ　らんしつ(1756～1835 蘭学者)
十六夜・清心　いざよい・せいしん(작품)
十返舎一九　じっぺんしゃ　いっく
(1765～1831 희작자)
十兵衛　じゅうべえ(작품)
辻善之助　つじ　ぜんのすけ(1877～1955 역사학자)
十時梅崖　とどき　ばいがい(1737～1804 유학자)
十市皇女　とおちのひめみこ(？～678)
辻新次　つじ　しんじ(1842～1915 교육행정가)
辻与次郎　つじ　よじろう
(安土桃山시대, 주물기술자)
辻維岳　つじ　いがく(1823～94 정치가)
辻潤　つじ　じゅん(1884～1944 번역가·평론가)
十一谷義三郎　じゅういちや　ぎさぶろう
(1897～1937 소설가)
辻政信　つじ　まさのぶ(1902～68 군인·정치가)
辻直四郎　つじ　なおしろう
(1899～1979 산스크리트 학자)
辻聴花　つじ　ちょうか(1868～1931 연극평론가)
十寸見蘭洲　ますみ　らんしゅう
(？～1731 浄瑠璃의 대가)
十寸見河東　ますみ　かとう
(1684～1725 浄瑠璃의 대가)
辻村伊助　つじむら　いすけ(1886～1923 등산가)
辻村太郎　つじむら　たろう(1890～1983 지리학자)
十河信二　そごう　しんじ(1884～1981 관료·정치가)

쌍

双葉山定次　ふたばやま　さだじ(1912～68 力士)

씨

氏家卜全　うじいえ　ぼくぜん(？〜1571 무장)
氏家直国　うじいえ　なおくに
(1854〜1904 자유민권운동가)
氏家行広　うじいえ　ゆきひろ(1546〜1615 무장)

ㅇ

아

阿江与助　あこう　よすけ(？〜1634 토목기술자)
雅慶　がきょう(926〜1012 승려)
阿古屋　あこや(작품)
阿観　あかん(1136〜1207 승려)
亜欧堂田善　あおうどう　でんぜん
(1748〜1822 화가)
阿国　おくに(＝出雲阿国)
阿南惟幾　あなみ　これちか(1887〜1945 육군대장)
阿茶局　あちゃのつぼね(1555〜1637 徳川家康의 첩)
阿曇刀　あずみのかたな(奈良시대, 관료)
阿曇比羅夫　あずみのひらふ(7세기 중엽, 무장)
児島強介　こじま　きょうすけ(1838〜63 志士)
児島高徳　こじま　たかのり(南北朝시대, 무장)
児島三郎　こじま　さぶろう(1827〜68 志士)
児島善三郎　こじま　ぜんざぶろう
(1893〜1962 서양화가)
児島惟謙　こじま　いけん(1837〜1908 판사)
児島献吉郎　こじま　けんきちろう
(1866〜1931 중문학자)
児島虎次郎　こじま　とらじろう
(1881〜1929 서양화가)
児島喜久雄　こじま　きくお(1887〜1950 미술사가)
児雷也　じらいや(전설)
阿麻和利　あまわり(？〜1458 무장)
阿倍広庭　あべのひろにわ(？〜732 정치가)
阿倍内麻呂　あべのうちまろ(＝阿倍倉梯麻呂)
阿倍比羅夫　あべのひらふ(7세기 말, 무장)
阿倍小足媛　あべのおたらしひめ(7세기 말, 황후)
阿倍宿奈麻呂　あべのすくなまろ(？〜720 정치가)
阿倍安麻呂　あべのやすまろ(8세기 초, 관료)
阿倍御主人　あべのみぬし(？〜703 정치가)
阿倍鳥　あべのとり(6세기 말〜7세기 초, 관료)
阿倍駿河　あべのするが(奈良시대, 관료)
阿倍仲麻呂　あべのなかまろ(698〜770 관료)
阿倍倉梯麻呂　あべのくらはしまろ(？〜649 大臣)
阿倍兄雄　あべのあにお(？〜808 관료)
阿保親王　あぼ　しんのう(792〜842)
阿部藤造　あべ　とうぞう(1893〜　실업가)
阿部櫟斎　あべ　れきさい(1805〜70 본초학자)
阿部房次郎　あべ　ふさじろう(1868〜1937 실업가)
阿部守太郎　あべ　もりたろう(1872〜1913 외교관)
阿部勝雄　あべ　かつお(1891〜1948 해군중장)
阿部市郎兵衛　あべ　いちろべえ(1767〜1835 상인)
阿部信行　あべ　のぶゆき
(1875〜1953 육군대장·정치가)
阿部彦太郎　あべ　ひこたろう(1840〜1904 실업가)
阿部宇之八　あべ　うのはち(1861〜1924 저널리스트)
阿部将翁　あべ　しょうおう(1650〜1753 본초학자)
阿部正外　あべ　まさと(1828〜87 老中)

阿部正之　あべ　まさゆき(1584〜1651 旗本)
阿部正次　あべ　まさつぐ(1569〜1647 大名)
阿部貞行　あべ　さだゆき(1827〜85 개간·간척자)
阿部正弘　あべ　まさひろ(1819〜57 老中)
阿部竹松　あべ　たけまつ(1912〜73 노동운동가)
阿部重次　あべ　しげつぐ(1598〜1651 大名)
阿部重孝　あべ　しげたか(1890〜1939 교육학자)
阿部知二　あべ　ともじ(1903〜73 소설가·평론가)
阿部真造　あべ　しんぞう(幕末·維新期, 기독교인)
阿部真之助　あべ　しんのすけ
(1884〜1964 저널리스트·평론가)
阿部次郎　あべ　じろう(1883〜1959 철학자·미학자)
阿部清兵衛　あべ　せいべえ(1801〜66 유학자)
阿部忠秋　あべ　ただあき(1602〜75 大名)
阿部泰蔵　あべ　たいぞう(1849〜1924 실업가)
阿部豊　あべ　ゆたか(1895〜1977 영화감독)
阿部行蔵　あべ　こうぞう
(1908〜81 역사학자·평화운동가)
阿部豪逸　あべ　ごういつ(1834〜82 志士)
阿部孝次郎　あべ　こうじろう(1897〜1990 실업가)
阿部興人　あべ　おきんど(1845〜1920 실업가)
阿仏尼　あぶつに(?〜1283 歌人)
我謝栄彦　がじゃ　えいげん(1894〜1953 농업교육가)
峩山韶碩　がざん　じょうせき(1275〜1365 선승)
阿蘇惟武　あそ　これたけ(?〜1377 무장)
阿蘇惟時　あそ　これとき(?〜1353 무장)
阿蘇惟政　あそ　これまさ(南北朝시대, 관료)
阿蘇惟直　あそ　これなお(?〜1336 무장)
阿蘇惟澄　あそ　これずみ(?〜1364 무장)
阿蘇惟村　あそ　これむら(?〜1406 무장)
阿野廉子　あの　れんし(1311〜59 황후)
阿野全成　あの　ぜんじょう(?〜1203 무장)
児玉秀雄　こだま　ひでお(1876〜1947 관료·정치가)
児玉誉士夫　こだま　よしお(1911〜84 국가주의자)
児玉源太郎　こだま　げんたろう
(1852〜1906 육군대장)
児玉花外　こだま　かがい(1874〜1943 시인)
亜元　あげん(1773〜1842 국학자)
雅子内親王　がし　ないしんのう(910〜54)
阿佐井野宗瑞　あさいの　そうずい(?〜1532 의사)
我妻栄　わがつま　さかえ(1897〜1973 민법학자)
阿川弘之　あがわ　ひろゆき(1920〜 소설가)
阿波野青畝　あわの　せいほ(1899〜 俳人)
*阿弖流為　あてるい(?〜802 족장)

悪路王　あくろおう(전설)
渥美契縁　あつみ　かいえん(1841〜1906 승려)
渥美清太郎　あつみ　せいたろう
(1892〜1959 가부키 평론가)
岳翁蔵丘　がくおう　ぞうきゅう(室町시대, 승려)
鄂隠慧奯　がくいん　えかつ(1366〜1425 선승)
岳亭　がくてい(江戸후기, 풍속화가·희작자)
悪七兵衛景清　あくしちびょうえ　かげきよ
(＝平景清)

安嘉門院　あんかもんいん(1209〜83 왕녀)
安岡章太郎　やすおか　しょうたろう
(1920〜 소설가)
安岡正篤　やすおか　まさひろ
(1898〜1983 국가주의자)
安康天皇　あんこう　てんのう(記紀)
安居院庄七　あごいん　しょうしち
(1789〜1863 권농가)
岸駒　がんく(1749〜1838 화가)
安国寺恵瓊　あんこくじ　えけい(?〜1600 승려)
安寧天皇　あんねい　てんのう(記紀)
安達謙蔵　あだち　けんぞう(1864〜1948 정치가)
安達景盛　あだち　かげもり(?〜1248 무장)
安達峰一郎　あだち　みねいちろう
(1869〜1934 외교관)
安達盛長　あだち　もりなが(1135〜1200 무장)
安達安子　あだち　やすこ(1835〜1913 교육가)
安達義景　あだち　よしかげ(1210〜53 무장)
安達潮花　あだち　ちょうか
(1887〜1969 꽃꽂이 연구가)
安達清風　あだち　せいふう(1835〜84 志士)
安達泰盛　あだち　やすもり(1231〜85 무장)
安達幸之助　あだち　こうのすけ
(1824〜69 志士·병법가)
安達憲忠　あだち　けんちゅう
(1857〜1930 사회사업가)
安曇磯良　あずみのいそら(설화)
岸岱　がんたい(1782〜1865 화가)

安徳天皇　あんとく　てんのう(1178～85)
安島帯刀　あじま　たてわき(1812～59 志士)
安島直円　あじま　なおのぶ(1739～98 수학자)
安東省庵　あんどう　せいあん(1622～1701 유학자)
安東次男　あんどう　つぐお(1919～ 시인·평론가)
安東鉄馬　あんどう　てつま(1843～64 志士)
安東平右衛門尉蓮聖　あんどう　へいえもんのじょう　れんしょう(鎌倉후기, 관료)
安斗智徳　あとのちとこ(7세기 말, 侍従)
安藤覚　あんどう　かく(1899～1967 정치가·승려)
安藤更生　あんどう　こうせい(1900～70 미술사가)
安藤広重　あんどう　ひろしげ(1797～1858 풍속화가)
安藤広太郎　あんどう　ひろたろう(1871～1958 농학자·농업개혁 지도자)
安藤国松　あんどう　くにまつ(1883～ 노동운동가)
安藤亀子　あんどう　かめこ(1630～68 歌人)
安藤紀三郎　あんどう　きさぶろう(1879～1954 육군중장)
安藤年山　あんどう　ねんざん(1659～1716 국학자)
安藤東野　あんどう　とうや(1683～1719 유학자)
安藤涼宇　あんどう　りょうう(江戸후기, 꽃꽂이 연구가)
安藤嶺丸　あんどう　れいがん(1870～1943 승려)
安藤利吉　あんどう　りきち(1884～1946 육군대장)
安藤朴翁　あんどう　ぼくおう(1627～1702 국학자)
安藤信正　あんどう　のぶまさ(1819～71 정치가)
安藤野雁　あんどう　のかり(1810～67 歌人·국학자)
安藤楢六　あんどう　ならろく(1900～84 실업가)
安藤有益　あんどう　あります(1624～1708 수학자)
安藤伊右衛門　あんどう　いえもん(1751～1827 治水家)
安藤一郎　あんどう　いちろう(1907～72 시인·영문학자)
安藤正純　あんどう　まさずみ(1876～1955 정치가·승려)
安藤正次　あんどう　まさつぐ(1878～1952 국어학자)
安藤重信　あんどう　しげのぶ(1557～1621 大名)
安藤重長　あんどう　しげなが(1600～57 大名)
安藤直次　あんどう　なおつぐ(1544～1635 大名)
安藤昌益　あんどう　しょうえき(1703～62 의사)
安藤忠義　あんどう　ただよし(1854～1920 불어학자)
安藤太郎　あんどう　たろう(1846～1924 외교관)
安藤抱琴　あんどう　ほうきん(1654～1717 국학자)
安藤豊禄　あんどう　とよろく(1897～ 실업가)
安藤鶴夫　あんどう　つるお(1908～69 연극평론가)
安藤幸　あんどう　こう(1878～1963 바이올리니스트)
安藤和風　あんどう　わふう(1866～1936 저널리스트)
安藤輝三　あんどう　てるぞう(1905～36 육군대장)
安楽庵策伝　あんらくあん　さくでん(1554～1642 승려·만담가)
安良姫　やすらひめ(설화)
鞍馬天狗　くらま　てんぐ(작품)
安倍季正　あべのすえまさ(1099～1164 악사)
安倍能成　あべ　よししげ(1883～1966 철학자)
安倍頼時　あべのよりとき(?～1057 무사)
安倍保名　あべのやすな(작품)
安倍安仁　あべのやすひと(793～859 정치가)
安倍源基　あべ　げんき(1894～1989 관료)
安倍貞任　あべのさだとう(1019～62 무사)
安倍宗任　あべのむねとう(平安후기, 무사)
安倍晋太郎　あべ　しんたろう(1924～ 정치가)
安倍晴明　あべのせいめい(921～1005 역술가)
安倍清行　あべのきよゆき(825～900 歌人)
安倍泰邦　あべ　やすくに(江戸중기, 역술가)
安倍泰福　あべ　やすとみ(＝土御門泰福)
安倍泰親　あべのやすちか(平安후기, 역술가)
安倍黒麻呂　あべのくろまろ(奈良시대, 관료)
安倍興行　あべのおきゆき(平安전기, 관료·문인)
安保清種　あぼ　きよかず(1870～1948 해군대장)
岸本能武太　きしもと　のぶた(1865～1928 종교학자·사회학자)
岸本武太夫　きしもと　ぶだゆう(1742～1809 지방관)
岸本芳秀　きしもと　よしひで(1821～90 음악가)
岸本英夫　きしもと　ひでお(1903～64 종교학자)
岸本五兵衛　きしもと　ごへえ(1866～1915 실업가)
岸本由豆流　きしもと　ゆずる(1789～1846 국학자)
岸本辰雄　きしもと　たつお(1852～1912 법률가)
岸本賀昌　きしもと　がしょう(1868～1928 관료·정치가)
安部綱義　あべ　つなよし(1905～ 교육가)
安部公房　あべ　こうぼう(1924～ 소설가·희작자)
安部磯雄　あべ　いそお(1865～1949 기독교 사회주의자)
安部井磐根　あべい　いわね(1832～1916 정치가)
安富祖政元　あふそ　せいげん(1785～1865 음악가)
安富知安　やすとみ　ちあん(室町시대, 무장)
安山松巌　やすやま　しょうげん(1771～1848 정치가)
岸上鎌吉　きしのうえ　かまきち(1867～1929 동물학자)
安西冬衛　あんざい　ふゆえ(1898～1965 시인)
安西正夫　あんざい　まさお(1904～72 실업가)
安西浩　あんざい　ひろし(1901～ 실업가)
安成貞雄　やすなり　さだお(1885～1924 저널리스트)
岸紹易　きし　しょうえき(1729～99 다도가)
安松金右衛門　やすまつ　きんえもん(?～1686 治水家)
安寿·厨子王　あんじゅ·ずしおう(작품)
安宿王　あすかべのおう(奈良시대, 관료)
岸信介　きし　のぶすけ(1896～1987 정치가)
安養寺禾麿　あんようじ　のぎまろ(1697～1767 학자)

安然　あんねん(平安전기, 승려)
安芸晈一　あき　こういち
(1902～85 하천공학자)
安芸三郎左衛門　あき　さぶろうざえもん
(1597～1671 제지업자)
安芸盛　あき　さかん(1896～1944 노동운동가)
鞍作多須奈　くらつくりのたすな(6세기 말, 仏師)
鞍作福利　くらつくりのふくり(7세기 초, 통역사)
鞍作鳥　くらつくりのとり(7세기 초, 仏師)
安斎桜磈子　あんざい　おうかいし
(1886～1953 俳人)
安積艮斎　あさか　ごんさい(1791～1860 유학자)
安積澹泊　あさか　たんぱく(1655～1737 유학자)
安積五郎　あさか　ごろう(1828～64 志士)
安積親王　あさか　しんのう(728～44)
岸田国士　きしだ　くにお
(1890～1954 희작자·소설가)
安田躬弦　やすだ　みつる(1768～1816 국학자)
安田幾久男　やすだ　きくお(1900～78 실업가)
安田老山　やすだ　ろうざん(1830～82 일본화가)
安田雷洲　やすだ　らいしゅう(江戸후기, 풍속화가)
岸田劉生　きしだ　りゅうせい(1891～1929 서양화가)
安田善次郎　やすだ　ぜんじろう
(1838～1921 실업가)
安田成信　やすだ　なりのぶ(1715～69 정치가)
安田蛙文　やすだ　あぶん
(江戸중기, 浄瑠璃·가부키狂言 작가)
岸田吟香　きしだ　ぎんこう(1833～1905 저널리스트)
安田義定　やすだ　よしさだ(1134～94 무장)
安田一　やすだ　はじめ(1907～91 실업가)
岸田日出刀　きしだ　ひでと(1899～1966 건축학자)
安田庄司　やすだ　しょうじ(1895～1955 실업가)
岸田俊子　きしだ　としこ(＝中島俊子)
安田靫彦　やすだ　ゆきひこ(1884～1978 일본화가)
安田銕之助　やすだ　てつのすけ
(1890～1949 국가주의자)
安井謙　やすい　けん(1911～86 정치가)
安井九兵衛　やすい　くへえ(1579～1661 상공인)
安井道頓　やすい　どうとん(1533～1615 상공인)
安井藤治　やすい　とうじ(1885～1970 육군중장)
安井算哲　やすい　さんてつ(1639～1715 역학자)
安井誠一郎　やすい　せいいちろう
(1891～1962 관료)
安井息軒　やすい　そっけん(1799～1876 유학자)
安井英二　やすい　えいじ(1890～1982 정치가)
安井郁　やすい　かおる
(1907～80 국제법학자·평화운동가)
安井曾太郎　やすい　そうたろう
(1888～1955 서양화가)
安座上真　あざかみ　まこと(1888～1957 실업가)
岸竹堂　きし　ちくどう(1826～97 일본화가)

安珍·清姫　あんちん·きよひめ(전설)
安澄　あんちょう(763～814 승려)
安川加寿子　やすかわ　かずこ(1922～ 피아니스트)
安川敬一郎　やすかわ　けいいちろう
(1849～1934 실업가)
安川雄之助　やすかわ　ゆうのすけ
(1870～1944 실업가)
安川第五郎　やすかわ　だいごろう
(1886～1976 실업가)
岸清一　きし　せいいち(1867～1933 변호사)
安宅弥吉　あたか　やきち(1873～1949 실업가)
岸沢式佐　きしざわ　しきさ
(1806～66 常磐津 浄瑠璃의 대가)
安閑天皇　あんかん　てんのう(6세기 초)
安海　あんかい(平安중기, 승려)
鞍懸吉寅　くらかけ　よしとら(1834～71 志士)
安慧　あんえ(794～868 승려)
安喜門院　あんきもんいん(1207～86 황후)

お·岩　おいわ(작품)
岩見重太郎　いわみ　じゅうたろう(？～1615 무예가)
巌谷小波　いわや　さざなみ
(1870～1933 소설가·동화작가)
巌谷孫蔵　いわや　まごぞう(1867～1918 민법학자)
岩谷松平　いわや　まつへい(1849～1920 실업가)
巌谷一六　いわや　いちろく(1834～1905 서예가)
岩橋武夫　いわはし　たけお(1898～1954 사회사업가)
岩橋半三郎　いわはし　はんざぶろう
(？～1866 志士)
岩橋善兵衛　いわはし　ぜんべえ
(1756～1811 기술자)
岩橋英遠　いわばし　えいえん(1903～ 일본화가)
岩亀楼喜遊　がんきろう　きゆう(1846～60 기생)
岩崎灌園　いわさき　かんえん(1786～1842 본초학자)
岩崎美隆　いわさき　よしたか(1804～47 歌人)
岩崎弥之助　いわさき　やのすけ
(1851～1908 실업가)
岩崎弥太郎　いわさき　やたろう(1834～85 실업가)
岩崎民平　いわさき　たみへい(1892～1971 영어학자)
岩崎小弥太　いわさき　こやた(1879～1945 실업가)
岩崎卓爾　いわさき　たくじ(1869～1937 민속연구가)
岩崎革也　いわさき　かくや(1869～1943 사회주의자)
岩藤雪夫　いわとう　ゆきお(1902～ 소설가)
岩瀬英一郎　いわせ　えいいちろう
(1894～1963 실업가)

岩瀨忠震　いわせ　ただなり(1818～61 정치가)
岩畔豪雄　いわぐろ　ひでお(1897～1970 육군소장)
岩本昆寬　いわもと　こんかん
(1744～1801 금속공예가)
巖本善治　いわもと　よしはる
(1863～1942 기독교 교육자)
岩本信行　いわもと　のぶゆき(1895～1963 정치가)
巖本真理　いわもと　まり(1926～79 바이올리니스트)
岩上とは　いわがみ　とわ(1780～1862 歌人)
岩上順一　いわがみ　じゅんいち(1907～58 평론가)
岩生成一　いわお　せいいち(1900～88 역사학자)
岩城宏之　いわき　ひろゆき(1932～ 지휘자)
岩城貞隆　いわき　さだたか(1581～1620 무장)
岩松経家　いわまつ　つねいえ(？～1335 무장)
岩松満純　いわまつ　みつずみ(？～1417 무장)
岩松尚純　いわまつ　ひさずみ(室町후기, 무장)
岩野泡鳴　いわの　ほうめい
(1873～1920 소설가·평론가·시인)
岩淵龍太郎　いわぶち　りゅうたろう
(1928～ 바이올리니스트)
岩永裕吉　いわなが　ゆうきち(1883～1939 실업가)
岩垣月洲　いわがき　げっしゅう(1808～73 유학자)
岩田藤七　いわた　とうしち(1893～1980 유리공예가)
岩田涼菟　いわた　りょうと(1661～1717 俳人)
岩田愛之助　いわた　あいのすけ
(1890～1950 국가주의자)
岩田義道　いわた　よしみち(1898～1932 사회운동가)
岩田専太郎　いわた　せんたろう(1901～74 화가)
岩田宙造　いわた　ちゅうぞう
(1875～1966 변호사·정치가)
岩田豊雄　いわた　とよお(＝獅子文六)
岩切章太郎　いわきり　しょうたろう
(1893～1985 실업가)
岩井半四郎　いわい　はんしろう
(？～1699 가부키 배우)
岩井勝次郎　いわい　かつじろう
(1863～1935 실업가)
岩井紫若　いわい　しじゃく(1829～82 가부키 배우)
岩井章　いわい　あきら(1922～ 노동운동가)
岩井重太郎　いわい　じゅうたろう
(1871～1946 실업가)
岩佐凱実　いわさ　よしざね(1906～ 재계인)
岩佐勝以　いわさ　かつもち(1578～1650 화가)
岩佐勝重　いわさ　かつしげ(？～1673 풍속화가)
岩佐又兵衛　いわさ　またべえ(＝岩佐勝以)
岩佐作太郎　いわさ　さくたろう
(1879～1967 무정부주의자)
岩倉具経　いわくら　ともつね(1853～90 정치가)
岩倉具視　いわくら　ともみ(1825～83 公卿·정치가)
岩倉具定　いわくら　ともさだ(1851～1910 정치가)
岩倉尚具　いわくら　ひさとも(1737～99 公卿)
岩倉恒具　いわくら　つねとも(1701～60 公卿)
岩村高俊　いわむら　たかとし(1845～1906 관료)
岩村忍　いわむら　しのぶ(1905～88 몽골사학자)
岩村通世　いわむら　みちよ
(1883～1965 관료·정치가)
岩村通俊　いわむら　みちとし(1840～1915 관료)
岩村透　いわむら　とおる(1870～1917 미술사가)
岩波茂雄　いわなみ　しげお(1881～1946 출판인)
岩下方平　いわした　まさひら(1827～1900 志士)
岩下壮一　いわした　そういち(1887～1940 신학자)
岩下貞融　いわした　さだあき(1801～67 국학자)
岩下左次右衛門　いわした　さじえもん
(＝岩下方平)
岩下清周　いわした　せいしゅう(1857～1928 실업가)

압

鴨吉備麻呂　かものきびまろ(奈良시대, 관료)
鴨長明　かものちょうめい(1155～1216 歌人)
押川方義　おしかわ　まさよし
(1849～1928 기독교 교육자)
押川春浪　おしかわ　しゅんろう(1876～1914 소설가)
押坂彦人大兄皇子　おしさかのひこひとのおおえのみこ(6세기 말)
鴨蝦夷　かものえみし(？～695 공신)

애

靉光　あいみつ(1907～46 서양화가)
愛洲惟孝　あいず　いこう(1452～1538 무장)
愛知揆一　あいち　きいち(1907～73 정치가)
愛川吾一　あいかわ　ごいち(작품)
愛宕通旭　おたぎ　みちあきら(1846～71 公卿)
愛沢寧堅　あいざわ　ねいけん(1849～1929 정치가)
愛護若　あいごのわか(작품)

액

額田今足　ぬかたのいまたり(平安전기, 율령가)

額田六福　ぬかだ ろっぷく(1890～1948 희작자)
額田部広麻呂　ぬかたべのひろまろ(奈良시대, 관료)
額田王　ぬかたのおおきみ(7세기 말, 歌人)

앵

桜間弓川　さくらま きゅうせん(1889～1957 能楽師)
桜間道雄　さくらま みちお(1897～1983 能楽師)
桜間伴馬　さくらま ばんば(1835～1917 能楽師)
桜国輔　さくら くにすけ(1843～67 志士)
桜内義雄　さくらうち よしお(1912～ 정치가)
桜内幸雄　さくらうち ゆきお(1880～1947 실업가·정치가)
桜東雄　さくら あずまお(1811～60 志士·歌人)
桜山茲俊　さくらやま これとし(？～1332 무장)
桜任蔵　さくら じんぞう(1812～59 志士)
桜田規矩三　さくらだ きくぞう(1896～1963 사회운동가)
桜田武　さくらだ たけし(1904～85 재계인)
桜田一郎　さくらだ いちろう(1904～86 고분자화학자)
桜田済美　さくらだ さいび(1797～1876 志士)
桜田治助　さくらだ じすけ(1734～1806 가부키狂言 작가)
桜田虎門　さくらだ こもん(1774～1839 유학자)
桜井鷗村　さくらい おうそん(1872～1929 영문학자·아동문학가)
鶯亭金升　おうてい きんしょう(1868～1954 희작자·저널리스트)
桜井梅室　さくらい ばいしつ(1769～1852 俳人)
桜井兵五郎　さくらい ひょうごろう(1880～1951 실업가·정치가)
桜井雪館　さくらい せっかん(1716～91 화가)
桜井祐男　さくらい ひろお(1890～1952 교육가)
桜井義肇　さくらい ぎちょう(1868～1926 승려)
桜井貞相　さくらいのさだみ(平安전기, 율령가)
桜井貞世　さくらいのさだよ(平安전기, 율령가)
桜井錠二　さくらい じょうじ(1858～1939 화학자)
桜井俊記　さくらい としき(1893～1970 실업가)
桜町天皇　さくらまち てんのう(1720～50)
桜井忠温　さくらい ただよし(1879～1965 작가)
桜川慈悲成　さくらがわ じひなり(1762～1833 희작자·만담가)

야

野間宏　のま ひろし(1915～91 소설가)
野間口兼雄　のまぐち かねお(1866～1943 해군대장)
野間三竹　のま さんちく(1608～76 의사)
野間清治　のま せいじ(1878～1938 실업가)
野見宿禰　のみのすくね(전설)
野尻抱影　のじり ほうえい(1885～1977 천문학자)
野口兼資　のぐち かねすけ(1879～1953 能楽師)
野口寧斎　のぐち ねいさい(1867～1905 漢詩人)
野口米次郎　のぐち よねじろう(1875～1947 시인)
野口弥太郎　のぐち やたろう(1899～1976 서양화가)
野溝勝　のみぞ まさる(1898～1978 사회운동가)
野口英世　のぐち ひでよ(1876～1928 세균학자)
野口雨情　のぐち うじょう(1882～1945 시인)
野口源三郎　のぐち げんざぶろう(1888～1967 육상선수·체육학자)
野口援太郎　のぐち えんたろう(1868～1941 교육가)
野口幽谷　のぐち ゆうこく(1827～98 화가)
野口幽香　のぐち ゆか(1866～1950 사회사업가)
野口伝兵衛　のぐち でんべえ(1897～1945 농민운동가)
野口遵　のぐち したがう(1873～1944 실업가)
野国総管　のぐに そうかん(江戸전기, 감자 전래자)
野宮定基　ののみや さだもと(1669～1711 有職家)
野崎武左衛門　のざき ぶざえもん(1790～1865 개간가)
夜刀神　やとのかみ(설화)
野呂介石　のろ かいせき(1747～1828 문인화가)
野呂景義　のろ かげよし(1854～1923 야금학자)
野呂松勘兵衛　のろまつ かんべえ(江戸전기, 인형극 연출가)
野呂栄太郎　のろ えいたろう(1900～34 경제학자)
野呂元丈　のろ げんじょう(1693～1761 의사)
野呂直貞　のろ なおさだ(1829～83 志士)
野路善鏡　のろ ぜんきょう(安土桃山시대, 칠기세공 기술자)
野幇間　のだいこ(작품)
野辺地勝久　のべち かつひさ(1910～66 피아니스트)
野本白巌　のもと はくがん(1797～1856 유학자)
野副鉄男　のぞえ てつお(1902～ 화학자)
野上弥生子　のがみ やえこ(1885～1985 소설가)
野上元　のがみ げん(1915～72 노동운동가)
野上豊一郎　のがみ とよいちろう(1883～1950 영문학자·能楽연구가)

野勢静太 のせ しずた(1864~1912 의학자)
野々口隆正 ののぐち たかまさ(＝大国隆正)
野々口立圃 ののぐち りゅうほ(1595~1669 俳人)
野々村仁清 ののむら にんせい(江戸전기, 도공)
野元道元 のもと みちもと(？~1714 산업가)
野田九浦 のだ きゅうほ(1880~1971 일본화가)
野田律太 のだ りつた(1891~1948 노동운동가)
野田卯一 のだ ういち(1903~ 정치가)
野田卯太郎 のだ うたろう
(1853~1927 정치가·실업가)
野田英夫 のだ ひでお(1908~39 서양화가)
野田宇太郎 のだ うたろう
(1909~84 시인·근대일본문학 연구가)
野田笛浦 のだ てきほ(1799~1859 유학자)
野田俊作 のだ しゅんさく(1888~1968 정치가)
野田忠粛 のだ ただのり(1648~1719 국학자)
野中兼山 のなか けんざん
(1615~63 유학자·정치가)
野中金右衛門 のなか きんえもん
(1761~1846 조림업자)
野中到 のなか いたる(1867~1955 기상학자)
野中四郎 のなか しろう(1903~36 육군대위)
野中婉 のなか えん(1660~1725 의사)
野中助継 のなか すけつぐ(1828~68 막부 관료)
野津道貫 のず みちつら(1841~1908 육군원수)
野津鎮雄 のず しずお(1835~80 육군중장)
野村兼太郎 のむら かねたろう
(1896~1960 경제사학자)
野村公台 のむら こうだい(1717~84 유학자)
野村光一 のむら こういち(1895~1988 음악평론가)
野村軍記 のむら ぐんき(1774~1834 정치가)
野村吉三郎 のむら きちさぶろう
(1877~1964 해군대장)
野村吉哉 のむら よしや(1903~40 시인·동화작가)
野村徳七 のむら とくしち(1878~1945 실업가)
野村龍太郎 のむら りゅうたろう
(1859~1943 철도기술자)
野村万蔵 のむら まんぞう(1898~1978 狂言師)
野村望東 のむら ぼうとう(1806~67 歌人)
野村無名庵 のむら むめいあん
(1886~1945 연예평론가)
野村文挙 のむら ぶんきょ(1854~1911 일본화가)
野村文夫 のむら ふみお(1833~91 저널리스트)
野村芳兵衛 のむら よしべえ
(1896~ 생활교육 실천가)
野村西巒 のむら せいらん(1764~1827 유학자)
野村素介 のむら もとすけ
(1842~1927 관료·정치가)
野村安逍 のむら あんちょう(1805~71 음악가)
野村隈畔 のむら わいはん(1884~1921 철학자)
野村靖 のむら やすし(1842~1909 志士·정치가)
野村宗十郎 のむら そうじゅうろう
(1857~1925 인쇄인)
野村佐平治 のむら さへいじ(1822~1902 茶商)
野村直邦 のむら なおくに(1885~1973 해군대장)
野村平爾 のむら へいじ(1902~79 법학자)
野村胡堂 のむら こどう
(1882~1963 소설가·음악평론가)
野沢吉兵衛 のざわ きちべえ
(江戸후기, 義太夫三味線의 대가)
野沢凡兆 のざわ ぼんちょう(？~1714 俳人)
野沢喜左衛門 のざわ きざえもん
(1891~1976 文楽三味線 연주자)
野沢喜八郎 のざわ きはちろう
(江戸중기, 義太夫三味線의 대가)
野坂龍 のさか りょう(1896~1971 사회운동가)
野坂参三 のさか さんぞう(1892~ 사회운동가)

약

若宮貞夫 わかみや さだお
(1875~1946 관료·정치가)
若槻礼次郎 わかつき れいじろう
(1866~1949 관료·정치가)
若乃花幹士 わかのはな かんじ(1928~ 力士)
若林強斎 わかばやし きょうさい
(1679~1732 유학자·神道家)
若尾逸平 わかお いっぺい(1820~1913 실업가)
若尾璋八 わかお しょうはち(1873~1943 실업가)
薬師恵日 くすしのえにち(7세기 초, 견당사)
若山牧水 わかやま ぼくすい(1885~1928 歌人)
若山五郎兵衛 わかやま ごろべえ
(江戸전·중기, 若山節唄의 대가)
若山儀一 わかやま のりかず(1840~91 경제학자)
若山喜志子 わかやま きしこ(1888~1968 歌人)
若杉五十八 わかすぎ いそはち
(1759~1805 서양화가)
若杉弘 わかすぎ ひろし(1935~ 지휘자)
若松若太夫 わかまつ わかだゆう
(江戸후기, 説経節의 대가)
若松只一 わかまつ ただかず(1893~1959 육군중장)
若松賤子 わかまつ しずこ(1864~96 번역가)
若桜部五百瀬 わかさくらべのいおせ
(？~696 功臣)
約翁徳倹 やくおう とくけん(1245~1320 선승)
若竹東工郎 わかたけ とうくろう
(江戸중·후기, 인형극 연출가)
若竹笛躬 わかたけ ふえみ(＝若竹東工郎)

薬智　やくち(平安후기, 승려)
若狭季兼　わかさ　すえかね(鎌倉후기, 영주)

陽性　ようしょう(904～90 승려)
陽成天皇　ようぜい　てんのう(868～949)
陽胡真身　やこのまみ(奈良시대, 승려·관료)

御堀耕助　みほり　こうすけ(1841～71 志士)
御堂関白　みどう　かんぱく(＝藤原道長)
御立呉明　みたてのごめい(奈良시대, 의사)
御馬皇子　みまのみこ(5세기 말)
御木徳近　みき　とくちか(1900～83 종교가)
御木徳一　みき　とくいち(1871～1938 종교가)
御木本幸吉　みきもと　こうきち (1858～1954 실업가)
御船千鶴子　みふね　ちずこ(1886～1911 초능력자)
魚屋北渓　ととや　ほっけい(1780～1850 풍속화가)
御諸別王　みもろわけのおう(설화)
魚住源次兵衛　うおずみ　げんじべえ (1817～80 志士)
御粥安本　ごかゆ　あんぽん(1794～1862 수학자)

億計王　おけおう(＝仁賢天皇)

言代主神　ことしろぬしのかみ(신화)
彦市　ひこいち(설화)
アメリカ彦蔵　アメリカ　ひこぞう (1836～97 무역상)
彦坂光正　ひこさか　みつまさ(1565～1632 奉行)
彦坂諶厚　ひこさか　じんこう(1834～98 승려)
彦坂元正　ひこさか　もとまさ(？～1634 지방관)
彦火火出見尊　ひこほほでみのみこと(記紀)

厳覚　ごんかく(1056～1121 승려)
厳智　げんち(奈良시대, 승려)

余慶　よけい(919～91 승려)
如儡子　じょらいし(江戸전기, 대중소설가)
如無　にょむ(867～938 승려)
如宝　にょほう(？～815 승려)
与謝蕪村　よさ　ぶそん(1716～83 俳人·화가)
与謝野寛　よさの　ひろし(1873～1935 歌人·시인)
与謝野秀　よさの　しげる(1904～71 외교관)
与謝野晶子　よさの　あきこ(1878～1942 歌人·시인)
与謝野鉄幹　よさの　てっかん(＝与謝野寛)
如水宗淵　じょすい　そうえん(室町후기, 선승)
余熊耳　よ　ゆうじ(1687～1776 유학자)
如意尼　にょいに(803～35 비구니)
如一　にょいち(＝即非如一)
与田準一　よだ　じゅんいち(1905～ 아동문학가)
如拙　じょせつ(室町전기, 승려)
与次郎　よじろう(＝辻与次郎)

役藍泉　えんのらんせん(1751～1809 유학자)
役小角　えんのおずぬ(7세기 말, 주술가)

연

然空　ぜんくう(＝礼阿)
然空礼阿　ねんくう　らいあ(＝礼阿)
煙山専太郎　けむやま　せんたろう (1877～1954 정치학자)
延祥　えんしょう(766～853 승려)
延性　えんしょう(859～929 승려)
延信王　のぶざねおう(平安후기)
延尋　えんじん(992～？ 승려)
然阿　ぜんあ(＝良忠)
然阿良忠　ねんあ　りょうちゅう(＝良忠)
延殷　えんいん(？～1050 승려)
延鎮　えんちん(平安전기, 승려)
延昌　えんしょう(880～964 승려)

열

熱田大宮司季範　あつただいぐうじ　すえのり (＝藤原季範)

염

塩見政誠　しおみ　まさなり(1646～1719 蒔絵師)
塩見政治　しおみ　まさじ(1878～1916 실업가)
塩谷アイ　しおや　アイ(1912～ 보육운동가)
塩谷大四郎　しおのや　だいしろう (1769～1836 지방관)
塩谷温　しおのや　おん(1878～1962 중문학자)
染谷知信　そめや　とものぶ(江戸후기, 금속공예가)
塩谷処　しおのや　さだむ(1825～90 유학자·志士)
塩谷宕陰　しおのや　とういん(1809～67 유학자)
お染·久松　おそめ·ひさまつ(설화)
染崎延房　そめざき　のぶふさ(1818～86 희작자)
塩焼王　しおやきおう(？～764 관료)
塩野季彦　しおの　すえひこ(1880～1949 관료)
塩野義三郎　しおの　ぎさぶろう (1881～1953 실업가)
塩屋古麻呂　しおやのこまろ(奈良시대, 승려)
塩原又策　しおばら　またさく(1877～1955 실업가)
塩原太助　しおばら　たすけ(1743～1816 거상)
艶二郎　えんじろう(작품)
塩田広重　しおた　ひろしげ(1873～1965 의학자)
塩田力蔵　しおだ　りきぞう(1864～1946 도예가)
染殿后　そめどののきさき(＝藤原明子)
塩川文麟　しおかわ　ぶんりん(1808～77 화가)
塩沢幸一　しおざわ　こういち(1883～1943 해군대장)

엽

葉山嘉樹　はやま　よしき(1894～1945 소설가)
葉室光頼　はむろ　みつより(1124～73 公卿)
葉室鉄夫　はむろ　てつお(1917～ 수영선수)
葉室顕隆　はむろ　あきたか(1072～1129 公卿)

영

永嘉門院　えいかもんいん(1272～1329 후궁)
永岡久茂　ながおか　ひさしげ(1841～77 志士)
永岡秀一　ながおか　ひでかず(1876～1952 유도인)
永江純一　ながえ　じゅんいち (1854～1917 정치가·실업가)
永江一夫　ながえ　かずお (1902～80 사회운동가·정치가)
永岡鶴蔵　ながおか　つるぞう (1863～1914 노동운동가)
永谷義弘　ながたに　よしひろ (1681～1778 茶 제조업자)
永観　えいかん(1053～1132 승려)
永島亀巣　ながしま　きそう(1809～91 개척자)
永島安龍　ながしま　あんりゅう(江戸후기, 의사)
永楽保全　えいらく　ほぜん(1795～1854 도공)
永瀬清子　ながせ　きよこ(1906～ 시인)
永福門院　えいふくもんいん(1271～1342 中宮)
永富独嘯庵　ながとみ　どくしょうあん (1732～66 의사)
瑩山　えいざん(＝瑩山紹瑾)
影山龍造　かげやま　りゅうぞう(1817～72 유학자)
永山武四郎　ながやま　たけしろう (1837～1904 육군중장)
永山盛輝　ながやま　もりてる(1826～1902 관료)

瑩山紹瑾　けいざん　じょうきん(1268～1325 선승)
影山庄平　かげやま　しょうへい
(1886～1945 초국가주의자)
影山正治　かげやま　まさはる(1910～79 우익운동가)
栄西　えいさい(＝明庵栄西)
栄松斎長喜　えいしょうさい　ちょうき
(江戸중기, 풍속화가)
英岳　えいがく(1639～1712 승려)
永安門院　えいあんもんいん(1216～79 황녀)
永野修身　ながの　おさみ(1880～1947 해군원수)
永野重雄　ながの　しげお(1900～84 재계인)
永野護　ながの　まもる(1890～1970 정치가·실업가)
永陽門院　えいようもんいん(1273～1346 황족)
英一蝶　はなぶさ　いっちょう(1652～1724 화가)
永田広志　ながた　ひろし(1904～47 철학자)
永田錦心　ながた　きんしん
(1885～1927 비파 연주자)
永田徳本　ながた　とくほん(1513～1630 의사)
永田武　ながた　たけし(1913～91 지구물리학자)
永田茂右衛門　ながた　もえもん
(？～1659 광산업자)
永田方正　ながた　ほうせい
(1838～1911 アイヌ어 학자)
永田善吉　ながた　ぜんきち(＝亜欧堂田善)
永田秀次郎　ながた　ひでじろう
(1876～1943 관료·정치가)
永田雅一　ながた　まさいち(1906～85 영화연출가)
永田友治　ながた　ゆうじ(江戸말기, 蒔絵師)
永田靖　ながた　やすし(1907～72 신극 배우)
永田鉄山　ながた　てつざん(1884～1935 육군중장)
永田衡吉　ながた　こうきち(1893～ 민속예술연구가)
永井建子　ながい　けんし(1865～1940 작곡가)
永井道明　ながい　どうめい
(1868～1950 학교체육 지도자)
永井道雄　ながい　みちお(1923～ 교육사회학자)
永井龍男　ながい　たつお(1904～90 소설가)
永井柳太郎　ながい　りゅうたろう
(1881～1944 정치가)
永井尚政　ながい　なおまさ(1587～1668 大名)
永井尚志　ながい　なおのぶ(1816～91 정치가)
永井松三　ながい　まつぞう(1877～1957 외교관)
永井主水正　ながい　もんどのしょう(＝永井尚志)
永井直勝　ながい　なおかつ(1563～1625 大名)
永井荷風　ながい　かふう(1879～1959 소설가)
永井幸太郎　ながい　こうたろう
(1887～1983 실업가)
英祖　えいそ(1229～99 琉球国 국왕)
英照皇太后　えいしょう　こうたいごう(1833～97)
影佐禎昭　かげさ　さだあき(1893～1948 육군중장)
潁川　えいせん(＝奥田潁川)
栄川院　えいせんいん(1730～90 화가)

永平道元　えいへい　どうげん(1200～53 선승)

예

刈谷三郎　かりたに　さぶろう(1844～1910 한학자)
叡空　えいくう(？～1179 승려)
予楽院　よらくいん(＝近衛家熙)
芸阿弥　げいあみ(1431～85 화가)
苅田アサノ　かんだ　アサノ(1905～73 여성운동가)
苅田種継　かりたのたねつぐ(平安전기, 문인)
叡尊　えいぞん(1201～90 승려)
苅萱　かるかや(작품)

오

奥宮健之　おくのみや　けんし, おくみや　たけゆき(1857～1911 사회운동가)
奥宮正明　おくのみや　まさあき(江戸중기, 역사가)
奥宮慥斎　おくのみや　ぞうさい(1811～77 유학자)
呉錦堂　ご　きんどう(1855～1926 실업가)
伍堂卓雄　ごどう　たくお
(1877～1956 군인·정치가)
五代友厚　ごだい　ともあつ
(1835～85 실업가·금권정치가)
五島ジョアン　ごとうのジョアン(＝後藤寿安)
五島慶太　ごとう　けいた(1882～1959 실업가)
五島茂　ごとう　しげる(1900～ 경제사학자)
五島美代子　ごとう　みよこ(1898～1978 歌人)
五島昇　ごとう　のぼる(1916～89 실업가)
五郎正宗　ごろう　まさむね(＝正宗)
五来欣造　ごらい　きんぞう(1875～1944 정치학자)
奥劣斎　おく　れっさい(1780～1835 의사)
五瀬命　いつせのみこと(記紀설화)
五目重娘　いおえのいらつめ(7세기 말, 황후)
呉茂一　くれ　しげいち
(1897～1977 서양고전문학 연구가)
奥文鳴　おく　ぶんめい(？～1813 화가)
呉文聡　くれ　ぶんそう(1852～1918 통계학자)
五味康祐　ごみ　こうすけ(1921～80 소설가)
五百木良三　いおぎ　りょうぞう
(1870～1937 저널리스트)
奥繁三郎　おく　しげさぶろう(1861～1924 정치가)
奥保鞏　おく　やすかた(1846～1930 육군원수)

奥寺八左衛門　おくでら　はちざえもん (1626~86 治水家)
呉祥瑞　ご　しょうずい(戦国시대, 도공)
五姓田芳柳　ごせだ　ほうりゅう(1827~92 서양화가)
五姓田義松　ごせだ　よしまつ(1855~1915 서양화가)
五所平之助　ごしょ　へいのすけ(1902~81 영화감독)
呉秀三　くれ　しゅうぞう(1865~1932 정신의학자)
五十瓊敷入彦皇子　いにしきいりひこのみこ (記紀설화)
五十嵐道甫　いがらし　どうほ(江戸전기, 蒔絵師)
五十嵐篤好　いがらし　あつよし (1790~1860 국학자)
五十嵐力　いがらし　ちから(1874~1947 국문학자)
五十嵐信斎　いがらし　しんさい(室町후기, 蒔絵師)
五十嵐喜芳　いがらし　きよし(1928~ 테너 가수)
奥愛次郎　おく　あいじろう(1865~1903 교육가)
奥野小山　おくの　しょうざん(1800~58 유학자)
奥野信太郎　おくの　しんたろう (1899~1968 중문학자)
奥野昌綱　おくの　まさつな(1823~1910 목사)
奥屋助左衛門　おくや　すけざえもん (=納屋助左衛門)
奥原晴湖　おくはら　せいこ(1837~1913 일본화가)
呉長丹　くれ　ちょうたん(7세기 중엽, 견당사)
奥田頼杖　おくだ　らいじょう(?~1849 心学者)
奥田士享　おくだ　しきょう(1703~83 유학자)
奥田三角　おくだ　さんかく(=奥田士享)
奥田艶子　おくだ　つやこ(1880~1936 교육가)
奥田穎川　おくだ　えいせん(1753~1811 도공)
奥田元宋　おくだ　げんそう(1912~ 일본화가)
奥田義人　おくだ　よしんど (1860~1917 법학자·정치가)
奥田正香　おくだ　まさか(1847~1921 실업가)
五井蘭洲　ごい　らんしゅう(1697~1762 유학자)
奥井復太郎　おくい　ふくたろう (1897~1965 도시공학자)
烏亭焉馬　うてい　えんば(1743~1822 희작자)
五井持軒　ごい　じけん(1641~1721 유학자)
五条兼永　ごじょう　かねなが(平安중기, 刀工)
五条国永　ごじょう　くになが(平安후기, 刀工)
五条頼元　ごじょう　よりもと(1291~1367 정치가)
奥倉魚仙　おくぐら　ぎょせん(幕末·維新期, 화가)
吾妻謙　あずま　けん(1844~89 北海道 개척자)
吾妻徳穂　あずま　とくほ(1909~ 일본무용가)
奥村良竹　おくむら　りょうちく(1676~1760 의사)
奥村五百子　おくむら　いおこ (1845~1907 애국부인회 창립자)
奥村政信　おくむら　まさのぶ(1686~1764 풍속화가)
奥村土牛　おくむら　とぎゅう(1889~1990 일본화가)
奥村喜三郎　おくむら　きさぶろう(江戸후기, 측량가)
奥村喜和男　おくむら　きわお(1900~69 관료)
呉春　ごしゅん(=松村月渓)
奥平信昌　おくだいら　のぶまさ(1556~1615 무장)
奥平昌高　おくだいら　まさたか(1781~1855 大名)
奥平昌鹿　おくだいら　まさしか (1744~80 大名·국학자)
五賀野右衛門　ごかの　うえもん (?~1773 민중봉기 지도자)
烏丸光広　からすまる　みつひろ (1579~1638 公卿·歌人)
烏丸光胤　からすまる　みつたね(1723~80 公卿)

옥

お玉　おたま(작품)
玉錦三右衛門　たまにしき　さんえもん (1903~38 力士)
玉乃世履　たまの　せいり(1825~86 법관)
玉堂　ぎょくどう(1480~1561 선승)
屋代弘賢　やしろ　ひろかた(1758~1841 고증학자)
屋良朝苗　やら　ちょうびょう(1902~ 정치가)
玉利喜造　たまり　きぞう(1856~1931 농학자)
玉鬘　たまかつら(작품)
玉木文之進　たまき　ぶんのしん(1810~76 藩士)
玉城盛重　たまぐすく　せいじゅう (1868~1945 무용가)
玉城朝薫　たまぐすく　ちょうくん (1684~1734 희작자)
玉松一郎　たままつ　いちろう(昭和期, 만담가)
玉松操　たままつ　みさお(1810~72 국학자·정치가)
玉手御前　たまて　ごぜん(작품)
玉畹梵芳　ぎょくえん　ぼんぽう(室町중기, 선승)
玉依姫　たまよりひめ(記紀신화)
玉楮象谷　たまかじ　ぞうこく(1807~69 칠기공예가)
玉井潤次　たまい　じゅんじ (1883~1958 농민운동가·변호사)
玉藻前　たまものまえ(전설)
玉川勝太郎　たまがわ　かつたろう (1898~1969 浪曲家)
玉川庄右衛門　たまがわ　しょうえもん (1622~95 상수도 개발자)
玉川千之丞　たまがわ　せんのじょう (?~1671 가부키 배우)
玉置之長　たまおき　ゆきなが(江戸전기, 정치가)

올

兀庵普寧　ごったん　ふねい(1197～1276 선승)

옹

翁久允　おきな　きゅういん(1888～1973 문학가)
雍仁親王　やすひと　しんのう(＝秩父宮雍仁親王)

와

臥雲辰致　がうん　たつむね
(1842～1900 방적기 발명가)
窪田空穂　くぼた　うつぼ
(1877～1967 歌人·국문학자)
窪田静太郎　くぼた　せいたろう
(1865～1946 관료·사회사업가)
窪田忠彦　くぼた　ただひこ(1885～1952 기하학자)
窪俊満　くぼ　しゅんまん(1757～1820 풍속화가)
窪川鶴次郎　くぼかわ　つるじろう
(1903～74 평론가)

왕

王貞治　おう　さだはる(1940～ 프로야구 선수·감독)

왜

倭王武　わおう　ぶ(5세기 말, 왕자)
倭王済　わおう　せい(5세기 중엽, 왕자)
倭王珍　わおう　ちん(5세기 초, 왕자)
倭王讃　わおう　さん(5세기 초, 왕자)
倭王興　わおう　こう(5세기 중엽, 왕자)
倭迹迹日百襲姫　やまとととひももそひめ(記紀설화)
倭漢直福因　やまとのあやのあたい　ふくいん
(7세기 초, 遣隋 유학생)
倭姫　やまとひめ(記紀설화)
倭姫王　やまとひめのおう(7세기 말, 황후)

외

外郎　ういろう(전설)
外山亀太郎　とやま　かめたろう
(1867～1918 유전학자)
外山脩造　とやま　しゅうぞう(1842～1916 은행가)
外山雄三　とやま　ゆうぞう(1931～ 지휘자·작곡가)
外山正一　とやま　まさかず(1848～1900 철학자)
隈川宗雄　くまがわ　むねお(1858～1918 의학자)
外村繁　とのむら　しげる(1902～61 소설가)

요

瑤甫恵瓊　ようほ　えけい(＝安国寺恵瓊)
堯恕　ぎょうじょ(1640～94 승려)
饒速日命　にぎはやひのみこと(신화)
堯然親王　ぎょうねん　しんのう(1602～61)
曜日蒼龍　かがひ　そうりゅう(1855～1917 승려)

용

用明天皇　ようめい　てんのう(？～587)
容楊黛　よう　ようたい(江戸중기, 浄瑠璃작가)
涌井荘五郎　わくい　そうごろう
(？～1770 민중봉기 지도자)

隅谷三喜男　すみや　みきお(1916～ 경제학자)
芋掘り藤五郎　いもほり　とうごろう(전설)
雨宮敬次郎　あめのみや　けいじろう
(1846～1911 실업가)
右近源左衛門　うこん　げんざえもん
(江戸전기, 가부키 배우)
宇多天皇　うだ　てんのう(867～931)
宇多太左衛門　うだ　たざえもん(1820～68 志士)
愚堂東寔　ぐどう　とうしょく(1577～1661 선승)
芋代官　いも　だいかん(＝井戸平左衛門)
右大将道綱母　うだいしょう　みちつなのはは
(＝藤原倫寧女)
宇都宮景綱　うつのみや　かげつな(1235～98 무장)
宇都宮公綱　うつのみや　きみつな(1301～56 무장)
宇都宮国綱　うつのみや　くにつな
(1568～1607 무장)
宇都宮徳馬　うつのみや　とくま(1906～ 정치가)
宇都宮遯庵　うつのみや　とんあん
(1633～1709 유학자)
宇都宮頼綱　うつのみや　よりつな
(1172～1259 무장)
宇都宮龍山　うつのみや　りゅうざん
(1803～86 유학자)
宇都宮隆房　うつのみや　たかふさ(1329～59 무장)
宇都宮黙霖　うつのみや　もくりん
(1833～1906 승려)
宇都宮三郎　うつのみや　さぶろう
(1834～1903 요업가)
宇都宮信房　うつのみや　のぶふさ(1116～95 무장)
宇都宮氏綱　うつのみや　うじつな(1326～70 무장)
宇都宮尭珉　うつのみや　ぎょうみん
(1820～66 志士)
宇都宮正顕　うつのみや　まさあき(1815～85 志士)
宇都宮太郎　うつのみや　たろう
(1861～1922 육군대장)
牛島満　うしじま　みつる(1887～1945 육군대장)
牛島憲之　うしじま　のりゆき(1900～ 서양화가)
羽栗翼　はぐりのたすく(718～98 관료)
友梅　ゆうばい(＝雪村友梅)
雨森芳洲　あめのもり　ほうしゅう
(1668～1755 유학자)
羽生雅則　はにゅう　まさのり(1889～1971 관료)
友禅　ゆうぜん(＝宮崎友禅)
友成安良　ともなり　やすよし(1820～91 兵学者)
友松円諦　ともまつ　えんたい(1895～1973 종교가)
宇宿彦右衛門　うじゅく　ひこえもん
(1820～63 기술자)
羽柴秀吉　はしば　ひでよし(＝豊臣秀吉)
羽柴秀勝　はしば　ひでかつ(1568～85 무장)
羽柴秀長　はしば　ひでなが(1541～91 무장)
羽柴秀次　はしば　ひでつぐ(＝豊臣秀次)
愚庵　ぐあん(＝天田愚庵)
宇野明霞　うの　めいか(1698～1745 유학자)
宇野信夫　うの　のぶお(1904～ 극작가)
友野与右衛門　ともの　よえもん(江戸전기, 治水家)
宇野円空　うの　えんくう(1885～1949 종교학자)
宇野長斎　うの　ちょうさい
(江戸중기, 가부키 囃子方)
友野宗善　ともの　そうぜん(安土桃山시대, 거상)
宇野重吉　うの　じゅうきち
(1914～88 신극 배우·연출가)
宇野千代　うの　ちよ(1897～ 소설가)
宇野哲人　うの　てつと(1875～1974 중국철학자)
宇野浩二　うの　こうじ(1891～1961 소설가)
宇野弘蔵　うの　こうぞう(1899～1977 경제학자)
羽原又吉　はばら　ゆうきち(1882～1969 경제사학자)
宇垣一成　うがき　かずしげ
(1868～1956 육군대장·정치가)
羽原正一　はばら　しょういち(1902～ 농민운동가)
羽仁路之　はに　みちゆき(1891～1980 실업가)
羽仁説子　はに　せつこ(1903～87 교육가·평론가)
羽仁五郎　はに　ごろう(1901～83 역사가)
羽仁もと子　はに　もとこ(1873～1957 교육가)
牛込忠左衛門　うしごめ　ちゅうざえもん
(1622～87 정치가)
牛場信彦　うしば　のぶひこ
(1909～84 외교관·정치가)
牛場友彦　うしば　ともひこ(1901～ 정치가)
牛場卓蔵　うしば　たくぞう(1850～1922 실업가)
羽田恭輔　はだ　きょうすけ(1841～1914 征韓論者)
友田恭助　ともだ　きょうすけ(1899～1937 신극배우)
宇田道隆　うだ　みちたか(1905～82 해양학자)
宇田川文海　うだがわ　ぶんかい
(1848～1930 작가·저널리스트)
宇田川榕庵　うだがわ　ようあん
(1798～1846 蘭学者)
宇田川榛斎　うだがわ　しんさい(1769～1834 蘭医)
宇田川玄随　うだがわ　げんずい(1755～97 蘭学者)
宇田川玄真　うだがわ　げんしん(＝宇田川榛斎)
羽田八国　はたのやくに(？～686 功臣)
羽田亨　はねだ　とおる(1882～1955 동양학자)
宇井伯寿　うい　はくじゅ
(1882～1963 인도철학자·불교학자)
祐尊　ゆうそん(？～1412 지방관)
宇佐美洵　うさみ　まこと(1901～83 재계인)

宇佐美定満　うさみ　さだみつ(？～1564 무장)
宇佐美灊水　うさみ　しんすい(1710～76 유학자)
宇佐輔景　うさ　すけかげ(？～1336 무장)
愚中周及　ぐちゅう　しゅうきゅう (1322～1409 선승)
羽地朝秀　はじ　ともひで, **はねじ　ちょうしゅう** (＝向象賢)
宇津木昆台　うつき　こんだい(1779～1848 의사)
宇津木六之丞　うつき　ろくのじょう (1809～62 藩士)
宇津木静区　うつぎ　せいく(1809～37 양명학자)
羽倉簡堂　はくら　かんどう(1790～1862 정치가)
祐天　ゆうてん(1637～1718 승려)
羽川珍重　はねかわ　ちんちょう (1680～1755 풍속화가)
牛塚虎太郎　うしずか　とらたろう (1879～1966 관료)
宇治加賀掾　うじ　かがのじょう (1635～1711 浄瑠璃太夫)
宇治長次郎　うじ　ちょうじろう (1874～1945 등산 가이드)
羽太正養　はぶと　まさかい(1752～1814 정치가)
羽紅　うこう(江戸중기, 俳人)
羽黒山政司　はぐろやま　まさじ(1914～69 力士)
宇喜多秀家　うきた　ひでいえ(1573～1655 大名)
宇喜多直家　うきた　なおいえ(1529～81 무장)

욱

郁芳門院　いくほうもんいん(1076～96 황녀)
旭玉山　あさひ　ぎょくざん(1843～1923 공예가)

雲居　うんご(1582～1659 선승)
運慶　うんけい(？～1223 仏師)
雲渓支山　うんけい　しざん(1329～91 선승)
雲谷等顔　うんこく　とうがん(1547～1618 화가)
雲谷等益　うんこく　とうえき(1591～1644 화가)
雲龍久吉　うんりゅう　きゅうきち(1823～91 力士)
雲室　うんしつ(1753～1827 승려)
雲章一慶　うんしょう　いっけい(1386～1463 선승)
雲井龍雄　くもい　たつお(1844～70 志士)
運敞　うんしょう(1614～93 승려)
雲華　うんげ(1783～1850 승려)

웅

熊谷岱蔵　くまがい　たいぞう(1880～1962 의학자)
熊谷蓮心　くまがい　れんしん (1783～1859 사회사업가)
熊谷守一　くまがい　もりかず(1880～1977 서양화가)
熊谷五一　くまがい　ごいち(1818～82 상인)
熊谷元直　くまがい　もとなお(1553～1605 무장)
熊谷一弥　くまがい　いちや (1891～1968 테니스 선수)
熊谷直家　くまがい　なおいえ(鎌倉전기, 무장)
熊谷直実　くまがい　なおざね(1141～1208 무장)
熊谷直行　くまがい　なおゆき(1843～1907 상인)
熊谷直好　くまがい　なおよし(1782～1862 국학자)
熊代熊斐　くましろ　ゆうひ(1693～72 화가)
雄略天皇　ゆうりゃく　てんのう(記紀)
熊木伯典　くまき　はくてん(작품)
熊井啓　くまい　けい(1930～ 영화감독)
熊曾建　くまそ　たける(＝川上梟帥)
熊沢寛道　くまざわ　ひろみち (1888～1966 南朝승배자)
熊沢蕃山　くまざわ　ばんざん(1619～91 양명학자)
熊沢天皇　くまざわ　てんのう(＝熊沢寛道)
熊坂長範　くまさか　ちょうはん(平安후기, 도적)
熊さん・八っつぁん　くまさん・はっつぁん(설화)

원

原嘉道　はら　よしみち(1867～1944 변호사·정치가)
源家長　みなもとのいえなが(1170～1234 歌人)
原健三郎　はら　けんざぶろう(1907～ 정치가)
源潔姫　みなもとのきよひめ(810～56 황녀)
源兼長　みなもとのかねなが(平安후기, 歌人)
源兼昌　みなもとのかねまさ(？～1112 歌人)
原敬　はら　けい, はら　さとし, **はら　たかし** (1856～1921 정치가)
源経基　みなもとのつねもと(？～961 무장)
源経信　みなもとのつねのぶ(1016～97 公卿)
源計子　みなもとのけいし(平安후기, 후궁)
源高明　みなもとのたかあきら(914～82 公卿)

円谷栄二　つぶらや えいじ
(1901～70 영화 특수촬영 기술감독)
円谷幸吉　つぶらや こうきち
(1940～68 마라톤 선수)
円空　えんくう(1632～95 선승·仏師)
源空　げんくう(＝法然)
源公忠　みなもとのきんただ(889～948 歌人)
円観　えんかん(1281～1356 승려)
元光　げんこう(＝寂室元光)
源光　みなもとのひかる(845～913 公卿)
円光大師　えんこう だいし(＝法然)
源光信　みなもとのみつのぶ(1093～1145 무장)
原狂斎　はら きょうさい(1735～90 유학자)
原口針水　はらぐち しんすい
(1808～93 기독교 배격운동가)
源具行　みなもとのともゆき(＝北畠具行)
原口幸隆　はらぐち ゆきたか(1918～79 노동운동가)
源基子　みなもとのもとこ(1049～1134 후궁)
原南陽　はら なんよう(1753～1820 의학자)
垣内松三　かいと まつぞう(1878～1952 국문학자)
源能有　みなもとのよしあり(845～97 公卿)
源多　みなもとのまさる(831～88 公卿)
猿渡盛章　さわたり もりあき(1790～1863 국학자)
源等　みなもとのひとし(880～951 公卿·歌人)
遠藤高璟　えんどう こうけい
(1784～1864 천문학자·물리학자)
遠藤柳作　えんどう りゅうさく(1886～1963 정치가)
遠藤利貞　えんどう としさだ(1843～1915 수학사가)
遠藤麟太郎　えんどう りんたろう
(1881～1925 저널리스트)
遠藤三郎　えんどう さぶろう(1893～1984 육군중장)
遠藤盛遠　えんどう もりとお(＝文覚)
遠藤勝助　えんどう しょうすけ(1789～1851 유학자)
遠藤允信　えんどう たかのぶ(1835～99 勤王家)
遠藤周作　えんどう しゅうさく(1923～ 소설가)
遠藤七郎　えんどう しちろう(1839～92 志士)
源冷　みなもとのすずし(835～90 公卿)
原亮三郎　はら りょうざぶろう
(1848～1919 출판인)
元良勇次郎　もとら ゆうじろう
(1858～1912 심리학자)
源頼家　みなもとのよりいえ(1182～1204 장군)
源頼光　みなもとのよりみつ(948～1021 무장)
源頼信　みなもとのよりのぶ(968～1048 무사)
源頼実　みなもとのよりざね(平安중기, 무사·歌人)
源頼義　みなもとのよりよし(988～1075 무장)
源頼政　みなもとのよりまさ(1104～80 무장·歌人)
源頼朝　みなもとのよりとも(1147～99 장군)
源頼親　みなもとのよりちか(平安중기, 무사)
原六郎　はら ろくろう(1842～1933 은행가·실업가)
お園·六三郎　おその·ろくさぶろう(작품)

源倫子　みなもとのりんし(964～1053 藤原道長의 처)
源隆国　みなもとのたかくに(1004～77 公卿)
源満仲　みなもとのみつなか(912～97 무장)
源明　みなもとのあきら(814～52 公卿)
元明天皇　げんめい てんのう(661～721)
原茂　はら しげる(1920～ 노동운동가)
遠武秀行　とおたけ ひでゆき
(1844～1904 군인·실업가)
原武太夫　はら ぶだゆう(？～1776 三味線의 대가)
園文英　その ぶんえい(1609～80 비구니)
遠弥計赤蜂　おやけ あかはち(？～1500 호족)
原民喜　はら たみき(1905～51 소설가·시인)
源博雅　みなもとのひろまさ(918～80 황족)
原邦道　はら くにみち(1890～1976 관료·실업가)
原邦造　はら くにぞう(1883～1958 실업가)
院範　いんぱん(鎌倉시대, 仏師)
源範頼　みなもとののりより(？～1193 무장)
源保光　みなもとのやすみつ(924～95 公卿)
園部秀雄　そのべ ひでお(1870～1963 검술가)
原夫次郎　はら ふじろう(1875～1953 정치가)
猿飛佐助　さるとび さすけ(전설)
源師房　みなもとのもろふさ(1010～77 公卿)
源師時　みなもとのもろとき(1077～1136 公卿)
源師子　みなもとのしし(平安후기, 후궁)
源師仲　みなもとのもろなか(1116～72 公卿)
源算　げんさん(983～1099 승려)
遠山景元　とおやま かげもと(？～1855 奉行)
遠山景晋　とおやま かげくに(1764～1837 旗本)
遠山啓　とうやま ひらく(1909～79 수학자)
遠山金四郎　とおやま きんしろう(＝遠山景晋)
遠山信政　とおやま のぶまさ(1601～24 기독교도)
遠山友政　とおやま ともまさ(1556～1619 大名)
遠山元一　とおやま げんいち(1890～1972 실업가)
円山応挙　まるやま おうきょ(1733～95 화가)
円山応瑞　まるやま おうずい(1766～1829 화가)
遠山品右衛門　とおやま しなえもん
(1851～1920 산악인)
元三大師　がんさん だいし(＝良源)
源三位入道　げんざんみ にゅうどう(＝源頼政)
源常　みなもとのときわ(812～54 公卿)
源舒　みなもとののぶる(832～81 公卿)
原石鼎　はら せきてい(1886～1951 俳人)
原善三郎　はら ぜんざぶろう(1827～99 실업가)
源盛　げんせい(鎌倉후기, 승려)
円城寺清　えんじょうじ きよし
(1870～1908 저널리스트)
源成信　みなもとのなりのぶ(979～？ 황족)
原随園　はら ずいえん(1894～1984 역사학자)
原脩次郎　はら しゅうじろう
(1871～1934 실업가·정치가)
源順　みなもとのしたごう(911～83 학자·歌人)

源勝　みなもとのまさる(？～886 황족)
原勝郎　はら　かつろう(1871～1924 역사학자)
源信　げんしん(942～1017 승려)
　みなもとのまこと(810～68 公卿)
源信明　みなもとのさねあきら(909～70 歌人)
原信子　はら　のぶこ(1893～1979 소프라노 가수)
源実朝　みなもとのさねとも(1192～1219 장군·歌人)
源氏鶏太　げんじ　けいた(1912～85 소설가)
源雅兼　みなもとのまさかね(1080～1143 公卿)
源雅信　みなもとのまさのぶ(920～93 公卿)
源雅実　みなもとのまさざね(1059～1127 公卿)
源雅定　みなもとのまささだ(1094～1162 公卿)
原安三郎　はら　やすさぶろう(1884～1982 실업가)
猿若勘三郎　さるわか　かんざぶろう
　(＝中村勘三郎)
原羊遊斎　はら　ようゆうさい(1772～1845 蒔絵師)
源厳子　みなもとのげんし(？～878 후궁)
源延光　みなもとののぶみつ(927～76 公卿)
源英明　みなもとのひであき(911～49 황족)
院源　いんげん(954～1028 승려)
円月　えんげつ(＝中巌円月)
源為義　みなもとのためよし(1096～1156 무장)
源為朝　みなもとのためとも(1139～70 무장)
源為憲　みなもとのためのり(？～1011 문인)
源有雅　みなもとのありまさ(1176～1221 公卿)
源有仁　みなもとのありひと(1103～47 公卿)
原胤昭　はら　たねあき(1853～1942 사회사업가)
源融　みなもとのとおる(823～95 公卿)
円融天皇　えんゆう　てんのう(959～91)
源義家　みなもとのよしいえ(1039～1106 무장)
源義綱　みなもとのよしつな(？～1132 무장)
源義経　みなもとのよしつね(1159～89 무장)
源義広　みなもとのよしひろ(？～1184 무장)
源義光　みなもとのよしみつ(1045～1127 무장)
源義国　みなもとのよしくに(1091～1155 무장)
源義朝　みなもとのよしとも(1123～60 무장)
源義仲　みなもとのよしなか(1154～84 무장)
源義親　みなもとのよしちか(？～1108 무장)
源義平　みなもとのよしひら(1141～60 무장)
円伊　えんい(鎌倉후기, 화가)
円爾弁円　えんに　べんえん(1202～80 선승)
円仁　えんにん(794～864 승려)
源仁　げんにん(818～87 승려)
源資通　みなもとのすけみち(995～1060 公卿)
原在中　はら　ざいちゅう(1750～1837 화가)
原田甲斐　はらだ　かい(1619～71 정치가)
原田慶吉　はらだ　けいきち(1903～50 로마 법학자)
園田高弘　そのだ　たかひろ(1928～ 피아니스트)
園田道閑　そのだ　どうかん(1626～67 義人)
原田武一　はらだ　たけいち
　(1899～1978 테니스 선수)
猿田毘古神　さるたひこのかみ(記紀신화)
原田三郎右衛門　はらだ　さぶろうえもん
　(？～1740 감자 재배보급가)
原田孫七郎　はらだ　まごしちろう
　(安土桃山시대, 해외무역상)
薗田守良　そのだ　もりよし(1785～1840 神道学者)
原田淑人　はらだ　よしと(1885～1974 고고학자)
源田実　げんだ　みのる(1904～89 군인·정치가)
原田十次郎　はらだ　じゅうじろう
　(1848～1916 실업가)
元田永孚　もとだ　ながざね(1818～91 한학자)
原田熊雄　はらだ　くまお(1888～1946 정치가)
原田二郎　はらだ　じろう(1849～1930 실업가)
原田一道　はらだ　いちどう(1830～1910 병법가)
元田肇　もとだ　はじめ(1858～1938 정치가)
薗田宗恵　そのだ　そうえ(1862～1922 승려)
元田竹渓　もとだ　ちくけい(1801～80 유학자)
園田直　そのだ　すなお(1913～84 정치가)
原田直次郎　はらだ　なおじろう(1863～99 서양화가)
原田豊吉　はらだ　とよきち(1860～94 지질학자)
園田孝吉　そのだ　こうきち(1848～1923 실업가)
原田喜右衛門　はらだ　きえもん
　(安土桃山시대, 해외무역상)
原節子　はら　せつこ(1920～ 영화배우)
元政　げんせい(1623～68 문인·승려)
源定　みなもとのさだむ(815～63 公卿)
源正明　みなもとのまさあきら(893～958 公卿)
源貞子　みなもとのさだこ(平安후기, 후궁)
元正天皇　げんしょう　てんのう(680～748)
源定平　みなもとのさだひら(南北朝시대, 公卿)
源貞恒　みなもとのさだつね(857～908 公卿)
源済子　みなもとのさいし(平安후기, 후궁)
円朝　えんちょう(＝三遊亭円朝)
院助　いんじょ(？～1108 仏師)
院朝　いんちょう(平安후기, 仏師)
原主水　はら　もんど(1587～1623 기독교인)
源周子　みなもとのちかこ(？～935 후궁)
源俊頼　みなもとのとしより(1055～1129 歌人)
源俊明　みなもとのとしあきら(1044～1114 公卿)
源俊方　みなもとのとしかた(平安후기, 지방관료)
源俊房　みなもとのとしふさ(1035～1121 公卿)
源俊賢　みなもとのとしかた(960～1027 公卿)
源重光　みなもとのしげみつ(923～98 公卿)
源重信　みなもとのしげのぶ(922～95 公卿)
源重之　みなもとのしげゆき(？～1000 歌人)
遠智娘　おちのいらつめ(＝蘇我遠智娘)
円地文子　えんち　ふみこ(1905～86 소설가)
源知行　みなもとのともゆき(＝行阿)
原智恵子　はら　ちえこ(1915～ 피아니스트)
遠地輝武　おんち　てるたけ
　(1901～67 시인·미술평론가)

円珍　えんちん(814～91 승려)
円澄　えんちょう(771～837 승려)
原菜蘋　はら　さいひん(1798～1859 시인)
源清蔭　みなもとのきよかげ(884～950 公卿·歌人)
源清平　みなもとのきよひら(877～945 公卿)
円春　えんしゅん(平安후기, 仏師)
原忠順　はら　ただゆき(1834～94 勤王家)
源親治　みなもとのちかはる(平安후기, 무장)
源親行　みなもとのちかゆき(鎌倉시대, 歌学者)
原坦山　はら　たんざん(1819～92 선승)
円通　えんつう(1754～1834 승려)
円通大師　えんつう　だいし(＝寂昭)
源通親　みなもとのみちちか(＝土御門通親)
原抱一庵　はら　ほういつあん(1866～1904 소설가)
原彪　はら　ひょう(1894～1975 정치가)
原霞外　はら　かがい(明治시대, 사회주의자)
円行　えんぎょう(799～852 승려)
源行家　みなもとのゆきいえ(？～1186 무장)
源行綱　みなもとのゆきつな(平安후기, 무장)
源顕基　みなもとのあきもと(1000～47 公卿)
源顕房　みなもとのあきふさ(1026～94 公卿)
源顕仲　みなもとのあきなか(1059～1139 公卿)
原玄琢　はら　げんたく(1631～1718 조림가)
院豪　いんごう(＝一翁院豪)
源弘　みなもとのひろむ(812～63 公卿)
垣花善　かきのはな　ぜん(1876～1924 어부)
源和子　みなもとのかずこ(？～947 후궁)
願暁　がんぎょう(平安전기, 승려)

월

月岡芳年　つきおか　よしとし(＝大蘇芳年)
月岡雪鼎　つきおか　せってい(1710～86 화가)
月渓　げっけい(＝松村月渓)
月光亭松寿　げっこうてい　しょうじゅ (江戸후기, 草双紙 작가)
月読命　つきよみのみこと(記紀신화)
越路吹雪　こしじ　ふぶき(1924～80 가수)
月輪関白　つきのわ　かんぱく(＝九条兼実)
月峰　げっぽう(1760～1839 승려)
月僊　げっせん(1720～1809 승려)
月性　げっしょう(1817～58 志士·승려)
越野栄松　こしの　えいしょう(1887～1965 箏曲家)
越人　えつじん(＝越智越人)
月照　げっしょう(1813～58 志士·승려)
月舟寿桂　げっしゅう　じゅけい(1460～1533 선승)
月舟宗胡　げっしゅう　そうこ(1618～96 선승)
越智家栄　おち　いえひで(1426～1500 무장)
越智広江　おちのひろえ(奈良시대, 승려)
越智越人　おち　えつじん(1656～1730 俳人)
越惣太郎　こし　そうたろう(1824～64 志士)
月海元昭　げっかい　げんしょう(＝高遊外)
月形龍之介　つきがた　りゅうのすけ (1902～70 영화배우)
月形半平太　つきがた　はんぺいた(작품)
月形洗蔵　つきがた　せんぞう(1828～65 志士)

위

韋那部真根　いなべのまね(설화)
威奈大村　いなのおおむら(662～707 관료)
違星北斗　いぼし　ほくと(1901～29 アイヌ 歌人)
為永春水　ためなが　しゅんすい(1790～1843 희작자)
威仁親王　たけひと　しんのう(＝有栖川宮威仁親王)
為平親王　ためひら　しんのう(952～1010)

유

有間皇子　ありまのみこ(640～58 황족·歌人)
惟康親王　これやす　しんのう(1264～1326 장군)
楢橋渡　ならはし　わたる(1902～73 정치가)
惟喬親王　これたか　しんのう(844～97)
惟久　これひさ(南北朝시대, 화가)
有国　ありくに(948～1019 刀工)
楢崎頼三　ならざき　らいぞう(1845～75 志士)
由起しげ子　ゆき　しげこ(1902～69 소설가)
有吉明　ありよし　あきら(1876～1937 외교관)
有吉熊次郎　ありよし　くまじろう(1842～64 志士)
有吉佐和子　ありよし　さわこ(1931～84 작가)
有吉忠一　ありよし　ちゅういち(1873～1947 관료)
有島武郎　ありしま　たけお(1878～1923 소설가)
有島生馬　ありしま　いくま(1882～1974 서양화가)
お由良　おゆら(？～1866 반란 주모자)
由良国繁　ゆら　くにしげ(1550～1611 무장)
由良成繁　ゆら　なりしげ(1506～78 무장)
由利公正　ゆり　きみまさ(1829～1909 정치가)
楢林宗建　ならばやし　そうけん(1802～52 蘭医)
楢林鎮山　ならばやし　ちんざん(1648～1711 蘭医)
有馬大五郎　ありま　だいごろう

(1906～80 음악교육가)
有馬良橘　ありま　りょうきつ(1861～1944 해군대장)
有馬頼寧　ありま　よりやす(1884～1957 정치가)
有馬頼永　ありま　よりとう(1822～46 영주)
有馬頼義　ありま　よりちか(1918～80 소설가)
有馬頼徸　ありま　よりゆき(1714～83 大名·수학자)
有馬新七　ありま　しんしち(1825～62 志士)
有馬英二　ありま　えいじ
(1883～1970 의학자·정치가)
有馬晴信　ありま　はるのぶ(1567～1612 大名)
有馬豊氏　ありま　とようじ(1569～1642 大名)
有馬玄蕃頭　ありま　げんばのかみ(＝有馬豊氏)
有末精三　ありすえ　せいぞう(1895～ 육군중장)
宥範　ゆうはん(1270～1352 승려)
有本芳水　ありもと　ほうすい
(1886～1976 시인·歌人)
由比忠之進　ゆい　ちゅうのしん
(1894～1967 에스페란토어 학자)
有栖川宮威仁親王　ありすがわのみや　たけひと しんのう(1862～1913)
有栖川宮幟仁親王　ありすがわのみや　たかひと しんのう(1812～86)
有栖川宮熾仁親王　ありすがわのみや　たるひと しんのう(1835～95)
唯善　ゆいぜん(1253～1317 승려)
有松英義　ありまつ　ひでよし(1863～1927 정치가)
唯心　ゆいしん(鎌倉중기, 승려)
由阿　ゆうあ(南北朝시대, 승려)
惟然　いぜん(＝広瀬惟然)
油煙斎貞柳　ゆえんさい　ていりゅう
(1654～1734 狂歌師)
有王　ありおう(平安말기, 승려)
唯円　ゆいえん(鎌倉중기, 승려)
楢原陳政　ならはら　ちんせい(1862～1900 중국학자)
遊義門院　ゆうぎもんいん(1270～1307 황녀)
有田八郎　ありた　はちろう(1884～1965 외교관)
有田喜一　ありた　きいち(1901～86 정치가)
乳井貢　にゅうい　みつぎ(1712～92 정치가)
由井正雪　ゆい　しょうせつ(1605～51 兵学者)
惟宗公方　これむねのきみかた(平安중기, 율령가)
惟宗善経　これむねのよしつね(平安전기, 율령가)
惟宗允亮　これむねのまさすけ(平安중기, 율령가)
惟宗允正　これむねのまさただ(?～1015 율령가)
惟宗直本　これむねのなおもと(平安전기, 율령가)
惟宗直宗　これむねのなおむね(平安전기, 율령가)
遊佐木斎　ゆさ　ぼくさい(1658～1734 유학자)
遊佐幸平　ゆさ　こうへい(1883～1966 육군소장)
惟中　いちゅう(＝岡西惟中)
有地品之允　ありち　しなのじょう
(1843～1919 해군중장)
有川恒槌　ありかわ　つねつち(1846～64 志士)
有村連寿尼　ありむら　れんじゅに(1808～95 열녀)
有村雄助　ありむら　ゆうすけ(1835～60 志士)
有村次左衛門　ありむら　じざえもん
(1838～60 志士)
惟忠通恕　いちゅう　つうじょ(1349～1429 선승)
宥快　ゆうかい(1345～1416 승려)
有沢広巳　ありさわ　ひろみ(1896～1988 경제학자)
有坂成章　ありさか　なりあきら
(1852～1915 육군중장)
有坂秀世　ありさか　ひでよ
(1908～52 언어학자·국어학자)
有賀半弥　ありが　はんや(1830～61 志士)
有賀長文　ありが　ながふみ(1865～1938 재계인)
有賀長伯　ありが　ちょうはく(1662～1737 국학자)
有賀長収　ありが　ちょうしゅう(1750～1818 歌人)
有賀長雄　ありが　ながお(1860～1921 국제법학자)
有賀長因　ありが　ちょういん(1712～78 歌人)
有賀喜左衛門　ありが　きざえもん
(1897～1979 사회학자)
遊行上人　ゆぎょう　しょうにん(＝一遍)

宍喰屋次郎右衛門　ししくいや　じろうえもん
(江戸전기, 상공인)
宍野半　ししの　なかば(1844～84 神道家)
宍人永継　ししひとのながつぐ(802～68 율령가)
宍戸璣　ししど　たまき(1829～1901 정치가)
宍戸善兵衛　ししど　ぜんべえ
(江戸전기, 피리 연주자)
宍戸左馬之介　ししど　さまのすけ(1804～64 志士)
宍戸親基　ししど　ちかもと(1819～86 정치가)
*宍人櫢媛娘　ししひとのかじひめのいらつめ
(7세기 말, 후궁)

允恭天皇　いんぎょう　てんのう(記紀)

융

融観　ゆうかん(1654～1721 승려)
戎屋吉郎兵衛　えびすや　きちろべえ
(江戸전기, 가부키 배우)
融源　ゆうげん(平安후기, 승려)
融通王　ゆうずうおう(＝弓月君)

은

恩納なべ　おんな　なべ(江戸중기, 시인)
殷富門院　いんぷもんいん(1147～1216 황후)
隠元隆琦　いんげん　りゅうき(1592～1673 선승)
恩田木工　おんだ　もく(1717～62 정치개혁가)
恩田佐吉　おんだ　さきち(1644～1719 義人)
恩地孝四郎　おんち　こうしろう
(1891～1955 판화가)
恩河朝恒　おんが　ちょうこう(？～1860 奉行)

을

乙竹岩造　おとたけ　いわぞう(1875～1953 교육학자)
乙姫　おとひめ(설화)

음

飲光　おんこう(＝慈雲尊者)
陰明門院　おんめいもんいん(1185～1243 황후)
陰山寿　かげやま　ひさし(1905～59 노동운동가)
陰山元質　かげやま　げんしつ(1669～1732 유학자)
音阿弥　おんなみ(1398～1467 能楽師)

응

応挙　おうきょ(＝円山応挙)
鷹見泉石　たかみ　せんせき
(1785～1858 蘭学者·정치가)
応其　おうご(＝木食応其)
鷹司輔熙　たかつかさ　すけひろ(1807～78 정치가)
鷹司信輔　たかつかさ　のぶすけ(1889～1959 공작)
鷹司政通　たかつかさ　まさみち(1789～1868 公卿)
鷹森藤太夫　たかもり　ふじたゆう
(1646～1717 정치가)
応神天皇　おうじん　てんのう(記紀)
凝然　ぎょうねん(1240～1321 승려)
鷹取種佐　たかとり　たねすけ(？～1333 무사)

의

儀間真常　ぎま　しんじょう(1557～1644 식산흥업가)
義公　ぎこう(＝徳川光圀)
義観　ぎかん(1823～69 승려)
衣関順庵　きぬとめ　じゅんあん(？～1807 의학자)
義堂周信　ぎどう　しゅうしん(1326～89 선승)
懿徳天皇　いとく　てんのう(記紀)
衣笠一閑　きぬがさ　いっかん(江戸전기, 향토사가)
衣笠貞之助　きぬがさ　ていのすけ
(1896～1982 영화감독)
宜湾朝保　ぎわん　ちょうほ(1823～76 琉球 관료)
義淵　ぎえん(？～728 승려)
義演　ぎえん(1558～1626 승려)
義雲　ぎうん(1253～1333 선승)
依田義賢　よだ　よしかた(1909～ 시나리오 작가)
依田貞鎮　よだ　さだしず(1681～1764 神道家)
依田学海　よだ　がくかい(1833～1909 극작가)
義照　ぎしょう(920～69 승려)
義真　ぎしん(781～833 승려)
宜秋門院　ぎしゅうもんいん(1173～1238 中宮)
衣通郎女　そとおしのいらつめ(5세기 중엽, 황후)

이

二階堂道蘊 にかいどう どううん(＝二階堂貞藤)
二階堂頼綱 にかいどう よりつな(1239～83 무장)
二階堂保則 にかいどう やすのり
(1865～1925 통계학자)
二階堂時綱 にかいどう ときつな(1280～? 무장)
二階堂是円 にかいどう ぜえん(鎌倉후기, 율령가)
二階堂貞藤 にかいどう さだふじ
(1267～1334 무장)
二階堂政元 にかいどう まさもと
(南北朝시대, 무장)
二階堂貞宗 にかいどう さだむね(＝頓阿)
二階堂貞衡 にかいどう さだひら
(1291～1332 무장)
二階堂進 にかいどう すすむ(1909～ 정치가)
二階堂忠行 にかいどう ただゆき(室町전기, 무장)
二階堂行綱 にかいどう ゆきつな(1216～81 무장)
二階堂行光 にかいどう ゆきみつ
(1164～1219 무장)
二階堂行藤 にかいどう ゆきふじ
(1246～1302 무장)
二階堂行頼 にかいどう ゆきより(1230～63 무장)
二階堂行盛 にかいどう ゆきもり
(1181～1253 무장)
二階堂行実 にかいどう ゆきざね(1236～69 무장)
二階堂行政 にかいどう ゆきまさ(鎌倉전기, 무장)
二階堂行貞 にかいどう ゆきさだ
(1269～1329 무장)
二階堂行朝 にかいどう ゆきとも(?～1353 무장)
二階堂行直 にかいどう ゆきなお(?～1348 무장)
二階堂行村 にかいどう ゆきむら
(1155～1238 무장)
二階堂行忠 にかいどう ゆきただ(1220～90 무장)
二階堂行泰 にかいどう ゆきやす(1211～65 무장)
二階堂行通 にかいどう ゆきみち(?～1351 무장)
怡渓宗悦 いけい そうえつ(1644～1714 승려)
伊古田純道 いこた じゅんどう(1802～86 의학자)
伊関佑二郎 いぜき ゆうじろう(1909～ 외교관)
二宮敬作 にのみや けいさく(1804～62 蘭医)
二宮善基 にのみや よしもと(1904～84 재계인)
二宮尊徳 にのみや そんとく(1787～1856 농정가)
二宮忠八 にのみや ちゅうはち
(1866～1936 인력비행기 고안자)
二宮治重 にのみや はるしげ(1879～1945 육군중장)
伊岐是雄 いきのこれお(819～72 역술가)
伊吉博徳 いきのはかとこ(7세기 말, 관료)
伊奈忠克 いな ただかつ(?～1665 정치가)
伊奈忠順 いな ただのぶ(?～1712 정치가)
伊奈忠政 いな ただまさ(1585～1618 정치가)
伊奈忠次 いな ただつぐ(1550～1610 무사·정치가)
伊奈忠治 いな ただはる(1592～1653 정치가)
伊能嘉矩 いのう かのり(1867～1925 역사학자)
伊能繁次郎 いのう しげじろう(1901～81 정치가)
伊能穎則 いのう ひでのり(1805～77 국학자)
伊能友鷗 いのう ゆうおう(1817～75 志士)
伊能忠敬 いのう ただたか(1745～1818 측량가)
伊丹万作 いたみ まんさく
(1900～46 시나리오작가·영화감독)
伊丹親興 いたみ ちかおき(?～1573 무장)
伊達綱宗 だて つなむね(1640～1711 영주)
伊達綱村 だて つなむら(1659～1719 영주)
伊達兵部 だて ひょうぶ(＝伊達宗勝)
伊達政宗 だて まさむね(1567～1636 大名)
伊達宗城 だて むねなり(1818～92 영주)
伊達宗勝 だて むねかつ(1621～79 大名)
伊達持宗 だて もちむね(1393～1469 무장)
伊達稙宗 だて たねむね(?～1565 大名)
伊達千広 だて ちひろ(1803～77 歌人)
伊達村候 だて むらとき(1725～94 大名)
伊達秋雄 だて あきお(1909～ 법학자)
伊達行朝 だて ゆきとも(1291～1348 무장)
二代后 にだいのきさき(＝藤原多子)
伊東甲子太郎 いとう きねたろう(?～1867 藩士)
伊東藍田 いとう らんでん(1743～1809 유학자)
伊東満所 いとう まんしょ
(1570～1612 기독교 포교활동가)
伊東巳代治 いとう みよじ(1857～1934 관료정치가)
伊東三郎 いとう さぶろう(1902～69 농민운동가)
伊東燕晋 いとう えんしん(1761～1840 야담가)
伊東祐時 いとう すけとき(1185～1252 무사)
伊東祐益 いとう すけます(＝伊東満所)
伊東祐親 いとう すけちか(平安말기, 무사)
伊東祐亨 いとう ゆうこう(1843～1914 해군원수)
伊東義祐 いとう よしすけ(1513～85 무장)
伊東一刀斎 いとう いっとうさい(江戸초기, 검객)
伊東静雄 いとう しずお(1906～53 시인)
伊東忠太 いとう ちゅうた
(1867～1954 건축가·미술사가)
伊東玄朴 いとう げんぼく(1800～71 蘭医)
伊豆長八 いずのちょうはち(1815～89 미장이)
伊藤京子 いとう きょうこ(1927～ 소프라노 가수)
伊藤圭介 いとう けいすけ
(1803～1901 본초학자·식물학자)
伊藤錦里 いとう きんり(1710～72 유학자)
伊藤吉之助 いとう きちのすけ
(1885～1961 철학자)

伊藤単朴　いとう　たんぼく(1680～1758 희작자)
伊藤大輔　いとう　だいすけ
(1898～1981 시나리오작가·영화감독)
伊藤道郎　いとう　みちお(1893～1961 무용가)
伊藤東里　いとう　とうり
(1757～1817 유학자·고문학자)
伊藤東涯　いとう　とうがい(1670～1736 유학자)
伊藤蘭嵎　いとう　らんぐう(1694～1778 유학자)
伊藤廉　いとう　れん(1898～1983 서양화가)
伊藤龍洲　いとう　りょうしゅう(1683～1755 유학자)
伊藤龍太郎　いとう　たつたろう(1835～67 志士)
伊藤六郎兵衛　いとう　ろくろべえ
(1829～94 종교가)
伊藤律　いとう　りつ(1913～89 사회운동가)
伊藤卯四郎　いとう　うしろう
(1894～1974 노동운동가)
伊藤武雄　いとう　たけお(1895～1984 중국연구가)
伊藤博文　いとう　ひろぶみ(1841～1909 정치가)
伊藤保次郎　いとう　やすじろう
(1890～1972 실업가)
伊藤参行　いとう　さんぎょう(1745～1809 수행자)
伊藤常足　いとう　つねたる(1774～1858 국학자)
伊藤仙右衛門　いとう　せんえもん
(1543～1628 식산흥업가)
伊藤小太夫　いとう　こだゆう
(？～1689 가부키 배우)
伊藤松軒　いとう　しょうけん(1709～94 歌人)
伊藤信吉　いとう　しんきち(1906～ 시인)
伊藤信徳　いとう　しんとく(1633～98 俳人)
伊藤深水　いとう　しんすい(1898～1972 일본화가)
伊藤野枝　いとう　のえ(1895～1923 무정부주의자)
伊藤若冲　いとう　じゃくちゅう(1713～1800 화가)
伊藤永之介　いとう　えいのすけ(1903～59 소설가)
伊藤祐穀　いとう　ゆうこく(1860～1921 통계학자)
伊藤雄之助　いとう　ゆうのすけ(1919～80 영화배우)
伊藤仁斎　いとう　じんさい(1627～1705 유학자)
伊藤長七　いとう　ちょうしち(1877～1930 교육가)
伊藤伝兵衛　いとう　でんべえ(1801～62 治水家)
伊藤伝右衛門　いとう　でんえもん
(1741～85 治水家)
伊藤伝七　いとう　でんしち(1853～1924 실업가)
伊藤整　いとう　せい, いとう　ひとし
(1905～69 소설가)
伊藤正徳　いとう　まさのり
(1889～1962 저널리스트·군사평론가)
伊藤整一　いとう　せいいち(1890～1945 해군대장)
伊藤宗看　いとう　そうかん(？～1694 바둑기사)
伊藤宗十郎　いとう　そうじゅうろう
(安土桃山시대, 거상)
伊藤左千夫　いとう　さちお
(1864～1913 歌人·소설가)
伊藤証信　いとう　しょうしん(1876～1963 종교가)
伊藤真乗　いとう　しんじょう(1906～89 종교가)
伊藤次郎左衛門　いとう　じろうざえもん
(1878～1940 실업가)
伊藤惣兵衛　いとう　そうべえ(1814～65 志士)
伊藤忠兵衛　いとう　ちゅうべえ
(1842～1903 실업가)
伊藤痴遊　いとう　ちゆう(1867～1938 야담가)
伊藤快彦　いとう　よしひこ(1867～1942 서양화가)
伊藤坦庵　いとう　たんあん(1623～1708 유학자)
伊藤憲一　いとう　けんいち(1912～ 노동운동가)
伊藤好義斎　いとう　こうぎさい
(1658～1728 유학자)
伊藤熹朔　いとう　きさく(1899～1966 무대미술가)
伊良子光顕　いらこ　こうけん(1737～99 의사)
伊良子清白　いらこ　せいはく(1877～1946 시인)
伊良波尹吉　いらは　いんきち
(1886～1951 연극배우)
伊馬春部　いま　はるべ(1908～84 극작가)
二木謙三　ふたき　けんぞう
(1873～1966 전염병학자)
伊木三猿斎　いぎ　さんえんさい(＝伊木忠澄)
伊木忠澄　いぎ　ただずみ(1818～86 勤王家)
耳なし芳一　みみなし　ほういち(작품)
伊福部昭　いふくべ　あきら(1914～ 작곡가)
伊上凡骨　いがみ　ぼんこつ(1875～1933 목판화가)
二上兵治　ふたがみ　ひょうじ(1878～1945 정치가)
伊勢　いせ(？～939 歌人)
伊勢継子　いせのつぐこ(772～812 궁녀)
伊勢上人　いせのしょうにん(＝慶光院清順)
伊勢新九郎　いせ　しんくろう(＝北条早雲)
伊勢王　いせのおおきみ(7세기 말)
伊勢義盛　いせのよしもり(？～1186 무사)
伊勢長氏　いせ　ながうじ(＝北条早雲)
伊勢貞継　いせ　さだつぐ(1309～91 막부관료)
伊勢貞国　いせ　さだくに(1398～1454 막부관료)
伊勢貞陸　いせ　さだみち(1463～1521 막부관료)
伊勢貞丈　いせ　さだたけ(1717～84 典故学者)
伊勢貞宗　いせ　さだむね(1444～1509 막부관료)
伊勢貞春　いせ　さだはる(1760～1812 典故学者)
伊勢貞忠　いせ　さだただ(1483～1535 막부관료)
伊勢貞親　いせ　さだちか(1417～73 막부관료)
伊勢貞行　いせ　さだゆき(1358～1410 막부관료)
伊勢貞孝　いせ　さだたか(？～1562 막부관료)
以心崇伝　いしん　すうでん(1569～1633 선승)
伊与来目部小楯　いよのくめべ　おたて
(5세기 말, 관료)
伊余部馬飼　いよべのうまかい
(7세기 말～8세기 초, 관료)
二葉亭四迷　ふたばてい　しめい
(1864～1909 소설가)

伊予親王 いよ しんのう(？～807)
伊王野坦 いおうの ひろし(1814～83 정치가)
伊原隆 いはら たかし(1908～76 관료·실업가)
伊原青々園 いはら せいせいえん (1870～1941 연극평론가·극작가)
二位尼 にいのあま(＝平時子)
以仁王 もちひとおう(1151～80)
伊弉諾尊 いざなぎのみこと(記紀신화)
伊弉冉尊 いざなみのみこと(記紀신화)
二田是儀 にった これのり(1850～？ 개척자)
耳切団一 みみきり だんいち(설화)
伊庭可笑 いば かしょう(1747～83 희작자)
伊庭想太郎 いば そうたろう (1851～1903 테러리스트)
伊庭秀賢 いば ひでかた(1800～72 국학자)
伊井蓉峰 いい ようほう(1871～1932 신파배우)
伊庭貞剛 いば さだのり(1847～1926 실업가)
伊庭八郎 いば はちろう(1843～69 幕臣)
伊庭孝 いば たかし(1887～1937 배우·음악평론가)
二条康道 にじょう やすみち(1607～66 公卿)
二条教定 にじょう のりさだ(1210～66 학자)
二条道平 にじょう みちひら(1288～1335 公卿)
二条良基 にじょう よしもと(1320～88 公卿·歌人)
二条良実 にじょう よしざね(1216～70 公卿)
二条為氏 にじょう ためうじ(1222～86 公卿·歌人)
二条斉敬 にじょう なりゆき(1816～78 公卿)
二条天皇 にじょう てんのう(1143～65)
二条后 にじょうのきさき(＝藤原高子)
伊佐幸琢 いさ こうたく(1683～1745 다도가)
伊地知季安 いじち すえやす(1782～1867 유학자)
伊地知正治 いじち まさはる(1828～86 정치가)
伊地知貞馨 いじち さだか(1826～87 정치가)
伊地知佐衛門尉重貞 いじち さえもんのじょう しげさだ(＝桂庵玄樹)
伊集院彦吉 いじゅういん ひこきち (1864～1923 외교관)
伊集院五郎 いじゅういん ごろう (1852～1921 해군원수)
二川松陰 ふたがわ しょういん(1767～1836 유학자)
伊吹童子 いぶき どうじ(전설)
伊吹震 いぶき しん(1888～1961 실업가)
伊治呰麻呂 いじのあざまろ(奈良말기, 족장)
伊沢多喜男 いざわ たきお(1869～1949 관료)
伊沢蘭軒 いさわ らんけん (1777～1829 의사·유학자)
伊沢修二 いざわ しゅうじ(1851～1917 음악교육가)
伊波普猷 いは ふゆう(1876～1947 민속학자)
伊賀光季 いが みつすえ(？～1221 무장)
伊賀光宗 いが みつむね(1178～1257 무장)
伊賀局 いがのつぼね(＝亀菊)
伊賀宅子娘 いがのやかこのいらつめ (7세기 중엽, 궁녀)
伊賀皇子 いがのみこ(＝大友皇子)
伊和大神 いわのおおかみ(작품)
二荒芳徳 ふたら よしのり(1886～1967 정치가)

익

益谷秀次 ますたに しゅうじ(1888～1973 정치가)
益信 やくしん(827～906 승려)
益田勤斎 ますだ きんさい(1764～1833 전각가)
益田素平 ますだ そへい(1843～1903 농업기술자)
益田時貞 ますだ ときさだ (1621～38 민중봉기지도자)
益田好次 ますだ よしつぐ (？～1638 민중봉기지도자)
益田孝 ますだ たかし(1848～1938 실업가)

인

仁覚 にんかく(1045～1102 승려)
人見絹枝 ひとみ きぬえ(1907～31 육상선수)
人見東明 ひとみ とうめい(1883～1974 시인)
人見弥右衛門 ひとみ やえもん(1729～97 정치가)
人見卜幽軒 ひとみ ぼくゆうけん (1599～1670 유학자)
仁科芳雄 にしな よしお(1890～1951 물리학자)
仁徳天皇 にんとく てんのう(記紀)
仁礼景範 にれ かげのり(1831～1900 해군중장)
仁明天皇 にんみょう てんのう(810～50)
仁木独人 にき どくじん(1908～39 신극운동가)
仁木頼章 にき よりあき(1299～1359 무장)
仁木義長 にき よしなが(？～1376 무장)
忍壁皇子 おさかべのみこ(？～705)
忍性 にんしょう(1217～1303 승려)
仁実 にんじつ(1091～1131 승려)
仁阿弥道八 にんあみ どうはち(1783～1855 도공)
忍熊皇子 おしくまのみこ(4세기 말)
仁田四郎 にたんのしろう(＝仁田忠常)
仁田勇 にった いさむ(1899～1984 화학자)
仁田忠常 にった ただつね(1168～1203 무장)
仁井田南陽 にいだ なんよう(1770～1848 유학자)
仁井田陞 にいだ のぼる(1904～66 중국법제사가)
引拙 いんせつ(室町후기, 다도가)

忍惣太　しのぶのそうだ(작품)
忍坂大中姫　おさかのおおなかつひめ (5세기 중엽, 황후)
仁海　にんがい(955～1046 승려)
忍海色夫古娘　おしぬみのしこぶこのいらつめ (7세기 말, 궁녀)
忍海原連魚養　おしぬみのはらむらじ　うおかい (＝朝野魚養)
仁賢天皇　にんけん　てんのう(記紀)
人形佐七　にんぎょう　さしち(작품)
仁斅　にんこう(平安중기, 승려)
仁孝天皇　にんこう　てんのう(1800～46)

일

日講　にっこう(1626～98 승려)
日乾　にっけん(1560～1635 승려)
逸見梅栄　へんみ　ばいえい(1891～ 불교미술가)
逸見十郎太　へんみ　じゅうろうた (1849～77 육군대위)
逸見猶吉　へんみ　ゆうきち(1907～46 시인)
日経　にっきょう(1551～1620 승려)
日高涼台　ひだか　りょうだい(1797～1868 의사)
日高信六郎　ひだか　しんろくろう (1893～1976 외교관)
日寛　にっかん(1665～1726 승려)
日珖　にっこう(1532～98 승려)
日光円蔵　にっこうのえんぞう(1801～42 노름꾼)
一橋家斉　ひとつばし　いえなり(＝徳川家斉)
一橋慶喜　ひとつばし　よしのぶ(＝徳川慶喜)
一橋宗尹　ひとつばし　むねただ(＝徳川宗尹)
一九　いっく(＝十返舎一九)
一宮長常　いちのみや　ながつね (1722～86 금속공예가)
日根対山　ひね　たいざん(1813～69 화가)
壱岐韓国　いきのからくに(7세기 말, 무장)
一寧　いちねい(＝一山一寧)
一茶　いっさ(＝小林一茶)
日導　にちどう(1726～89 승려)
日羅　にちら(？～583 호족)
日朗　にちろう(1243～1320 승려)
一力健治郎　いちりき　けんじろう (1863～1929 신문사 경영자)
日蓮　にちれん(1222～82 승려)
一龍斎貞山　いちりゅうさい　ていざん (？～1855 야담가)
一龍斎貞丈　いちりゅうさい　ていじょう (1906～68 야담가)
日柳燕石　くさなぎ　えんせき(1817～68 勤王家)
一柳友善　ひとつやなぎ　ともよし(江戸시대, 刀工)
一柳直末　ひとつやなぎ　なおすえ(1553～90 大名)
日隆　にちりゅう(1384～1464 승려)
一万田尚登　いちまだ　ひさと (1893～1984 은행총재·정치가)
日暮林清　ひぐらし　りんせい(江戸전·중기, 염불가)
日暮小太夫　ひぐらし　こだゆう (江戸시대, 説経節 太夫)
日暮八太夫　ひぐらし　はちだゆう (江戸시대, 説経節 太夫)
一木権兵衛　いちき　ごんべえ(？～1679 토목가)
一木喜徳郎　いちき　きとくろう (1867～1944 관료·정치가)
一碧楼　いっぺきろう(＝中塚一碧楼)
日弁　にちべん(1236～1311 승려)
日並知皇子　ひなめしのみこ(＝草壁皇子)
日本武尊　やまとたけるのみこと(記紀전설)
日本左衛門　にほん　ざえもん(1718～47 도적)
日峰宗舜　にっぽう　そうしゅん(1369～1448 선승)
日比谷平左衛門　ひびや　へいざえもん (1849～1921 실업가)
日比野士朗　ひびの　しろう(1903～75 소설가)
日比翁助　ひび　おうすけ(1860～1931 실업가)
一絲　いっし(1608～46 선승)
一山一寧　いっさん　いちねい(1247～1317 선승)
日森虎雄　ひもり　とらお(1899～1945 저널리스트)
日常　にちじょう(？～1299 승려)
日像　にちぞう(1269～1342 승려)
一色教親　いっしき　のりちか(？～1451 무장)
一色満範　いっしき　みつのり(？～1409 무장)
一色範氏　いっしき　のりうじ(南北朝시대, 무장)
一色義貫　いっしき　よしつら(？～1440 무장)
一色詮範　いっしき　あきのり(？～1406 무장)
一石路　いっせきろ(＝栗林一石路)
日昭　にっしょう(1236～1323 승려)
一松定吉　ひとつまつ　さだよし (1875～1973 법관·정치가)
日秀　にっしゅう(1494～1574 승려)
日樹　にちじゅ(1572～1631 승려)
日乗　にちじょう(＝朝山日乗)
一乗院経覚　いちじょういん　きょうかく (1395～1473 승려)
一心太助　いっしん　たすけ(작품)
日什　にちじゅう(1314～91 승려)
日野強　ひの　つとむ(1865～1920 육군대령)
日野富子　ひの　とみこ(1440～96 장군의 아내)
日野勝光　ひの　かつみつ(1429～76 公卿)
日野原節三　ひのはら　せつぞう(1903～ 실업가)
日野有光　ひの　ありみつ(1387～1443 公卿)

日野資業　ひの　すけなり(990〜1070 公卿)
日野資朝　ひの　すけとも(1290〜1332 公卿)
日野鼎哉　ひの　ていさい(1797〜1850 의사)
日野俊基　ひの　としもと(?〜1332 대신)
日野重子　ひの　しげこ(1411〜63 장군의 아내)
日野草城　ひの　そうじょう(1901〜56 俳人)
日野賢俊　ひの　けんしゅん(＝賢俊)
一言主神　ひとことぬしのかみ(설화)
壱演　いちえん(803〜67 승려)
逸然　いつねん(1601〜68 선승)
日葉酢媛　ひばすひめ(설화)
日誉　にちよ(1556〜1640 승려)
日奥　にちおう(1565〜1630 승려)
一翁院豪　いちおう　いんごう(1210〜81 선승)
日祐　にちゆう(1298〜1374 승려)
一円　いちえん(＝無住一円)
日遠　にちおん(1572〜1642 승려)
一蝶　いっちょう(＝英一蝶)
日頂　にっちょう(?〜1317 승려)
日静　にちじょう(1298〜1369 승려)
日朝　にっちょう(1422〜1500 승려)
日潮　にっちょう(1679〜1748 승려)
一条兼良　いちじょう　かねら(1402〜81 公卿·학자)
一条兼定　いちじょう　かねさだ(1543〜85 무장)
一条経嗣　いちじょう　つねつぐ(1358〜1418 公卿)
一条教房　いちじょう　のりふさ(1423〜80 公卿)
一条能保　いちじょう　よしやす(1147〜97 公卿)
一条冬良　いちじょう　ふゆら(1464〜1514 公卿·학자)
一条実経　いちじょう　さねつね(1223〜84 公卿)
一条実孝　いちじょう　さねたか(1880〜1959 정치가)
一条天皇　いちじょう　てんのう(980〜1011)
日重　にちじゅう(1549〜1623 승려)
日持　にちじ(1250〜? 승려)
日真　にっしん(1565〜1626 승려)
一忠　いっちゅう(南北朝시대, 승려)
日置黙仙　ひおき　もくせん，へき　もくせん(1847〜1920 선승)
日置益　へき　ます(1861〜1926 외교관)
日親　にっしん(1407〜88 승려)
一遍　いっぺん(1239〜89 승려)
一筆庵可候　いっぴつあん　かこう(＝池田英泉)
一筆斎文調　いっぴつさい　ぶんちょう(江戸중기, 풍속화가)
日夏耿之介　ひなつ　こうのすけ(1890〜1971 시인·영문학자)
日下部鳴鶴　くさかべ　めいかく(1838〜1922 서예가)
日下部弁二郎　くさかべ　べんじろう(1861〜1934 실업가)
日下部四郎太　くさかべ　しろうた(1875〜1924 지구물리학자)
日下部伊三次　くさかべ　いそうじ(1814〜58 志士)
日下誠　くさか　まこと(1763〜1839 수학자)
日下義雄　くさか　よしお(1851〜1923 실업가)
日下勺水　くさか　しゃくすい(1852〜1926 한학자)
日向　にっこう(1253〜1314 승려)
日向方斎　ひゅうが　ほうさい(1906〜 실업가)
一紅　いっこう(1724〜95 俳人)
日輝　にっき(1800〜59 승려)
一休宗純　いっきゅう　そうじゅん(1394〜1481 선승)
日興　にっこう(1246〜1333 승려)

任覚　にんかく(1110〜81 승려)
壬生基修　みぶ　もとなが(1835〜1906 公卿)
壬生水石　みぶ　すいせき(1790〜1871 전각가)
壬生院　みぶいん(1602〜56 후궁)
壬生忠見　みぶのただみ(平安중기, 歌人)
壬生忠岑　みぶのただみね(平安중기, 歌人)

入江兼通　いりえ　かねみち(1671〜1729 시인)
入江九一　いりえ　きゅういち(1838〜64 志士)
入江南溟　いりえ　なんめい(1682〜1769 유학자)
入江頼明　いりえ　らいめい(安土桃山시대, 침구사)
入江文郎　いりえ　ぶんろう(1834〜78 불어학자)
入江俊郎　いりえ　としお(1901〜72 관료)
入江昌喜　いりえ　まさよし(1722〜1800 국학자)
入江波光　いりえ　はこう(1887〜1948 일본화가)
入交太蔵　いりまじり　たぞう(1896〜1979 실업가)
入野義朗　いりの　よしろう(1921〜80 작곡가)
入沢達吉　いりさわ　たつきち(1865〜1938 의학자)
入沢宗寿　いりさわ　むねとし(1885〜1945 교육학자)

잉

孕石元政　はらみいし　もとまさ(1628～1701 정치가)

ㅈ

자

慈覚大師　じかく　だいし(＝円仁)
子曇　しどん(＝西澗子曇)
子母沢寛　しもざわ　かん(1892～1968 소설가)
茨木童子　いばらき　どうじ(작품)
茨木猪之吉　いばらぎ　いのきち(1888～1944 화가)
茨木重謙　いばらき　じゅうけん(1767～1816 정치가)
慈山　じざん(1637～90 승려)
姿三四郎　すがた　さんしろう(작품)
紫上　むらさきのうえ(작품)
姉小路公知　あねのこうじ　きんとも(1839～63 公卿)
姉小路局　あねのこうじのつぼね(？～1880 막부정치가)
慈昭院　じしょういん(＝足利義政)
柘植葛城　つげ　かつらぎ(1804～74 의사)
紫式部　むらさき　しきぶ(978～？ 문학가)
慈信　じしん(平安후기, 승려)
慈心　じしん(鎌倉시대, 승려)
子安峻　こやす　たかし(1836～98 저널리스트)
滋野縄子　しげののつなこ(平安전기, 후궁)
滋野岑子　しげののみねこ(平安전기, 후궁)
滋野井公麗　しげのい　きんかず(1733～81 有職학자)
滋野貞主　しげののさだぬし(785～852 관료)
滋野七郎　しげの　しちろう(1835～86 勤王家)
慈雲　じうん(759～807 승려)
慈雲妙意　じうん　みょうい(1274～1345 선승)
慈雲尊者　じうん　そんじゃ(1718～1804 승려)
慈円　じえん(1155～1225 승려)
資子内親王　しし　ないしんのう(955～1015)
茨田王　まんだのおおきみ(奈良시대, 歌人)
雌鳥皇女　めとりのひめみこ(5세기)
慈鎮　じちん(＝慈円)
慈昌　じしょう(1544～1620 승려)
姉川行道　あねがわ　ゆきみち(1824～90 志士)
慈遍　じへん(南北朝시대, 승려)
滋賀莱橋　しが　らいきょう(1835～95 교육가)
慈恵大師　じえ　だいし(＝良源)
慈訓　じくん(？～777 승려)

작

綽空　しゃくくう(＝親鸞)
綽如　しゃくにょ(1350～93 승려)

雑賀孫一　さいか　まごいち(戦国시대, 무장)

長岡監物　ながおか　けんもつ(1812～59 정치가)
長岡桃嶺　ながおか　とうれい(1762～1849 병법가)
長岡藤孝　ながおか　ふじたか(＝細川幽斎)
長岡隆一郎　ながおか　りゅういちろう(1884～1963 관료·정치가)
長岡半太郎　ながおか　はんたろう(1865～1950 물리학자)
長岡外史　ながおか　がいし(1858～1933 육군중장·정치가)
長岡正男　ながおか　まさお(1897～1974 실업가)
長岡春一　ながおか　しゅんいち(1877～1949 외교관)
長岡輝子　ながおか　てるこ(1908～ 신극배우·연출가)
長慶天皇　ちょうけい　てんのう(1343～94)
長谷健　はせ　けん(1904～57 소설가·아동문학가)
長谷部文雄　はせべ　ふみお(1897～1979 경제학자)
長谷部恕連　はせべ　よしつら(1818～73 정치가)
長谷部信連　はせべ　のぶつら(?～1218 무사)
長谷部言人　はせべ　ことんど(1882～1969 인류학자)
長谷場純孝　はせば　すみたか(1854～1914 정치가)
長谷田泰三　はせだ　たいぞう(1894～1950 재정학자)
長谷川角行　はせがわ　かくぎょう(?～1646 종교가)
長谷川勘兵衛　はせがわ　かんべえ(?～1659 가부키 무대장치가)
長谷川潔　はせがわ　きよし(1891～1980 판화가)
長谷川敬　はせがわ　けい(1808～86 정치가)
長谷川寛　はせがわ　ひろし(1782～1838 수학자)
長谷川久一　はせがわ　きゅういち(1884～1945 관료)
長谷川権六　はせがわ　ごんろく(?～1630 奉行)
長谷川藤広　はせがわ　ふじひろ(1567～1617 奉行)
長谷川等伯　はせがわ　とうはく(1539～1610 화가)
長谷川嵐渓　はせがわ　らんけい(1815～65 화가)
長谷川零余子　はせがわ　れいよし(1886～1928 俳人)
長谷川利行　はせがわ　としゆき(1891～1940 서양화가)
長谷川芳之助　はせがわ　よしのすけ(1855～1912 광산업자)
長谷川雪旦　はせがわ　せったん(1778～1843 화가)
長谷川昭道　はせがわ　あきみち(1815～97 행정가)
長谷川秀一　はせがわ　ひでかず(?～1594 大名)
長谷川時雨　はせがわ　しぐれ(1879～1941 극작가)
長谷川伸　はせがわ　しん(1884～1963 극작가·소설가)
長谷川如是閑　はせがわ　にょぜかん(1875～1969 저널리스트)
長谷川猷　はせがわ　ゆう(?～1849 정치가)
長谷川一夫　はせがわ　かずお(1908～84 영화배우)
長谷川町子　はせがわ　まちこ(1920～ 만화가)
長谷川宗也　はせがわ　そうや(1590～1667 화가)
長谷川宗右衛門　はせがわ　そうえもん(1801～70 勤王家)
長谷川天渓　はせがわ　てんけい(1876～1940 평론가·영문학자)
長谷川千四　はせがわ　せんし(1689～1733 浄瑠璃작가)
長谷川清　はせがわ　きよし(1883～1970 해군대장)
長谷川泰　はせがわ　たい(1842～1912 의학자)
長谷川平蔵　はせがわ　へいぞう(1745～95 幕臣)
長谷川海太郎　はせがわ　かいたろう(1900～35 작가)
長谷川好道　はせがわ　よしみち(1850～1924 육군원수)
長光　ながみつ(＝長船長光)
長広敏雄　ながひろ　としお(1905～ 미술사학자)
長久保赤水　ながくぼ　せきすい(1717～1801 지리학자)
長崎高資　ながさき　たかすけ(?～1333 무장)
長崎惣之助　ながさき　そうのすけ(1896～1962 관료)
蔵内次郎作　くらうち　じろさく(1848～1923 실업가)
長島茂雄　ながしま　しげお(1936～ 프로야구선수)
長瀬富郎　ながせ　とみろう(1863～1911 실업가)
長門美保　ながと　みほ(1911～ 소프라노 가수)
長尾景長　ながお　かげなが(?～1569 무장)
長尾景仲　ながお　かげなか(1388～1463 무장)
長尾景虎　ながお　かげとら(＝上杉謙信)
長尾景凞　ながお　かげひろ(鎌倉말기, 무사)
長尾能景　ながお　よしかげ(1459～1506 무장)
長尾為景　ながお　ためかげ(?～1536 守護代)
長尾政景　ながお　まさかげ(?～1564 무장)
長尾憲長　ながお　のりなが(1503～50 무장)
丈部大麻呂　はせべのおおまろ(奈良시대, 관료)
丈部呰人　はせべのあじひと(奈良시대, 농민)
庄司乙吉　しょうじ　おときち(1873～1944 실업가)

蔵山順空　ぞうさん　じゅんくう(1233～1308 선승)
長三洲　ちょう　さんしゅう(1833～95 한학자·서예가)
長西　ちょうさい(1184～1228 승려)
長船光忠　おさふね　みつただ(＝光忠)
長船長光　おさふね　ながみつ(鎌倉후기, 刀工)
長勢　ちょうせい(1010～91 仏師)
長沼妙佼　ながぬま　みょうこう(1889～1957 종교가)
長沼守敬　ながぬま　もりよし(1857～1942 조각가)
長沼宗敬　ながぬま　むねよし(1635～90 병법가)
長束正家　なつか　まさいえ(？～1600 무장)
長松日扇　ながまつ　にっせん(1817～90 종교가)
長髄彦　ながすねひこ(설화)
長野朗　ながの　あきら(1888～1975 국가주의자)
庄野英二　しょうの　えいじ(1915～　아동문학가)
庄野潤三　しょうの　じゅんぞう(1921～　소설가)
長野義言　ながの　よしこと(1815～62 국학자)
長野主膳　ながの　しゅぜん(＝長野義言)
長与善郎　ながよ　よしお
(1888～1961 소설가·극작가)
長与又郎　ながよ　またお(1878～1941 의학자)
長与専斎　ながよ　せんさい(1838～1902 의학자)
長延連　ちょう　えんれん(1881～1944 관료)
長屋藤兵衛　ながや　とうべえ(1788～1842 정치가)
長屋王　ながやおう(684～729 정치가)
長勇　ちょう　いさむ(1895～1945 육군중장)
長円　ちょうえん(？～1150 仏師)
荘原達　しょうばら　たつ(1893～　사회운동가)
蔵原伸二郎　くらはら　しんじろう
(1899～1965 시인)
蔵原惟郭　くらはら　これひろ(1861～1949 정치가)
蔵原惟人　くらはら　これひと(1902～91 문예평론가)
長原孝太郎　ながはら　こうたろう
(1864～1930 서양화가)
章子内親王　しょうし　ないしんのう(1026～1105)
荘子女王　そうし　にょおう(930～1008 후궁)
長田幹彦　ながた　みきひこ(1887～1964 소설가)
長田秀雄　ながた　ひでお(1885～1949 극작가·시인)
長田新　おさだ　あらた(1887～1961 교육학자)
蔵田五郎左衛門　くらた　ごろうざえもん
(戦国시대, 거상)
長田忠致　おさだのただむね(平安후기, 무사)
荘田平五郎　しょうだ　へいごろう
(1847～1922 실업가)
長井雅楽　ながい　うた(1819～63 정치가)
長井長義　ながい　ながよし(1845～1929 약학자)
長町竹石　ながまち　ちくせき(1757～1806 화가)
長宗我部元親　ちょうそかべ　もとちか
(1539～99 무장)
蔵俊　ぞうしゅん(平安후기, 승려)
長曾禰虎徹　ながそね　こてつ(＝虎徹)
長津王　ながつおう(奈良시대)
長次郎　ちょうじろう(＝楽長次郎)
荘清次郎　しょう　せいじろう(1862～1926 실업가)
長塚節　ながつか　たかし(1879～1915 歌人·소설가)
長沢規矩也　ながさわ　きくや(1902～80 서지학자)
長沢蘆雪　ながさわ　ろせつ(1755～99 화가)
長坂釣閑　ながさか　ちょうかん(？～1582 무장)

재

斎藤監物　さいとう　けんもつ(1822～60 神官)
斎藤謙蔵　さいとう　けんぞう(1850～1907 古書籍商)
斎藤兼次郎　さいとう　けんじろう
(1860～1926 사회주의자)
斎藤高行　さいとう　たかゆき(1819～94 농정가)
斎藤道三　さいとう　どうさん(1494～1556 大名)
斎藤良衛　さいとう　りょうえい(1880～1956 외교관)
斎藤緑雨　さいとう　りょくう
(1867～1904 소설가·평론가)
斎藤龍興　さいとう　たつおき(1548～73 大名)
斎藤瀏　さいとう　りゅう(1879～1953 육군소장)
斎藤留次郎　さいとう　とめじろう(1830～60 志士)
斎藤隆介　さいとう　りゅうすけ
(1917～85 아동문학가)
斎藤隆夫　さいとう　たかお(1870～1949 정치가)
斎藤隆三　さいとう　りゅうぞう
(1875～1961 미술평론가)
斎藤利綱　さいとう　としつな(室町시대, 歌人)
斎藤利三　さいとう　としみつ(？～1582 무장)
斎藤妙椿　さいとう　みょうちん(1410～80 무장)
斎藤茂吉　さいとう　もきち(1882～1953 歌人)
斎藤文蔵　さいとう　ぶんぞう(1886～1930 일본사가)
斎藤弥九郎　さいとう　やくろう(1798～1871 검객)
斎藤博　さいとう　ひろし(1886～1939 외교관)
斎藤小左衛門　さいとう　こざえもん
(1577～1633 기독교인)
斎藤秀三郎　さいとう　ひでさぶろう
(1866～1929 영어학자)
斎藤秀雄　さいとう　ひでお
(1902～74 지휘자·첼리스트)
斎藤恂　さいとう　まこと(1870～1933 실업가)
斎藤昇　さいとう　のぼる(1912～72 정치가)
斎藤時頼　さいとう　ときより(平安후기, 무사)
斎藤実　さいとう　まこと
(1858～1936 해군대장·정치가)
斎藤実盛　さいとう　さねもり(？～1183 무사)
斎藤十一郎　さいとう　じゅういちろう
(1867～1920 법학자)

斎藤彦麿　さいとう　ひこまろ(1768～1854 국학자)
斎藤与里　さいとう　より(1885～1959 서양화가)
斎藤英四郎　さいとう　えいしろう(1911～ 실업가)
斎藤勇　さいとう　たけし(1887～1982 영문학자)
斎藤宇一郎　さいとう　ういちろう(1866～1926 정치가)
斎藤月岑　さいとう　げっしん(1804～78 문인)
斎藤悠輔　さいとう　ゆうすけ(1892～1981 판사)
斎藤宜義　さいとう　ぎぎ(1816～89 수학자)
斎藤宜長　さいとう　ぎちょう(1784～1844 수학자)
斎藤義重　さいとう　よししげ(1904～ 서양화가)
斎藤寅次郎　さいとう　とらじろう(1905～82 영화감독)
斎藤資定　さいとう　すけさだ(？～1274 무사)
斎藤静　さいとう　しずか(1891～1970 영어학자)
斎藤精輔　さいとう　せいすけ(1868～1937 사전편찬자)
斎藤拙堂　さいとう　せつどう(1797～1865 유학자)
斎藤竹堂　さいとう　ちくどう(1815～52 유학자)
斎藤知一郎　さいとう　ともいちろう(1889～1961 실업가)
斎藤恒三　さいとう　つねぞう(1858～1937 실업가)
斎藤香玉　さいとう　こうぎょく(1814～70 화가)
斎藤喜博　さいとう　きはく(1911～81 교육가)
斎部広成　いんべのひろなり(平安초기, 관료)
斎部道足　いんべ　みちたり(1758～1816 歌人)
財部彪　たからべ　たけし(1867～1949 해군대장)
斎世親王　ときよ　しんのう(＝真寂法親王)
在原棟梁　ありわらのむねやな(？～898 歌人)
在原業平　ありわらのなりひら(825～80 歌人)
在原元方　ありわらのもとかた(888～953 歌人)
在原滋春　ありわらのしげはる(平安전기, 歌人)
在原行平　ありわらのゆきひら(818～93 관료·歌人)
財津愛象　たからず　あいぞう(1885～1931 중문학자)

저

猪股為次　いのまた　ためじ(1867～1926 저널리스트)
猪谷千春　いがや　ちはる(1932～ 스키 선수)
樗良　ちょら(＝三浦樗良)
猪名部百世　いなべのももよ(奈良시대, 工人)
猪飼敬所　いかい　けいしょ(1761～1845 유학자)
猪野省三　いの　しょうぞう(1905～ 아동문학가)
猪俣津南雄　いのまた　つなお(1889～1942 경제학자)
猪俣浩三　いのまた　こうぞう(1894～ 정치가)
杵屋勘五郎　きねや　かんごろう(1574～1643 長唄의 名家)
杵屋六三郎　きねや　ろくさぶろう(1710～91 長唄 三味線의 名家)
杵屋六左衛門　きねや　ろくざえもん(1596～1667 長唄의 名家)
杵屋勝三郎　きねや　かつさぶろう(1820～96 長唄 三味線의 名家)
杵屋勝五郎　きねや　かつごろう(？～1839 長唄 三味線의 名家)
杵屋栄左衛門　きねや　えいざえもん(1894～1982 長唄 三味線의 名家)
杵屋正次郎　きねや　しょうじろう(？～1803 長唄 三味線의 名家)
杵屋佐吉　きねや　さきち(？～1807 長唄 三味線의 名家)
杵屋喜三郎　きねや　きさぶろう(1649～1715 長唄의 名家)
猪熊弦一郎　いのくま　げんいちろう(1902～ 서양화가)

赤間文三　あかま　ぶんぞう(1899～1973 정치가)
荻江露友　おぎえ　ろゆう(？～1787 小唄의 대가)
赤犬子　あかいんこ(전설)
迹見赤檮　とみのいちい(6세기 말, 舎人)
跡見花蹊　あとみ　かけい(1840～1926 교육가)
赤橋久時　あかはし　ひさとき(＝北条久時)
赤橋守時　あかはし　もりとき(？～1333 執権)
赤橋英時　あかはし　ひでとき(？～1333 探題)
赤堀四郎　あかぼり　しろう(1900～ 생화학자)
赤根武人　あかね　たけと(1839～66 志士)
赤崎源助　あかざき　げんすけ(1742～1802 유학자)
寂蓮　じゃくれん(1139～1202 歌人)
寂霊　じゃくれい(＝通幻寂霊)
赤木蘭子　あかぎ　らんこ(1914～73 신극배우)
鏑木梅渓　かぶらぎ　ばいけい(1750～1803 화가)
赤木宗春　あかぎ　むねはる(1816～65 종교가)
鏑木清方　かぶらぎ　きよかた(1878～1972 일본화가)
赤尾敏　あかお　びん(1900～90 사회운동가)
赤尾好夫　あかお　よしお(1907～85 출판인·방송인)
跡部良弼　あとべ　よしすけ(江戸후기, 정치가)
跡部良顕　あとべ　よしあき(1659～1729 神道家)
荻生徂徠　おぎゅう　そらい(1666～1728 유학자)
赤城宗徳　あかぎ　むねのり(1904～ 정치가)
寂昭　じゃくしょう(964～1036 승려)
赤松教康　あかまつ　のりやす(1423～41 무장)
赤松教祐　あかまつ　のりすけ(＝赤松教康)

赤松克麿　あかまつ　かつまろ（1894〜1955 사회운동가）
赤松連城　あかまつ　れんじょう（1841〜1919 승려）
赤松満祐　あかまつ　みつすけ（1381〜1441 무장）
赤松満政　あかまつ　みつまさ（？〜1445 무장）
赤松範資　あかまつ　のりすけ（？〜1351 무장）
赤松法印　あかまつ　ほういん（江戸초기, 병법가）
赤松沙鷗　あかまつ　さおう（1668〜1767 유학자）
赤松常子　あかまつ　つねこ（1897〜1965 노동운동가）
赤松小三郎　あかまつ　こさぶろう（1831〜67 兵学者）
赤松氏範　あかまつ　うじのり（1330〜86 무장）
赤松勇　あかまつ　いさむ（1910〜82 노동운동가·정치가）
赤松祐則　あかまつ　すけのり（？〜1445 무장）
赤松円心　あかまつ　えんしん（＝赤松則村）
赤松義祐　あかまつ　よしすけ（？〜1423 무장）
赤松義村　あかまつ　よしむら（？〜1521 무장）
赤松義則　あかまつ　よしのり（1358〜1427 무장）
赤松貞範　あかまつ　さだのり（？〜1374 무장）
赤松貞村　あかまつ　さだむら（1393〜1447 무장）
赤松政則　あかまつ　まさのり（1455〜96 무장）
赤松俊子　あかまつ　としこ（＝丸木俊子）
赤松滄洲　あかまつ　そうしゅう（1721〜1801 유학자）
赤松則良　あかまつ　のりよし（1841〜1920 해군 군인）
赤松則尚　あかまつ　のりなお（1425〜55 무장）
赤松則祐　あかまつ　そくゆう, **あかまつ　のりすけ**（1311〜71 무장）
赤松則村　あかまつ　のりむら（1277〜1350 무장）
赤松太庾　あかまつ　たいゆ（1709〜67 유학자）
荻須高徳　おぎす　たかのり（1901〜86 서양화가）
寂室元光　じゃくしつ　げんこう（1290〜1367 선승）
寂心　じゃくしん（＝慶滋保胤）
赤岩栄　あかいわ　さかえ（1903〜66 기독교 사상가）
荻野久作　おぎの　きゅうさく（1882〜1975 산부인과 의사）
荻野独園　おぎの　どくおん（1819〜95 선승）
荻野元凱　おぎの　げんがい（1737〜1806 의사）
荻野吟子　おぎの　ぎんこ（1851〜1913 의사）
荻野沢之丞　おぎの　さわのじょう（1656〜1704 女形）
寂厳　じゃくごん（1702〜71 승려）
赤染衛門　あかぞめ　えもん（平安중기, 歌人）
赤羽一　あかばね　はじめ（1873〜1912 사회주의자）
寂源　じゃくげん（平安중기, 승려）
荻原碌山　おぎわら　ろくざん（1879〜1910 조각가）
荻原守衛　おぎわら　もりえ（＝荻原碌山）
荻原雲来　おぎわら　うんらい（1869〜1937 승려·산스크리트 학자）
赤垣源蔵　あかがき　げんぞう（1669〜1703 志士）
荻原井泉水　おぎわら　せいせんすい（1884〜 俳人）
荻原重秀　おぎわら　しげひで（1658〜1713 奉行）
寂円智深　じゃくえん　ちしん（1207〜99 선승）
赤人　あかひと（＝山部赤人）
赤井景韶　あかい　かげあき（1859〜85 자유민권운동가）
寂済　じゃくさい（？〜1424 화가）
赤川大膳　あかがわ　だいぜん（1682〜1726 謀士）
荻村伊智朗　おぎむら　いちろう（1933〜 탁구 선수）
笛吹権三郎　ふえふき　ごんざぶろう（민화）
的戸田宿禰　いくはのとだのすくね（설화）

전

田岡嶺雲　たおか　れいうん（1870〜1912 평론가）
田岡淩雲　たおか　りょううん（1833〜85 志士）
田健治郎　でん　けんじろう（1855〜1930 관료·정치가）
田尻稲次郎　たじり　いなじろう（1850〜1923 관료·재정학자）
田谷力三　たや　りきぞう（1899〜1988 가수）
伝教大師　でんぎょう　だいし（＝最澄）
田口掬汀　たぐち　きくてい（1875〜1943 미술평론가）
田口亀三　たぐち　かめぞう（1882〜1925 노동운동가）
田口留兵衛　たぐち　るへえ（1801〜64 양잠기술자）
田口利八　たぐち　りはち（1907〜82 실업가）
田口卯吉　たぐち　うきち（1855〜1905 경제학자）
田口運蔵　たぐち　うんぞう（1892〜1933 노동운동가）
田口和美　たぐち　かずよし（1839〜1904 해부학자）
田宮嘉右衛門　たみや　かえもん（1875〜1959 실업가）
田宮博　たみや　ひろし（1903〜84 식물생리학자）
田宮虎彦　たみや　とらひこ（1911〜88 소설가）
田崎広助　たざき　ひろすけ（1898〜1984 서양화가）
田崎勇三　たざき　ゆうぞう（1898〜1963 의학자）
田崎草雲　たざき　そううん（1815〜98 일본화가）
田内衛吉　たうち　えいきち, **たのうち　えきち**（1835〜64 志士）
田能村竹田　たのむら　ちくでん（1777〜1835 화가）
田能村直入　たのむら　ちょくにゅう（1814〜1907 화가）
田代茂樹　たしろ　しげき（1890〜1981 실업가）
田代三喜　たしろ　さんき（1465〜1537 의사）
田代栄助　たしろ　えいすけ（1834〜85 자유민권운동가）
田代毅軒　たしろ　きけん（1782〜1841 정치가）
田代重栄　たしろ　じゅうえい（1616〜87 治水家）

田代清治右衛門　たしろ せいじえもん
(江戸전기, 도공)
田道間守　たじまもり(전설)
田島錦治　たじま きんじ(1867~1934 경제학자)
田島利三郎　たじま りさぶろう(明治시대, 교육가)
田島梅子　たじま うめこ(1889~1911 歌人)
前島密　まえじま ひそか(1835~1919 관료·실업가)
田島象二　たじま しょうじ(1852~1909 만필가)
田島直人　たじま なおと(1912~90 육상 선수)
田島直之　たじま なおゆき(1820~88 임업가)
田島治兵衛　たじま じへえ
(1783~1843 민중봉기 지도자)
田母野秀顕　たもの ひであき
(1849~83 자유민권운동가)
前尾繁三郎　まえお しげさぶろう
(1905~81 정치가)
田辺茂啓　たなべ もけい(1688~1768 지방사가)
田辺茂一　たなべ もいち(1905~81 작가)
田辺武次　たなべ たけじ(1895~1963 실업가)
田辺伯孫　たなべのはくそん(전설)
田辺百枝　たなべのももえ(奈良시대, 학자)
田辺朔郎　たなべ さくお(1861~1944 토목공학자)
田辺尚雄　たなべ ひさお(1883~1984 음악이론가)
田辺盛武　たなべ もりたけ(1889~1949 육군중장)
田辺小隅　たなべのおすみ(7세기 말, 무장)
田辺寿利　たなべ すけとし(1894~1963 사회학자)
田辺安太郎　たなべ やすたろう
(1844~1930 활자제조자)
田辺元　たなべ はじめ(1885~1962 철학자)
田辺有栄　たなべ ありひで
(1845~1911 정치가·실업가)
田辺清春　たなべ きよはる(1899~ 교육실천가)
田辺治通　たなべ はるみち
(1878~1950 관료·정치가)
田辺七六　たなべ しちろく
(1879~1952 실업가·정치가)
田辺太一　たなべ たいち(1831~1915 외교관)
田保橋潔　たぼはし きよし(1897~1945 역사학자)
槙本楠郎　まきもと くすろう
(1898~1956 아동문학가)
田部久　たべ きゅう(1906~ 교육실천가)
田付寿秀　たつけ ひさひで(1757~1833 蒔絵師)
田部井健次　たべい けんじ(1898~ 사회운동가)
田部重治　たなべ じゅうじ(1884~1972 영문학자)
田捨女　でん すてじょ(1634~98 俳人)
畠山国清　はたけやま くにきよ(?~1363 무장)
畠山箕山　はたけやま きざん(1628~1704 俳人)
畠山満家　はたけやま みついえ(1372~1433 무장)
畠山満則　はたけやま みつのり(?~1432 무장)
畠山尚順　はたけやま ひさのぶ(?~1522 무장)
畠山義信　はたけやま よしのぶ(1841~94 정치가)
畠山義春　はたけやま よしはる(?~1643 무장)
畠山義就　はたけやま よしなり(?~1490 무장)
畠山義統　はたけやま よしむね(?~1525 무장)
畠山政長　はたけやま まさなが(1442~93 무장)
畠山重能　はたけやま しげよし(平安후기, 무장)
畠山重忠　はたけやま しげただ(1164~1205 무장)
畠山持国　はたけやま もちくに(1398~1455 무장)
畠山稙長　はたけやま たねなが(?~1545 무장)
畠山太助　はたけやま たすけ
(幕末期, 민중봉기 지도자)
田山花袋　たやま かたい(1871~1930 소설가)
全成　ぜんせい(＝阿野全成)
田所寧親　たどころ やすちか(1812~73 砲術家)
田沼意知　たぬま おきとも(1749~84 정치가)
田沼意次　たぬま おきつぐ(1719~88 정치가)
田所壮輔　たどころ そうすけ(1840~64 志士)
田所重道　たどころ しげみち(1841~64 志士)
田所輝明　たどころ てるあき(1900~34 사회운동가)
田鎖綱紀　たくさり こうき
(1854~1938 속기법 창시자)
転乗　てんじょう(?~849 승려)
田実渉　たじつ わたる(1902~82 은행가)
佃十成　つくだ かずなり(1553~1634 무장)
田安亀之助　たやす かめのすけ(＝徳川家達)
田安宗武　たやす むねたけ(1715~71 국학자·歌人)
前野良沢　まえの りょうたく(1723~1803 蘭医)
畑英太郎　はた えいたろう(1872~1930 육군대장)
淀屋个庵　よどや こあん(1577~1643 거상)
銭屋五兵衛　ぜにや ごへえ(1773~1852 해운업자)
淀屋辰五郎　よどや たつごろう(江戸중기, 거상)
佃又右衛門　つくだ またえもん(江戸전기, 기독교인)
田熊常吉　たくま つねきち(1872~1953 발명가)
田原良純　たわら よしずみ(1855~1935 약학자)
田原法水　たはら ほうすい(1843~1927 종교가)
田原友助　たわら ともすけ(江戸전기, 도공)
前原一誠　まえばら いっせい(1834~76 정치가)
槇有恒　まき ありつね(1894~1989 등산가)
田邑天皇　たむら てんのう(＝文徳天皇)
典仁親王　すけひと しんのう(1733~86)
田子一民　たご いちみん(1881~1963 관료·정치가)
田場武太　たば むた(1836~? 지방 관료)
淀殿　よど どの(1567~1615 豊臣秀吉의 첩)
前田綱紀　まえだ つなのり(1643~1724 大名)
前田寛治　まえた かんじ(1896~1930 서양화가)
前田吉徳　まえだ よしのり(1690~1745 大名)
前田多門　まえだ たもん(1884~1962 정치가)
前田利家　まえだ としいえ(1538~99 무장)
前田利保　まえだ としやす(1799~1859 영주)
前田利常　まえだ としつね(1593~1658 大名)
前田利為　まえだ としなり(1885~1942 육군대장)
前田利長　まえだ としなが(1562~1614 大名)

前田利政　まえだ　としまさ(1578～1632 大名)
前田利次　まえだ　としつぐ(1617～74 大名)
前田利昌　まえだ　としまさ(1684～1709 大名)
前田利治　まえだ　としはる(1618～60 大名)
前田利孝　まえだ　としたか(1594～1637 大名)
前田米蔵　まえだ　よねぞう(1882～1954 정치가)
前田房之助　まえだ　ふさのすけ
(1884～1965 정치가)
前田三遊　まえだ　さんゆう(1869～1923 저널리스트)
前田夕暮　まえだ　ゆうぐれ(1883～1951 歌人)
前田孫右衛門　まえだ　まごえもん(1818～64 志士)
前畑秀子　まえはた　ひでこ(1914～　수영 선수)
前田陽一　まえだ　よういち(1911～87 불문학자)
前田元温　まえだ　げんおん(1821～1901 의사)
前田一　まえだ　はじめ(1895～1978 재계인)
前田正名　まえだ　まさな(1850～1921 관료)
前田正之　まえだ　まさゆき(1842～92 志士)
田畑政治　たばた　まさじ(1898～1984 수영연맹 회장)
前田斉泰　まえだ　なりやす(1811～84 영주)
前田主膳　まえだ　しゅぜん(1579～？ 大名)
前田青邨　まえだ　せいそん(1885～1977 일본화가)
前田河広一郎　まえだこう　ひろいちろう
(1888～1957 소설가·평론가)
前田夏蔭　まえだ　なつかげ(1793～1864 국학자)
前田玄以　まえだ　げんい(1539～1602 무장)
前田慧雲　まえた　えうん(1857～1930 불교학자)
前田虎雄　まえだ　とらお(1892～1953 국가주의자)
畑俊六　はた　しゅんろく(1879～1962 육군원수)
田中角栄　たなか　かくえい(1918～　정치가)
田中絹代　たなか　きぬよ(1909～77 영화배우·감독)
田中耕太郎　たなか　こうたろう
(1890～1974 정치가·법학자)
田中啓爾　たなか　けいじ(1885～1975 지리학자)
田中貢太郎　たなか　こうたろう
(1880～1941 소설가·수필가)
田中館秀三　たなかだて　ひでぞう
(1884～1951 지질학자)
田中館愛橘　たなかだて　あいきつ
(1856～1952 물리학자)
田中寛一　たなか　かんいち
(1882～1962 교육심리학자)
田中光顕　たなか　みつあき(1843～1939 정치가)
田中丘隅　たなか　きゅうぐ(1662～1729 농정가)
田中久重　たなか　ひさしげ
(1799～1881 기계·총포 제작자)
田中国重　たなか　くにしげ(1869～1941 육군대장)
田中吉政　たなか　よしまさ(1549～1609 무장)
田中訥言　たなか　とつげん(？～1859 화가)
田中多太麻呂　たなか　ただまろ(？～778 관료)
田中大秀　たなか　おおひで(1776～1847 국학자)
田中徳次郎　たなか　とくじろう(1894～　실업가)
田中都吉　たなか　ときち(1877～1961 외교관)
田中道麿　たなか　みちまろ(1724～84 국학자)
田中稲城　たなか　いなぎ(1856～1925 도서관학자)
田中桐江　たなか　とうこう(1668～1742 문인)
田中東馬　たなか　とうま(1902～　실업가)
畠中銅脈　はたなか　どうみゃく(＝銅脈先生)
田中冬二　たなか　ふゆじ(1894～　시인)
田中藤六　たなか　とうろく(？～1777 염전업자)
田中蘭陵　たなか　らんりょう(1699～1734 儒者)
田中頼庸　たなか　よりつね(1836～97 神道家)
田中六助　たなか　ろくすけ(1923～85 정치가)
田中隆吉　たなか　りゅうきち(1893～1972 육군소장)
田中万逸　たなか　まんいつ(1882～1963 정치가)
畑中武夫　はたなか　たけお(1914～63 천문학자)
田中武雄　たなか　たけお(1888～1970 정치가)
田中美知太郎　たなか　みちたろう
(1902～85 철학자)
田中岷江　たなか　みんこう(1735～1816 조각가)
田中芳男　たなか　よしお(1838～1916 식물학자)
田中百畝　たなか　ひゃっぽ(1901～64 실업가)
田中兵庫　たなか　ひょうご(＝田中丘隅)
田中不二麿　たなか　ふじまろ(1845～1909 정치가)
田中舎身　たなか　しゃしん(1862～1934 불교운동가)
田中善吉　たなか　ぜんきち(1694～1767 산업가)
田中仙樵　たなか　せんしょう(1875～1960 다도가)
田中収吉　たなか　しゅうきち(1834～64 志士)
田中勝助　たなか　しょうすけ(江戸전기, 무역상)
田中新兵衛　たなか　しんべえ(1841～63 테러리스트)
田中新一　たなか　しんいち(1893～1976 육군중장)
田中慎次郎　たなか　しんじろう
(1900～　저널리스트)
田中阿歌麿　たなか　あかまろ(1869～1944 지리학자)
田中英光　たなか　ひでみつ(1913～49 소설가)
田中栄三　たなか　えいぞう
(1886～1968 영화감독·시나리오작가)
田中王堂　たなか　おうどう(1867～1932 철학자)
田中外次　たなか　そとじ(1901～　실업가)
田中源太郎　たなか　げんたろう
(1853～1922 실업가)
田中唯一郎　たなか　ただいちろう
(1867～1921 교육가)
田中義成　たなか　よしなり(1860～1919 역사학자)
田中義一　たなか　ぎいち
(1864～1929 육군대장·정치가)
田中伊三次　たなか　いさじ(1906～87 정치가)
田中一松　たなか　いちまつ(1895～1983 미술사가)
田中逸平　たなか　いっぺい(1882～1934 회교도)
田中長兵衛　たなか　ちょうべえ
(1858～1924 실업가)
田中伝左衛門　たなか　でんざえもん
(？～1801 長唄囃子方의 대가)

田中正造　たなか　しょうぞう(1841～1913 정치가)
田中正平　たなか　しょうへい(1862～1945 물리학자)
田中足麻呂　たなか　たるまろ(？～698 공신)
田中智学　たなか　ちがく
(1861～1939 종교인·日蓮主義者)
田中澄江　たなか　すみえ(1908～ 극작가)
田中千代　たなか　ちよ(1906～ 의상 디자이너)
田中千禾夫　たなか　ちかお(1905～ 극작가·연출가)
田中清寿　たなか　きよとし(1804～76 금속공예가)
田中清玄　たなか　きよはる(1906～ 실업가)
田中惣五郎　たなか　そうごろう
(1894～1961 역사가)
田中忠夫　たなか　ただお(1894～1964 중국연구가)
田中萃一郎　たなか　すいいちろう
(1873～1923 역사학자)
田中親美　たなか　しんび
(1875～1975 일본미술 연구가)
畑中太冲　はたなか　たちゅう(1734～97 유학자)
田中平八　たなか　へいはち(1834～83 실업가)
田中豊益　たなかのとよます(전설)
田中豊蔵　たなか　とよぞう(1881～1948 미술사가)
田中河内介　たなか　かわちのすけ(1815～62 志士)
田中玄蕃　たなか　げんばん
(1740～1811 간장 제조업자)
田中喜作　たなか　きさく(1885～1945 미술사가)
前川国男　まえかわ　くにお(1905～86 건축가)
田川大吉郎　たがわ　だいきちろう
(1869～1947 정치가)
前川文夫　まえかわ　ふみお(1908～84 식물학자)
田川鳳朗　たがわ　ほうろう(1762～1845 俳人)
田川誠一　たがわ　せいいち(1918～ 정치가)
前川正一　まえかわ　しょういち
(1898～1949 농민운동가)
前川佐美雄　まえかわ　さみお(1903～ 歌人)
槇哲　まき　あきら(1866～1939 실업가)
田添鉄二　たぞえ　てつじ(1875～1908 사회주의자)
田村駒治郎　たむら　こまじろう
(1866～1931 실업가)
田村権左右衛門　たむら　ごんざえもん
(江戸전기, 도공)
田村藍水　たむら　らんすい(1718～76 의사)
田村文吉　たむら　ぶんきち
(1886～1963 정치가·실업가)
田村三省　たむら　さんせい(1734～1806 정치가)
田村成義　たむら　なりよし(1851～1920 극장주)
田村栄太郎　たむら　えいたろう
(1893～1969 역사가)
田村怡与造　たむら　いよぞう(1854～1903 육군중장)
槇村正直　まきむら　まさなお(1834～96 관료)
田村俊子　たむら　としこ(1884～1945 소설가)
田村直臣　たむら　なおおみ(1858～1935 목사)
田村秋子　たむら　あきこ(1905～83 신극배우)
田村泰次郎　たむら　たいじろう(1911～83 소설가)
殿村平右衛門　とのむら　へいえもん
(1680～1721 환전상)
槇村浩　まきむら　こう(1912～38 시인)
田村虎蔵　たむら　とらぞう(1873～1943 음악교육가)
田沢稲舟　たざわ　いなぶね(1874～96 소설가)
田沢義鋪　たざわ　よしはる
(1885～1944 관료·사회운동가)
伝通院　でんずういん(1528～1602 徳川家康의 생모)
田坂具隆　たさか　ともたか(1902～74 영화감독)
田河水泡　たがわ　すいほう(1899～1989 만화가)
典海　てんかい(1730～1809 승려)
銭形平次　ぜにがた　へいじ(작품)
田丸稲之衛門　たまる　いなのえもん
(1805～65 志士)
田丸卓郎　たまる　たくろう(1872～1932 理学者)
畑黄山　はた　こうざん(1721～1804 의사)

절

折口信夫　おりくち　しのぶ
(1887～1953 국문학자·歌人)
切上り長兵衛　きりあがり　ちょうべえ
(江戸중기, 광산업자)
絶海中津　ぜっかい　ちゅうしん(1336～1405 선승)

점

苫米地義三　とまべち　ぎぞう
(1880～1959 실업가·정치가)
鮎川信夫　あいかわ　のぶお, あゆかわ　のぶお
(1920～86 시인)
鮎川義介　あいかわ　よしすけ, あゆかわ　よしすけ(1880～1967 실업가·정치가)
鮎沢伊太夫　あいざわ　いだゆう, あゆざわ　いだゆう (1824～68 志士)

蝶夢　ちょうむ(1732～95 俳人)

鄭嘉訓　てい　かくん(1767～1832 서예가)
静間小次郎　しずま　こじろう
(1868～1938 신파 배우)
政岡　まさおか(작품)
貞江継人　さだえのつぐひと(平安전기, 율령가)
正岡容　まさおか　いるる(1904～58 소설가)
正岡子規　まさおか　しき(1867～1902 俳人)
定慶　じょうけい(1184～? 仏師)
貞慶　じょうきょう(1155～1213 승려)
町尻量基　まちじり　かずもと(1888～1945 육군중장)
井関十二郎　いぜき　じゅうじろう
(1872～1932 경영학자)
静寛院宮　せいかんいんのみや(1846～77 황녀)
井関宗信　いぜき　むねのぶ(?～1572 탈 제조업자)
井関玄説　いぜき　げんえつ(1618～99 의사)
井口基成　いぐち　もとなり(1908～83 피아니스트)
井口省吾　いぐち　しょうご(1855～1925 육군대장)
井口在屋　いのくち　ありや(1856～1923 기계공학자)
井口貞夫　いぐち　さだお(1899～1980 외교관)
井口丑二　いのくち　うしじ(1871～1930 神道家)
井堀繁雄　いほり　しげお
(1902～83 노동운동가·정치가)
鼎金城　かなえ　きんじょう(1811～63 화가)
鄭迵　てい　どう(=謝名利山)
正力松太郎　しょうりき　まつたろう
(1885～1969 정치가·실업가)
浄瑠璃姫　じょうるりひめ(작품)
貞明皇后　ていめい　こうごう(1884～1951)
正木篤　まさき　あつし(幕末期, 해외정보 소개가)
正木文京　まさき　ぶんきょう(江戸중·후기, 의사)
正木不如丘　まさき　ふじょきゅう
(1887～1962 소설가·의사)
正木直彦　まさき　なおひこ(1862～1940 미술행정가)
正木清　まさき　きよし(1900～61 사회운동가)
政尾藤吉　まさお　とうきち
(1870～1921 법률가·외교관)
貞方良助　さだかた　りょうすけ(=阿部真造)
浄法寺五郎　じょうほうじ　ごろう
(1865～1938 육군중장)
浄弁　じょうべん(?～1356 승려·歌人)
鄭秉哲　てい　へいてつ(1695～1760 琉球역사편수가)
井伏鱒二　いぶせ　ますじ(1898～ 소설가)
井本稔　いもと　みのる(1908～ 고분자화학자)
正富汪洋　まさとみ　おうよう
(1881～1967 시인·歌人)
正司考祺　しょうじ　こうき(1793～1857 경제사상가)
井上角五郎　いのうえ　かくごろう
(1860～1938 정치가·실업가)
井上康文　いのうえ　こうぶん(1897～1973 시인)
井上剣花坊　いのうえ　けんかぼう
(1870～1934 川柳작가)
井上光晴　いのうえ　みつはる(1926～ 소설가·시인)
井上勤　いのうえ　つとむ(1850～1928 번역가)
井上金峨　いのうえ　きんが(1732～84 유학자)
井上幾太郎　いのうえ　いくたろう
(1872～1965 육군대장)
井上内親王　いがみ　ないしんのう, **いのえ　ないしんのう**(?～775)
井上大和掾　いのうえ　やまとのじょう
(=井上播磨掾)
井上篤太郎　いのうえ　とくたろう
(1859～1948 실업가)
井上蘭台　いのうえ　らんだい(1705～61 유학자)
井上良二　いのうえ　りょうじ
(1898～1975 노동운동가·정치가)
井上良馨　いのうえ　よしか(1845～1929 해군원수)
井上頼圀　いのうえ　よりくに(1839～1914 국학자)
井上頼豊　いのうえ　よりとよ(1912～ 첼리스트)
井上密　いのうえ　みつ(1867～1916 법학자)
井上保次郎　いのうえ　やすじろう
(1863～1910 실업가)
井上富三　いのうえ　とみぞう(1882～1974 실업가)
井上士朗　いのうえ　しろう(1742～1812 俳人)
井上三郎　いのうえ　さぶろう(1887～1959 육군소장)
井上成美　いのうえ　しげよし(1889～1975 해군대장)
井上勝　いのうえ　まさる(1843～1910 관료)
井上勝之助　いのうえ　かつのすけ
(1861～1929 외교관)
井上英煕　いのうえ　ひでひろ(1899～ 실업가)
井上五郎　いのうえ　ごろう(1899～1981 실업가)
井上友一　いのうえ　ともいち(1871～1919 관료)
井上友一郎　いのうえ　ともいちろう
(1909～ 소설가)
井上円了　いのうえ　えんりょう
(1858～1919 불교철학자)
井上源之丞　いのうえ　げんのじょう
(1879～1951 실업가)

井上挹翠　いのうえ　ゆうすい(？～1702 의사)
井上毅　いのうえ　こわし(1844～95 관료)
井上日召　いのうえ　にっしょう
(1886～1967 국가주의자)
井上長三郎　いのうえ　ちょうざぶろう
(1906～ 서양화가)
井上伝　いのうえ　でん(1788～1869 직물 기술자)
井上伝蔵　いのうえ　でんぞう
(1854～1912 자유민권운동가)
井上靖　いのうえ　やすし(1907～91 소설가)
井上正経　いのうえ　まさつね(1725～66 정치가)
井上正夫　いのうえ　まさお(1881～1950 신파 배우)
井上政重　いのうえ　まさしげ(1585～1661 정치가)
井上正鉄　いのうえ　まさかね(1790～1849 神道家)
井上貞治郎　いのうえ　ていじろう
(1880～1963 실업가)
井上準之助　いのうえ　じゅんのすけ
(1869～1932 정치가·재계인)
井上知治　いのうえ　ともはる(1886～1962 정치가)
井上哲次郎　いのうえ　てつじろう
(1855～1944 철학자)
井上清一　いのうえ　せいいち(1905～67 정치가)
井上清直　いのうえ　きよなお(1809～67 정치가)
井上晴丸　いのうえ　はるまる
(1908～73 농업경제학자)
井上通女　いのうえ　つうじょ(1660～1738 歌人)
井上通泰　いのうえ　みちやす(1866～1941 歌人)
井上播磨掾　いのうえ　はりまのじょう
(1632～85 浄瑠璃太夫)
井上八千代　いのうえ　やちよ(1767～1854 무용가)
井上馨　いのうえ　かおる(1835～1915 정치가)
井上紅梅　いのうえ　こうばい
(大正·昭和期, 중국 풍속 연구가)
井上薫　いのうえ　かおる(1906～ 은행가)
貞成親王　さだふさ　しんのう(＝後崇光院)
定秀　さだひで(鎌倉전기, 刀工)
井手曙覧　いで　あけみ(＝橘曙覧)
程順則　てい　じゅんそく(1663～1734 유학자)
貞純親王　さだずみ　しんのう(？～916)
貞崇　ていすう(＝鳥栖寺貞崇)
井植歳男　いうえ　としお(1902～69 실업가)
正実坊　しょうじつぼう(室町시대, 막부관료)
貞心　ていしん(1798～1872 歌人)
井深大　いぶか　まさる(1908～ 실업가)
井深梶之助　いぶか　かじのすけ
(1854～1940 기독교 지도자)
浄阿　じょうあ(＝真観)
静安　じょうあん(平安전기, 승려)
浄厳　じょうがん(1639～1702 승려)
貞愛親王　さだなる　しんのう(＝伏見宮貞愛)
井野辺茂雄　いのべ　しげお(1877～1954 역사학자)
井野碩哉　いの　ひろや(1891～1980 관료·정치가)
庭野日敬　にわの　にっきょう(1906～ 종교가)
井野次郎　いの　じろう(1877～1952 정치가)
井野川潔　いのかわ　きよし(1909～ 교육운동가)
静御前　しずか　ごぜん(鎌倉전기, 무장의 첩))
井元麟之　いもと　りんし(1905～ 사회운동가)
井原西鶴　いはら　さいかく(1642～93 통속소설가)
井原応輔　いはら　おうすけ(1823～66 志士)
井伊直政　いい　なおまさ(1561～1602 무장)
井伊直弼　いい　なおすけ(1815～60 大老)
井伊直幸　いい　なおひで(1729～89 大老)
井伊直孝　いい　なおたか(1590～1659 정치가)
正子内親王　まさこ　ないしんのう(809～79)
浄蔵　じょうぞう(891～964 승려)
町田佳声　まちだ　かしょう(1888～1981 음악평론가)
正田建次郎　しょうだ　けんじろう
(1902～77 수학자)
町田経宇　まちだ　けいう(1865～1939 육군대장)
町田久成　まちだ　ひさなり(1838～97 정치가)
井田磐楠　いだ　いわくす(1881～1964 정치가)
町田寿安　まちだ　じゅあん(？～1632 기독교인)
正田英三郎　しょうだ　ひでさぶろう
(1903～ 실업가)
正田貞一郎　しょうだ　ていいちろう
(1870～1961 실업가)
町田忠治　まちだ　ちゅうじ
(1863～1946 정치가·실업가)
定朝　じょうちょう(？～1057 仏師)
定照　じょうしょう(911～83 승려)
正宗　まさむね(鎌倉시대, 刀工)
貞宗　さだむね(鎌倉시대, 刀工)
正宗敦夫　まさむね　あつお
(1881～1958 歌人·문헌학자)
正宗得三郎　まさむね　とくさぶろう
(1883～1962 서양화가)
正宗白鳥　まさむね　はくちょう
(1879～1962 소설가·평론가)
井之口政雄　いのくち　まさお
(1895～1967 사회운동가)
定泉　じょうせん(1273～？ 승려)
正徹　しょうてつ(＝清巌正徹)
町村金五　まちむら　きんご(1900～ 관료·정치가)
井出謙治　いで　けんじ(1870～1946 해군대장)
井出一太郎　いで　いちたろう(1912～ 정치가)
正親町公董　おおぎまち　きんただ(1839～79 公卿)
正親町公明　おおぎまち　きんあき
(1744～1813 公卿)
正親町公通　おおぎまち　きんみち
(1653～1733 神道家)
正親町三条公積　おおぎまちさんじょう　きんつむ
(1721～77 勤王家)

正親町三条実愛　おおぎまちさんじょう　さねなる (1820～1909 관료)
正親町実正　おおぎまち　さねまさ (1855～1923 관료)
正親町町子　おおぎまち　まちこ(1688～1724 문학가)
正親町天皇　おおぎまち　てんのう(1517～93)
井沢弥惣兵衛　いざわ　やそべえ(＝井沢為永)
井沢為永　いざわ　ためなが(1654～1738 바둑기사)
井沢宜庵　いざわ　ぎあん(1823～65 志士)
貞平親王　さだひら　しんのう(？～913)
浄賀　じょうが(南北朝시대, 絵仏師)
定海　じょうかい(1075～1149 승려)
定恵　じょうえ(643～65 승려)
井戸平左衛門　いど　へいざえもん (1671～1733 정치가)

제

諸葛琴台　もろくず　きんだい(1624～86 유학자)
堤康次郎　つつみ　やすじろう (1889～1964 정치가·실업가)
済高　さいこう(851～941 승려)
諸橋轍次　もろはし　てつじ (1883～1982 한학자·중국철학자)
諸九尼　しょきゅうに, もろくに(1714～81 俳人)
弟橘媛　おとたちばなひめ(설화)
堤磯右衛門　つつみ　いそえもん(1843～91 실업가)
梯明秀　かけはし　あきひで(1902～ 철학자)
斉明天皇　さいめい　てんのう(＝皇極天皇)
済宝　さいほう(鎌倉중기, 승려)
鵜飼金平　うがい　きんぺい(＝鵜飼錬斎)
鵜飼吉左衛門　うがい　きちざえもん (1798～1859 정치가)
鵜飼錬斎　うがい　れんさい(1648～93 유학자)
鵜飼石斎　うがい　せきさい(1615～64 유학자)
鵜飼玉川　うがい　ぎょくせん(1807～87 사진작가)
鵜飼徹定　うがい　てつじょう(1814～91 승려)
鵜飼幸吉　うがい　こうきち(1828～59 志士)
済暹　さいせん(1025～1115 승려)
鵜沼勇四郎　うぬま　ゆうしろう (1901～38 농민운동가)
済信　さいしん(954～1030 승려)
諸嶽奕堂　もろがく　えきどう(1805～79 선승)
鵜殿士寧　うどの　しねい(1710～74 유학자)
鵜殿余野子　うどの　よのこ(1729～88 歌人)
諸井貫一　もろい　かんいち(1896～1968 재계인)
諸井三郎　もろい　さぶろう(1903～77 작곡가)
諸井誠　もろい　まこと(1930～ 작곡가)
諸井恒平　もろい　つねへい(1862～1941 실업가)
斉尊　さいそん(平安후기, 승려)
鵜葺草葺不合命　うがやふきあえずのみこと (記紀신화)
堤清六　つつみ　せいろく(1880～1931 실업가)
除村吉太郎　よけむら　よしたろう (1897～1975 러시아어학자)
鵜沢総明　うざわ　ふさあき (1872～1955 법학자·정치가)
醍醐天皇　だいご　てんのう(885～930)

조

鳥居強右衛門　とりい　すねえもん(？～1575 무장)
鳥居龍蔵　とりい　りゅうぞう (1870～1953 고고학자·인류학자)
鳥居素川　とりい　そせん(1867～1928 저널리스트)
鳥居勝商　とりい　かつあき(＝鳥居強右衛門)
鳥居耀蔵　とりい　ようぞう(1815～74 奉行)
鳥居元忠　とりい　もとただ(1539～1600 무장)
鳥居清満　とりい　きよみつ(1735～85 풍속화가)
鳥居清倍　とりい　きよます (1684～1763 풍속화가)
鳥居清信　とりい　きよのぶ(1664～1729 풍속화가)
鳥居清元　とりい　きよもと(1645～1702 풍속화가)
鳥居清長　とりい　きよなが(1752～1815 풍속화가)
鳥居清重　とりい　きよしげ(江戸중기, 풍속화가)
鳥居忠政　とりい　ただまさ(1566～1628 大名)
助高屋高助　すけたかや　たかすけ (1747～1818 가부키배우)
鳥高斎栄昌　ちょうこうさい　えいしょう (江戸후기, 풍속화가)
鳥谷部春汀　とやべ　しゅんてい (1865～1908 저널리스트)
助光　すけみつ(鎌倉후기, 刀工)
鳥橋斎栄里　ちょうきょうさい　えいり (江戸후기, 화가)
調淡海　つきのおうみ(7세기 말～8세기 초, 공신)
趙陶斎　ちょう　とうさい(1713～86 달필가)
早良親王　さわら　しんのう(？～785)
調老人　つきのおとな(7세기 말, 학자)
鳥尾小弥太　とりお　こやた (1847～1905 군인·정치가)
藻壁門院　そうへきもんいん(1209～33 中宮)
藻壁門院少将　そうへきもんいんのしょうしょう (鎌倉중기, 歌人)

祖父江重兵衛　そふえ　じゅうべえ
(1844～1910 실업가)
朝比奈隆　あさひな　たかし(1908～ 지휘자)
朝比奈義秀　あさひな　よしひで(鎌倉시대, 무사)
朝比奈知泉　あさひな　ちせん
(1862～1939 저널리스트)
朝比奈泰彦　あさひな　やすひこ
(1881～1975 약학자)
朝山梵燈庵　あさやま　ぼんとうあん
(1349～1448 連歌師)
鳥山石燕　とりやま　せきえん(1712～88 풍속화가)
鳥山崧岳　とりやま　しょうがく(？～1776 유학자)
朝山意林庵　あさやま　いりんあん
(1589～1664 유학자)
朝山日乗　あさやま　にちじょう(？～1577 승려)
朝山清常　あさやま　きよつね(1783～1846 歌人)
鳥山喜一　とりやま　きいち(1887～1959 동양사학자)
鳥栖寺貞崇　とすでら　ていすう, とりすでら　ていそう(866～944 승려)
早船ちよ　はやふね　ちよ(1914～ 작가)
調所広郷　ずしょ　ひろさと(1776～1848 정치가)
早速整爾　はやみ　せいじ(1868～1926 정치가)
照手姫　てるてひめ(작품)
早矢仕有的　はやし　ゆうてき(1837～1901 서적상)
朝野鹿取　あさののかとり(774～843 관료·문인)
朝野魚養　あさののうおかい(奈良시대, 관료)
早野巴人　はやの　はじん(1677～1742 俳人)
鳥養利三郎　とりかい　りさぶろう
(1887～1976 전기공학자)
朝彦親王　あさひこ　しんのう(1824～91 정치가)
奝然　ちょうねん(938～1016 승려)
朝永三十郎　ともなが　さんじゅうろう
(1871～1951 철학자)
朝永振一郎　ともなが　しんいちろう
(1906～79 이론물리학자)
蔦屋重三郎　つたや　じゅうざぶろう
(1750～97 출판업자)
鳥羽僧正　とば　そうじょう(＝覚猷)
鳥羽屋里長　とばや　りちょう
(1738～94 豊後節의 대가)
鳥羽屋三右衛門　とばや　さんえもん
(1712～67 三味線 연주자)
鳥羽天皇　とば　てんのう(1103～56)
早雲長太夫　はやくも　ちょうだゆう
(江戸전기, 가부키 극장주)
祖元　そげん(＝無学祖元)
早乙女家貞　さおとめ　いえさだ
(江戸전·중기, 금속공예가)
早乙女主水之介　さおとめ　もんどのすけ(작품)
調伊企儺　つきのいきな(？～562 무장)
朝日丹波　あさひ　たんば(1705～83 정치가)
朝日茂　あさひ　しげる
(1913～64 환자권익보호운동가)
朝日方　あさひのかた(1543～90 徳川家康의 아내)
朝日平吾　あさひ　へいご(1890～1921 낭인)
兆殿司　ちょうでんす(＝明兆)
朝田善之助　あさだ　ぜんのすけ
(1902～83 사회운동가)
潮田千勢子　うしおだ　ちせこ
(1844～1903 여성운동가)
鳥井駒吉　とりい　こまきち(1853～1909 실업가)
鳥井信治郎　とりい　しんじろう
(1879～1962 실업가)
お蔦·主税　おつた·ちから(작품)
朝倉景行　あさくら　かげゆき(1836～65 志士)
朝倉景衡　あさくら　かげひら(江戸중기, 국학자)
朝倉教景　あさくら　のりかげ(1474～1555 무장)
朝倉菊雄　あさくら　きくお(＝島木健作)
朝倉文夫　あさくら　ふみお(1883～1964 조각가)
朝倉敏景　あさくら　としかげ(＝朝倉孝景)
朝倉義景　あさくら　よしかげ(1533～73 大名)
朝倉宗滴　あさくら　そうてき(＝朝倉教景)
朝倉孝景　あさくら　たかかげ(1428～81 무장)
早川徳次　はやかわ　とくじ(1893～1980 실업가)
朝川同斎　あさかわ　どうさい(1814～57 유학자)
早川龍介　はやかわ　りゅうすけ
(1853～1933 정치가·실업가)
早川弥五左衛門　はやかわ　やござえもん
(幕末期, 탐험가)
早川三郎　はやかわ　さぶろう(1888～1973 관료)
朝川善庵　あさかわ　ぜんあん(1781～1849 유학자)
早川雪洲　はやかわ　せっしゅう
(1889～1973 영화배우)
早川崇　はやかわ　たかし(1916～82 정치가)
早川勝　はやかわ　まさる(1904～79 실업가)
早川二郎　はやかわ　じろう(1906～37 역사학자)
早川伝五郎　はやかわ　でんごろう
(？～1719 가부키 배우)
早川正紀　はやかわ　まさとし
(1739～1808 지방관)
早川千吉郎　はやかわ　せんきちろう
(1863～1922 은행가)
早川孝太郎　はやかわ　こうたろう
(1889～1956 민속학자)
朝晴　ちょうせい(？～1021 승려)
鳥追お松　とりおい　おまつ(작품)
朝吹英二　あさぶき　えいじ(1850～1918 실업가)
早坂文雄　はやさか　ふみお(1914～55 작곡가)
朝河貫一　あさかわ　かんいち(1873～1949 역사가)
鳥海青児　ちょうかい　せいじ(1902～72 서양화가)
朝海浩一郎　あさかい　こういちろう
(1906～ 외교관)

潮恵之輔　うしお　しげのすけ(1881～1955 정치가)

足代弘訓　あじろ　ひろのり(1784～1856 국학자)
足利家時　あしかが　いえとき(?～1289 무장)
足利高経　あしかが　たかつね(1305～67 무장)
足利高基　あしかが　たかもと(?～1539 무장)
足利光氏　あしかが　みつうじ(작품)
足利基氏　あしかが　もとうじ(1340～67 무장)
足利茶々丸　あしかが　ちゃちゃまる(?～1491 무장)
足利満兼　あしかが　みつかね(1378～1409 무장)
足利満隆　あしかが　みつたか(?～1417 무장)
足利満貞　あしかが　みつさだ(?～1439 무장)
足利満直　あしかが　みつただ(?～1440 무장)
足利成氏　あしかが　しげうじ(1434～97 무장)
足利氏満　あしかが　うじみつ(1359～98 무장)
足利安王　あしかが　やすおう(1429～41 무장)
足利安王丸　あしかが　あんおうまる(＝足利安王)
足利義康　あしかが　よしやす(?～1157 무장)
足利義兼　あしかが　よしかね(?～1199 무사)
足利義教　あしかが　よしのり(1394～1441 장군)
足利義量　あしかが　よしかず(1407～25 장군)
足利義満　あしかが　よしみつ(1358～1408 장군)
足利義明　あしかが　よしあき(?～1538 무장)
足利義尚　あしかが　よしひさ(1465～89 장군)
足利義昭　あしかが　よしあき(1537～97 장군)
足利義勝　あしかが　よしかつ(1434～43 장군)
足利義視　あしかが　よしみ(1439～91 무장)
足利義氏　あしかが　よしうじ(1189～1254 무사)
足利義栄　あしかが　よしひで(1540～68 장군)
足利義詮　あしかが　よしあきら(1330～67 장군)
足利義政　あしかが　よしまさ(1436～90 장군)
足利義持　あしかが　よしもち(1386～1428 장군)
足利義植　あしかが　よしたね(1466～1523 장군)
足利義澄　あしかが　よしずみ(1479～1511 장군)
足利義清　あしかが　よしきよ(?～1183 무장)
足利義晴　あしかが　よしはる(1511～50 장군)
足利義輝　あしかが　よしてる(1536～65 장군)
足利政氏　あしかが　まさうじ(?～1531 무장)
足利貞氏　あしかが　さだうじ(1273～1331 무장)
足利政知　あしかが　まさとも(?～1491 무장)
足利尊氏　あしかが　たかうじ(1305～58 장군)
足利持氏　あしかが　もちうじ(1398～1439 무장)
足利持仲　あしかが　もちなか(?～1417 무장)
足利直冬　あしかが　ただふゆ(1327～1400 무장)
足利直義　あしかが　ただよし(1306～52 무장)
足利晴氏　あしかが　はるうじ(?～1560 무장)
足利春王　あしかが　はるおう(?～1441 무장)
足利春王丸　あしかが　しゅんおうまる(＝足利春王)
足利忠綱　あしかが　ただつな(鎌倉전기, 무장)
足立文太郎　あだち　ぶんたろう(1865～1945 인류학자·해부학자)
足立信頭　あだち　しんとう(1769～1845 역술가)
足立源一郎　あだち　げんいちろう(1889～1973 서양화가)
足立長雋　あだち　ちょうしゅん(1776～1836 의사)
足立正　あだち　ただし(1883～1973 실업가)
足立正声　あだち　まさな(1841～1907 정치가)
足立重信　あだち　しげのぶ(?～1625 무장)
足羽敬明　あすわ　もりあき(1672～1759 국학자·神道家)
足助重範　あすけ　しげのり(1292～1332 무사)
足助重氏　あすけ　しげうじ(?～1333 무사)

尊観　そんかん(1349～1400 승려)
尊良親王　たかなが　しんのう(1311～37)
尊純法親王　そんじゅんほうしんのう(1591～1653 승려)
尊信　そんしん(＝大乗院尊信)
尊雲親王　そんうん　しんのう(＝護良親王)
尊円法親王　そんえんほうしんのう(1298～1356)
尊円城間　そんえん　ぐすくま(1542～? 서예가)
存応　ぞんおう(＝慈昌)
尊子内親王　たかこ　ないしんのう(966～85)

宗鑑　そうかん(＝山崎宗鑑)
宗経茂　そう　つねしげ(南北朝시대, 무장)
宗近　むねちか(平安중기, 刀工)
宗金　そうきん(室町전기, 승려)
宗祇　そうぎ(＝飯尾宗祇)
宗達　そうたつ(＝俵屋宗達)
宗湛　そうたん(＝小栗宗湛)

宗良親王　むねなが　しんのう(1311～85)
宗頼茂　そう　よりしげ(?～1404 무장)
宗峰妙超　**しゅうほう　みょうちょう，そうほう　みょうちょう**(1282～1337 선승)
宗像誠也　むなかた　せいや(1908～70 교육학자)
宗碩　そうせき(1474～1533 連歌師)
宗設　そうせつ(室町후기, 승려)
宗性　しゅうしょう，**そうしょう**(1202～92 승려)
宗昭　しゅうしょう(＝覚如)
宗純　そうじゅん(＝一休宗純)
種彦　たねひこ(＝柳亭種彦)
宗叡　しゅうえい(809～84 승려)
宗意　そうい(平安후기, 승려)
宗義成　そう　よしなり(1603～56 大名)
宗義盛　そう　よしもり(1476～1520 守護)
宗義智　そう　よしとも(1568～1615 무장)
宗因　そういん(＝西山宗因)
種子島時堯　たねがしま　ときたか(1528～79 영주)
宗長　そうちょう(＝柴屋軒宗長)
種田山頭火　たねだ　さんとうか(1882～1940 俳人)
種田政明　たねだ　まさあき(1838～76 군인)
宗貞国　そう　さだくに(1422～94 무장)
宗貞茂　そう　さだしげ(室町전기, 무장)
宗貞盛　そう　さだもり(1385～1452 무장)
宗助国　そう　すけくに(?～1274 호족)
宗尊親王　むねたか　しんのう(1242～74 장군)
宗重正　そう　しげまさ(1847～1902 歌人)
宗知宗　そう　ともむね(1184～? 무장)
宗砌　そうぜい(＝高山宗砌)
宗椿　そうちん(室町후기, 連歌師)
宗賢　そうけん(?～1184 승려)

좌

佐古高郷　さこ　たかさと(1830～83 志士)
佐貫広綱　さぬきのひろつな(鎌倉초기, 무사)
佐橋滋　さはし　しげる(1913～ 관료)
佐久間勉　さくま　つとむ(1879～1910 해군소령)
佐久間象山　さくま　しょうざん(1811～64 병법가)
佐久間瑞枝　さくま　みずえ(1835～1908 佐久間象山의 처)
佐久間盛政　さくま　もりまさ(1554～83 무장)
佐久間信恭　さくま　のぶやす(?～1923 영어학자)
佐久間信盛　さくま　のぶもり(?～1582 무장)
佐久間鼎　さくま　かなえ(1888～1970 심리학자)
佐久間貞一　さくま　ていいち(1846～98 실업가)
佐久間佐馬太　さくま　さまた(1844～1915 육군대장)
左近司政三　さこんじ　せいぞう(1879～1969 해군중장)
佐多稲子　さた　いねこ(1904～ 소설가)
佐渡山田村善兵衛　さどやまだむら　ぜんべえ(?～1840 농민봉기지도자)
佐藤鋼次郎　さとう　こうじろう(1862～1927 육군중장)
佐藤継信　さとう　つぐのぶ(1158～85 무사)
佐藤功一　さとう　こういち(1878～1941 건축가)
佐藤菊太郎　さとう　きくたろう(작품)
佐藤達夫　さとう　たつお(1904～74 관료)
佐藤大四郎　さとう　だいしろう(1909～43 농업개혁가)
佐藤藤蔵　さとう　とうぞう(1712～97 조림업자)
佐藤藤佐　さとう　とうすけ(1894～1985 법관)
佐藤卯兵衛　さとう　うへえ(1790～1845 거상)
佐藤美子　さとう　よしこ(1909～82 메조소프라노 가수)
佐藤密蔵　さとう　みつぞう(1872～1925 저널리스트)
佐藤捨蔵　さとう　すてぞう(＝佐藤一斎)
佐藤三千夫　さとう　みちお(1900～22 반전운동가)
佐藤三喜造　さとう　みきぞう(1819～70 농민봉기지도자)
佐藤尚武　さとう　なおたけ(1882～1971 외교관·정치가)
佐藤尚中　さとう　しょうちゅう(1827～82 의사)
佐藤誠実　さとう　じょうじつ(1839～1908 국학자)
佐藤信景　さとう　のぶかげ(1674～1732 농학자)
佐藤信季　さとう　のぶすえ(1724～84 농정학자)
佐藤信淵　さとう　のぶひろ(1769～1850 경세가)
佐藤栄作　さとう　えいさく(1901～75 정치가)
佐藤元海　さとう　げんかい(＝佐藤信淵)
佐藤義亮　さとう　ぎりょう(1878～1951 출판인)
佐藤義美　さとう　よしみ(1905～68 동시·동화작가)
左藤義詮　さとう　ぎせん(1899～1985 정치가)
佐藤一英　さとう　いちえい(1899～1979 시인)
佐藤一斎　さとう　いっさい(1772～1859 유학자)
佐藤佐藤治　さとう　さとうじ(1901～65 농민운동가)
佐藤直方　さとう　なおかた(1650～1719 유학자)
佐藤次郎　さとう　じろう(1908～34 테니스 선수)
佐藤昌介　さとう　しょうすけ(1856～1939 농업경제학자)
佐藤昌興　さとう　まさおき(江戸전·중기, 수학자)
佐藤千夜子　さとう　ちやこ(1897～1968 가수)
佐藤惣之助　さとう　そうのすけ(1890～1942 시인)
佐藤春夫　さとう　はるお(1892～1964 시인·소설가)
佐藤忠良　さとう　ちゅうりょう(1912～ 조각가)
佐藤忠信　さとう　ただのぶ(1161～86 무사)
佐藤泰然　さとう　たいぜん(1804～72 의사)
佐藤解記　さとう　げき(1814～59 수학자)

佐藤賢了　さとう　けんりょう(1895～1975 육군중장)
佐藤玄々　さとう　げんげん(1888～1963 조각가)
佐藤紅緑　さとう　こうろく
(1874～1949 소설가·俳人)
佐藤和藤治　さとう　わとうじ(1903～42 농민운동가)
佐藤輝夫　さとう　てるお(1899～ 불문학자)
佐藤欣治　さとう　きんじ(1904～23 노동운동가)
佐藤喜一郎　さとう　きいちろう
(1894～1974 실업가)
佐瀬与次右衛門　させ　よじえもん
(1630～1711 농정가)
佐味少麻呂　さみのすくなまろ(7세기 말, 관료)
佐伯剛平　さえき　ごうへい(1852～1911 변호사)
佐伯景弘　さえき　かげひろ(鎌倉초기, 神主)
佐伯今毛人　さえきのいまえみし(719～90 관료)
佐伯梅友　さえき　うめとも(1899～ 국어학자)
佐伯三野　さえきのみの(？～779 관료)
佐伯石湯　さえきのいわゆ(奈良시대, 관료)
佐伯勇　さえき　いさむ(1903～89 실업가)
佐伯祐三　さえき　ゆうぞう(1898～1928 서양화가)
佐伯有若　さえき　ありわか(平安시대, 승려)
佐伯子麻呂　さえきのこまろ(7세기 중엽, 관료)
佐伯全成　さえきのまたなり(？～757 관료)
佐伯定胤　さえき　じょういん(1867～1952 승려)
佐伯宗作　さえき　そうさく(1897～1935 등산가이드)
座敷童子　ざしき　わらし(전설)
佐分利貞男　さぶり　さだお(1879～1929 외교관)
左甚五郎　ひだり　じんごろう
(1594～1651 건축가·조각가)
佐野袈裟美　さの　けさみ(1886～1945 사회운동가)
佐野経彦　さの　つねひこ(1834～1906 神道家)
佐野利器　さの　としかた(1880～1956 건축가)
佐野文夫　さの　ふみお(1892～1930 사회주의자)
佐野常民　さの　つねたみ
(1822～1902 적십자 창시자)
佐野善作　さの　ぜんさく(1873～1952 금융학자)
佐野善左衛門　さの　ぜんざえもん(＝佐野政言)
佐野孫右衛門　さの　まごえもん(？～1881 어부)
佐野屋幸兵衛　さのや　こうべえ(＝菊池淡雅)
佐野源左衛門　さの　げんざえもん(鎌倉중기, 무장)
佐野長寛　さの　ちょうかん(1790～1863 칠기공예가)
佐野政言　さの　まさこと(1757～84 바둑기사)
佐野増蔵　さの　ますぞう(1810～82 정치가)
佐野次郎左衛門　さの　じろうざえもん(작품)
佐野学　さの　まなぶ(1892～1953 사회운동가)
左右田喜一郎　そうだ　きいちろう
(1881～1927 경제학자·철학자)
佐原喜三郎　さわら　きさぶろう(1806～45 노름꾼)
佐為王　さいおう，さいのおおきみ(？～737 관료)
佐田介石　さだ　かいせき(1818～82 승려·천문학자)
佐井三右衛門　さい　さんえもん
(1731～1810 개간·간척자)
佐々木経高　ささき　つねたか(？～1221 무장)
佐々木更三　ささき　こうぞう(1900～85 정치가)
佐々木高綱　ささき　たかつな(？～1214 무장)
佐々木高頼　ささき　たかより(＝六角高頼)
佐々木高秀　ささき　たかひで(？～1391 大名)
佐々木高氏　ささき　たかうじ(1306～73 무장)
佐佐木高行　ささき　たかゆき(1830～1910 정치가)
佐々木基一　ささき　きいち(1914～ 평론가)
佐々木達　ささき　たつ(1904～86 영어학자)
佐々木到一　ささき　とういち(1886～1955 육군중장)
佐々木東洋　ささき　とうよう(1839～1918 의사)
佐々木良作　ささき　りょうさく(1915～ 정치가)
佐々木累　ささき　るい(江戸전기, 검객)
佐々木隆興　ささき　たかおき(1878～1966 의학자)
佐佐木茂索　ささき　もさく(1894～1966 소설가)
佐々木文山　ささき　ぶんざん(1659～1735 서예가)
佐々木弥市　ささき　やいち(1892～1958 실업가)
佐々木味津三　ささき　みつぞう
(1896～1934 소설가)
佐々木邦　ささき　くに(1883～1964 소설가)
佐々木盛綱　ささき　もりつな(1151～？ 무장)
佐々木小次郎　ささき　こじろう(＝佐々木巌流)
佐々木秀綱　ささき　ひでつな(？～1353 무장)
佐々木秀詮　ささき　ひであき(？～1362 무장)
佐佐木信綱　ささき　のぶつな
(1872～1963 歌人·국문학자)
佐々木信綱　ささき　のぶつな(1181～1242 무장)
佐々木愼四郎　ささき　しんしろう
(1848～1923 실업가)
佐々木氏頼　ささき　うじより(1326～70 大名)
佐々木氏詮　ささき　うじあき(？～1361 무장)
佐々木安五郎　ささき　やすごろう
(1872～1934 정치가)
佐々木巌流　ささき　がんりゅう(？～1612 검객)
佐々木昂　ささき　たかし(1906～44 교육운동가)
佐々木勇之助　ささき　ゆうのすけ
(1854～1943 실업가)
佐々木月樵　ささき　げっしょう(1875～1926 승려)
佐々木義賢　ささき　よしかた(＝六角義賢)
佐々木定綱　ささき　さだつな(1142～1205 무장)
佐々木定頼　ささき　さだより(＝六角定頼)
佐々木正蔵　ささき　しょうぞう
(1855～1936 정치가)
佐々木俊郎　ささき　としろう(1900～33 소설가)
佐々木重綱　ささき　しげつな(1207～67 무사)
佐々木仲親　ささき　なかちか(鎌倉후기, 무장)
佐々木中沢　ささき　ちゅうたく
(1790～1846 蘭医)
佐々木志津磨　ささき　しずま(1619～95 서예가)
佐々木清蔵　ささき　せいぞう(？～1582 무장)

佐々木清七　ささき　せいしち(1844~1908 방직업자)
佐々木惣一　ささき　そういち(1879~1965 법학자)
佐々木春行　ささき　はるゆき
(1764~1819 能楽연구가)
佐々木忠次郎　ささき　ちゅうじろう
(1857~1938 곤충학자)
佐々木太郎　ささき　たろう(1818~88 국학자)
佐々木行忠　ささき　ゆきただ(1893~1975 神道家)
佐佐木弘綱　ささき　ひろつな(1828~91 국문학자)
佐々木喜善　ささき　きよし(1886~1933 작가)
佐々醒雪　ささ　せいせつ, さっさ　せいせつ
(1872~1917 국문학자)
佐々成政　さっさ　なりまさ(?~1588 무장)
佐々城豊寿　ささき　とよじゅ
(1853~1901 여성운동평론가)
佐々友房　ささ　ともふさ, さっさ　ともふさ
(1854~1906 정치가)
佐々井秀緒　ささい　ひでお(1902~ 국어교육가)
佐竹隆義　さたけ　たかよし(平安후기, 무장)
佐竹曙山　さたけ　しょざん(1748~85 大名)
佐竹秀義　さたけ　ひでよし(1152~1225 무장)
佐竹義躬　さたけ　よしみ(1749~1800 화가)
佐竹義敦　さたけ　よしあつ(＝佐竹曙山)
佐竹義宣　さたけ　よしのぶ(1570~1633 大名)
佐竹義堯　さたけ　よしたか(1825~84 大名)
佐竹義重　さたけ　よししげ(1547~1612 大名)
佐竹義和　さたけ　よしまさ(1775~1815 大名)
佐竹作太郎　さたけ　さくたろう
(1849~1915 실업가·정치가)
佐竹織江　さたけ　おりえ(1816~64 志士)
佐竹昌義　さたけ　まさよし(平安후기, 무장)
佐竹晴記　さたけ　はるき(1896~1962 정치가)
佐倉常七　さくら　つねしち(1835~99 양복 재단사)
佐倉宗吾　さくら　そうご(?~1645 민중봉기 지도자)
佐川義高　さがわ　よしたか(1902~71 인쇄 기술자)
佐川田昌俊　さかわだ　まさとし(1579~1643 歌人)
佐郷屋留雄　さごうや　とめお(1908~72 국가주의자)
佐喜真興英　さきま　こうえい
(1893~1925 민속연구가)

주

住谷寅之助　すみや　とらのすけ(1818~67 志士)
鋳谷正輔　いたに　しょうすけ(1880~1955 실업가)
珠光　じゅこう(＝村田珠光)
舟橋聖一　ふなはし　せいいち
(1904~76 소설가·극작가)
周及　しゅうきゅう(＝愚中周及)
住吉慶恩　すみよし　けいおん(鎌倉시대, 화가)
住吉広守　すみよし　ひろもり(1705~77 화가)
住吉具慶　すみよし　ぐけい(1631~1705 화가)
住吉如慶　すみよし　じょけい(1599~1670 화가)
住吉仲皇子　すみのえのなかつみこ(5세기 중엽)
住吉弘貫　すみよし　ひろつら(1793~1863 화가)
周東英雄　すどう　ひでお(1898~1981 정치가)
周藤吉之　すとう　よしゆき(1907~90 동양사학자)
周藤弥兵衛　すどう　やへえ(1651~1752 治水家)
朱楽菅江　あけら　かんこう
(1740~1800 狂歌師·희작자)
周良　しゅうりょう(＝策彦周良)
住蓮　じゅうれん(?~1207 승려)
周麟　しゅうりん(＝景徐周麟)
主馬首一平安代　しゅめのかみ　いっぺい　やすよ
(1680~1728 刀工)
住木諭介　すみき　ゆすけ(1901~74 농예화학자)
舟木重信　ふなき　しげのぶ(1893~1975 독문학자)
周文　しゅうぶん(室町중기, 승려)
周鳳　しゅうほう(＝瑞渓周鳳)
湊守篤　みなと　もりあつ(1908~72 실업가)
朱舜水　しゅ　しゅんすい(1600~82 유학자)
周崇　しゅうすう(＝太岳周崇)
周信　しゅうしん(＝義堂周信)
周阿　しゅうあ(南北朝시대, 連歌師)
住友吉左衛門　すみとも　きちざえもん
(1646~1706 구리광산업자)
住友友芳　すみとも　ともよし
(1670~1719 구리광산업자)
住友友純　すみとも　ともいと(1864~1926 실업가)
住友政友　すみとも　まさとも(1585~1652 상인)
朱雀天皇　すざく　てんのう(923~52)
住田又兵衛　すみだ　またべえ
(1814~61 피리의 대가)
酒井家次　さかい　いえつぐ(1569~1618 무장)
酒井康治　さかい　やすはる(1547~1608 무장)
酒井隆　さかい　たかし(1887~1946 육군중장)
酒井敏房　さかい　としふさ(?~1577 무장)
酒井雄三郎　さかい　ゆうざぶろう
(1860~1900 정치·사회 평론가)
酒井田柿右衛門　さかいだ　かきえもん
(1596~1666 도공)
酒井政辰　さかい　まさとき(?~1603 무장)
酒井正親　さかい　まさちか(1521~76 무장)
酒井朝彦　さかい　あさひこ(1894~1969 동화작가)
酒井忠世　さかい　ただよ(1572~1636 무장)
酒井忠勝　さかい　ただかつ(1587~1662 大老)
酒井忠義　さかい　ただあき(1813~73 大名)
酒井忠正　さかい　ただまさ(1893~1971 정치가)
酒井忠次　さかい　ただつぐ(1527~96 무장)

酒井忠清　さかい　ただきよ(1624〜81 大老)
酒井抱一　さかい　ほういつ(1761〜1828 화가)
酒井杏之助　さかい　きょうのすけ
(1893〜1980 실업가)
厨川白村　くりやがわ　はくそん(1880〜1923 평론가)
酒泉竹軒　さかいずみ　ちくけん(1654〜1718 유학자)
湊村五郎左衛門　みなとむら　ごろうざえもん
(江戸중기, 민중봉기 지도자)
酒呑童子　しゅてん　どうじ(전설)
周布政之助　すふ　まさのすけ(1823〜64 정치가)

죽

竹久夢二　たけひさ　ゆめじ(1884〜1934 시인·화가)
竹崎季長　たけざき　すえなが(1246〜？ 무장)
竹崎茶堂　たけさき　さどう(1812〜77 한학자)
竹崎順子　たけさき　じゅんこ(1825〜1905 교육가)
竹内綱　たけのうち　つな(1838〜1922 정치가·실업가)
竹内久一　たけうち　きゅういち(1859〜1916 조각가)
竹内卯吉郎　たけのうち　うきちろう
(1813〜63 항해기술자)
竹内保徳　たけのうち　やすのり(1807〜67 幕臣)
竹内栖鳳　たけうち　せいほう(1864〜1942 일본화가)
竹内式部　たけのうち　しきぶ(1712〜67 神道家)
竹内貞基　たけのうち　さだもと(＝竹内卯吉郎)
竹内千之　たけのうち　せんし(1824〜82 유학자)
竹内玄同　たけうち　げんどう(1805〜80 의사)
竹内好　たけうち　よしみ(1910〜77 중문학자)
竹島幸左衛門　たけしま　こうざえもん
(？〜1712 가부키 배우)
竹本綱太夫　たけもと　つなだゆう
(1840〜83 義太夫節의 太夫)
竹本大隅太夫　たけもと　おおすみだゆう
(1797〜1864 義太夫節의 太夫)
竹本大和掾　たけもと　やまとのじょう
(1702〜66 義太夫節의 太夫)
竹本綾之助　たけもと　あやのすけ
(1875〜1942 義太夫節의 太夫)
竹本弥太夫　たけもと　やだゆう
(1837〜1906 義太夫節의 太夫)
竹本摂津大掾　たけもと　せっつのだいじょう
(1836〜1917 義太夫節의 太夫)
竹本素女　たけもと　もとめ
(1885〜1967 義太夫節의 太夫)
竹本越路太夫　たけもと　こしじだゆう
(＝竹本摂津大掾)
竹本義太夫　たけもと　ぎだゆう
(1651〜1714 義太夫節의 太夫)
竹本長門太夫　たけもと　ながとだゆう
(1800〜64 義太夫節의 太夫)
竹本長十郎　たけもと　ちょうじゅうろう
(？〜1872 반란 주모자)
竹本正男　たけもと　まさお(1919〜 체조 선수)
竹本住太夫　たけもと　すみだゆう
(？〜1810 義太夫節의 太夫)
竹本隼太　たけもと　はやた(1848〜92 도공)
竹本津太夫　たけもと　つだゆう
(1839〜1912 義太夫節의 太夫)
竹本此太夫　たけもと　このだゆう(＝豊竹此太夫)
竹本筑後掾　たけもと　ちくごのじょう
(＝竹本義太夫)
竹本播磨少掾　たけもと　はりまのしょうじょう
(1691〜1744 義太夫節의 太夫)
竹山道雄　たけやま　みちお(1903〜84 독문학자)
竹山祐太郎　たけやま　ゆうたろう
(1901〜82 정치가)
竹柴其水　たけしば　きすい
(1847〜1923 가부키狂言 작가)
竹俣当綱　たけまた　まさつな(1719〜93 정치가)
竹友藻風　たけとも　そうふう
(1891〜1954 시인·영문학자)
竹原常太　たけはら　つねた
(1879〜1947 영어·영문학자)
竹垣直温　たけがき　なおあつ(1741〜1814 지방관)
竹越与三郎　たけごし　よさぶろう
(1865〜1950 역사가·정치가)
竹入義勝　たけいり　よしかつ(1926〜 정치가)
竹前権兵衛　たけまえ　ごんべえ
(1679〜1745 토목기술자)
竹田黙雷　たけだ　もくらい(1854〜1930 불교인)
竹田儀一　たけだ　ぎいち(1894〜1973 정치가)
竹田昌慶　たけだ　しょうけい(南北朝시대, 의사)
竹田千継　たけだ　ちつぎ(760〜860 의사)
竹田出雲　たけだ　いずも(？〜1747 浄瑠璃작가)
竹田恒徳　たけだ　つねよし(1909〜 황족)
竹田皇子　たけだのみこ(6세기 말)
竹中半兵衛　たけなか　はんべえ(1544〜79 무장)
竹中郁　たけなか　いく(1904〜82 시인)
竹中重門　たけなか　しげかど(1573〜1631 大名)
竹中重次　たけなか　しげつぐ(？〜1634 奉行)
竹添進一郎　たけぞえ　しんいちろう
(1841〜1917 외교관·한학자)
竹村茂雄　たけむら　しげお(1769〜1844 국학자)
竹沢権右衛門　たけざわ　ごんえもん
(江戸후기, 義太夫節 三絃의 대가)
竹下登　たけした　のぼる(1924〜 정치가)
竹鶴政孝　たけつる　まさたか(1894〜1979 실업가)

俊寛　しゅんかん(1142～79 승려)
樽藤左衛門　たる　とうざえもん(江戸시대, 年寄)
隼別皇子　はやぶさわけのみこ(설화)
遵西　じゅんさい(？～1207 승려)
俊乗坊重源　しゅんじょうぼう　ちょうげん(＝重源)
准如　じゅんにょ(1577～1630 승려)
樽屋おせん　たるや　おせん(江戸초기, 요부)
俊芿　しゅんじょう(1166～1227 승려)
お俊·伝兵衛　おしゅん·でんべえ(작품)
樽井藤吉　たるい　とうきち(1850～1922 정치가·사회운동가)
俊賀　しゅんが(鎌倉시대, 絵仏師)
駿河大納言　するが　だいなごん(＝徳川忠長)

中勘助　なか　かんすけ(1885～1965 소설가·시인)
中江藤樹　なかえ　とうじゅ(1608～48 유학자)
中江岷山　なかえ　みんざん(1655～1726 유학자)
中岡慎太郎　なかおか　しんたろう(1838～67 志士)
中江兆民　なかえ　ちょうみん(1847～1901 자유민권사상가)
中江丑吉　なかえ　うしきち(1889～1942 중국학자)
重岡薫五郎　しげおか　くんごろう(1862～1906 정치가)
中居屋重兵衛　なかいや　じゅうべえ(1820～61 무역상)
仲継　ちゅうけい(平安전기, 승려)
中谷市左衛門　なかたに　いちざえもん(1785～1856 정치가)
中谷宇吉郎　なかや　うきちろう(1900～62 물리학자·수필가)
中谷正亮　なかたに　しょうすけ(1831～62 志士)
仲恭天皇　ちゅうきょう　てんのう(1218～34)
重光葵　しげみつ　まもる(1887～1957 외교관·정치가)
中橋徳五郎　なかはし　とくごろう(1861～1934 정치가·실업가)
中橋武一　なかはし　ぶいち(1890～1963 재계인)
中根東里　なかね　とうり(1694～1765 유학자)
中根雪江　なかね　ゆきえ(1807～77 정치가)
中根彦循　なかね　げんじゅん(1701～61 수학자)
中根元圭　なかね　げんけい(1662～1733 수학자)
仲吉朝助　なかよし　ちょうじょ(1856～？ 관료)
中内功　なかうち　いさお(1922～ 실업가)
中内蝶二　なかうち　ちょうじ(1875～1937 극작가·연극평론가)
中能島松声　なかのしま　しょうせい(1838～94 箏曲家)
中能島欣一　なかのしま　きんいち(1904～84 箏曲家·작곡가)
中大路茂房　なかおおじ　しげふさ(？～1830 蒔絵師)
中大路茂永　なかおおじ　しげなが(幕末期, 蒔絵師)
中大兄皇子　なかのおおえのおうじ(＝天智天皇)
中島歌子　なかじま　うたこ(1841～1903 歌人)
中島勘左衛門　なかじま　かんざえもん(1662～1716 가부키 배우)
中島健蔵　なかじま　けんぞう(1903～79 평론가)
中島広足　なかじま　ひろたり(1792～1864 국학자)
中島久万吉　なかじま　くまきち(1873～1960 실업가·정치가)
中島今朝吾　なかじま　けさご(1882～1945 육군중장)
中島幾三郎　なかじま　いくさぶろう(1858～1924 인쇄기계 발명가)
中島敦　なかじま　あつし(1909～42 소설가)
中島藤右衛門　なかじま　とうえもん(1744～1825 산업가)
中島来章　なかじま　らいしょう(1796～1871 화가)
中島力造　なかじま　りきぞう(1857～1918 윤리학자)
中島文雄　なかじま　ふみお(1904～ 영어학자)
中島弥団次　なかじま　やだんじ(1886～1962 관료·정치가)
中島半次郎　なかじま　はんじろう(1871～1926 교육학자)
中島三甫右衛門　なかじま　みほえもん(？～1762 가부키 배우)
中島随流　なかじま　ずいりゅう(1629～1708 俳人)
中島守利　なかじま　もりとし(1877～1952 정치가)
中島信行　なかじま　のぶゆき(1846～99 정치가)
中島正賢　なかじま　まさたか(1868～1920 실업가)
中島棕隠　なかじま　そういん(1779～1856 유학자)
中島宗巴　なかじま　そうは(＝鳩野宗巴)
中島俊子　なかじま　としこ(1863～1901 여성민권운동가)
中島知久平　なかじま　ちくへい(1884～1949 실업가·정치가)
中島鉄蔵　なかじま　てつぞう(1886～1949 육군중장)
中島泰蔵　なかじま　たいぞう(1867～1919 심리학자)
中里介山　なかざと　かいざん(1885～1944 소설가)
中里太郎右衛門　なかざと　たろうえもん(1895～1985 도예가)

中里恒子　なかざと　つねこ(1909～87 소설가)
中林梧竹　なかばやし　ごちく(1827～1913 서예가)
中林竹洞　なかばやし　ちくどう(1778～1853 화가)
中馬庚　ちゅうま　かのえ(1867～1932 야구선수)
重明親王　しげあきら　しんのう(906～54)
中牟田倉之助　なかむた　くらのすけ
(1837～1916 해군중장)
中務内侍　なかつかさのないし(鎌倉시대, 歌人)
仲尾権四郎　なかお　ごんしろう
(1886～　남미 이민자)
中尾都山　なかお　とざん
(1876～1956 국악인·작곡가)
仲尾次政隆　なかおし　せいりゅう(1810～71 관료)
中部謙吉　なかべ　けんきち(1896～1977 실업가)
中部幾次郎　なかべ　いくじろう
(1866～1946 실업가)
重富平左衛門　しげとみ　へいざえもん
(？～1681 治水家)
中浜藤治　なかはま　とうじ(1900～33 노동운동가)
中浜万次郎　なかはま　まんじろう
(1827～98 어학자)
中浜哲　なかはま　てつ(1898～1926 테러리스트)
中司清　なかつかさ　きよし(1900～90 실업가)
中山慶子　なかやま　よしこ(1835～1907 皇母)
中山久四郎　なかやま　きゅうしろう
(1874～1961 동양사학자)
中山南枝　なかやま　なんし
(1790～1858 가부키 배우)
中山大納言　なかやま　だいなごん(＝中山忠能)
中山蘭渚　なかやま　らんしょ(1689～1771 의사)
中山文五郎　なかやま　ぶんごろう
(1761～1814 가부키 배우)
中山文七　なかやま　ぶんしち
(1732～1813 가부키 배우)
中山小十郎　なかやま　こじゅうろう
(1705～53 국악인)
中山素平　なかやま　そへい(1906～　은행가)
中山寿彦　なかやま　としひこ(1880～1957 정치가)
中山新九郎　なかやま　しんくろう
(1702～75 가부키 배우)
中山信名　なかやま　のぶな(1787～1836 국학자)
中山愛親　なかやま　なるちか(1741～1814 公卿)
中山巍　なかやま　たかし(1893～1978 서양화가)
中山元成　なかやま　もとなり
(1818～92 茶 제조법 연구가)
中山義秀　なかやま　ぎしゅう(1900～69 소설가)
中山伊知郎　なかやま　いちろう
(1898～1980 경제학자)
中山作三郎　なかやま　さくさぶろう
(1785～1844 통역사)
中山績子　なかやま　いさこ(1795～1875 궁녀)
中山正善　なかやま　しょうぜん(1905～67 종교가)
中山悌一　なかやま　ていいち(1920～　바리톤 가수)
中山晋平　なかやま　しんぺい(1887～1952 작곡가)
中山忠光　なかやま　ただみつ(1845～64 志士)
中山忠能　なかやま　ただやす(1809～88 公卿)
中山忠親　なかやま　ただちか(1132～95 公卿)
中山太郎　なかやま　たろう(1876～1947 민속학자)
中山太一　なかやま　たいち(1881～1956 실업가)
中山胡民　なかやま　こみん(1808～70 蒔絵師)
重森三玲　しげもり　みれい
(1896～1975 정원 설계가)
中上川彦次郎　なかみがわ　ひこじろう
(1854～1901 실업가)
中西敬房　なかにし　たかふさ(江戸중기, 기상학자)
中西耕石　なかにし　こうせき(1807～84 화가)
中西功　なかにし　こう(1910～73 중국연구가)
中西利雄　なかにし　としお(1900～48 서양화가)
中西梅花　なかにし　ばいか(1866～98 시인·소설가)
中西深斎　なかにし　しんさい(1724～1803 의사)
中西悟堂　なかにし　ごどう
(1895～1984 야생조류학자)
中書王　ちゅうしょおう(＝兼明親王, 具平親王)
中西伊之助　なかにし　いのすけ
(1890～1958 노동운동가)
中西宗助　なかにし　そうすけ(1676～1733 상인)
中臣鎌子　なかとみのかまこ(6세기 중엽, 호족)
中臣鎌足　なかとみのかまたり(614～69 功臣)
中臣宮処東人　なかとみのみやこのあずまひと
(？～738 관료)
中臣金　なかとみのかね(？～672 대신)
中神琴渓　なかがみ　きんけい(1743～1833 의사)
中臣大嶋　なかとみのおおしま(？～693 관료)
中臣大分　なかとみのおおわけ(奈良시대, 농민)
中臣東人　なかとみのあずまひと(奈良시대, 관료)
中臣名代　なかとみのなしろ(？～745 관료)
中臣習宜阿曾麻呂　なかとみのすげのあそまろ
(奈良시대, 관료)
中臣勝海　なかとみのかつみ(？～587 관료)
中臣烏賊津使主　なかとみのいかつおみ(설화)
中臣鷹主　なかとみのたかぬし(平安초기, 관료)
中臣意美麻呂　なかとみのおみまろ(？～711 관료)
中臣祖父麻呂　なかとみのおおじまろ
(奈良시대, 농민)
中臣清麻呂　なかとみのきよまろ(＝大中臣清麻呂)
中甚兵衛　なか　じんべえ(1639～1730 治水家)
中巌円月　ちゅうがん　えんげつ(1300～75 선승)
仲哀天皇　ちゅうあい　てんのう(記紀)
中野権六　なかの　ごんろく(1861～1921 실업가)
中野金次郎　なかの　きんじろう
(1882～1957 실업가)
中野柳圃　なかの　りゅうほ(＝志筑忠雄)

中野武営 なかの ぶえい(1848~1918 정치가)
中野半左衛門 なかの はんざえもん (1804~73 운수업자)
中野四郎 なかの しろう(1907~85 정치가)
中野逍遙 なかの しょうよう(1868~94 漢詩人)
中野秀人 なかの ひでと(1898~1966 시인·소설가)
中野実 なかの みのる(1901~73 극작가·소설가)
重野安繹 しげの やすつぐ (1827~1910 역사가·한학자)
中野梧一 なかの ごいち(1842~83 관료·실업가)
中野友礼 なかの とものり(1887~1965 실업가)
中野正剛 なかの せいごう(1886~1943 정치가)
中野重治 なかの しげはる(1902~79 시인·소설가)
中野初子 なかの はつね(1859~1914 전기공학자)
中野忠雄 なかの ただお(＝志筑忠雄)
中野好夫 なかの よしお(1903~85 평론가·영문학자)
中野撝謙 なかの ぎけん(1667~1720 유학자)
中御門経之 なかみかど つねゆき(1820~91 公卿)
中御門宣明 なかみかど のぶあき(1302~65 公卿)
中御門宣秀 なかみかど のぶひで (1469~1531 公卿·典故学者)
中御門宣胤 なかみかど のぶたね (1442~1525 公卿·典故学者)
中御門天皇 なかみかど てんのう(1701~37)
中屋伊三郎 なかや いさぶろう(？~1860 동판화가)
重源 ちょうげん(1121~1206 승려)
中垣国男 なかがき くにお(1911~87 정치가)
中原邦平 なかはら くにへい (1853~1921 역사편수가)
中原師守 なかはら もろもり(南北朝시대, 유학자)
仲原善忠 **なかはら ぜんちゅう,** なかばる ぜんちゅう(1890~1964 오키나와 연구가)
中原誠 なかはら まこと(1947~ 바둑기사)
中原淳一 なかはら じゅんいち (1913~83 복식미술가·삽화가)
中原猶介 なかはら なおすけ(1832~68 砲術家)
中原章兼 なかはら あきかね(南北朝시대, 公卿)
中原悌二郎 なかはら ていじろう (1888~1921 조각가)
中原中也 なかはら ちゅうや(1907~37 시인)
中院親光 ちゅういん ちかみつ, **なかのいん ちかみつ**(1308~77 公卿)
中原親能 なかはら ちかよし(1143~1208 무장)
中院通茂 なかのいん みちしげ(1631~1710 公卿)
中院通重 なかのいん みちしげ(1270~1322 公卿)
中院通村 なかのいん みちむら(1588~1653 公卿)
中原玄蘇 なかはら げんそ(1537~1611 선승)
重仁親王 しげひと しんのう(1140~62)
中将姫 ちゅうじょうひめ(전설)
中田錦吉 なかだ きんきち(1864~1926 실업가)
中田重治 なかだ しげはる(1870~1939 목사)
中田清兵衛 なかだ せいべえ(1851~1916 실업가)
中田薫 なかた かおる(1877~1967 일본법제사 학자)
中田喜直 なかだ よしなお(1923~ 작곡가)
重の井 しげのい(작품)
中井履軒 なかい りけん(1732~1817 유학자)
中井芳楠 なかい ほうなん(1853~1903 은행가)
重政誠之 しげまさ せいし(1897~1981 정치가)
中井桜洲 なかい おうしゅう(1838~94 정치가)
中井源左衛門 なかい げんざえもん (1716~1805 거상)
中井正一 なかい まさかず(1900~52 미학자)
中井正清 なかい まさきよ(1565~1619 건축가)
中井竹山 なかい ちくざん(1730~1804 유학자)
中井哲 なかい てつ(1886~1933 배우)
中井甃庵 なかい しゅうあん(1693~1758 유학자)
中井弘 なかい ひろし(＝中井桜洲)
中条精一郎 ちゅうじょう せいいちろう (1868~1936 건축가)
仲宗根豊見親 なかそね とよみや (室町후기, 琉球 통치자)
重宗芳水 しげむね ほうすい (1873~1917 전기기계 기술자)
重宗雄三 しげむね ゆうぞう(1894~1976 정치가)
中曽根康弘 なかそね やすひろ(1918~ 정치가)
中地熊造 なかち くまぞう(1905~82 노동운동가)
中川健蔵 なかがわ けんぞう(1875~1944 관료)
中川謙二郎 なかがわ けんじろう (1850~1928 교육가)
中川久清 なかがわ ひさきよ(1615~81 大名)
中川宮朝彦親王 なかがわのみや あさひこしんのう(＝朝彦親王)
中川末吉 なかがわ すえきち(1874~1959 실업가)
中川善之助 なかがわ ぜんのすけ (1897~1975 민법학자)
中川小十郎 なかがわ こじゅうろう (1866~1944 관료)
中川紹益 なかがわ しょうえき (1559~1622 주물기술자)
中川秀政 なかがわ ひでまさ(1569~93 무장)
中川淳庵 なかがわ じゅんあん(1739~86 의사)
中川五郎治 なかがわ ごろうじ(1768~1848 의사)
中天游 なか てんゆう(1783~1835 의사)
中川乙由 なかがわ おつゆう(1675~1739 俳人)
中川以良 なかがわ もちなが (1900~ 정치가·실업가)
中川一政 なかがわ かずまさ(1893~1991 화가)
中川宗瑞 なかがわ そうずい(1685~1744 俳人)
中川清秀 なかがわ きよひで(1542~83 무장)
中村歌六 なかむら かろく (1779~1859 가부키 배우)
中村歌扇 なかむら かせん(1889~1942 배우)

中村歌右衛門　なかむら　うたえもん
(1714～91 가부키 배우)
中村覚　なかむら　さとる(1854～1925 육군대장)
中村勘三郎　なかむら　かんざぶろう
(1598～1658 가부키 배우·가부키 극장주)
仲村渠致元　なかんだかり　ちげん(1686～？ 도공)
中村敬宇　なかむら　けいう(＝中村正直)
中村高一　なかむら　たかいち
(1897～1981 사회운동가·정치가)
中村光夫　なかむら　みつお(1911～88 평론가)
中村粂太郎　なかむら　くめたろう
(1724～77 가부키 배우)
仲村権五郎　なかむら　ごんごろう
(1890～1965 북미 이민자)
中村吉右衛門　なかむら　きちえもん
(1886～1954 가부키 배우)
中村吉蔵　なかむら　きちぞう(1877～1941 극작가)
中村大吉　なかむら　だいきち
(1773～1823 가부키 배우)
中村大三郎　なかむら　だいざぶろう
(1898～1947 일본화가)
中村蘭林　なかむら　らんりん(1697～1761 관료)
中村良三　なかむら　りょうぞう
(1878～1945 해군대장)
中村梅吉　なかむら　うめきち(1901～84 정치가)
中村梅玉　なかむら　ばいぎょく
(1841～1921 가부키 배우)
中村明石　なかむら　あかし
(江戸전기, 가부키 배우)
中村明人　なかむら　あけと(1889～1966 육군중장)
中村武羅夫　なかむら　むらお(1886～1949 소설가)
中村文夫　なかむら　ふみお(1892～　실업가)
中村弥八　なかむら　やはち(1703～77 안무가)
中村白葉　なかむら　はくよう(1890～1974 노문학자)
中村福助　なかむら　ふくすけ
(1900～33 가부키 배우)
中村富十郎　なかむら　とみじゅうろう
(1719～86 가부키 배우)
中村不折　なかむら　ふせつ(1866～1943 서양화가)
中村史邦　なかむら　ふみくに(江戸중기, 俳人)
中村三之丞　なかむら　さんのじょう
(1894～1979 정치가)
中村善右衛門　なかむら　ぜんえもん
(1806～80 양잠기술개량가)
中村雪之丞　なかむら　ゆきのじょう(작품)
中村成近　なかむら　なりちか(？～1827 治水家)
中村星湖　なかむら　せいこ(1884～1974 소설가)
中村習斎　なかむら　しゅうさい(1719～99 유학자)
中村是公　なかむら　ぜこう(1867～1927 관료)
中村時蔵　なかむら　ときぞう
(1895～1959 가부키 배우)

中村伸郎　なかむら　のぶお(1908～　신극 배우)
中村新左衛門　なかむら　しんざえもん
(？～1781 민중봉기 지도자)
中村甚哉　なかむら　じんさい(1903～45 사회운동가)
中村十作　なかむら　じゅうさく
(1867～1943 농민운동가)
中村十蔵　なかむら　じゅうぞう
(1694～1770 가부키 배우)
中村岳陵　なかむら　がくりょう
(1890～1969 일본화가)
中村鴈治郎　なかむら　がんじろう
(1860～1935 가부키 배우)
中村翫右衛門　なかむら　かんえもん
(1851～1919 가부키 배우)
中村又五郎　なかむら　またごろう
(1885～1920 가부키 배우)
中村祐庸　なかむら　すけつね
(1852～1925 해군 군악장)
中村雄次郎　なかむら　ゆうじろう
(1852～1928 육군중장)
中村元　なかむら　はじめ(1912～　인도철학자)
中村元恒　なかむら　もとつね(1778～1851 역사가)
中村彝　なかむら　つね(1888～1924 서양화가)
中村一氏　なかむら　かずうじ(？～1600 무장)
中村雀右衛門　なかむら　じゃくえもん
(1806～71 가부키 배우)
中村長八　なかむら　ちょうはち
(1865～1940 기독교 전도사)
中村伝九郎　なかむら　でんくろう
(1662～1713 가부키 배우)
中村伝次郎　なかむら　でんじろう
(1673～1729 가부키 안무가)
中村精男　なかむら　きよお(1855～1930 기상학자)
中村汀女　なかむら　ていじょ(1900～88 俳人)
中村正直　なかむら　まさなお(1832～91 계몽학자)
中村宗十郎　なかむら　そうじゅうろう
(1835～89 가부키 배우)
中村宗哲　なかむら　そうてつ
(1617～95 칠기세공 기술자)
中村仲蔵　なかむら　なかぞう
(1736～90 가부키 배우)
中村重助　なかむら　じゅうすけ(＝歌舞伎堂艶鏡)
中村芝翫　なかむら　しかん
(1778～1836 가부키 배우)
中村地平　なかむら　じへい(1908～63 소설가)
中村直三　なかむら　なおぞう(1819～82 篤農家)
中村直勝　なかむら　なおかつ(1890～1976 역사학자)
中村進午　なかむら　しんご(1870～1939 법학자)
中村真一郎　なかむら　しんいちろう
(1918～　소설가·평론가)
中村震太郎　なかむら　しんたろう

(1897〜1931 육군소령)
中村惕斎　なかむら　てきさい(1629〜1702 유학자)
中村千弥　なかむら　せんや(江戸중기, 가부키 배우)
中村清蔵　なかむら　せいぞう(1860〜1925 실업가)
中村清太郎　なかむら　せいたろう
(1888〜1967 등산가)
中村草田男　なかむら　くさたお(1901〜83 俳人)
中村春代　なかむら　はるよ(大正말기, 만담가)
中村忠一　なかむら　ただかず(1590〜1609 大名)
中村七三郎　なかむら　しちさぶろう
(1662〜1708 가부키 배우)
中村太八郎　なかむら　たはちろう
(1868〜1935 보통선거 주창론자)
中村鶴蔵　なかむら　つるぞう
(1809〜86 가부키 배우)
中村憲吉　なかむら　けんきち(1889〜1934 歌人)
中村篁渓　なかむら　こうけい(1647〜1712 유학자)
中村孝也　なかむら　こうや(1885〜1970 역사학자)
中村孝太郎　なかむら　こうたろう
(1881〜1947 육군대장)
中村喜代三郎　なかむら　きよさぶろう
(1721〜77 가부키 배우)
中塚一碧楼　なかつか　いっぺきろう
(1887〜1946 俳人)
中沢道二　なかざわ　どうに(1725〜1803 心学者)
中沢良夫　なかざわ　よしお(1884〜1966 야구선수)
中沢臨川　なかざわ　りんせん(1878〜1920 평론가)
中沢文三郎　なかざわ　ぶんざぶろう
(1860〜1924 불어학자)
中沢弘光　なかざわ　ひろみつ(1877〜1964 서양화가)
中平善之丞　なかひら　ぜんのじょう
(1709〜57 민중봉기 지도자)
中河与一　なかがわ　よいち(1897〜　소설가)
中丸精十郎　なかまる　せいじゅうろう
(1841〜96 서양화가)

即非如一　そくひ　にょいち(1616〜71 선승)

櫛名田比売　くしなだひめ(記紀신화)
櫛田フキ　くしだ　フキ(1899〜　여성운동가)
櫛田民蔵　くしだ　たみぞう(1885〜1934 경제학자)

楫取素彦　かとり　もとひこ(1829〜1912 志士)
楫取魚彦　かとり　なひこ(1723〜82 국학자)

証空　しょうくう(1177〜1247 승려)
証観　しょうかん(？〜1136 승려)
曾宮一念　そみや　いちねん(1893〜　서양화가)
曾根原六蔵　そねはら　ろくぞう(江戸중기, 造林家)
曾禰達蔵　そね　たつぞう(1853〜1937 건축가)
曾禰益　そね　えき(1903〜80 정치가)
曾禰好忠　そねのよしただ(平安중기, 歌人)
曾禰荒助　そね　あらすけ(1849〜1910 관료·정치가)
曾丹　そたん(＝曾禰好忠)
曾良　そら(＝河合曾良)
曾呂利新左衛門　そろり　しんざえもん
(安土桃山시대, 만담가)
増命　ぞうみょう(843〜927 승려)
増本量　ますもと　はかる(1895〜1987 물리학자)
増山金八　ますやま　きんぱち
(江戸후기, 가부키狂言작가)
増山雪斎　ますやま　せっさい(1754〜1819 大名)
増山元三郎　ますやま　もとさぶろう
(1912〜　理学者)
増山正弥　ますやま　まさみつ(1653〜1704 大名)
曾山幸彦　そやま　ゆきひこ(1859〜92 서양화가)
増穂残口　ますほ　ざんこう
(1655〜1742 神道学者·국학자)
曾我古祐　そが　ひさすけ(1586〜1658 奉行)
曾我廼家十郎　そがのや　じゅうろう
(1869〜1925 희극배우)
曾我廼家十吾　そがのや　とおご
(1892〜1974 희극배우)
曾我廼家五郎　そがのや　ごろう
(1877〜1948 희극배우)
曾我量深　そが　りょうじん
(1875〜1971 승려·불교학자)
増阿弥　ぞうあみ(室町시대, 田楽師)

曾我蛇足　そが　だそく(室町후기, 화가)
曾我蕭白　そが　しょうはく(1730～81 화가)
曾我時致　そが　ときむね(1174～93 무사)
曾我祐成　そが　すけなり(1172～93 무사)
曾我祐準　そが　すけのり(1843～1935 군인·정치가)
曾我二直庵　そが　にちょくあん(江戸전기, 화가)
曾我直庵　そが　ちょくあん(安土桃山시대, 화가)
証如　しょうにょ(1516～54 승려)
増淵穣　ますぶち　みのる(1907～ 교육운동가)
増誉　ぞうよ(1062～1116 승려)
増原恵吉　ますはら　けいきち(1903～85 정치가)
増田甲子七　ますだ　かねしち(1898～1985 정치가)
増田与兵衛　ますだ　よへえ(?～1682 義人)
増田長盛　ました　ながもり(1545～1615 무장)
増田次郎　ますだ　じろう(1870～1951 실업가)
増田平四郎　ますだ　へいしろう (1809～92 농민운동가)
曾占春　そ　せんしゅん(1758～1834 본초학자)
増賀　ぞうが(917～1003 승려)

지

支考　しこう(＝各務支考)
池尻始　いけじり　はじめ(1802～78 志士)
池谷信三郎　いけたに　しんざぶろう，いけのや　しんざぶろう(1900～33 소설가·극작가)
智光　ちこう(奈良시대, 승려)
志岐麟仙　しき　りんせん(安土桃山시대, 무장)
志岐諸経　しき　もろつね(＝志岐麟仙)
芝崎好高　しばざき　よしたか(1667～1733 神官)
枝吉経種　えだよし　つねたね(1822～62 志士)
池内宏　いけうち　ひろし(1878～1952 동양사가)
池内大学　いけうち　だいがく(1814～63 유학자)
池内友次郎　いけのうち　ともじろう (1906～91 작곡가)
池内蔵太　いけ　くらた(1841～66 志士)
池端勘七　いけばた　かんしち(1904～55 농민운동가)
智達　ちたつ(7세기 중엽, 승려)
池大納言　いけ　だいなごん(＝平頼盛)
池大雅　いけのたいが(1723～76 화가)
至道無難　しどう　ぶなん(1603～76 선승)
池島信平　いけじま　しんぺい(1909～73 잡지편집인)
智洞　ちどう(江戸후기, 승려)
智隆　ちりゅう(1815～65 승려)
知里高央　ちり　たかお(1907～65 교육가)
止利仏師　とり　ぶっし(＝鞍作鳥)
知里真志保　ちり　ましほ(1909～61 언어학자)
知里幸恵　ちり　ゆきえ(1903～22 アイヌ문화전승자)
志摩利右衛門　しま　りえもん (1809～84 물감제조업자)
持明院基頼　じみょういん　もとより (1040～1122 귀족)
芝木好子　しばき　よしこ(1914～ 소설가)
志方鍛　しかた　たん(1857～1931 관료)
池坊専慶　いけのぼう　せんけい(室町전기, 승려)
池坊専応　いけのぼう　せんおう (戦国시대, 꽃꽂이 연구가)
池坊専好　いけのぼう　せんこう (?～1621 꽃꽂이 연구가)
池辺三山　いけべ　さんざん(1865～1912 저널리스트)
池辺義象　いけべ　よしたか(1864～1923 국문학자)
志斐三田次　しひのみたすき(奈良시대, 학자)
支山　しざん(＝雲渓支山)
池上鎌三　いけがみ　けんぞう (1900～56 철학자·논리학자)
池上隼之助　いけがみ　はやのすけ(1829～64 志士)
池上太郎左衛門　いけがみ　たろうざえもん (1718～98 식산흥업가)
池西言水　いけにし　ごんすい(1650～1722 俳人)
池禅尼　いけのぜんに(平安후기, 무장의 후처)
池城安規　いけぐすく　あんき(?～1877 정치가)
志水燕十　しみず　えんじゅう(江戸후기, 희작자)
芝辻理右衛門　しばつじ　りえもん (?～1634 대포기술자)
池野成一郎　いけの　せいいちろう (1866～1943 식물학자)
志玉　しぎょく(1383～1463 승려)
地獄大夫　じごく　だゆう(전설)
池玉瀾　いけのぎょくらん(?～1784 화가·歌人)
指原安三　さしはら　やすぞう(1850～1903 한학자)
智月尼　ちげつに(＝川井智月)
智仁親王　としひと　しんのう(1579～1629)
禔子内親王　しし　ないしんのう(1003～48)
池田謙三　いけだ　けんぞう(1854～1923 은행가)
池田慶徳　いけだ　よしのり(1837～77 大名)
池田孤村　いけだ　こそん(1802～67 화가)
池田光政　いけだ　みつまさ(1609～82 大名)
池田光仲　いけだ　みつなか(1630～93 大名)
芝全交　しば　ぜんこう(1750～93 희작자)
池田菊苗　いけだ　きくなえ(1864～1936 화학자)
池田亀鑑　いけだ　きかん(1896～1956 국문학자)
池田亀三郎　いけだ　かめさぶろう (1884～1977 실업가)
池田克　いけだ　かつ(1893～1977 관료)
池田錦橋　いけだ　きんきょう(＝池田瑞仙)
池田大伍　いけだ　だいご(1885～1942 극작가)
池田大作　いけだ　だいさく(1928～ 신흥종교지도자)
池田桃川　いけだ　とうせん(1889～1935 중문학자)

志田林三郎　しだ りんざぶろう
(1855～92 전기공학자)
池田霧渓　いけだ むけい(1784～1857 의사)
池田茂政　いけだ もちまさ(1839～99 大名)
池田弥三郎　いけだ やさぶろう
(1914～82 국문학자·수필가)
池田三千秋　いけだ みちあき(1902～70 농민운동가)
池田瑞仙　いけだ ずいせん(1734～1816 의사)
池田宣政　いけだ のぶまさ(1893～1980 소설가)
池田成彬　いけだ しげあき
(1867～1950 정치가·재계인)
池田数馬　いけだ かずま(＝黒駒勝蔵)
池田勝政　いけだ かつまさ(戦国시대, 무장)
池田信輝　いけだ のぶてる(＝池田恒興)
志田野坡　しだ やば(1663～1740 俳人)
池田英泉　いけだ えいせん(1790～1848 풍속화가)
池田王　いけだのおう(奈良시대, 황족)
池田遥邨　いけだ ようそん(1895～1988 일본화가)
池田勇人　いけだ はやと(1899～1965 정치가)
指田義雄　さすだ よしお
(1867～1926 변호사·실업가)
池田長発　いけだ ちょうはつ(1837～79 旗本)
池田定常　いけだ さだつね(1767～1833 大名)
池田正之輔　いけだ まさのすけ
(1898～1986 정치가)
池田正直　いけだ せいちょく(1597～1677 의사)
池田種徳　いけだ たねのり(1831～73 정치가)
志田重男　しだ しげお(1911～71 사회운동가)
池田真枚　いけだのまひら(奈良시대, 관료)
池田清　いけだ きよし(1885～ 관료)
池田草庵　いけだ そうあん(1813～78 유학자)
池田恒興　いけだ つねおき(1536～84 무장)
池田幸　いけだ こう(1818～65 勤王家)
池田好運　いけだ こううん(江戸전기, 항해가)
池田輝政　いけだ てるまさ(1564～1613 무장)
贄正寿　にえ まさとし(1741～95 幕臣)
智証大師　ちしょう だいし(＝円珍)
池知重利　いけとも しげとし(1831～90 志士)
智真　ちしん(＝一遍)
志津兼氏　しず かねうじ(1278～1344 刀工)
支倉常長　はせくら つねなが(1571～1622 무장)
智泉　ちせん(789～825 승려)
志村源太郎　しむら げんたろう(1867～1930 관료)
遅塚久則　ちずか ひさのり(1725～95 금속조각가)
遅塚麗水　ちずか れいすい(1868～1942 저널리스트)
志筑忠雄　しずき ただお
(1760～1806 천문학자·蘭学者)
智忠親王　としただ しんのう(1619～62)
智通　ちつう(7세기 중엽, 승려)
持統天皇　じとう てんのう(645～702)
池貝庄太郎　いけがい しょうたろう
(1869～1934 실업가)
志賀健次郎　しが けんじろう(1903～ 정치가)
志賀潔　しが きよし(1870～1957 세균학자)
志賀廼家淡海　しがのや たんかい
(1883～1958 연예인)
志賀山勢井　しがやま せい(＝中村伝次郎)
志賀義雄　しが よしお(1901～89 사회운동가·정치가)
志賀重昂　しが しげたか(1863～1927 지리학자)
志賀直哉　しが なおや(1883～1971 소설가)
志賀親朋　しが しんほう
(1842～1916 러시아어 통역사)
志玄　しげん(＝無極志玄)

直江兼続　なおえ かねつぐ(1560～1619 무장)
直木三十五　なおき さんじゅうご
(1891～1934 소설가)
織田幹雄　おだ みきお(1905～ 육상선수)
織田得能　おだ とくのう
(1860～1911 불교학자·승려)
織田萬　おだ よろず(1868～1945 법학자)
織田三法師　おだ さんぼうし(＝織田秀信)
織田秀信　おだ ひでのぶ(1580～1605 무장)
織田秀雄　おだ ひでお(1908～42 교육운동가·시인)
織田純一郎　おだ じゅんいちろう
(1851～1919 문학가)
織田信邦　おだ のぶくに(1745～83 영주)
織田信秀　おだ のぶひで(1508～51 무장)
織田信雄　おだ のぶお(1558～1630 무장)
織田信長　おだ のぶなが(1534～82 무장)
織田信忠　おだ のぶただ(1557～82 무장)
織田信包　おだ のぶかね(1543～1614 무장)
織田信孝　おだ のぶたか(1562～83 무장)
織田有楽斎　おだ うらくさい(1542～1615 무장)
織田一磨　おだ かずま(1882～1956 석판화가)
織田作之助　おだ さくのすけ(1913～47 소설가)
織田長益　おだ ながます(＝織田有楽斎)
織田貞置　おだ さだおき(1617～1705 다도가)
直川智　すなお かわち(江戸전기, 사탕수수 재배가)

진

真間手児名　ままのてこな(전설)
真葛長造　まくず　ちょうぞう(1797～1851 도공)
辰岡久菊　たつおか　ひさぎく
(江戸중기, 가부키 배우·狂言 작가)
辰岡万作　たつおか　まんさく
(1742～1809 가부키狂言 작가)
真景　さねかげ(南北朝시대, 刀工)
津軽寧親　つがる　やすちか(1761～1833 大名)
津軽信枚　つがる　のぶかず(1586～1631 大名)
津軽信明　つがる　のぶあきら(1760～91 大名)
津軽信寿　つがる　のぶひさ(1669～1746 大名)
津軽信政　つがる　のぶまさ(1646～1710 大名)
津軽為信　つがる　ためのぶ(1550～1607 무장)
真観　しんかん(1276～1341 승려)
津久井龍雄　つくい　たつお
(1901～89 국가사회주의자)
真弓長左衛門　まゆみ　ちょうざえもん
(江戸전기, 개간가)
津金文左衛門　つがね　ぶんざえもん
(1727～1801 산업가)
津崎矩子　つざき　のりこ(1786～1873 勤王家)
真崎甚三郎　まざき　じんざぶろう
(1876～1956 육군대장)
真能　しんのう(＝能阿弥)
秦大炬　はたのおおい(奈良시대, 농민)
秦大津父　はたのおおつち(6세기 중엽, 관료)
真島利行　まじま　としゆき(1874～1962 화학자)
秦島麻呂　はたのしままろ(？～747 관료)
津島寿一　つしま　じゅいち(1888～1967 관료)
振露亭　しんろてい(？～1815 희작자)
秦瀬兵衛　はた　せべえ(1788～1872 사회사업가)
秦立人　はたのたちひと(奈良시대, 농민)
陣幕久五郎　じんまく　きゅうごろう
(1829～1903 力士)
真木保臣　まき　やすおみ(1813～64 志士)
真木和泉　まき　いずみ(＝真木保臣)
真仏　しんぶつ(1195～1261 승려)
辰巳柳太郎　たつみ　りゅうたろう(1905～89 배우)
津山検校　つやま　けんぎょう(？～1836 地唄연주자)
真山青果　まやま　せいか
(1878～1948 소설가·극작가)
真相　しんそう(＝相阿弥)
鎮西八郎為朝　ちんぜいはちろう　ためとも
(＝源為朝)
真船豊　まふね　ゆたか(1902～77 극작가)
辰松八郎兵衛　たつまつ　はちろべえ
(？～1734 인형극 연출가)
津守国基　つもりのくにもと(？～1103 歌人·神主)
津守吉祥　つもりのきさ(7세기 말, 遣唐使)
津守通　つもりのとおる(奈良시대, 관료)
真雅　しんが(801～79 승려)
辰野金吾　たつの　きんご(1854～1919 건축가)
辰野隆　たつの　ゆたか(1888～1964 불문학자)
真野毅　まの　つよし(1888～1986 변호사)
秦野章　はたの　あきら(1911～ 관료·정치가)
秦彦三郎　はた　ひこさぶろう(1890～1959 육군중장)
真如親王　しんにょ　しんのう(799～865)
真芸　しんげい(＝芸阿弥)
真誉　しんよ(？～1138 승려)
陳外郎　ちん　ういろう(＝外郎)
津雲国利　つくも　くにとし(1893～1972 정치가)
陳元贇　ちん　げんぴん(1595～1671 도공)
秦伊呂巨　はたのいろこ(설화)
秦逸三　はた　いつぞう(1880～1944 실업가)
辰蔵　たつぞう(＝下河内村辰蔵)
秦蔵六　はた　ぞうろく(1806～90 금속공예가)
真寂法親王　しんじゃくほうしんのう(886～927)
津田恭介　つだ　きょうすけ(1907～ 약학자)
津田梅子　つだ　うめこ(1864～1929 교육가)
津田兵部　つだ　ひょうぶ(1608～95 治水家)
珍田捨巳　ちんだ　すてみ(1856～1929 외교관)
津田三蔵　つだ　さんぞう(1854～91 경찰관)
津田仙　つだ　せん(1837～1908 농학자)
津田信吾　つだ　しんご(1881～1948 실업가)
真田信之　さなだ　のぶゆき(1566～1658 무장)
真田十勇士　さなだ　じゅうゆうし
(江戸전기, 10인의 무사)
真田穣一郎　さなだ　じょういちろう
(1897～1957 육군소장)
津田永忠　つだ　ながただ(1640～1707 정치가)
津田静枝　つだ　しずえ(1883～1964 해군중장)
津田助広　つだ　すけひろ(1637～82 刀工)
津田宗及　つだ　そうきゅう(？～1591 거상·다도가)
津田宗達　つだ　そうたつ(1504～66 거상·다도가)
津田左右吉　つだ　そうきち(1873～1961 역사학자)
真田増丸　さなだ　ますまる(1877～1925 승려)
津田真道　つだ　まみち(1829～1902 관료·계몽학자)
真田昌幸　さなだ　まさゆき(1545～1609 大名)
津田青楓　つだ　せいふう(1880～1978 화가)
津田出　つだ　いずる(1832～1905 관료)
真田幸貫　さなだ　ゆきつら(1791～1852 老中)
真田幸村　さなだ　ゆきむら(1569～1615 무장)
津田玄仙　つだ　げんせん(1737～1809 의사)
真済　しんぜい(800～60 승려)
秦朝元　はたのちょうげん(奈良시대, 관료)

秦佐八郎　はた　さはちろう(1873～1938 세균학자)
秦酒公　はたのさけのきみ(5세기 말, 씨족장)
真知子・春樹　まちこ・はるき(작품)
秦真次　はた　しんじ(1879～1950 육군중장)
津川主一　つがわ　しゅいち(1896～1971 합창지휘자)
真清水蔵六　ましみず　ぞうろく(1822～77 도공)
真超　しんちょう(?～1659 승려)
津村重舎　つむら　じゅうしゃ(1871～1941 실업가)
津村浩三　つむら　こうぞう(작품)
秦致貞　はたのちてい(平安시대, 화가)
津打門三郎　つうち　もんざぶろう (1712～53 가부키 배우)
津打治兵衛　つうち　じへえ (1683～1760 가부키狂言 작가)
津太夫　つだゆう(江戸후기, 어민)
津波古政正　つはこ　せいせい (幕末・維新期, 琉球 관료)
津坂孝綽　つざか　こうしゃく(1757～1825 유학자)
秦豊助　はた　とよすけ(1872～1933 관료・정치가)
秦河勝　はたのかわかつ(6세기 말～7세기 초, 관료)
真下信一　ました　しんいち(1906～85 철학자)
真行房定宴　しんぎょうぼう　じょうえん (鎌倉중기, 지방관)
真興　しんこう(934～1004 승려)
振姫　ふりひめ(1580～1617 徳川家康의 딸)

秩父宮雍仁親王　ちちぶのみや　やすひとしんのう (1902～53)
蛭田玄仙　ひるた　げんせん(1745～1817 의사)

集九　しゅうく(＝万里集九)

澄心　ちょうしん(939～1014 승려)
澄円　ちょうえん(1283～1372 승려)
澄憲　ちょうけん(1126～1203 승려)

ㅊ

此糸・蘭蝶　このいと・らんちょう(작품)

嵯峨寿安　さが　じゅあん(?～1898 러시아어학자)
嵯峨実愛　さが　さねなる(＝正親町三条実愛)
嵯峨の屋お室　さがのや　おむろ (1863～1947 소설가)
嵯峨天皇　さが　てんのう(786～842)
車寅次郎　くるま　とらじろう(작품)
次田大三郎　つぎた　だいさぶろう (1883～1960 관료・정치가)

찬

讃岐広直　さぬきのひろなお(平安전기, 율령가)
讃岐当世　さぬきのまさよ(平安전기, 율령가)
讃岐時雄　さぬきのときお(平安전기, 율령가)
讃岐時人　さぬきのときひと(平安전기, 율령가)
讃岐永成　さぬきのながなり(平安전기, 율령가)
讃岐永直　さぬきのながなお(783～862 율령가)
讃岐典侍　さぬきのすけ, **さぬきのてんじ**
(平安후기, 궁녀)
讃岐千継　さぬきのちつぐ(平安전기, 율령가)

찰

察度　さっと(1321～95 琉球 국왕)

창

倉橋惣三　くらはし　そうぞう
(1882～1955 유아교육가)
倉富勇三郎　くらとみ　ゆうざぶろう
(1853～1948 관료·정치가)
倉石武四郎　くらいし　たけしろう
(1897～1975 중국어학자)
倉石忠雄　くらいし　ただお(1900～86 정치가)
彰仁親王　あきひと　しんのう(1846～1903)
昌子内親王　しょうし　ないしんのう(950～99 황후)
倉田百三　くらた　ひゃくぞう
(1891～1943 극작가·평론가)
倉田白羊　くらた　はくよう(1881～1938 서양화가)
倉田主税　くらた　ちから(1889～1969 실업가)
倉井敏麿　くらい　としまろ(1895～ 실업가)

채

采女竹羅　うねめのちくら(7세기 말, 관료)
蔡温　さい　おん(1682～1761 琉球 대신)
蔡鐸　さい　たく(1644～1728 琉球 역사 편수가)

책

磔茂左衛門　はりつけ　もざえもん
(＝杉木茂左衛門)
策彦周良　さくげん　しゅうりょう(1501～79 선승)
策伝　さくでん(＝安楽庵策伝)

처

お妻·八郎兵衛　おつま·はちろべえ(작품)

척

尺秀三郎　せき　ひでさぶろう(1862～1934 독어학자)
尺振八　せき　しんぱち(1839～86 영어·영문학자)

천

千家元麿　せんけ　もとまろ(1888～1948 시인)
千家尊福　せんげ　たかとみ
(1845～1918 神道家·정치가)
千家尊澄　せんげ　たかずみ(1811～78 국학자)
千家俊信　せんげ　としざね(1764～1831 국학자)
浅見絅斎　あさみ　けいさい(1652～1711 유학자)

浅見淵　あさみ　ふかし(1899～1973 소설가·평론가)
泉鏡花　いずみ　きょうか(1873～1939 소설가)
天桂伝尊　てんけい　でんそん(1648～1735 선승)
川尻秀長　かわじり　ひでなが(？～1600 무장)
川谷薊山　かわたに　けいざん(1706～69 역학자)
千観　せんかん(914～69 승려)
川口松太郎　かわぐち　まつたろう
(1899～1985 소설가·극작가)
天国　あまくに(전설)
天宮慎太郎　あまみや　しんたろう(1828～66 志士)
千金良宗三郎　ちぎら　そうざぶろう
(1891～1985 실업가)
川崎九淵　かわさき　きゅうえん(1874～1961 囃子方)
川崎克　かわさき　かつ(1880～1949 정치가)
川崎幾三郎　かわさき　いくさぶろう
(1855～1921 실업가)
川崎大治　かわさき　だいじ(1902～80 아동문학가)
川崎芳太郎　かわさき　よしたろう
(1869～1920 실업가)
川崎小虎　かわさき　しょうこ(1886～1977 일본화가)
川崎秀二　かわさき　ひでじ(1911～78 정치가)
川崎悦行　かわさき　えつゆき(1903～23 사회운동가)
川崎紫山　かわさき　しざん(1864～1943 저널리스트)
川崎長太郎　かわさき　ちょうたろう
(1901～85 소설가)
川崎正蔵　かわさき　しょうぞう(1837～1912 실업가)
川崎定孝　かわさき　さだたか(1689～1767 막부관료)
川崎卓吉　かわさき　たくきち
(1871～1936 관료·정치가)
川崎八右衛門　かわさき　はちえもん
(1834～1907 은행가)
千那　せんな(＝三上千那)
川那辺貞太郎　かわなべ　ていたろう
(1867～1907 저널리스트)
川端康成　かわばた　やすなり(1899～1972 소설가)
川端道喜　かわばた　どうき(？～1592 상인)
川端龍子　かわばた　りゅうし(1885～1966 일본화가)
川端茅舎　かわばた　ぼうしゃ(1900～41 俳人)
川端玉章　かわばた　ぎょくしょう
(1842～1913 일본화가)
お千代·半兵衛　おちよ・はんべえ(작품)
川島理一郎　かわしま　りいちろう
(1886～1971 서양화가)
川島武宜　かわしま　たけよし(1909～ 민법학자)
川島芳子　かわしま　よしこ
(1907～48 清朝부흥운동가)
川島甚兵衛　かわしま　じんべえ
(1853～1910 직물공예가)
千道安　せんのどうあん(1546～1607 다도가)
川島雄三　かわしま　ゆうぞう(1918～63 영화감독)
川島元次郎　かわしま　もとじろう
(1877～1922 역사학자)
川島義之　かわしま　よしゆき(1878～1945 육군대장)
川島正次郎　かわしま　しょうじろう
(1890～1970 정치가)
川島皇子　かわしまのみこ(657～91)
天童法師　てんどう　ほうし(전설)
千頭清臣　ちかみ　きよおみ(1856～1916 관료)
川連虎一郎　かわつら　とらいちろう
(1838～64 志士)
川路柳虹　かわじ　りゅうこう(1888～1959 시인)
川路利良　かわじ　としよし(1836～79 관리)
川路聖謨　かわじ　としあきら(1801～68 정치가)
川瀬一馬　かわせ　かずま(1906～ 국문학자)
天龍道人　てんりゅう　どうじん(1718～1810 문인)
川柳　せんりゅう(＝柄井川柳)
浅利太賢　あさり　ふとかた(江戸중기, 神道家)
千利休　せんのりきゅう(1522～91 다도가)
川面凡児　かわずら　ぼんじ(1862～1929 神道家)
川名兼四郎　かわな　かねしろう
(1875～1914 민법학자)
天木時中　あまき　じちゅう(1697～1736 유학자)
天武天皇　てんむ　てんのう(？～686)
浅尾工左衛門　あさお　くざえもん
(1758～1824 가부키 배우)
浅尾新甫　あさお　しんすけ(1899～1972 실업가)
千幡　せんまん(＝源実朝)
天保六花撰　てんぽうろっかせん(작품)
川本半助　かわもと　はんすけ(江戸중기, 도공)
川本幸民　かわもと　こうみん(1810～71 蘭学者)
川北温山　かわきた　おんざん(1794～1853 유학자)
川北禎一　かわきた　ていいち(1896～1981 실업가)
天邪鬼　あまのじゃく(설화)
泉山三六　いずみやま　さんろく(1896～1981 정치가)
川上嘉市　かわかみ　かいち
(1885～1964 악기제조업자)
川上貫一　かわかみ　かんいち
(1888～1968 사회운동가)
川上冬崖　かわかみ　とうがい(1827～81 화가)
川上眉山　かわかみ　びざん(1869～1908 소설가)
川上不白　かわかみ　ふはく(1716～1807 다도가)
川上三太郎　かわかみ　さんたろう
(1891～1968 川柳작가)
川上音二郎　かわかみ　おとじろう
(1864～1911 신파 배우)
川上貞奴　かわかみ　さだやっこ(1872～1946 여배우)
川上操六　かわかみ　そうろく(1848～99 육군대장)
川上俊彦　かわかみ　としひこ(1861～1935 외교관)
川上澄生　かわかみ　すみお(1895～1972 판화가)
川上哲治　かわかみ　てつはる
(1920～ 야구선수·감독)
川上梟帥　かわかみのたける(설화)

天瑞院　てんずいいん(1513～92 豊臣秀吉의 母)
川西函洲　かわにし　かんしゅう(1801～42 유학자)
千石興太郎　せんごく　こうたろう(1874～1950 실업가)
浅沼稲次郎　あさぬま　いねじろう(1898～1960 사회운동가·정치가)
千少庵　せんのしょうあん(＝千宗淳)
天沼俊一　あまぬま　しゅんいち(1876～1947 건축사가)
天秀尼　てんしゅうに(1609～45 비구니)
川手文治郎　かわて　ぶんじろう(1814～83 종교가)
天樹院　てんじゅいん(＝千姫)
川勝伝　かわかつ　でん(1901～88 실업가)
泉十郎　いずみ　じゅうろう(1839～65 志士)
天児屋命　あめのこやねのみこと(中臣氏의 조상신)
天野康景　あまの　やすかげ(1537～1613 무장)
天野久　あまの　ひさし(1892～1968 정치가)
浅野内匠頭　あさの　たくみのかみ(＝浅野長矩)
浅野良三　あさの　りょうぞう(1889～1965 실업가)
泉野利喜蔵　いずの　りきぞう(1902～44 사회운동가)
浅野梅堂　あさの　ばいどう(1816～80 화가)
天野房義　あまの　ふさよし(江戸後기, 수예가)
天野芳太郎　あまの　よしたろう(1898～1982 안데스 고대문화연구가)
浅野順一　あさの　じゅんいち(1899～1981 목사)
天野勝市　あまの　かついち(1882～1924 교육가)
天野信景　あまの　さだかげ(1663～1733 국학자)
浅野研真　あさの　けんしん(1898～1939 불교인)
天野屋利兵衛　あまのや　りへえ(작품)
天野遠景　あまの　とおかげ(鎌倉전기, 무장)
天野元之助　あまの　もとのすけ(1901～80 중국경제사학자)
天野為之　あまの　ためゆき(1859～1938 경제학자)
浅野長矩　あさの　ながのり(1665～1701 大名)
浅野長晟　あさの　ながあきら(1586～1617 무장)
浅野長政　あさの　ながまさ(1544～1611 大名)
浅野長直　あさの　ながなお(1610～72 大名)
浅野長訓　あさの　ながくに, **あさの　ながみち**(1812～72 大名)
浅野長勲　あさの　ながこと(1842～1937 후작)
天野政徳　あまの　まさのり(1784～1861 국학자·歌人)
天野貞祐　あまの　ていゆう(1884～1980 철학자)
浅野重晟　あさの　しげあきら(1743～1813 大名)
天野辰夫　あまの　たつお(1892～1974 국가주의자·변호사)
浅野総一郎　あさの　そういちろう(1848～1930 실업가)
浅野忠　あさの　ただし(1819～92 정치가)
浅野忠吉　あさの　ただよし(1547～1621 무장)
天野八郎　あまの　はちろう(1830～67 창의군 副長)
浅野幸長　あさの　よしなが(1576～1613 大名)
天与清啓　てんよ　せいけい(室町전기, 선승)
千葉広常　ちば　ひろつね(？～1183 무사)
千葉亀雄　ちば　かめお(1878～1935 평론가·저널리스트)
千葉弥一郎　ちば　やいちろう(1848～1935 무사)
千葉三郎　ちば　さぶろう(1894～1979 정치가)
千葉常胤　ちば　つねたね(1118～1201 무장)
千葉省三　ちば　しょうぞう(1892～1975 동화작가)
千葉松兵衛　ちば　まつべえ(1864～1926 실업가)
千葉勇五郎　ちば　ゆうごろう(1870～1946 목사)
千葉胤秀　ちば　たねひで(1775～1849 수학자)
千葉周作　ちば　しゅうさく(1794～1855 검객)
千葉春雄　ちば　はるお(1890～1943 국어교육가)
千葉卓三郎　ちば　たくさぶろう(1852～83 자유민권운동가)
川俣清音　かわまた　せいおん(1899～1972 농민운동가)
千屋菊次郎　ちや　きくじろう(1837～64 志士)
千屋金策　ちや　きんさく(1843～65 志士)
天王寺屋五兵衛　てんのうじや　ごへえ(？～1638 환전상)
川又克二　かわまた　かつじ(1905～87 실업가)
天羽英二　あもう　えいじ(1887～1968 외교관)
川又左一郎　かわまた　さいちろう(1817～63 志士)
釧雲泉　くしろ　うんせん(1759～1811 화가)
浅原健三　あさはら　けんぞう(1897～1967 노동운동가·정치가)
川原慶賀　かわはら　けいが(江戸後기, 서양화가)
浅原六朗　あさはら　ろくろう(1895～1977 소설가)
川原茂輔　かわはら　もすけ(1859～1929 정치가)
浅原為頼　あさはら　ためより(？～1290 무사)
天隠龍沢　てんいん　りゅうたく(1422～1500 선승)
千吟　せん　ぎん(安土桃山시대, 다도가)
泉二新熊　もとじ　しんくま(1876～1947 법학자)
天一坊　てんいちぼう(작품)
千子村正　せんご　むらまさ(＝村正)
天璋院　てんしょういん(1836～83 장군의 아내)
川田琴卿　かわだ　きんけい(1684～1760 양명학자)
天鈿女命　あめのうずめのみこと(記紀神話)
川田小一郎　かわた　こいちろう(1836～96 실업가)
川田順　かわだ　じゅん(1882～1966 歌人)
千田是也　せんだ　これや(1904～ 신극배우·연출가)
浅田栄次　あさだ　えいじ(1865～1914 영어·영문학자)
川田甕江　かわだ　おうこう(1830～96 한학자)
天田愚庵　あまだ　ぐあん(1854～1904 歌人)
浅田長平　あさだ　ちょうへい(1887～1970 실업가)
浅田宗伯　あさだ　そうはく(1813～94 한의사)
川田晴久　かわだ　はるひさ(1910～57 배우·가수)
浅井久政　あさい　ひさまさ(1524～73 무장)

浅井亮政　あさい　すけまさ(？～1542 무장)
浅井了意　あさい　りょうい(1612～91 대중소설가)
浅井十三郎　あさい　じゅうざぶろう
(1908～56 시인)
川井乙州　かわい　おとくに(？～1710 俳人)
泉靖一　いずみ　せいいち(1915～70 문화인류학자)
浅井長政　あさい　ながまさ(1545～73 무장)
川井智月　かわい　ちげつ(江戸중기, 俳人)
浅井清　あさい　きよし(1895～1979 정치가·학자)
浅井忠　あさい　ちゅう(1856～1907 서양화가)
天照大神　あまてらす　おおみかみ(記紀神話)
千宗旦　せんのそうたん(1578～1658 다도가)
千宗守　せんのそうしゅ(1593～1675 다도가)
千宗淳　せんのそうじゅん(1546～1614 다도가)
千宗室　せんのそうしつ(1622～97 다도가)
千宗易　せん　そうえき，せんのそうえき(＝千利休)
千宗左　せんのそうさ(1613～72 다도가)
千種忠顕　ちぐさ　ただあき(？～1336 公卿)
天中軒雲月　てんちゅうけん　うんげつ
(1910～ 浪曲師)
天之御中主神　あめのみなかぬしのかみ(신화)
天智天皇　てんじ　てんのう(614～71)
天池清次　あまいけ　せいじ(1914～ 노동운동가)
天津乙女　あまつ　おとめ(1905～80 무용가)
天津真浦　あまつ　まら(신화)
浅川巧　あさかわ　たくみ
(1891～1931 조선민속예술연구가)
千々石清左衛門　ちじわ　せいざえもん
(安土桃山시대, 로마 교황청 사절)
天草四郎　あまくさ　しろう(＝益田時貞)
天草種元　あまくさ　たねもと(安土桃山시대, 무장)
浅草弾左衛門　あさくさ　だんざえもん(＝弾直樹)
川村景明　かわむら　かげあき(1850～1926 육군원수)
川村孫兵衛　かわむら　まごべえ(＝川村元吉)
川村純義　かわむら　すみよし(1836～1904 해군대장)
川村迂叟　かわむら　うそう(？～1885 勤王家)
川村元吉　かわむら　もとよし(1628～92 治水家)
川村音次郎　かわむら　おとじろう
(1890～1973 실업가)
川村竹治　かわむら　たけじ
(1871～1955 관료·정치가)
川村清雄　かわむら　きよお(1852～1934 서양화가)
川村喜十郎　かわむら　きじゅうろう
(1880～1958 실업가)
千秋藤篤　せんしゅう　ふじあつ(1815～64 志士)
千秋親昌　せんしゅう　ちかまさ(南北朝시대, 神官)
天竺徳兵衛　てんじく　とくべえ(江戸시대, 무역상)
泉親衡　いずみ　ちかひら(鎌倉전기, 무사)
千阪高雅　ちさか　たかまさ
(1841～1912 관료·실업가)
千賀鶴太郎　ちが　つるたろう(1857～1929 법학자)

川合玉堂　かわい　ぎょくどう(1873～1957 일본화가)
川合義虎　かわい　よしとら(1902～23 사회주의자)
川合清丸　かわい　きよまる(1848～1917 사회교육가)
天海　てんかい(1536～1643 승려)
浅香久敬　あさか　ひさたか(1657～1727 국학자)
千姫　せんひめ(1597～1666 장군의 딸)
川喜多かしこ　かわきた　かしこ(1908～ 영화인)

鉄心道胖　てっしん　どうはん(1631～1712 선승)
鉄心道印　てっしん　どういん(1593～1680 선승)
鉄眼　てつげん(＝天田愚庵)
鉄眼道光　てつげん　どうこう(1630～82 선승)
徹翁義亨　てつおう　ぎこう，てっとう　ぎこう
(1295～1369 선승)
鉄翁祖門　てっとう　そもん(1791～1871 승려)
鉄牛道機　てつぎゅう　どうき(1628～1700 선승)
鉄元堂正楽　てつげんどう　しょうらく
(？～1780 금속공예가)
徹通義介　てっつう　ぎかい(1219～1309 선승)

瞻西　せんせい(平安후기, 승려)
添田敬一郎　そえだ　けいいちろう
(1871～1953 관료·정치가)
添田寿一　そえだ　じゅいち
(1864～1929 관료·경제학자)
添田唖蝉坊　そえだ　あぜんぼう
(1872～1944 演歌師)
添田知道　そえだ　ともみち(1902～80 소설가)

清岡道之助　きよおか　みちのすけ(1833～64 志士)
清岡栄之助　きよおか　えいのすけ
(1881～1938 실업가)
青綺門院　せいきもんいん(1716～90 후궁)

清寧天皇　せいねい　てんのう(記紀)
聴濤克巳　きくなみ　かつみ(1904～65 노동운동가)
清瀬保二　きよせ　やすじ(1900～81 작곡가)
清瀬一郎　きよせ　いちろう
(1884～1967 정치가·변호사)
青柳綱太郎　あおやぎ　つなたろう
(1877～1932 저널리스트)
青柳種信　あおやぎ　たねのぶ(1766～1835 국학자)
清麿　きよまろ(1811～56 刀工)
青木鎌太郎　あおき　かまたろう
(1874～1952 실업가)
青木昆陽　あおき　こんよう(1698～1769 蘭学者)
青木光延　あおき　みつのぶ(1760～1806 유학자)
青木均一　あおき　きんいち(1898～1976 실업가)
青木琴水　あおき　きんすい(1856～90 漢詩人)
青木得三　あおき　とくぞう
(1885～1968 관료·재정학자)
青木木米　あおき　もくべい(1767～1833 도예가)
青木茂　あおき　しげる(1897～1982 아동문학가)
青木文教　あおき　ぶんきょう(1886～1956 티벳학자)
青木繁　あおき　しげる(1882～1911 서양화가)
青木北海　あおき　ほくかい(1782～1865 국학자)
青木夙夜　あおき　しゅくや(？～1802 화가)
青木永章　あおき　ながあき
(1787～1844 歌人·국학자)
青木永弘　あおき　ながひろ(1656～1724 神道学者)
青木月斗　あおき　げっと(1879～1949 俳人)
青木一男　あおき　かずお(1889～1982 관료·정치가)
青木正　あおき　ただし(1898～1966 정치가)
青木正児　あおき　まさる(1887～1964 중문학자)
青木宗鳳　あおき　そうほう(1690～1765 다도가)
青木周蔵　あおき　しゅうぞう(1844～1914 외교관)
青木周弼　あおき　しゅうひつ(1803～63 蘭医)
青木賢清　あおき　けんせい(1582～1656 밀교자)
青木恵一郎　あおき　けいいちろう
(1905～ 농민운동가)
青木恵哉　あおき　けいや
(1893～1969 나병퇴치운동가)
青木孝義　あおき　たかよし
(1897～1962 경제학자·정치가)
青木興勝　あおき　おきかつ(1762～1812 蘭学者)
清範　せいはん(？～999 승려)
青山半蔵　あおやま　はんぞう(작품)
青山杉雨　あおやま　さんう(1912～ 서예가)
青山杉作　あおやま　すぎさく
(1889～1956 연출가·배우)
青山延光　あおやま　のぶみつ(1807～70 유학자)
青山延于　あおやま　のぶゆき(1776～1843 유학자)
青山熊治　あおやま　くまじ(1886～1932 서양화가)
青山胤通　あおやま　たねみち(1859～1917 의학자)
青山鉄槍　あおやま　てっそう(1820～1906 유학자)
青山忠裕　あおやま　ただやす(1768～1836 大名)
青山忠俊　あおやま　ただとし(1578～1643 大名)
青成瓢吉　あおなり　ひょうきち(작품)
清少納言　せいしょうなごん(平安중기, 문학가)
清水康雄　しみず　やすお(1901～66 실업가)
清水崑　しみず　こん(1912～74 만화가)
清水宏　しみず　ひろし(1903～66 영화감독)
清水金太郎　しみず　きんたろう
(1889～1932 오페라 가수)
清水幾太郎　しみず　いくたろう
(1907～88 사회학자·평론가)
清水道閑　しみず　どうかん(1579～1648 다도가)
清水登之　しみず　とし(1887～1945 서양화가)
清水良雄　しみず　よしお(1891～1954 서양화가)
清水柳景　しみず　りゅうけい(江戸전기, 蒔絵師)
清水六兵衛　**きよみず　ろくべえ**, しみず　ろくべえ(1738～99 도공)
清水隆慶　しみず　りゅうけい(＝隆慶)
清水利兵衛　しみず　りへえ(？～1654 義人)
清水浜臣　しみず　はまおみ(1776～1824 국학자)
清水三男　しみず　みつお(1909～47 역사학자)
清水善造　しみず　ぜんぞう
(1891～1977 테니스 선수)
清水誠　しみず　まこと(1846～99 실업가)
清水脩　しみず　おさむ(1914～86 작곡가)
清水市太郎　しみず　いちたろう
(1865～1934 법학자)
清水甚五郎　しみず　じんごろう
(？～1675 금속조각가)
清水紫琴　しみず　しきん(1867～1933 작가)
清水赤城　しみず　せきじょう(1766～1848 兵学者)
清水正健　しみず　まさたけ(1856～1934 역사학자)
清水釘吉　しみず　ていきち(1867～1948 실업가)
清水貞徳　しみず　さだのり(1645～1717 측량가)
清水宗治　しみず　むねはる(1537～82 무장)
清水澄　しみず　とおる(1868～1947 관료)
清水次郎長　しみずのじろちょう(1820～93 협객)
清水清太郎　しみず　せいたろう(1843～64 志士)
清水清風　しみず　せいふう
(1851～1913 완구 연구가)
清水行之助　しみず　ゆきのすけ
(1895～1981 우익활동가)
清水喜三郎　しみず　きさぶろう(1903～ 실업가)
清水喜助　しみず　きすけ(1815～81 건축가)
青柿善一郎　あおがき　ぜんいちろう
(1887～1975 노동운동가)
清慎公　せいしんこう(＝藤原実頼)
清巌正徹　せいがん　しょうてつ(1381～1459 선승)
清野謙次　きよの　けんじ
(1885～1955 병리학자·인류학자)
青野季吉　あおの　すえきち(1890～1961 문예평론가)

清野勉　きよの　つとむ(1853～1904 철학자)
青野源左衛門　あおの　げんざえもん
(1653～1706 유학자·역사편수가)
清原家衡　きよはらのいえひら(？～1087 무사)
清原頼業　きよはらのよりなり(1122～89 유학자)
清元梅吉　きよもと　うめきち
(1841～1907 三味線 연주자)
清原武則　きよはらのたけのり(平安후기, 무사)
清原武衡　きよはらのたけひら(？～1087 무사)
清原邦一　きよはら　くにかず(1899～1967 관료)
清原宣賢　きよはら　のぶかた(1475～1550 유학자)
清原雪信　きよはら　ゆきのぶ(？～1682 화가)
清原深養父　きよはらのふかやぶ(平安중기, 歌人)
清元延寿太夫　きよもと　えんじゅだゆう
(1777～1825 清元節의 대가)
清元お葉　きよもと　およう
(1840～1901 清元節의 대가)
清元栄寿郎　きよもと　えいじゅろう
(1904～63 三味線 연주자)
清元栄次郎　きよもと　えいじろう
(江戸중기, 清元三味線 연주자)
清原玉　きよはら　たま(1861～1939 화가)
清原王　きよはらおう(奈良시대)
清原元輔　きよはらのもとすけ(908～90 관료·歌人)
清元斎兵衛　きよもと　さいべえ
(江戸후기, 浄瑠璃 三弦의 대가)
清原助種　きよはらのすけたね(平安시대, 피리연주자)
清元志寿太夫　きよもと　しずたゆう
(1898～ 국악인)
清原真衡　きよはらのさねひら(？～1083 무사)
清原清衡　きよはらのきよひら(？～1128 무사)
清原夏野　きよはらのなつの(782～837 관료)
青井鉞男　あおい　えつお(1872～1937 야구선수)
清拙正澄　せいせつ　しょうちょう
(1274～1339 선승)
清宗・佐々連姫　きよむね・さざなみひめ(전설)
青砥綱義　あおと　つなよし(江戸중기, 양식업자)
青砥藤綱　あおと　ふじつな(鎌倉후기, 무사)
青地林宗　あおち　りんそう
(1775～1833 의사·물리학자)
清川正二　きよかわ　しょうじ(1913～ 수영선수)
清川八郎　きよかわ　はちろう(1830～63 志士)
清村晋卿　きよむら　しんけい(奈良시대, 관료)
清沢洌　きよさわ　きよし(1890～1945 저널리스트)
清沢満之　きよさわ　まんし(1863～1903 승려)
青貝長兵衛　あおがい　ちょうべえ
(江戸전기, 자개세공인)
清浦奎吾　きようら　けいご
(1850～1942 관료·정치가)
清風与平　せいふう　よへい(？～1861 도공)
青海勘七　せいかい　かんしち(江戸중기, 칠기공예가)
清玄・桜姫　せいげん・さくらひめ(작품)
清和天皇　せいわ　てんのう(850～80)

諦忍　たいにん(1705～86 승려)

草間直方　くさま　なおかた(1753～1831 상인·학자)
お初・徳兵衛　おはつ・とくべえ(작품)
肖柏　しょうはく(＝牡丹花肖柏)
草壁皇子　くさかべのみこ(662～89)
初山滋　はつやま　しげる(1897～1973 판화가)
初狩宿伝兵衛　はつかりじゅく　でんべえ
(1795～1836 민중봉기지도자)
草野心平　くさの　しんぺい(1903～88 시인)
草野清民　くさの　きよたみ(1869～99 문법학자)
超然　ちょうねん(1792～1868 승려)
草葉隆円　くさば　りゅうえん(1895～1966 정치가)
草刈英治　くさかり　えいじ(1881～1930 해군소령)
草場謹三郎　くさば　きんざぶろう
(1858～1933 중국어학자)
草場佩川　くさば　はいせん(1787～1867 유학자)
楚俊　そしゅん(＝明極楚俊)
草香幡梭皇女　くさかはたひのひめみこ
(5세기 말, 황후)
酢香手姫皇女　すかてひめのひめみこ(？～622)
鍬形蕙斎　くわかた　けいさい(＝北尾政美)
初花・勝五郎　はつはな・かつごろう(작품)

蜀山人　しょくさんじん(＝大田南畝)

村岡嘉六　むらおか　かろく(1884～1976 실업가)
村岡局　むらおかのつぼね(＝津崎矩子)
村岡櫟斎　むらおか　れきさい(1845～1917 역사학자)
村岡伊平治　むらおか　いへいじ
(1867～1945 매춘업자)
村岡長太郎　むらおか　ちょうたろう
(1871～1930 육군중장)
村岡典嗣　むらおか　つねつぐ(1884～1946 역사학자)
村岡花子　むらおか　はなこ(1895～1968 아동문학가)
村国男依　むらくにのおより(？～676 功臣)
村瀬栲亭　むらせ　こうてい(1747～1818 유학자)
村瀬直養　むらせ　なおかい(1890～1968 관료)
村瀬春雄　むらせ　はるお(1871～1924 보험 연구가)
村木源次郎　むらき　げんじろう
(1890～1925 무정부주의자)
村尾元融　むらお　げんゆう(1805～52 고증학자)
村本三五郎　むらもと　さんごろう
(1736～1820 篤農家)
村社講平　むらこそ　こうへい(1905～ 육상선수)
村山槐多　むらやま　かいた(1896～1919 화가·시인)
村山等安　むらやま　とうあん(1569～1619 지방관)
村山龍平　むらやま　りゅうへい
(1850～1933 신문사 경영인)
村山半牧　むらやま　はんぼく(1828～68 화가)
村山十平次　むらやま　じゅうへいじ
(江戸중기, 가부키 배우·狂言작가)
村山又兵衛　むらやま　またべえ
(江戸전기, 가부키 흥행사)
村山又三郎　むらやま　またさぶろう
(1605～52 가부키 흥행사)
村山長挙　むらやま　ながたか
(1894～1977 신문사 경영인)
村山伝兵衛　むらやま　でんべえ(1721～98 상인)
村山左近　むらやま　さこん(江戸전기, 가부키 배우)
村山俊太郎　むらやま　としたろう
(1905～48 교육실천가)
村山知義　むらやま　ともよし
(1901～77 극작가·연출가)
村山秋安　むらやま　しゅうあん(？～1619 기독교인)
村山平十郎　むらやま　へいじゅうろう
(江戸중기, 가부키 배우)
村上光清　むらかみ　こうせい(1681～1759 수행자)
村上鬼城　むらかみ　きじょう(1865～1938 俳人)
村上浪六　むらかみ　なみろく(1865～1944 소설가)
村上如竹　むらかみ　じょちく(江戸후기, 금속공예가)
村上英俊　むらかみ　ひでとし(1811～90 불어학자)
村上勇　むらかみ　いさむ(1902～ 정치가)
村上元三　むらかみ　げんぞう(1910～ 소설가)
村上義光　むらかみ　よしてる(？～1333 무사)
村上義一　むらかみ　ぎいち(1885～1974 정치가)
村上義清　むらかみ　よしきよ(？～1573 무장)
村上専精　むらかみ　せんじょう(1851～1929 승려)
村上知行　むらかみ　ともゆき
(1899～1976 저널리스트)
村上直次郎　むらかみ　なおじろう
(1868～1966 역사학자)
村上彰一　むらかみ　しょういち(1856～1915 철도인)
村上天皇　むらかみ　てんのう(926～67)
村上華岳　むらかみ　かがく(1888～1939 일본화가)
村松友松　むらまつ　ともまつ(1824～80 식산흥업가)
村松梢風　むらまつ　しょうふう(1889～1961 소설가)
村野藤吾　むらの　とうご(1891～1984 건축가)
村野四郎　むらの　しろう(1901～75 시인)
村野常右衛門　むらの　つねえもん
(1859～1927 정치가)
村垣範正　むらがき　のりまさ(1813～80 외교가)
村越直吉　むらこし　なおよし(1562～1614 무장)
村田経芳　むらた　つねよし(1838～1921 육군소장)
村田了阿　むらた　りょうあ(1772～1843 국학자)
村田省蔵　むらた　しょうぞう(1878～1957 재계인)
村田新八　むらた　しんぱち(1836～77 군인)
村田氏寿　むらた　うじひさ(1821～99 정치가)
村田若狭　むらた　わかさ(1812～72 정치가)
村田孜郎　むらた　しろう(？～1945 저널리스트)
村田整珉　むらた　せいみん(1761～1837 금속공예가)
村田珠光　むらた　じゅこう(1422～1502 다도가)
村田清風　むらた　せいふう(1783～1855 정치가)
村田春海　むらた　はるみ(1746～1811 국학자·歌人)
村正　むらまさ(室町시대, 刀工)
村井琴山　むらい　きんざん(1733～1815 의사)
村井吉兵衛　むらい　きちべえ(1864～1926 실업가)
村井貞勝　むらい　さだかつ(？～1582 무장)
村井知至　むらい　ともよし
(1861～1944 기독교 사회주의자)
村井弦斎　むらい　げんさい
(1863～1927 저널리스트·작가)
村中孝次　むらなか　たかじ(1903～37 육군대위)
村川堅固　むらかわ　けんご(1875～1946 역사학자)

総角助六　あげまきのすけろく(江戸전기, 협객)
惣慶忠義　そけい　ちゅうぎ(1686～1749 국문학자)
塚崎直義　つかざき　なおよし(1881～1957 판사)
塚本閤治　つかもと　こうじ(1896～1965 영화제작자)
塚本憲甫　つかもと　けんぽ(1904～74 방사선의학자)
塚本虎二　つかもと　とらじ(1885～1973 성서학자)
塚原健二郎　つかはら　けんじろう
(1895～1965 아동문학가)
塚原卜伝　つかはら　ぼくでん(1489～1571 무예가)
塚原渋柿園　つかはら　じゅうしえん
(1848～1917 소설가)
塚原二四三　つかはら　にしぞう
(1887～1966 해군대장)
総一検校　そういち　けんぎょう(室町전기, 琵琶法師)
塚田攻　つかだ　おさむ(1886～1942 육군대장)
塚田公太　つかだ　こうた(1885～1966 실업가)
冢田大峯　つかだ　たいほう(1745～1832 유학자)
塚田十一郎　つかだ　じゅういちろう
(1904～ 정치가)
塚田五郎右衛門　つかだ　ごろうえもん
(1768～1827 개간·간척자)

最教　さいきょう(平安전기, 승려)
最上徳内　もがみ　とくない(1754～1836 탐험가)
最上義光　もがみ　よしあき，**もがみ　よしみつ**
(1546～1614 大名)
最上義連　もがみ　よしつら(？～1889 勤王家)
最雲法親王　さいうんほうしんのう(1104～62)
最蔵坊　さいぞうぼう(？～1648 승려)
最澄　さいちょう(766～822 승려)

推古天皇　すいこ　てんのう(554～628)
椎根津彦　しいねつひこ(설화)
秋良貞温　あきら　さだよし(1811～90 志士)
椎名吉次　しいな　よしつぐ(江戸전기, 금속공예가)
椎名道三　しいな　どうさん
(1784～1856 개간·간척자)
椎名麟三　しいな　りんぞう(1911～73 소설가)
椎名悦三郎　しいな　えつさぶろう
(1898～1979 정치가)
椎尾弁匡　しいお　べんきょう
(1876～1971 승려·불교학자)
諏訪根自子　すわ　ねじこ(1920～ 바이올리니스트)
諏訪頼継　すわ　よりつぐ(？～1552 무장)
諏訪頼重　すわ　よりしげ(？～1542 大名)
諏訪頼忠　すわ　よりただ(1536～1606 大名)
秋本新蔵　あきもと　しんぞう(1812～77 志士)
椎本才麿　しいもと　さいまろ(1656～1738 俳人)
秋山角左衛門　あきやま　かくざえもん
(？～1711 농민봉기지도자)
秋山光彪　あきやま　こうひょう
(1775～1832 歌人·국학자)
秋山仙朴　あきやま　せんぼく(江戸중기, 바둑기사)
秋山新左衛門　あきやま　しんざえもん
(？～1746 治水家)
秋山玉山　あきやま　ぎょくざん(1702～63 유학자)
秋山章　あきやま　あきら(1723～1808 국학자)
秋山庄太郎　あきやま　しょうたろう
(1920～ 사진작가)
秋山定輔　あきやま　ていすけ(1868～1950 정치가)
秋山真之　あきやま　さねゆき(1868～1918 해군중장)
秋山清　あきやま　きよし(1904～88 시인)
秋山好古　あきやま　よしふる(1859～1930 육군대장)
椎野悦郎　しいの　えつろう(1911～ 사회운동가)
萩野由之　はぎの　よしゆき(1860～1924 역사학자)
秋葉隆　あきば　たかし(1888～1954 문화인류학자)
椎熊三郎　しいくま　さぶろう(1895～1965 정치가)
萩原兼従　はぎわら　かねより(1588～1660 神道家)
萩原恭次郎　はぎわら　きょうじろう
(1899～1938 시인)
秋元喬知　あきもと　たかとも(1649～1714 老中)
秋元礼朝　あきもと　ひろとも(1848～83 大名)
秋元不死男　あきもと　ふじお(1901～77 俳人)
萩原朔太郎　はぎわら　さくたろう
(1886～1942 시인)
秋元松代　あきもと　まつよ(1911～ 극작가)
椎原市太夫　しいはら　いちだゆう
(江戸전기, 蒔絵師)
萩原雄祐　はぎわら　ゆうすけ(1897～1979 천문학자)
萩原院　はぎわらのいん(＝花園天皇)
萩原乙彦　はぎわら　おとひこ(1826～86 희작자)
秋元正一郎　あきもと　しょういちろう
(1823～62 국학자)

秋元志朝　あきもと ゆきとも(1820～76 大名)
秋月桂太郎　あきずき けいたろう (1871～1916 신파배우)
秋月等観　しゅうげつ とうかん(室町후기, 승려)
秋月韋軒　あきずき いけん (1824～1900 정치가·한학자)
秋月種樹　あきずき たねたつ(1833～1904 정치가)
秋月種殷　あきずき たねとみ(1818～74 大名)
秋田文雄　あきた ふみお(1827～87 정치가)
秋田実　あきた みのる(1905～77 만담 대본작가)
秋田実季　あきた さねすえ(？～1659 무장)
秋田十七郎　あきた じゅうしちろう (江戸후기, 수학자)
秋田雨雀　あきた うじゃく(1883～1962 극작가)
秋田静臥　あきた せいが(1818～1900 정치가)
秋田清　あきた きよし(1881～1944 정치가)

築山殿　つきやまどの(？～1579 徳川家康의 처)
竺仙梵仙　じくせん ぼんせん(1292～1348 선승)
竺雲等蓮　じくうん とうれん(1390～1470 선승)
筑紫磐井　つくしのいわい(？～528 호족)

春慶　しゅんけい(室町전기, 칠기공예가)
春団治　はるだんじ(＝桂春団治)
春木義彰　はるき よしあき(1846～1904 법관)
椿繁夫　つばき しげお(1910～ 노동운동가)
春富士正伝　はるふじ しょうでん (江戸중·후기, 浄瑠璃 太夫)
春富士春太夫　はるふじ はるだゆう (江戸중·후기, 浄瑠璃 太夫)
春山源七　はるやま げんしち (江戸중기, 가부키 배우)
春山作樹　はるやま さくき(1876～1935 교육학자)
春山行夫　はるやま ゆきお(1902～ 시인·평론가)
春若　はるわか(室町전기, 탈 제조업자)
春屋妙葩　しゅんおく みょうは(1311～88 선승)
春日局　かすがのつぼね(1579～1643 徳川家光의 유모)
春日白水　かすが はくすい(1843～1916 유학자)
春日野八千代　かすがの やちよ(1915～ 여배우)
春日一幸　かすが いっこう(1910～89 정치가)
春日潜庵　かすが せんあん(1811～78 유학자)
春日庄次郎　かすが しょうじろう (1903～76 노동운동가)
春日正一　かすが しょういち (1907～ 사회운동가·정치가)
春日倉老　かすがのくらのおゆ(奈良시대, 관료)
春日顕国　かすが あきくに(？～1344 무장)
春澄善縄　はるずみ よしただ(797～870 학자)
椿椿山　つばき ちんざん(1801～54 화가)
春風亭柳橋　しゅんぷうてい りゅうきょう (1899～1979 만담가)
春風亭柳枝　しゅんぷうてい りゅうし (？～1868 만담가)
春華門院　しゅんかもんいん(1195～1211 황녀)

出光佐三　いでみつ さぞう(1885～1981 실업가)
出口なを　でぐち なお(1836～1918 종교가)
出口延佳　でぐち のぶよし(1615～90 국학자)
出口王仁三郎　でぐち おにさぶろう (1871～1948 종교가)
出来島長門守　できじま ながとのかみ (江戸전기, 가부키 배우)
出隆　いで たかし(1892～1980 철학자)
出目是閑　でめ ぜかん(1527～1616 탈 제조업자)
出淵勝次　でぶち かつじ(1878～1947 외교관)
出雲建　いずもたける(설화)
出雲広貞　いずものひろさだ(平安전기, 의사)
出雲狛　いずものこま(7세기 말, 장군)
出雲臣果安　いずものおみ はたやす (奈良시대, 호족)
出雲臣広嶋　いずものおみ ひろしま (奈良시대, 호족)
出雲臣益方　いずものおみ ますかた (奈良시대, 호족)
出雲臣弟山　いずものおみ おとやま (奈良시대, 호족)
出雲阿国　いずものおくに(安土桃山시대, 예능인)
出雲屋和助　いずもや わすけ(＝植松自謙)
出雲振根　いずものふるね(설화)

沖牙太郎　おき　きばたろう(1848～1906 실업가)
沖野岩三郎　おきの　いわさぶろう(1876～1956 소설가)
沖禎介　おき　ていすけ(1874～1904 志士)
沖中重雄　おきなか　しげお(1902～ 의학자)

鷲尾順敬　わしお　じゅんきょう(1868～1941 불교사학자)
鷲尾雨工　わしお　うこう(1892～1951 소설가)
翠巌宗珉　すいがん　そうみん(1608～64 선승)
鷲津宣光　わしず　のぶみつ(1825～82 한학자)

埴谷雄高　はにや　ゆたか(1910～ 소설가·평론가)
置目　おきめ(5세기 말, 궁녀)
雉本朗造　きじもと　ときぞう(1876～1922 법학자)
置始莵　おきそめのうさぎ(7세기 말, 功臣)
幟仁親王　たかひと　しんのう(＝有栖川宮幟仁親王)
熾仁親王　たるひと　しんのう(＝有栖川宮熾仁親王)
致平親王　むねひら　しんのう(951～1041)

勅使河原直重　てしがわら　なおしげ(？～1336 무사)
勅使河原蒼風　てしがはら　そうふう(1900～79 꽃꽂이 연구가)
則宗　のりむね(1152～1214 刀工)

親鸞　しんらん(1173～1262 승려)
親子内親王　ちかこ　ないしんのう(＝静寛院宮)

七里恒順　しちり　ごうじゅん(1835～1900 승려)
漆部伊波　ぬりべのいなみ(奈良시대, 관료)
七条院　しちじょういん(1157～1228 후궁)

沈南蘋　しん　なんぴん, ちん　なんぴん(江戸중기, 화가)
沈銓　しん　せん(＝沈南蘋)

称光天皇　しょうこう　てんのう(1401～28)
称徳天皇　しょうとく　てんのう(＝孝謙天皇)
称名寺殿　しょうみょうじどの(＝金沢実時)

ㅋ

쾌

快慶　かいけい(鎌倉시대, 仏師)
快道　かいどう(？〜1810 승려)
快元　かいげん(？〜1469 선승·유학자)
快川紹喜　かいせん　じょうき(？〜1582 선승)

ㅌ

타

詫間樊六　たくま　はんろく(1833〜64 志士)
他魯毎　たるみ(？〜1429 琉球 国王)
他阿　たあ(1237〜1319 승려)
打它光軌　うちだ　こうき(江戸중기, 歌人)
他戸親王　おさべ　しんのう(？〜775)

탄

呑龍　どんりゅう(1556〜1623 승려)
灘尾弘吉　なだお　ひろきち(1899〜 정치가)
炭焼小五郎　すみやき　こごろう(전설)
弾左衛門　だんざえもん(＝弾直樹)
弾直樹　だん　なおき(1822〜89 장인)
炭太祇　たん　たいぎ(1709〜71 俳人)

湯本武比古　ゆもと　たけひこ(1857~1925 교육학자)
湯山弥五右衛門　ゆやま　やごえもん(1650~1717 篤農家)
湯川寛吉　ゆかわ　かんきち(1868~1931 실업가)
湯浅明善　ゆあさ　めいぜん(江戸후기, 유학자)
湯浅半月　ゆあさ　はんげつ(1858~1948 시인)
湯浅芳子　ゆあさ　よしこ(1896~1990 노문학자)
湯浅常山　ゆあさ　じょうざん(1708~81 유학자)
湯浅常是　ゆあさ　じょうぜ(＝大黒常是)
湯川秀樹　ゆかわ　ひでき(1907~81 물리학자)
湯浅佑一　ゆあさ　ゆういち(1906~ 실업가)
湯浅一郎　ゆあさ　いちろう(1868~1931 서양화가)
湯浅倉平　ゆあさ　くらへい(1874~1940 관료·정치가)
湯浅治郎　ゆあさ　じろう(1850~1932 기독교 사회운동가)
湯沢三千男　ゆざわ　みちお(1888~1963 관료·정치가)
湯河元威　ゆかわ　もとたけ(1897~1958 관료)

태

太極　たいきょく(1421~86 선승)
太祇　たいぎ(＝炭太祇)
太刀山峰右衛門　たちやま　みねえもん(1877~1941 力士)
泰範　たいはん(778~？ 승려)
太岳周崇　たいがく　しゅうすう(1345~1423 선승)
太安万侶　おおのやすまろ(？~723 古事記 편찬자)
太玉命　ふとたまのみこと(記紀신화)
太遠建治　おおのおけじ(奈良시대, 관료)
太原崇孚　たいげん　すうふ(？~1555 선승)
太宰春台　だざい　しゅんだい(1680~1747 유학자)
太宰治　だざい　おさむ(1909~48 소설가)
太田覚眠　おおた　かくみん(1866~1944 승려)
太田耕造　おおた　こうぞう(1889~1981 변호사·정치가)
太田権右衛門　おおた　ごんえもん(1834~66 志士)
太田錦城　おおた　きんじょう(1765~1825 고증학자)
太田道灌　おおた　どうかん(1432~86 무장)
太田亮　おおた　あきら(1884~1956 역사학자)
太田博太郎　おおた　ひろたろう(1912~ 건축사가)
太田半六　おおた　はんろく(1874~1960 실업가)
太田水穂　おおた　みずほ(1876~1955 국문학자)
太田時連　おおた　ときつら(南北朝시대, 幕臣)
太田玉茗　おおた　ぎょくめい(1871~1927 시인)
太田牛一　おおた　ぎゅういち(1527~？ 무장)
太田雄蔵　おおた　ゆうぞう(江戸후기, 바둑기사)
太田垣士郎　おおたがき　しろう(1894~1964 실업가)
太田資長　おおた　すけなが(＝太田道灌)
太田資正　おおた　すけまさ(1521~91 무장)
太田資晴　おおた　すけはる(1695~1740 大名)
太田章三郎　おおた　しょうさぶろう(1770~1840 문인·정치가)
太田全斎　おおた　ぜんさい(1759~1829 유학자)
太田正雄　おおた　まさお(＝木下杢太郎)
太田政弘　おおた　まさひろ(1870~1951 관료)
太田正孝　おおた　まさたか(1886~1982 경제평론가)
太田朝敷　おおた　ちょうふ(1865~1938 저널리스트)
太田持資　おおた　もちすけ(＝太田道灌)
太田澄玄　おおた　ちょうげん(1721~95 본초학자)
太田清蔵　おおた　せいぞう(1863~1946 정치가)
太田薫　おおた　かおる(1912~ 노동운동가)
泰澄　たいちょう(682~767 승려)

택

宅間能清　たくま　よしきよ(江戸중기, 수학자)
沢口一之　さわぐち　かずゆき(江戸전·중기, 수학자)
沢柳政太郎　さわやなぎ　まさたろう(1865~1927 교육가)
宅磨勝賀　たくま　しょうが(鎌倉초기, 화가)
宅磨栄賀　たくま　えいが(南北朝시대, 화가)
宅磨為久　たくま　ためひさ(鎌倉초기, 화가)
宅磨為成　たくま　ためなり(平安중기, 화가)
宅磨為行　たくま　ためゆき(鎌倉시대, 화가)
沢木興道　さわき　こうどう(1880~1965 승려)
沢辺正修　さわべ　せいしゅう(1856~86 정치가)
沢本頼雄　さわもと　よりお(1886~1965 해군대장)
沢瀉久孝　おもだか　ひさたか(1890~1968 국문학자)
沢山保羅　さわやま　ぽうろ(1852~87 목사)
沢宣嘉　さわ　のぶよし(1833~73 公卿)
沢庵宗彭　たくあん　そうほう(1573~1645 선승)
沢野忠庵　さわの　ちゅうあん(1580~1650 예수회 사제)

沢元愷　さわ　げんがい(?～1791 수필가)
沢田東江　さわだ　とうこう(1732～96 서예가)
沢田廉三　さわだ　れんぞう(1888～1970 외교관)
沢田名垂　さわだ　なたり(1775～1845 국학자)
沢田茂　さわだ　しげる(1887～1980 육군중장)
沢田美喜　さわだ　みき(1901～80 사회사업가)
沢田節蔵　さわだ　せつぞう(1884～1976 외교관)
沢田政広　さわだ　せいこう(1894～1988 조각가)
沢田正二郎　さわだ　しょうじろう (1892～1929 배우)
沢田竹治郎　さわだ　たけじろう(1882～1973 관료)
沢田清兵衛　さわだ　せいべえ (1764～1824 治水·개간가)
沢住検校　さわずみ　けんぎょう (江戸전기, 琵琶法師)
沢村基宗　さわむら　もとむね(鎌倉후기, 악한)
沢村勝為　さわむら　しょうい(1613～55 治水家)
沢村栄治　さわむら　えいじ(1917～44 프로야구 투수)
沢村田之助　さわむら　たのすけ (1753～1801 가부키 배우)
沢村宗綱　さわむら　むねつな(鎌倉후기, 舎人)
沢村宗十郎　さわむら　そうじゅうろう (1685～1756 가부키 배우)
沢太郎左衛門　さわ　たろうざえもん (1834～98 해군 육성자)

토

土居光知　どい　こうち(1886～1979 영문학자)
土居佐之助　どい　さのすけ(1841～64 志士)
土居清良　どい　きよよし(1546～1629 무장)
土居通夫　どい　みちお(1837～1917 실업가)
土居通増　どい　みちます(南北朝시대, 무장)
土光敏夫　どこう　としお(1896～1988 실업가)
土橋友直　つちはし　ともなお(1685～1730 교육가)
土岐光信　とき　みつのぶ(1071～1135 무사)
土岐頼康　とき　よりやす(1318～87 무장)
土岐頼芸　とき　よりなり(1502～82 무장)
土岐頼遠　とき　よりとお(?～1341 무장)
土岐頼益　とき　よります(1351～1414 무장)
土岐頼貞　とき　よりさだ(1271～1339 무장)
土岐頼清　とき　よりきよ(南北朝시대, 무장)
土岐頼行　とき　よりゆき(1608～84 大名)
土岐満貞　とき　みつさだ(南北朝시대, 무장)
土岐善麿　とき　ぜんまろ(1885～1980 歌人)
土岐詮直　とき　あきなお(南北朝시대, 무장)
土岐定政　とき　さだまさ(1556～97 무장)
土岐直氏　とき　なおうじ(?～1380 무장)
菟道稚郎子　うじのわきいらつこ(記紀전설)
土門拳　どもん　けん(1909～90 사진작가)
土方久元　ひじかた　ひさもと(1833～1918 정치가)
土方久徴　ひじかた　ひさあきら(1870～1942 은행가)
土方寧　ひじかた　やすし(1859～1939 법학자)
土方稲嶺　ひじかた　とうれい(1741～1807 화가)
土方成美　ひじかた　せいび(1890～1975 재정학자)
土方歳三　ひじかた　としぞう (1835～69 新撰組 간부)
土方与志　ひじかた　よし(1898～1959 연출가)
土方定一　ひじかた　ていいち(1904～80 미술평론가)
土肥慶蔵　どひ　けいぞう(1866～1931 피부비뇨학자)
土肥黙翁　どひ　もくおう(1660～1726 유학자)
土肥実平　どひ　さねひら(鎌倉전기, 무장)
土肥原賢二　**どいはら　けんじ**, どひはら　けんじ (1883～1948 육군대장)
土肥春曙　どい　しゅんしょ (1869～1915 연극평론가·배우)
土肥霞洲　どひ　かしゅう(1693～1757 유학자)
土師清二　はじ　せいじ(1893～1977 소설가)
土生元碩　はぶ　げんせき(1762～1854 안과의사)
土手お六　どてのおろく(작품)
土御門天皇　つちみかど　てんのう(1195～1231)
土御門泰福　つちみかど　やすとみ (1655～1717 역술가)
土御門通親　つちみかど　みちちか (1149～1202 公卿)
土屋喬雄　つちや　たかお(1896～1988 경제사학자)
土屋文明　つちや　ぶんめい(1890～1990 歌人)
土屋善四郎　つちや　ぜんしろう(?～1786 도공)
土屋蕭海　つちや　しょうかい(＝土屋矢之助)
土屋矢之助　つちや　やのすけ(1829～64 志士)
土屋安親　つちや　やすちか(1670～1744 금속공예가)
土屋温斎　つちや　おんさい(1823～90 수학자)
土屋又三郎　つちや　またさぶろう (1642～1719 농학자)
土屋義清　つちや　よしきよ(?～1213 무장)
菟原処女　うない　おとめ(작품)
土子金四郎　つちこ　きんしろう (1864～1917 경제학자)
土田耕平　つちだ　こうへい (1895～1940 歌人·동화작가)
土田麦僊　つちだ　ばくせん(1887～1936 일본화가)
土田宗悦　つちだ　そうえつ(江戸중기, 칠기공예가)
土田杏村　つちだ　きょうそん(1891～1934 사상가)
土井利房　どい　としふさ(1631～? 大名)
土井利勝　どい　としかつ(1573～1644 大老)
土井利位　どい　としつら(1789～1848 老中)
土井利忠　どい　としただ(1811～68 大名)
土井晩翠　つちい　ばんすい, **どい　ばんすい**

(1871～1952 시인·영문학자)
土井善右衛門　どい　ぜんえもん(1828～83 교육가)
土井贅牙　どい　ごうが(1817～80 유학자)
土井たか子　どい　たかこ(1928～ 정치가)
土井正治　どい　まさはる(1894～ 실업가)
土井辰雄　どい　たつお(1892～1970 카톨릭 지도자)
土井忠生　どい　ただお(1900～ 국어학자)
土佐光起　とさ　みつおき(1617～91 화가)
土佐光茂　とさ　みつしげ, **とさ　みつもち** (室町후기, 화가)
土佐光信　とさ　みつのぶ(室町후기, 화가)
土佐光長　とさ　みつなが(＝常盤光長)
土佐光貞　とさ　みつさだ(1738～1806 화가)
土佐光則　とさ　みつのり(1583～1638 화가)
土佐坊昌俊　とさぼう　しょうしゅん (？～1185 무장)
土佐少掾橘正勝　とさのしょうじょう　たちばなのまさかつ(江戸중기, 浄瑠璃 太夫)
土佐院　とさのいん(＝土御門天皇)
土川平兵衛　つちかわ　へいべえ (1801～43 민중봉기지도자)

통

樋口勘次郎　ひぐち　かんじろう (1871～1917 교육학자)
樋口権右衛門　ひぐち　ごんえもん (江戸전기, 측량가)
樋口道立　ひぐち　どうりゅう(1732～1812 俳人)
樋口武　ひぐち　たけし(1815～70 志士)
樋口一葉　ひぐち　いちよう(1872～96 소설가·歌人)
樋口知足斎　ひぐち　ちそくさい (1750～1826 한학자)
通陽門院　つうようもんいん(1351～1406 황후)
筒井順覚　つつい　じゅんかく(室町전기, 무장)
筒井順慶　つつい　じゅんけい(1549～84 무장)
筒井順昭　つつい　じゅんしょう(？～1551 무장)
筒井順永　つつい　じゅんえい(1420～76 무장)
筒井順興　つつい　じゅんこう(？～1535 무장)
筒井定次　つつい　さだつぐ(1562～1615 무장·大名)
筒井政憲　つつい　まさのり(1778～1859 奉行)
筒井村作兵衛　つついむら　さくべえ (1688～1732 농민)
樋貝詮三　ひがい　せんぞう(1890～1953 정치가)
通幻寂霊　つうげん　じゃくれい(1322～91 선승)

퇴

退耕行勇　たいこう　ぎょうゆう(1163～1241 선승)

ㅍ

파

波多野検校　はたの　けんぎょう
（？〜1651 平曲의 비조）
波多野敬直　はたの　よしなお(1850〜1922 관료)
波多野勤子　はたの　いそこ(1905〜78 아동심리학자)
波多野善大　はたの　よしひろ(1908〜 중국연구가)
波多野承五郎　はたの　しょうごろう
(1858〜1929 관료·실업가)
波多野完治　はたの　かんじ(1905〜 심리학자)
波多野鼎　はたの　かなえ
(1896〜1976 정치가·경제학자)
波多野精一　はたの　せいいち(1877〜1950 철학자)
波多野鶴吉　はたの　つるきち(1858〜1918 실업가)
波羅門僧正　ばらもん　そうじょう(＝菩提僊那)
播隆　ばんりゅう(1782〜1840 수행자)
播磨稲日大郎姫　はりまのいなびのおおいらつひめ(설화)
波木井実長　はきい　さねなが(1222〜97 무사)
巴御前　ともえ　ごぜん(平安말기, 무장의 첩)
芭蕉　ばしょう(＝松尾芭蕉)
波平行安　なみのひら　ゆきやす(江戸전기, 刀工)

판

板谷桂舟　いたや　けいしゅう(1729〜97 화가)
阪谷朗盧　さかたに　ろうろ(1822〜81 한학자)
阪谷芳郎　さかたに　よしろう(1863〜1941 정치가)
板谷波山　いたや　はざん(1872〜1963 도예가)
阪谷希一　さかたに　きいち
(1889〜1957 식민지행정관료)
坂口謹一郎　さかぐち　きんいちろう
(1897〜 화학자)
坂口安吾　さかぐち　あんご
(1906〜55 소설가·평론가)
坂口昂　さかぐち　たかし(1872〜1928 역사학자)
坂崎斌　さかざき　びん(1855〜1914 저널리스트)
坂崎直盛　さかざき　なおもり(＝坂崎出羽守)
坂崎出羽守　さかざき　でわのかみ(？〜1616 大名)
坂内義雄　ばんない　よしお(1891〜1960 실업가)
坂東三津五郎　ばんどう　みつごろう
(1745〜82 가부키 배우)
坂東彦三郎　ばんどう　ひこさぶろう
(1693〜1751 가부키 배우)
阪東妻三郎　ばんどう　つまさぶろう
(1901〜53 영화배우)
坂本嘉治馬　さかもと　かじま(1866〜1938 실업가)
坂本九　さかもと　きゅう(1941〜85 가수)
坂本藤吉　さかもと　とうきち(1798〜1839 茶商)
坂本亮　さかもと　りょう(1907〜 교육평론가)
坂本龍馬　さかもと　りょうま(1835〜67 志士)
坂本繁二郎　さかもと　はんじろう
(1882〜1969 서양화가)
坂本三太夫　さかもと　さんだゆう
(？〜1631 기독교인)
阪本勝　さかもと　まさる(1899〜1975 평론가·정치가)
坂本市之丞　さかもと　いちのじょう
(1736〜1809 治水家)
坂本宇頭麻佐　さかもとのうずまさ(奈良시대, 관료)
阪本越郎　さかもと　えつろう(1906〜69 독문학자)
坂本直寛　さかもと　なおひろ
(1853〜1911 자유민권운동가)
坂本天山　さかもと　てんざん(1745〜1803 포술가)

坂本清馬　さかもと　せいま(1885～1975 반란 주모자)
阪本清一郎　さかもと　せいいちろう
(1892～1987 사회운동가)
坂本太郎　さかもと　たろう(1901～87 역사학자)
坂本孝三郎　さかもと　こうざぶろう
(1894～1935 노동운동가)
坂部広胖　さかべ　こうはん(1759～1824 수학자)
坂士仏　さか　しぶつ(室町전기, 의사)
坂上老　さかのうえのおきな(？～699 功臣)
坂上望城　さかのうえのもちき(平安중기, 歌人)
坂上明基　さかのうえのあきもと(1138～1210 율령가)
坂上是則　さかのうえのこれのり(？～930 문인)
坂上苅田麻呂　さかのうえのかりたまろ
(728～86 무관)
坂上田村麻呂　さかのうえのたむらまろ
(758～811 무관)
坂西利八郎　ばんざい　りはちろう
(1870～1950 육군중장)
坂信弥　さか　のぶや, ばん　のぶや(1898～ 관료)
坂十仏　さか　じゅうぶつ(南北朝시대, 승려·連歌師)
坂額　はんがく(鎌倉초기, 호걸)
板垣聊爾斎　いたがき　りょうじさい
(1638～98 국학자)
板垣征四郎　いたがき　せいしろう
(1885～1948 육군대장)
板垣直子　いたがき　なおこ(1896～1977 평론가)
板垣退助　いたがき　たいすけ(1837～1919 정치가)
坂田道太　さかた　みちた(1916～ 정치가)
坂田藤十郎　さかた　とうじゅうろう
(1647～1709 가부키 배우)
坂田三吉　さかた　さんきち(1870～1946 바둑기사)
坂田甚八　さかた　じんぱち(安土桃山시대, 거상)
坂田栄男　さかた　えいお(1920～ 바둑기사)
坂田昌一　さかた　しょういち
(1911～70 이론물리학자)
阪井久良伎　さかい　くらき(1869～1945 川柳작가)
坂正永　さか　まさのぶ(江戸후기, 수학자)
坂浄運　さか　じょううん(室町후기, 승려)
坂井政尚　さかい　まさひさ(？～1570 무장)
坂井虎山　さかい　こざん(1798～1850 유학자)
板倉復軒　いたくら　ふくけん(1665～1728 유학자)
板倉勝宣　いたくら　かつのぶ(1897～1923 등산가)
板倉勝静　いたくら　かつきよ(1823～89 정치가)
板倉勝重　いたくら　かつしげ(1545～1624 정치가)
坂倉源次郎　さかくら　げんじろう
(江戸중기, 도금기술자)
坂倉準三　さかくら　じゅんぞう(1901～69 건축가)
板倉重矩　いたくら　しげのり(1617～73 老中)
板倉重宗　いたくら　しげむね(1586～1656 정치가)
板倉重昌　いたくら　しげまさ(1588～1638 무장)
板倉卓造　いたくら　たくぞう
(1879～1963 저널리스트)
阪妻　ばんつま(＝阪東妻三郎)
坂合部唐　さかいべのから(奈良시대, 관료)
坂合部大分　さかいべのおおきた(奈良시대, 관료)
坂合部磐積　さかいべのいわつみ
(7세기 말, 견당유학생)
坂合部薬　さかいべのくすり(？～672 무장)

八角三郎　やすみ　さぶろう(1880～1965 해군중장)
八犬士　はっけんし(작품)
八橋検校　やつはし　けんぎょう(1614～85 箏曲家)
八代国治　やしろ　くにじ(1873～1924 역사학자)
八代則彦　やしろ　のりひこ(1872～1945 실업가)
八郎太郎　はちろうたろう(전설)
八木隆一郎　やぎ　りゅういちろう
(1906～65 극작가)
八木美穂　やぎ　よしほ(1800～54 국학자)
八木保太郎　やぎ　やすたろう
(1903～87 시나리오 작가)
八木秀次　やぎ　ひでつぐ
(1886～1976 전기통신공학자)
八木重吉　やぎ　じゅうきち(1898～1927 시인)
八文字屋其笑　はちもんじや　きしょう
(？～1750 풍속소설가)
八文字屋自笑　はちもんじや　じしょう
(？～1745 풍속소설가)
八百比丘尼　はっぴゃく　びくに(전설)
八百屋お七　やおや　おしち
(1668～83 가부키 狂言의 모델)
八百板正　やおいた　ただし(1905～ 정치가)
八幡太郎義家　はちまんたろう　よしいえ
(＝源義家)
八並武治　やつなみ　たけじ(1877～1947 정치가)
八杉龍一　やすぎ　りゅういち(1911～ 동물학자)
八杉貞利　やすぎ　さだとし
(1876～1966 러시아어 학자)
八束水臣津野命　やつかみずおみつぬのみこと(작품)
八十村路通　やそむら　ろつう(1648～1738 俳人)
八田嘉明　はった　よしあき(1879～1964 정치가)
八田元夫　はった　もとお(1903～76 연출가)
八田知家　はった　ともいえ(鎌倉전기, 무장)
八田知紀　はった　とものり(1799～1873 歌人)
八田皇女　やたのひめみこ(5세기, 황후)
八条宮智仁親王　はちじょうのみや　としひとしんのう(＝智仁親王)

八条宮智忠親王　はちじょうのみや としただしんのう(＝智忠親王)
八条院　はちじょういん(1137～1211 황녀)
八重の家菊枝　やえのや きくえ(1824～86 狂歌師)
八重崎検校　やえざき けんぎょう(?～1848 箏曲家)
八重崎屋源六　やえざきや げんろく(?～1749 약장수)
八重垣姫　やえがきひめ(작품)
八太舟三　はった しゅうぞう(1886～1934 무정부주의자)
八坂検校　やさか けんぎょう(南北朝시대, 琵琶法師)
八坂入媛　やさかのいりひめ(記紀전설)

패

貝谷八百子　かいたに やおこ(1921～91 발레리나)
貝島太助　かいじま たすけ(1844～1916 탄광업자)
貝原東軒　かいばら とうけん(1652～1713 학자)
貝原益軒　かいばら えきけん(1630～1714 유학자)
稗田阿礼　ひえだのあれ(7세기 말, 舎人)
貝塚茂樹　かいずか しげき(1904～87 중국사학자)

팽

彭城百川　さかき ひゃくせん(1697～1752 화가)

편

片岡健吉　かたおか けんきち(1843～1903 정치가)
片岡寛光　かたおか ひろみつ(?～1818 국학자)
片岡球子　かたおか たまこ(1905～ 일본화가)
片岡良一　かたおか よしかず(1897～1957 국문학자)
片岡万平　かたおか まんぺい(1770～1817 義人)
片岡孫五郎　かたおか まごごろう(1811～67 志士)
片岡市蔵　かたおか いちぞう(1792～1862 가부키 배우)
片岡我当　かたおか がとう(1810～63 가부키 배우)
片岡如圭　かたおか じょけい(江戸중·후기, 易学者)
片岡仁左衛門　かたおか にざえもん(1656～1715 가부키 배우)
片岡直温　かたおか なおはる(1859～1934 실업가·정치가)
片岡直輝　かたおか なおてる(1856～1927 실업가)
片岡千恵蔵　かたおか ちえぞう(1903～83 영화배우)
片岡鉄兵　かたおか てっぺい(1894～1944 소설가)
遍救　へんぐ(平安중기, 승려)
片多徳郎　かたた とくろう(1889～1934 서양화가)
片桐嘉矜　かたぎり かぎん(?～1820 暦算家)
片桐石州　かたぎり せきしゅう(1605～73 다도가)
片桐省介　かたぎり せいすけ(1837～73 勤王家)
片桐且元　かたぎり かつもと(1556～1615 무장)
片柳真吉　かたやなぎ しんきち(1905～88 관료)
片山兼山　かたやま けんざん(1730～82 유학자)
片山国嘉　かたやま くにか(1855～1931 법의학자)
片山金弥　かたやま きんや(1788～1851 暦学者)
片山東熊　かたやま とうくま(1854～1917 건축가)
片山良庵　かたやま りょうあん(1601～68 군학자)
片山敏彦　かたやま としひこ(1898～1961 시인·평론가)
片山北海　かたやま ほっかい(1723～90 유학자)
片山潜　かたやま せん(1859～1933 국제공산주의운동 지도자)
片山正夫　かたやま まさお(1877～1961 물리화학자)
片山哲　かたやま てつ(1887～1978 정치가)
片上伸　かたがみ のぶる(1884～1928 평론가·노문학자)
遍昭　へんじょう(816～90 歌人)
片野四郎　かたの しろう(1867～1909 미술감정가)
片倉兼太郎　かたくら かねたろう(1849～1917 방적업자)
片倉元周　かたくら げんしゅう(＝片倉鶴陵)
片倉衷　かたくら ただし(1898～ 육군중장)
片倉鶴陵　かたくら かくりょう(1751～1822 의사)
片平信明　かたひら のぶあき(1829～98 농정가)

평

平家貞　たいらのいえさだ(平安후기, 무사)
平康頼　たいらのやすより(平安후기, 무사)
平岡養一　ひらおか よういち(1907～81 실로폰 연주자)
平岡次郎右衛門　ひらおか じろうえもん(1584～1643 지방관)
平岡通義　ひらおか みちよし(1831～1917 건축가)
平岡浩太郎　ひらおか こうたろう(1851～1906 정치가)

平兼隆 たいらのかねたか(?～1180 무사)
平兼盛 たいらのかねもり(?～990 歌人)
平経盛 たいらのつねもり(1125～85 무사)
平経正 たいらのつねまさ(?～1184 무사·歌人)
平景清 たいらのかげきよ(?～1196 무사)
平高棟 たいらのたかむね(804～67 귀족)
平高望 たいらのたかもち(平安전·중기, 귀족)
平広常 たいらのひろつね(＝千葉広常)
平教経 たいらののりつね(1160～85 무사)
平教盛 たいらののりもり(1128～85 무장)
平国香 たいらのくにか(?～935 호족)
平群広成 へぐりのひろなり(?～753 관료)
平群木菟 へぐりのずく(전설)
平群鮪 へぐりのしび(5세기 말, 호족)
平群真鳥 へぐりのまとり(5세기 말～6세기 초, 大臣)
平基盛 たいらのもともり(1139～? 무사)
坪内逍遙 つぼうち しょうよう
(1859～1935 평론가·소설가)
平徳子 たいらのとくこ(＝建礼門院)
平敦盛 たいらのあつもり(1169～84 무사)
平良兼 たいらのよしかね(?～939 무장)
平良文 たいらのよしふみ(平安중기, 무사)
平良新助 たいら しんすけ(1876～1970 민권운동가)
平頼綱 たいらのよりつな(?～1293 정치가)
平頼盛 たいらのよりもり(1131～86 무장)
平瀬作五郎 ひらせ さくごろう
(1856～1925 식물학자)
平六代 たいらのろくだい(1173～98 무사)
平林新七 ひらばやし しんしち(?～1721 義人)
平林盈淑 ひらばやし みつよし(1790～1860 부농)
平林初之輔 ひらばやし はつのすけ
(1892～1931 평론가)
平林彪吾 ひらばやし ひょうご(1903～39 소설가)
平木二六 ひらき にろく(1903～ 시인)
平尾貴四男 ひらお きしお(1907～53 작곡가)
平尾魯僊 ひらお ろせん(1808～80 문인)
平保業 たいらのやすなり(鎌倉전기, 귀족)
平福百穂 ひらふく ひゃくすい
(1877～1933 일본화가)
平福穂庵 ひらふく すいあん(1844～90 일본화가)
平師盛 たいらのもろもり(1170～84 무사)
平山東山 ひらやま とうさん(1762～1816 地誌학자)
平山蘆江 ひらやま ろこう(1882～1953 소설가)
平山尚住 ひらやま なおずみ(?～1768 정치가)
平山成信 ひらやま なりのぶ(1854～1929 관료)
平山省斎 ひらやま せいさい(1815～90 幕臣)
平山子龍 ひらやま しりょう(1759～1828 유학자)
平山周 ひらやま しゅう(1870～1940 낭인)
坪上貞二 つぼがみ ていじ(1884～1979 외교관)
平生釟三郎 ひらお はちさぶろう
(1866～1945 실업가·정치가)

平盛国 たいらのもりくに(1113～86 무사)
平盛嗣 たいらのもりつぐ(?～1192 무사)
平盛俊 たいらのもりとし(?～1184 무사)
平城天皇 へいぜい てんのう(774～824)
平沼騏一郎 ひらぬま きいちろう
(1867～1952 관료·정치가)
平沼亮三 ひらぬま りょうぞう
(1879～1959 실업가·정치가)
平沼淑郎 ひらぬま よしろう(1864～1938 경제학자)
平沼専蔵 ひらぬま せんぞう(1836～1913 실업가)
平松楽斎 ひらまつ がくさい(1792～1852 정치가)
平松理準 ひらまつ りじゅん(1796～1881 승려)
平松時厚 ひらまつ ときあつ(1845～1911 관료)
平手政秀 ひらで まさひで(1492～1553 무장)
平手造酒 ひらて みき(1809～44 검객)
平時子 たいらのときこ(?～1185 무장의 아내)
平時忠 たいらのときただ(1127～89 公卿)
平岩愃保 ひらいわ よしやす
(1856～1933 기독교 지도자)
平岩親吉 ひらいわ ちかよし(1542～1611 무장)
平野謙 ひらの けん(1907～78 평론가)
平野国臣 ひらの くにおみ(1828～64 志士)
平野金華 ひらの きんか(1688～1732 유학자)
平野藤次郎 ひらの とうじろう(?～1638 무역상)
平野力三 ひらの りきぞう
(1898～1981 농민운동가·정치가)
平野万里 ひらの ばんり(1885～1947 歌人)
平野富二 ひらの とみじ(1846～92 기술자·실업가)
平野小剣 ひらの しょうけん
(1891～1940 사회운동가)
平野孫左衛門 ひらの まござえもん(＝末吉長方)
平野義太郎 ひらの よしたろう
(1897～1980 법학자)
坪野哲久 つぼの てっきゅう(1906～88 歌人)
平維茂 たいらのこれもち(平安중기, 무장)
平維盛 たいらのこれもり(1157～84 무장)
平維将 たいらのこれまさ(?～981 무사)
平維衡 たいらのこれひら(平安중기, 무장)
平資盛 たいらのすけもり(1158～84 무장)
平滋子 たいらのしげこ(1142～76 후궁)
平子鐸嶺 ひらこ たくれい(1877～1911 미술사가)
平将門 たいらのまさかど(?～940 무장)
平将平 たいらのまさひら(平安중기, 무장)
平田道仁 ひらた どうにん(1591～1646 공예가)
平田禿木 ひらた とくぼく(1873～1943 영문학자)
平田篤胤 ひらた あつたね(1776～1843 국학자)
平田篤次郎 ひらた とくじろう
(1872～1944 실업가)
平田東助 ひらた とうすけ
(1849～1925 관료·정치가)
平田昇 ひらた のぼる(1885～1958 해군중장)

坪田譲治　　つぼた　じょうじ
(1890～1982 소설가·동화작가)
平田彦三　　ひらた　ひこぞう(？～1626 금속공예가)
平田銕胤　　ひらた　かねたね(1799～1880 국학자)
平田通典　　ひらた　つうてん(1641～？ 도공)
坪井九馬三　　つぼい　くめぞう(1858～1936 역사학자)
坪井九右衛門　　つぼい　くえもん(1800～63 정치가)
平井権八　　ひらい　ごんぱち(？～1679 낭인)
平井金三郎　　ひらい　きんざぶろう
(1859～1916 언어학자)
平貞能　　たいらのさだよし(平安후기, 무장)
平井澹所　　ひらい　たんしょ(1762～1820 유학자)
坪井杜国　　つぼい　とこく(？～1690 俳人)
平井六右衛門　　ひらい　ろくえもん
(1865～1921 실업가)
平貞文　　たいらのさだふみ(？～923 歌人)
平井善之丞　　ひらい　ぜんのじょう(1803～65 志士)
平正盛　　たいらのまさもり(平安후기, 무장)
平貞盛　　たいらのさだもり(平安후기, 무장)
平井収二郎　　ひらい　しゅうじろう(1836～63 志士)
坪井信道　　つぼい　しんどう(1795～1848 蘭医)
坪井伊助　　つぼい　いすけ(1843～1925 篤農家)
平政子　　たいらのまさこ(＝北条政子)
坪井正五郎　　つぼい　しょうごろう
(1863～1913 인류학자·고고학자)
坪井忠二　　つぼい　ちゅうじ(1902～82 지구물리학자)
坪井玄道　　つぼい　げんどう
(1852～1922 학교체육지도자)
平井希昌　　ひらい　きしょう(1839～96 관료·외교관)
平宗盛　　たいらのむねもり(1147～85 무장)
平宗清　　たいらのむねきよ(平安후기, 무사)
平重盛　　たいらのしげもり(1137～79 무장)
平重衡　　たいらのしげひら(1156～85 무장)
平櫛田中　　ひらぐし　でんちゅう(1872～1979 조각가)
平知康　　たいらのともやす(鎌倉전기, 무사)
平知盛　　たいらのとももり(1151～85 무장)
平直方　　たいらのなおかた(平安중기, 무사)
平秩東作　　へずつ　とうさく
(1726～89 狂歌師·희작자)
平川唯一　　ひらかわ　ただいち
(1902～ 라디오 영어회화 진행자)
平泉澄　　ひらいずみ　きよし(1895～1984 역사학자)
平清経　　たいらのきよつね(？～1183 무사)
平清盛　　たいらのきよもり(1118～81 무장)
平清水東川　　ひらしみず　とうせん(1703～68 문인)
平塚広義　　ひらつか　ひろよし(1875～1948 관료)
平塚武二　　ひらつか　たけじ(1904～71 동화작가)
平塚常次郎　　ひらつか　つねじろう
(1881～1974 실업가·정치가)
平塚飄斎　　ひらつか　ひょうさい
(1794～1875 지리학자)

平出鏗二郎　　ひらで　こうじろう
(1869～1911 국문학자)
平出修　　ひらいで　しゅう(1878～1914 소설가·변호사)
平忠度　　たいらのただのり(1144～84 무사·歌人)
平忠常　　たいらのただつね(？～1031 무사)
平忠盛　　たいらのただもり(1095～1153 무장)
平忠正　　たいらのただまさ(？～1156 무장)
平致頼　　たいらのむねより(？～1011 무사)
平沢計七　　ひらさわ　けいしち
(1889～1923 노동운동가)
平沢元愷　　ひらさわ　げんかい(1733～91 유학자)
平通盛　　たいらのみちもり(？～1184 무사)
平賀文男　　ひらが　ふみお(1895～1964 등산가)
平賀敏　　ひらが　さとし(1859～1931 실업가)
平賀譲　　ひらが　ゆずる(1878～1943 조선공학자)
平賀源内　　ひらが　げんない(1728～79 본초학자)
平賀元義　　ひらが　もとよし(1800～65 歌人)
平賀惟義　　ひらが　これよし(鎌倉전기, 무장)
平賀義信　　ひらが　よしのぶ(鎌倉전기, 무장)
平賀朝雅　　ひらが　ともまさ(？～1205 무장)
平賀晋民　　ひらが　しんみん(1721～92 유학자)
平行盛　　たいらのゆきもり(？～1185 무사·歌人)
平戸廉吉　　ひらと　れんきち(1893～1922 시인)

幣原坦　　しではら　ひろし(1870～1953 관료)
幣原喜重郎　　しではら　きじゅうろう
(1872～1951 외교관·정치가)

浦敬一　　うら　けいいち(1860～89 志士·낭인)
浦島子　　うらしまのこ(＝水江浦島子)
浦島太郎　　うらしま　たろう(＝水江浦島子)
浦里・時次郎　　うらざと・ときじろう(작품)
浦上盛栄　　うらがみ　もりひで
(1767～1820 사회사업가)
浦上玉堂　　うらがみ　ぎょくどう(1745～1820 화가)
浦上宗景　　うらがみ　むねかげ(戦国시대, 무장)
浦上村宗　　うらがみ　むらむね(？～1531 무장)
浦上春琴　　うらがみ　しゅんきん(1779～1846 화가)
浦上則宗　　うらがみ　のりむね(1429～1502 무장)

蒲生君平　がもう　くんぺい(1768～1813 勤王家)
蒲生氏郷　がもう　うじさと(1556～95 무장)
蒲生賢秀　がもう　かたひで(1534～84 무장)
布勢御主人　ふせのみぬし(＝阿倍御主人)
布施健　ふせ　たけし(1912～88 검사)
布施松翁　ふせ　しょうおう(1725～84 心学者)
布施辰治　ふせ　たつじ
(1880～1953 변호사·사회운동가)
蒲庵古渓　ほあん　こけい(1532～97 선승)
蒲原有明　かんばら　ありあけ(1876～1952 시인)
浦靱負　うら　ゆきえ(1795～1870 정치가)
浦田武雄　うらだ　たけお(1893～ 사회운동가)
布田惟暉　ぬのた　これてる(1801～73 治水家)
浦田長民　うらた　ながたみ(1840～93 神官)
布津村代右衛門　ふつむら　だいえもん
(江戸전기, 민중봉기 지도자)
布川角左衛門　ぬのかわ　かくざえもん
(1901～ 저널리스트)

俵国一　たわら　くにいち(1872～1958 야금학자)
俵藤太　たわら　とうた(＝藤原秀郷)
俵孫一　たわら　まごいち(1869～1944 관료·정치가)
俵屋宗達　たわらや　そうたつ(江戸전기, 화가)

品川弥二郎　しながわ　やじろう
(1843～1900 정치가)

風間丈吉　かざま　じょうきち(1902～68 사회운동가)
風見章　かざみ　あきら(1886～1961 정치가)
豊階安人　とよしなのやすひと(797～861 학자·관료)
風巻景次郎　かざまき　けいじろう
(1902～60 국문학자)
豊島与志雄　とよしま　よしお(1890～1955 소설가)
豊道春海　ぶんどう　しゅんかい(1878～1970 서예가)
風来山人　ふうらい　さんじん(＝平賀源内)
風魔小太郎　ふうま　こたろう(전설)
豊美繁太夫　とよみ　しげたゆう
(江戸중기, 浄瑠璃 太夫)
豊臣秀吉　とよとみ　ひでよし(1536～98 무장)
豊臣秀頼　とよとみ　ひでより(1593～1615 大名)
豊臣秀長　とよとみ　ひでなが(＝羽柴秀長)
豊臣秀次　とよとみ　ひでつぐ(1568～95 大名)
豊原時元　とよはら　ときもと(1058～1123 아악가)
豊原統秋　とよはら　すみあき(1450～1524 歌人)
豊田耕児　とよだ　こうじ(1933～ 바이올리니스트)
豊田貢　とよだ　みつぎ(1774～1829 기독교인)
豊田九皐　とよだ　きゅうこう(1811～90 의사)
豊田亮　とよだ　りょう(1805～64 유학자·志士)
豊田武兵衛　とよだ　ぶへえ(江戸중기, 治水家)
豊田副武　とよだ　そえむ(1885～1957 해군대장)
豊田四郎　とよた　しろう(1906～77 영화감독)
豊田雅孝　とよだ　まさたか(1898～ 관료)
豊田英二　とよだ　えいじ(1913～ 실업가)
豊田正子　とよだ　まさこ(1922～ 소설가)
豊田貞次郎　とよだ　ていじろう
(1885～1961 해군대장)
豊田佐吉　とよだ　さきち(1867～1930 방직기 발명가)
豊田喜一郎　とよだ　きいちろう
(1894～1952 실업가)
風早八十二　かざはや　やそじ
(1899～1989 형법학자)
豊竹呂昇　とよたけ　ろしょう
(1874～1930 浄瑠璃 太夫)
豊竹肥前掾　とよたけ　ひぜんのじょう
(1704～57 浄瑠璃 太夫)
豊竹山城少掾　とよたけ　やましろのしょうじょう
(1878～1967 浄瑠璃 太夫)
豊竹若太夫　とよたけ　わかだゆう
(1888～1967 浄瑠璃 太夫)
豊竹越前少掾　とよたけ　えちぜんのしょうじょう
(1681～1764 浄瑠璃 太夫)
豊竹此太夫　とよたけ　このだゆう
(1726～96 義太夫節의 太夫)
豊増昇　とよます　のぼる(1912～75 피아니스트)
豊川良平　とよかわ　りょうへい(1852～1920 실업가)
豊鍬入姫　とよすきいりひめ(설화)
豊沢広助　とよざわ　ひろすけ
(1777～1824 浄瑠璃 義太夫節의 대가)
豊沢団平　とよざわ　だんぺい
(1827～98 浄瑠璃 義太夫節의 대가)

疋田検校　ひきた　けんぎょう(?～1455 琵琶法師)
疋田文五郎　ひきた　ぶんごろう(江戸전기, 무예가)
疋田千益　ひきた　ちます(1793～1869 歌人)

ㅎ

하

河角広　かわすみ　ひろし(1904～72 지진학자)
下間蓮崇　しもつま　れんしゅう(?～1499 승려)
下間少進仲孝　しもつましょうしん　なかたか (1551～1616 관료)
下岡蓮杖　しもおか　れんじょう (1823～1914 사진작가)
河鍋暁斎　かわなべ　きょうさい (1831～89 풍속화가)
河口慧海　かわぐち　えかい (1866～1945 티베트어 학자)
河崎なつ　かわさき　なつ(1887～1966 여성운동가)
河崎董　かわさき　ただす(1823～71 砲術家)
河鰭省斎　かわばた　しょうさい(1826～89 유학자)
河内山宗春　こうちやま　そうしゅん (江戸후기, 茶坊主)
河内王　かわちのおおきみ(?～694 대신)
賀島兵助　かしま　ひょうすけ(1645～97 정치가)
河島醇　かわしま　あつし(1847～1911 정치가)
河東碧梧桐　かわひがし　へきごとう (1873～1937 俳人)
下斗米秀之進　しもどまい　ひでのしん (1798～1822 반란주모자)
賀藤清右衛門　かとう　せいえもん (1768～1834 삼림행정가)
賀来惟熊　かく　これくま(1796～1880 사업가)
賀来毅篤　かく　きとく(1799～1857 蘭医)
河瀬菅雄　かわせ　すがお(1647～1725 국학자·歌人)
河瀬秀治　かわせ　ひではる (1841～1907 관료·실업가)
下瀬雅允　しもせ　まさちか(1859～1911 화약기술자)
河瀬太宰　かわせ　ださい(1819～66 志士)
蝦蟇仙人　がま　せんにん(작품)
下毛野公助　しもつけぬのきんすけ(平安중기, 무인)
下毛野子麻呂　しもつけぬのこまろ(?～709 관료)
夏目成美　なつめ　せいび(1749～1816 俳人)
夏目漱石　なつめ　そうせき(1867～1916 소설가)
夏目重蔵　なつめ　じゅうぞう(1807～63 地誌学者)
賀茂光栄　かものみつひで(?～1015 역술가)
賀茂規清　かも　のりきよ(=梅辻規清)
賀茂保憲　かものやすのり(917～77 역술가)
賀茂保憲女　かものやすのりのむすめ(平安중기, 歌人)
賀茂子虫　かものこむし(奈良시대, 관료)
賀茂真淵　かも　まぶち(1697～1769 국학자)
賀茂忠行　かものただゆき(平安중기, 역술가)
下飯坂潤夫　しもいいざか　ますお (1894～1971 판사)
河辺瓊缶　かわべのにえ(6세기 중엽, 무장)
河辺百枝　かわべのももえ(7세기 말, 장군)
河辺精長　かわべ　きよなが(1601～88 대신)

河辺虎四郎　かわべ　とらしろう (1890～1960 육군중장)
河本公輔　かわもと　きんすけ(1775～1832 국학자)
河本大作　こうもと　だいさく(1882～1955 군인)
河本敏夫　こうもと　としお(1911～ 실업가·정치가)
下山応助　しもやま　おうすけ(?～1890 神道家)
下山定則　しもやま　さだのり(1901～49 철도인)
河上娘　かわかみのいらつめ(＝蘇我河上娘)
河上弥市　かわかみ　やいち(1843～63 志士)
河上彦斎　かわかみ　げんさい(1834～71 志士)
河上丈太郎　かわかみ　じょうたろう (1889～1965 사회운동가·정치가)
河上肇　かわかみ　はじめ(1879～1946 경제학자)
河上徹太郎　かわかみ　てつたろう (1902～80 평론가)
河上清　かわかみ　きよし(1873～1949 사회주의자)
河西昌枝　かさい　まさえ(1933～ 여자 배구 선수)
下城弥一郎　しもじょう　やいちろう (1853～1905 방직업자)
河盛好蔵　かわもり　よしぞう(1902～ 불문학자)
河野謙三　こうの　けんぞう(1901～83 정치가)
河野広中　こうの　ひろなか (1849～1923 자유민권운동가)
河野広躰　こうの　ひろみ (1864～1941 자유민권운동가)
河野齢蔵　こうの　れいぞう(1865～1939 등산가)
河野敏鎌　こうの　とがま(1844～95 정치가)
河野密　こうの　みつ(1897～1981 사회운동가·정치가)
河野常吉　こうの　つねきち(1862～1930 역사가)
河野守弘　こうの　もりひろ(1793～1863 고증학자)
下野信之　しもの　のぶゆき(1855～1924 기상학자)
河野安信　こうの　やすのぶ(1820～85 공예가)
河野与一　こうの　よいち(1896～1984 불문학자)
河野一郎　こうの　いちろう(1898～1965 정치가)
河野禎造　こうの　ていぞう(1817～71 농학자)
河野鉄兜　こうの　てっと(1825～67 의사·漢詩人)
河野通継　こうの　みちつぐ(?～1270 무장)
河野通久　こうの　みちひさ(?～1435 무장)
河野通盛　こうの　みちもり(?～1364 무장)
河野通勢　こうの　つうせい(1895～1950 서양화가)
河野通秀　こうの　みちひで(鎌倉시대, 무장)
河野通時　こうの　みちとき(?～1281 무장)
河野通信　こうの　みちのぶ(1156～1223 무장)
河野通有　こうの　みちあり(鎌倉후기, 무장·守護)
河野通朝　こうの　みちとも(?～1364 무장)
河野通忠　こうの　みちただ(1268～? 무장)
賀陽親王　かや　しんのう(794～871)
賀陽豊年　かやのとよとし(751～815 관료·문인)
賀屋興宣　かや　おきのり(1889～1977 관료·정치가)
河原崎国太郎　かわらざき　くにたろう (1909～90 가부키 배우)
河原崎長十郎　かわらざき　ちょうじゅうろう (1902～81 가부키 배우)
河原田稼吉　かわらだ　かきち(1896～1955 관료)
河原春作　かわはら　しゅんさく(1890～1971 관료)
河越重頼　かわごえ　しげより(?～1185 무사)
下田歌子　しもだ　うたこ(1854～1936 교육가)
河田景与　かわだ　かげとも(1828～97 志士)
賀田金三郎　かた　きんざぶろう (1857～1922 실업가)
河田烈　かわた　いさお(1883～1963 관료)
下田武三　しもだ　たけぞう(1907～ 외교관)
河田嗣郎　かわた　しろう(1883～1942 사회경제학자)
荷田在満　かだのありまろ(1706～51 국학자)
河田重　かわだ　しげ(1887～1974 실업가)
荷田蒼生子　かだのたみこ(1722～86 歌人)
荷田春満　かだのあずままろ(1669～1736 국학자)
河田賢治　かわた　けんじ(1900～ 사회운동가)
河井継之助　かわい　つぐのすけ(1827～68 정치가)
河井寛次郎　かわい　かんじろう (1890～1966 도예가)
河井弥八　かわい　やはち(1877～1960 정치가)
下程勇吉　したほど　ゆうきち(1904～ 교육학자)
河井荃廬　かわい　せんろ(1871～1945 전각가)
河井惣兵衛　かわい　そうべえ(1816～64 志士)
河井酔茗　かわい　すいめい(1874～1965 시인)
下条康麿　しもじょう　やすまろ(1885～1966 정치가)
下鳥富次郎　しもとり　とみじろう (1745～1814 治水家)
下条通春　しもじょう　みちはる(1827～85 의사)
河竹黙阿弥　かわたけ　もくあみ (1816～93 가부키 작가)
河竹繁俊　かわたけ　しげとし(1889～1967 연극학자)
河竹新七　かわたけ　しんしち(1747～95 각본가)
下中弥三郎　しもなか　やさぶろう (1878～1961 출판인)
下曾根金三郎　しもそね　きんざぶろう (1806～74 砲術家)
河津省庵　かわず　せいあん(1800～52 의사)
河津祐泰　かわずのすけやす(?～1176 무장)
賀集珉平　かしゅう　みんぺい(1796～1871 도공)
夏川嘉久治　なつかわ　かくじ(1898～1959 실업가)
賀川南龍　かがわ　なんりゅう(1781～1838 의사)
夏川静枝　なつかわ　しずえ(1909～ 여배우)
賀川豊彦　かがわ　とよひこ (1888～1960 기독교 사회운동가)
賀川玄悦　かがわ　げんえつ(1700～77 의사)
賀川玄迪　かがわ　げんてき(1739～79 의사)
お夏·清十郎　おなつ·せいじゅうろう(작품)
下村観山　しもむら　かんざん(1873～1930 일본화가)
下村宏　しもむら　ひろし(1875～1957 저널리스트)
河村文鳳　かわむら　ぶんぽう(?～1843 화가)

河村瑞賢　かわむら　ずいけん(1617～99 상인)
河村秀根　かわむら　ひでね(1723～92 국학자)
河村秀穎　かわむら　ひでかい(1718～83 국학자)
河村若元　かわむら　じゃくげん(1668～1744 화가)
河村若芝　かわむら　じゃくし(1630～1707 화가)
河村譲三郎　かわむら　じょうざぶろう
(1859～1930 법관)
河村又介　かわむら　またすけ(1894～1979 판사)
河村殷根　かわむら　しげね(1749～68 국학자)
下村寅太郎　しもむら　とらたろう(1902～ 철학자)
下村定　しもむら　さだむ(1887～1968 육군대장)
下村千秋　しもむら　ちあき(1893～1955 소설가)
下村鉄之助　しもむら　てつのすけ
(幕末·維新期, 종교가)
下村治　しもむら　おさむ(1910～89 경제평론가)
下村海南　しもむら　かいなん(＝下村宏)
下村湖人　しもむら　こじん(1884～1955 소설가)
下総皖一　しもふさ　かんいち(1898～1962 작곡가)
下駄屋甚兵衛　げたや　じんべえ(江戸중기, 상공인)
下河内村辰蔵　しもこうちむら　たつぞう
(1796～1837 민중봉기 지도자)
下河辺長流　しもこうべ　ながる(1624～86 국학자)
下河辺行平　しもこうべ　ゆきひら(鎌倉전기, 무장)
河合康左右　かわい　こうぞう
(1899～1942 무정부주의자)
河合道臣　かわい　みちおみ(＝河合寸翁)
河合良成　かわい　よしなり
(1886～1970 정치가·실업가)
河合卯之助　かわい　うのすけ(1889～1969 도예가)
河合武雄　かわい　たけお(1877～1942 신파배우)
河合屏山　かわい　へいざん(1803～76 정치가)
河合小市　かわい　こいち(1886～1955 악기제작자)
河合秀夫　かわい　ひでお(1898～1972 농민운동가)
河合新蔵　かわい　しんぞう(1867～1936 서양화가)
河合栄治郎　かわい　えいじろう
(1891～1944 사회사상가·경제학자)
河合操　かわい　みさお(1864～1941 육군대장)
河合曾良　かわい　そら(1649～1710 俳人)
河合寸翁　かわい　すんおう(1767～1841 정치가)
下和田村武七　しもわだむら　ぶしち
(?～1836 민중봉기 지도자)
河喜多真彦　かわきた　まひこ(?～1866 국학자)

학

鶴岡政男　つるおか　まさお(1907～79 서양화가)
鶴見祐輔　つるみ　ゆうすけ(1885～1973 정치가)
鶴峯戊申　つるみね　しげのぶ(1788～1859 국학자)
鶴屋南北　つるや　なんぼく
(1755～1829 가부키 배우)
鶴原定吉　つるはら　さだきち(1855～1914 정치가)
鶴田錦史　つるた　きんし(1911～ 비파 연주자)
鶴田義行　つるた　よしゆき(1903～86 수영 선수)
鶴田知也　つるた　ともや(1902～88 소설가)
鶴田皓　つるた　あきら(1834～88 법학자)
鶴田浩二　つるた　こうじ(1924～87 배우)
鶴亭　かくてい(?～1722 승려)
鶴沢寛治　つるざわ　かんじ(義太夫節의 三味線方)
鶴沢道八　つるざわ　どうはち
(1869～1944 義太夫節의 三味線方)
鶴沢文蔵　つるざわ　ぶんぞう
(?～1807 義太夫節의 三味線方)
鶴沢友次郎　つるざわ　ともじろう
(?～1749 義太夫節의 三味線方)
鶴沢清六　つるざわ　せいろく
(1868～1922 義太夫節의 三味線方)
鶴沢清七　つるざわ　せいしち
(1748～1826 義太夫節의 三味線方)
鶴沢探山　つるさわ　たんざん(1655～1729 화가)
鶴賀若狭掾　つるが　わかさのじょう(＝鶴賀鶴吉)
鶴賀鶴吉　つるが　つるきち(?～1786 新内節 太夫)

한

漢那憲和　かんな　けんわ(1877～1950 해군소장)
漢部松長　あやべのまつなが(平安초기, 율령가)
漢山口直大口　あやの　やまぐちのあたい　おおぐち(7세기 중엽, 仏師)
閑室元佶　かんしつ　げんきつ(1548～1612 선승)
寒巌義尹　かんがん　ぎいん(1217～1300 선승)
閑院宮載仁親王　かんいんのみや　ことひとしんのう(1865～1945)
寒川光太郎　さむかわ　こうたろう(1908～77 작가)
寒川道夫　さがわ　みちお(1910～77 작문 교육가)

合田清　ごうだ　きよし(1862～1938 판화가)

恒藤恭　つねとう　きょう(1888～1967 법학자)
恒良親王　つねなが　しんのう(1324～38)
恒世親王　つねよ　しんのう(805～26)
恒松隆慶　つねまつ　たかよし
(1853～1920 정치가·실업가)
恒寂　ごうじゃく(825～85 승려)
恒貞親王　つねさだ　しんのう(825～84)

蟹江義丸　かにえ　よしまる(1872～1904 철학자)
海江田信義　かえだ　のぶよし(1832～1906 정치가)
海犬養岡麻呂　あまのいぬかいのおかまろ
(8세기 중엽, 관료)
海量　かいりょう(1733～1817 승려)
海老名弾正　えびな　だんじょう
(1856～1937 기독교 지도자)
海老原穆　えびはら　ぼく(1830～1901 평론가)
海老原喜之助　えびはら　きのすけ
(1904～70 서양화가)
海保漁村　かいほ　ぎょそん(1798～1866 고증학자)
海保青陵　かいほ　せいりょう(1755～1817 경세가)
海北若冲　かいほう　じゃくちゅう(？～1751 국학자)
海北友雪　かいほう　ゆうせつ(1598～1677 화가)
海北友松　かいほう　ゆうしょう(1533～1615 화가)
海上随鷗　うながみ　ずいおう(＝稲村三伯)
海野普吉　うんの　しんきち(1885～1968 변호사)
海野勝珉　うんの　しょうみん
(1844～1915 금속조각가)
海野十三　うんの　じゅうざ(1897～1949 소설가)
海野幸典　うんの　ゆきのり(1789～1848 국학자)
海音寺潮五郎　かいおんじ　ちょうごろう
(1901～77 소설가)
海津幸一　かいず　こういち(1804～65 志士)
解脱　げだつ(＝貞慶)
海賀宮門　かいが　みやと(1834～62 志士)
海幸彦　うみさちひこ(＝火照命)
海後勝雄　かいご　かつお(1905～72 교육학자)
海後宗臣　かいご　ときおみ(1901～87 교육학자)

行慶　ぎょうけい(？～1165 승려)
行観　ぎょうかん(平安후기, 승려)
行教　ぎょうきょう(平安전기, 승려)
行基　ぎょうき(668～749 승려)
幸徳秋水　こうとく　しゅうすい
(1871～1911 사회주의자)
行明親王　ゆきあきら　しんのう(926～48)
行方久兵衛　なめかた　きゅうべえ
(1616～86 개간·간척자)
幸祥光　こう　よしみつ(1892～1977 囃子方)
幸西　こうさい(鎌倉전기, 승려)
行善　ぎょうぜん(奈良시대, 승려)
行巡　ぎょうじゅん(平安전기, 승려)
行勝　ぎょうしょう(1167～1254 승려)
行信　ぎょうしん(？～750 승려)
行阿　ぎょうあ(南北朝시대, 승려)
幸野楳嶺　こうの　ばいれい(1844～95 일본화가)
行勇　ぎょうゆう(＝退耕行勇)
行友李風　ゆきとも　りふう(1877～1959 소설가)
行円　ぎょうえん(平安중기, 승려)
幸田露伴　こうだ　ろはん(1867～1947 소설가)
幸田文　こうだ　あや(1904～ 소설가)
幸田成友　こうだ　しげとも(1873～1954 경제사가)
行政長蔵　ゆきまさ　ちょうぞう
(1887～1950 노동운동가)
行尊　ぎょうそん(1057～1135 승려)
幸地賢忠　こうち　けんちゅう(1623～82 음악가)
行真　ぎょうしん(平安중기, 승려)
行遍　ぎょうへん(1181～1264 승려)
行賀　ぎょうが(728～803 승려)
行玄　ぎょうげん(1097～1155 승려)

향

郷古潔　ごうこ　きよし(1882～1961 실업가)
郷司浩平　ごうし　こうへい(1900～89 재계인)
香山滋　かやま　しげる(1909～75 소설가)
向象賢　しょう　しょうけん(1617～75 정치가·역사가)
香西資村　かさい　すけむら, こうざい　すけむら
(1183～1235 무장)

郷誠之助　ごう　せいのすけ(1865～1942 실업가)
郷純造　ごう　じゅんぞう(1825～1910 관료)
向野堅一　こうの　けんいち(1868～1931 군납업자)
香月啓益　かげつ　けいえき(1656～1740 의사)
香月牛山　かずき　ござん(＝香月啓益)
香月泰男　かずき　やすお(1911～74 서양화가)
郷義弘　ごうのよしひろ(1299～1325 刀工)
向井去来　むかい　きょらい(1651～1704 俳人)
饗庭東庵　あえば　とうあん(1615～73 의학자)
向井魯町　むかい　ろちょう(1656～1727 유학자·俳人)
向井元升　むかい　げんしょう(1609～77 의사)
向井長年　むかい　ながとし(1910～80 정치가)
向井忠晴　むかい　ただはる(1885～1982 실업가·정치가)
饗庭篁村　あえば　こうそん(1855～1922 소설가·연극평론가)
香川敬三　かがわ　けいぞう(1839～1915 志士)
香川景樹　かがわ　かげき(1768～1843 歌人)
香川南浜　かがわ　なんぴん(1734～92 유학자)
香川宣阿　かがわ　せんあ(1646～1735 歌人)
香川修徳　かがわ　しゅうとく(1682～1754 의사)
香川悦次　かがわ　えつじ(？～1924 저널리스트)
香川将監　かがわ　しょうげん(1721～97 神官)
香椎浩平　かしい　こうへい(1881～1954 육군중장)
香取秀真　かとり　ほずま(1874～1954 주물기술자)
向坂逸郎　さきさか　いつろう(1897～1985 경제학자)
香坂昌康　こうさか　まさやす(1881～1967 관료)

허

許六　きょろく(＝森川許六)

奕堂　えきどう(＝諸嶽奕堂)

賢江祥啓　けんこう　しょうけい(室町후기, 승려)
県居　あがたい(＝賀茂真淵)
県犬養広刀自　あがたいぬかいのひろとじ(？～762 황후)
県犬養橘三千代　あがたいぬかいのたちばなのみちよ(？～733 관료)
県犬養大伴　あがたいぬかいのおおとも(？～701 관료)
県犬養姉女　あがたいぬかいのあねめ(奈良시대, 관료)
賢憬　けんけい(705～93 승려)
玄杲　げんごう(914～95 승려)
玄昉　げんぼう(？～746 승려)
玄賓　げんぴん(？～818 승려)
顕昭　けんしょう(1130～1210 歌人)
玄樹　げんじゅ(＝桂庵玄樹)
県信緝　あがた　のぶつぐ(1823～81 정치가)
顕如光佐　けんにょ　こうさ(1543～92 승려)
玄叡　げんえい(奈良시대, 승려)
懸忍　あがた　しのぶ(1881～1942 관료)
顕日　けんにち(＝高峰顕日)
顕子女王　あきこ　にょおう(1639～76)
賢章院　けんしょういん(1791～1824 영주의 아내)
玄朝　げんちょう(平安중기, 탱화 화가)
玄照　げんしょう(奈良시대, 승려)
県宗知　あがた　そうち(1656～1721 다도가)
顕宗天皇　けんそう　てんのう(記紀)
賢俊　けんしゅん(1299～1357 승려)
玄証　げんしょう(1146～1204 승려)
顕智　けんち(1226～1310 승려)
顕真　けんしん(1131～92 승려)
玄昌　げんしょう(＝南浦文之)
玄々堂　げんげんどう(1786～1867 동판화가)
玄恵　げんえ(？～1350 승려)

穴山梅雪　あなやま　ばいせつ(＝穴山信君)
穴山信君　あなやま　のぶきみ(？～1582 무장)
穴穂部間人皇女　あなほべのはしひとのひめみこ(？～621 황후)

穴穂部皇子　あなほべのみこ(6세기 중엽)
穴太内人　あなほのうちひと(平安전기, 율령가)
穴沢喜美男　あなざわ　きみお(1911～74 무대조명가)

협

狭間茂　はざま　しげる(1893～ 관료)
脇蘭室　わき　らんしつ(＝脇愚山)
狭野弟上娘子　さののおとがみのおとめ (8세기 중엽, 歌人)
脇屋義助　わきや　よしすけ(1306～42 무장)
脇屋義治　わきや　よしはる(1323～？ 무장)
脇愚山　わき　ぐざん(1764～1814 유학자)
脇田和　わきた　かず(1908～ 서양화가)
脇村義太郎　わきむら　よしたろう(1900～ 경제학자)
脇坂安董　わきさか　やすただ(1756～1841 大名)
脇坂安元　わきさか　やすもと(1584～1653 大名)
脇坂安治　わきさか　やすはる(1554～1626 大名)
脇坂安宅　わきさか　やすなり(1809～74 老中)
脇坂義堂　わきさか　ぎどう(？～1818 心学者)

형

刑部姫　おさかべひめ(설화)

혜

恵慶　えけい(平安중기, 歌人·승려)
恵瓊　えけい(＝安国寺恵瓊)
慧燈大師　えとう　だいし(＝蓮如)
恵林院　けいりんいん(＝足利義稙)
恵美押勝　えみのおしかつ(＝藤原仲麻呂)
恵善尼　えぜんに(6세기 말, 비구니)
恵信尼　えしんに(1182～1268 비구니)
恵心　えしん(＝源信)
慧蕚　えがく(平安전기, 승려)
慧安　えあん(＝東巌慧安)
恵運　えうん(798～869 승려)
慧雲　えうん(1730～82 승려)
恵隠　えおん(7세기 초, 승려)
恵日　えにち(7세기 초, 의사)
慧日　えにち(＝東明慧日)
慧鎮　えちん(＝円観)
慧春　えしゅん(？～1411 비구니 선승)
慧鶴　えかく(＝白隠慧鶴)
慧海　えかい(1707～71 승려)
慧玄　えげん(＝関山慧玄)

호

戸谷新右衛門　とや　しんえもん(？～1722 義人)
虎関師錬　こかん　しれん(1278～1346 선승)
戸ヶ崎熊太郎　とがさき　くまたろう (1807～65 검객)
護良親王　もりなが　しんのう，**もりよし　しんのう** (1308～35)
護命　ごみょう(749～834 승려)
戸部良熈　とべ　よしひろ(1713～95 유학자)
戸部隆吉　とべ　りゅうきち(1886～1921 미술사가)
戸水寛人　とみず　ひろんど(1861～1935 법학자)
豪信　ごうしん(鎌倉후기, 승려)
芦野屋麻績一　あしのや　おみいち (1803～55 국학자)
虎御前　とら　ごぜん(작품)
虎屋源太夫　とらや　げんだゆう (江戸전·중기, 浄瑠璃 太夫)
戸張孤雁　とばり　こがん(1882～1927 조각가)
戸田康長　とだ　やすなが(1562～1632 大名)
芦田高子　あしだ　たかこ(1907～ 歌人)
芦田均　あしだ　ひとし(1887～1959 정치가)
戸田茂睡　とだ　もすい(1629～1706 歌学者)
戸田城聖　とだ　じょうせい(1900～58 종교가)
戸田慎太郎　とだ　しんたろう(1911～74 경제학자)
戸田氏共　とだ　うじたか(1854～1936 백작)
戸田氏鉄　とだ　うじかね(1577～1655 大名)
戸田旭山　とだ　きょくざん(1696～1769 의사)
戸田貞三　とだ　ていぞう(1887～1955 사회학자)
戸田忠恕　とだ　ただひろ(1847～68 大名)
戸田忠至　とだ　ただゆき(1809～83 정치가)
戸田忠昌　とだ　ただまさ(1632～99 大名)
芦田泰三　あしだ　たいぞう(1903～79 실업가)
戸田海市　とだ　かいいち(1872～1924 경제학자)
芦田恵之助　あしだ　えのすけ (1873～1951 국어교육가)
壺井繁治　つぼい　しげじ(1898～1975 시인)
壺井栄　つぼい　さかえ(1899～67 소설가)

壺井義知　つぼい　よしちか(1657～1735 典故학자)
護佐丸　ごさまる(？～1458 영주)
戸次道雪　へつぎ　どうせつ(＝立花鑑連)
戸次庄左衛門　へつぎ　しょうざえもん
(？～1652 낭인)
戸川安宣　とがわ　やすのぶ(1648～74 大名)
戸川残花　とがわ　ざんか(1856～1924 시인·평론가)
戸川秋骨　とがわ　しゅうこつ
(1870～1939 영문학자)
虎徹　こてつ(？～1677 刀工)
戸塚九一郎　とつか　くいちろう
(1891～1973 관료·정치가)
戸塚道太郎　とつか　みちたろう
(1890～1966 해군중장)
戸塚廉　とつか　れん(1907～ 교육실천가)
戸塚文卿　とつか　ぶんけい
(1892～1939 가톨릭 사제)
戸塚文子　とつか　あやこ(1913～ 여행평론가)
戸塚静海　とつか　せいかい(1799～1876 의사)
湖出市十郎　こいで　いちじゅうろう
(？～1800 長唄의 대가)
虎沢検校　とらさわ　けんぎょう
(？～1654 三味線 연주자)
戸板保佑　といた　ほうゆう(1708～87 수학자)
戸坂潤　とさか　じゅん(1900～45 철학자)

混沌軒国丸　こんとんけん　くにまる
(1734～90 狂歌師)

忽那義範　くつな　よしのり(南北朝시대, 호족)
忽滑谷快天　ぬかりや　かいてん
(1867～1934 불교학자)

弘計王　おけおう(＝顕宗天皇)
洪茶丘　こう　さきゅう(1244～91 지휘관)
弘文天皇　こうぶん　てんのう(＝大友皇子)
弘法大師　こうぼう　だいし(＝空海)
鴻雪爪　おおとり　せっそう(1814～1904 神道家)
弘世助三郎　ひろせ　すけさぶろう
(1844～1913 실업가)
弘世現　ひろせ　げん(1904～ 재계인)
弘田龍太郎　ひろた　りゅうたろう
(1892～1952 작곡가)
鴻池善右衛門　こうのいけ　ぜんえもん
(江戸시대, 거상)

華岡青洲　はなおか　せいしゅう
(1760～1835 외과의사)
花谷正　はなや　ただし(1894～1957 육군 중장)
和久是安　わく　ぜあん(1578～1638 서예가)
和宮　かずのみや(＝静寛院宮)
和気広世　わけのひろよ(平安초기, 의사)
和気広虫　わけのひろむし(730～99 관료)
和気亀亭　わけ　きてい(江戸중·후기, 도공)
和気王　わけおう(？～765 관료)
和気貞説　わけのさだとき(？～1179 의사)
和気定成　わけのやすしげ(1123～88 의사)
和気真綱　わけのまつな(783～846 학자·관료)
和気清麻呂　わけのきよまろ(733～99 관료)
和達清夫　わだち　きよお(1902～ 기상학자)
樺島礼吉　かばしま　れいきち(1876～1925 실업가)
和島誠一　わじま　せいいち(1909～71 고고학자)
樺島勝一　かばしま　かついち(1888～1965 화가)
花登筐　はなと　こばこ(1928～83 방송작가·소설가)
花柳徳兵衛　はなやぎ　とくべえ
(1908～68 일본무용가)
花柳寿美　はなやぎ　すみ(1898～1947 일본무용가)
花柳寿輔　はなやぎ　じゅすけ
(1821～1903 일본무용가)
花柳章太郎　はなやぎ　しょうたろう
(1894～1965 신파 배우)

花菱アチャコ　はなびし　アチャコ
(1897～1974 만담가)
樺美智子　かんば　みちこ(1937～60 학생운동 활동가)
お花·半七　おはな·はんしち(작품)
花房端連　はなぶさ　まさつら(1824～99 실업가)
花房義質　はなぶさ　よしもと(1842～1917 외교관)
花房直三郎　はなぶさ　なおさぶろう
(1857～1921 통계학자)
花山信勝　はなやま　しんしょう
(1898～ 불교학자·승려)
樺山十兵衛　かばやま　じゅうべえ(1845～68 志士)
花山院師信　かざんいん　もろのぶ
(1274～1321 公卿)
花山院師賢　かざんいん　もろかた(1301～32 公卿)
花山院長親　かざんいん　ながちか
(1346～1429 公卿)
花山院忠長　かざんいん　ただなが
(1588～1662 公卿)
樺山資紀　かばやま　すけのり(1837～1922 해군원수)
樺山資雄　かばやま　すけお(1801～78 국학자)
花山天皇　かざん　てんのう(968～1008)
花山清　はなやま　きよし(1896～ 사회운동가)
華叟宗曇　かそう　そうどん(1352～1428 선승)
和辻哲郎　わつじ　てつろう(1889～1960 문화사가)
火野葦平　ひの　あしへい(1907～60 소설가)
花園天皇　はなぞの　てんのう(1297～1348)
和珥部君手　わにべのきみて(？～697 功臣)
和仁貞吉　わに　ていきち(1870～1937 관료)
華蔵義曇　けぞう　ぎどん(？～1412 선승)
和田久太郎　わだ　きゅうたろう
(1893～1928 무정부주의자)
和田国次　わだ　くにつぐ(江戸전기, 주물기술자)
和田寧　わだ　ねい(1787～1840 수학자)
和田万吉　わだ　まんきち(1865～1934 국문학자)
和田博雄　わだ　ひろお(1903～67 정치가)
和田三郎　わだ　さぶろう(1872～1926 낭인)
和田三造　わだ　さんぞう(1883～1967 서양화가)
和田信賢　わだ　しんけん(1912～52 아나운서)
和田巌　わだ　いわお(？～1923 사회운동가)
和田英子　わだ　ひでこ(1857～1929 방적 근로자)
和田英作　わだ　えいさく(1874～1959 서양화가)
和田雄治　わだ　ゆうじ
(1859～1918 기상학자·해양학자)
和田垣謙三　わだがき　けんぞう
(1860～1919 경제학자·법학자)
和田維四郎　わだ　つなしろう(1856～1920 광산업자)
和田義郎　わだ　よしろう(1840～92 유치원 설립자)
和田義盛　わだ　よしもり(1147～1213 무장)
和田一真　わだ　いっしん(1814～82 금속공예가)
和田伝　わだ　つとう(1900～85 소설가)
和田清　わだ　せい(1890～1963 동양사학자)
花田清輝　はなだ　きよてる
(1909～74 소설가·극작가)
和田春生　わだ　はるお(1919～ 노동운동가·정치가)
和田豊治　わだ　とよじ(1861～1924 실업가)
和田賢秀　わだ　かたひで(？～1348 무장)
和井内貞行　わいない　さだゆき
(1858～1922 양식업자)
花井お梅　はない　おうめ(1863～1916 시나리오 작가)
花井卓蔵　はない　たくぞう
(1868～1931 변호사·정치가)
火照命　ほでりのみこと(記紀신화)
和知鷹二　わち　たかじ(1893～1978 육군 중장)
和泉法眼淵信　いずみほうがん　えんしん
(鎌倉후기, 荘官)
和泉式部　いずみ　しきぶ(平安중기, 歌人)
和泉真国　いずみ　まくに(1765～1805 국학자)
花川戸助六　はなかわど　すけろく(江戸전기, 협객)
花村四郎　はなむら　しろう(1891～1963 정치가)
花沢伊左衛門　はなざわ　いざえもん
(？～1821 義太夫 三味線의 대가)

환

丸岡明　まるおか　あきら(1907～68 소설가)
丸岡秀子　まるおか　ひでこ
(1903～ 여성문제 평론가)
丸橋忠弥　まるばし　ちゅうや(？～1651 낭인)
丸林善左衛門　まるばやし　ぜんざえもん
(江戸중기, 治水家)
丸木位里　まるき　いり(1901～ 일본화가)
丸木俊子　まるき　としこ(1912～ 서양화가)
桓武天皇　かんむ　てんのう(737～806)
丸尾長顕　まるお　ちょうけん
(1911～86 연출가·작가)
丸山幹治　まるやま　かんじ(1880～1955 저널리스트)
丸山晩霞　まるやま　ばんか(1867～1942 서양화가)
丸山作楽　まるやま　さくら(1840～99 정치가)
丸山定夫　まるやま　さだお(1901～45 신극 배우)
丸山真男　まるやま　まさお(1914～ 정치학자)
丸山鶴吉　まるやま　つるきち
(1883～1956 관료·정치가)
丸山薫　まるやま　かおる(1899～1974 시인)
桓舜　かんしゅん(978～1057 승려)
丸屋九兵衛　まるや　くへえ(？～1788 義人)

滑川道夫　なめかわ みちお(1906～ 교육가)

皇嘉門院　こうかもんいん(＝藤原聖子)
皇嘉門院別当　こうかもんいんのべっとう (平安후기, 歌人)
皇慶　こうけい(977～1049 승려)
荒巻羊三郎　あらまき ようざぶろう (1841～64 志士)
皇極天皇　こうぎょく てんのう(594～661)
黄瀬平治　きせ へいじ, **きのせ へいじ** (1796～1843 농민봉기 지도자)
荒木古童　あらき こどう(1823～1908 통소 연주자)
荒木東明　あらき とうめい(1817～70 금속공예가)
荒木蘭皐　あらき らんこう(1717～67 문인)
荒木了順　あらき りょうじゅん(？～1649 기독교인)
荒木万寿夫　あらき ますお(1901～73 정치가)
荒木如元　あらき じょげん(1765～1824 서양화가)
荒木与次兵衛　あらき よじべえ (1637～1700 가부키 배우)
荒木巍　あらき たかし(1905～50 소설가)
荒木又右衛門　あらき またえもん (1599～1637 검술가)
荒木寅三郎　あらき とらさぶろう (1866～1942 의학자)
荒木田経雅　あらきだ つねただ (1743～1805 국학자)
荒木田久老　あらきだ ひさおい (1746～1804 국학자)
荒木田久守　あらきだ ひさもり (1788～1858 국학자)
荒木田麗　あらきだ れい(1732～1806 문학가)
荒木田末寿　あらきだ すえほぎ (1764～1828 국학자)
荒木田盛員　あらきだ もりかず(1635～87 국학자)
荒木田盛徴　あらきだ もりすみ (1596～1663 국학자)
荒木田守武　あらきだ もりたけ (1473～1549 連歌師)
荒木田守訓　あらきだ もりのり (1765～1842 국학자)
荒木貞夫　あらき さだお (1877～1966 육군대장·정치가)
荒木正三郎　あらき しょうざぶろう (1906～69 노동운동가)
荒木宗太郎　あらき そうたろう(？～1636 무역상)
荒木村英　あらき むらひで(1640～1718 수학자)
荒木村重　あらき むらしげ(？～1586 무장)
黄文大伴　きふみのおおとも(？～710 功臣)
黄文備　きふみのそなう(奈良시대, 관료)
荒尾精　あらお せい(1859～96 육군 대위)
荒尾清心斎　あらお せいしんさい (1814～79 정치가)
荒船清十郎　あらふね せいじゅうろう (1907～80 정치가)
皇円　こうえん(鎌倉전기, 승려)
荒垣秀雄　あらがき ひでお(1903～89 저널리스트)
荒田目喜惣次　あらため きそうじ (江戸중기, 농민봉기 지도자)
荒畑寒村　あらはた かんそん (1887～1981 사회주의자)
荒井寛方　あらい かんぽう(1878～1945 일본화가)
荒井鳴門　あらい めいもん(1775～1853 유학자)
荒井邦之助　あらい くにのすけ (1898～1928 사회운동가)
荒井郁之助　あらい いくのすけ (1835～1909 정치가)
荒正人　あら まさひと(1913～79 평론가)
荒井清兵衛　あらい せいべえ(＝荒井顕道)
荒井顕道　あらい あきみち(1814～62 정치가)
荒井賢太郎　あらい けんたろう (1863～1938 관료·정치가)
荒川久太郎　あらかわ きゅうたろう (1827～82 志士)
荒川文六　あらかわ ぶんろく (1878～1970 전기공학자)
荒川秀俊　あらかわ ひでとし(1907～84 기상학자)
荒川豊蔵　あらかわ とよぞう(1894～1985 도예가)

회

灰谷健次郎　はいたに けんじろう (1934～ 아동문학가)
絵金　えきん(1812～76 화가)
栃錦清隆　とちにしき きよたか(1925～90 力士)
絵島　えじま(1681～1741 女中)

懐良親王　かねなが　しんのう(1329～83)
栃木山守也　とちぎやま　もりや(1892～1959 力士)
灰屋三郎助　はいや　さぶろうすけ(1809～74 거상)
灰屋紹由　はいや　じょうゆう(？～1622 거상)
灰屋紹益　はいや　じょうえき(1610～91 문인)
檜隈女王　ひのくまのひめぎみ(7세기 말, 歌人)
懐奘　えじょう(＝孤雲懐奘)
会田求吾　あいだ　きゅうご(1723～73 의학자)
灰田勝彦　はいだ　かつひこ(1911～82 가수)
会田安明　あいだ　やすあき(1747～1817 수학자)
会津少将　あいず　しょうしょう(＝蒲生氏郷)
会津小鉄　あいずのこてつ(1845～85 협객)
会津屋八右衛門　あいずや　はちえもん
(？～1836 밀무역상)
会津中納言　あいず　ちゅうなごん(＝上杉景勝)
会津八一　あいず　やいち
(1881～1956 서예가·미술사가)
会沢正志斎　あいざわ　せいしさい
(1781～1863 학자·정치가)

횡

横谷宗珉　よこや　そうみん(1670～1733 금속공예가)
横光利一　よこみつ　りいち(1898～1947 소설가)
横溝正史　よこみぞ　せいし(1902～81 소설가)
横瀬夜雨　よこせ　やう(1878～1934 시인)
横尾龍　よこお　しげみ(1883～1957 실업가·정치가)
横山康玄　よこやま　やすはる(1590～1645 정치가)
横山健堂　よこやま　けんどう
(1871～1943 저널리스트)
横山大観　よこやま　たいかん(1868～1958 일본화가)
横山隆一　よこやま　りゅういち(1909～ 만화가)
横山保三　よこやま　やすぞう(1826～79 국학자)
横山松三郎　よこやま　まつさぶろう
(1838～84 서양화가)
横山又次郎　よこやま　またじろう
(1860～1942 지질학자)
横山源之助　よこやま　げんのすけ
(1871～1915 사회문제 연구가)
横山作次郎　よこやま　さくじろう
(1869～1912 유도인)
横山長知　よこやま　ながちか(1568～1646 무장)
横山助成　よこやま　すけなり(1884～1963 관료)
横山俊彦　よこやま　としひこ(1850～76 志士)
横田国臣　よこた　くにおみ(1850～1923 법관)
横田英夫　よこた　ひでお(1889～1926 농민운동가)
横田永之助　よこた　えいのすけ
(1872～1943 실업가)
横田正俊　よこた　まさとし(1899～1984 법관)
横田千之助　よこた　せんのすけ
(1870～1925 정치가)
横田喜三郎　よこた　きさぶろう(1896～ 국제법학자)
横井礼以　よこい　れいい(1886～ 서양화가)
横井小楠　よこい　しょうなん(1809～69 정치가)
横井時敬　よこい　ときよし(1860～1927 농학자)
横井時冬　よこい　ときふゆ(1859～1906 역사학자)
横井時雄　よこい　ときお(1857～1928 기독교 지도자)
横井也有　よこい　やゆう(1702～83 俳人)
横井庄一　よこい　しょういち(1915～ 군인)
横川勘平　よこがわ　かんぺい(1667～1703 志士)
横川景三　おうせん　けいさん(1429～93 선승)
横川良介　よこかわ　りょうすけ(？～1857 역사가)
横川省三　よこがわ　しょうぞう(1865～1904 志士)
横河民輔　よこがわ　たみすけ(1864～1945 건축가)

효

孝謙天皇　こうけん　てんのう(718～70)
暁台　ぎょうだい(＝加藤暁台)
孝徳天皇　こうとく　てんのう(594～654)
孝霊天皇　こうれい　てんのう(記紀)
孝明天皇　こうめい　てんのう(1831～66)
孝昭天皇　こうしょう　てんのう(記紀)
孝安天皇　こうあん　てんのう(記紀)
暁烏敏　あけがらす　はや(1877～1954 승려)
孝元天皇　こうげん　てんのう(記紀)
暁鐘成　あかつきのかねなり(1793～1860 희작자)

후

後高倉院　ごたかくらいん(＝守貞親王)
後光明天皇　ごこうみょう　てんのう(1633～54)
後光厳天皇　ごこうごん　てんのう(1338～74)
後堀河天皇　ごほりかわ　てんのう(1212～34)
後宮淳　うしろく　じゅん(1884～1974 육군 대장)
後亀山天皇　ごかめやま　てんのう(？～1424)
後奈良天皇　ごなら　てんのう(1496～1557)
後桃園天皇　ごももぞの　てんのう(1758～79)
厚東武実　こうとう　たけざね(南北朝시대, 무장)
後藤艮山　ごとう　こんざん(1659～1733 의사)

後藤鉀二　ごとう　こうじ(1906~72 탁구 지도자)
後藤光乗　ごとう　こうじょう
(1529~1620 금속 공예가)
後藤光次　ごとう　みつつぐ(＝後藤庄三郎)
後藤今四郎　ごとう　いましろう(1805~82 志士)
後藤基綱　ごとう　もとつな(1181~1256 무장)
後藤基次　ごとう　もとつぐ(＝後藤又兵衛)
後藤基清　ごとう　もときよ(?~1221 무장)
後藤徳乗　ごとう　とくじょう
(1547~1631 금속 공예가)
後藤得三　ごとう　とくぞう(1897~ 能楽師)
後藤隆之助　ごとう　りゅうのすけ
(1888~1984 정치가)
後藤梨春　ごとう　りしゅん(1696~1771 본초학자)
後藤文夫　ごとう　ふみお(1884~1980 관료·정치가)
後藤象二郎　ごとう　しょうじろう
(1838~97 정치가)
後藤松陰　ごとう　しょういん(1797~1864 유학자)
後藤寿安　ごとう　じゅあん(1578~1623 기독교인)
後藤守一　ごとう　しゅいち(1880~1960 고고학자)
後藤乗真　ごとう　じょうしん(1512~62 금속공예가)
後藤新平　ごとう　しんぺい(1857~1929 정치가)
後藤実基　ごとう　さねもと(鎌倉전기, 무사)
後藤映範　ごとう　えいはん(1909~46 군인)
後藤又兵衛　ごとう　またべえ(1560~1615 무장)
後藤祐乗　ごとう　ゆうじょう
(1440~1512 금속공예가)
後藤一乗　ごとう　いちじょう
(1791~1876 금속공예가)
後藤庄三郎　ごとう　しょうざぶろう
(江戸전기, 금속공예가)
後藤才次郎　ごとう　さいじろう(江戸중기, 도공)
後藤田正晴　ごとうだ　まさはる
(1914~ 관료·정치가)
後藤程乗　ごとう　ていじょう(1603~73 금속공예가)
後藤宗印　ごとう　そういん(?~1627 무역상)
後藤宙外　ごとう　ちゅうがい
(1866~1938 소설가·평론가)
後藤芝山　ごとう　しざん(1721~82 유학자)
後藤通乗　ごとう　つうじょう
(1663~1721 금속공예가)
後藤顕乗　ごとう　けんじょう
(1586~1663 금속공예가)
後冷泉天皇　ごれいぜい　てんのう(1025~68)
後鈴屋　のちのすずのや(＝本居春庭)
朽木元綱　くつき　もとつな(1549~1632 무장)
朽木貞高　くつき　さだたか(室町후기, 무장)
朽木昌綱　くつき　まさつな(1750~1802 大名)
後柏原天皇　ごかしわばら　てんのう(1464~1526)
後白河天皇　ごしらかわ　てんのう(1127~92)
後伏見天皇　ごふしみ　てんのう(1288~1336)
後三条天皇　ごさんじょう　てんのう(1034~73)
後西天皇　ごさい　てんのう(1637~85)
後小松天皇　ごこまつ　てんのう(1377~1433)
後水尾天皇　ごみずのお　てんのう(1596~1680)
後崇光院　ごすこういん(1372~1456 승려)
後深草天皇　ごふかくさ　てんのう(1243~1304)
後桜町天皇　ごさくらまち　てんのう(1740~1813)
後陽成天皇　ごようぜい　てんのう(1571~1617)
後宇多天皇　ごうだ　てんのう(1267~1324)
後円融天皇　ごえんゆう　てんのう(1358~93)
後二条天皇　ごにじょう　てんのう(1285~1308)
後一条天皇　ごいちじょう　てんのう(1008~36)
後醍醐天皇　ごだいご　てんのう(1288~1339)
後鳥羽天皇　ごとば　てんのう(1180~1239)
後朱雀天皇　ごすざく　てんのう(1009~45)
後嵯峨天皇　ごさが　てんのう(1220~72)
後村上天皇　ごむらかみ　てんのう(1328~68)
後土御門天皇　ごつちみかど　てんのう
(1442~1500)
厚狭寝太郎　あさのねたろう(전설)
後花園天皇　ごはなぞの　てんのう(1419~70)

薫　かおる(작품)
薫的　くんてき(1625~71 승려)

萱野三平　かやの　さんぺい(1675~1702 영주)
萱野長知　かやの　ながとも(1873~1947 낭인)
萱場軍蔵　かやば　ぐんぞう(1893~1979 관료)

暉峻義等　てるおか　ぎとう
(1889~1966 노동문제 전문가)

胸形尼子娘　むなかたのあまこのいらつめ（7세기 중엽, 皇母）

黒谷上人　くろだに　しょうにん（＝法然）
黒駒勝蔵　くろこまのかつぞう（幕말기, 노름꾼）
黒金泰美　くろがね　やすみ（1910～86 정치가）
黒崎幸吉　くろさき　こうきち（1886～1970 무교회주의운동가）
黒島伝治　くろしま　でんじ（1898～1943 소설가）
黒瀬益弘　くろせ　ますひろ（＝度会益弘）
黒柳召波　くろやなぎ　しょうは（1727～71 俳人）
黒木勘蔵　くろき　かんぞう（1882～1930 국문학자）
黒木為楨　くろき　ためもと（1844～1923 육군 대장）
黒木重徳　くろき　しげのり（1905～46 사회운동가）
黒木親慶　くろき　ちかよし（1883～1934 육군 소령）
黒門町伝七　くろもんちょうのでんしち（작품）
黒百合姫　くろゆりひめ（작품）
黒船忠右衛門　くろふね　ちゅうえもん（작품）
黒沼ユリ子　くろぬま　ゆりこ（1940～ 바이올리니스트）
黒岩涙香　くろいわ　るいこう（1862～1920 비평가）
黒岩慈庵　くろいわ　じあん（1627～1705 학자）
黒日売　くろひめ（설화）
黒田綱彦　くろだ　つなひこ（1850～1913 법학자）
黒田麹盧　くろだ　きくろ（1827～92 어학자）
黒田寿男　くろだ　ひさお（1899～1986 농민운동가）
黒田如水　くろだ　じょすい（＝黒田孝高）
黒田英雄　くろだ　ひでお（1879～1956 관료）
黒田一葦　くろだ　いちい（1818～85 정치가）
黒田長溥　くろだ　ながひろ（1811～87 大名）
黒田長政　くろだ　ながまさ（1568～1623 무장）
黒田斉清　くろだ　なりきよ（1795～1849 大名）
黒田清綱　くろだ　きよつな（1830～1917 관료·歌人）
黒田清隆　くろだ　きよたか（1840～1900 정치가）
黒田清輝　くろだ　せいき（1866～1924 서양화가）
黒田孝高　くろだ　よしたか（1546～1604 무장）
黒井半四郎　くろい　はんしろう（1747～99 治水家）
黒正巌　こくしょう　いわお（1895～1949 농업사가）
黒住宗子　くろずみ　むねちか（1876～1936 神道家）
黒住宗忠　くろずみ　むねただ（1780～1850 神道家）
黒川亀玉　くろかわ　きぎょく（1732～86 화가）
黒川道祐　くろかわ　どうゆう（？～1691 의사）
黒川良安　くろかわ　りょうあん（1817～90 의학자）
黒川利雄　くろかわ　としお（1897～1988 의학자）
黒川武雄　くろかわ　たけお（1893～1975 정치가·실업가）
黒川寿庵　くろかわ　じゅあん（？～1697 선교사）
黒川真頼　くろかわ　まより（1829～1906 국학자·미술사가）
黒川春村　くろかわ　はるむら（1799～1866 국학자）
黒沢覚介　くろさわ　かくすけ（1817～65 志士）
黒沢琴古　くろさわ　きんこ（1710～71 퉁소의 대가）
黒沢明　くろさわ　あきら（1910～ 영화감독）
黒沢翁満　くろさわ　おきなまろ（1795～1859 국학자）
黒沢酉蔵　くろさわ　とりぞう（1885～1982 정치가）
黒沢節窩　くろざわ　せっこう（1683～1748 유학자）
黒沢雉岡　くろさわ　ちこう（1686～1769 유학자）
黒板勝美　くろいた　かつみ（1874～1946 역사학자）

吃又平　どもりのまたへい（작품）

欽明天皇　きんめい　てんのう（6세기 중엽）

興道名継　おきみちのなつぐ（？～876 의사）
興良親王　おきなが　しんのう（南北朝시대）
興世書主　おきよのふみぬし（778～850 정치가）
興原敏久　おきわらのとしひさ（平安전기, 법률가）
興正菩薩　こうしょう　ぼさつ（＝叡尊）

희

喜多六平太　きた　ろっぺいた(1874～1971 能楽師)
喜多実　きた　みのる(1900～86 能楽師)
喜多元規　きた　げんき(江戸전기, 초상화가)
喜多源逸　きた　げんいつ(1883～1952 응용화학자)
喜多川歌麿　きたがわ　うたまろ(1753～1806 화가)
喜多村緑郎　きたむら　ろくろう
(1871～1961 신파배우)
喜多村信節　きたむら　のぶよ(1783～1856 고증학자)
喜多村節信　きたむら　ときのぶ(＝喜多村信節)
喜多七太夫　きた　しちだゆう(？～1653 能楽師)
姫蹈鞴五十鈴姫　ひめたたら　いすずひめ(記紀설화)
喜舎場永珣　きしゃば　えいじゅん
(1885～1972 민속학자)
喜舎場朝賢　きしゃば　ちょうけん
(1840～1916 琉球 대신)
希世霊彦　きせい　れいげん(1403～88 선승)
喜安　きあん(？～1653 승려)
嬉野次郎左衛門　うれしの　じろうざえもん
(？～1725 무역상)
喜雲　きうん(1636～1705 문인)
稀音家浄観　きねや　じょうかん
(1874～1956 長唄 三味線의 대가)
喜田吉右衛門　きた　きちえもん(？～1671 治水家)
喜田貞吉　きた　さだきち(1871～1939 역사학자)
喜志喜太夫　きし　きだゆう(江戸전·중기, 能楽師)
喜撰　きせん(平安전기, 歌人)
喜海　きかい(？～1250 승려)
希玄道元　きげん　どうげん(＝永平道元)

무음

檝媛娘　かじひめのしらつめ(＝宍人檝媛娘)

日本 時代区分

縄文時代　じょうもん　じだい(　～B.C 3C)
弥生時代　やよい　じだい(B.C 3C～A.D 3C)
古墳時代　こふん　じだい(4C 초～6C 말)
飛鳥時代　あすか　じだい(592～710)
奈良時代　なら　じだい(710～784)
平安時代　へいあん　じだい(794～1192)
鎌倉時代　かまくら　じだい(1192～1333)
南北朝時代　なんぼくちょう　じだい(1336～1392)
室町時代　むろまち　じだい(1338～1573)
戦国時代　せんごく　じだい(1467～1568)
安土桃山時代　あづち　ももやま　じだい
(1573～1598)
江戸時代　えど　じだい(1603～1867)
明治時代　めいじ　じだい(1868～1912)
大正時代　たいしょう　じだい(1912～1926)
昭和時代　しょうわ　じだい(1926～1989)
平成時代　へいせい　じだい(1989～　)

日本 年号一覧

*표는 북조(北朝)의 연호(年号)를 가리킴.

嘉慶* かきょう(1387~1389)
嘉吉 かきつ(1441~1444)
嘉暦 かりゃく(1326~1329)
嘉禄 かろく(1225~1227)
嘉保 かほう(1094~1096)
嘉祥 かじょう(848~851)
嘉承 かじょう(1106~1108)
嘉永 かえい(1848~1854)
嘉元 かげん(1303~1306)
嘉応 かおう(1169~1171)
嘉禎 かてい(1235~1238)
康暦* こうりゃく(1379~1381)
康保 こうほう(964~968)
康安* こうあん(1361~1362)
康永* こうえい(1342~1345)
康元 こうげん(1256~1257)
康応* こうおう(1389~1390)
康正 こうしょう(1455~1457)
康治 こうじ(1142~1144)
康平 こうへい(1058~1065)
康和 こうわ(1099~1104)
建久 けんきゅう(1190~1199)
建徳 けんとく(1370~1372)
建暦 けんりゃく(1211~1213)
建武 けんむ(1334~1336)
建武* けんむ(1336~1338)
建保 けんぽう(1213~1219)
建永 けんえい(1206~1207)
乾元 けんげん(1302~1303)
建仁 けんにん(1201~1204)
建長 けんちょう(1249~1256)
建治 けんじ(1275~1278)
慶安 けいあん(1648~1652)
慶雲 きょううん(704~708)
慶応 けいおう(1865~1868)
慶長 けいちょう(1596~1615)
寛徳 かんとく(1044~1046)
寛文 かんぶん(1661~1673)
寛保 かんぽう(1741~1744)
寛延 かんえん(1748~1751)
寛永 かんえい(1624~1644)
寛元 かんげん(1243~1247)
観応* かんおう(1350~1352)
寛仁 かんにん(1017~1021)
寛正 かんしょう(1460~1466)
寛政 かんせい(1789~1801)
寛治 かんじ(1087~1094)
寛平 かんぴょう(889~898)
寛弘 かんこう(1004~1012)
寛和 かんな(985~987)
寛喜 かんぎ(1229~1232)
久寿 きゅうじゅ(1154~1156)
久安 きゅうあん(1145~1151)
大同 だいどう(806~810)
大宝 たいほう(701~704)
大永 だいえい(1521~1528)
大正 たいしょう(1912~1926)
大治 だいじ(1126~1131)
大化 たいか(645~650)
徳治 とくじ(1306~1308)
暦応* りゃくおう(1338~1342)
暦仁 りゃくにん(1238~1239)
霊亀 れいき(715~717)
万寿 まんじゅ(1024~1028)
万延 まんえん(1860~1861)
万治 まんじ(1658~1661)
明徳* めいとく(1390~1394)
明徳 めいとく(1393~1394)
明暦 めいれき(1655~1658)
明応 めいおう(1492~1501)
明治 めいじ(1868~1912)

明和　めいわ(1764～1772)
文久　ぶんきゅう(1861～1864)
文亀　ぶんき(1501～1504)
文暦　ぶんりゃく(1234～1235)
文禄　ぶんろく(1592～1596)
文明　ぶんめい(1469～1487)
文保　ぶんぽう(1317～1319)
文安　ぶんあん(1444～1449)
文永　ぶんえい(1264～1275)
文応　ぶんおう(1260～1261)
文正　ぶんしょう(1466～1467)
文政　ぶんせい(1818～1830)
文中　ぶんちゅう(1372～1375)
文治　ぶんじ(1185～1190)
文化　ぶんか(1804～1818)
文和*　ぶんな(1352～1356)
白雉　はくち(650～654)
宝亀　ほうき(770～781)
宝徳　ほうとく(1449～1452)
宝暦　ほうれき(1751～1764)
保安　ほうあん(1120～1124)
保延　ほうえん(1135～1141)
宝永　ほうえい(1704～1711)
保元　ほうげん(1156～1159)
宝治　ほうじ(1247～1249)
昭和　しょうわ(1926～1989)
寿永　じゅえい(1182～1184)
承久　じょうきゅう(1219～1222)
承徳　じょうとく(1097～1099)
承暦　じょうりゃく(1077～1081)
承保　じょうほう(1074～1077)
承安　しょうあん(1171～1175)
承元　じょうげん(1207～1211)
承応　しょうおう(1652～1655)
承平　じょうへい(931～938)
承和　じょうわ(834～848)
神亀　じんき(724～729)
神護景雲　じんごけいうん(767～770)
安永　あんえい(1772～1781)
安元　あんげん(1175～1177)
安政　あんせい(1854～1860)
安貞　あんてい(1227～1229)
安和　あんな(968～970)
養老　ようろう(717～724)
養和　ようわ(1181～1182)
延慶　えんきょう(1308～1311)
延久　えんきゅう(1069～1074)
延徳　えんとく(1489～1492)
延暦　えんりゃく(782～806)
延文*　えんぶん(1356～1361)
延宝　えんぽう(1673～1681)
延元　えんげん(1336～1340)
延応　えんおう(1239～1240)
延長　えんちょう(923～931)
延享　えんきょう(1744～1748)
延喜　えんぎ(901～923)
永観　えいかん(983～985)
永久　えいきゅう(1113～1118)
永徳*　えいとく(1381～1384)
永暦　えいりゃく(1160～1161)
永禄　えいろく(1558～1570)
永万　えいまん(1165～1166)
永保　えいほう(1081～1084)
永承　えいしょう(1046～1053)
永延　えいえん(987～989)
永仁　えいにん(1293～1299)
永長　えいちょう(1096～1097)
永正　えいしょう(1504～1521)
永祚　えいそ(989～990)
永治　えいじ(1141～1142)
永享　えいきょう(1429～1441)
永和*　えいわ(1375～1379)
元慶　がんぎょう(877～885)
元久　げんきゅう(1204～1206)
元亀　げんき(1570～1573)
元徳　げんとく(1329～1331)
元暦　げんりゃく(1184～1185)
元禄　げんろく(1688～1704)
元文　げんぶん(1736～1741)
元永　げんえい(1118～1120)
元応　げんおう(1319～1321)
元仁　げんにん(1224～1225)
元中　げんちゅう(1384～1392)
元治　げんじ(1864～1865)
元亨　げんこう(1321～1324)
元弘　げんこう(1331～1334)
元和　げんな(1615～1624)
応徳　おうとく(1084～1087)
応保　おうほう(1161～1163)
応安*　おうあん(1368～1375)
応永　おうえい(1394～1428)
応仁　おうにん(1467～1469)
応長　おうちょう(1311～1312)
応和　おうわ(961～964)
仁寿　にんじゅ(851～854)
仁安　にんあん(1166～1169)
仁治　にんじ(1240～1243)
仁平　にんぴょう(1151～1154)
仁和　にんな(885～889)
長寛　ちょうかん(1163～1165)
長久　ちょうきゅう(1040～1044)
長徳　ちょうとく(995～999)

長暦　ちょうりゃく(1037～1040)
長禄　ちょうろく(1457～1460)
長保　ちょうほう(999～1004)
長承　ちょうしょう(1132～1135)
長元　ちょうげん(1028～1037)
長治　ちょうじ(1104～1106)
長享　ちょうきょう(1487～1489)
長和　ちょうわ(1012～1017)
正嘉　しょうか(1257～1259)
正慶*　しょうきょう(1332～1334)
貞観　じょうがん(859～877)
正徳　しょうとく(1711～1716)
正暦　しょうりゃく(990～995)
正保　しょうほう(1644～1648)
正安　しょうあん(1299～1302)
貞永　じょうえい(1232～1233)
正元　しょうげん(1259～1260)
貞元　じょうげん(976～978)
正応　しょうおう(1288～1293)
貞応　じょうおう(1222～1224)
正長　しょうちょう(1428～1429)
正中　しょうちゅう(1324～1326)
正治　しょうじ(1199～1201)
貞治*　じょうじ(1362～1368)
正平　しょうへい(1346～1370)
貞享　じょうきょう(1684～1688)
正和　しょうわ(1312～1317)
貞和*　じょうわ(1345～1350)
斉衡*　さいこう(854～857)
至徳*　しとく(1384～1387)
昌泰　しょうたい(898～901)
天慶　てんぎょう(938～947)
天徳　てんとく(957～961)
天暦　てんりゃく(947～957)
天禄　てんろく(970～973)
天明　てんめい(1781～1789)
天文　てんぶん(1532～1555)
天保　てんぽう(1830～1844)
天福　てんぷく(1233～1234)
天授　てんじゅ(1375～1381)
天承　てんしょう(1131～1132)
天安　てんなん(857～859)
天養　てんよう(1144～1145)
天延　てんえん(973～976)
天永　てんえい(1110～1113)
天元　てんげん(978～983)
天応　てんおう(781～782)
天仁　てんにん(1108～1110)
天長　てんちょう(824～834)
天正　てんしょう(1573～1592)
天治　てんじ(1124～1126)
天平　てんぴょう(729～749)
天平感宝　てんぴょうかんぽう(749)
天平宝字　てんぴょうほうじ(757～765)
天平勝宝　てんぴょうしょうほう(749～757)
天平神護　てんぴょうじんご(765～767)
天和　てんな(1681～1684)
天喜　てんぎ(1053～1058)
治暦　じりゃく(1065～1069)
治承　じしょう(1177～1181)
治安　じあん(1021～1024)
平成　へいせい(1989～)
平治　へいじ(1159～1160)
享徳　きょうとく(1452～1455)
享禄　きょうろく(1528～1532)
享保　きょうほう(1716～1736)
享和　きょうわ(1801～1804)
弘安　こうあん(1278～1288)
弘仁　こうにん(810～824)
弘長　こうちょう(1261～1264)
弘治　こうじ(1555～1558)
弘化　こうか(1844～1848)
弘和　こうわ(1381～1384)
和銅　わどう(708～715)
興国　こうこく(1340～1346)

職業 説明

家老(かろう) 大名·小名 등의 중신(重臣)으로, 가무(家務)를 총괄하는 직책. 가신(家臣) 중의 우두머리.

家人(けにん) 鎌倉·室町시대에 将軍을 섬긴 신하. 江戸시대에 将軍 직속의 하급 무사.

歌人(うたびと) 和歌(わか)를 잘 짓거나 읊는 사람.

歌学者(かがくしゃ) 和歌를 학문적으로 연구하는 사람.

高家(こうけ) 江戸 幕府를 섬겨 세습으로 의식·전례를 맡았던 집안.

公卿(こうけい) 조정에 벼슬하는 3품(品) 이상의 고관.

狂歌師(きょうかし) 풍자와 익살을 주로 한 短歌(たんか)를 잘 짓는 사람. 江戸시대 후기에 유행함.

狂詩(きょうし) 江戸시대 중기 이후, 한시(漢詩)의 형식을 따서 익살스럽게 지은 일본의 詩.

狂言(きょうげん) 能楽(のうがく)의 막간에 상연하는 희극(=能狂言). 또는 歌舞伎(かぶき) 연극의 줄거리나 각본(=歌舞伎狂言).

狂言師(きょうげんし) 能狂言의 배우.

国司(こくし) 조정에서 여러 지방에 파견한 지방관(地方官).

旗本(はたもと) 江戸시대에 将軍(しょうぐん)가(家)에 직속된 무사로서, 직접 将軍을 만날 자격이 있는, 봉록(俸禄) 만 석 미만, 500석 이상의 자.

旗本奴(はたもとやっこ) 江戸시대에, 旗本나 将軍 직속의 하급 무사로서 의협(義侠)을 일삼던 자.

内侍(ないし) 内侍司(ないしのつかさ──후궁(後宮)의 모든 예식·사무를 맡아 보던 관청)에 봉사하던 여관(女官).

女中(じょちゅう) 御殿·궁중·将軍·大名 가(家)에 출사(出仕)하고 있는 여자.

女形(おやま) 가부키에서 여자역을 하는 남자 배우(=おんながた).

年寄(としより) 무가(武家) 시대에 정무에 참여한 중신(重臣), 또는 江戸幕府 大奥(おおおく──将軍의 부인이 있던 곳)를 단속하던 하녀의 중직, 또는 江戸시대에 町村(ちょうそん)에서 주민의 장(長) 구실을 한 사람.

能狂言(のうきょうげん) =狂言

能楽師(のうがくし) 일본의 대표적인 가면음악극인 能(=能楽)을 하는 사람.

能役者(のうやくしゃ) 能楽 배우(=能楽師).

茶坊主(ちゃぼうず) 무가(武家)에서 다도(茶道)를 맡아 보던 사람.

大歌(おおうた) 일본 고유의 가요로 궁중의 공식 행사에 쓰인 것.

大連(おおむらじ) 大和(やまと) 조정의 집정자.

大老(たいろう) 江戸시대의 무가(武家) 정치에서 将軍을 보좌했던 최고의 직명.

大名(だいみょう) 江戸시대에 봉록(俸禄)이 1만석 이상인 무가(武家).

蘭医(らんい) 江戸시대에 화란(和蘭), 곧 네덜란드 의학을 공부한 의사.

蘭学者(らんがくしゃ) 江戸시대 중기 이후에 네덜란드어를 배워 서양의 학술을 연구하던 학자.

浪曲(ろうきょく) =浪花節

浪花節(なにわぶし) 三味線을 반주로 하여 보통 의리나 인정을 노래한 대중적인 창(唱).

連歌師(れんがし) 連歌 작가. 連歌는 두 사람 이상이 和歌(わか)의 상구(上句)와 하구(下句)를 서로 번갈아 읽어 나가는 형식의 노래를 말한다.

老中(ろうじゅう) 江戸幕府에서 将軍에 직속하여 정무를 총괄하고 大名을 감독하던 직책.

隆達節(りゅうたつぶし) 江戸시대 초기의 유행가.

幕臣(ばくしん) 幕府(ばくふ──武家시대에 将軍이 정무를 집행하던 곳, 또는 무가 정권)의 신하.

万葉(まんよう) 万葉集(まんようしゅう)의 준말. 일본에서 가장 오래된 시가집(詩歌集). 전 20권으로 奈良시대 말엽에 이루어짐.

万葉調(まんようちょう) 万葉集에 특징적인 시가풍. 힘차고 꾸밈이 없는 아름다움이 있음.

文楽(ぶんらく) 浄瑠璃에 맞추어 하는 설화 인형극.

18세기 말에 植村文楽軒이 오사카에 文楽座(ぶんらくざ)라는 극장을 세워 꼭두각시놀음을 시작한 데서 비롯됨.

俳句(はいく) 일본의 5·7·5의 3구(句) 17음(音)으로 된 단형시(短型詩).

俳人(はいじん) 俳句를 짓는 사람.

藩士(ばんし) 영주의 신하로, 제후에 속하는 무사.

兵衛(ひょうえ) 兵衛府에 속하여 궁문을 지키고, 임금 행차의 경비 등을 맡았던 무관.

奉行(ぶぎょう) 무가(武家)시대에 행정 사무를 담당한 각 부처의 장관. 町奉行·寺社奉行 등이 있음.

釜師(かまし) 茶道에서 쓰는 솥을 만드는 사람.

仏師(ぶっし) 불상이나 불구(仏具)를 만드는 사람.

琵琶法師(びわほうし) 平家物語(へいけものがたり——平家 일문의 영화와 멸망을 그린 鎌倉시대 초기의 軍談 소설)에 가락을 붙여 이야기하며 비파를 타던 장님 중.

寺社奉行(じしゃぶぎょう) 무가시대에 절과 신사에 관한 인사·잡무·소송의 일을 관장하던 직(職).

舎人(とねり) 奈良·平安시대에 天皇·황족·귀족 곁에서 잔일을 시중들던 사람.

三味線(しゃみせん) 일본 고유의 음악에 사용하는 세 개의 줄이 있는 현악기 ; 삼현금(=さみせん).

三絃(さんげん) 三味線의 딴이름으로 쓰이기도 하고, 아악에서 쓰는 세 가지 현악기(和琴·비파·쟁)를 가리키기도 한다(=三弦).

常磐津(ときわず) 浄瑠璃節의 일파. 常磐津節의 준말. 常磐津文字太夫가 창시했음. 이야기 절반, 노래 절반으로 되어 있으며 널리 서민에게 보급됐음. 무용·가부키와도 인연이 깊음.

説経節(せっきょうぶし) 불법(仏法)이나 설경을 재미있게 듣게 하기 위해서 몸짓이나 가락을 붙여 노래한 것(=説経浄瑠璃).

小歌(こうた) 옛날 민간에서 부른 今様(いまよう) 등의 속요(俗謡)를 상류사회에서 불렀던 노래. 특히 室町시대 이후 민간에서 부른 유행가요.

小名(しょうみょう) 鎌倉·室町시대에, 영지가 大名보다 적었던 무가(武家). 또 江戸시대, 만 석 이하의 제후를 지칭하기도 한다.

小唄(こうた) 江戸시대 말기에 유행한 俗曲의 총칭(=江戸小唄).

俗曲(ぞっきょく) 三味線에 맞추어 부르는 통속적인 가요.

守護(しゅご) 鎌倉·室町시대에 각 지방의 경비·치안 유지를 담당한 직책. 뒤에 강대해져서 영주화하였음.

守護代(しゅごだい) 守護가 임지에 부임하기 전에 대신 사무를 본 사람.

水戸学(みとがく) 江戸시대 水戸藩에서 흥성한 학파. 国学·史学·神道를 기간으로 한 국가의식을 특색으로 함.

蒔絵(まきえ) 금·은가루로 칠기(漆器) 표면에 무늬를 놓는, 일본 특유의 미술 공예.

新内節(しんないぶし) 江戸시대 말기에 발달한 浄瑠璃의 한 가지.

神道(しんとう) 일본 민족의 전통적인 신앙.

神主(かんぬし) 신사(神社)의 신관(神官), 또는 그 우두머리.

新撰組(しんせんぐみ) 江戸시대 말기에 幕府 반대파를 진압하던 무사의 패.

心学(しんがく) 江戸시대에 신·유·불(神·儒·仏) 셋을 융합한 일종의 서민 도덕교육. 石田梅巌이 개조(開祖). 마음을 아는 일이 중요하다고 함(=道学).

若山節(わかやまぶし) 浄瑠璃·口説·説経節 등을 조합한 독특한 노래를 唄라고 하며, 흔히 若山節이라고도 함.

演歌師(えんかし) 明治 말기에서 昭和 초기에 걸쳐 길거리나 장터에서 바이올린을 켜면서 신작 유행가를 부르며, 노래책을 팔던 사람.

用人(ようにん) 江戸시대에 大名 밑에서 서무·출납 등을 맡던 사람.

儒者(じゅしゃ) 江戸幕府의 직명의 하나로, 경서 문자를 관장하던 사람.

有職(ゆうそく) 조정이나 무가(武家)의 예식·전고(典故), 또는 그에 밝은 사람.

義太夫(ぎだゆう) 義太夫節의 준말. 元禄(げんろく)시대에 竹本義太夫가 시작한 浄瑠璃의 한 파. 대가 굵은 三味線을 사용함.

囃子(はやし) 能楽나 가부키 등에서 박자를 맞추며 흥을 돋우기 위해서 반주하는 음악. 보통 피리·북·징 등을 사용함.

囃子方(はやしかた) 囃子를 맡은 사람.

荘官(しょうかん) 장원(荘園) 영주의 대관(代官). 명칭은 荘司(しょうじ) 등 다양하며, 후에 地頭(じとう)로 바뀌었음.

庄屋(しょうや) 江戸시대, 마을의 정사(政事)를 맡아보던 사람. 지금의 村長에 해당함.

長唄(ながうた) 江戸시대에 유행한 긴 속요(俗謡). 三味線·피리를 반주로 하며, 길고 우아하여 품위가 있음.

箏曲(そうきょく) 쟁(거문고 비슷한 13줄의 현악기)을 타서 연주하는 음악. 또는 그 곡(=琴曲).

前句付(まえくづけ) 제시된 7·7의 글귀에 대하여 5·7·5의 글귀로 짝을 맞추어, 한 수의 노래를 만드는 일.

田楽(でんがく) 농악에서 발달한 무용의 하나. 원래 모내기 할 때에 행하였으나 점차 대중화해 鎌倉·室町시대에는 놀이 따위에서 성행했음.

浄瑠璃(じょうるり) 음곡에 맞추어서 낭창(朗唱)하는 옛이야기. 일본의 가면음악극의 대사를 영창(咏唱)하는 음곡에서 발생했다. 후에 義太夫節의 딴이름으로 됨.

町奉行(まちぶぎょう) 江戸幕府의 직명으로 시중의 행정·사법·소방·경찰 따위의 직무를 맡아 보았음.

地唄(じうた) 어떤 지방의 속요(俗謡)를 말한다. 특히 京都·大阪 지방의 三味線 가곡을 지칭하기도 함.

執権(しっけん) 鎌倉시대에 将軍의 보좌역. 幕府의 정무를 통할하던 최고의 직책.

札差(ふださし) 江戸시대에, 旗本·御家人의 대리로서, 녹미(禄米) 수령을 청부맡고, 또 돈놀이 따위를 업으로 하던 사람.

川柳(せんりゅう) 江戸시대 중기에 前句付(まえくづけ)에서 독립된, 5·7·5의 3귀 17음으로 된 짧은 시. 풍자나 익살이 특색임. 柄井川柳가 평점(評點)을 한 데서 유래됨.

清元(きよもと) 清元節의 준말. 江戸시대 후기, 浄瑠璃로부터 나온 三味線 음악의 일종.

草双紙(くさぞうし) 삽화가 들어간 江戸시대의 통속 소설책의 총칭(=絵草紙 えぞうし).

探題(たんだい) 鎌倉·室町시대에 幕府가 지방 요지에 둔 지방장관.

太夫(たゆう) 能·歌舞伎·浄瑠璃 등의 상급(上級) 연예인.

平家物語(へいけものがたり) 平家 일문의 영화와 멸망을 그린 鎌倉시대 초기의 군담(軍談) 소설.

平曲(へいきょく) 비파를 반주로 하여 平家物語를 창(唱)하는 일.

豊後節(ぶんごぶし) 浄瑠璃의 일파. 18세기 초엽에 宮古路豊後掾가 시작하여 江戸에서 유행한 三味線 음악(=豊後浄瑠璃).

絵仏師(えぶっし) 불상(仏像)을 그리는 직업의 사람.

戯作者(げさくしゃ) 江戸시대 후기의 통속 문학 작가.

アイヌ(Ainu) 北海道·사할린·쿠릴 열도에 사는 털이 많은 민족. 일본의 원주민족이 아닌가 여겨짐.

企業体名 よみかた

ㄱ

가

加卜吉商事　かときち しょうじ
加納鉄鋼　かのう てっこう(＝カノークス)
加藤　かとう
加藤陸運　かとう りくうん
加藤発条　かとう はつじょう
加藤産商　かとう さんしょう
加藤海運　かとう かいうん
歌舞伎座　かぶきざ
加商　かしょう
家族亭　かぞくてい
加地テック　かぢ テック
加賀電子　かが でんし
加賀田組　かが たぐみ
加和太建設　かわた けんせつ

각

角藤　かくとう
角川書店　かどかわ しょてん

간

間組　はざまぐみ(＝ハザマ)

감

ローム甘木　ローム あまぎ

갑

甲府カシオ　こうふ カシオ
甲府明電舎　こうふ めいでんしゃ
甲府信用金庫　こうふ しんようきんこ
甲陽建設工業　こうよう けんせつこうぎょう
甲子園土地企業　こうしえん とちきぎょう
甲賀バラス　こうが バラス

강

岡建工事　おかけん　こうじ
岡谷鋼機　おかや　こうき
岡谷電機産業　おかや　でんきさんぎょう
岡谷組　おかやぐみ
鋼管建設　こうかん　けんせつ
鋼管計測　こうかん　けいそく
鋼管鉱業　こうかん　こうぎょう
江崎グリコ　えざき　グリコ(＝グリコ)
岡崎共同　おかざき　きょうどう
岡崎鑛産物　おかざき　こうさんぶつ
岡崎瓦斯　おかざき　がす
江南コンクリート工業　こうなん　コンクリート　こうぎょう
講談社　こうだんしゃ
江ノ島電鉄　えのしま　でんてつ
江東企業　こうとう　きぎょう
江藤電気　えとう　でんき
岡本　おかもと
江本工業　えもと　こうぎょう
岡本工作機械製作所　おかもと　こうさくきかい　せいさくしょ
岡本硝子　おかもと　がらす
岡部　おかべ
岡部マイカ工業所　おかべ　マイカ　こうぎょうしょ
岡山高島屋　おかやま　たかしまや
岡山電気軌道　おかやま　でんききどう
岡山中央魚市　おかやま　ちゅうおう　うおいち
岡山土地倉庫　おかやま　とちそうこ
岡山県貨物運送　おかやまけん　かもつうんそう
岡三証券　おかさん　しょうけん
岡秀　おかひで
江守商事　えもり　しょうじ
岡野電気工事　おかの　でんきこうじ
岡野バルブ製造　おかの　バルブ　せいぞう
江若交通　こうじゃく　こうつう
鋼洋　こうよう
鋼材興業　こうざい　こうぎょう
岡田実業　おかだ　じつぎょう
江井ヶ嶋酒造　えいがしま　しゅぞう
岡地証券　おかち　しょうけん
江差信用金庫　えさし　しんようきんこ
岡村製油　おかむら　せいゆ
岡村製作所　おかむら　せいさくしょ
鋼板加工センター　こうはん　かこう　センター

개

あさ開　あさびらき
イセキ開発工機　イセキ　かいはつ　こうき
開発工事　かいはつ　こうじ
開発電気　かいはつ　でんき

건

乾汽船　いぬい　きせん
建設技術研究所　けんせつ　ぎじゅつ　けんきゅうしょ
建通新聞社　けんつう　しんぶんしゃ

견

オンワード樫山　オンワード　かしやま
樫野　かしの
犬塚製作所　いぬつか　せいさくしょ

兼工業　かね　こうぎょう
兼房　かねふさ
兼松　かねまつ
兼松都市開発　かねまつ　としかいはつ
兼松羊毛工業　かねまつ　ようもうこうぎょう
兼松日産農林　かねまつ　にっさんのうりん
イムペックスケミカルス謙信洋行　イムペックス　ケミカルス　けんしん　ようこう
鎌長製衡　かまちょう　せいこう
鎌田利　かまたり
鎌倉ハム　かまくら　ハム

경

京セラ　きょう　セラ
京橋運送　きょうばし　うんそう
京極運輸商事　きょうごく　うんゆしょうじ
軽金属押出開発　けいきんぞく　おしだしかいはつ
京急観光　けいきゅう　かんこう
京都近鉄百貨店　きょうと　きんてつひゃっかてん
京都捺染工業　きょうと　なっせんこうぎょう
京都西川　きょうと　にしかわ
京都銀行　きょうと　ぎんこう
京都中央畜産　きょうと　ちゅうおうちくさん
京都青果合同　きょうと　せいかごうどう
京利工業　きょうり　こうぎょう
京福電気鉄道　けいふく　でんきてつどう
京や不動産　きょうや　ふどうさん
京浜急行電鉄　けいひん　きゅうこうでんてつ
京濱電測器　けいひん　でんそくき
京浜精機製作所　けいひん　せいきせいさくしょ
京三電線　きょうさん　でんせん
京三電設工業　きょうさん　でんせつこうぎょう
京三精機　きょうさん　せいき
京成開発　けいせい　かいはつ
頚城自動車　くびき　じどうしゃ
京成電鉄　けいせい　でんてつ
京神倉庫　けいしん　そうこ
京葉臨海鉄道　けいよう　りんかいてつどう
京葉瓦斯　けいよう　がす(＝葉ガス)
京葉銀行　けいよう　ぎんこう
京葉測量　けいよう　そくりょう
京葉土地開発　けいよう　とちかいはつ
京王百貨店　けいおう　ひゃっかてん
京王帝都電鉄　けいおう　ていとでんてつ
京義倉庫　きょうぎ　そうこ
経済界　けいざいかい
経調　けいちょう
京樽　きょうたる
ホテル京阪京都　ホテル　けいはん　きょうと
京阪神不動産　けいはんしん　ふどうさん
京阪宇治交通　けいはん　うじこうつう
京阪電気鉄道　けいはん　でんきてつどう
京和ガス　けいわ　ガス
京和工業　きょうわ　こうぎょう
京セラ興産　きょう　セラ　こうさん

계

桂機械製作所　かつら　きかいせいさくしょ
堺商事　さかい　しょうじ
桂川電機　かつらがわ　でんき
堺化学工業　さかい　かがくこうぎょう

고

高岡信用金庫　たかおか　しんようきんこ
高見澤　たかみさわ
高階組　たかしなぐみ
古谷　ふるや
髙橋　たかはし
高橋製作所　たかはし　せいさくしょ
アイシン高丘　アイシン　たかおか
古久根建設　こくね　けんせつ
高崎信用金庫　たかさき　しんようきんこ
高崎製紙　たかさき　せいし
古島　こじま
高島　たかしま
高島屋工作所　たかしまや　こうさくしょ
高島屋日発工業　たかしまや　にっぱつ　こうぎょう
高瀬染工場　たかせ　せんこうじょう
高六商事　たかろく　しょうじ
高輪製作所　たかなわ　せいさくしょ
高梨乳業　たかなし　にゅうぎょう
古林紙工　ふるばやし　しこう
高木彫刻　たかぎ　ちょうこく
高木証券　たかぎ　しょうけん
高弥建設　たかや　けんせつ
高尾鉄工所　たかお　てっこうしょ
高砂熱学工業　たかさご　ねつがくこうぎょう
高砂鐵工　たかさご　てっこう
高砂香料工業　たかさご　こうりょうこうぎょう
高山工業　たかやま　こうぎょう
高桑美術印刷　たかくわ　びじゅつ　いんさつ
高速炉エンジニアリング　こうそくろ　エンジニアリング
高松建設　たかまつ　けんせつ
高松機械工業　たかまつ　きかいこうぎょう

高純度化学研究所　こうじゅんど　かがく　けんきゅうしょ
高岳製作所　たかおか　せいさくしょ
高岳興産　たかおか　こうさん
高安　たかやす
高圧ガス工業　こうあつ　ガス　こうぎょう
高愛　たかあい
古野電気　ふるの　でんき
高陽産業　こうよう　さんぎょう
高研　こうけん
鼓月　こげつ
高田工業所　たかだ　こうぎょうしょ
高田機工　たかだ　きこう
高周波熱錬　こうしゅうは　ねつれん
高知大丸　こうち　だいまる
高知銀行　こうち　ぎんこう
高知総合ビジネス　こうち　そうごうビジネス
古川組　ふるかわぐみ
古平信用金庫　ふるびら　しんようきんこ
古河機械金属　ふるかわ　きかいきんぞく
古河電池　ふるかわ　でんち
古河鋳造　ふるかわ　ちゅうぞう

곡

谷テック　たに　テック
谷本産業　たにもと　さんぎょう
谷津　たにづ
谷川運輸倉庫　たにがわ　うんゆそうこ
谷川電機製作所　たにかわ　でんきせいさくしょ
谷村電機精機　やむら　でんきせいき
谷沢建設　たにざわ　けんせつ

공

公共証券　こうきょう　しょうけん
共同酸素　きょうどう　さんそ
共同施設　きょうどう　しせつ
共同印刷　きょうどう　いんさつ
共同通信社　きょうどう　つうしんしゃ
共立　きょうりつ
共立窯業原料　きょうりつ　ようぎょう　げんりょう
共立合金製作所　きょうりつ　ごうきん　せいさくしょ
公商　ひろしょう
共生印刷　きょうせい　いんさつ
共石エンタープライズ　きょうせきエンタープライズ
共成レンテム　きょうせい　レンテム
公成建設　こうせい　けんせつ
共信商事　きょうしん　しょうじ
共栄建設　きょうえい　けんせつ
共栄冷機工業　きょうえい　れいきこうぎょう
共英製鋼　きょうえい　せいこう
共栄畜産　きょうえい　ちくさん
共栄火災海上保険　きょうえい　かさいかいじょう　ほけん
共友リース　きょうゆう　リース
公益社　こうえきしゃ
共済証券　きょうさい　しょうけん
空知信用金庫　そらち　しんようきんこ
工進　こうしん
共進組　きょうしんぐみ
空港施設　くうこうしせつ
共和レザー　きょうわ　レザー
共和建設　きょうわ　けんせつ
共和電業　きょうわ　でんぎょう
共和証券　きょうわ　しょうけん

과

鍋林　なべりん
瓜生製作　うりう　せいさく
科研　かけん
科研製薬　かけん　せいやく
鍋屋工業　なべや　こうぎょう
果香　かこう

관

菅家工務店　かんけ　こうむてん
関口電設　せきぐち　でんせつ
関軌建設　かんき　けんせつ
関東菱重興産　かんとう　りょうじゅうこうさん
関東美川ボデー　かんとう　みかわ　ボデー

関東分岐器　　かんとう　ぶんきき
関東西濃運輸　　かんとう　せいのううんゆ
関東松坂屋ストア　　かんとう　まつざかや　ストア
関東医学研究所　　かんとう　いがく　けんきゅうしょ
関東電工　　かんとう　でんこう
関東天然瓦斯開発　　かんとう　てんねんがすかいはつ(＝ガス開)
関東特殊製鋼　　かんとう　とくしゅせいこう(＝かんとく)
関東航空計器　　かんとう　こうくうけいき
関東化成工業　　かんとう　かせいこうぎょう
関東興業　　かんとう　こうぎょう
関配　　かんぱい
関釜フェリー　　かんぷ　フェリー
関西廣済堂　　かんさい　こうさいどう
関西帆布化学防水　　かんさい　はんぷ　かがくぼうすい
関西三菱電機プラントサービス　　かんさい　みつびしでんき　プラントサービス
関西砕石　　かんさい　さいせき
関西日産化学　　かんさい　にっさん　かがく
関西積和不動産　　かんさい　せきわ　ふどうさん
関西電力　　かんさい　でんりょく
関西電波　　かんさい　でんぱ
関西港湾サービス　　かんさい　こうわんサービス
関西航測　　かんさい　こうそく
関星海運　　かんせい　かいうん
関信用金庫　　せき　しんようきんこ
関ヶ原石材　　せきがはら　せきざい
菅原精密工業　　すがはら　せいみつこうぎょう
関電工　　かんでんこう
菅組　　すがぐみ

光ビジネスフォーム　　ひかり　ビジネスフォーム
光建設　　ひかり　けんせつ
広島水産　　ひろしま　すいさん
広島信用金庫　　ひろしま　しんようきんこ
広島駅弁当　　ひろしまえき　べんとう
広島トヨタ自動車　　ひろしま　トヨタじどうしゃ
広島電鉄　　ひろしま　でんてつ
広島総合銀行　　ひろしま　そうごうぎんこう
広島県製肥　　ひろしまけん　せいひ
廣瀬商会　　ひろせ　しょうかい
広陵化学工業　　こうりょう　かがくこうぎょう
光明理化学工業　　こうみょう　りかがくこうぎょう
広別汽船　　ひろべつ　きせん
光商工　　ひかり　しょうこう
広商事　　ひろ　しょうじ
光商会　　ひかり　しょうかい
広成建設　　こうせい　けんせつ
光世証券　　こうせい　しょうけん
廣野組　　ひろのぐみ
光陽社　　こうようしゃ
光洋精工　　こうよう　せいこう
光陽精密　　こうよう　せいみつ
鉱研工業　　こうけん　こうぎょう
光栄　　こうえい
広栄化学工業　　こうえい　かがくこうぎょう
光印刷　　ひかり　いんさつ
広電建設　　ひろでん　けんせつ
廣田証券　　ひろた　しょうけん
光製作所　　ひかり　せいさくしょ
光彩工芸　　こうさい　こうげい
光村印刷　　みつむら　いんさつ
広築　　ひろちく
光和精鉱　　こうわ　せいこう

굉

轟産業　　とどろき　さんぎょう
宏和興産　　こうわ　こうさん

교

教文出版　　きょうぶん　しゅっぱん
橋本工務店　　はしもと　こうむてん
橋本商会　　はしもと　しょうかい
橋本電機工業　　はしもと　でんきこうぎょう
交洋貿易　　こうよう　ぼうえき
オリオン交易　　オリオン　こうえき
教育総研　　きょういく　そうけん
教育出版　　きょういく　しゅっぱん
鮫川生コンクリート　　さめかわなま　コンクリート
交通公社不動産　　こうつうこうしゃ　ふどうさん
交通印刷　　こうつう　いんさつ

久光製薬　ひさみつ　せいやく
九宏薬品　きゅうこう　やくひん
久留米青果　くるめ　せいか
欧文印刷　おうぶん　いんさつ
久米工業　くめ　こうぎょう
久米島製糖　くめじま　せいとう
欧米自動車工業　おうべい　じどうしゃこうぎょう
久保孝ペイント　くぼこう　ペイント
丘山産業　おかやま　さんぎょう
ヤマエ久野　ヤマエ　ひさの
九電工　きゅう　でんこう
溝田工業　みぞた　こうぎょう
臼井国際産業　うすい　こくさいさんぎょう
駒井鉄工　こまい　てっこう
構造計画研究所　こうぞうけいかくけんきゅうしょ
九州岡野電線　きゅうしゅう　おかのでんせん
九州耐火煉瓦　きゅうしゅう　たいかれんが
九州大洋化成　きゅうしゅう　たいようかせい
九州旅客鉄道　きゅうしゅう　りょかくてつどう
九州不二サッシ　きゅうしゅう　ふじ　サッシ
九州産交運輸　きゅうしゅう　さんこううんゆ
九州三菱電機プラントサービス　きゅうしゅう　みつびしでんき　プラントサービス
九州松下電器　きゅうしゅう　まつしたでんき
九州新城　きゅうしゅう　しんじょう
九州岩通　きゅうしゅう　いわつう
九州液化瓦斯福島基地　きゅうしゅう　えきかがす　ふくしまきち
九州積水工業　きゅうしゅう　せきすいこうぎょう
九州電力　きゅうしゅう　でんりょく
九州朝日放送　きゅうしゅう　あさひほうそう
九鉄工業　きゅう　てっこうぎょう

국

国光工業　くにみつ　こうぎょう
国光製鋼　こっこう　せいこう
国民銀行　こくみん　ぎんこう
国分土地建物　こくぶ　とちたてもの
国産電機　こくさん　でんき
菊水電子工業　きくすい　でんしこうぎょう
菊水化学工業　きくすい　かがくこうぎょう
国洋　こくよう
国元商会　くにもと　しょうかい
菊正宗酒造　きくまさむね　しゅぞう
国際空輸　こくさい　くうゆ
国際観光会館　こくさい　かんこうかいかん（＝観光館）
国際放映　こくさい　ほうえい
国際埠頭　こくさい　ふとう
国際試薬　こくさい　しやく
国際電気　こくさい　でんき（＝際電気）
國際電設　こくさい　でんせつ
国際電信電話　こくさい　でんしんでんわ（＝KDD）
国際証券　こくさい　しょうけん
国際航業　こくさい　こうぎょう
国際港運　こくさい　こううん
菊池建設　きくち　けんせつ
菊地工業　きくち　こうぎょう
国策機工　こくさく　きこう
菊川鉄工所　きくかわ　てっこうしょ
国土防災技術　こくど　ぼうさいぎじゅつ
国土総合建設　こくど　そうごうけんせつ
国土興栄　こくど　こうえい
国華産業　こくか　さんぎょう

郡リース　こおり　リース
ミサワホーム群馬　ミサワホーム　ぐんま
群馬富士通　ぐんま　ふじつう
群馬銀行　ぐんま　ぎんこう
群馬精機　ぐんま　せいき
郡是高分子工業　ぐんぜ　こうぶんしこうぎょう
群栄化学工業　ぐんえい　かがくこうぎょう
君津共同火力　きみつ　きょうどうかりょく

堀江金属工業　ほりえ　きんぞくこうぎょう
堀松建設工業　ほりまつ　けんせつこうぎょう
堀場製作所　ほりば　せいさくしょ
堀田建設　ほった　けんせつ

堀田産業　ほった　さんぎょう
堀井薬品工業　ほりい　やくひんこうぎょう
堀之内缶詰　ほりのうち　かんづめ

ステーキ宮　ステーキ　みや
宮崎トーア　みやざき　トーア
宮崎木材工業　みやざき　もくざいこうぎょう
宮崎銀行　みやざき　ぎんこう
宮崎沖電気　みやざき　おきでんき
宮崎太陽銀行　みやざき　たいようぎんこう
宮本警報器　みやもと　けいほうき
宮城テレビ放送　みやぎ　テレビ　ほうそう
宮城石灰工業　みやぎ　せっかいこうぎょう
宮城十條林産　みやぎ　じゅうじょうりんさん
宮城第一信用金庫　みやぎ　だいいちしんようきんこ
宮城興業　みやぎ　こうぎょう
宮永建設　みやなが　けんせつ
宮越商事　みやこし　しょうじ
宮銀リース　みやぎん　リース
宮入バルブ製作所　みやいり　バルブ　せいさくしょ
宮田工業　みやた　こうぎょう
宮地建設工業　みやぢ　けんせつこうぎょう
宮地鐵工所　みやぢ　てっこうしょ
宮津製作所　みやつ　せいさくしょ
宮川化成工業　みやがわ　かせいこうぎょう
宮坂建設工業　みやさか　けんせつこうぎょう
宮脇賣扇庵　みやわき　ばいせんあん

권

勧角証券　かんかく　しょうけん
勧角総合研究所　かんかく　そうごうけんきゅうしょ
勧業不動産　かんぎょう　ふどうさん

鬼怒川ゴム工業　きぬがわ　ゴム　こうぎょう
鬼わさび本舗　おにわさび　ほんぽ
亀田利三郎薬舗　かめだりさぶろう　やくほ
亀田製菓　かめだ　せいか
亀井組　かめいぐみ

葵プロモーション　あおい　プロモーション
葵リース　あおい　リース

橘田綜合建設　きった　そうごうけんせつ

極東開発工業　きょくとう　かいはつこうぎょう
極東貿易　きょくとう　ぼうえき
極東産機　きょくとう　さんき
極東証券　きょくとう　しょうけん
極洋　きょくよう

近江興産　おうみ　こうさん
近計システム　きんけい　システム
ミサワホーム近畿　ミサワホーム　きんき
近畿菱重興産　きんき　りょうじゅうこうさん
近畿放送　きんき　ほうそう
近畿銀行　きんき　ぎんこう
近畿日本鉄道　きんき　にっぽんてつどう
近畿電話印刷　きんき　でんわいんさつ
近畿情報システム　きんき　じょうほう　システム
近畿車輛　きんき　しゃりょう
近畿通信建設　きんき　つうしんけんせつ
近藤シルバニア　こんどう　シルバニア
近藤工業　こんどう　こうぎょう
根来産業　ねごろ　さんぎょう
近商ストア　きんしょう　ストア
近新　きんしん
根室信用金庫　ねむろ　しんようきんこ
近鉄ホーム連合建設　きんてつ　ホーム　れんごう　けんせつ
近鉄不動産　きんてつ　ふどうさん
近海郵船　きんかい　ゆうせん

금

金剛産業　こんごう　さんぎょう
金陵　きんりょう
金馬車　きんばしゃ
金万証券　かねまん　しょうけん
金門電気　きんもん　でんき
金門製作所　きんもん　せいさくしょ
金方堂松本工業　きんぽうどう　まつもと　こうぎょう
金盃酒造　きんぱい　しゅぞう
錦糸町ステーションビル　きんしちょう　ステーションビル
金山工務店　かなやま　こうむてん
金山証券　かねやま　しょうけん
錦商事　にしき　しょうじ
金商又一　きんしょうまたいち
金生興業　きんせい　こうぎょう
今仙電機製作所　いません　でんきせいさくしょ
錦城議謨　きんじょう　ごむ
金属技研　きんぞくぎけん
金十証券　かねじゅう　しょうけん
金陽社　きんようしゃ
テイケイシイ金融保証　テイケイシイ　きんゆう　ほしょう
金印わさび　きんじるし　わさび
金子工業　かねこ　こうぎょう
今井産業　いまい　さんぎょう
金井重要工業　かない　じゅうようこうぎょう
今中　いまなか
金川建設　かながわ　けんせつ
今川證券　いまがわ　しょうけん
今村証券　いまむら　しょうけん
金沢信用金庫　かなざわ　しんようきんこ
金沢車輛　かなざわ　しゃりょう
金下建設　かねした　けんせつ
錦海塩業　きんかい　えんぎょう
錦海化学　きんかい　かがく

기

岐セン　ぎセン
ベスト技建　ベスト　ぎけん
エッチ・イー・シー機工　エッチ・イー・シー　きこう
箕輪不動産　みのわ　ふどうさん
麒麟ビール　きりん　ビール
紀文フードケミファ　きぶん　フードケミファ
トヨタカローラ岐阜　トヨタカローラ　ぎふ　(＝カロラ岐阜)
岐阜島田理化　ぎふ　しまだりか
岐阜乗合自動車　ぎふ　のりあいじどうしゃ
岐阜新聞社　ぎふ　しんぶんしゃ
岐阜魚介　ぎふ　ぎょかい
岐阜銀行　ぎふ　ぎんこう
岐阜日野自動車　ぎふ　ひのじどうしゃ
岐阜第一証券　ぎふ　だいいちしょうけん
岐阜車体工業　ぎふ　しゃたいこうぎょう
気仙沼信用金庫　けせんぬま　しんようきんこ
紀陽銀行　きよう　ぎんこう
崎陽軒　きようけん
ヒラノ技研工業　ヒラノ　ぎけんこうぎょう
技研製作所　ぎけん　せいさくしょ
技研興業　ぎけん　こうぎょう
埼玉建興　さいたま　けんこう
埼玉配電工事　さいたま　はいでんこうじ
埼玉繊維工業　さいたま　せんいこうぎょう
埼玉園芸市場　さいたま　えんげいしじょう
埼玉日産自動車　さいたま　にっさんじどうしゃ
埼玉トヨタ自動車　さいたま　トヨタじどうしゃ
埼玉縣信用金庫　さいたまけん　しんようきんこ
紀伊國屋書店　きのくにや　しょてん

紀伊産業　きい　さんぎょう
紀伊長島レクリエーション都市開発　きいながしま　レクリエーション　としかいはつ
紀州信用金庫　きしゅう　しんようきんこ
紀州製紙　きしゅう　せいし
紀州造林　きしゅう　ぞうりん

吉良鐵工所　きら　てっこうしょ
吉本組　よしもとぐみ
吉本興業　よしもと　こうぎょう
吉富製薬　よしとみ　せいやく
吉野家ディー・アンド・シー　よしのや　ディー・アンド・シー
吉野藤　よしのとう
吉野石膏　よしの　せっこう
吉玉精鍍　よしたま　せいと
吉原製油　よしはら　せいゆ
吉田建材　よしだ　けんざい
吉田元工業　よしだもと　こうぎょう
吉田製油所　よしだ　せいゆじょ
吉田港運　よしだ　こううん
吉田興業　よしだ　こうぎょう
吉田喜　よしだき
吉川工務店　よしかわ　こうむてん
吉川製油　よしかわ　せいゆ
吉村薬品　よしむら　やくひん
吉村油化学　よしむら　ゆかがく
吉忠　よしちゅう
吉忠マネキン　よしちゅう　マネキン
吉澤石灰工業　よしざわ　せっかいこうぎょう

ㄴ

那須電機鉄工　なす　でんきてっこう

暖冷工業　だんれい　こうぎょう

南光運輸　なんこう　うんゆ
南九州畜産興業　みなみきゅうしゅう　ちくさんこうぎょう
南国殖産　なんごく　しょくさん
南大果　みなみだいか
南都銀行　なんと　ぎんこう
南部化成　なんぶ　かせい
南生建設　なんせい　けんせつ
南西航空　なんせい　こうくう
南星　なんせい
南野建設　なんの　けんせつ

南予レクリエーション都市開発　なんよ　レクリエーション　としかいはつ
南王運送　なんおう　うんそう
南日本グレーンセンター　みなみにほん　グレーンセンター
南日本酪農協同　みなみにほん　らくのうきょうどう
南日本銀行　みなみにっぽん　ぎんこう
南証券　みなみ　しょうけん
南海建設　なんかい　けんせつ
南海毛糸紡績　なんかい　けいとぼうせき
南海放送　なんかい　ほうそう
南海電気鉄道　なんかい　でんきてつどう
南海電設　なんかい　でんせつ
南海泉州製線鋼索　なんかいせんしゅう　せいせんこうさく

内橋エステック　うちはし　エステック
内藤建設　ないとう　けんせつ
奈良屋　ならや
奈良銀行　なら　ぎんこう
奈良中央信用金庫　なら　ちゅうおう　しんようきんこ
奈良証券　なら　しょうけん
内山緑地建設　うちやま　りょくちけんせつ
内野工務店　うちの　こうむてん
内野屋工務店　うちのや　こうむてん
内外輸送　ないがい　ゆそう
内外運輸　ないがい　うんゆ
内外衣料製品　ないがい　いりょうせいひん
内外日東　ないがい　にっとう
内田橋住宅　うちだばし　じゅうたく
内田鍛工　うちだ　たんこう
内田洋行　うちだ　ようこう
内田油圧機器工業　うちだ　ゆあつききこうぎょう
乃村工藝社　のむら　こうげいしゃ
内村電機工務店　うちむら　でんきこうむてん
内海曳船　ないかい　えいせん
内海造船　ないかい　ぞうせん

スガノ農機　スガノ　のうき
農林中央金庫　のうりん　ちゅうおうきんこ
濃飛西濃運輸　のうひせいのう　うんゆ
農協印刷センター　のうきょう　いんさつセンター

能美防災　のうみ　ぼうさい
能勢電鉄　のせ　でんてつ

尼崎信用金庫　あまがさき　しんようきんこ
尼崎化学合成　あまがさき　かがくごうせい

ㄷ

다

茶谷産業　　ちゃたに　さんぎょう
多摩京王自動車　　たまけいおう　じどうしゃ
多摩電気工業　　たま　でんきこうぎょう
多摩中央ミサワホーム　　たまちゅうおう
　　ミサワホーム
多木化学　　たき　かがく
多聞酒造　　たもん　しゅぞう
多野信用金庫　　たの　しんようきんこ
多田建設　　ただ　けんせつ

段谷産業　　だんたに　さんぎょう
但馬銀行　　たじま　ぎんこう
丹羽建設　　にわ　けんせつ
団地サービス　　だんち　サービス
丹青社　　たんせいしゃ
丹青総合研究所　　たんせい　そうごうけんきゅう
　　しょ
鍛治田工務店　　かじた　こうむてん
丹平中田　　たんぺいなかた
丹下鉄工所　　たんげ　てっこうしょ
丹後サンオール　　たんご　サンオール

淡路町ビルヂング　　あわじまち　ビルヂング
淡路紙工　　あわじ　しこう
淡路土建　　あわじ　どけん

イトーヨーカ堂　　イトーヨーカどう
堂島エステート　　どうじま　エステート
堂島証券　　どうじま　しょうけん
唐川木材工業　　からかわ　もくざいこうぎょう
唐沢観光　　からさわ　かんこう

大嘉倉庫　　たいか　そうこ
大江工業　　おおえ　こうぎょう
大綱商事　　だいこう　しょうじ
大建工業　　だいけん　こうぎょう
大京　　だいきょう
大高興産　　おおたか　こうさん
大谷櫻井鐵工　　おおたに　さくらい　てっこう

大谷天然瓦斯　　おおたに　てんねんがす
大館桂工業　　おおだてかつら　こうぎょう
大貫繊維　　おおぬき　せんい
大関化学工業　　おおぜき　かがくこうぎょう
大広　　だいこう
帯広信用金庫　　おびひろ　しんようきんこ
大光銀行　　たいこう　ぎんこう
大光電機　　だいこう　でんき
大久保商事　　おおくぼ　しょうじ
大久保歯車工業　　おおくぼ　はぐるまこうぎょう
大宮ハム　　おおみや　ハム
大宮中央青果市場　　おおみや　ちゅうおうせいか しじょう
大金製作所　　だいきん　せいさくしょ
大機ゴム工業　　だいき　ゴム　こうぎょう
大紀アルミニウム工業所　　だいき　アルミニウム こうぎょうしょ
大氣社　　たいきしゃ
大崎電気工業　　おおさき　でんきこうぎょう
大多喜ガス　　おおたき　ガス
台糖　　たいとう
大徳証券　　だいとく　しょうけん
大都　　だいと
大島工業　　おおしま　こうぎょう
大都魚類　　だいと　ぎょるい
大同鋼板　　だいどう　こうはん
大同建工　　だいどう　けんこう
大東建託　　だいとう　けんたく
大東京不動産　　だいとうきょう　ふどうさん
大同漁網　　だいどう　ぎょもう
大同マルタ染工　　だいどう　マルタ　せんこう
大同自動車興業　　だいどう　じどうしゃこうぎょう
大東精機　　だいとう　せいき
大東製機　　だいとう　せいき
大東通商　　だいとう　つうしょう
大同特殊鋼　　だいどう　とくしゅこう
大同舗道　　だいどう　ほどう
大東港運　　だいとう　こううん
大同化成工業　　だいどう　かせいこうぎょう
大同火災海上保険　　だいどう　かさいかいじょう ほけん
大浪運輸倉庫　　おおなみ　うんゆそうこ
大利根カントリー倶楽部　　おおとね　カントリー くらぶ
大林道路　　おおばやし　どうろ
大林組　　おおばやしぐみ
大万証券　　だいまん　しょうけん
大末建設　　だいすえ　けんせつ
大明電話工業　　だいめい　でんわこうぎょう
大牟田信用金庫　　おおむた　しんようきんこ
大木　　おおき
大木建設　　おおき　けんせつ
大宝運輸　　たいほう　うんゆ
大宝証券　　たいほう　しょうけん
大福工営　　だいふく　こうえい
大本組　　おおもとぐみ
大分交通観光社　　おおいた　こうつう かんこうしゃ
大分放送　　おおいた　ほうそう
大分銀行　　おおいた　ぎんこう
大鵬薬品工業　　たいほう　やくひんこうぎょう
大山観光電鉄　　おおやま　かんこうでんてつ
大三　　だいさん
大三製鋼　　だいさん　せいこう
大西熱学　　おおにし　ねつがく
大石産業　　おおいし　さんぎょう
大仙　　だいせん
大銑産業　　だいせん　さんぎょう
大成建設　　たいせい　けんせつ
大盛工業　　おおもり　こうぎょう
大星ビル管理　　たいせい　ビル　かんり
大成温調　　たいせい　おんちょう
大昭和加工紙業　　だいしょうわ　かこうしぎょう
大昭和製紙　　だいしょうわ　せいし
大昭興業　　たいしょう　こうぎょう
大新東　　だいしんとう
大新産業　　だいしん　さんぎょう
大信精機　　だいしん　せいき
大亞工業　　だいあ　こうぎょう
大亜真空　　だいあ　しんくう
大野建設　　おおの　けんせつ
大野工務所　　おおの　こうむしょ
大洋基礎　　たいよう　きそ
大洋冷凍　　たいよう　れいとう
大陽酸素　　たいよう　さんそ
大洋興産　　たいよう　こうさん
大洋興業　　たいよう　こうぎょう
大淵建設　　おおぶち　けんせつ
大栄電気　　だいえい　でんき
大永紙通商　　だいえい　かみつうしょう
大栄太源　　だいえいたいげん
大王製紙　　だいおう　せいし
大旺土木　　だいおう　どぼく
大隈豊和機械　　おおくまほうわ　きかい
大運　　だいうん
大熊本証券　　だいくまもと　しょうけん
大垣共立銀行　　おおがき　きょうりつぎんこう
大垣化成工業　　おおがき　かせいこうぎょう
大越電建　　おおこし　でんけん
大衛　　だいえい
大有建設　　たいゆう　けんせつ
大日建設　　だいにち　けんせつ

大日光企業　だいにっこう　きぎょう
大日本科研　だいにっぽん　かけん
大日本木材防腐　だいにほん　もくざいぼうふ（＝日防腐）
大日本法令印刷　だいにほん　ほうれいいんさつ
大日本商事　だいにっぽん　しょうじ
大日本印刷　だいにっぽん　いんさつ
大日本製本紙工　だいにっぽん　せいほんしこう
大日本硝子工業　だいにほん　がらすこうぎょう
大日本土木　だいにっぽん　どぼく
大一産業　だいいち　さんぎょう
大日精化工業　だいにち　せいかこうぎょう
大場商事　おおば　しょうじ
大電　だいでん
大畠建設　おおはた　けんせつ
大電社　だいでんしゃ
大田原信用金庫　おおたわら　しんようきんこ
大井建興　おおい　けんこう
大町工業　おおまち　こうぎょう
大正銀行　たいしょう　ぎんこう
大正製薬　たいしょう　せいやく
大井製作所　おおい　せいさくしょ
大井川鉄道　おおいがわ　てつどう
大鳥機工　おおとり　きこう
大宗建設　だいそう　けんせつ
大周建設　だいしゅう　けんせつ
大竹信用金庫　おおたけ　しんようきんこ
大之木ダイモ　おおのき　ダイモ
大之木建設　おおのき　けんせつ
大真空　だいしんくう
大津毛織　おおつ　けおり
大昌工業　だいしょう　こうぎょう
大倉電気　おおくら　でんき
大昌電気工業　たいしょう　でんきこうぎょう
大川原製作所　おおかわら　せいさくしょ
大川原化工機　おおかわら　かこうき
大鉄工業　だいてっこうぎょう
大村製作所　おおむら　せいさくしょ
大塚製薬　おおつか　せいやく
大塚化学　おおつか　かがく
大出産業　おおで　さんぎょう
大泰化工　だいたい　かこう
大沢証券　おおさわ　しょうけん
大阪機工　おおさか　きこう(＝OKK)
大阪湾フェリー　おおさかわん　フェリー
大阪府都市開発　おおさかふ　としかいはつ
大阪北合同運送　おおさかきた　ごうどううんそう
大阪商船三井船舶　おおさか　しょうせん　みつい せんぱく(＝商船三井)
大阪殖産信用金庫　おおさか　しょくさん しんようきんこ

大阪魚市場　おおさか　うおいちば
大阪屋　おおさかや
大阪玉造鋼業　おおさか　たまつくりこうぎょう
大阪窯業　おおさか　ようぎょう
大阪資生堂　おおさか　しせいどう
大阪精工硝子　おおさか　せいこうがらす
大阪製鎖造機　おおさか　せいさぞうき
大阪紙共同倉庫　おおさか　かみきょうどうそうこ
大阪港振興　おおさか　こうしんこう(＝港振興)
大阪黄銅　おおさか　おうどう
大八化学工業所　だいはち　かがく　こうぎょう しょ
大平製紙　たいへい　せいし
大豊建設　たいほう　けんせつ
大豊工業　たいほう　こうぎょう
大豊精機　たいほう　せいき
大賀　おおが
大下産業　おおしも　さんぎょう
大河原建設　おおかわら　けんせつ
大向高洲堂　おおむかいこうしゅうどう
大協石油　だいきょう　せきゆ
大弘建物　だいこう　たてもの
大和　だいわ
大和ガス　だいわ　ガス
大和システム・エンジニアリング　だいわ　システム・エンジニアリング
大和システムクリエート　だいわ　システムクリエート
大和ファクター・リース　だいわ　ファクター・リース
大和鋼管工業　だいわ　こうかんこうぎょう
大和鋼帯　だいわ　こうたい
大和建設　だいわ　けんせつ
大和工商リース　だいわ　こうしょう　リース
大和工業　だいわ　こうぎょう(非上場会社)
大和工業　やまと　こうぎょう(上場会社)
大和ハウス工業　だいわ　ハウス　こうぎょう（＝ハウス）
大和金属粉工業　やまと　きんぞくふんこうぎょう
大和機工　だいわ　きこう
大和農興　だいわ　のうこう
大和団地　だいわ　だんち
大和冷機工業　だいわ　れいきこうぎょう
大和銘木市売　やまと　めいもくいちうり
大和紡績　だいわ　ぼうせき(＝ダイワボウ)
大和森林　だいわ　しんりん
大和生命保険　やまと　せいめいほけん
大和設備工事　やまと　せつびこうじ
大和染工　だいわ　せんこう
大和運送建設　やまと　うんそうけんせつ
大和銀行　だいわ　ぎんこう

大和自動車交通　だいわ　じどうしゃこうつう
大和電建　だいわ　でんけん
大和電機工業　やまと　でんきこうぎょう
大和電設工業　だいわ　でんせつこうぎょう
大和精工　だいわ　せいこう
大和製衡　やまと　せいこう
大和住宅流通　だいわ　じゅうたくりゅうつう
大和重工　だいわ　じゅうこう
大和證券　だいわ　しょうけん
大和証券投資信託委託　だいわしょうけん　とうし　しんたくいたく
大和総研　だいわ　そうけん
大和探査技術　だいわ　たんさぎじゅつ
大和投資顧問　だいわ　とうしこもん
大和化学工業　だいわ　かがくこうぎょう
大丸　だいまる
大丸工業　だいまる　こうぎょう
大丸藤井　だいまるふじい
大興運輸　たいこう　うんゆ
大興電機製作所　たいこう　でんきせいさくしょ
大興電子通信　だいこう　でんしつうしん
大喜建設　だいき　けんせつ
大希産業　だいき　さんぎょう

徳島空港ビル　とくしま　くうこう　ビル
徳島銀行　とくしま　ぎんこう
徳島合同証券　とくしま　ごうどうしょうけん
徳力本店　とくりき　ほんてん
徳山曹達　とくやま　ソーダ
徳祥　とくしょう
徳寿工業　とくじゅ　こうぎょう
徳陽シティ銀行　とくよう　シティ　ぎんこう
徳榮商事　とくえい　しょうじ
徳倉建設　とくら　けんせつ

都ホテル　みやこ　ホテル
島根銀行　しまね　ぎんこう
島崎観光開発　しまさき　かんこうかいはつ
島崎製作所　しまざき　せいさくしょ
道南バス　どうなん　バス
島藤建設工業　しまとう　けんせつ　こうぎょう
かに道楽　かに　どうらく
渡辺組　わたなべぐみ
渡辺鉄工　わたなべ　てっこう
渡部製鋼所　わたなべ　せいこうしょ
トヨタカローラ道北　トヨタカローラ　どうほく
道新オフセット　どうしん　オフセット
図研　ずけん
稲葉製作所　いなば　せいさくしょ
島屋商事　しまや　しょうじ
島原鉄道　しまばら　てつどう
渡長建設　わたちょう　けんせつ
嶋田鋼業　しまだ　こうぎょう
島田理化工業　しまだ　りかこうぎょう
稲畑産業　いなばた　さんぎょう
島田商会　しまだ　しょうかい
島田屋本店　しまだや　ほんてん
島田瓦斯　しまだ　がす
島精機製作所　しま　せいきせいさくしょ
桃井製網　ももい　せいもう
都証券　みやこ　しょうけん
島津製作所　しまづ　せいさくしょ
島村工業　しまむら　こうぎょう
都築機工運輸　つづき　きこううんゆ
都築電産　つづき　でんさん
島忠　しまちゅう

讀賣テレビ放送　よみうり　テレビ　ほうそう
読売新聞社　よみうり　しんぶんしゃ

敦井産業　つるい　さんぎょう
敦賀セメント　つるが　セメント
敦賀信用金庫　つるが　しんようきんこ

東セロ　とうセロ(旧 東京セロファン紙)
東テク　とうテク
東プレ　とうプレ(＝東プレス)
東リ　とうリ
東レ　とうレ
東綱商事　とうこう　しょうじ
東建工業　とうけん　こうぎょう
東建設　ひがし　けんせつ
東レ建設　とうレ　けんせつ
東京ガス　とうきょう　ガス(＝東京瓦斯)
東京シヤリング　とうきょう　シヤリング(＝シヤリング)
東京テアトル　とうきょう　テアトル(＝テアトル)
東京加工紙　とうきょう　かこうし
東京建物不動産販売　とうきょう　たてもの　ふどうさん　はんばい
東京軽合金製作所　とうきょう　けいごうきん　せいさくしょ
東京急行電鉄　とうきょう　きゅうこうでんてつ
東京短資　とうきょう　たんし
東京団地冷蔵　とうきょう　だんちれいぞう
東京団地倉庫　とうきょう　だんちそうこ
東京都競馬　とうきょうと　けいば(＝都競馬)
東京都民銀行　とうきょう　とみんぎんこう(＝都民銀)
東京楽天地　とうきょう　らくてんち(＝楽天地)
東京冷熱産業　とうきょう　れいねつさんぎょう
東京沪器　とうきょう　ろき
東京流機製造　とうきょう　りゅうきせいぞう
東京理化工業所　とうきょう　りかこうぎょうしょ
東京放送　とうきょう　ほうそう(＝TBS)
東京白煉瓦　とうきょう　はくれんが
東京酸素窒素　とうきょう　さんそちっそ
東京三冷社　とうきょう　さんれいしゃ
東京三協信用金庫　とうきょう　さんきょうしんようきんこ
東京相和銀行　とうきょう　そうわぎんこう
東京燒結金属　とうきょう　しょうけつきんぞく
東京小僧寿し　とうきょう　こぞうすし
東京新宿木材市場　とうきょう　しんじゅく　もくざいいちば
東京魚国　とうきょううおくに
東京燃料林産　とうきょう　ねんりょうりんさん
東京窯業　とうきょう　ようぎょう(＝TYK)
東京応化工業　とうきょう　おうかこうぎょう
東京日産自動車販売　とうきょう　にっさん　じどうしゃはんばい
東京コスモス電機　とうきょう　コスモス　でんき(＝コスモス電)
東京電力　とうきょう　でんりょく
東京田辺製薬　とうきょう　たなべせいやく
東京電音　とうきょう　でんおん
東京精密　とうきょう　せいみつ
東京製線　とうきょう　せいせん
東京中央青果　とうきょう　ちゅうおうせいか
東京泉　とうきょう　いずみ
東京鉄鋼埠頭　とうきょう　てっこうふとう
東京出版販売　とうきょう　しゅっぱんはんばい(＝トーハン)
東京測器研究所　とうきょう　そっき　けんきゅうしょ
東京針金工業　とうきょう　はりがねこうぎょう
東京炭酸　とうきょう　たんさん
東京通運　とうきょう　つううん
東京特殊電線　とうきょう　とくしゅでんせん
東京特殊硝子　とうきょう　とくしゅがらす
東京豊海冷蔵　とうきょう　とよみれいぞう
東京港筏　とうきょう　こういかだ
東京衡機製造所　とうきょう　こうき　せいぞうしょ
東京化成品　とうきょう　かせいひん
東京丸一商事　とうきょう　まるいちしょうじ
東京興業貿易商会　とうきょうこうぎょう　ぼうえきしょうかい
東計電算　とうけい　でんさん
東工企業　とうこう　きぎょう
東果大阪　とうか　おおさか
東罐興業　とうかん　こうぎょう
東光　とうこう
東光電気　とうこう　でんき
東光精機　とうこう　せいき
東九州三菱自動車販売　ひがしきゅうしゅう　みつびし　じどうしゃはんばい
東根新電元　ひがしねしんでんげん
東急建設　とうきゅう　けんせつ
東急工建　とうきゅう　こうけん
東急観光　とうきゅう　かんこう
東急百貨店　とうきゅう　ひゃっかてん
東南産業　とうなん　さんぎょう
東濃信用金庫　とうのう　しんようきんこ
東濃鉄道　とうのう　てつどう
東陶スペース　とうとう　スペース
東陶機器　とうとう　きき(＝TOTO)
東都水産　とうと　すいさん
東都積水　とうと　せきすい

東豆浚渫　とうず しゅんせつ
東冷蔵　あずま れいぞう
東理社　とうりしゃ
東名化成　とうめい かせい
東武計画　とうぶ けいかく(旧 東日本航空)
東武緑地建設　とうぶ りょくちけんせつ
東武百貨店　とうぶ ひゃっかてん
東武宇都宮百貨店　とうぶうつのみや ひゃっかてん
東武鉄道　とうぶ てつどう
東尾メック　ひがしお メック
東弥鋼業　とうや こうぎょう
東邦アセチレン　とうほう アセチレン(＝邦アセチ)
東邦ガス　とうほう ガス(＝邦ガス)
東邦チタニウム　とうほう チタニウム(＝邦チタ)
東邦建　とうほうけん
東邦工機　とうほう こうき
東邦理化工業　とうほう りかこうぎょう
東邦電気工業　とうほう でんきこうぎょう
東宝　とうほう
東宝証券　とうほう しょうけん
東福製粉　とうふく せいふん
東部瓦斯　とうぶ がす
東北陸運　とうほく りくうん
東北三菱自動車部品　とうほく みつびし じどうしゃぶひん
東北日本電気　とうほく にっぽんでんき
東北電力　とうほく でんりょく
東北綜合警備保障　とうほく そうごう けいびほしょう
東北佐竹製作所　とうほく さたけ せいさくしょ
東北通信建設　とうほく つうしんけんせつ
東北特殊鋼　とうほく とくしゅこう
東北化工　とうほく かこう
東朋エレクトロニクス　とうほう エレクトロニクス
東商建設　とうしょう けんせつ
桐生工業　きりゅう こうぎょう
桐生機械　きりう きかい
桐生信用金庫　きりゅう しんようきんこ
東西電工　とうざい でんこう
東西土地建物　とうざい とちたてもの
東成建設工業　とうせい けんせつこうぎょう
東誠商事　とうせい しょうじ
東昭　とうしょう
東食　とうしょく
東新鋼業　とうしん こうぎょう
東新起業　とうしん きぎょう
東神電気工業　とうしん でんきこうぎょう
東亜ペイント　とうあ ペイント(＝トウペ)
東亜紡織　とうあ ぼうしょく(＝トーア紡)
東亜商事　とうあ しょうじ
東亜外業　とうあ がいぎょう
東亜医用電子　とうあ いようでんし
東亜電波工業　とうあ でんぱこうぎょう
東亜鉄工　とうあ てっこう
東洋鋼鈑　とうよう こうはん
東陽建設工機　とうよう けんせつこうき
東洋経済新報社　とうようけいざいしんぽうしゃ
東洋高砂乾電池　とうよう たかさごかんでんち
東洋空機製作所　とうよう くうきせいさくしょ
東洋空調　とうよう くうちょう
東洋機械金属　とうよう きかいきんぞく
東洋機工　とうよう きこう
東洋濾紙　とうよう ろし
東洋物産　とうよう ぶっさん
東洋紡サンリビング　とうようぼうサンリビング
東洋紡実業　とうようぼう じつぎょう
東洋埠頭　とうよう ふとう
東洋信号通信社　とうよう しんごうつうしんしゃ
東洋熱工業　とうよう ねつこうぎょう
東洋染工　とうよう せんこう
東洋瓦斯機工　とうよう がすきこう
東洋油圧機械　とうよう ゆあつきかい
東洋刃物　とうよう はもの
東洋電制製作所　とうよう でんせいせいさくしょ
東洋電化工業　とうよう でんかこうぎょう
東洋精機製作所　とうよう せいきせいさくしょ
東洋精糖　とうよう せいとう
東洋整染　とうよう せいせん
東洋製罐　とうよう せいかん
東洋製線　とうよう せいせん
東陽倉庫　とうよう そうこ
東洋通信機　とうよう つうしんき
東洋港運　とうよう こううん
東洋興業　とうよう こうぎょう
東燃　とうねん
東燃化学　とうねん かがく
東映　とうえい
東栄建材　とうえい けんざい
東永金属工業　とうえい きんぞくこうぎょう
東映動画　とうえい どうが
同栄信用金庫　どうえい しんようきんこ
東栄電機　とうえい でんき
東映通信工業　とうえい つうしんこうぎょう
東奥日報社　とうおうにっぽうしゃ
東日本キヨスク　ひがしにほん キヨスク
東日本コンクリート　ひがしにほん コンクリート
東日本ハウス　ひがしにほん ハウス
東日本フェリー　ひがしにほん フェリー
東日本リース　ひがしにほん リース
東日本建設業保証　ひがしにほん けんせつぎょう

ほしょう
東日本旅客鉄道　ひがしにほん　りょかくてつどう
(＝JR 東日本)
東日本輸送　ひがしにほん　ゆそう
東日本銀行　ひがしにっぽん　ぎんこう
東日本倉庫　ひがしにほん　そうこ
東日電線　とうにち　でんせん
東日製作所　とうにち　せいさくしょ
東畑建築事務所　とうはた　けんちくじむしょ
東電工業　とうでん　こうぎょう
東電通　とうでんつう
東精エンジニアリング　とうせいエンジニアリング
桐井製作所　きりい　せいさくしょ
東條會館　とうじょう　かいかん
東中国開発　ひがしちゅうごく　かいはつ
東中国菱重興産　ひがしちゅうごく　りょうじゅう
こうさん
東芝　とうしば
東芝セラミックス　とうしば　セラミックス
(＝芝セラミ)
東芝計装　とうしば　けいそう
東芝物流　とうしば　ぶつりゅう
東芝熱器具　とうしば　ねつきぐ
東芝医用システム　とうしば　いようシステム
東芝電池　とうしば　でんち
東芝硝子　とうしば　がらす
東振精機　とうしん　せいき
東拓工業　とうたく　こうぎょう
東天紅　とうてんこう
東鉄工業　とうてつ　こうぎょう
東特塗料　とうとく　とりょう
東播染工　とうばん　せんこう
東海　とうかい
東海鋼業　とうかい　こうぎょう
東海鋼材工業　とうかい　こうざいこうぎょう
東海高熱工業　とうかい　こうねつこうぎょう
東海理化電機製作所　とうかい　りかでんき
せいさくしょ
東海物産　とうかい　ぶっさん
東海アルミ箔　とうかい　アルミ　はく
東海染工　とうかい　せんこう
東海電化工業　とうかい　でんかこうぎょう
東海精密化工　とうかい　せいみつかこう
東海紙器　とうかい　しき
東海協和　とうかい　きょうわ
東海化成工業　とうかい　かせいこうぎょう
東海興業　とうかい　こうぎょう
同和工営　どうわ　こうえい
同和鉱業　どうわ　こうぎょう
東和耐火工業　とうわ　たいかこうぎょう
東和繊維工業　とうわ　せんいこうぎょう
東和銀行　とうわ　ぎんこう
東和織物　とうわ　おりもの
同和鉄粉工業　どうわ　てっぷんこうぎょう
東セロ化学　とうセロ　かがく
東横車輛電設　とうよこ　しゃりょうでんせつ
東興建設　とうこう　けんせつ
同興紡績　どうこう　ぼうせき

두

頭川証券　づかわ　しょうけん

등

藤ケ谷カントリー倶楽部　ふじがや　カントリー
くらぶ
藤久　ふじきゅう
藤崎　ふじさき
藤崎縫製　ふじさき　ほうせい
藤吉工業　ふじよし　こうぎょう
藤堂製作所　とうどう　せいさくしょ
藤木鉄工　ふじき　てっこう
藤本酸素　ふじもと　さんそ
藤森工業　ふじもり　こうぎょう
等松・トウシュロスコンサルティング　とうまつ・
トウシュロスコンサルティング
藤越　ふじこし
藤田観光　ふじた　かんこう
藤田電機工業　ふじた　でんきこうぎょう
藤井　ふじい
藤井大丸　ふじい　だいまる
藤井繊維　ふじい　せんい
藤倉商事　ふじくら　しょうじ
藤倉化成　ふじくら　かせい
藤沢薬品工業　ふじさわ　やくひんこうぎょう
登り坂石油　のぼりざか　せきゆ
藤和不動産　とうわ　ふどうさん
藤和住販　とうわ　じゅうはん
藤丸　ふじまる

ㄹ

락

酪農総合研究所　らくのう　そうごうけんきゅうしょ

람

藍屋　あいや
藍澤證券　あいざわ　しょうけん

랑

浪速建材工業　なにわ　けんざいこうぎょう

량

両毛システムズ　りょうもう　システムズ
両毛丸善　りょうもう　まるぜん
両備システムズ　りょうび　システムズ

력

力建　りっけん

령

鈴江コンテナートランスポート　すずえ　コンテナートランスポート
鈴丹　すずたん
鈴鹿塗料　すずか　とりょう
鈴鹿富士ゼロックス　すずか　ふじ　ゼロックス
鈴木　すずき
鈴木金属工業　すずき　きんぞくこうぎょう
鈴木三榮　すずき　さんえい
鈴木合金　すずき　ごうきん
鈴縫工業　すずぬい　こうぎょう
鈴秀工業　すずひで　こうぎょう
鈴与　すずよ
鈴与自動車運送　すずよ　じどうしゃうんそう
鈴栄組　すずえいぐみ
鈴中工業　すずなか　こうぎょう
鈴倉織物　すずくら　おりもの

鹿内組　しかないぐみ
鹿島　かしま(＝鹿島建設)
鹿島リース　かじま　リース
鹿島プラント工業　かしま　プラント　こうぎょう
鹿島北共同発電　かしまきた　きょうどうはつでん
鹿島石油　かしま　せきゆ
鹿島出版会　かじま　しゅっぱんかい
鹿島港湾運送　かしま　こうわんうんそう
碌々産業　ろくろく　さんぎょう
鹿児島銀行　かごしま　ぎんこう
鹿児島トヨタ自動車　かごしま　トヨタじどうしゃ
鹿児島興産　かごしま　こうさん
鹿屋開発興業　かのや　かいはつこうぎょう
ニチノー緑化　ニチノー　りょくか

瀧口製作所　たきぐち　せいさくしょ
瀧上工業　たきがみ　こうぎょう
瀧野川信用金庫　たきのがわ　しんようきんこ
瀧原産業　たきはら　さんぎょう
滝泰　たきたい
滝沢ハム　たきざわ　ハム
瀧澤鐵工所　たきさわ　てっこうしょ

瀬戸内観光汽船　せとうち　かんこうきせん
瀬戸内運輸　せとうち　うんゆ
瀬戸信用金庫　せと　しんようきんこ

龍建設工業　りゅう　けんせつこうぎょう
龍名館　りゅうめいかん
竜王レース　りゅうおう　レース
龍田化学　たつた　かがく

琉球肥料　りゅうきゅう　ひりょう
琉球石油　りゅうきゅう　せきゆ(＝りゅうせき)
琉球銀行　りゅうきゅう　ぎんこう
琉球総合開発　りゅうきゅう　そうごうかいはつ
琉球海運　りゅうきゅう　かいうん
柳沢精機製作所　やなぎさわ　せいきせいさくしょ

でん六　でんろく
六甲バター　ろっこう　バター
六菱ゴム　むつびし　ゴム
六合建設　ろくごう　けんせつ
六和証券　ろくわ　しょうけん
六興電気　ろっこう　でんき

栗林商船　くりばやし　しょうせん
栗林運輸　くりばやし　うんゆ
栗本鐵工所　くりもと　てっこうしょ
栗本化成工業　くりもと　かせいこうぎょう
栗原産業　くりはら　さんぎょう
栗原印刷　くりはら　いんさつ
栗田工業　くりた　こうぎょう

栗田電機製作所　　くりた　でんきせいさくしょ
栗田化工建設　　くりた　かこうけんせつ

菱江化学　　りょうこう　かがく
菱光石灰工業　　りょうこう　せっかいこうぎょう
菱光証券　　りょうこう　しょうけん
菱光倉庫　　りょうこう　そうこ
綾部紡績　　あやべ　ぼうせき
綾部信用金庫　　あやべ　しんようきんこ
菱山製薬　　ひしやま　せいやく
菱三工業　　りょうさん　こうぎょう
菱成産業　　りょうせい　さんぎょう
菱信ビジネス　　りょうしん　ビジネス
菱洋エレクトロ　　りょうよう　エレクトロ
綾羽　　あやは
菱油タンカー　　りょうゆ　タンカー
菱電商事　　りょうでん　しょうじ
菱重製鉄エンジニアリング　　りょうじゅう　せいてつ　エンジニアリング
菱進不動産　　りょうしん　ふどうさん
菱彩工業　　りょうさい　こうぎょう
菱阪包装システム　　りょうはん　ほうそうシステム
テクノ菱和　　テクノ　りょうわ
菱和産業　　りょうわ　さんぎょう
菱化商事　　りょうか　しょうじ

理建工業　　りけん　こうぎょう
理経　　りけい
理工協産　　りこうきょうさん
理想科学工業　　りそう　かがくこうぎょう
理研計器　　りけん　けいき
理研電線　　りけん　でんせん
理研製鋼　　りけん　せいこう
理研香料工業　　りけん　こうりょうこうぎょう
理学電機　　りがく　でんき
理学電機工業　　りがく　でんきこうぎょう
理化電機工業　　りか　でんきこうぎょう
理喜ニツト　　りき　ニツト

林建設工業　　はやし　けんせつこうぎょう
林兼産業　　はやしかね　さんぎょう
林屋　　はやしや
林原　　はやしばら
林電工　　はやし　でんこう
林住建　　はやし　じゅうけん
臨港製鐵　　りんこう　せいてつ
林興産　　はやし　こうさん

立飛企業　　たちひ　きぎょう
立山アルミニウム工業　　たてやま　アルミニウムこうぎょう
立山合金工業　　たてやま　ごうきんこうぎょう
立石製薬　　たていし　せいやく
笠松金属工場　　かさまつ　きんぞくこうじょう
笠原工業　　かさはら　こうぎょう
立川　　たちかわ
立川ブラインド工業　　たちかわ　ブラインド　こうぎょう(＝ブラインド)
立川機工　　たちかわ　きこう
立川食肉　　たちかわ　しょくにく
立川装備　　たちかわ　そうび
立風書房　　りっぷう　しょぼう
立花商会　　たちばな　しょうかい
立花証券　　たちばな　しょうけん

ㅁ

麻生セメント　あそう　セメント
馬淵建設　まぶち　けんせつ
馬場家具　ばば　かぐ
麻布台ビル　あざぶだい　ビル

만

萬屋建設　よろずや　けんせつ
萬有製薬　ばんゆう　せいやく

梅林建設　うめばやし　けんせつ
梅屋　うめや
毎日広告社　まいにち　こうこくしゃ
アール・ケー・ビー毎日放送　アール・ケー・ビー　まいにちほうそう
毎日新聞社　まいにち　しんぶんしゃ
梅田機工　うめだ　きこう
梅村組　うめむらぐみ
梅花紡織　ばいか　ぼうしょく

맹

盟和産業　めいわ　さんぎょう

면

勉強堂　べんきょうどう
綿万　わたまん
綿半鋼機　わたはん　こうき
綿半建材工業　わたはん　けんざいこうぎょう
綿半緑化　わたはん　りょっか
綿半野原総業　わたはんのはら　そうぎょう

명

名古屋競馬　なごや　けいば
名古屋螺子製作所　なごや　らしせいさくしょ
名古屋菱重興産　なごや　りょうじゅうこうさん
名古屋毛布　なごや　もうふ
名古屋木材　なごや　もくざい
名古屋埠頭サイロ　なごや　ふとう　サイロ
名古屋酸素　なごや　さんそ
名古屋魚国　なごや　うおくに

名古屋銀行　なごや　ぎんこう
名古屋電元社　なごや　でんげんしゃ
名古屋中小企業投資育成　なごや　ちゅうしょう　きぎょうとうしいくせい
名古屋地下駐車場　なごや　ちかちゅうしゃじょう
名古屋鉄道　なごや　てつどう
名古屋会計計算センター　なごや　かいけい　けいさんセンター
名高製作所　めいこう　せいさくしょ
名工建設　めいこう　けんせつ
明光商会　めいこう　しょうかい
明光電気　めいこう　でんき
明光証券　めいこう　しょうけん
名機製作所　めいき　せいさくしょ
名糖産業　めいとう　さんぎょう
名藤　めいとう
明立工業　めいりつ　こうぎょう
鳴門信用金庫　なると　しんようきんこ
明産　めいさん
明商　めいしょう
明生投資顧問　めいせい　とうしこもん
明星セメント　みょうじょう　セメント
明星工業　めいせい　こうぎょう
明星食品　みょうじょう　しょくひん
明星外食事業　みょうじょう　がいしょくじぎょう
明星電気　めいせい　でんき
明電エンジニアリング　めいでん　エンジニアリング
明電舎　めいでんしゃ
明智セラミックス　あけち　セラミックス
明知碍子　あけち　がいし
サノヤス・ヒシノ明昌　サノヤス・ヒシノ　めいしょう
名鉄百貨店　めいてつ　ひゃっかてん
名鉄運輸　めいてつ　うんゆ
明清建設工業　めいせい　けんせつこうぎょう
名村造船所　なむら　ぞうせんしょ
明治機械　めいじ　きかい
明治物産　めいじ　ぶっさん
明治乳業　めいじ　にゅうぎょう
明治製菓　めいじ　せいか
明治海運　めいじ　かいうん
名港海運　めいこう　かいうん
鳴海製陶　なるみ　せいとう
明和工務店　めいわ　こうむてん
明和産業　めいわ　さんぎょう

목

木内建設　きうち　けんせつ
木本　きもと
木上梅香園　きのうえ　ばいこうえん
牧野フライス精機　まきの　フライス　せいき
牧野航空旅行　まきの　こうくうりょこう
木曽路　きそじ
木曽精機　きそ　せいき
木村証券　きむら　しょうけん
木村化工機　きむら　かこうき
木下工務店　きのした　こうむてん

묘

妙中鉱業　たえなか　こうぎょう

武庫川車両工業　むこがわ　しゃりょうこうぎょう
武内プレス工業　たけうち　プレス　こうぎょう
武藤工業　むとう　こうぎょう
武相　ぶそう
武陽ガス　ぶよう　ガス
武蔵野銀行　むさしの　ぎんこう
武蔵野興業　むさしの　こうぎょう
武蔵精密工業　むさし　せいみつこうぎょう
武蔵貨物自動車　むさし　かもつじどうしゃ
武田薬品工業　たけだ　やくひんこうぎょう
無臭元工業　むしゅうげん　こうぎょう

とらの門　とらのもん

文溪堂　ぶんけいどう
文祥堂　ぶんしょうどう
文栄社　ぶんえいしゃ
文藝春秋　ぶんげいしゅんじゅう
文化放送　ぶんかほうそう

ダイワ物流　ダイワ　ぶつりゅう
物産機電トレーディング　ぶっさんきでん　トレーディング

さが美　さがみ
尾家産業　おいえ　さんぎょう
梶谷エンジニア　かじたに　エンジニア
米久　よねきゅう
尾崎商事　おざき　しょうじ
美濃窯業　みの　ようぎょう
尾道造船　おのみち　ぞうせん
未来工業　みらい　こうぎょう
美鈴紙業　みすず　しぎょう
美保土建　みほ　どけん
尾西毛糸紡績　びさい　けいとぼうせき
米城ビルディング　べいじょう　ビルディング
味の素　あじのもと
味の素冷凍食品　あじのもと　れいとうしょくひん
美ケ原観光ホテル　うつくしがはら　かんこう　ホテル
米原商事　よねはら　しょうじ
米子空港ビル　よなご　くうこうビル
米子信用金庫　よなご　しんようきんこ
尾張精機　おわり　せいき
尾池工業　おいけ　こうぎょう
美津濃　みずの
米澤信用金庫　よねざわ　しんようきんこ
米沢電気工事　よねざわ　でんきこうじ

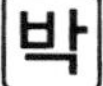

博多臨港倉庫　はかた　りんこうそうこ
博多港運　はかた　こううん
博報堂　はくほうどう
博愛社　はくあいしゃ

반

畔蒜工務店　あびる　こうむてん
飯野不動産　いいの　ふどうさん
飯野海運　いいの　かいうん
飯田工業　いいだ　こうぎょう
飯田繊工　いいだ　せんこう
飯田信用金庫　いいだ　しんようきんこ

磐田電工　　いわた　でんこう
飯田町紙流通センター　　いいだまち　かみ　りゅうつう　センター
飯田帝通　　いいだ　ていつう

ミクロ発條　　ミクロ　はつじょう
マルホ発條工業　　マルホ　はつじょうこうぎょう

防府土地建物　　ほうふ　とちたてもの
邦和クレジットサービス　　ほうわ　クレジットサービス

백

柏崎運送　　かしわざき　うんそう
柏菱建設工業　　はくりょう　けんせつこうぎょう
白石　　しらいし
白石カルシウム　　しらいし　カルシウム
白石建設　　しらいし　けんせつ
白石工業　　しらいし　こうぎょう
白石興産　　しろいし　こうさん
白水社　　はくすいしゃ
白水化学工業　　はくすい　かがくこうぎょう
百十四銀行　　ひゃくじゅうし　ぎんこう
白洋舎　　はくようしゃ
伯養軒　　はくようけん
百五銀行　　ひゃくご　ぎんこう
白月工業　　しらつき　こうぎょう
白井建設　　しらい　けんせつ
柏井建設　　かしわい　けんせつ
白井松新薬　　しらいまつ　しんやく
白川　　しらかわ
白泉社　　はくせんしゃ
白青舎　　はくせいしゃ
白鶴酒造　　はくつる　しゅぞう

幡多信用金庫　　はた　しんようきんこ

碧海信用金庫　　へきかい　しんようきんこ

弁釜　　べんかま

別府信用金庫　　べっぷ　しんようきんこ
別川製作所　　べつかわ　せいさくしょ

兵庫建設　　ひょうご　けんせつ
兵庫銀行　　ひょうご　ぎんこう
兵機海運　　ひょうき　かいうん
柄木田製粉　　からきだ　せいふん
兵食　　ひょうしょく
兵神機械工業　　へいしん　きかいこうぎょう
兵神装備　　へいしん　そうび
兵銀ファクター　　ひょうぎん　ファクター

宝建設　たから けんせつ
保谷光学　ほや こうがく
宝林　ほうりん
宝船　たからふね
保安工業　ほあん こうぎょう
宝栄工業　ほうえい こうぎょう
報映産業　ほうえい さんぎょう
宝印刷　たから いんさつ
宝電業　たから でんぎょう
宝酒造　たから しゅぞう
保土ケ谷工業　ほどがや こうぎょう
保土谷化学工業　ほどがや かがくこうぎょう
宝幸水産　ほうこう すいさん
保険毎日新聞社　ほけんまいにちしんぶんしゃ

福サイ　ふく サイ
福岡リコー近鉄ビル　ふくおかリコーきんてつビル
福岡大同青果　ふくおか だいどうせいか
福岡放送　ふくおか ほうそう
福岡酸素　ふくおか さんそ
福岡日野自動車　ふくおか ひのじどうしゃ
福岡中央銀行　ふくおか ちゅうおうぎんこう
福岡県魚市場　ふくおかけん うおいちば
伏見信用金庫　ふしみ しんようきんこ
福徳銀行　ふくとく ぎんこう
福徳長酒類　ふくとくちょう しゅるい
福島工業　ふくしま こうぎょう
福島明工社　ふくしま めいこうしゃ
福島民報社　ふくしまみんぽうしゃ
福島岩田塗装機　ふくしま いわたとそうき
福島製鋼　ふくしま せいこう
福島綜合警備保障　ふくしま そうごうけいび ほしょう
福島中央テレビ　ふくしま ちゅうおうテレビ
福島県折込広告社　ふくしまけん おりこみ こうこくしゃ
福留ハム　ふくとめ ハム
福萬組　ふくまんぐみ
伏木海陸運送　ふしき かいりくうんそう
福武書店　ふくたけ しょてん
福邦銀行　ふくほう ぎんこう
服部セイコー　はっとり セイコー
服部紙商事　はっとり かみしょうじ
福山共同機工　ふくやま きょうどうきこう
福山共同火力　ふくやま きょうどうかりょく
福山通運　ふくやま つううん
福伸電機　ふくしん でんき
福栄肥料　ふくえい ひりょう
福屋建設　ふくや けんせつ
福原　ふくはら
福原精機製作所　ふくはら せいきせいさくしょ
福傳　ふくでん
福田金属箔粉工業　ふくだ きんぞくはくふん こうぎょう
福田印刷工業　ふくだ いんさつこうぎょう
福田組　ふくだぐみ
福井鋲螺　ふくい びょうら
福井新聞社　ふくいしんぶんしゃ
福井漁網　ふくい ぎょもう
福井銀行　ふくい ぎんこう
福井日産モーター　ふくい にっさん モーター
福井組　ふくいぐみ
福井編織　ふくい へんしょく
福助　ふくすけ
福助工業　ふくすけ こうぎょう
福川建設　ふくかわ けんせつ

本間製パン　ほんま せいパン
本間製本　ほんま せいほん
本間組　ほんまぐみ
本多金属工業　ほんだ きんぞくこうぎょう
本多通信工業　ほんだ つうしんこうぎょう
ジョイフル本田　ジョイフル ほんだ
本田技研工業　ほんだ ぎけんこうぎょう
本町セロファン　ほんちょう セロファン
本州アツギ段ボール　ほんしゅうアツギだんボール
本州製紙　ほんしゅう せいし
本州化学工業　ほんしゅう かがくこうぎょう
本陣建設　ほんじん けんせつ

蜂谷工業　はちや　こうぎょう
鳳工業　おおとり　こうぎょう

富岡建設　とみおか　けんせつ
復建調査設計　ふっけん　ちょうさせっけい
富国生命保険　ふこく　せいめいほけん
富国製糖　ふこく　せいとう
敷島紡績　しきしま　ぼうせき(＝シキボウ)
浮島石油化学　うきしま　せきゆかがく
敷島製パン　しきしま　せいパン
不動建設　ふどう　けんせつ
富良野信用金庫　ふらの　しんようきんこ
夫婦岩パラダイス　めおといわ　パラダイス
富士建築　ふじ　けんちく
富士工　ふじこう
富士急行　ふじ　きゅうこう
富士機械製造　ふじ　きかいせいぞう
富士機工　ふじ　きこう
富士岐工産　ふじき　こうさん
富士臨海倉庫　ふじ　りんかいそうこ
富士物流　ふじ　ぶつりゅう
富士紡績　ふじ　ぼうせき
富士変速機　ふじ　へんそくき
富士写真フイルム　ふじ　しゃしん　フイルム
富士写真光機　ふじ　しゃしんこうき
富士山麓開発　ふじさんろく　かいはつ
富士染工　ふじ　せんこう
富士運輸倉庫　ふじ　うんゆそうこ
富士油業　ふじ　ゆぎょう
富士銀行　ふじ　ぎんこう
富士電機　ふじ　でんき
富士電機工事　ふじ　でんきこうじ
富士電機冷機　ふじ　でんきれいき
富士電機総設　ふじ　でんきそうせつ
富士電気化学　ふじ　でんきかがく
富士電波工機　ふじ　でんぱこうき
富士精工　ふじ　せいこう
富士精機　ふじ　せいき
富士製粉　ふじ　せいふん
富士重工業　ふじ　じゅうこうぎょう
富士織物整染　ふじ　おりものせいせん
富士車輛　ふじ　しゃりょう
富士通　ふじつう
富士通九州システムエンジニアリング　ふじつう　きゅうしゅうシステムエンジニアリング
富士通機電　ふじつう　きでん
富士通大分ソフトウェアラボラトリ　ふじつう　おおいたソフトウェアラボラトリ
富士通東北ディジタル・テクノロジ　ふじつう　とうほくディジタル・テクノロジ
富士通東海システムエンジニアリング　ふじつう　とうかいシステムエンジニアリング
富士通四国インフォテック　ふじつう　しこく　インフォテック
富士通愛知エンジニアリング　ふじつう　あいち　エンジニアリング
富士通電装　ふじつう　でんそう
富士通静岡エンジニアリング　ふじつう　しずおか　エンジニアリング
富士通周辺機　ふじつう　しゅうへんき
富士通化成　ふじつう　かせい
富士港運　ふじ　こううん
富士火災海上保険　ふじ　かさいかいじょうほけん
富士興産　ふじ　こうさん
富山軽金属工業　とやま　けいきんぞくこうぎょう
富山共同火力発電　とやま　きょうどうかりょくはつでん
富山交易　とやま　こうえき
富山冷蔵　とやま　れいぞう
富山薬品工業　とみやま　やくひんこうぎょう
富山第一銀行　とやま　だいいちぎんこう
富山住友電工　とやま　すみともでんこう
富山地方鉄道　とやま　ちほうてつどう
富山県染工　とやまけん　せんこう
富山化学工業　とやま　かがくこうぎょう
扶桑レクセル　ふそう　レクセル
扶桑薬品工業　ふそう　やくひんこうぎょう
富安　とみやす
富野機工　とみの　きこう
扶洋　ふよう
釜屋化学工業　かまや　かがくこうぎょう
芙蓉総合リース　ふよう　そうごう　リース
芙蓉航空サービス　ふよう　こうくう　サービス
芙蓉海運　ふよう　かいうん
富田製薬　とみた　せいやく

북

北見信用金庫　きたみ　しんようきんこ
北関東リース　きたかんとう　リース
北光金属工業　ほっこう　きんぞくこうぎょう
北光電子　ほっこう　でんし
北欧　ほくおう
北九州日産モーター　きたきゅうしゅう　にっさん　モーター
北國新聞社　ほっこく　しんぶんしゃ
北國銀行　ほっこく　ぎんこう
北極石油　ほっきょく　せきゆ
北大阪急行電鉄　きたおおさか　きゅうこう　でんてつ
北都　ほくと
北都電機　ほくと　でんき
北陸ガス　ほくりく　ガス(＝北陸瓦斯)
北陸発電工事　ほくりく　はつでんこうじ
北陸銀行　ほくりく　ぎんこう
エヌ・ティ・ティ北陸移動通信　NTT　ほくりく　いどうつうしん
北陸電気工事　ほくりく　でんきこうじ
北陸電力　ほくりく　でんりょく
北陸電話工事　ほくりく　でんわこうじ
北陸製薬　ほくりく　せいやく
北陸硝子工業　ほくりく　がらすこうぎょう
北陸化成工業所　ほくりく　かせいこうぎょうしょ
北門信用金庫　ほくもん　しんようきんこ
北部通信工業　ほくぶ　つうしんこうぎょう
北上信用金庫　きたかみ　しんようきんこ
北上製紙　きたかみ　せいし
北星海運　ほくせい　かいうん
北勢工業　ほくせい　こうぎょう
北央三菱自動車販売　ほくおう　みつびし　じどうしゃはんばい
北野建設　きたの　けんせつ
北陽　ほくよう
北洋銀行　ほくよう　ぎんこう
北陽電機　ほくよう　でんき
北栄建設　ほくえい　けんせつ
北越工業　ほくえつ　こうぎょう
北越銀行　ほくえつ　ぎんこう
北越製紙　ほくえつ　せいし
北伊勢信用金庫　きたいせ　しんようきんこ
北日本放送　きたにほん　ほうそう
北日本紡績　きたにほん　ぼうせき
北日本食品工業　きたにほん　しょくひん　こうぎょう
北日本新聞社　きたにっぽん　しんぶんしゃ
北日本銀行　きたにっぽん　ぎんこう
北日本電線　きたにほん　でんせん
北日本測量　きたにほん　そくりょう
北日本興産　きたにほん　こうさん
北電営配エンジニアリング　ほくでんえいはい　エンジニアリング
北電子　きたでんし
北電興業　ほくでん　こうぎょう
北酒連　ほくしゅれん
北辰物産　ほくしん　ぶっさん
北辰倉庫運輸　ほくしん　そうこうんゆ
北川精機　きたがわ　せいき
北川組　きたがわぐみ
北川鉄工所　きたがわ　てっこうしょ
北村組　きたむらぐみ
北村化学産業　きたむら　かがくさんぎょう
北炭商事　ほくたん　しょうじ
北炭化成工業　ほくたん　かせいこうぎょう
北沢産業　きたざわ　さんぎょう
北港運輸　ほっこう　うんゆ
北海鋼機　ほっかい　こうき
北海道ガス　ほっかいどう　ガス(＝北海道瓦斯)
北海道観光事業　ほっかいどう　かんこうじぎょう
北海道機械開発　ほっかいどう　きかいかいはつ
北海道旅客鉄道　ほっかいどう　りょかくてつどう
北海道文化放送　ほっかいどう　ぶんかほうそう
北海道放送映画　ほっかいどう　ほうそうえいが
北海道西濃運輸　ほっかいどう　せいのううんゆ
北海道新聞社　ほっかいどう　しんぶんしゃ
エヌ・ティ・ティ北海道移動通信　NTT　ほっかいどう　いどうつうしん
北海道いすゞ自動車　ほっかいどう　いすず　じどうしゃ
北海道電力　ほっかいどう　でんりょく
北海道電設工事　ほっかいどう　でんせつこうじ
北海道住電精密　ほっかいどう　すみでんせいみつ
北海道中央バス　ほっかいどう　ちゅうおうバス(＝道中バス)
北海道振興　ほっかいどう　しんこう(＝道振興)
北海道拓殖銀行　ほっかいどう　たくしょくぎんこう(＝拓銀)
北海道川重建機　ほっかいどう　かわじゅうけんき
北海道炭礦汽船　ほっかいどう　たんこうきせん
北海三共　ほっかい　さんきょう
北海電気工事　ほっかい　でんきこうじ
北海製罐　ほっかい　せいかん
北恵　きたけい
北興化学工業　ほくこう　かがくこうぎょう

불

不二　ふじ
不二サッシ　ふじ　サッシ
不二家　ふじや
不二見セラミック　ふじみ　セラミック
不二高圧コンクリート　ふじ　こうあつ　コンクリート
不二空機　ふじ　くうき
不二工機製作所　ふじ　こうきせいさくしょ
不二輸送機工業　ふじ　ゆそうきこうぎょう
不二越　ふじこし
不二越運輸　ふじこし　うんゆ
不二精工　ふじ　せいこう
不二精機製造所　ふじ　せいきせいぞうしょ
不二製油　ふじ　せいゆ

朋栄　ほうえい
棚澤八光社　たなざわはっこうしゃ

飛島建設　とびしま　けんせつ
卑弥呼　ひみこ
備北開発　びほく　かいはつ
備北信用金庫　びほく　しんようきんこ
飛栄不動産販売　ひえい　ふどうさんはんばい
比叡山自動車道　ひえいざん　じどうしゃどう
飛鳥ゴルフ　あすか　ゴルフ
飛騨産業　ひだ　さんぎょう
飛騨運輸　ひだ　うんゆ
琵琶湖ホテル　びわこ　ホテル
鼻和組　はなわぐみ
備後観光開発　びんご　かんこうかいはつ
肥後銀行　ひご　ぎんこう
備後通運　びんご　つううん

빈

浜ゴムエンジニアリング　はま　ゴムエンジニアリング
浜理薬品工業　はまり　やくひんこうぎょう
浜名部品工業　はまな　ぶひんこうぎょう
浜名湖電装　はまなこ　でんそう
浜松光電　はままつ　こうでん
浜松熱処理工業　はままつ　ねつしょりこうぎょう
浜屋　はまや
浜井産業　はまい　さんぎょう
浜の湯　はまのゆ
濱坂電機　はまさか　でんき

氷見伏木信用金庫　ひみふしき　しんようきんこ
氷上製作所　ひかみ　せいさくしょ
氷川商事　ひかわ　しょうじ
氷川丸マリンタワー　ひかわまる　マリンタワー

사

寺岡岩手製作所　てらおかいわて　せいさくしょ
寺岡精工　てらおか　せいこう
寺岡製作所　てらおか　せいさくしょ
四国計測工業　しこく　けいそくこうぎょう
四国放送　しこく　ほうそう
四国西濃運輸　しこく　せいのううんゆ
四国通建　しこく　つうけん
四国化成工業　しこく　かせいこうぎょう
糸崎倉庫　いとざき　そうこ
蛇の目ミシン工業　じゃのめ　ミシンこうぎょう
四変テック　しへん　テック
射水信用金庫　いみず　しんようきんこ
砂原組　すなはらぐみ
四銀総合リース　しぎん　そうごう　リース
四日市合成　よっかいち　ごうせい
四電エンジニアリング　よつでん　エンジニアリング
四電工　よんでんこう
寺田紡績　てらだ　ぼうせき
四電産業　よんでん　さんぎょう
寺町鐵工所　てらまち　てっこうしょ
四港サイロ　しこう　サイロ

산

山科精工所　やましな　せいこうしょ
山交観光　やまこう　かんこう
山九　さんきゅう
山口宇部空港ビル　やまぐち　うべくうこう　ビル
山口銀行　やまぐち　ぎんこう
山九重機工　さんきゅう　じゅうきこう
山口玄　やまぐちげん
山崎建設　やまざき　けんせつ
山崎産商　やまざき　さんしょう
山崎製パン　やまざき　せいパン
山吉証券　やまきち　しょうけん
山梨放送　やまなし　ほうそう
山梨日日新聞社　やまなし　にちにちしんぶんしゃ
山梨中央銀行　やまなし　ちゅうおうぎんこう
山万　やままん
山武ハネウエル　やまたけ　ハネウエル
山武北山建設　やまたけ　きたやまけんせつ
山文証券　やまぶん　しょうけん
山文興産　やまぶん　こうさん
山宝建設　さんぽう　けんせつ
山本工作所　やまもと　こうさくしょ
山本水圧工業所　やまもと　すいあつ　こうぎょうしょ
山本窯業化工　やまもと　ようぎょうかこう
山本化成　やまもと　かせい
山上高圧コンクリート　やまがみ　こうあつ　コンクリート
山石金属　やまいし　きんぞく
山善　やまぜん

山手開発　やまのて　かいはつ
山水工業　やまみず　こうぎょう
山水電気　さんすい　でんき
山岸塗装工業　やまぎし　とそうこうぎょう
山野楽器　やまの　がっき
山洋工業　さんよう　こうぎょう
山陽放送　さんよう　ほうそう
山陽百貨店　さんよう　ひゃっかてん
山陽色素　さんよう　しきそ
山洋電気　さんよう　でんき
山陽電気鉄道　さんよう　でんきてつどう
山陽特殊製鋼　さんよう　とくしゅせいこう
山陽化工　さんよう　かこう
産業経済新聞社　さんぎょうけいざいしんぶんしゃ
山栄船舶　さんえい　せんぱく
山王　さんのう
山源證券　やまげん　しょうけん
山陰放送　さんいん　ほうそう
山陰酸素工業　さんいん　さんそこうぎょう
山陰合同銀行　さんいん　ごうどうぎんこう
山二証券　やまに　しょうけん
山一電機　やまいち　でんき
山一證券　やまいち　しょうけん
山田水産　やまだ　すいさん
山田印刷　やまだ　いんさつ
山田電機製造　やまだ　でんきせいぞう
山種産業　やまたね　さんぎょう
山種証券　やまたね　しょうけん
山中産業　やまなか　さんぎょう
山之内製薬　やまのうち　せいやく
山川工業　やまかわ　こうぎょう
山村硝子　やまむら　がらす
山下設計　やました　せっけい
山下新日本近海汽船　やました　しんにほん　きんかいきせん
山下電気　やました　でんき
山形陸運　やまがた　りくうん
山形菱油　やまがた　りょうゆ
山形木工　やまがた　もっこう
山形放送　やまがた　ほうそう
山形富士通　やまがた　ふじつう
山形屋　やまがたや
山形銀行　やまがた　ぎんこう
山和商船　さんわ　しょうせん
山和証券　やまわ　しょうけん
山丸証券　やままる　しょうけん

삼

三加和鉱山　みかわ　こうざん
三甲　さんこう
三岡電機製作所　みつおか　でんきせいさくしょ
杉江精機　すぎえ　せいき
三建設備工業　さんけん　せつびこうぎょう
三建化工　さんけん　かこう
三京化成　さんきょう　かせい
三谷産業　みたに　さんぎょう
三谷商事　みたに　しょうじ
三谷伸銅　みたに　しんどう
三共　さんきょう
三共生興　さんきょう　せいこう
三共有機合成　さんきょう　ゆうきごうせい
三光　さんこう
三光産業　さんこう　さんぎょう
三光純薬　さんこう　じゅんやく
三光合成　さんこう　ごうせい
三交ホーム　さんこう　ホーム
三交不動産　さんこう　ふどうさん
三國商工　みくに　しょうこう
三国商事　みくに　しょうじ
三軌建設　さんき　けんせつ
三機工業　さんき　こうぎょう
杉崎基礎　すぎさき　きそ
三岐鉄道　さんぎ　てつどう
森吉倉庫　もりきち　そうこ
三多摩三菱自動車販売　さんたま　みつびし　じどうしゃはんばい
三島光産　みしま　こうさん
三島製紙　みしま　せいし
三東石膏ボード　さんとう　せっこうボード
三楽　さんらく
三鈴工機　みすず　こうき
森六　もりろく
三輪機工　みわ　きこう
三ツ輪運輸　みつわ　うんゆ
三菱鉱石輸送　みつびし　こうせきゆそう
三菱商事　みつびし　しょうじ
三菱樹脂　みつびし　じゅし
三菱伸銅　みつびし　しんどう
三菱信託銀行　みつびし　しんたくぎんこう
三菱油化　みつびし　ゆか
三菱自動車工業　みつびし　じどうしゃこうぎょう
三菱長崎機工　みつびし　ながさききこう

三菱電機　　みつびし　でんき
三菱製鋼　　みつびし　せいこう
三菱重工冷熱システム　　みつびし　じゅうこう　れいねつ　システム
三菱重工業　　みつびし　じゅうこうぎょう
三菱地所　　みつびし　じしょ
三菱総合研究所　　みつびし　そうごう　けんきゅうしょ
三菱化工機　　みつびし　かこうき
三菱化成　　みつびし　かせい
三菱ガス化学　　みつびし　ガス　かがく
（＝三菱瓦斯化学）
三立ハウス工業　　さんりつ　ハウス　こうぎょう
三笠産業　　みかさ　さんぎょう
三立製菓　　さんりつ　せいか
三笠製薬　　みかさ　せいやく
森尾電機　　もりお　でんき
三宝商事　　さんぽう　しょうじ
三宝伸銅工業　　さんぽう　しんどうこうぎょう
三宝運輸　　さんぽう　うんゆ
三宝電機　　さんぽう　でんき
三保造船所　　みほ　ぞうせんしょ
三福不動産　　さんぷく　ふどうさん
杉本商事　　すぎもと　しょうじ
森本組　　もりもとぐみ
杉本興業　　すぎもと　こうぎょう
三峰電気　　みつみね　でんき
森孵卵場　　もり　ふらんじょう
三備アルミニウム工業　　さんび　アルミニウム　こうぎょう
杉山金属印刷　　すぎやま　きんぞくいんさつ
三相電機　　さんそう　でんき
三生製薬　　さんしょう　せいやく
三扇コンサルタント　　さんせん　コンサルタント
三善製紙　　さんぜん　せいし
三城　　みき
三星スチール　　みつぼし　スチール
三ツ星ベルト　　みつぼし　ベルト
三星堂　　さんせいどう
三省堂　　さんせいどう
三星通信建設　　みつぼしつうしん　けんせつ
三松　　さんまつ
森松工業　　もりまつ　こうぎょう
三水ホルマリン　　さんすい　ホルマリン
三守鐵鋼　　みつもり　てっこう
三信建設工業　　さんしん　けんせつこうぎょう
三信電気　　さんしん　でんき
三信振興　　さんしん　しんこう
三新化学工業　　さんしん　かがくこうぎょう
森実運輸　　もりざね　うんゆ
三愛石油　　さんあい　せきゆ
三桜工業　　さんおう　こうぎょう
三陽工業　　さんよう　こうぎょう
三陽商会　　さんよう　しょうかい
三洋信販　　さんよう　しんぱん
三洋証券　　さんよう　しょうけん
三洋投信委託　　さんよう　とうしんいたく
三洋化成工業　　さんよう　かせいこうぎょう
三ツ葉電機製作所　　みつば　でんきせいさくしょ
三英　　さんえい
森永開発　　もりなが　かいはつ
三英建設　　さんえい　けんせつ
三栄電気工業　　さんえい　でんきこうぎょう
三映電子工業　　さんえい　でんしこうぎょう
三栄精工　　さんえい　せいこう
森永製菓　　もりなが　せいか
三栄組　　さんえいぐみ
三五　　さんご
三友工務店　　さんゆう　こうむてん
三友光学　　さんゆう　こうがく
三越　　みつこし
三益半導体工業　　みます　はんどうたいこうぎょう
三田工業　　みた　こうぎょう
森電機　　もり　でんき
杉田製線工場　　すぎた　せいせんこうじょう
森田特殊機工　　もりた　とくしゅきこう
森田化学工業　　もりた　かがくこうぎょう
三井ホーム　　みつい　ホーム
三井建設　　みつい　けんせつ
三精工作所　　さんせい　こうさくしょ
三井金属　　みつい　きんぞく
三井金属塗料化学　　みつい　きんぞくとりょう　かがく
森精機製作所　　もり　せいきせいさくしょ
三井東圧機工　　みつい　とうあつきこう
三井東圧化学　　みつい　とうあつかがく
三井物産　　みつい　ぶっさん
三井不動産　　みつい　ふどうさん
三井埠頭　　みつい　ふとう
三井三池化工機　　みつい　みいけかこうき
三井松島産業　　みつい　まつしまさんぎょう
三精輸送機　　さんせい　ゆそうき
三井信託銀行　　みつい　しんたくぎんこう
三井室町海運　　みつい　むろまちかいうん
三井屋工業　　みついや　こうぎょう
三井田川タイル　　みつい　たがわ　タイル
三井精機工業　　みつい　せいきこうぎょう
三井造船　　みつい　ぞうせん
三井造船鉄構工事　　みついぞうせん　てっこうこうじ
三井倉庫港運　　みつい　そうここううん
森組　　もりぐみ

三造メタル　さんぞう　メタル
三條機械製作所　さんじょう　きかいせいさくしょ
三条信用金庫　さんじょう　しんようきんこ
三重交通　みえ　こうつう
三重機械鉄工　みえ　きかいてっこう
三重銀行　みえ　ぎんこう
三重住友電工　みえ　すみともでんこう
森紙業　もり　しぎょう
三津井証券　みつい　しょうけん
三次信用金庫　みよし　しんようきんこ
森川産業　もりかわ　さんぎょう
参天製薬　さんてん　せいやく
杉村倉庫　すぎむら　そうこ
三沢塗装工業所　みさわ　とそうこうぎょうしょ
三沢興産　みさわ　こうさん
森土建　もり　どけん
三波工業　さんぱ　こうぎょう
三平　さんぺい
三平建設　さんぺい　けんせつ
三浦工業　みうら　こうぎょう
三浦印刷　みうら　いんさつ
三豊運輸　さんぽう　うんゆ
三豊証券　みとよ　しょうけん
森下仁丹　もりした　じんたん(＝仁丹)
三幸　さんこう
三幸毛糸紡績　さんこう　けいとぼうせき
三幸実業　さんこう　じつぎょう
三協乳業　さんぎょう　にゅうぎょう
三協精機製作所　さんきょう　せいきせいさくしょ
三協化工　さんきょう　かこう
三好商会　みよし　しょうかい
三好化成工業　みよし　かせいこうぎょう
三紅　さんこう
三ツ和鋼管　みつわ　こうかん
三和鋼器　さんわ　こうき
三和管工　さんわ　かんこう
三和大榮電氣興業　さんわ　だいえいでんき こうぎょう
三和銀行　さんわ　ぎんこう
三和電業社　さんわ　でんぎょうしゃ
三和酒類　さんわ　しゅるい
三和土地興業開発　さんわ　とちこうぎょう かいはつ
三和恒産　さんわ　こうさん
三丸興業　みつまる　こうぎょう
三晃空調　さんこう　くうちょう
三晃社　さんこうしゃ
三興　さんこう
三興製作所　さんこう　せいさくしょ
三喜　さんき
三喜商事　さんき　しょうじ

澁谷工業　しぶや　こうぎょう
澁澤エステートサービス　しぶさわ　エステート サービス
澁澤倉庫　しぶさわ　そうこ

商工ファンド　しょうこう　ファンド
商工組合中央金庫　しょうこうくみあい　ちゅうおうきんこ
相光石油　あいこう　せきゆ
上光証券　じょうこう　しょうけん
箱根カントリー倶楽部　はこね　カントリー くらぶ
箱根登山鉄道　はこね　とざんてつどう
箱根登山興業　はこね　とざんこうぎょう
湘南積水工業　しょうなん　せきすいこうぎょう
常陸興業　ひたち　こうぎょう
桑名商業開発　くわな　しょうぎょうかいはつ
桑名信用金庫　くわな　しんようきんこ
相模ゴム工業　さがみ　ゴム　こうぎょう
上毛撚糸　じょうもう　ねんし
相模原ゴルフクラブ　さがみはら　ゴルフクラブ
相模組　さがみぐみ
相模中央交通　さがみ　ちゅうおうこうつう
上毛天燃瓦斯工業　じょうもう　てんねんがす こうぎょう
常盤工業　ときわ　こうぎょう
常磐重機建設　じょうばん　じゅうきけんせつ
常磐興産　じょうばん　こうさん
常石造船　つねいし　ぞうせん
商船三井興産　しょうせん　みついこうさん
上新電機　じょうしん　でんき
上信電鉄　じょうしん　でんてつ
上野メタレックス　うえの　メタレックス
桑野電機　くわの　でんき
上野製薬　うえの　せいやく
常陽銀行　じょうよう　ぎんこう
上原成商事　うえはらせい　しょうじ
象印マホービン　ぞうじるし　マホービン

上田交通　うえだ　こうつう
上田商会　うえだ　しょうかい
上組　かみぐみ
相鉄企業　そうてつ　きぎょう
相鉄運輸　そうてつ　うんゆ
相鉄興産　そうてつ　こうさん
桑村繊維　くわむら　せんい
常総開発工業　じょうそう　かいはつこうぎょう
相互信用金庫　そうご　しんようきんこ
相互住宅　そうご　じゅうたく

デンカ生研　デンカ　せいけん
生研建設　せいけん　けんせつ
生化学工業　せいかがくこうぎょう

曙ブレーキ工業　あけぼの　ブレーキ　こうぎょう
瑞光　ずいこう
西久大運送　にしきゅうだい　うんそう
西九州信用金庫　にしきゅうしゅう　しんようきんこ
西宮信用金庫　にしのみや　しんようきんこ
西宮酒造　にしのみや　しゅぞう
西濃建設　せいのう　けんせつ
西濃運輸　せいのう　うんゆ
西菱電機　せいりょう　でんき
西林精工　にしばやし　せいこう
西武瓦斯　せいぶ　がす
西武情報センター　せいぶ　じょうほうセンター
西武鉄道　せいぶ　てつどう
西尾レントオール　にしお　レントオール
西本産業　にしもと　さんぎょう
西部ガス　せいぶ　ガス(=西部瓦斯)
西部電機　せいぶ　でんき
西部電気工業　せいぶ　でんきこうぎょう
西肥自動車　さいひ　じどうしゃ
西山電設　にしやま　でんせつ
西相信用金庫　せいそう　しんようきんこ
西松建設　にしまつ　けんせつ
西松屋チェーン　にしまつや　チェーン
瑞穂工業　みずほ　こうぎょう
西洋フードシステムズ　せいよう　フードシステムズ
西栄建設　にしえい　けんせつ
西友　せいゆう
西垣林業　にしがき　りんぎょう
西原衛生工業所大阪店　にしはら　えいせいこうぎょうしょ　おおさかみせ
西日本ビル　にしにほん　ビル
西日本システム建設　にしにっぽん　システムけんせつ
西日本建設業保証　にしにほん　けんせつぎょうほしょう
西日本菱重興産　にしにほん　りょうじゅうこうさん
西日本放送　にしにっぽんほうそう
西日本油脂工業　にしにほん　ゆしこうぎょう
西日本銀行　にしにっぽん　ぎんこう
西日本電線　にしにっぽん　でんせん
西日本鉄道　にしにっぽん　てつどう
トヨタビスタ西茨城　トヨタビスタ　にしいばらき
西田　にしだ
西田三郎商店　にしださぶろう　しょうてん
西田鉄工　にしだ　てっこう
西芝電機　にししば　でんき
西陣信用金庫　にしじん　しんようきんこ
西讃土建工業　せいさん　どけんこうぎょう
西川商店　にしかわ　しょうてん
西川化成　にしかわ　かせい
西鉄グランドホテル　にしてつ　グランドホテル
西村建設　にしむら　けんせつ
西村製作所　にしむら　せいさくしょ
西華産業　せいか　さんぎょう

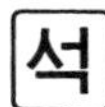

サンエス石膏　サンエス　せっこう
石光商事　いしみつ　しょうじ
石橋生絲　いしばし　きいと
石巻埠頭サイロ　いしのまき　ふとう　サイロ
石巻合板工業　いしのまき　ごうはんこうぎょう
石崎組　いしざきぐみ
石福金属興業　いしふく　きんぞくこうぎょう
石山　いしやま
石狩開発　いしかり　かいはつ
石垣機工　いしがき　きこう
石原産業　いしはら　さんぎょう

石垣食品　いしがき　しょくひん
石原薬品　いしはら　やくひん
石油資源開発　せきゆしげん　かいはつ
夕張鉄道　ゆうばり　てつどう
石田大成社　いしだ　たいせいしゃ
石田組　いしだぐみ
石田衡器製作所　いしだ　こうきせいさくしょ
石井組　いしいぐみ
石井表記　いしい　ひょうき
石川島プラント建設　いしかわじま　プラント　けんせつ
石川島汎用機械　いしかわじま　はんようきかい
石川島造船化工機　いしかわじま　ぞうせんか　こうき
石川島播磨重工業　いしかわじま　はりまじゅう　こうぎょう
石川島興業　いしかわじま　こうぎょう
石川テレビ放送　いしかわ　テレビ　ほうそう
石川製作所　いしかわ　せいさくしょ
石川中央魚市　いしかわ　ちゅうおううおいち
石塚電子　いしづか　でんし
石塚硝子　いしづか　がらす
石鎚登山ロープウェイ　いしづち　とざんロープ　ウェイ
石黒ホーマ　いしぐろ　ホーマ
石黒建設　いしぐろ　けんせつ

선

仙南生コンクリート　せんなん　なま　コンクリート
仙南信用金庫　せんなん　しんようきんこ
仙台梱包運搬社　せんだい　こんぽううんぱんしゃ
仙台銀行　せんだい　ぎんこう
船場電気化材　せんば　でんきかざい
船井総合研究所　ふない　そうごうけんきゅうしょ

雪国まいたけ　ゆきぐに　まいたけ
雪印食品　ゆきじるし　しょくひん
雪印乳業　ゆきじるし　にゅうぎょう
雪印種苗　ゆきじるし　しゅびょう
雪の花酒造　ゆきのはな　しゅぞう

摂津信用金庫　せっつ　しんようきんこ
攝津製油　せっつ　せいゆ

盛岡信用金庫　もりおか　しんようきんこ
城口研究所　しろぐち　けんきゅうしょ
城南製鋼所　じょうなん　せいこうしょ
城東化学工業　じょうとう　かがくこうぎょう
城北麺工　じょうほく　めんこう
城西リハウス　じょうさい　リハウス
成旺印刷　せいおう　いんさつ
星電社　せいでんしゃ
盛田カバン専門店　もりた　カバン　せんもんてん
聖護院八ツ橋総本店　しょうごいん　やつはしそう　ほんてん
成和機工　せいわ　きこう
星和電機　せいわ　でんき

世界長　せかいちょう
細谷火工　ほそや　かこう
世紀　せいき
世紀東急工業　せいき　とうきゅうこうぎょう
笹徳印刷　ささとく　いんさつ
細田工務店　ほそだ　こうむてん
細田協佑社　ほそだ　きょうゆうしゃ
細井化学工業　ほそい　かがくこうぎょう
笹倉機械製作所　ささくら　きかいせいさくしょ
細川機業　ほそかわ　きぎょう
笹川組　ささかわぐみ

昭光通商　しょうこう　つうしょう
小橋工業　こばし　こうぎょう
小郡カンツリー倶楽部　おごおり　カンツリー　くらぶ
小堀住研　こぼり　じゅうけん
小島組　こじまぐみ
小島鉄工所　こじま　てっこうしょ
蘇東興業　そとう　こうぎょう（＝ソトー）
小豆島国際ホテル　しょうどしま　こくさいホテル
小豆島総合開発　しょうどしま　そうごうかいはつ
小林記録紙　こばやし　きろくし
小林産業　こばやし　さんぎょう
小林電子産業　こばやし　でんしさんぎょう
テーオー小笠原　テーオー　おがさわら
小浜信用金庫　おばま　しんようきんこ
小浜製綱　おばま　せいこう
小糸工業　こいと　こうぎょう
小糸製作所　こいと　せいさくしょ
小山建設　こやま　けんせつ
小山田建設　おやまだ　けんせつ
小森コーポレーション　こもり　コーポレーション
小杉産業　こすぎ　さんぎょう
小西商事　こにし　しょうじ
小西砕石工業所　こにし　さいせきこうぎょうしょ
小西安　こにしやす
昭石エンジニアリング　しょうせき　エンジニアリング
小城製薬　こしろ　せいやく
小松建設工業　こまつ　けんせつこうぎょう
小松物流サービス　こまつ　ぶつりゅう　サービス
小松物産　こまつ　ぶっさん
小松原工務店　こまつばら　こうむてん
小松精練　こまつ　せいれん
小松川信用金庫　こまつがわ　しんようきんこ
小松化成　こまつ　かせい
小矢部松下精工　おやべ　まつしたせいこう
小岩井農牧　こいわい　のうぼく
巣鴨信用金庫　すがも　しんようきんこ
小野良組　おのりょうぐみ
小野森鉄工所　おのもり　てっこうしょ
小野田エーエル・シー　おのだ　エーエル・シー
小野田化学工業　おのだ　かがくこうぎょう
小野組　おのぐみ
小野測器　おの　そっき
昭洋工業　しょうよう　こうぎょう
昭栄　しょうえい
昭栄化学工業　しょうえい　かがくこうぎょう
小原建設　おばら　けんせつ
小原歯車工業　こはら　はぐるまこうぎょう
小原化工　おはら　かこう
小田急建設　おだ　きゅうけんせつ
小田急不動産　おだ　きゅうふどうさん
小田急電鉄　おだ　きゅうでんてつ
小田原エンジニアリング　おだわら　エンジニアリング
小田製薬　おだ　せいやく
小諸倉庫　こもろ　そうこ
小湊鉄道　こみなと　てつどう
小竹組　こたけぐみ
小池酸素工業　こいけ　さんそこうぎょう
小池化学　こいけ　かがく
小津商店　おづ　しょうてん
焼津水産化学工業　やいづ　すいさんかがくこうぎょう
焼津信用金庫　やいづ　しんようきんこ
小倉クラッチ　おぐら　クラッチ
小倉興産　こくら　こうさん
小川建設　おがわ　けんせつ
小泉産業　こいずみ　さんぎょう
むつ小川原開発　むつおがわら　かいはつ
小泉製麻　こいずみ　せいま
小川組　おがわぐみ
小川香料　おがわ　こうりょう
小村工業　こむら　こうぎょう
篠塚製作所　しのづか　せいさくしょ
小沢建設　おざわ　けんせつ
小澤製線所　おざわ　せいせんじょ
昭特製作所　しょうとく　せいさくしょ
小坂研究所　こさか　けんきゅうしょ
小平興業　こだいら　こうぎょう
小河商店　おがわ　しょうてん
小学館　しょうがくかん
昭和鉱業　しょうわ　こうぎょう
昭和培土　しょうわ　ばいど
昭和四日市石油　しょうわ　よっかいちせきゆ
昭和鉛鉄　しょうわ　えんてつ
昭和電工　しょうわ　でんこう
昭和電線電纜　しょうわ　でんせんでんらん
昭和精工　しょうわ　せいこう
昭和鉄工　しょうわ　てっこう
昭和炭酸　しょうわ　たんさん
昭和化工　しょうわ　かこう
昭和化学工業　しょうわ　かがくこうぎょう
昭和化学工芸　しょうわ　かがくこうげい
昭和興産　しょうわ　こうさん

栗井機鋼　あわい　きこう
栗村金属工業　あわむら　きんぞくこうぎょう
栗村製作所　あわむら　せいさくしょ

損保会館　そんぽ　かいかん

松久　まつきゅう
松浪硝子工業　まつなみ　がらすこうぎょう
松菱　まつびし
松尾橋梁　まつお　きょうりょう
松尾電機　まつお　でんき
松尾舗道　まつお　ほどう
松本機工　まつもと　きこう
松本油脂製薬　まつもと　ゆしせいやく
松本日産自動車　まつもと　にっさんじどうしゃ
松本電気鉄道　まつもと　でんきてつどう
松本組　まつもとぐみ
松山青果　まつやま　せいか
オムロン松野　オムロン　まつの
松栄建設　しょうえい　けんせつ
松屋　まつや
松屋フーズ　まつや　フーズ
松原産業　まつばら　さんぎょう
松田工業所　まつだ　こうぎょうしょ
松井建設　まつい　けんせつ
松竹　しょうちく
松村石油研究所　まつむら　せきゆけんきゅうしょ
松村組　まつむらぐみ
松坂貿易　まつざか　ぼうえき
松坂屋　まつざかや
松阪興産　まつざか　こうさん
松浦通運　まつうら　つううん
松風　しょうふう
松下冷機　まつした　れいき
松下寿電子工業　まつした　ことぶき　でんし　こうぎょう
松下電工　まつした　でんこう
松下電送　まつした　でんそう
松下精工　まつした　せいこう
松戸公産　まつど　こうさん

手結山開発観光　ていやま　かいはつかんこう
水谷ペイント　みずたに　ペイント
守谷商会　もりたに　しょうかい
壽工業　ことぶき　こうぎょう
水島アロマ　みずしま　アロマ
水島共同火力　みずしま　きょうどうかりょく
首都圏リース　しゅとけん　リース
水道機工　すいどう　きこう
水菱プラスチック　すいりょう　プラスチック
須山建設　すやま　けんせつ
輸送機工業　ゆそうき　こうぎょう
壽屋　ことぶきや
寿運輸倉庫　ことぶき　うんゆそうこ
水倉組　みずくらぐみ
水澤化学工業　みずさわ　かがくこうぎょう
須賀工業　すが　こうぎょう
須河車体　すがわ　しゃたい
修学社　しゅうがくしゃ
水戸旭ファイン硝子　みと　あさひ　ファイン　がらす
水戸中央青果　みと　ちゅうおうせいか
水戸証券　みと　しょうけん
壽化工機　ことぶき　かこうき

勝烈庵　かつれつあん
勝村建設　かつむら　けんせつ

시

市光工業　いちこう　こうぎょう
柴崎製作所　しばざき　せいさくしょ
矢嶋工業　やじま　こうぎょう
矢島信用金庫　やしま　しんようきんこ
柿本商会　かきもと　しょうかい
時事通信社　じじつうしんしゃ
柴野工務店　しばの　こうむてん
矢野地建　やのちけん
市原ボトル　いちはら　ボトル
矢作製鉄　やはぎ　せいてつ
市場新聞社　しじょうしんぶんしゃ
市田　いちだ
市進　いちしん
市川毛織　いちかわ　けおり
市村工務店　いちむら　こうむてん

植木組　うえきぐみ
殖産銀行　しょくさんぎんこう
殖産住宅相互　しょくさん　じゅうたくそうご
植松商会　うえまつ　しょうかい
殖銀　しょくぎん
植田精鋼　うえだ　せいこう
植村技研　うえむら　ぎけん

新家工業　あらや　こうぎょう
神鋼鋼線工業　しんこう　こうせんこうぎょう
神岡部品工業　かみおか　ぶひんこうぎょう
神鋼商事　しんこう　しょうじ
神鋼造機　しんこう　ぞうき
新江州　しんごうしゅう
神鋼海運　しんこう　かいうん
神鋼興産　しんこう　こうさん
新京成電鉄　しんけいせい　でんてつ
新高化学工業　にいたか　かがくこうぎょう
新共同石炭　しんきょうどう　せきたん
テレビ新広島　テレビ　しんひろしま
新光商事　しんこう　しょうじ
新光電気工業　しんこう　でんきこうぎょう
新光製糖　しんこう　せいとう
信貴造船所　しぎ　ぞうせんしょ
神崎林業　かんざき　りんぎょう
神崎物流センター　かんざき　ぶつりゅうセンター
神崎港運　かんざき　こううん
新内外綿　しんないがいめん(＝内外綿)
神内電機製作所　かみうち　でんきせいさくしょ
神奈中商事　かなちゅう　しょうじ
神奈川機器工業　かながわ　ききこうぎょう
神奈川銀行　かながわ　ぎんこう
神奈川中央交通　かながわ　ちゅうおうこうつう
信濃毎日新聞　しなの　まいにちしんぶん
新大垣証券　しんおおがき　しょうけん
新都市センター開発　しんとしセンター　かいはつ
新都心住宅販売　しんとしん　じゅうたくはんばい
神島化学工業　こうのしま　かがくこうぎょう
新東京いすゞモーター　しんとうきょう　いすず　モーター
新東工業　しんとう　こうぎょう
新東急自動車　しんとうきゅう　じどうしゃ
神東塗料　しんとう　とりょう
新東亜交易　しんとうあ　こうえき
新東洋膏板　しんとうよう　こうはん
新東洋不動産　しんとうよう　ふどうさん
新東運輸　しんとう　うんゆ
新来島どっく　しんくるしま　どっく
新菱冷熱工業　しんりょう　れいねつこうぎょう
新立川航空機　しんたちかわ　こうくうき
神明電機　しんめい　でんき
新明和リビテック　しんめいわ　リビテック
新明和工業　しんめいわ　こうぎょう
新発田建設　しばた　けんせつ
新報国製鉄　しんほうこく　せいてつ(＝報国鉄)
新富士製紙　しんふじ　せいし
新産住拓　しんさん　じゅうたく
新キャタピラー三菱　しんキャタピラー　みつびし
新生舎　しんせいしゃ
新生精機　しんせい　せいき
新西洋証券　しんせいよう　しょうけん
新潟交通　にいがた　こうつう
新潟臨海鉄道　にいがた　りんかいてつどう
新潟放送　にいがたほうそう
新潟三洋電子　にいがた　さんようでんし
新潟石油共同備蓄　にいがた　せきゆきょうどう　びちく

新潟日報社　にいがたにっぽうしゃ
新潟製氷冷凍　にいがた せいひょうれいとう（＝潟製氷）
新潟中央銀行　にいがた ちゅうおうぎんこう
新潟鐵工所　にいがた てっこうしょ
神星ハーネス　しんせい ハーネス
新星鋼業　しんせい こうぎょう
新星和不動産　しんせいわ ふどうさん
新寿堂　しんじゅどう
新宿ステーション ビルディング　しんじゅく ステーション ビルディング
新神戸電機　しんこうべ でんき
神野臨海開発　じんの りんかいかいはつ
新陽社　しんようしゃ
新洋海運　しんよう かいうん
身延登山鉄道　みのぶ とざんてつどう
神栄　しんえい
神栄石野証券　しんえい いしのしょうけん
新栄船舶　しんえい せんぱく
新王子製紙　しんおうじ せいし
神原　かんばら
神垣鉄工所　かみがき てっこうしょ
信越半導体　しんえつ はんどうたい
信越放送　しんえつ ほうそう
信越化学工業　しんえつ かがくこうぎょう
神威産業　かむい さんぎょう
新日建基　しんにち けんき
新日軽　しんにっけい
新日本テック　しんにほん テック
新日本建設　しんにほん けんせつ
新日本空調　しんにっぽん くうちょう
新日本国土工業　しんにほん こくどこうぎょう
新日本勧業　しんにほん かんぎょう
新日本貴志　しんにほん きし
新日本気象海洋　しんにほん きしょうかいよう（＝気象海洋）
新日本流通　しんにほん りゅうつう
新日本理化　しんにほん りか
新日本無線　しんにほん むせん
新日本紡績　しんにっぽん ぼうせき
新日本瓦斯　しんにほん がす
新日本製鐵　しんにっぽん せいてつ
新日本造機　しんにっぽん ぞうき
新日本証券　しんにほん しょうけん
新日本土木　しんにほん どぼく
新日本海フェリー　しんにほんかい フェリー
新日鐵化学　しんにってつかがく
新日化環境エンジニアリング　しんにっか かんきょう エンジニアリング
新庄生コンクリート　しんじょうなま コンクリート
新庄信用金庫　しんじょう しんようきんこ
神電エンジニアリング　しんでん エンジニアリング
新田ゼラチン　にった ゼラチン
新電元工業　しんでんげん こうぎょう
神田通信工業　かんだ つうしんこうぎょう
新静岡センター　しんしずおか センター
新井組　あらいぐみ
信州ジャスコ　しんしゅう ジャスコ
信州味噌　しんしゅうみそ
新中央航空　しんちゅうおう こうくう
新中村化学工業　しんなかむら かがくこうぎょう
新進食料工業　しんしん しょくりょうこうぎょう
神津製作所　かみつ せいさくしょ
新川　しんかわ
新川水橋信用金庫　にいかわみずはし しんようきんこ
新村印刷　にいむら いんさつ
新通　しんつう
新阪急ホテル　しんはんきゅう ホテル
神港魚類　しんこう ぎょるい
神港精機　しんこう せいき
信号器材　しんごう きざい
神戸発動機　こうべ はつどうき
神戸生絲　こうべ きいと
神戸船渠工業　こうべ どっくこうぎょう
神戸新聞社　こうべしんぶんしゃ
神戸屋　こうべや
神戸電鉄　こうべ でんてつ
神戸製鋼所　こうべ せいこうしょ
神戸凮月堂　こうべ ふうげつどう
伸和ハウス　しんわ ハウス
信和ニット　しんわ ニット
神和木材工業　しんわ もくざいこうぎょう
新和証券　しんわ しょうけん
新和海運　しんわ かいうん
新晃工業　しんこう こうぎょう
新晃空調工業　しんこう くうちょうこうぎょう
新輝合成　しんき ごうせい
神興プラント建設　しんこう プラント けんせつ
新興産業　しんこう さんぎょう
新興窯業　しんこう ようぎょう
新興人化成　しんこうじん かせい
新興製機　しんこう せいき
神姫バス　しんき バス

実教出版　じっきょう　しゅっぱん
室蘭ファミリー デパート桐屋　むろらん　ファミリー　デパート　きりや
室蘭海陸通運　むろらん　かいりくつううん
室清証券　むろせい　しょうけん

深松組　ふかまつぐみ
深田サルベージ建設　ふかだ　サルベージ　けんせつ
深川製磁　ふかがわ　せいじ

辻建設　つじ　けんせつ
十六銀行　じゅうろく　ぎんこう
辻産業　つじ　さんぎょう
十三信用金庫　じゅうそう　しんようきんこ
辻寅建設　つじとら　けんせつ
ミドリ十字　ミドリ　じゅうじ
十字屋　じゅうじや
十全化学　じゅうぜん　かがく
辻正工務店　つじまさ　こうむてん
十條キンバリー　じゅうじょう　キンバリー
十川ゴム製造所　とがわ　ゴム　せいぞうしょ
十八銀行　じゅうはち　ぎんこう

双福化学　そうふく　かがく
双信電機　そうしん　でんき
双葉工芸印刷　ふたば　こうげいいんさつ
双葉電子工業　ふたば　でんしこうぎょう

ㅇ

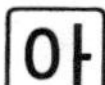

阿部繁孝商店　あべはんこう　しょうてん
阿部重組　あべじゅうくみ
雅叙園観光　がじょえん　かんこう
亜細亜工業　あじあ　こうぎょう
阿蘇ハイランド開発　あそ　ハイランドかいはつ
児玉化学工業　こだま　かがくこうぎょう
児湯食鳥　こゆ　しょくちょう
亜土電子工業　あど　でんしこうぎょう
阿波銀リース　あわぎん　リース
阿波銀行　あわ　ぎんこう

岳南建設　がくなん　けんせつ
渥美工業　あつみ　こうぎょう
渥美運輸　あつみ　うんゆ

안

安曇富士　あづみ　ふじ
安藤建設　あんどう　けんせつ
安藤電気　あんどう　でんき
岸本産業　きしもと　さんぎょう
安成工務店　やすなり　こうむてん
安信投資顧問　あんしん　とうしこもん
安心堂　あんしんどう
安永　やすなが
安全索道　あんぜん　さくどう
安田信託銀行　やすだ　しんたくぎんこう
安全自動車　あんぜん　じどうしゃ
フェザー安全剃刀　フェザー　あんぜんかみそり
安田火災海上保険　やすだ　かさいかいじょう ほけん
安井　やすい
岸之上工務店　きしのうえ　こうむてん
安川物流　やすかわ　ぶつりゅう
安川電機　やすかわ　でんき
安川情報システム　やすかわ　じょうほうシステム
安治川鉄工建設　あじかわ　てっこうけんせつ

岩谷産業　いわたに　さんぎょう
岩国海運　いわくに　かいうん
岩崎情報機器　いわさき　じょうほうきき
岩崎通信機　いわさき　つうしんき
岩城硝子　いわき　がらす
岩水開発　がんすい　かいはつ
岩手開発鉄道　いわて　かいはつてつどう
岩手銀行　いわて　ぎんこう
岩手日報社　いわてにっぽうしゃ
岩野商会　いわの　しょうかい
岩永工業　いわなが　こうぎょう

岩田塗装機工業　いわた　とそうきこうぎょう
岩田屋　いわたや
岩井機械工業　いわい　きかいこうぎょう
岩井證券　いわい　しょうけん
岩仲毛織　いわなか　けおり
岩塚製菓　いわつか　せいか

압

鴨川グランドホテル　かもがわ　グランドホテル

애

愛工社　あいこうしゃ
愛光電気　あいこう　でんき
愛三工業　あいさん　こうぎょう
愛眼　あいがん
愛媛放送　えひめ　ほうそう
愛媛新聞社　えひめ　しんぶんしゃ
愛媛銀行　えひめ　ぎんこう
愛媛トヨタ自動車　えひめ　トヨタじどうしゃ
愛知鋼管工業　あいち　こうかんこうぎょう
愛知計装　あいち　けいそう
愛知陸運　あいち　りくうん
愛知時計電機　あいち　とけいでんき
愛知トヨタ自動車　あいち　トヨタじどうしゃ
愛知電機　あいち　でんき
愛知県中央青果　あいちけん　ちゅうおうせいか
トヨタカローラ愛豊　トヨタカローラ　あいほう

액

液化炭酸　えきか　たんさん

앵

櫻島埠頭　さくらじま　ふとう
櫻田機械工業　さくらだ　きかい　こうぎょう
桜井　さくらい
桜井製作所　さくらい　せいさくしょ
櫻護謨　さくらごむ

야

野口建設　のぐち　けんせつ
野崎産業　のざき　さんぎょう
野崎印刷紙業　のざき　いんさつしぎょう
野里電気工業　のざと　でんきこうぎょう
野原産業　のはら　さんぎょう
野畑証券　のばた　しょうけん
野村殖産　のむら　しょくさん
野村證券　のむら　しょうけん
野村證券投資信託委託　のむらしょうけん　とうし しんたくいたく
野村総合研究所　のむら　そうごうけんきゅうしょ
野澤組　のざわぐみ

약

若林　わかばやし
若山精密工業　わかやま　せいみつこうぎょう
若松ガス　わかまつ　ガス
若築建設　わかちく　けんせつ
若鶴酒造　わかつる　しゅぞう

양

洋林建設　ようりん　けんせつ

養命酒製造　ようめいしゅせいぞう
陽栄　ようえい
陽友　ようゆう

어

御岳登山鉄道　みたけ　とざんてつどう
御獄鈴蘭高原観光開発　おんたけすずらんこうげん　かんこうかいはつ
御園座　みそのざ
御前崎埠頭　おまえざき　ふとう
魚津製作所　うおづ　せいさくしょ
御幸毛織　みゆき　けおり

언

トスコ彦根　トスコ　ひこね

여

与田リース　よだ　リース

연

研文社　けんぶんしゃ
研創　けんそう

열

熱海富士屋ホテル　あたみ　ふじや　ホテル

염

塩谷運輸建設　しおたに　うんゆけんせつ
マルサン染工　マルサン　せんこう
塩水港精糖　えんすいこう　せいとう
塩野義製薬　しおのぎ　せいやく
塩野香料　しおの　こうりょう
塩田建設　しおだ　けんせつ
塩竃港運送　しおがまこう　うんそう

엽

よつ葉乳業　よつば　にゅうぎょう

영

永谷園　ながたにえん
影近設備工業　かげちか　せつびこうぎょう
映機工業　えいき　こうぎょう
永大産業　えいだい　さんぎょう
永楽開発　えいらく　かいはつ
永楽屋　えいらくや
栄輪業　さかえ　りんぎょう
栄研化学　えいけん　かがく
栄運輸工業　さかえ　うんゆこうぎょう
営電　えいでん
栄電社　えいでんしゃ
永田製作所　ながた　せいさくしょ
栄町ビル　さかえまち　ビル
永井製作所　ながい　せいさくしょ
トピー栄進建設　トピー　えいしん　けんせつ
栄進化学　えいしん　かがく
栄泉不動産　えいせん　ふどうさん
榮太郎　えいたろう
英和　えいわ
永和証券　えいわ　しょうけん
栄興技研　えいこう　ぎけん
栄興社　えいこうしゃ

예

芸陽信用金庫　げいよう　しんようきんこ

오

奥アンツーカ　おく　アンツーカ
五光製作所　ごこう　せいさくしょ
五藤光学研究所　ごとう　こうがくけんきゅうしょ
烏山信用金庫　からすやま　しんようきんこ
呉信用金庫　くれ　しんようきんこ
五十嵐工業　いがらし　こうぎょう
五十嵐貿易　いがらし　ぼうえき
五十鈴　いすず
五十鈴建設　いすず　けんせつ
奥野製薬工業　おくの　せいやくこうぎょう
五洋建設　ごよう　けんせつ
五洋電子工業　ごよう　でんしこうぎょう
呉英製作所　ごえい　せいさくしょ
呉羽運輸　くれは　うんゆ
呉羽化学工業　くれは　かがくこうぎょう
吾孀製鋼所　あずま　せいこうしょ
吾妻商会　あづま　しょうかい
奥村製作所　おくむら　せいさくしょ
奥村組　おくむらぐみ
奥村組土木興業　おくむらぐみ　どぼくこうぎょう
呉興業　くれ　こうぎょう

옥

玉の肌石鹼　たまのはだせっけん
玉島信用金庫　たましま　しんようきんこ
玉野総合コンサルタント　たまの　そうごう　コンサルタント
玉井商船　たまい　しょうせん
玉川マシナリー　たまがわ　マシナリー
玉川組　たまがわぐみ

窪田　くぼた
窪田建設　くぼた　けんせつ
渦潮電機　うずしお　でんき

王子工営　おうじ　こうえい
王子油化合成紙　おうじ　ゆかごうせいし
王子ゴム化成　おうじ　ゴム　かせい
王将フードサービス　おうしょう　フードサービス

湧永製薬　わくなが　せいやく

宇高国道フェリー　うたか　こくどう　フェリー
隅谷製陶所　すみや　せいとうしょ
友工社　ゆうこうしゃ
祐徳薬品工業　ゆうとく　やくひんこうぎょう
宇徳運輸　うとく　うんゆ
宇都宮機器　うつのみや　きき
宇都宮丸魚　うつのみや　まるうお
宇部日東化成　うべ　にっとう　かせい
宇部情報システム　うべ　じょうほう　システム
宇部化学工業　うべ　かがくこうぎょう
宇部興産　うべ　こうさん
郵船興業　ゆうせん　こうぎょう
友伸エンジニアリング　ゆうしん　エンジニアリング
宇野重工　うの　じゅうこう

宇野澤組鐵工所　うのざわぐみ てっこうしょ
羽田ヒューム管　はねだ ヒュームかん
隅田冷凍工業　すみだ れいとうこうぎょう
宇田川電気工事　うだがわ でんきこうじ
宇治観光　うじ かんこう
宇治電ビルディング　うじでん ビルディング
宇和島運輸　うわじま うんゆ
羽後銀行　うご ぎんこう

昱　あきら
旭ホームズ　あさひ ホームズ
旭計器　あさひ けいき
昱工業　あきら こうぎょう
旭光学工業　あさひ こうがくこうぎょう
旭段ボール　あさひ だんボール
旭大隈産業　あさひ おおくまさんぎょう
旭東金属工業　きょくとう きんぞくこうぎょう
旭東電気　きょくとう でんき
旭産業　あさひ さんぎょう
旭松食品　あさひまつ しょくひん
旭屋書店　あさひや しょてん
旭友産業　きょくゆう さんぎょう
旭日産業　あさひ さんぎょう
旭電化工業　あさひ でんかこうぎょう
旭蝶繊維　あさひちょう せんい
旭精工　あさひ せいこう
旭精機工業　あさひ せいきこうぎょう
旭川国際ゴルフ場　あさひかわ こくさい ゴルフじょう
旭川電気軌道　あさひかわ でんききどう
旭硝子　あさひ がらす
旭通信社　あさひ つうしんしゃ
旭化成工業　あさひ かせいこうぎょう

雲仙ロープウエイ　うんぜん ロープウエイ

熊谷組　くまがいぐみ
熊本ファミリー銀行　くまもと ファミリー ぎんこう
熊本中央信用金庫　くまもと ちゅうおう しんようきんこ
熊本県民テレビ　くまもと けんみん テレビ
雄洋海運　ゆうよう かいうん
雄元　ゆうげん
雄電社　ゆうでんしゃ
熊沢製油産業　くまざわ せいゆさんぎょう
熊平製作所　くまひら せいさくしょ

源　みなもと
遠軽信用金庫　えんがる しんようきんこ
元気寿司　げんきずし
元旦ビューティ工業　がんたん ビューティ こうぎょう
原藤整染　はらとう せいせん
遠藤照明　えんどう しょうめい
遠山産業　とおやま さんぎょう
原信　はらしん
原田商事　はらだ しょうじ
原田伸銅所　はらだ しんどうしょ
遠州開発　えんしゅう かいはつ
遠州鉄道　えんしゅう てつどう

월

月桂冠　げっけいかん
月島機械　つきしま きかい
月星製作所　つきぼし せいさくしょ
月星海運　つきぼし かいうん
月星化成　つきほし かせい
越前信用金庫　えちぜん しんようきんこ

越後交通　えちご　こうつう
越後証券　えちご　しょうけん

アサヒ衛陶　アサヒ　えいとう

楢崎産業　ならさき　さんぎょう
有機合成薬品工業　ゆうきごうせい　やくひん こうぎょう
酉島製作所　とりしま　せいさくしょ
有楽土地住宅販売　ゆうらく　とちじゅうたく はんばい
由利ロール　ゆり　ロール
有隣堂　ゆうりんどう
サン有明電気　サン　ありあけ　でんき
油研工業　ゆけん　こうぎょう
有終會　ゆうしゅうかい
有沢製作所　ありさわ　せいさくしょ
油化シェルエポキシ　ゆか　シェルエポキシ

潤生興業　じゅんせい　こうぎょう

隠岐汽船　おき　きせん
銀座ルノアール　ぎんざ　ルノアール
銀座山形屋　ぎんざ　やまがたや
銀泉　ぎんせん

音羽電機工業　おとわ　でんきこうぎょう

揖斐電アセチレン　いびでん　アセチレン
揖斐川工業　いびがわ　こうぎょう

応用地質　おうよう　ちしつ
鷹取製作所　たかとり　せいさくしょ

義勇海運　ぎゆう　かいうん
衣浦ユーティリティー　きぬうら　ユーティリ ティー

二宮産業　にのみや　さんぎょう
伊那信用金庫　いな　しんようきんこ
伊達製鋼　だて　せいこう
伊豆急行　いず　きゅうこう
伊豆箱根鉄道　いず　はこねてつどう
伊藤光学工業　いとう　こうがくこうぎょう
伊藤園　いとうえん
伊藤衣料　いとう　いりょう

伊藤製油　　いとう　せいゆ
伊藤組土建　　いとうぐみ　どけん
伊藤忠商事　　いとうちゅう　しょうじ
伊藤忠燃料　　いとうちゅう　ねんりょう
伊藤忠紙パルプ販売　　いとうちゅう　かみパルプ　はんばい
伊藤忠倉庫　　いとうちゅう　そうこ
伊藤喜工作所　　いとうき　こうさくしょ
伊万里鉄工所　　いまり　てっこうしょ
伊勢観光開発　　いせ　かんこうかいはつ
伊勢丹　　いせたん
伊勢湾飼料畜産　　いせわん　しりょうちくさん
伊勢湾海運　　いせわん　かいうん
伊勢甚本社　　いせじんほんしゃ
二葉　　ふたば
伊予銀行　　いよ　ぎんこう
伊原高圧継手工業　　いはら　こうあつつぎて　こうぎょう
伊田組　　いだぐみ
伊賀塗料　　いが　とりょう
伊香保カントリー倶楽部　　いかほ　カントリー　くらぶ

익

益茂証券　　ますも　しょうけん

인

仁科百貨店　　にしな　ひゃっかてん
仁礼工業　　にれい　こうぎょう
因幡電機産業　　いなば　でんきさんぎょう

日さく　　にっさく
日鋼情報システム　　にっこう　じょうほうシステム
日建工学　　にっけん　こうがく
日建設計　　にっけん　せっけい
日軽商事　　にっけい　しょうじ
日軽形材　　にっけい　かたざい
日高信用金庫　　ひだか　しんようきんこ
日穀製粉　　にっこく　せいふん
日工　　にっこう
日管　　にっかん
一光　　いっこう
日鉱エンジニアリング　　にっこう　エンジニアリング
一光開発　　いっこう　かいはつ
日光堂　　にっこうどう
日鉱不動産　　にっこう　ふどうさん
日鉱液化ガス　　にっこう　えきか　ガス
日広通信社　　にっこう　つうしんしゃ
日交レジン販売　　にっこう　レジン　はんばい
一宮信用金庫　　いちのみや　しんようきんこ
日金スチール　　にっきん　スチール
日機装　　にっきそう
一吉証券　　いちよし　しょうけん
日南信用金庫　　にちなん　しんようきんこ
日鍛バルブ　　にったん　バルブ
日東バイオン　　にっとう　バイオン
日東ライフ　　にっとう　ライフ
日東工器　　にっとう　こうき
日東工業　　にっとう　こうぎょう
日東光器　　にっとう　こうき
日東紡伊丹加工　　にっとう　ぼういたみ　かこう
日東紡績　　にっとう　ぼうせき
日東電工　　にっとう　でんこう
日動電工　　にちどう　でんこう
日動火災海上保険　　にちどう　かさいかいじょう　ほけん
一冷　　いちれい
日糧製パン　　にちりょう　せいパン
日瀝化学工業　　にちれき　かがくこうぎょう
日陸輸送　　にちりく　ゆそう
日陸倉庫　　にちりく　そうこ
日理　　にちり
日立クレジット　　ひたち　クレジット
日立マクセル　　ひたち　マクセル(=マクセル)
日立メディコ　　ひたち　メディコ(=メディコ)
日立家電　　ひたち　かでん
日立建機　　ひたち　けんき
日立工機　　ひたち　こうき
日立機材　　ひたち　きざい
日立冷熱　　ひたち　れいねつ
日立木材地所　　ひたち　もくざいじしょ
日立物流　　ひたち　ぶつりゅう
日立北海セミコンダクタ　　ひたち　ほっかい　セミコンダクタ
日立粉末冶金　　ひたち　ふんまつやきん

日立湘南電子　ひたち しょうなんでんし
日立電線木工　ひたち でんせんもっこう
日立電線商事　ひたち でんせんしょうじ
日立電子　ひたち でんし
日立精工　ひたち せいこう
日立精機　ひたち せいき
日立製作所　ひたち せいさくしょ
日立造船富岡機械　ひたちぞうせん とみおかきかい(＝富岡機)
日立中国ソフトウェア　ひたち ちゅうごく ソフトウェア
日立千葉エレクトロニクス　ひたち ちば エレクトロニクス
日立清水エンジニアリング　ひたち しみず エンジニアリング
日立化成工業　ひたち かせいこうぎょう
日立化成工材　ひたち かせいこうざい
日貿産業　にちぼう さんぎょう
日貿信　にちぼうしん
一文　いちぶん
一文本社　いちぶん ほんしゃ
日米砿油　にちべい こうゆ
日米富士自転車　にちべい ふじじてんしゃ
日発精密工業　にっぱつ せいみつこうぎょう
日発販売　にっぱつ はんばい
日放　にっぽう
一方社油脂工業　いっぽうしゃ ゆしこうぎょう
日邦産業　にっぽう さんぎょう
日宝綜合製本　にっぽう そうごうせいほん
日本加工製紙　にっぽん かこうせいし
日本街路灯製造　にほん がいろとうせいぞう
日本坩堝　にほん るつぼ
日本鋼管　にっぽん こうかん(＝NKK)
日本鋼管重工サービス　にっぽんこうかん じゅうこう サービス
日本開発銀行　にっぽん かいはつぎんこう
日本開閉器工業　にほん かいへいきこうぎょう
日本建工　にほん けんこう
日本建鐵　にほん けんてつ
日本軽金属　にっぽん けいきんぞく
日本軽金属化工機　にほん けいきんぞくかこうき
日本経営システム　にほん けいえい システム
日本経済広告社　にほん けいざいこうこくしゃ
日本経済新聞社　にほん けいざいしんぶんしゃ
日本高分子　にほん こうぶんし
日の本穀粉　ひのもと こくふん
日本梱包運輸倉庫　にっぽん こんぽううんゆそうこ
日本工機　にっぽん こうき
日本工営　にほん こうえい
日本工作油　にほん こうさくゆ
日本ステンレス工材　にっぽん ステンレス こうざい
日本科学冶金　にっぽん かがくやきん
日本ヒューム管　にっぽん ヒュームかん
日本管財　にほん かんざい
日本罐詰　にほん かんづめ
日本鉱機　にほん こうき
日本光機工業　にほん こうきこうぎょう
日本鉱業　にっぽん こうぎょう
日本広販　にほん こうはん
日本橋梁　にほん きょうりょう
日本教文社　にっぽん きょうぶんしゃ
日本橋不動産　にほんばし ふどうさん
日本橋倉庫　にほんばし そうこ
日本交通公社　にほん こうつうこうしゃ(＝JTB)
日本国土開発　にほん こくどかいはつ
日本金属　にっぽん きんぞく
日本金銭機械　にほん きんせんきかい
日本インテック技研　にほん インテック ぎけん
日本耐酸壜工業　にほん たいさんびんこうぎょう
日本農産工業　にほん のうさんこうぎょう
日本鍛工　にっぽん たんこう
日本短資　にほん たんし
日本端子　にほん たんし
日本団体生命保険　にほん だんたいせいめい ほけん
日本大洋海底電線　にほん たいようかいてい でんせん
日本道路　にっぽん どうろ
日本冷食　にほん れいしょく
日本濾過器　にほん ろかき
日本陸運産業　にほん りくうんさんぎょう
日本無機　にほん むき
日本無線　にほん むせん
日本発色　にほん はっしょく
日本発条　にっぽん はつじょう
日本弁柄工業　にほん べんがらこうぎょう
日本相互証券　にほん そうごしょうけん
日本生命保険　にほん せいめいほけん
日本石油　にっぽん せきゆ
日本線材　にほん せんざい
日本洗浄機　にっぽん せんじょうき
日本輸送機　にっぽん ゆそうき
日本輸出入銀行　にっぽん ゆしゅつにゅう ぎんこう
日本食研　にほん しょっけん
日本食品化工　にほん しょくひんかこう
日本伸銅　にほん しんどう
日本新薬　にっぽん しんやく
日本信託銀行　にほん しんたくぎんこう
日本信販　にっぽん しんぱん

日本圧延工業　にほん　あつえんこうぎょう
日本圧電気　にほん　あつでんき
日本額椽　にほん　がくぶち
日本研紙　にほん　けんし
日本瓦斯　にっぽん　がす
日本郵船　にっぽん　ゆうせん
日本資材　にほん　しざい
日本長期信用銀行　にっぽん　ちょうき　しんよう　ぎんこう
日本電計　にほん　でんけい
日本電工　にっぽん　でんこう
日本電気　にっぽん　でんき(＝NEC)
日本電気三栄　にっぽんでんき　さんえい
日本電気精器　にっぽんでんき　せいき
日本電気硝子　にっぽんでんき　がらす
日本電炉　にほん　でんろ
日本電商　にほん　でんしょう
日本電設工業　にっぽん　でんせつこうぎょう
日本電信電話　にっぽん　でんしんでんわ(＝NTT)
日本全薬工業　にっぽん　ぜんやくこうぎょう
日本電業工作　にほん　でんぎょうこうさく
日本電装　にっぽん　でんそう
日本電通建設　にっぽん　でんつうけんせつ
日本電解　にほん　でんかい
日本精工　・にっぽん　せいこう
日本精鉱　にほん　せいこう
日本精器　にほん　せいき
日本精機　にっぽん　せいき
日本精糖　にほん　せいとう
日本精蠟　にほん　せいろう
日本精線　にっぽん　せいせん
日本精化　にっぽん　せいか
日本製罐　にほん　せいかん
日本製麻　にほん　せいま
日本製箔　にほん　せいはく
日本製線　にっぽん　せいせん
日本パイプ製造　にっぽん　パイプ　せいぞう　(＝ニッパイ)
日本曹達　にほん　そーだ
日本住宅金融　にほん　じゅうたくきんゆう
日本中央地所　にほん　ちゅうおうじしょ
日本証券新聞社　にほん　しょうけんしんぶんしゃ
日本紙管工業　にほん　しかんこうぎょう
日本紙パルプ商事　にほん　かみパルプ　しょうじ
日本紙運輸倉庫　にほん　かみうんゆそうこ
日本紙興　にほん　しこう
日本車輛製造　にっぽん　しゃりょう　せいぞう
日本債券信用銀行　にっぽん　さいけん　しんよう　ぎんこう
日本天然瓦斯興業　にほん　てんねんがす　こうぎょう
日本甜菜製糖　にっぽん　てんさいせいとう
日本触媒　にっぽん　しょくばい
日本通信電材　にほん　つうしんでんざい
日本通運　にっぽん　つううん
日本特殊陶業　にっぽん　とくしゅとうぎょう
日本特殊炉材　にほん　とくしゅろざい
日本板硝子　にほん　いたがらす
日本鋪道　にほん　ほどう
日本合同ファイナンス　にっぽん　ごうどう　ファイナンス(＝JAFCO)
日本航空　にっぽん　こうくう
日本海建興　にほんかい　けんこう
日本海段ボール工業　にほんかい　だんボール　こうぎょう
日本海テレビジョン放送　にほんかい　テレビジョン　ほうそう
日本海石油　にほんかい　せきゆ
日本海信販　にほんかい　しんぱん
日本形染　にほん　けいせん
日本貨物急送　にほん　かもつきゅうそう
日本化成　にっぽん　かせい
日本化薬　にほん　かやく
日本化研　にほん　かけん
日本化学発光　にほん　かがくはっこう
日本興業銀行　にっぽん　こうぎょうぎんこう
日比谷総合設備　ひびや　そうごうせつび
日産建設　にっさん　けんせつ
日産基礎工業　にっさん　きそこうぎょう
日産プリンス東京販売　にっさん　プリンス　とうきょうはんばい
日産緑化　にっさん　りょくか
日産陸送　にっさん　りくそう
日産自動車　にっさん　じどうしゃ
日産専用船　にっさん　せんようせん
日産証券　にっさん　しょうけん
日産車体　にっさん　しゃたい(＝産車体)
日産ガードラー触媒　にっさん　ガードラー　しょくばい
日産化学工業　にっさん　かがくこうぎょう
日祥　にっしょう
日商インターライフ　にっしょう　インターライフ
日商岩井　にっしょう　いわい
日商岩井鉄鋼リース　にっしょういわい　てっこう　リース
日生信用金庫　ひなせ　しんようきんこ
日石不動産　にっせき　ふどうさん
日石伊藤忠　にっせき　いとうちゅう
日星産業　にっせい　さんぎょう
日成電機製作所　にっせい　でんきせいさくしょ
一成証券　いっせい　しょうけん
日水製薬　にっすい　せいやく

日新　にっしん
日伸工業　にっしん　こうぎょう
日神不動産　にっしん　ふどうさん
日新運輸　にっしん　うんゆ
日新電機　にっしん　でんき
日新製糖　にっしん　せいとう
日新化工　にっしん　かこう
日新興業　にっしん　こうぎょう
日亜鋼業　にちあ　こうぎょう
日野自動車工業　ひの　じどうしゃこうぎょう
日野車体工業　ひの　しゃたいこうぎょう
日研化学　にっけん　かがく
日塩　にちえん
日栄　にちえい
日営建設　にちえい　けんせつ
日榮建設工業　にちえい　けんせつこうぎょう
一榮工業　いちえい　こうぎょう
日栄運輸倉庫　にちえい　うんゆそうこ
日栄証券　にちえい　しょうけん
日熊工機　にちゆう　こうき
日油商事　にちゆ　しょうじ
日伝　にちでん
日電物流センター　にちでん　ぶつりゅう センター
日田信用金庫　ひた　しんようきんこ
一畑電気鉄道　いちばた　でんきてつどう
日澱化學　にちでん　かがく
日精　にっせい
日精エー・エス・ビー機械　にっせい　エー・エス・ビー　きかい(＝ASB機械)
日正汽船　にっしょう　きせん
日精樹脂工業　にっせい　じゅしこうぎょう
一正蒲鉾　いちまさ　かまぼこ
日製産業　にっせい　さんぎょう
日曹油化工業　にっそう　ゆかこうぎょう
日曹化成　にっそう　かせい
日曹丸善ケミカル　にっそうまるぜん　ケミカル
日住サービス　にちじゅう　サービス
日之出汽船　ひので　きせん
日之出運輸　ひので　うんゆ
日進機工　にっしん　きこう
日窒工業　にっちつ　こうぎょう
日車サービス　にっしゃ　サービス
日債銀総合システム　にっさいぎん　そうごう システム
日鉄鉱業　にってつ　こうぎょう
日鐵物流　にってつ　ぶつりゅう
日鉄防蝕　にってつ　ぼうしょく
日鐵商事　にってつ　しょうじ
日鉄化工機　にってつ　かこうき
日清ハム　にっしん　ハム
日清紡　にっしんぼう(＝日清紡績)
日清食品　にっしん　しょくひん
日清製油　にっしん　せいゆ
日の出証券　ひので　しょうけん
日置電機　ひおき　でんき(＝HIOKI)
日塔建設　にっとう　けんせつ
日通工　にっつうこう
日特建設　にっとく　けんせつ
日阪製作所　ひさか　せいさくしょ
日平トヤマ　にっぺい　トヤマ
日鋪建設　にっぽ　けんせつ
日合工業　にちごう　こうぎょう
日合運輸　にちごう　うんゆ
日航商事　にっこう　しょうじ
日航情報開発　にっこう　じょうほうかいはつ
日幸電機製作所　にっこう　でんきせいさくしょ
一号舘　いちごうかん
日和産業　にちわ　さんぎょう
日華油脂　にっか　ゆし
日華化学　にっか　かがく
日揮　にっき
日揮化学　にっき　かがく
日興建材商行　にっこう　けんざいしょうこう
日興酸素　にっこう　さんそ
日興電気通信　にっこう　でんきつうしん
日興證券　にっこう　しょうけん

荏原工機　えばら　こうき
荏原実業　えばら　じつぎょう
荏原電産　えばら　でんさん
荏原製作所　えばら　せいさくしょ
任天堂　にんてんどう

入交建設　いりまじり　けんせつ
入交産業　いりまじり　さんぎょう

ㅈ

자

紫光電気　　しこう　でんき
自動車機器　　じどうしゃ　きき
自動車鋳物　　じどうしゃ　いもの
資生堂　　しせいどう
茨城放送　　いばらき　ほうそう
ホンダベルノ茨城西　　ホンダベルノ　いばらきにし
茨城銀行　　いばらき　ぎんこう
茨城通運　　いばらき　つううん
自研センター　　じけん　センター
自重堂　　じちょうどう
スズキ自販北陸　　スズキ　じはんほくりく
滋賀運送　　しが　うんそう
滋賀銀行　　しが　ぎんこう

長谷工コーポレーション　　はせこう　コーポレーション
長谷工不動産　　はせこう　ふどうさん
長谷川鉄工　　はせがわ　てっこう
長谷川香料　　はせがわ　こうりょう
壮光舎印刷　　そうこうしゃ　いんさつ
長崎大同青果　　ながさき　だいどうせいか
長崎船舶装備　　ながさき　せんぱくそうび
長崎屋　　ながさきや
長崎銀行　　ながさき　ぎんこう
長崎日産自動車　　ながさき　にっさんじどうしゃ
長崎電気軌道　　ながさき　でんききどう
長崎造船　　ながさき　ぞうせん
長崎県貿易公社　　ながさきけん　ぼうえきこうしゃ
庄内交通　　しょうない　こうつう
荘内銀行　　しょうない　ぎんこう
長島観光開発　　ながしま　かんこうかいはつ
長島商事　　ながしま　しょうじ
長瀬ランダウア　　ながせ　ランダウア
長瀬産業　　ながせ　さんぎょう
長尾鉄工所　　ながお　てっこうしょ
長府製作所　　ちょうふ　せいさくしょ
長浜信用金庫　　ながはま　しんようきんこ
庄司ゴルフ　　しょうじ　ゴルフ
長野計器製作所　　ながの　けいき　せいさくしょ
長野味噌　　ながの　みそ
長野日本無線　　ながの　にほんむせん
長野電鉄　　ながの　でんてつ
長野県酒類販売　　ながのけん　しゅるいはんばい
長永スポーツ工業　　ちょうえい　スポーツこうぎょう
長屋商店　　ながや　しょうてん
蔵王観光開発　　ざおう　かんこうかいはつ
長銀総合研究所　　ちょうぎん　そうごうけんきゅうしょ
長印　　ちょうじるし
庄子運送　　しょうじ　うんそう

斎国製作所　　さいくに　せいさくしょ

斎藤工務店　さいとう　こうむてん
材尚工務店　ざいなお　こうむてん

저

グルメ杵屋　グルメ　きねや
猪又建設　いのまた　けんせつ

적

赤木屋証券　あかきや　しょうけん
赤福　あかふく
赤ちゃんの城　あかちゃんのしろ
積水ハウス木造　せきすい　ハウス　もくぞう（＝ハウス木造）
積水ハウス北陸　せきすい　ハウス　ほくりく（＝ハウス北陸）
積水成型工業　せきすい　せいけいこうぎょう
赤穂信用金庫　あかほ　しんようきんこ
赤穂海水　あこう　かいすい
積水化成品工業　せきすい　かせいひんこうぎょう
荻原鉄工所　おぎはら　てっこうしょ（＝オギハラ）
赤井電機　あかい　でんき
アブアブ赤札堂　アブアブ　あかふだどう
赤阪鐵工所　あかさか　てっこうしょ
積和不動産　せきわ　ふどうさん

田岡化学工業　たおか　かがくこうぎょう
錢高組　ぜにたかぐみ
全国朝日放送　ぜんこく　あさひほうそう
田崎真珠　たさき　しんじゅ
電気化学計器　でんき　かがくけいき
電気興業　でんき　こうぎょう
全農情報サービス　ぜんのうじょうほう　サービス
電脳　でんのう
田島順三製作所　たじまじゅんぞう　せいさくしょ
田辺工業　たなべ　こうぎょう
田辺製薬　たなべ　せいやく
典宝　てんぽう
電算　でんさん
畠山建設　はたけやま　けんせつ
電翔　でんしょう
アイワ電設開発　アイワ　でんせつかいはつ
田野井製作所　たのい　せいさくしょ
電業　でんぎょう
電業社機械製作所　でんぎょうしゃ　きかい　せいさくしょ
田淵電機　たぶち　でんき
錢屋アルミニウム製作所　ぜにや　アルミニウム　せいさくしょ
田熊プラント　たくま　プラント
電源開発　でんげん　かいはつ
電元社製作所　でんげんしゃ　せいさくしょ
全日空商事　ぜんにっくう　しょうじ
全日空整備　ぜんにっくう　せいび
全日本空輸　ぜんにっぽん　くうゆ
全日信販　ぜんにち　しんぱん
前田製管　まえた　せいかん
前田製作所　まえだ　せいさくしょ
前田組　まえだぐみ
前田証券　まえだ　しょうけん
前田海産　まえだ　かいさん
田中藍　たなかあい
田中組　たなかぐみ
田中紙管　たなか　しかん
前川　まえかわ
淀川製鋼所　よどがわ　せいこうしょ
淀川製薬　よどがわ　せいやく
田村駒　たむらこま
田村電機製作所　たむら　でんきせいさくしょ
前澤工業　まえざわ　こうぎょう
前澤給装工業　まえざわ　きゅうそうこうぎょう
前澤化成工業　まえざわ　かせいこうぎょう
電通　でんつう
電通国際情報サービス　でんつう　こくさい　じょうほう・サービス
電波新聞社　でんぱしんぶんしゃ
田幸　たこう
電響社　でんきょうしゃ
スタンレー電化　スタンレー　でんか

苫小牧共同発電　とまこまい　きょうどうはつでん

苫小牧東部開発　とまこまい　とうぶかいはつ
苫小牧栗林運輸　とまこまい　くりばやしうんゆ
苫小牧埠頭　とまこまい　ふとう

접

蝶理　ちょうり
蝶理情報システム　ちょうりじょうほう　システム
蝶矢　ちょうや(＝CHOYA)
マルウ接着　マルウ　せっちゃく

정

靜甲　せいこう
静岡東海証券　しずおかとうかい　しょうけん
静岡放送　しずおか　ほうそう
静岡三菱ふそう自動車販売　しずおか　みつびし　ふそう　じどうしゃはんばい
静岡新聞社　しずおか　しんぶんしゃ
静岡瓦斯　しずおか　がす
静岡製機　しずおか　せいき
静岡第一テレビ　しずおかだいいち　テレビ
静岡中島屋ホテルチェーン　しずおかなかじまや　ホテルチェーン
静岡中央銀行　しずおか　ちゅうおうぎんこう
井尻工業　いじり　こうぎょう
井関農機　いせき　のうき
正光　まさみつ
静光電機工業　せいこう　でんきこうぎょう
井木組　いぎぐみ
NTN精密樹脂　NTN　せいみつじゅし
情報技術開発　じょうほう　ぎじゅつかいはつ
情報数理研究所　じょうほうすうりけんきゅうしょ
定山渓ホテル　じょうざんけい　ホテル
井上電機製作所　いのうえ　でんきせいさくしょ
井上定　いのうえさだ
井上軸受工業　いのうえ　じくうけこうぎょう
精養軒　せいようけん
正栄食品工業　しょうえい　しょくひんこうぎょう
町田印刷　まちだ　いんさつ
正田醬油　しょうだ　しょうゆ
井住運送　いずみ　うんそう
正織興業　せいしょく　こうぎょう
井村屋製菓　いむらや　せいか
井澤金属　いざわ　きんぞく
井筒屋　いづつや
井波テキスタイル　いなみ　テキスタイル
正和工業　しょうわ　こうぎょう
静活　しずかつ
正興電機製作所　せいこう　でんきせいさくしょ

제

帝国書院　ていこく　しょいん
帝国繊維　ていこく　せんい
帝国臓器製薬　ていこく　ぞうきせいやく
帝国通信工業　ていこく　つうしんこうぎょう
帝国化成工業　ていこく　かせいこうぎょう
帝都ゴム　ていと　ゴム
帝都自動車交通　ていと　じどうしゃこうつう
第百生命保険　だいひゃく　せいめいほけん
第四リース　だいし　リース
第四銀行　だいし　ぎんこう
第三銀行　だいさん　ぎんこう
帝石トッピング プラント　ていせき　トッピング　プラント
制研化学工業　せいけん　かがくこうぎょう
第二電電　だいに　でんでん(＝DDI)
帝人　ていじん
帝人加工糸　ていじん　かこうし
帝人製機　ていじん　せいき
第一計器　だいいち　けいき
第一工業製薬　だいいちこうぎょう　せいやく　(＝一工薬)
第一教研　だいいち　きょうけん
第一勧業銀行　だいいち　かんぎょうぎんこう　(＝一勧)
第一勧銀システム開発　だいいちかんぎん　システム　かいはつ
第一企画　だいいち　きかく
第一鍛造　だいいち　たんぞう
第一復建　だいいち　ふくけん
第一屋製パン　だいいちや　せいパン
第一電工　だいいち　でんこう
第一中央汽船　だいいち　ちゅうおうきせん
第一證券　だいいち　しょうけん
第一地所　だいいち　じしょ
第一紙行　だいいち　しこう
第一硝子　だいいち　がらす
第一測範製作所　だいいち　そくはんせいさくしょ

第一投信　　だいいち　とうしん
第一化成　　だいいち　かせい
第一稀元素化学工業　　だいいち　きげんそかがく　こうぎょう
堤地所　　つつみ　じしょ
製鐵運輸　　せいてつ　うんゆ
醍醐倉庫　　だいご　そうこ

鳥居薬品　　とりい　やくひん
朝比奈機械　　あさひな　きかい
早水組　　はやみずぐみ
鳥越製粉　　とりごえ　せいふん
朝日建物　　あさひ　たてもの
朝日機材　　あさひ　きざい
朝日放送　　あさひ　ほうそう
朝日肥糧　　あさひ　ひりょう
朝日生命保険　　あさひ　せいめいほけん
朝日新聞社　　あさひ　しんぶんしゃ
朝日瓦斯　　あさひ　がす
朝日印刷紙器　　あさひ　いんさつしき
朝日酒造　　あさひ　しゅぞう
朝日投信委託　　あさひ　とうしんいたく
蔦井倉庫　　つたい　そうこ
早川商事　　はやかわ　しょうじ
助川電気工業　　すけがわ　でんきこうぎょう
鳥取大丸　　とっとり　だいまる
鳥取三洋電機　　とっとり　さんようでんき
鳥取瓦斯　　とっとり　がす
鳥取協同青果　　とっとり　きょうどうせいか

足利銀行　　あしかが　ぎんこう
足立工業　　あだち　こうぎょう

鐘崎　　かねざき
カネコ種苗　　カネコ　しゅびょう
鐘紡　　かねぼう
綜研化学　　そうけん　かがく
鐘淵化学工業　　かねがふち　かがくこうぎょう
綜通　　そうつう
綜合警備保障　　そうごう　けいびほしょう

佐啓産業　　さけい　さんぎょう
佐工不動産　　さこう　ふどうさん
佐久間製作所　　さくま　せいさくしょ
佐渡汽船　　さど　きせん
佐渡島　　さどしま
佐渡島金属　　さどしま　きんぞく
佐藤秀工務店　　さとうひで　こうむてん
佐藤食品工業　　さとう　しょくひんこうぎょう
佐藤組　　さとうぐみ
佐藤鉄工　　さとう　てっこう
佐藤興業　　さとう　こうぎょう
佐伯建設　　さいき　けんせつ
佐伯建設工業　　さえき　けんせつこうぎょう
佐伯信用金庫　　さいき　しんようきんこ
佐世保重工業　　させぼ　じゅうこうぎょう
佐野富士光機　　さのふじ　こうき
佐田建設　　さた　けんせつ
佐鳥電機　　さとり　でんき
佐々木組　　ささきぐみ
佐々木硝子　　ささき　がらす
佐竹製作所　　さたけ　せいさくしょ
佐竹化学機械工業　　さたけ　かがく　きかい　こうぎょう
佐賀銀行　　さが　ぎんこう
佐賀主婦の店　　さが　しゅふのみせ
佐賀鉄工所　　さが　てっこうしょ

湊アルミニウム　みなと　アルミニウム
住江織物　すみのえ　おりもの
住建産業　じゅうけん　さんぎょう
住金大径鋼管　すみきんだいけい　こうかん
住金鹿島鉱化　すみきんかしま　こうか
住金物流　すみきん　ぶつりゅう
住金物産　すみきん　ぶっさん
住金制御エンジニアリング　すみきん　せいぎょ　エンジニアリング
住金興産　すみきん　こうさん
住吉工業　すみよし　こうぎょう
住吉浜開発　すみよしはま　かいはつ
周東商会　しゅうとう　しょうかい
住物鋼板工業　すみぶつ　こうはんこうぎょう
主婦と生活社　しゅふとせいかつしゃ
主婦の友社　しゅふのともしゃ
主婦の店マルカワ　しゅふのみせ　マルカワ
住商リース　すみしょう　リース
住商鋼板加工　すみしょう　こうはんかこう
住商機電貿易　すみしょう　きでんぼうえき
住生コンピューター　サービス　すみせい　コンピューター　サービス
住信振興　すみしん　しんこう
住友建機　すみとも　けんき
住友共同電力　すみとも　きょうどうでんりょく
住友金属鉱山　すみとも　きんぞくこうざん
住友商事　すみとも　しょうじ
住友石炭赤平炭砿　すみとも　せきたん　あかびら　たんこう
住友信託銀行　すみとも　しんたくぎんこう
住友銀行　すみとも　ぎんこう
住友電工ハイテックス　すみとも　でんこう　ハイテックス
住友電設　すみとも　でんせつ
住友電装　すみとも　でんそう
住友精化　すみとも　せいか
住友重機械鋳鍛　すみとも　じゅうきかい　ちゅうたん
住友特殊金属　すみとも　とくしゅきんぞく
住銀リース　すみぎん　リース
住電資材加工　すみでん　しざいかこう
住電電業　すみでん　でんぎょう
酒田天然瓦斯　さかた　てんねんがす
酒井重工業　さかい　じゅうこうぎょう
住重技術サービス　すみじゅう　ぎじゅつ　サービス
住重富田機器　すみじゅう　とみだ　きき
住倉工業　すみくら　こうぎょう
住総　じゅうそう
住宅金融公庫　じゅうたくきんゆう　こうこ
住化プラント工事　すみか　プラント　こうじ
住化分析センター　すみか　ぶんせき　センター

竹内製作所　たけうち　せいさくしょ
竹松証券　たけまつ　しょうけん
竹田印刷　たけだ　いんさつ
竹中工務店　たけなか　こうむてん
竹中土木　たけなか　どぼく

駿南鐵工　すんなん　てっこう
樽井製絨　たるい　せいじゅう
駿河建設　するが　けんせつ
駿河屋　するがや
駿河精機　するが　せいき

中江建設工業　なかえ　けんせつこうぎょう
中京銀行　ちゅうきょう　ぎんこう
中京海運　ちゅうきょう　かいうん
中谷商運　なかたに　しょううん
中谷興運　なかたに　こううん
中果浜松中央青果　ちゅうか　はままつ　ちゅうおうせいか
中国高圧コンクリート工業　ちゅうごく　こうあつ　コンクリート　こうぎょう
中国新聞社　ちゅうごく　しんぶんしゃ
中国醸造　ちゅうごく　じょうぞう
中国銀行　ちゅうごく　ぎんこう

中国化薬　ちゅうごく　かやく
中筋組　なかすじぐみ
中南信用金庫　ちゅうなん　しんようきんこ
中道機械　なかみち　きかい
中島製作所　なかしま　せいさくしょ
中里建設　なかざと　けんせつ
中本総合印刷　なかもと　そうごういんさつ
中部　ちゅうぶ
中部鋼鈑　ちゅうぶ　こうはん
中部経済新聞社　ちゅうぶ　けいざいしんぶんしゃ
中部文字放送　ちゅうぶ　もじほうそう
中部液酸　ちゅうぶ　えきさん
中部積和不動産　ちゅうぶ　せきわふどうさん
中部精機　ちゅうぶ　せいき
中部証券金融　ちゅうぶ　しょうけんきんゆう
中部鉄塔工業　ちゅうぶ　てっとうこうぎょう
中北製作所　なかきた　せいさくしょ
中山金属化工　なかやま　きんぞくかこう
中山製鋼所　なかやま　せいこうしょ
中西工芸　なかにし　こうげい
中西金属工業　なかにし　きんぞくこうぎょう
中西輸送機　なかにし　ゆそうき
中小企業金融公庫　ちゅうしょうきぎょう　きんゆうこうこ
重松製作所　しげまつ　せいさくしょ
中信リース　ちゅうしん　リース
中新薬業　ちゅうしん　やくぎょう
中央可鍛工業　ちゅうおう　かたんこうぎょう
中央公論社　ちゅうおう　こうろんしゃ
中央広告通信　ちゅうおう　こうこくつうしん
中央理研　ちゅうおう　りけん
中央理化工業　ちゅうおう　りかこうぎょう
中央名店　ちゅうおう　めいてん
中央毛織　ちゅうおう　けおり
中央無線　ちゅうおう　むせん
中央発條　ちゅうおう　はつじょう
中央信託銀行　ちゅうおう　しんたくぎんこう
中央魚類　ちゅうおう　ぎょるい
中央瓦斯工事　ちゅうおう　がすこうじ
中央自動車興業　ちゅうおう　じどうしゃ　こうぎょう
中央精機　ちゅうおう　せいき
中央紙器工業　ちゅうおう　しきこうぎょう
中央地所　ちゅうおう　じしょ
中央板紙　ちゅうおう　いたがみ
中野冷機　なかの　れいき
中野組　なかのぐみ
中外国島　ちゅうがい　くにしま
中外炉工業　ちゅうがい　ろこうぎょう
中外貿易　ちゅうがい　ぼうえき
中原証券　なかはら　しょうけん
中越パルプ工業　ちゅうえつ　パルプ　こうぎょう
中越運送　ちゅうえつ　うんそう
中銀建物　なかぎん　たてもの
中日臨海バス　ちゅうにち　りんかい　バス
中日本開発　なかにっぽん　かいはつ
中日本鋳工　なかにっぽん　ちゅうこう
中日本航空　なかにほん　こうくう
中日本興業　なかにほん　こうぎょう
中日新聞社　ちゅうにち　しんぶんしゃ
中日運送　ちゅうにち　うんそう
中田　なかた
中田建設　なかた　けんせつ
中電工　ちゅうでんこう
中電技術コンサルタント　ちゅうでん　ぎじゅつ　コンサルタント
中津川包装工業　なかつがわ　ほうそうこうぎょう
マルマ重車輛　マルマ　じゅうしゃりょう
中泉　なかいずみ
中川無線電機　なかがわ　むせんでんき
中川製袋化工　なかがわ　せいたいかこう
中村屋　なかむらや
中村自工深川製作所　なかむら　じこう　ふかがわ　せいさくしょ
中村組　なかむらぐみ
マツダ中販　マツダ　ちゅうはん

証券新報社　しょうけん　しんぽうしゃ
曽根組　そねぐみ
増野製作所　ますの　せいさくしょ
増田製粉所　ますだ　せいふんしょ
曽田香料　そだ　こうりょう

芝パークホテル　しば　パークホテル
地球科学総合研究所　ちきゅうかがく　そうごう　けんきゅうしょ
志貴野メッキ　しきの　メッキ
イハラ紙器　イハラ　しき
地崎工業　ちざき　こうぎょう
池内精工　いけうち　せいこう

知多鋼業　　ちた　こうぎょう
知多埠頭　　ちた　ふとう
志多組　　しだぐみ
池袋琺瑯工業　　いけぶくろ　ほうろうこうぎょう
池袋西口駐車場　　いけぶくろ　にしぐち　ちゅうしゃじょう
志摩観光ホテル　　しま　かんこう　ホテル
地産トーカン　　ちさん　トーカン
池上金型工業　　いけがみ　かながたこうぎょう
地上社　　ちじょうしゃ
池上通信機　　いけがみ　つうしんき
指宿観光　　いぶすき　かんこう
芝信用金庫　　しば　しんようきんこ
池野通建　　いけの　つうけん
地熱　　ちねつ
指月電機製作所　　しづき　でんきせいさくしょ
池田模範堂　　いけだ　もはんどう
池田物産　　いけだ　ぶっさん
持田製薬　　もちだ　せいやく
志津屋　　しづや
志村化工　　しむら　かこう
池貝　　いけがい
池の浦開発　　いけのうら　かいはつ
芝浦電子製作所　　しばうら　でんしせいさくしょ

직

やまだ織　　やまだおり
直江津信用金庫　　なおえつ　しんようきんこ
直江津海陸運送　　なおえつ　かいりくうんそう
直本工業　　なおもと　こうぎょう

진

津軽鉄道　　つがる　てつどう
真木商会　　まき　しょうかい
真柄建設　　まがら　けんせつ
辰巳物流　　たつみ　ぶつりゅう
辰巳商会　　たつみ　しょうかい
津山瓦斯　　つやま　がす
津山証券　　つやま　しょうけん
真誠　　しんせい
辰野　　たつの
秦野瓦斯　　はだの　がす
真人日本精機　　まつとにっぽん　せいき
真電　　しんでん
津田鋼材　　つだ　こうざい
津田駒工業　　つだこま　こうぎょう
津田木材工業　　つだ　もくざいこうぎょう
進々堂製パン　　しんしんどう　せいパン
辰村組　　たつむらぐみ
進学会　　しんがくかい
進和　　しんわ
振興電気　　しんこう　でんき

秩父小野田　　ちちぶ　おのだ
秩父鉄道　　ちちぶ　てつどう

トリスミ集成材　　トリスミ　しゅうせいざい
集英社　　しゅうえいしゃ

ㅊ

찬

賛光宝飾工業　さんこう　ほうしょくこうぎょう
讃岐塩業　さぬき　えんぎょう

札鶴ベニヤ　さっつる　ベニヤ
札幌リゾート開発公社　さっぽろ　リゾート　かいはつこうしゃ
札幌道路エンジニア　さっぽろどうろ　エンジニア
札幌テレビ放送　さっぽろ　テレビ　ほうそう
札幌生コンクリート　さっぽろなま　コンクリート
札幌信用販売　さっぽろ　しんようはんばい
札幌銀行　さっぽろ　ぎんこう
札幌日産モーター　さっぽろにっさん　モーター
札幌通運　さっぽろ　つううん

倉庫精練　そうこ　せいれん
創文　そうぶん
倉敷機械　くらしき　きかい
倉敷紡績　くらしき　ぼうせき(＝クラボウ)
倉敷繊維加工　くらしき　せんいかこう
倉敷市開発ビル　くらしきし　かいはつ　ビル
倉敷信用金庫　くらしき　しんようきんこ
倉敷染工　くらしき　せんこう
昌運工作所　しょううん　こうさくしょ
創輝　そうき

拓北電業　たくほく　でんぎょう
拓洋　たくよう

泉　いずみ
天間製紙　てんま　せいし
泉建設　いずみ　けんせつ
千曲バス　ちくま　バス
天光組　てんこうぐみ
天狗缶詰　てんぐ　かんづめ
川口金属工業　かわぐち　きんぞくこうぎょう
川口信用金庫　かわぐち　しんようきんこ
川口薬品　かわぐち　やくひん
川口鐵工　かわぐち　てっこう
川口化学工業　かわぐち　かがくこうぎょう
浅巻建設　あさまき　けんせつ
川崎汽船　かわさき　きせん

川崎炉材　かわさき　ろざい
川崎臨港倉庫　かわさき　りんこうそうこ
川崎油工　かわさき　ゆこう
川崎有機　かわさき　ゆうき
川崎電気　かわさき　でんき
川崎製鉄　かわさき　せいてつ
川崎重工業　かわさき　じゅうこうぎょう
川崎化成工業　かわさき　かせいこうぎょう
川崎興産　かわさき　こうさん
川内信用金庫　せんだい　しんようきんこ
千代田インテグレ　ちよだ　インテグレ
(=インテグレ)
千代田工商　ちよだ　こうしょう
千代田生命保険　ちよだ　せいめいほけん
千代田紙業　ちよだ　しぎょう
千代田化工建設　ちよだ　かこうけんせつ
川嶋工務店　かわしま　こうむてん
川島織物　かわしま　おりもの
天童木工　てんどう　もっこう
釧路埠頭　くしろ　ふとう
釧路製作所　くしろ　せいさくしょ
釧路重工業　くしろ　じゅうこうぎょう
川瀬電気工業所　かわせ　でんきこうぎょうしょ
天龍木材　てんりゅう　もくざい
天龍製鋸　てんりゅう　せいきょ
天馬　てんま
天満屋ストア　てんまや　ストア
川辺　かわべ
川本製作所　かわもと　せいさくしょ
川上塗料　かわかみ　とりょう
川西倉庫　かわにし　そうこ
千歳電気工業　ちとせ　でんきこうぎょう
千歳興産　ちとせ　こうさん
淺沼組　あさぬまぐみ
淺沼興産　あさぬま　こうさん
千寿製薬　せんじゅ　せいやく
天昇電気工業　てんしょう　でんきこうぎょう
天辻鋼球製作所　あまつじ　こうきゅう
せいさくしょ
川岸工業　かわぎし　こうぎょう
浅野スレート　あさの　スレート
浅野段ボール　あさの　だんボール
川研ファイン ケミカル　かわけん　ファイン
ケミカル
千葉建設　ちば　けんせつ
千葉共同サイロ　ちば　きょうどう　サイロ
千葉電解　ちば　でんかい
千葉県食品流通センター　ちばけん　しょくひん
りゅうつう　センター
千葉興業銀行　ちば　こうぎょうぎんこう
泉屋　いづみや

天王寺ステーション ビルディング　てんのうじ
ステーション　ビルディング
天人峡温泉　てんにんきょう　おんせん
泉自動車　いずみ　じどうしゃ
千田建設　ちだ　けんせつ
川田建設　かわだ　けんせつ
川田工業　かわだ　こうぎょう
淺田鉄工　あさだ　てっこう
浅田化学工業　あさだ　かがくこうぎょう
浅井産業　あさい　さんぎょう
千住金属工業　せんじゅ　きんぞくこうぎょう
泉州銀行　せんしゅう　ぎんこう
泉州電業　せんしゅう　でんぎょう
川重冷熱工業　かわじゅう　れいねつこうぎょう
川重商事　かわじゅう　しょうじ
泉証券　いずみ　しょうけん
茜証券　あかね　しょうけん
川之江信用金庫　かわのえ　しんようきんこ
川澄化学工業　かわすみ　かがくこうぎょう
泉創建エンジニアリング　いずみ　そうけん
エンジニアリング
淺川組　あさかわぐみ
川鉄鋼材工業　かわてつ　こうざいこうぎょう
川鉄鋼板　かわてつ　こうはん
川鉄機材工業　かわてつ　きざいこうぎょう
川鉄商事　かわてつ　しょうじ
川鉄電設　かわてつ　でんせつ
川鉄鉄構工業　かわてつ　てっこうこうぎょう
オムロン天草　オムロン　あまくさ
川村工務店　かわむら　こうむてん
千趣会　せんしゅかい
浅海電気　あさみ　でんき
浅香工業　あさか　こうぎょう

鉄建建設　てっけん　けんせつ
鉄道機器　てつどう　きき
鉄道会館　てつどう　かいかん
鐵矢工業　てつや　こうぎょう
鐵原　てつげん
凸版印刷　とっぱん　いんさつ

청

清林社　せいりんしゃ
青木建設　あおき けんせづ
青木組　あおきぐみ
清峰金属工業　きよみね きんぞくこうぎょう
青山機工　あおやま きこう
青山商事　あおやま しょうじ
青山特殊鋼　あおやま とくしゅこう
青森放送　あおもり ほうそう
青森銀行　あおもり ぎんこう
清水建設　しみず けんせつ
清水銀行　しみず ぎんこう
清水港飼料　しみずこう しりょう
清田軌道工業　きよた きどうこうぎょう
青井黒板製作所　あおいこくばん せいさくしょ
青函生コンクリート工業　せいかん なま コンクリート こうぎょう
清和海運　せいわ かいうん
清和興業　せいわ こうぎょう

초

草野産業　くさの さんぎょう
超音波工業　ちょうおんぱ こうぎょう
草竹コンクリート工業　くさたけ コンクリート こうぎょう
草津倉庫　くさつ そうこ

触媒化成工業　しょくばい かせいこうぎょう

村本建設　むらもと けんせつ
村山鋼材　むらやま こうざい
村山鉄工所　むらやま てっこうしょ
村上開明堂　むらかみ かいめいどう
村上色彩技術研究所　むらかみ しきさいぎじゅつ けんきゅうしょ
村上織商　むらかみ せんしょう
村田機械　むらた きかい
村田製作所　むらた せいさくしょ
村井　むらい

塚谷刃物製作所　つかたに はものせいさくしょ
総本家新ノ助貝新　そうほんけ しんのすけ かいしん
塚本商事　つかもと しょじ(＝ツカモト)
ニューメディア総研　ニューメディア そうけん
総合ビル管理　そうごう ビル かんり
総合埠頭　そうごう ふとう
総合住金　そうごう じゅうきん

萩尾高圧容器　はぎお こうあつようき
諏訪信用金庫　すわ しんようきんこ
諏訪倉庫　すわ そうこ
諏訪土木建築　すわ どぼくけんちく
秋山産業　あきやま さんぎょう
秋山愛生舘　あきやま あいせいかん
秋山精鋼　あきやま せいこう
萩野工務店　はぎの こうむてん
秋葉原　あきはばら
萩原工業　はぎはら こうぎょう
秋元産業　あきもと さんぎょう
萩原電気　はぎわら でんき

秋田魁新報社　あきたさきがけ　しんぽうしゃ
秋田書店　あきた　しょてん
秋田銀行　あきた　ぎんこう
秋田製錬　あきた　せいれん
秋田酒類製造　あきた　しゅるいせいぞう
秋川食品　あきかわ　しょくひん

筑邦銀行　ちくほう　ぎんこう
畜産会館　ちくさん　かいかん
筑水キャニコム　ちくすい　キャニコム
築野食品工業　つの　しょくひんこうぎょう
筑紫ガス　ちくし　ガス
築地魚市場　つきじ　うおいちば
筑豊電気鉄道　ちくほう　でんきてつどう
筑豊製作所　ちくほう　せいさくしょ

椿本チエイン　つばきもと　チエイン
椿本工機　つばきもと　こうき
椿本精工　つばきもと　せいこう
春本鐵工所　はるもと　てっこうしょ
椿本興業　つばきもと　こうぎょう
春日電機　かすが　でんき
春日井製菓　かすがい　せいか

出光石油化学　いでみつ　せきゆかがく
出光興産　いでみつ　こうさん
出水ゴルフクラブ　いずみ　ゴルフクラブ
出雲グリーン　いずも　グリーン

沖ビジネス　おき　ビジネス
沖縄瓦斯　おきなわ　がす
沖縄銀行　おきなわ　ぎんこう
沖縄電力　おきなわ　でんりょく
沖縄全日空リゾート　おきなわ　ぜんにっくう　リゾート
沖縄特電　おきなわ　とくでん
沖縄海邦銀行　おきなわ　かいほうぎんこう
沖縄県離島海運振興　おきなわけん　りとう　かいうんしんこう
忠勇　ちゅうゆう
沖電気工業　おき　でんきこうぎょう
沖電線　おき　でんせん

取手ガス　とりで　ガス

測機舎　そっきしゃ

親和銀行　しんわ　ぎんこう

七十七銀行　　しちじゅうしち　ぎんこう

炭研精工　　たんけん　せいこう

湯浅アイオニクス　　ゆあさ　アイオニクス
湯浅電池　　ゆあさ　でんち(＝YUASA)
湯坂遊園　　ゆさか　ゆうえん

태

太啓建設　　たいけい　けんせつ
泰東製綱　　たいとう　せいこう
太産工業　　たいさん　こうぎょう
泰成エンジニアリング　　たいせい　エンジニアリング
泰信電気　　たいしん　でんき
太洋工業　　たいよう　こうぎょう
太陽工業　　たいよう　こうぎょう
太洋工作所　　たいよう　こうさくしょ
太洋冷機工業　　たいよう　れいきこうぎょう
太陽毛絲紡績　　たいよう　けいとぼうせき
太洋物産　　たいよう　ぶっさん
太陽商工　　たいよう　しょうこう
太洋商事　　たいよう　しょうじ
太陽生命保険　　たいよう　せいめいほけん
太陽神戸三井総合研究所　　たいようこうべみつい そうごうけんきゅうしょ
太陽誘電　　たいよう　ゆうでん
太陽油脂　　たいよう　ゆし
太陽製粉　　たいよう　せいふん
太洋鋳機　　たいよう　ちゅうき
太陽投信委託　　たいよう　とうしんいたく
太洋海運　　たいよう　かいうん
太陽火災海上保険　　たいよう　かさいかいじょう ほけん
太陽化学　　たいよう　かがく
太源　　だいげん
ビジネスブレイン太田昭和　　ビジネスブレイン おおたしょうわ
太知商事　　たいち　しょうじ
泰進建設　　たいしん　けんせつ

太平　たいへい
太平建設工業　たいへい　けんせつこうぎょう
太平工業　たいへい　こうぎょう
太平空調機　たいへい　くうちょうき
太平洋工業　たいへいよう　こうぎょう
太平洋沿海汽船　たいへいよう　えんかいきせん
太平洋銀行　たいへいよう　ぎんこう
太平洋証券　たいへいよう　しょうけん
太平洋海運　たいへいよう　かいうん
太平洋興発　たいへいよう　こうはつ
泰平電機　たいへい　でんき
太平電業　たいへい　でんぎょう
太平製作所　たいへい　せいさくしょ
太平住宅　たいへい　じゅうたく
太平化学製品　たいへい　かがくせいひん

택

澤藤電機　さわふじ　でんき
澤田建設　さわた　けんせつ
沢井製薬　さわい　せいやく
沢村　さわむら
沢の鶴　さわのつる

土屋ホーム　つちや　ホーム
土屋工業　つちや　こうぎょう
土屋組　つちやぐみ
兎田化学工業　うさぎだ　かがくこうぎょう
土井製作所　どい　せいさくしょ
土佐観光施設　とさ　かんこうしせつ
土佐南国観光開発　とさ　なんごく　かんこう　かいはつ
土浦佐川急便　つちうらさがわ　きゅうびん

通信設備　つうしん　せつび
通信興業　つうしん　こうぎょう
通研電気工業　つうけん　でんきこうぎょう
筒中プラスチック工業　つつなか　プラスチック　こうぎょう

特殊金属工業　とくしゅ　きんぞくこうぎょう
特殊製鋼所　とくしゅ　せいこうしょ
特種製紙　とくしゅ　せいし

ㅍ

파

巴コーポレーション　ともえ　コーポレーション
巴工業　ともえ　こうぎょう
播磨ビルサービス　はりま　ビルサービス
播陽証券　ばんよう　しょうけん
巴組鉄工所　ともえぐみ　てっこうしょ
巴川製紙所　ともえがわ　せいししょ

板橋運送　いたばし　うんそう
阪急共栄物産　はんきゅう　きょうえいぶっさん
阪急交通社　はんきゅう　こうつうしゃ
阪急百貨店　はんきゅう　ひゃっかてん
阪急不動産　はんきゅう　ふどうさん
阪急電鉄　はんきゅう　でんてつ
阪南電線　はんなん　でんせん
坂本組　さかもとぐみ
坂本香料　さかもと　こうりょう
阪上製作所　さかがみ　せいさくしょ
坂西精機　さかにし　せいき
阪神内燃機工業　はんしん　ないねんきこうぎょう
阪神百貨店　はんしん　ひゃっかてん
阪神銀行　はんしん　ぎんこう
阪神電気鉄道　はんしん　でんきてつどう
阪神測建　はんしん　そっけん
坂野建設　さかの　けんせつ
坂田建設　さかた　けんせつ
坂井印刷所　さかい　いんさつしょ
阪和銀行　はんわ　ぎんこう
阪和興業　はんわ　こうぎょう

八代港湾工業　やつしろ　こうわんこうぎょう
八馬汽船　はちうま　きせん
八木アンテナ　やぎ　アンテナ
八木酒造　やぎ　しゅぞう
八百半ジャパン　やおはん　ジャパン
八幡電機精工　やはた　でんきせいこう
八幡平観光　はちまんたい　かんこう
八十二銀行　はちじゅうに　ぎんこう
八洋食品　はちよう　しょくひん
八王子信用金庫　はちおうじ　しんようきんこ
八州　はっしゅう
八洲　やしま
八洲電機　やしま　でんき
八州整染　やしま　せいせん
八重洲無線　やえす　むせん
八重洲駐車場　やえす　ちゅうしゃじょう
八千代産業　やちよ　さんぎょう
八千代電設工業　やちよ　でんせつこうぎょう
八戸酒類　はちのへ　しゅるい
八戸港湾運送　はちのへ　こうわんうんそう

편

片岡物産　　かたおか　ぶっさん
片桐製作所　　かたぎり　せいさくしょ
片木アルミニューム製作所　　かたぎ　アルミニューム　せいさくしょ
片山鉄工所　　かたやま　てっこうしょ
片倉建設　　かたくら　けんせつ
片倉工業　　かたくら　こうぎょう

평

平岡証券　　ひらおか　しょうけん
平林デザイン　　ひらばやし　デザイン
平成ポリマー　　へいせい　ポリマー
平信用金庫　　たいら　しんようきんこ
平安コーポレーション　　へいあんコーポレーション
平岩建設　　ひらいわ　けんせつ
平野組　　ひらのぐみ
平田倉庫　　ひらた　そうこ
平井　　ひらい
平泉生コン　　ひらいずみ　なまコン
平河ヒューテック　　ひらかわ　ヒューテック
平河工業社　　ひらかわ　こうぎょうしゃ
平和　　へいわ
平和交通　　へいわ　こうつう
平和堂　　へいわどう
平和紙業　　へいわ　しぎょう

포

蒲郡竹島観光　　がまごおり　たけしま　かんこう
布施真空　　ふせ　しんくう
蒲原瓦斯　　かんばら　がす
蒲原鉄道　　かんばら　てつどう
包装技研　　ほうそう　ぎけん

표

表示灯　　ひょうじとう
表鉄工所　　おもて　てっこうしょ

品川白煉瓦　　しながわ　しろれんが(＝白煉瓦)
品川燃料　　しながわ　ねんりょう(＝シナネン)
品川倉庫建物　　しながわ　そうこたてもの

豊橋信用金庫　　とよはし　しんようきんこ
豊國建設　　ほうこく　けんせつ
豊国産業　　ほうこく　さんぎょう
豊国電気工業　　とよくに　でんきこうぎょう
豊年製油　　ほうねん　せいゆ
豊島　　とよしま
豊島紡績　　とよしま　ぼうせき
豊商事　　ゆたか　しょうじ
豊生ブレーキ工業　　ほうせい　ブレーキこうぎょう
豊栄建設　　ほうえい　けんせつ
豊栄工業　　ほうえい　こうぎょう
豊羽鉱山　　とよは　こうざん
豊醤油　　ゆたか　しょうゆ
豊田ケミカル エンジニアリング　　とよた　ケミカル　エンジニアリング
豊田メタル　　とよた　メタル
豊田工機　　とよだ　こうき
豊田紡織　　とよだ　ぼうしょく
豊田産業　　とよだ　さんぎょう
豊田自動織機製作所　　とよた　じどうしょっき　せいさくしょ
豊田中央研究所　　とよた　ちゅうおうけんきゅうしょ
豊田鉄工　　とよだ　てっこう
豊田通商　　とよた　つうしょう

豊田合成　とよだ　ごうせい
豊田化工　とよた　かこう
豊精密工業　ゆたか　せいみつこうぎょう
豊証券　ゆたか　しょうけん
豊川信用金庫　とよかわ　しんようきんこ
豊通物流　とよつう　ぶつりゅう
豊平製鋼　とよひら　せいこう
豊和繊維工業　ほうわ　せんいこうぎょう
豊和銀行　ほうわ　ぎんこう

ㅎ

하

下関信用金庫　しものせき　しんようきんこ
下関中央魚市場　しものせき　ちゅうおう　うおいちば
河口湖精密　かわぐちこ　せいみつ
河内屋紙　かわちや　かみ
夏目商事　なつめ　しょうじ
河本シヤーリング　かわもと　シヤーリング
河北ランド　かほく　ランド
河北新報社　かほく　しんぽうしゃ
河北印刷　かわきた　いんさつ
河西工業　かさい　こうぎょう
河越商事　かわごえ　しょうじ
下電開発　しもでん　かいはつ
下田工業　しもだ　こうぎょう
下田工業茨木　しもだ　こうぎょう　いばらき
下津井電鉄　しもつい　でんてつ
河村電器産業　かわむら　でんきさんぎょう
下村特殊精工　しもむら　とくしゅせいこう
河合楽器製作所　かわい　がっきせいさくしょ

학

鶴岡信用金庫　つるおか　しんようきんこ
鶴見製作所　つるみ　せいさくしょ
鶴見曹達　つるみ　そーだ
学究社　がっきゅうしゃ
鶴来信用金庫　つるぎ　しんようきんこ
学習研究社　がくしゅう　けんきゅうしゃ
鶴賀電機　つるが　でんき

함

函館公海漁業　はこだて　こうかいぎょぎょう
函館定温冷蔵　はこだて　ていおんれいぞう
函館製網船具　はこだて　せいもうせんぐ

합

合同資源産業　ごうどう　しげんさんぎょう
合同製鐵　ごうどう　せいてつ
合同酒精　ごうどう　しゅせい
ヘキスト合成　ヘキスト　ごうせい
合田工務店　ごうだ　こうむてん
合通　ごーつー

항

航空規格工業　こうくう　きかくこうぎょう
イシン恒産　イシン　こうさん
アジア航測　アジア　こうそく
恒和興業　こうわ　こうぎょう

해

偕成証券　かいせい　しょうけん
海外石油開発　かいがい　せきゆかいはつ
海外ウラン資源開発　かいがい　ウラン　しげん かいはつ

杏林薬品　きょうりん　やくひん
幸福銀行　こうふく　ぎんこう
幸洋コーポレーション　こうよう コーポレーション

향

向陽鉄工　こうよう　てっこう
享栄工業　きょうえい　こうぎょう
向井建設　むかい　けんせつ
香川銀行　かがわ　ぎんこう
郷鉄工所　ごう　てっこうしょ

穴吹工務店　あなぶき　こうむてん

協同リース　きょうどう　リース
協同広告社　きょうどう　こうこくしゃ
協同飼料　きょうどう　しりょう
協立広告　きょうりつ　こうこく
協立証券　きょうりつ　しょうけん
叶産業　かのう　さんぎょう
狭山精密工業　さやま　せいみつこうぎょう
協伸工業　きょうしん　こうぎょう
協永工業　きょうえい　こうぎょう
協栄金属工業　きょうえい　きんぞくこうぎょう
協栄産業　きょうえい　さんぎょう
協栄生命保険　きょうえい　せいめいほけん
協育歯車工業　きょういく　はぐるま　こうぎょう
脇田運輸倉庫　わきた　うんゆそうこ
協進アドバン テック　きょうしん　アドバン テック
協和　きょうわ
協和建興　きょうわ　けんこう
協和醱酵工業　きょうわ　はっこうこうぎょう
協和化工　きょうわ　かこう
協和化学工業　きょうわ　かがくこうぎょう

형

型システム　かた　システム

혜

恵谷商事　えたに　しょうじ
恵盛木材　けいせい　もくざい
恵和商工　けいわ　しょうこう

호

湖東信用金庫　ことう　しんようきんこ
虎ノ門実業会館　とらのもん　じつぎょうかいかん
湖北精工　こほく　せいこう
芦森工業　あしもり　こうぎょう
戸上電機製作所　とがみ　でんきせいさくしょ
芦有開発　ろゆう　かいはつ
互応化学工業　ごおう　かがくこうぎょう
戸田建設　とだ　けんせつ
戸田工業　とだ　こうぎょう
芦澤建設　あしざわ　けんせつ

홍

虹技　こうぎ(旧　神戸鋳鉄所)
(北)弘電社　(きた)こうでんしゃ
弘前航空電子　ひろさき　こうくうでんし
鴻池運輸　こうのいけ　うんゆ
鴻池組　こうのいけぐみ

화

靴のマルトミ　くつの　マルトミ(＝マルトミ)
テレビ和歌山　テレビ　わかやま
和歌山鉄工　わかやま　てっこう
㊗和歌山青果　まるわ　わかやま　せいか
和江　わこう
化工機環境サービス　かこうき　かんきょう　サービス
和光　わこう
和光堂　わこうどう
和光純薬工業　わこう　じゅんやくこうぎょう
和光証券　わこう　しょうけん
和光化成工業　わこう　かせいこうぎょう
花巻信用金庫　はなまき　しんようきんこ
花島電線　はなしま　でんせん
和同建設　わどう　けんせつ
花菱　はなびし
化成オプトニクス　かせい　オプトニクス
和信化学工業　わしん　かがくこうぎょう
火薬アクゾ　かやく　アクゾ
和研工業　わけん　こうぎょう
花王　かおう
花月園観光　かげつえん　かんこう
ポーラ化粧品本舗　ポーラ　けしょうひん　ほんぽ
和田精密歯研　わだ　せいみつしけん
和田製糖　わだ　せいとう
花井　はない
和泉電気　いずみ　でんき
化学工業日報社　かがくこうぎょう　にっぽうしゃ
和弘食品　わこう　しょくひん

환

環境開発　かんきょう　かいはつ
丸高　まるたか
丸果大分大同青果　まるか　おおいた　だいどう　せいか
丸果札幌定温倉庫　まるか　さっぽろ　ていおん　そうこ
丸果札幌青果　まるか　さっぽろ　せいか
プロルート丸光　プロルート　まるみつ

丸久　まるきゅう
丸国証券　まるくに　しょうけん
丸亀産業　まるかめ　さんぎょう
丸金醤油　まるきん　しょうゆ
丸金証券　まるきん　しょうけん
丸吉　まるよし
丸の内熱供給　まるのうち　ねつきょうきゅう
丸丹　まるたん
丸大食品　まるだい　しょくひん
丸藤シートパイル　まるふじ　シートパイル
丸鈴　まるすず
丸万証券　まるまん　しょうけん
丸文　まるぶん
丸尾カルシウム　まるお　カルシウム
丸福証券　まるふく　しょうけん
丸山工業　まるやま　こうぎょう
丸山製作所　まるやま　せいさくしょ
丸三証券　まるさん　しょうけん
丸西　まるにし
丸石自転車　まるいし　じてんしゃ
丸善　まるぜん
丸善化成　まるぜん　かせい
丸誠　まるせい
丸誠重工業　まるせい　じゅうこうぎょう
丸松　まるまつ
丸水長野県水　まるすい　ながのけんすい
丸順精器工業　まるじゅん　せいきこうぎょう
丸市青果　まるいち　せいか
丸十運輸倉庫　まるじゅう　うんゆそうこ
丸魚水産　まるうお　すいさん
丸彦渡辺建設　まるひこ　わたなべ　けんせつ
丸栄　まるえい
丸五　まるご
丸玉産業　まるたま　さんぎょう
丸宇木材市売　まるう　もくざいいちうり
丸運　まるうん
丸運建設　まるうん　けんせつ
丸二運輸　まるに　うんゆ
丸一鋼管　まるいち　こうかん
丸荘証券　まるそう　しょうけん
丸全昭和運輸　まるぜんしょうわ　うんゆ
丸井　まるい
丸正　まるしょう
丸井重機建設　まるい　じゅうきけんせつ
丸佐　まるさ
丸中鐵工所　まるなか　てっこうしょ
丸池藤井　まるいけ　ふじい
丸太屋　まるたや
丸太運輸　まるた　うんゆ
丸八真綿　まるはち　まわた
丸八倉庫　まるはち　そうこ
丸豊電線　まるとよ　でんせん
丸互　まるご
丸紅　まるべに
丸紅建材リース　まるべに　けんざい　リース
丸紅冷蔵　まるべに　れいぞう
丸和　まるわ
丸興工業　まるこう　こうぎょう
丸ト興業　まると　こうぎょう
丸喜　まるき

荒谷建設コンサルタント　あらたに　けんせつ　コンサルタント
荒木組　あらきぐみ
荒井製作所　あらい　せいさくしょ
荒川信用金庫　あらかわ　しんようきんこ
荒川化学工業　あらかわ　かがくこうぎょう

栃木富士産業　とちぎ　ふじさんぎょう
栃木銀行　とちぎ　ぎんこう
栃木日野自動車　とちぎ　ひのじどうしゃ
檜不動産　ひのき　ふどうさん
会津乗合自動車　あいづ　のりあいじどうしゃ
会津信用金庫　あいづ　しんようきんこ
会津秩父生コン　あいづ　ちちぶなまコン

横浜ゴム　よこはま　ゴム(＝浜ゴム)
横浜高島屋　よこはま　たかしまや
横浜光学曲硝子　よこはま　こうがくまげがらす
横浜冷凍　よこはま　れいとう(＝ヨコレイ)
横浜貿易建物　よこはま　ぼうえきたてもの
横浜松坂屋　よこはま　まつざかや
横浜新港倉庫　よこはま　しんこうそうこ
横浜油脂工業　よこはま　ゆしこうぎょう

横浜銀行　よこはま　ぎんこう
横浜地下街　よこはま　ちかがい
横浜鉄工建設　よこはま　てっこうけんせつ
横浜丸魚　よこはま　まるうお(＝浜丸魚)
横浜丸中青果　よこはま　まるなかせいか
横須賀産業　よこすか　さんぎょう
横河ブリッジ　よこがわ　ブリッジ
横河工事　よこがわ　こうじ
横河技術情報　よこがわ　ぎじゅつじょうほう
横河電機　よこがわ　でんき

暁建設工業　あかつき　けんせつこうぎょう
暁工業　あかつき　こうぎょう
オリエンタル酵母工業　オリエンタル　こうぼこうぎょう
暁印刷　あかつき　いんさつ

厚徳社　こうとくしゃ
後藤孵卵場　ごとう　ふらんじょう
後藤設備工業　ごとう　せつびこうぎょう
後藤組　ごとうぐみ
後藤回漕店　ごとうかいそうてん
厚木開発　あつぎ　かいはつ
厚木国際観光　あつぎ　こくさいかんこう
厚木瓦斯　あつぎ　がす

흑

黒江屋　くろえや
黒金化成　くろがね　かせい
黒崎窯業　くろさき　ようぎょう(＝クロサキ)
黒石ガス　くろいし　ガス
黒須建設　くろす　けんせつ
黒田精工　くろだ　せいこう
黒川工業　くろかわ　こうぎょう
黒川木徳証券　くろかわきとく　しょうけん
黒沢建設工業　くろさわ　けんせつこうぎょう

興建産業　こうけん　さんぎょう
興国鋼線索　こうこく　こうせんさく
興能信用金庫　こうのう　しんようきんこ
アキツノ興発　アキツノ　こうはつ
エヌエス興産　エヌエス　こうさん
興亜　こうあ
興亜石油　こうあ　せきゆ
興亜紙器　こうあ　しき
ナイカイ興業　ナイカイ　こうぎょう
興研　こうけん
興銀リース　こうぎん　リース
興銀投資顧問　こうぎん　とうしこもん
興人　こうじん
興和　こうわ
興和紡績　こうわ　ぼうせき
興和化成　こうわ　かせい

喜多方軽金属　きたかた　けいきんぞく
姫路大同青果　ひめじ　だいどうせいか
姫路信用金庫　ひめじ　しんようきんこ
姫路合同貨物自動車　ひめじ　ごうどうかもつじどうしゃ

峃かじのビル　やまろく　かじのビル

大学名 よみかた

国立大学

ㄱ

岡山大学　おかやま
京都工芸繊維大学　きょうとこうげいせんい
京都教育大学　きょうときょういく
京都大学　きょうと
高知大学　こうち
高知医科大学　こうちいか
広島大学　ひろしま
九州工業大学　きゅうしゅうこうぎょう
九州大学　きゅうしゅう
九州芸術工科大学　きゅうしゅうげいじゅつこうか
群馬大学　ぐんま
宮崎大学　みやざき
宮崎医科大学　みやざきいか
宮城教育大学　みやぎきょういく
金沢大学　かなざわ
岐阜大学　ぎふ
埼玉大学　さいたま

ㄴ

奈良教育大学　ならきょういく
奈良女子大学　ならじょし

ㄷ

お茶の水女子大学　おちゃのみずじょし
帯広畜産大学　おびひろちくさん
大分大学　おおいた
大分医科大学　おおいたいか
大阪教育大学　おおさかきょういく
大阪大学　おおさか
大阪外国語大学　おおさかがいこくご
徳島大学　とくしま
島根大学　しまね
島根医科大学　しまねいか
図書館情報大学　としょかんじょうほう
東京工業大学　とうきょうこうぎょう
東京農工大学　とうきょうのうこう
東京大学　とうきょう

東京商船大学　とうきょうしょうせん
東京水産大学　とうきょうすいさん
東京芸術大学　とうきょうげいじゅつ
東京外国語大学　とうきょうがいこくご
東京医科歯科大学　とうきょういかしか
東京学芸大学　とうきょうがくげい
東北大学　とうほく

鹿児島大学　かごしま
鹿屋体育大学　かのやたいいく
琉球大学　りゅうきゅう

名古屋工業大学　なごやこうぎょう
名古屋大学　なごや
鳴門教育大学　なるときょういく

兵庫教育大学　ひょうごきょういく
福岡教育大学　ふくおかきょういく
福島大学　ふくしま
福井大学　ふくい
福井医科大学　ふくいいか
富山大学　とやま
富山医科薬科大学　とやまいかやっか
北見工業大学　きたみこうぎょう
北陸先端科学技術大学院大学　ほくりくせんたんかがくぎじゅつだいがくいん
北海道教育大学　ほっかいどうきょういく
北海道大学　ほっかいどう
浜松医科大学　はままついか

山口大学　やまぐち
山梨大学　やまなし
山梨医科大学　やまなしいか
山形大学　やまがた
三重大学　みえ
上越教育大学　じょうえつきょういく
小樽商科大学　おたるしょうか
新潟大学　にいがた
信州大学　しんしゅう
神戸大学　こうべ
神戸商船大学　こうべしょうせん
室蘭工業大学　むろらんこうぎょう

岩手大学　いわて
愛媛大学　えひめ
愛知教育大学　あいちきょういく
宇都宮大学　うつのみや
旭川医科大学　あさひかわいか
熊本大学　くまもと
一橋大学　ひとつばし

茨城大学　いばらき
滋賀大学　しが
滋賀医科大学　しがいか
長岡技術科学大学　ながおかぎじゅつかがく
長崎大学　ながさき
電気通信大学　でんきつうしん
静岡大学　しずおか
鳥取大学　とっとり
佐賀大学　さが
佐賀医科大学　さがいか

ㅊ

千葉大学　　ちば
総合研究大学院大学　　そうごうけんきゅうだいがくいん
秋田大学　　あきた
筑波大学　　つくば

ㅍ

豊橋技術科学大学　　とよはしぎじゅつかがく

ㅎ

香川大学　　かがわ
香川医科大学　　かがわいか
弘前大学　　ひろさき
和歌山大学　　わかやま
横浜国立大学　　よこはまこくりつ

公立大学

ㄱ

岡山県立大学　　おかやまけんりつ
京都府立大学　　きょうとふりつ
京都府立医科大学　　きょうとふりついか
京都市立芸術大学　　きょうとしりつげいじゅつ
高崎経済大学　　たかさきけいざい
高知女子大学　　こうちじょし
広島女子大学　　ひろしまじょし
広島県立大学　　ひろしまけんりつ
九州歯科大学　　きゅうしゅうしか
群馬県立女子大学　　ぐんまけんりつじょし
宮崎公立大学　　みやざきこうりつ
金沢美術工芸大学　　かなざわびじゅつこうげい
岐阜薬科大学　　ぎふやっか

奈良県立商科大学　　ならけんりつしょうか
奈良県立医科大学　　ならけんりついか

大阪女子大学　おおさかじょし
大阪府立大学　おおさかふりつ
大阪市立大学　おおさかしりつ
都留文科大学　つるぶんか
東京都立科学技術大学　とうきょうとりつかがくぎじゅつ
東京都立大学　とうきょうとりつ

名古屋市立大学　なごやしりつ

兵庫県立看護大学　ひょうごけんりつかんご
福岡女子大学　ふくおかじょし
福岡県立大学　ふくおかけんりつ
福島県立医科大学　ふくしまけんりついか
福井県立大学　ふくいけんりつ
富山県立大学　とやまけんりつ
北九州大学　きたきゅうしゅう

山口女子大学　やまぐちじょし
神戸商科大学　こうべしょうか
神戸市外国語大学　こうべしがいこくご

愛知県立大学　あいちけんりつ
愛知県立芸術大学　あいちけんりつげいじゅつ
熊本女子大学　くまもとじょし

長崎県立大学　ながさきけんりつ
静岡県立大学　しずおかけんりつ

札幌医科大学　さっぽろいか
釧路公立大学　くしろこうりつ
沖縄県立芸術大学　おきなわけんりつげいじゅつ

下関市立大学　しものせきしりつ
和歌山県立医科大学　わかやまけんりついか
横浜市立大学　よこはましりつ
姫路工業大学　ひめじこうぎょう

私立大学

ㄱ

甲南女子大学　こうなんじょし
甲南大学　こうなん
甲子園大学　こうしえん
岡山理科大学　おかやまりか
岡山商科大学　おかやましょうか
江戸川大学　えどがわ
鎌倉女子大学　かまくらじょし
京都橘女子大学　きょうとたちばなじょし
京都女子大学　きょうとじょし
京都産業大学　きょうとさんぎょう
京都薬科大学　きょうとやっか
京都外国語大学　きょうとがいこくご
京都精華大学　きょうとせいか
京都造形芸術大学　きょうとぞうけいげいじゅつ
京都学園大学　きょうとがくえん
敬愛大学　けいあい
慶應義塾大学　けいおうぎじゅく
敬和学園大学　けいわがくえん
高岡法科大学　たかおかほうか
高野山大学　こうやさん
高千穂商科大学　たかちほしょうか
共立女子大学　きょうりつじょし
共立薬科大学　きょうりつやっか
工学院大学　こうがくいん
関東学院大学　かんとうがくいん
関東学園大学　かんとうがくえん
関西大学　かんさい
関西外国語大学　かんさいがいこくご
関西医科大学　かんさいいか
関西学院大学　かんせいがくいん
広島経済大学　ひろしまけいざい
広島工業大学　ひろしまこうぎょう
広島女学院大学　ひろしまじょがくいん
広島文教女子大学　ひろしまぶんきょうじょし
広島修道大学　ひろしましゅうどう
広島電機大学　ひろしまでんき
光華女子大学　こうかじょし
久留米工業大学　くるめこうぎょう
久留米大学　くるめ
九州共立大学　きゅうしゅうきょうりつ
九州国際大学　きゅうしゅうこくさい
九州女子大学　きゅうしゅうじょし
九州東海大学　きゅうしゅうとうかい
九州産業大学　きゅうしゅうさんぎょう
駒沢女子大学　こまざわじょし
駒澤大学　こまざわ
国立音楽大学　くにたちおんがく
国士舘大学　こくしかん
国際基督教大学　こくさいキリストきょう
国際大学　こくさい
国際武道大学　こくさいぶどう
国学院大学　こくがくいん
郡山女子大学　こおりやまじょし
宮崎産業経営大学　みやざきさんぎょうけいえい
宮城学院女子大学　みやぎがくいんじょし
近畿大学　きんき
金城学院大学　きんじょうがくいん
金沢経済大学　かなざわけいざい
金沢工業大学　かなざわこうぎょう
金沢女子大学　かなざわじょし
金沢医科大学　かなざわいか
岐阜経済大学　ぎふけいざい
岐阜女子大学　ぎふじょし
埼玉工業大学　さいたまこうぎょう
埼玉医科大学　さいたまいか

吉備国際大学　きびこくさい

南九州大学　みなみきゅうしゅう
南山大学　なんざん
奈良大学　なら
奈良産業大学　ならさんぎょう
ノートルダム女子大学　ノートルダムじょし
女子美術大学　じょしびじゅつ
女子栄養大学　じょしえいよう
フェリス女学院大学　フェリスじょがくいん

ㄷ

多摩大学　たま
多摩美術大学　たまびじゅつ
大谷女子大学　おおたにじょし
大谷大学　おおたに
大同工業大学　だいどうこうぎょう
大東文化大学　だいとうぶんか
大手前女子大学　おおてまえじょし
大正大学　たいしょう
大妻女子大学　おおつまじょし
大阪経済大学　おおさかけいざい
大阪経済法科大学　おおさかけいざいほうか
大阪工業大学　おおさかこうぎょう
大阪国際女子大学　おおさかこくさいじょし
大阪国際大学　おおさかこくさい
大阪産業大学　おおさかさんぎょう
大阪商業大学　おおさかしょうぎょう
大阪薬科大学　おおさかやっか
大阪芸術大学　おおさかげいじゅつ
大阪音楽大学　おおさかおんがく
大阪医科大学　おおさかいか
大阪樟蔭女子大学　おおさかしょういんじょし
大阪電気通信大学　おおさかでんきつうしん
大阪体育大学　おおさかたいいく
大阪歯科大学　おおさかしか
大阪学院大学　おおさかがくいん
徳島文理大学　とくしまぶんり
徳山大学　とくやま
道都大学　どうと
桃山学院大学　ももやまがくいん
獨協大学　どっきょう
獨協医科大学　どっきょういか
東京家政大学　とうきょうかせい
東京家政学院大学　とうきょうかせいがくいん
東京経済大学　とうきょうけいざい
東京工科大学　とうきょうこうか
東京工芸大学　とうきょうこうげい
東京国際大学　とうきょうこくさい
東京基督教大学　とうきょうキリストきょう
東京女子大学　とうきょうじょし
東京女子医科大学　とうきょうじょしいか
東京女子体育大学　とうきょうじょしたいいく
東京農業大学　とうきょうのうぎょう
東京理科大学　とうきょうりか
東京成徳大学　とうきょうせいとく
東京神学大学　とうきょうしんがく
東京薬科大学　とうきょうやっか
東京音楽大学　とうきょうおんがく
東京医科大学　とうきょういか
東京慈恵会医科大学　とうきょうじけいかいいか
東京電機大学　とうきょうでんき
東京情報大学　とうきょうじょうほう
東京造形大学　とうきょうぞうけい
東京歯科大学　とうきょうしか
東邦大学　とうほう
東邦音楽大学　とうほうおんがく
東北工業大学　とうほくこうぎょう
東北女子大学　とうほくじょし
東北福祉大学　とうほくふくし
東北生活文化大学　とうほくせいかつぶんか
東北薬科大学　とうほくやっか
東北芸術工科大学　とうほくげいじゅつこうか
東北学院大学　とうほくがくいん
同朋大学　どうほう
桐朋学園大学　とうほうがくえん
東亜大学　とうあ
東洋大学　とうよう
東洋英和女学院大学　とうようえいわじょがくいん
東洋学園大学　とうようがくえん
桐蔭学園横浜大学　とういんがくえんよこはま
東日本学園大学　ひがしにっぽんがくえん
同志社女子大学　どうししゃじょし
同志社大学　どうししゃ
東海女子大学　とうかいじょし
東海大学　とうかい
東和大学　とうわ
藤女子大学　ふじじょし
藤田保健衛生大学　ふじたほけんえいせい

ㄹ

酪農学園大学　らくのうがくえん
麗澤大学　れいたく
鈴鹿医療科学技術大学　すずかいりょうかがくぎじゅつ
鹿児島経済大学　かごしまけいざい
鹿児島女子大学　かごしまじょし
龍谷大学　りゅうこく
流通経済大学　りゅうつうけいざい
流通科学大学　りゅうつうかがく
立教大学　りっきょう
立命館大学　りつめいかん
立正大学　りっしょう

ㅁ

麻布大学　あざぶ
梅光女学院大学　ばいこうじょがくいん
梅花女子大学　ばいかじょし
名古屋経済大学　なごやけいざい
名古屋女子大学　なごやじょし
名古屋商科大学　なごやしょうか
名古屋芸術大学　なごやげいじゅつ
名古屋外国語大学　なごやがいこくご
名古屋音楽大学　なごやおんがく
名古屋造形芸術大学　なごやぞうけいげいじゅつ
名古屋学院大学　なごやがくいん
名城大学　めいじょう
明星大学　めいせい
いわき明星大学　いわきめいせい
明治大学　めいじ
明治薬科大学　めいじやっか
明治鍼灸大学　めいじしんきゅう
明治学院大学　めいじがくいん
明海大学　めいかい
武庫川女子大学　むこがわじょし
武蔵工業大学　むさしこうぎょう
武蔵大学　むさし
武蔵野女子大学　むさしのじょし
武蔵野美術大学　むさしのびじゅつ
武蔵野音楽大学　むさしのおんがく
文京女子大学　ぶんきょうじょし
文教大学　ぶんきょう
文化女子大学　ぶんかじょし
美作女子大学　みまさかじょし

白鷗大学　はくおう
白百合女子大学　しらゆりじょし
法政大学　ほうせい
別府大学　べっぷ
兵庫医科大学　ひょうごいか
宝塚造形芸術大学　たからづかぞうけいげいじゅつ
福岡工業大学　ふくおかこうぎょう
福岡女学院大学　ふくおかじょがくいん
福岡大学　ふくおか
福岡歯科大学　ふくおかしか
福山大学　ふくやま
福井工業大学　ふくいこうぎょう
富士大学　ふじ
富山国際大学　とやまこくさい
北陸大学　ほくりく
北里大学　きたさと
北星学園大学　ほくせいがくえん
北海道工業大学　ほっかいどうこうぎょう
北海道東海大学　ほっかいどうとうかい
北海道薬科大学　ほっかいどうやっか
北海道情報大学　ほっかいどうじょうほう
北海学園大学　ほっかいがくえん
北海学園北見大学　ほっかいがくえんきたみ
仏教大学　ぶっきょう

四国大学　しこく
四国学院大学　しこくがくいん
四日市大学　よっかいち
四天王寺国際仏教大学　してんのうじこくさいぶっきょう
産能大学　さんのう
山梨学院大学　やまなしがくいん
産業医科大学　さんぎょういか
椙山女学園大学　すぎやまじょがくえん

杉野女子大学　すぎのじょし
尚絅大学　しょうけい
湘南工科大学　しょうなんこうか
相模女子大学　さがみじょし
上武大学　じょうぶ
常磐大学　ときわ
相愛大学　そうあい
上野学園大学　うえのがくえん
常葉学園大学　とこはがくえん
常葉学園浜松大学　とこはがくえんはままつ
上智大学　じょうち
西九州大学　にしきゅうしゅう
西南学院大学　せいなんがくいん
西東京科学大学　にしとうきょうかがく
西日本工業大学　にしにほんこうぎょう
石巻専修大学　いしのまきせんしゅう
仙台大学　せんだい
摂南大学　せつなん
盛岡大学　もりおか
聖カタリナ女子大学　せいカタリナじょし
聖徳大学　せいとく
聖徳学園岐阜教育大学　しょうとくがくえんぎふきょういく
聖隷クリストファー看護大学　せいれいクリストファーかんご
聖路加看護大学　せいろかかんご
城西国際大学　じょうさいこくさい
城西大学　じょうさい
成城大学　せいじょう
聖心女子大学　せいしんじょし
成安造形大学　せいあんぞうけい
星薬科大学　ほしやっか
聖マリアンナ医科大学　せいマリアンナいか
聖学院大学　せいがくいん
成蹊大学　せいけい
聖和大学　せいわ
洗足学園大学　せんぞくがくえん
昭和女子大学　しょうわじょし
昭和大学　しょうわ
昭和薬科大学　しょうわやっか
昭和音楽大学　しょうわおんがく
松本歯科大学　まつもとしか
松山大学　まつやま
松山東雲女子大学　まつやましののめじょし
松蔭女子学院大学　しょういんじょしがくいん
松阪大学　まつさか
淑徳大学　しゅくとく
順天堂大学　じゅんてんどう
神奈川工科大学　かながわこうか
神奈川大学　かながわ
神奈川歯科大学　かながわしか
新潟産業大学　にいがたさんぎょう
新潟薬科大学　にいがたやっか
神田外語大学　かんだがいご
神戸国際大学　こうべこくさい
神戸女子大学　こうべじょし
神戸女子薬科大学　こうべじょしやっか
神戸女学院大学　こうべじょがくいん
神戸芸術工科大学　こうべげいじゅつこうか
神戸学院大学　こうべがくいん
神戸海星女子学院大学　こうべかいせいじょしがくいん
実践女子大学　じっせんじょし

亜細亜大学　あじあ
安田女子大学　やすだじょし
岩手医科大学　いわていか
愛知工業大学　あいちこうぎょう
愛知大学　あいち
愛知みずほ大学　あいちみずほ
愛知産業大学　あいちさんぎょう
愛知淑徳大学　あいちしゅくとく
愛知医科大学　あいちいか
愛知学院大学　あいちがくいん
愛知学泉大学　あいちがくせん
桜美林大学　おうびりん
英知大学　えいち
奥羽大学　おうう
玉川大学　たまがわ
旭川大学　あさひかわ
熊本工業大学　くまもとこうぎょう
熊本商科大学　くまもとしょうか
園田学園女子大学　そのだがくえんじょし
エリザベト音楽大学　エリザベトおんがく
二松学舎大学　にしょうがくしゃ
日本工業大学　にっぽんこうぎょう
日本女子大学　にほんじょし
日本女子体育大学　にほんじょしたいいく
日本大学　にほん
日本文理大学　にっぽんぶんり
日本文化大学　にほんぶんか
日本福祉大学　にほんふくし
日本社会事業大学　にほんしゃかいじぎょう
日本獣医畜産大学　にほんじゅういちくさん
日本ルーテル神学大学　にほんルーテルしんがく
日本医科大学　にほんいか

日本赤十字看護大学　にほんせきじゅうじかんご
日本体育大学　にっぽんたいいく
日本歯科大学　にほんしか

茨城キリスト教大学　いばらきキリストきょう
自治医科大学　じちいか
作新学院大学　さくしんがくいん
作陽音楽大学　さくようおんがく
長崎総合科学大学　ながさきそうごうかがく
長野大学　ながの
跡見学園女子大学　あとみがくえんじょし
専修大学　せんしゅう
静岡理工科大学　しずおかりこうか
静修女子大学　せいしゅうじょし
帝京技術科学大学　ていきょうぎじゅつかがく
帝京大学　ていきょう
第一経済大学　だいいちけいざい
第一工業大学　だいいちこうぎょう
第一薬科大学　だいいちやっか
帝塚山大学　てづかやま
帝塚山学院大学　てづかやまがくいん
早稲田大学　わせだ
朝日大学　あさひ
足利工業大学　あしかがこうぎょう
種智院大学　しゅちいん
駿河台大学　するがだい
中京女子大学　ちゅうきょうじょし
中京大学　ちゅうきょう
中京学院大学　ちゅうきょうがくいん
中部大学　ちゅうぶ
中央大学　ちゅうおう
中央学院大学　ちゅうおうがくいん
中村学園大学　なかむらがくえん
芝浦工業大学　しばうらこうぎょう
津田塾大学　つだじゅく

札幌大学　さっぽろ
札幌学院大学　さっぽろがくいん
創価大学　そうか
拓殖大学　たくしょく
川崎医科大学　かわさきいか
川崎医療福祉大学　かわさきいりょうふくし
天理大学　てんり
千葉経済大学　ちばけいざい
千葉工業大学　ちばこうぎょう
千葉商科大学　ちばしょうか
川村学園女子大学　かわむらがくえんじょし
青山学院大学　あおやまがくいん
青森公立大学　あおもりこうりつ
青森大学　あおもり
ノートルダム清心女子大学　ノートルダムせいしんじょし
清泉女子大学　せいせんじょし
追手門学院大学　おうてもんがくいん
秋田経済法科大学　あきたけいざいほうか
筑紫女学園大学　ちくしじょがくえん
沖縄国際大学　おきなわこくさい
沖縄大学　おきなわ
就実女子大学　しゅうじつじょし
親和女子大学　しんわじょし

阪南大学　はんなん
八千代国際大学　やちよこくさい
八戸工業大学　はちのへこうぎょう
八戸大学　はちのへ
豊田工業大学　とよたこうぎょう

鶴見大学　つるみ
学習院大学　がくしゅういん
函館大学　はこだて
杏林大学　きょうりん
恵泉女学園大学　けいせんじょがくえん
芦屋大学　あしや
弘前学院大学　ひろさきがくいん
和光大学　わこう
和洋女子大学　わようじょし
花園大学　はなぞの
活水女子大学　かっすいじょし

皇學館大学　　こうがっかん
会津大学　　あいづ
横浜商科大学　　よこはましょうか
姫路獨協大学　　ひめじどっきょう

短期大学

ㄱ

嘉悦女子短期大学　　かえつじょし
甲南女子大学短期大学部　　こうなんじょしだいがく
甲子園短期大学　　こうしえん
岡崎女子短期大学　　おかざきじょし
岡崎学園国際短期大学　　おかざきがくえんこくさい
江南女子短期大学　　こうなんじょし
岡山女子短期大学　　おかやまじょし
岡山大学医療技術短期大学部　　おかやまだいがくいりょうぎじゅつ
岡山県立大学短期大学部　　おかやまけんりつだいがく
江戸川女子短期大学　　えどがわじょし
鎌倉女子大学短期大学部　　かまくらじょしだいがく
京都経済短期大学　　きょうとけいざい
京都女子大学短期大学部　　きょうとじょしだいがく
京都短期大学　　きょうと
京都大学医療技術短期大学部　　きょうとだいがくいりょうぎじゅつ
京都文教短期大学　　きょうとぶんきょう
京都文化短期大学　　きょうとぶんか
京都府立大学女子短期大学部　　きょうとふりつだいがくじょし
京都府立医科大学医療技術短期大学部　　きょうとふりついかだいがくいりょうぎじゅつ
京都市立看護短期大学　　きょうとしりつかんご
京都芸術短期大学　　きょうとげいじゅつ
京都医療技術短期大学　　きょうといりょうぎじゅつ
慶應義塾看護短期大学　　けいおうぎじゅくかんご
堺女子短期大学　　さかいじょし
高岡短期大学　　たかおか
高崎商科短期大学　　たかさきしょうか
高崎芸術短期大学　　たかさきげいじゅつ
高山短期大学　　たかやま
高松短期大学　　たかまつ
高田短期大学　　たかだ
高知女子大学保育短期大学部　　こうちじょしだいがくほいく
高知学園短期大学　　こうちがくえん
共立女子短期大学　　きょうりつじょし
共愛学園女子短期大学　　きょうあいがくえんじょし
共栄学園短期大学　　きょうえいがくえん
関東短期大学　　かんとう
関東学院女子短期大学　　かんとうがくいんじょし
関西女子短期大学　　かんさいじょし
関西女子美術短期大学　　かんさいじょしびじゅつ
関西女学院短期大学　　かんさいじょがくいん
関西外国語大学短期大学部　　かんさいがいこくごだいがく
関西鍼灸短期大学　　かんさいしんきゅう
広島女子商短期大学　　ひろしまじょししょう
広島文教女子大学短期大学部　　ひろしまぶんきょうじょしだいがく
広島文化女子短期大学　　ひろしまぶんかじょし
広島自動車工業短期大学　　ひろしまじどうしゃこうぎょう
広島中央女子短期大学　　ひろしまちゅうおうじょし
光陵女子短期大学　　こうりょうじょし
光星学院八戸短期大学　　こうせいがくいんはちのへ

光塩学園女子短期大学　こうえんがくえんじょし
光華女子短期大学　こうかじょし
久留米信愛女学院短期大学　くるめしんあいじょがくいん
九州女子短期大学　きゅうしゅうじょし
九州女学院短期大学　きゅうしゅうじょがくいん
九州大谷短期大学　きゅうしゅうおおたに
九州大学医療技術短期大学部　きゅうしゅうだいがくいりょうぎじゅつ
九州龍谷短期大学　きゅうしゅうりゅうこく
九州電機短期大学　きゅうしゅうでんき
九州帝京短期大学　きゅうしゅうていきょう
九州造形短期大学　きゅうしゅうぞうけい
駒沢女子短期大学　こまざわじょし
駒澤短期大学　こまざわ
駒澤大学苫小牧短期大学　こまざわだいがくとまこまい
国士舘短期大学　こくしかん
国際短期大学　こくさい
国際学院埼玉短期大学　こくさいがくいんさいたま
國學院短期大学　こくがくいん
国学院大学栃木短期大学　こくがくいんだいがくとちぎ
郡山女子大学短期大学部　こおりやまじょしだいがく
群馬女子短期大学　ぐんまじょし
群馬大学医療技術短期大学部　ぐんまだいがくいりょうぎじゅつ
群馬県立医療短期大学　ぐんまけんりついりょう
宮崎女子短期大学　みやざきじょし
宮城誠真短期大学　みやぎせいしん
宮城学院女子短期大学　みやぎがくいんじょし
宮城県農業短期大学　みやぎけんのうぎょう
近畿大学九州短期大学　きんきだいがくきゅうしゅう
近畿大学青踏女子短期大学　きんきだいがくせいとうじょし
近畿大学豊岡短期大学　きんきだいがくとよおか
金蘭短期大学　きんらん
金城短期大学　きんじょう
金城学院大学短期大学部　きんじょうがくいんだいがく
今治明徳短期大学　いまばりめいとく
金沢女子短期大学　かなざわじょし
金沢大学医療技術短期大学部　かなざわだいがくいりょうぎじゅつ
岐阜大学医療技術短期大学部　ぎふだいがくいりょうぎじゅつ
岐阜市立女子短期大学　ぎふしりつじょし
岐阜医療技術短期大学　ぎふいりょうぎじゅつ
埼玉女子短期大学　さいたまじょし
埼玉短期大学　さいたま
埼玉純真女子短期大学　さいたまじゅんしんじょし
埼玉医科大学短期大学　さいたまいかだいがく
埼玉県立衛生短期大学　さいたまけんりつえいせい

南九州短期大学　みなみきゅうしゅう
南山短期大学　なんざん
奈良文化女子短期大学　ならぶんかじょし
奈良芸術短期大学　ならげいじゅつ
奈良佐保女学院短期大学　ならさほじょがくいん
女子美術短期大学　じょしびじゅつ
女子聖学院短期大学　じょしせいがくいん
女子栄養短期大学　じょしえいよう

大谷女子短期大学　おおたにじょし
大谷大学短期大学部　おおたにだいがく
帯広大谷短期大学　おびひろおおたに
大分短期大学　おおいた
大分県立芸術文化短期大学　おおいたけんりつげいじゅつぶんか
大手前女子短期大学　おおてまえじょし
大垣女子短期大学　おおがきじょし
大月短期大学　おおつき
大妻女子大学短期大学部　おおつまじょしだいがく
大阪キリスト教短期大学　おおさかキリストきょう
大阪国際女子短期大学　おおさかこくさいじょし
大阪女子短期大学　おおさかじょし
大阪女子学園短期大学　おおさかじょしがくえん
大阪女学院短期大学　おおさかじょがくいん
大阪短期大学　おおさか
大阪大学医療技術短期大学部　おおさかだいがくいりょうぎじゅつ
大阪明浄女子短期大学　おおさかめいじょうじょし
大阪府立看護短期大学　おおさかふりつかんご
大阪産業大学短期大学部　おおさかさんぎょうだいがく
大阪城南女子短期大学　おおさかじょうなんじょし

大阪成蹊女子短期大学　おおさかせいけいじょし
大阪信愛女学院短期大学　おおさかしんあいじょがくいん
大阪音楽大学短期大学部　おおさかおんがくだいがく
大阪電気通信大学短期大学部　おおさかでんきつうしんだいがく
大阪千代田短期大学　おおさかちよだ
大阪青山短期大学　おおさかあおやま
大阪学院短期大学　おおさかがくいん
大阪薫英女子短期大学　おおさかくんえいじょし
大和学園聖セシリア女子短期大学　やまとがくえんせいセシリアじょし
徳島工業短期大学　とくしまこうぎょう
徳島大学医療技術短期大学部　とくしまだいがくいりょうぎじゅつ
徳島文理大学短期大学部　とくしまぶんりだいがく
徳山女子短期大学　とくやまじょし
島根県立国際短期大学　しまねけんりつこくさい
島根県立島根女子短期大学　しまねけんりつしまねじょし
道都大学短期大学部　どうとだいがく
敦賀女子短期大学　つるがじょし
東京家政大学短期大学部　とうきょうかせいだいがく
東京家政学院短期大学　とうきょうかせいがくいん
東京家政学院筑波短期大学　とうきょうかせいがくいんつくば
東京経営短期大学　とうきょうけいえい
東京経済大学短期大学部　とうきょうけいざいだいがく
東京工芸大学女子短期大学部　とうきょうこうげいだいがくじょし
東京工芸大学短期大学部　とうきょうこうげいだいがく
東京女子医科大学看護短期大学　とうきょうじょしいかだいがくかんご
東京女子体育短期大学　とうきょうじょしたいいく
東京女学館短期大学　とうきょうじょがくかん
東京農業大学短期大学部　とうきょうのうぎょうだいがく
東京都立立川短期大学　とうきょうとりつたちかわ
東京都立商科短期大学　とうきょうとりつしょうか
東京都立医療技術短期大学　とうきょうとりついりょうぎじゅつ
東京理科大学山口短期大学　とうきょうりかだいがくやまぐち
東京理科大学諏訪短期大学　とうきょうりかだいがくすわ
東京立正女子短期大学　とうきょうりっしょうじょし
東京文化短期大学　とうきょうぶんか
東京成徳短期大学　とうきょうせいとく
東京純心女子短期大学　とうきょうじゅんしんじょし
東九州女子短期大学　ひがしきゅうしゅうじょし
東大阪短期大学　ひがしおおさか
東邦大学医療短期大学　とうほうだいがくいりょう
東邦音楽短期大学　とうほうおんがく
東邦学園短期大学　とうほうがくえん
東北科学技術短期大学　とうほくかがくぎじゅつ
東北女子短期大学　とうほくじょし
東北大学医療技術短期大学部　とうほくだいがくいりょうぎじゅつ
桐朋学園大学短期大学部　とうほうがくえんだいがく
桐生短期大学　きりゅう
東洋女子短期大学　とうようじょし
東洋大学短期大学　とうようだいがく
東洋食品工業短期大学　とうようしょくひんこうぎょう
東洋英和女学院短期大学　とうようえいわじょがくいん
同志社女子大学短期大学部　どうししゃじょしだいがく
東筑紫短期大学　ひがしちくし
東海女子短期大学　とうかいじょし
東海大学短期大学部　とうかいだいがく
東海大学福岡短期大学　とうかいだいがくふくおか
東海大学医療技術短期大学　とうかいだいがくいりょうぎじゅつ
東海産業短期大学　とうかいさんぎょう
東海学園女子短期大学　とうかいがくえんじょし
東横学園女子短期大学　とうよこがくえんじょし
藤女子短期大学　ふじじょし
藤田保健衛生大学短期大学　ふじたほけんえいせいだいがく

藍野学院短期大学　あいのがくいん
浪速短期大学　なにわ
鈴鹿短期大学　すずか
鈴峯女子短期大学　すずがみねじょし
鹿児島女子短期大学　かごしまじょし
鹿児島短期大学　かごしま
鹿児島大学医療技術短期大学部　かごしまだいがくいりょうぎじゅつ

鹿児島純心女子短期大学　かごしまじゅんしんじょし
鹿児島県立短期大学　かごしまけんりつ
瀬戸内短期大学　せとうち
龍谷大学短期大学部　りゅうこくだいがく
柳城女子短期大学　りゅうじょうじょし
立教女学院短期大学　りっきょうじょがくいん
立正大学短期大学部　りっしょうだいがく

ㅁ

麻生東北短期大学　あそうとうほく
麻生福岡短期大学　あそうふくおか
梅光女学院大学短期大学部　ばいこうじょがくいんだいがく
梅花短期大学　ばいか
名古屋女子大学短期大学部　なごやじょしだいがく
名古屋女子文化短期大学　なごやじょしぶんか
名古屋女子商科短期大学　なごやじょししょうか
名古屋短期大学　なごや
名古屋大学医療技術短期大学部　なごやだいがくいりょうぎじゅつ
名古屋明徳短期大学　なごやめいとく
名古屋文理短期大学　なごやぶんり
名古屋聖霊短期大学　なごやせいれい
名古屋市立女子短期大学　なごやしりつじょし
名古屋市立大学看護短期大学部　なごやしりつだいがくかんご
名古屋市立保育短期大学　なごやしりつほいく
名古屋自由学院短期大学　なごやじゆうがくいん
名古屋造形芸術短期大学　なごやぞうけいげいじゅつ
明の星女子短期大学　あけのほしじょし
名城大学短期大学部　めいじょうだいがく
明治大学短期大学　めいじだいがく
明和女子短期大学　めいわじょし
目白学園女子短期大学　めじろがくえんじょし
武庫川女子大学短期大学部　むこがわじょしだいがく
武蔵丘短期大学　むさしがおか
武蔵野女子大学短期大学部　むさしのじょしだいがく
武蔵野短期大学　むさしの
武蔵野美術大学短期大学部　むさしのびじゅつだいがく
文京女子短期大学　ぶんきょうじょし
文教大学女子短期大学部　ぶんきょうだいがくじょし
文理情報短期大学　ぶんりじょうほう
文化女子大学短期大学部　ぶんかじょしだいがく
文化女子大学室蘭短期大学　ぶんかじょしだいがくむろらん
尾道短期大学　おのみち
美作女子大学短期大学部　みまさかじょしだいがく

ㅂ

飯田女子短期大学　いいだじょし
白鷗女子短期大学　はくおうじょし
白梅学園短期大学　しらうめがくえん
別府女子短期大学　べっぷじょし
別府大学短期大学部　べっぷだいがく
兵庫女子短期大学　ひょうごじょし
宝仙学園短期大学　ほうせんがくえん
福岡工業短期大学　ふくおかこうぎょう
福岡女子短期大学　ふくおかじょし
福岡女学院短期大学　ふくおかじょがくいん
福島女子短期大学　ふくしまじょし
福山市立女子短期大学　ふくやましりつじょし
福井県立大学看護短期大学部　ふくいけんりつだいがくかんご
富士短期大学　ふじ
富山女子短期大学　とやまじょし
富山県立大学短期大学部　とやまけんりつだいがく
北陸学院短期大学　ほくりくがくいん
北星学園女子短期大学　ほくせいがくえんじょし
北海道女子短期大学　ほっかいどうじょし
北海道大学医療技術短期大学部　ほっかいどうだいがくいりょうぎじゅつ
北海道武蔵女子短期大学　ほっかいどうむさしじょし
北海道文理科短期大学　ほっかいどうぶんりか
北海道栄養短期大学　ほっかいどうえいよう
北海道自動車短期大学　ほっかいどうじどうしゃ
北海学園北見短期大学　ほっかいがくえんきたみ
比治山女子短期大学　ひじやまじょし
浜松短期大学　はままつ

四国大学短期大学部　しこくだいがく
四国学院短期大学　しこくがくいん
四條畷学園女子短期大学　しじょうなわてがくえんじょし
四天王寺国際仏教大学短期大学部　してんのうじこくさいぶっきょうだいがく
山口短期大学　やまぐち
山口大学医療技術短期大学部　やまぐちだいがくいりょうぎじゅつ
山口芸術短期大学　やまぐちげいじゅつ
産能短期大学　さんのう
山梨英和短期大学　やまなしえいわ
山梨学院短期大学　やまなしがくいん
山梨県立女子短期大学　やまなしけんりつじょし
山野美容芸術短期大学　やまのびようげいじゅつ
山陽女子短期大学　さんようじょし
山陽学園短期大学　さんようがくえん
産業技術短期大学　さんぎょうぎじゅつ
産業医科大学医療技術短期大学　さんぎょういかだいがくいりょうぎじゅつ
山村女子短期大学　やまむらじょし
山脇学園短期大学　やまわきがくえん
山形女子短期大学　やまがたじょし
山形県立米沢女子短期大学　やまがたけんりつよねざわじょし
三島学園女子短期大学　みしまがくえんじょし
相山女学園大学短期大学部　すぎやまじょがくえんだいがく
杉野女子大学短期大学部　すぎのじょしだいがく
三育学院短期大学　さんいくがくいん
三重短期大学　みえ
三重大学医療技術短期大学部　みえだいがくいりょうぎじゅつ
三重県立看護短期大学　みえけんりつかんご
尚絅女学院短期大学　しょうけいじょがくいん
尚絅短期大学　しょうけい
湘南国際女子短期大学　しょうなんこくさいじょし
湘南短期大学　しょうなん
相模女子大学短期大学部　さがみじょしだいがく
尚美学園短期大学　しょうびがくえん
常磐大学短期大学部　ときわだいがく
常磐会短期大学　ときわかい
湘北短期大学　しょうほく
相愛女子短期大学　そうあいじょし
上野学園大学短期大学部　うえのがくえんだいがく
常葉学園短期大学　とこはがくえん
常葉学園富士短期大学　とこはがくえんふじ
上田女子短期大学　うえだじょし
上智短期大学　じょうち
西南女学院短期大学　せいなんじょがくいん
西山短期大学　せいざん
瑞穂短期大学　みずほ
西日本短期大学　にしにほん
石川県農業短期大学　いしかわけんのうぎょう
仙台白百合短期大学　せんだいしらゆり
盛岡大学短期大学部　もりおかだいがく
聖カタリナ女子短期大学　せいカタリナじょし
聖徳大学短期大学部　せいとくだいがく
聖徳栄養短期大学　せいとくえいよう
聖徳学園女子短期大学　しょうとくがくえんじょし
聖霊女子短期大学　せいれいじょし
聖隷学園浜松衛生短期大学　せいれいがくえんはままつえいせい
星稜女子短期大学　せいりょうじょし
聖母女子短期大学　せいぼじょし
聖母女学院短期大学　せいぼじょがくいん
聖母被昇天学院女子短期大学　せいぼひしょうてんがくいんじょし
星美学園短期大学　せいびがくえん
城西大学女子短期大学部　じょうさいだいがくじょし
成城短期大学　せいじょう
聖心ウルスラ学園短期大学　せいしんウルスラがくえん
成安造形短期大学　せいあんぞうけい
聖園学園短期大学　みそのがくえん
聖泉短期大学　せいせん
聖マリア学院短期大学　せいマリアがくいん
聖和大学短期大学部　せいわだいがく
聖和学園短期大学　せいわがくえん
洗足学園短期大学　せんぞくがくえん
洗足学園魚津短期大学　せんぞくがくえんうおづ
小松短期大学　こまつ
小田原女子短期大学　おだわらじょし
小樽女子短期大学　おたるじょし
昭和女子大学短期大学部　しょうわじょしだいがく
昭和音楽大学短期大学部　しょうわおんがくだいがく
昭和学院短期大学　しょうわがくいん
松本短期大学　まつもと
松山東雲短期大学　まつやましののめ
松商学園短期大学　まつしょうがくえん
頌栄短期大学　しょうえい

松蔭女子短期大学　しょういんじょし
松蔭女子学院短期大学　しょういんじょしがくいん
松阪大学女子短期大学部　まつさかだいがくじょし
トキワ松学園女子短期大学　トキワまつがくえんじょし
水戸短期大学　みと
淑徳短期大学　しゅくとく
夙川学院短期大学　しゅくがわがくいん
純心女子短期大学　じゅんしんじょし
順正短期大学　じゅんせい
純真女子短期大学　じゅんしんじょし
順天堂医療短期大学　じゅんてんどういりょう
市立名寄短期大学　しりつなよろ
市邨学園短期大学　いちむらがくえん
新見女子短期大学　にいみじょし
神奈川大学短期大学部　かながわだいがく
神奈川県立栄養短期大学　かながわけんりつえいよう
神奈川県立外語短期大学　かながわけんりつがいご
神奈川県立衛生短期大学　かながわけんりつえいせい
新島学園女子短期大学　にいじまがくえんじょし
新潟工業短期大学　にいがたこうぎょう
新潟大学医療技術短期大学部　にいがただいがくいりょうぎじゅつ
新潟中央短期大学　にいがたちゅうおう
新潟青陵女子短期大学　にいがたせいりょうじょし
身延山短期大学　みのぶさん
信州短期大学　しんしゅう
信州大学医療技術短期大学部　しんしゅうだいがくいりょうぎじゅつ
信州豊南女子短期大学　しんしゅうほうなんじょし
神戸女子短期大学　こうべじょし
神戸女子大学瀬戸短期大学　こうべじょしだいがくせと
神戸大学医療技術短期大学部　こうべだいがくいりょうぎじゅつ
神戸文化短期大学　こうべぶんか
神戸山手女子短期大学　こうべやまてじょし
神戸常盤短期大学　こうべときわ
神戸市立看護短期大学　こうべしりつかんご
神戸学院女子短期大学　こうべがくいんじょし
神戸海星女子学院短期大学　こうべかいせいじょしがくいん
実践女子短期大学　じっせんじょし
十文字学園女子短期大学　じゅうもんじがくえんじょし

亜細亜大学短期大学部　あじあだいがく
安田女子短期大学　やすだじょし
岩国短期大学　いわくに
岩手女子看護短期大学　いわてじょしかんご
岩手県立宮古短期大学　いわてけんりつみやこ
岩手県立盛岡短期大学　いわてけんりつもりおか
愛国学園短期大学　あいこくがくえん
愛媛女子短期大学　えひめじょし
愛媛県立医療技術短期大学　えひめけんりついりょうぎじゅつ
愛知技術短期大学　あいちぎじゅつ
愛知女子短期大学　あいちじょし
愛知大学短期大学部　あいちだいがく
愛知文教女子短期大学　あいちぶんきょうじょし
愛知淑徳短期大学　あいちしゅくとく
愛知学院短期大学　あいちがくいん
愛知学泉女子短期大学　あいちがくせんじょし
愛知県立看護短期大学　あいちけんりつかんご
桜美林短期大学　おうびりん
桜の聖母短期大学　さくらのせいぼ
桜井女子短期大学　さくらいじょし
呉女子短期大学　くれじょし
玉木女子短期大学　たまきじょし
玉川学園女子短期大学　たまがわがくえんじょし
宇都宮短期大学　うつのみや
宇都宮文星短期大学　うつのみやぶんせい
宇部短期大学　うべ
羽陽学園短期大学　うようがくえん
羽衣学園短期大学　はごろもがくえん
旭川大学女子短期大学部　あさひかわだいがくじょし
熊本短期大学　くまもと
熊本大学医療技術短期大学部　くまもとだいがくいりょうぎじゅつ
熊本音楽短期大学　くまもとおんがく
園田学園女子短期大学　そのだがくえんじょし
育英短期大学　いくえい
銀杏学園短期大学　ぎんきょうがくえん
仁愛女子短期大学　じんあいじょし
一宮女子短期大学　いちのみやじょし
日本橋女学館短期大学　にほんばしじょがくかん
日本基督教短期大学　にほんキリストきょう
日本女子体育短期大学　にほんじょしたいいく
日本大学短期大学部　にほんだいがく

日本福祉大学女子短期大学部　にほんふくしだいがくじょし
日本赤十字武蔵野女子短期大学　にほんせきじゅうじむさしのじょし
日本赤十字愛知女子短期大学　にほんせきじゅうじあいちじょし
日本体育大学女子短期大学　にっぽんたいいくだいがくじょし
日本歯科大学新潟短期大学　にほんしかだいがくにいがた
日ノ本学園短期大学　ひのもとがくえん

茨城女子短期大学　いばらきじょし
自治医科大学看護短期大学　じちいかだいがくかんご
滋賀女子短期大学　しがじょし
滋賀文教短期大学　しがぶんきょう
滋賀文化短期大学　しがぶんか
滋賀県立短期大学　しがけんりつ
作新学院女子短期大学　さくしんがくいんじょし
作陽短期大学　さくよう
長岡短期大学　ながおか
長崎女子短期大学　ながさきじょし
長崎短期大学　ながさき
長崎ウエスレヤン短期大学　ながさきウエスレヤン
長崎大学医療技術短期大学部　ながさきだいがくいりょうぎじゅつ
長崎外国語短期大学　ながさきがいこくご
長崎県立女子短期大学　ながさきけんりつじょし
長野経済短期大学　ながのけいざい
長野女子短期大学　ながのじょし
長野県短期大学　ながのけん
樟蔭女子短期大学　しょういんじょし
樟蔭東女子短期大学　しょういんひがしじょし
跡見学園短期大学　あとみがくえん
専修大学北海道短期大学　せんしゅうだいがくほっかいどう
田中千代学園短期大学　たなかちよがくえん
折尾女子経済短期大学　おりおじょしけいざい
静岡英和女学院短期大学　しずおかえいわじょがくいん
静岡精華短期大学　しずおかせいか
静岡学園短期大学　しずおかがくえん
静岡県立大学短期大学部　しずおかけんりつだいがく
静修短期大学　せいしゅう
正眼短期大学　しょうげん
精華女子短期大学　せいかじょし
帝京女子短期大学　ていきょうじょし
帝京短期大学　ていきょう
帝京平成短期大学　ていきょうへいせい
帝京学園短期大学　ていきょうがくえん
第一保育短期大学　だいいちほいく
第一幼児教育短期大学　だいいちようじきょういく
帝塚山短期大学　てづかやま
帝塚山学院短期大学　てづかやまがくいん
鳥取女子短期大学　とっとりじょし
鳥取大学医療技術短期大学部　とっとりだいがくいりょうぎじゅつ
調布学園女子短期大学　ちょうふがくえんじょし
足利短期大学　あしかが
佐野女子短期大学　さのじょし
佐賀女子短期大学　さがじょし
佐賀短期大学　さが
酒田短期大学　さかた
湊川女子短期大学　みなとがわじょし
中京女子大学短期大学部　ちゅうきょうじょしだいがく
中京短期大学　ちゅうきょう
中九州短期大学　なかきゅうしゅう
中国短期大学　ちゅうごく
中部女子短期大学　ちゅうぶじょし
中部大学女子短期大学　ちゅうぶだいがくじょし
中日本自動車短期大学　なかにほんじどうしゃ
中村学園短期大学　なかむらがくえん
池坊短期大学　いけのぼう

嵯峨美術短期大学　さがびじゅつ
札幌大谷短期大学　さっぽろおおたに
札幌大学女子短期大学部　さっぽろだいがくじょし
創価女子短期大学　そうかじょし
倉敷市立短期大学　くらしきしりつ
拓殖大学北海道短期大学　たくしょくだいがくほっかいどう
川口短期大学　かわぐち
川崎医療短期大学　かわさきいりょう
釧路短期大学　くしろ
天使女子短期大学　てんしじょし
千葉敬愛短期大学　ちばけいあい

千葉経済大学短期大学部　ちばけいざいだいがく
千葉明徳短期大学　ちばめいとく
千葉県立衛生短期大学　ちばけんりつえいせい
川村短期大学　かわむら
青山学院女子短期大学　あおやまがくいんじょし
青森短期大学　あおもり
青森明の星短期大学　あおもりあけのほし
青森中央短期大学　あおもりちゅうおう
ノートルダム清心女子短期大学　ノートルダムせいしんじょし
青葉学園短期大学　あおばがくえん
清真学園女子短期大学　せいしんがくえんじょし
清泉女学院短期大学　せいせんじょがくいん
清和女子短期大学　せいわじょし
萩女子短期大学　はぎじょし
秋田短期大学　あきた
秋田大学医療技術短期大学部　あきただいがくいりょうぎじゅつ
秋田県立農業短期大学　あきたけんりつのうぎょう
秋草学園短期大学　あきくさがくえん
筑紫女学園短期大学　ちくしじょがくえん
筑波技術短期大学　つくばぎじゅつ
筑波大学医療技術短期大学部　つくばだいがくいりょうぎじゅつ
沖縄キリスト教短期大学　おきなわキリストきょう
沖縄国際大学短期大学部　おきなわこくさいだいがく
沖縄女子短期大学　おきなわじょし
沖縄大学短期大学部　おきなわだいがく
就実短期大学　しゅうじつ
稚内北星学園短期大学　わっかないほくせいがくえん
七尾短期大学　ななお

土佐女子短期大学　とさじょし
土浦短期大学　つちうら

ㅍ

平安女学院短期大学　へいあんじょがくいん

浦和短期大学　うらわ
豊橋短期大学　とよはし
豊田短期大学　とよた

下関女子短期大学　しものせきじょし
鶴見大学女子短期大学部　つるみだいがくじょし
学習院女子短期大学　がくしゅういんじょし
鶴川女子短期大学　つるかわじょし
函館短期大学　はこだて
函館大谷女子短期大学　はこだておおたにじょし
香蘭女子短期大学　こうらんじょし
香川短期大学　かがわ
香川県明善短期大学　かがわけんめいぜん
県立新潟女子短期大学　けんりつにいがたじょし
賢明女子学院短期大学　けんめいじょしがくいん
恵泉女学園短期大学　けいせんじょがくえん
芦屋女子短期大学　あしやじょし
戸板女子短期大学　といたじょし
弘前大学医療技術短期大学部　ひろさきだいがくいりょうぎじゅつ
弘前学院短期大学　ひろさきがくいん
和歌山信愛女子短期大学　わかやましんあいじょし
和洋女子短期大学　わようじょし
華頂短期大学　かちょう
和泉短期大学　いずみ
活水女子短期大学　かっすいじょし
会津大学短期大学部　あいづだいがく
横浜女子短期大学　よこはまじょし
横浜創英短期大学　よこはまそうえい
暁学園短期大学　あかつきがくえん
姫路短期大学　ひめじ
姫路学院女子短期大学　ひめじがくいんじょし

• **고수만** 한국외국어대학교 일본어과 졸업. 일본 문부성 초청, 국비 유학생으로 도일. 일본 죠치(上智)대학 국어국문학과 박사과정 수료(일본어 음운론 · 한자음 전공). 현재 인하대학교 일어일본학과 부교수. 한국 일본학회 이사(어학분과 위원장).

일본 지명 읽기 사전

엮은이 — 그린비 일본어 연구실
감수 — 고수만
펴낸이 — 유재건
초판 1쇄 발행 — 1995년 9월 30일
초판 2쇄 발행 — 2002년 8월 30일
편집 책임 — 김현경
마케팅 책임 — 노수준
제작 책임 — 유재영
표지 디자인 — Toga

펴낸곳/도서출판 그린비 · 등록번호 제10-425호
주소/서울시 마포구 신수동 115-10
전화/702-2717 · 702-4791 팩스/703-0272
E-mail/editor@greenbee.co.kr

책값은 뒤표지에 있습니다.

ISBN 89-7682-911-5 89-7682-912-3(세트)